Merlin Bauer

Liebe deine Stadt

Öffentliche Angelegenheiten Köln

GREVEN VERLAG KÖLN

Inhaltsverzeichnis
Content

Susanne Kippenberger
Schön kann jeder
12 – 19

Anyone Can Make It Nice
394 – 396

Ulrich Gutmair
Was den Kölnern heilig ist
Merlin Bauers Strategie zur
res publica
36 – 43

*What is Sacred to the Residents
of Cologne – Merlin Bauer's
Strategy Towards Res Publica*
402 – 404

Boris Becker
Albrecht Fuchs
Candida Höfer
Bildteil I
57 – 104

Photo Section I
57 – 104

Barbara Hess
Häuser für Köln
Liebe deine Stadt
und die Konzeptkunst
20 – 27

*Houses for Cologne
Liebe deine Stadt
and Conceptual Art*
397 – 398

Wolfgang Pehnt
Flugdach-Charme und römische
Gesinnung – Anmerkungen zur
Kölner Nachkriegsarchitektur
46 – 55

*The Charm of the Flying Roof and
the Roman Attitude – Notes on
Cologne's Postwar Architecture*
404 – 407

Parkhaus mit Hotel
Afri-Cola-Haus
Haus Wefers
Opernhaus Köln
Schauspielhaus Köln

Rainer Schützeichel
Ein Interview mit Merlin Bauer
28 – 33

An Interview with Merlin Bauer
399 – 401

11. Mai 2005

Hans Schilling
Über die Sorgen von Architekten
und Stadtplanern
114 – 127

*About the Worries of Architects
and Urban Planners
408 – 411*

15. Juli 2005

Alexander Markschies
Parkhaus mit Hotel Cäcilienstraße –
ein Abgesang
128 – 135

*Car Park with Hotel Cäcilienstraße –
A Swan Song
411 – 412*

31. August 2005

Bazon Bock
Das Afri-Cola-Haus: eine Simulationsanlage für die Differenz von
Wesen und Erscheinung
136 – 153

*The Afri-Cola-Haus: A Simulation
Complex to Indicate the Difference
Between Essence and Appearance
412 – 417*

25. September 2005

Martin Struck
Das Haus Wefers,
eine „boîte de miracle"
154 – 161

*Haus Wefers,
a „boîte de miracle"
417 – 419*

22. September 2006

Peter Zumthor
Protokoll eines Auftritts vor
dem Kölner Opernensemble
162 – 177

*Minutes of an Appearance at
Cologne's Opera House Ensemble
420 – 421*

Albrecht Fuchs
Bildteil II
185 – 232

*Photo Section II
185 – 232*

Hiltrud Kier
Das Kölner Opernhaus:
ein städtebaulicher Höhepunkt
des Neuaufbaus
178 – 183

*The Cologne Opera House:
An Urban Highlight of
New Construction
422 – 423*

Landeshaus
Neu St. Alban
Fernmeldehochhaus
Parkcafé
Amerikahaus

11. Mai 2007

Friedrich Wolfram Heubach
Köln lieben?!
Ansprache zur Einweihung des
Schriftzuges Liebe deine Stadt
242 – 253

To Love Cologne?!
Speech Held at the Dedication
of the Lettering Liebe deine Stadt
423 – 425

26. Juli 2007

Walter Prigge
Moderne nach dem Bauhaus
Das Landeshaus in Köln-Deutz
258 – 265

Modernism After Bauhaus
The Landeshaus in Cologne-Deutz
426 – 428

28. September 2007

Friedrich Kurrent
Neu St. Alban am Stadtgarten
als Prototyp für ein
architektonisches Gesamtwerk
266 – 279

Neu St. Alban at the Stadtgarten
as a Prototype for an
Architectural Œuvre
428 – 431

Gottfried Böhm
Grußworte an Hans Schilling
in Neu St. Alban
271

Greetings to Hans Schilling
in Neu St. Alban
431

CONTENT

3. Oktober 2007

Thomas Sieverts
Das Fernmeldehochhaus Köln
als Beispiel für den Esprit de Corps
280 – 285

*The Fernmeldehochhaus Köln
as an Example of the Esprit de Corps
432 – 433*

5. November 2007

Jan Assman
Ges(ch)ichtslosigkeit
Zur Architektur der fünfziger Jahre
298 – 304

*Faceless and Ahistorical
On the Architecture of the 1950s
435 – 437*

4. Dezember 2007

Michael Zinganel
REAL ESTATE
Stadt, Kino und die Spekulation
als Unterhaltung
314 – 329

*REAL ESTATE
The City, Cinema and Speculation
as Entertainment
440 – 444*

Boris Sieverts
Die Großartigkeit im
Unvollkommenen
286 – 297

*The Greatness in Incompleteness
433 – 434*

Aleida Assmann
Das Parkcafé – architektonische
Quintessenz der fünfziger Jahre
305 – 313

*The Parkcafé – The Architectural
Quintessence of the 1950s
437 – 440*

**Kasper König
und Merlin Bauer**
Ein Gespräch im
Ristorante Luciano
332 – 341

*A Conversation in
Ristorante Luciano
444 – 449*

Lilian Haberer
Definitive Instabilität
Das Projekt *Unter dem Pflaster
der Strand – Momentane Orte*
(1) – (48)

*Definitive Instability
The Project* Under the Pavement
the Beach – Momentary Sites
(1) – (48)

Englische Übersetzung
*English Translation
Index
393 – 456*

Werkübersicht
*Catalogue Raisonné
457 – 469*

Bibliographie
*Bibliography
470 – 473*

Register
474 – 477

Bildnachweis
*Photo Credits
478*

Dank
*Acknowledgements
479*

Impressum
*Imprint
480*

Susanne Kippenberger
Schön kann jeder

Susanne Kippenberger, *geboren 1957 in Dortmund, aufgewachsen in Essen, lebt in Berlin. Studium der Germanistik und Anglistik/Amerikanistik in Tübingen und Springfield/Ohio, der Filmwissenschaften an der New York University. Seit 1985 Journalistin, seit 1989 beim Tagesspiegel, Redakteurin im Wochenendmagazin, Schwerpunkt Kultur und Alltagskultur (Architektur & Stadt, Literatur, Fotografie, Design, Essen & Trinken), ausgezeichnet u.a. mit dem Journalistenpreis der Bundesarchitektenkammer.*

Peter Zumthor ist ein Magier. Er zaubert mit Blicken und Worten. Die Rede, die der Schweizer Architekt auf die Kölner Oper hält, ist wie ein Tanz – ein Tanz, der einmal um das von vielen gehasste, von den meisten missachtete Objekt herum- und dann hineinführt und dabei immer mehr Fahrt aufnimmt. Am Ende fühlen die Zuhörer sich so leicht und beschwingt wie die Fünfziger-Jahre-Architektur – so, wie Zumthor sie beschreibt. Nicht so, wie Elke Heidenreich sie sieht: „Weg mit dem hässlichen Koloss!" forderte sie in einem Leserbrief im *Kölner Stadt-Anzeiger,* der viele und heftige Reaktionen auslöste. „So nicht!" stand über der Leser-Debatte.

Am Anfang, erzählt Peter Zumthor, war auch bei ihm die Abneigung. „Diese Zeit, das war meine Jugend, und da gab es sozusagen keine Architektur." Er habe sie erst entdecken müssen. Indem er einfach geschaut hat, wie er sagt, auf dieses merkwürdige Gebäude von Wilhelm Riphahn, das wie ein schweres Schiff in der Innenstadt liegt. Zumthor blickt durch die schäbigen Spuren jahrzehntelanger Vernachlässigung hindurch auf das, was einmal war – und wieder sein könnte. Auf die Leichtigkeit, die der Schwere des Kriegs folgte, auf eine Moderne, die freundlicher, weniger streng war als jene, die die zwanziger, dreißiger Jahre hervorgebracht hatten. „Wenn ich diesen Kölner Bau sehe, dann stelle ich mir vor, was das für diesen Architekten nach dem Krieg für eine wahnsinnige Freude gewesen sein muss, dass man wieder bauen konnte", strahlt der 64-Jährige. Der Schweizer feiert die seitlichen Terrassenberge, die ihn an Urlaubsarchitektur erinnern, die feinen Details wie die filigranen Geländer, die Offenheit des Baus mit seinen gläsernen Eingängen, die aus dem Gebäude herauszutreten scheinen. Der Architekt feiert das Festliche, das Menschliche des Baus und sagt, dass das Opernrestaurant, das heute eher piefig wirkt, in New York längst als schicker Ort wiederentdeckt und wiederbelebt worden wäre. In Köln wird es abgerissen, so wie das dahinter gelegene Schauspielhaus. Immerhin, die Oper selbst, die auch zur Disposition stand, wird nach heftigen Debatten nun doch saniert.

Es war nicht Zumthors Idee, sich an einem Spätsommertag 2006 mit ein paar Hundert Kölnern vor die Oper zu stellen, auf den brachliegenden Offenbachplatz an der berüchtigten Nord-Süd-Fahrt, einer vielbefahrenen, breiten Schneise, die die Innenstadt zerteilt – „dem Canale Grande von Köln", wie Merlin Bauer ihn nennt. Der österreichische Künstler hat Zumthor eingeladen, seine Laudatio zu halten und als Video für jedermann auf seine Website zu stellen. Seit acht Jahren lebt der Grazer in Köln. Und seit einigen Jahren macht der Künstler mit öffentlichen Aktionen auf die Stadt aufmerksam: auf die Stadt als gesellschaftlichen Raum.

Unter dem Pflaster der Strand – Momentane Orte nannte er sein erstes Kölner Projekt, das er 2002 in Zusammenarbeit mit der Architektin Anne-Julchen Bernhardt entwickelte und das ein Jahr später mit dem Kölner Architekturpreis ausgezeichnet wurde. Auch dabei ging es um den öffentlichen Raum, darum, auf Orte aufmerksam zu machen, die nicht mehr wahrgenommen wurden, darum, die Grenzen zwischen den verschiedenen Szenen – Architekten, Künstlern, Schriftstellern und Musikern – aufzubrechen. Zentrum und Markenzeichen der Aktion war eine fahrbare Bar, eine Box am Fahrrad, die an die Eiswagen der fünfziger Jahre erinnerte; mit ihr wurde das herangeschafft, was den Orten zum vollkommenen Kulturgenuss fehlte: Musik, Getränke, Speisen. Das markante rot-weiße Muster der Kiste erinnerte an eine Tapete von Le Corbusier. Über neunzig Veranstaltungen wurden damit bestritten, „momentane Orte" inszeniert. Einmal versammelten sich bei der Aktion „Psycho-dynamische Straße" dreihundert Leute auf einer Verkehrsinsel an der Nord-Süd-Fahrt und erlebten im Laufe eines Abends und einer Nacht, wie ein Stadtraum sich verändert. *Unter dem Pflaster der Strand – Momentane Orte* verfolgte eine Guerilla-Kunst-Taktik – angemeldet hat Bauer die Veranstaltungen nie; Ärger gab es nur einmal.

„Das Flüchtige ist in Köln das Dauerhafte", sagt Merlin Bauer. Man könnte auch umgekehrt sagen: Das Dauerhafte ist hier das Flüchtige.

SCHÖN KANN JEDER

Liebe deine Stadt heißt sein Nachfolgeprojekt. In schönster roter Schreibschrift prangen die vier Meter hohen, sechsundzwanzig Meter breiten Worte auf einem etwas, nun ja: schmuddeligen Haus, das über der Nord-Süd-Fahrt hängt. Ein idealer Ort, meint Merlin Bauer: „Drumherum finden sich viele Facetten der Nachkriegsarchitektur, da prallt alles aufeinander." Das 4711-Haus, Einkaufspassagen, Parkhaus, Oper ... Es ist der zweite Standort der Schönschrift: Vor drei Jahren wurde sie zunächst auf einem Siebziger-Jahre-Pavillon angebracht, dessen Potential trotz der 1a-Lage direkt am Rhein mit Blick auf den Dom nie wirklich ausgeschöpft wurde.

Liebe deine Stadt, das ist kein Befehl. Es ist eine Anregung, ein Augenzwinkern – eine Möglichkeit.

Wer zum ersten Mal nach Köln kommt, den trifft der Schlag. Beim zehnten Mal ist es nicht viel besser. Ein solches Allerlei an Architektur, ein echtes Kuddelmuddel, so viel Hässliches. Zweitausend Jahre alt, wurde Kölns Zentrum im Krieg zu über neunzig Prozent zerstört. Kritiker meinen, dass die Aufbauarbeit der Städteplaner danach nicht minder verheerend war.

Der Dom, der Karneval, der Klüngel: Das ist das, womit man die Stadt identifiziert. Wobei der Klüngel längst nicht so niedlich ist, wie er klingt. In den letzten Jahren jagte ein Bauskandal den anderen, es ging um geschlossene Immobilienfonds, um die Sparkasse, um fast mafiöse Strukturen, um Projekte wie das Hochhaus auf der rechten Rheinseite, das den Status des Doms als UNESCO-Kulturerbe gefährdete, um die Regierungspolitik, um die Besetzung der Stelle des Kulturdezernenten, um die Gleichzeitigkeit von Größenwahn und Provinzialität: nicht zuletzt bei dem Plan, die alte Oper abzureißen und stattdessen eine neue große am Rhein zu bauen, ein zweites Sydney zu werden, auf den Bilbao-Effekt zu hoffen. „Effekthascherei statt Nachhaltigkeit", nennt Bauer das.

Und es ging um „Das Loch". Dort, wo sich 2002 das Loch auftat, am Neumarkt, stand früher einmal das Josef-Haubrich-Forum mit Kunsthalle und Kunstverein, ein Ort legendärer Ausstellungen und Happenings aus einer Zeit, als in Köln die Avantgarde der Kunst und Musik zu Hause war: John Cage und Rebecca Horn, Sigmar Polke und Joseph Beuys traten hier auf. Die Stadt hatte beschlossen, den Bau abzureißen und stattdessen einen großen neuen Kultur-Komplex hinzubauen. Kurz vor dem Abriss versuchten Künstler wie Rosemarie Trockel und der Schauspieler Udo Kier mit der „Initiative Josef-Haubrich-Forum"[1], das Ensemble zu retten. Vergeblich. Dann blieb die Baugrube lange ein Loch, weil plötzlich das Geld fehlte. Jetzt wird wieder gearbeitet, allerdings an einer abgespeckten Version.

Als nach dem Abriss des Josef-Haubrich-Forums auch noch das Opern-Ensemble abgerissen werden sollte, entwickelte Bauer das Konzept zu *Liebe deine Stadt*. Aus dem lokalen Klüngel, den es ja auch in der Kunstszene gibt, wollte er herauskommen, ebenso wie aus den üblichen Architekturdebatten zwischen Insidern. Er lud Kölner „Institutionen" wie den Querdenker Kasper König, Künstler und Wissenschaftler ein, meist von außerhalb, einen neuen, frischen Blick auf die Bauten der Nachkriegszeit zu werfen. So hat der Kunsttheoretiker Bazon Brock über das Afri-Cola-Haus geredet, der Architekturtheoretiker, Künstler und Kurator Michael Zinganel über das Amerikahaus und über Stadt, Kino und die Spekulation als Unterhaltung, der Stadtplaner Thomas Sieverts mit seinem Sohn Boris, einem Künstler, über das Fernmeldeamt 1. Ein Ägyptologe wie Jan Assmann befasste sich plötzlich mit dem 20. Jahrhundert (dem er durch die Berufswahl gerade zu entfliehen versuchte) und redete, so wie seine Frau Aleida, Kulturwissenschaftlerin und Expertin der Kultur des Erinnerns, über das Parkcafé im Rheinpark.

Gerade weil die Redner keine Architekturkritiker sind, gehen sie weit über die übliche Architekturkritik hinaus, betrachten die Bauten als die umfassenden Gebilde, die sie sind: ästhetische, politische, historische und sehr persönliche Konstrukte. „Erinnerung reproduziert nicht Vergangenheit, sondern schafft ein Bild der Vergangenheit", erklärt Aleida Assmann. So ist auch das Parkcafé für sie nicht einfach ein Café, sondern das Bild einer vergangenen Zeit, aus dem Jetzt betrachtet. Wie persönlich, emotional gefärbt dieses Bild ist, kann man bei Jan Assmann besonders heftig erleben: Für den Sohn eines Architekten bleibt das mittelalterliche Lübeck der Kindheit der Sehnsuchtsort, ist der Wiederaufbau dagegen eine Verwüstung. „Ich konnte die Architektur der fünfziger Jahre nur als parasitär und unecht wahrnehmen"[2], geschmacklos, gesichtslos, geschichtslos. Interessanterweise kommt er im Hinblick auf das Parkcafé doch noch zu einem versöhnlichen Schluss, wobei er die Vergangenheit allerdings nicht nur bewahren, sondern auch ein bisschen nachbessern möchte: Bei der Restaurierung möge man sich doch nicht für die ursprüngliche, sondern für eine strengere, das „Japanische" betonende Farbgebung entscheiden.

Gerade in dieser Spannung der unterschiedlichen Perspektiven – hemmungslos ablehnend wie Assmann, enthusiastisch wie Zumthor – liegt der Reiz der hier abgedruckten Reden.

Dabei geht es bei dem Projekt *Liebe deine Stadt* nicht allein um Worte; auch die Photographie als Form der künstlerischen Liebeserklärung gehört dazu. Candida Höfer, die auf der ganzen Welt ausstellt, aber fast ihr ganzes Leben lang in Köln lebt, zurückgezogen in einer Bauhaus-Villa am Rhein, hat betörend schöne Photos von der Oper gemacht, die in einer Edition zu *Liebe deine Stadt* erschienen sind. Und ihr Kollege Albrecht Fuchs, berühmt für seine internationalen Künstlerporträts, hat sich verschiedenen Gebäuden genähert, als wären es Menschen: sensibel, subjektiv, zugeneigt.

Die Aktion ist abgeschlossen, alle Reden sind gehalten, die letzte im Dezember 2007 – das Denken geht weiter. Und die Öffentlichkeit auch. Auf der Art Cologne 2008 präsentierte Bauer die Wandzeitung *Feuilleton, 15.04.2008,* bestehend aus 36 Bild- und Texttafeln über das gesamte Projekt. Nun hängt diese Installation im Rathaus, vor dem Ratssaal im Spanischen Bau. „Einen besseren Ort", schmunzelt Bauer, „gibt es dafür ja wohl kaum."

Und jetzt: das Buch. Vorgestellt wird es, wo sonst, auf dem Platz vor der Oper, dessen Vernachlässigung, so Bauer, „jeden Zauber, den er einmal hatte und hätte wieder bekommen können, genommen hat". Denn genau darum war es Riphahn gegangen: um einen öffentlichen Raum, ein Gesamtensemble aus Oper, Schauspielhaus, Plätzen und Operncafé. Dass die Stadt nicht plant, einen solchen öffentlichen Raum als lebendigen, städtischen Ort zu erhalten, „dass das Schauspielhaus ohne öffentliche Debatte einfach abgerissen wird, dass wieder einmal eine Kultureinrichtung mit einer Shoppingmall verbunden werden soll, ja, dass die Stadt es nicht einmal geschafft hat, einen Betreiber zu finden, der das Lokal, das mal todschick war", wiederbelebt, das versteht und akzeptiert der Künstler so nicht. „Das zeigt einen Mangel an Kreativität auch im Kleinen. Diese Vereinnahmung von Kunst und Kultur durch Kommerz nimmt überhand."

Liebe deine Stadt, die Anregung ließe sich auch andernorts aufgreifen. Köln ist ein Extrem-, kein Einzelfall. Der schnöde Umgang mit Nachkriegsarchitektur wird im ganzen Land gepflegt, gern auch in Berlin. Erst kürzlich wieder verkündete Ex-Senatsbaudirektor Hans Stimmann – der das Gesicht der Stadt nach der Wende wie kein anderer prägte und ihr einen rigiden Einheitslook verschrieb, das Gegenteil des Kölner Allerlei –, die Architektur der Nachkriegsmoderne gehöre nicht unter Denkmalschutz.

Schönheit, das demonstriert Bauers Aktion einmal mehr, liegt immer im Auge des Betrachters. Was schön ist und damit schützenswert, darüber entscheidet jede Generation immer wieder neu.

Im Herbst 2007 wurde in London der alte Bahnhof St Pancras für den Eurostar nach umfassendem Umbau neueröffnet – unter großem Beifall der Architekturkritiker. Dass es überhaupt noch etwas umzubauen gab, verdankt die Stadt vor allem der Initiative eines Mannes, des Publizisten und wohl populärsten Lyrikers Großbritanniens Sir John Betjeman. In den dreißiger

Jahren war der Bahnhof stark abrissgefährdet, viktorianische Architektur galt als völlig veraltet, ihr Verfechter als hoffnungslos vorgestrig, ja, reaktionär. Und heute steht Betjemans Denkmal nun im Bahnhof St Pancras, und die Besucher photographieren sich gegenseitig davor wie in Berlin vor dem Brandenburger Tor.

Ende der Neunziger waren es in Berlin junge Architekten und Designer, die vergeblich versuchten, das denkmalgeschützte Ahornblatt, einen eigenwilligen Betonschalenbau des DDR-Architekten Ulrich Müther von 1970, zu retten; zur gleichen Zeit konnten in Düsseldorf Kulturschaffende derselben Generation den geplanten Abriss der Kunsthalle vereiteln, und in den Siebzigern haben junge Hausbesetzer allerorts es vermocht, das Niederreißen vieler Altbauten zu verhindern.

Es gehe nicht um die Glorifizierung der sechziger Jahre, schreibt der Kritiker Wolfgang Pehnt in dem kürzlich erschienenen, anregenden Sammelband *denkmal!moderne – Architektur der 60er Jahre: Wiederentdeckung einer Epoche*.[3] Dazu gebe es keinen Grund, „Hybris, Geschäftsmacherei, Gedankenfaulheit und Rücksichtslosigkeit waren verbreitet wie eh und je und schlugen angesichts der hohen Produktionszahlen noch stärker durch", so Pehnt. Allein die wahnsinnige Idee der autogerechten Stadt hat viele Wunden, ja, ganze Gräben geschlagen, die Kölner Nord-Süd-Fahrt ist eine davon. Nein, „es geht nicht vorrangig darum, Gebäude zu erhalten", meint Merlin Bauer, „sondern die baulichen und historischen Qualitäten zu erkennen, um dann bewusst damit umzugehen". Mit der eigenen Geschichte, dem kulturellen Gedächtnis.

Mehr Ideenreichtum fordert der Künstler bei diesem Prozess – und begrüßt deshalb auch einen anderen Blick von außen auf die Stadt: Das Frankfurter Büro Albert Speer & Partner wurde eingeladen, einen Masterplan für die chaotische Innenstadt zu entwickeln. Wobei die Architekten nicht von der Stadt eingeladen wurden, dessen Adressatin der Plan sein wird, sondern durch einen Verein auf Initiative von Paul Bauwens-Adenauer, einem Enkel des berühmtesten Bürgermeisters der Domstadt, Konrad Adenauer. Das Ziel dabei ist nicht, Köln neu zu erfinden, sondern aufzuräumen, Besonderheiten, Schönheiten, Qualitäten, die zum Teil verschüttet sind, wieder zum Vorschein zu bringen.

„Die Diskussion um den Masterplan", davon ist Merlin Bauer überzeugt, „kann der Stadtentwicklung nur guttun." Doch auch Speer wird aus Köln kein Paris oder Rom machen können. Es bleibt bei der Liebe auf den 100. Blick. Der braucht Zeit. Peter Zumthor hatte davon reichlich, um sich mit dem umstrittenen Opernbau von Wilhelm Riphahn anzufreunden. Zehn Jahre lang hat er am neuen Diözesanmuseum Kolumba gearbeitet, das gleich auf der anderen Straßenseite liegt. Im Herbst 2007 eröffnet, stürzten sich die Kölner darauf, als hätten sie nur darauf gewartet, ein neues Objekt der Identifikation zu umarmen.

Ein auch von den Kritikern gefeiertes Meisterwerk der Moderne, scheint Kolumba das komplette Gegenteil von Köln zu sein: zurückhaltend, edel, ruhig und harmonisch. Und doch ist der Bau des Schweizers eine Liebeserklärung an die Stadt. Riesige Fenster, die bis zum Boden reichen, hat der Architekt in die helle Fassade eingelassen. Sie lenken den Blick auf die Gebäude der Nachbarschaft, die verschiedenen Schichten der Nachkriegsarchitektur mit den Spitzen des Doms im Hintergrund – die Aussicht wird zu einem gerahmten Bild, das den Blick schärft für die schönen Details der fünfziger Jahre, die Leichtigkeit; das aber auch das Hässliche als Teil der städtischen Umgebung zeigt. Es ist genau jene Patchwork-Ästhetik, von der Merlin Bauer meint: Je mehr er sich damit beschäftige, desto spannender finde er sie.

Überarbeitete und aktualisierte Fassung des gleichnamigen Artikels im *Tagesspiegel*, Berlin, vom 24. Februar 2008.

Feuilleton, 15.04.2008 (Merlin Bauer 2008) vor dem Ratssaal des Spanischen Baus, Köln.
Leihgabe Sammlung Johannes Becker, Köln.

1 Hieraus bildeten sich später Das Loch e.V. sowie die European Kunsthalle Köln.
2 Jan Assmann, „Ges(ch)ichtslosigkeit – Zur Architektur der fünfziger Jahre," abgedruckt in diesem Buch, S. 298–302, hier: S. 300.
3 Wolfgang Pehnt, „Wege ins Offene – Um Verständnis für die 60er Jahre bittend," in: *denkmal!moderne – Architektur der 60er Jahre – Wiederentdeckung einer Epoche,* Hgg. Adrian von Buttlar und Christoph Heuter, Berlin 2007, S. 6–13, hier: S. 12.

Liebe deine Stadt II (Merlin Bauer 2007) im Historischen Rathaus der Stadt Köln, Leihgabe Sammlung Johannes Becker, Köln.

Barbara Hess
Häuser für Köln
Liebe deine Stadt und die Konzeptkunst

Barbara Hess, *geboren 1964 in Essen, lebt in Köln. Kunsthistorikerin und Kritikerin. Regelmäßige Beiträge für Camera Austria, Kunst-Bulletin, StadtRevue, Texte zur Kunst u. a. 2006–08 Lehrbeauftragte an der Kunstakademie Düsseldorf. Seit 2005 Vorsitzende des Kunstbeirats der Stadt Köln.*

Die Kluft zwischen der Kunst und realen Problemen tat sich in den Sechzigern in einer im Wesentlichen unpolitischen und unsozialen Kunst auf – in solchem Maße, dass politisches Engagement für die meisten Künstler bedeutete, sich auf Aktivitäten außerhalb der Kunst zurückzuziehen …[1]

Im Mai 2005 begonnen und – bis zur vorliegenden Veröffentlichung in Buchform – einen Zeitraum von fast vier Jahren umfassend, hat das von Merlin Bauer initiierte Projekt *Liebe deine Stadt* ein hohes Maß an inhaltlicher Komplexität und öffentlicher Dynamik erzeugt. Dabei ist überraschend – obwohl möglicherweise durchaus im Sinne des Projektes, dass dessen Charakter als konzeptuelle Kunst in der bisherigen Rezeption keine Rolle spielte. Angesichts der Tatsache, dass die Ästhetiken und Herangehensweisen (post-)konzeptueller Kunstrichtungen (wie Ortsspezifik, Recherche, Kooperation, Institutions- und Identitätskritik) längst zur Lingua franca der zeitgenössischen Kunst geworden sind, mag es als Gemeinplatz erscheinen, *Liebe deine Stadt* in deren Genealogie einzuschreiben; interessanter ist daher vielmehr die Frage, inwieweit es *Liebe deine Stadt* gelang, an eine dezidiert kritisch ambitionierte Tradition der Konzeptkunst anzuknüpfen.[2]

Die bisherige Debatte über *Liebe deine Stadt* konzentrierte sich auf architekturgeschichtliche Facetten und lokale kulturpolitische Aspekte und wurde überwiegend in der Tagespresse und in Architekturzeitschriften geführt, während das Kunstprojekt als solches dabei gewissermaßen „unsichtbar" blieb – kein unwesentliches Merkmal konzeptueller Kunst, wie noch zu zeigen sein wird. Dabei wurde der Teil der Arbeit, der am stärksten auf dauerhafte Sichtbarkeit im öffentlichen Raum angelegt ist – der im Sommer 2007 über der Nord-Süd-Fahrt installierte Schriftzug –, in einem der bevorzugten Medien konzeptueller Kunst, nämlich als Repräsentation von Sprache, realisiert.[3] Und auch die Auseinandersetzung mit (der sozialen Funktion von) Architektur und Städtebau bildet in der Geschichte des Konzeptualismus durchaus eine Konstante: Man denke etwa an Hans Haackes *Shapolski et al. Manhattan Real Estate Holdings, A Real-Time Social System, as of May 1971* (1971), eine Investigation zu New Yorker Immobilienspekulanten, an Martha Roslers *The Bowery in two inadequate descriptive systems* (1974–75), das dokumentarische Schwarz-Weiß-Photos von heruntergekommenen Gebäuden in der New Yorker Bowery mit einer Fülle sprachlicher Bezeichnungen für Trunkenheit kombinierte, oder an Stephen Willats' Untersuchungen zu Lebensbedingungen in Wohnsiedlungen wie *Man from the Twenty-First Century* (1969/70), um nur einige prominente Beispiele der ersten Stunde zu nennen.

Für eine Betrachtung von *Liebe deine Stadt* im Licht konzeptueller Genealogien erscheint jedoch vor allem ein Blick auf eine Ikone der frühen Konzeptkunst, Dan Grahams *Homes for America,* vielversprechend. Mit dieser Photo-Text-Arbeit, die zuerst im Dezember 1966 in der Zeitschrift *Arts Magazine* veröffentlicht wurde,[4] analysierte Graham die Geschichte und Formensprache eines neuen Typus des US-amerikanischen Städtebaus, jene einförmigen Siedlungen von Vorstadt-Reihenhäusern der Kriegs- und Nachkriegszeit, die wegen ihrer kubischen Leichtbauweise auch „Pillenschachteln" genannt wurden. Graham errechnete die Anzahl der Varianten, die sich aus einer Kombination der zur Verfügung stehenden Hausmodelle und Außenanstriche ergab (2034), und zitierte eine Statistik der Farbvorlieben und -abneigungen nach Geschlechtern. Das eigentliche Novum dieser Siedlungen bestand aus Grahams Sicht darin, dass sie „außerhalb jedes früheren Standards von ‚guter' Architektur [stehen]. Sowohl die Architektur als auch die Handwerkskunst als Werte sind aufgelöst durch die Abhängigkeit von vereinfachten und leicht zu multiplizierenden Techniken der Herstellung und der standardisierten Einheitsentwürfe. […] Ort und Haus […] sind entwurzelt – separate Teile einer größeren,

The Bowery in Two Inadequate Descriptive Systems (Martha Rosler 1974–75).

plastered   stuccoed

rosined   shellacked

vulcanized

inebriated

polluted

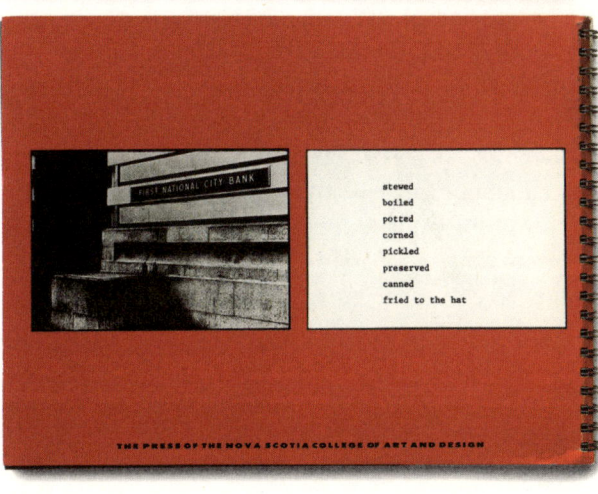

vorausbestimmten synthetischen Ordnung."[5] Den Subtext seiner ironisch-kritischen Betrachtung bildete natürlich die damals aufkommende Minimal Art, deren Prinzipien der Serialität, Permutation und industriellen Fertigung mit traditionellen Vorstellungen von „guter" Kunst brachen; Grahams Artikel ließ sich daher ebenso als Kritik an der Minimal Art wie am „Elend des gewöhnlichen industriellen Wohnungsbaus"[6] lesen. Die Tatsache, dass zum damaligen Zeitpunkt weder die Photographie als künstlerisches Genre noch die Seiten eines Printmediums als Alternative zum konventionellen Ausstellungsraum etabliert waren, verlieh Grahams *Homes for America* einen – vom Künstler als Vorteil betrachteten – ambivalenten Status, bei dem seine Wahrnehmung als „Kunst" nicht im Vordergrund stand: „Ich glaube", schrieb er 1976, „die Tatsache, dass ‚Homes for America' letztlich nur ein Zeitschriftenartikel war und keinen Anspruch darauf erhob, ‚Kunst' zu sein, ist einer seiner wichtigsten Aspekte."[7]

Ein ähnlich ambivalenter Status kennzeichnete auch das Projekt *Liebe deine Stadt*, das sich gleichwohl in vielerlei Hinsicht von Grahams *Homes for America* unterscheidet – zuallererst in der Objektwahl, galt es doch einer Reihe von „besonders gut gemachte[n] Gebäude[n]", architektonischen „Highlights"[8], die mithin innerhalb eines „Standards von ‚guter' Architektur" stehen. Und im Unterschied zu Grahams beiläufigen, von ihm selbst gemachten Photos kooperierte Merlin Bauer mit international bekannten Kolleginnen und Kollegen wie Candida Höfer und Albrecht Fuchs, deren Prominenz auch der Ökonomie von *Liebe deine Stadt* zugutekam.[9] Die Kombination von gerahmten Photographien und Textzitaten aus den „Laudationen" zu den ausgewählten Gebäuden, die Merlin Bauer im April 2008 unter dem Titel *Feuilleton, 15.04.2008* während der Art Cologne auf einem eigenen Stand präsentierte, nahm schließlich eine gebräuchliche Präsentationsweise des Konzeptualismus oder der Appropriation Art an.

Gleichzeitig liegt *Liebe deine Stadt* ein aktivistischer, kritisch auf die vor Ort herrschenden Verhältnisse reagierender Impuls zugrunde: als Reaktion auf den Abriss des Josef-Haubrich-Forums, vor allem jedoch auf die Diskussion um den möglichen Abriss der Kölner Oper sowie auf eine ebenso bei der Bevölkerung wie auf der Ebene von Politik und Verwaltung verbreitete Indifferenz oder (teils auch strategische) Vernachlässigung der Architektur der ersten Nachkriegsjahrzehnte. Dabei gewann das Vorhaben, jenseits seiner exemplarischen Herangehensweise, durchaus eine allegorische Dimension, wie Merlin Bauer in einem Interview bemerkte: „So, wie beispielsweise mit dem Opernensemble umgegangen wird, so wird auch mit der Kultur insgesamt in Köln umgegangen. Im Prinzip ist es eine Folie für das Selbstverständnis von Politik und Administration, und damit von einer gesamten Stadtgesellschaft."[10] *Liebe deine Stadt* – als Serie von Vorträgen, die im öffentlichen Raum vor den ausgewählten Gebäuden gehalten wurden – war als Instrument angelegt, um in einem breiteren gesellschaftlichen Kontext Erkenntnisse zu fördern und Entwicklungsprozesse anzustoßen. Dieser aktivistische Impuls lässt sich bis zu einer früheren Aktion Merlin Bauers zurückverfolgen, dem 2002 gemeinsam mit der Architektin Anne-Julchen Bernhardt konzipierten Projekt *Unter dem Pflaster der Strand – Momentane Orte,* das den bekannten Sponti-Spruch aus dem Mai 1968 zitierte. In der Tat scheint es heute manchmal, als sei der Strand – in den zahlreichen Open-Air-Bars, die im Sommer mit Strandambiente aufwarten – unter dem Pflaster hervorgeholt worden, allerdings, wie in Zeiten der Profitmaximierung fast überall, unter kommerziellem Vorzeichen und ohne wie auch immer geartete weiterreichende Ansprüche. Das wichtigste Vehikel von *Unter dem Pflaster der Strand* hingegen war ein zu einer mobilen Bar umfunktioniertes Fahrrad, das bei mehr als neunzig Interventionen im öffentlichen Raum zu städtebaulichen, gesellschafts- und kulturpolitischen Themen zum Einsatz kam.

Ein Grund für die breite positive Resonanz auf *Liebe deine Stadt* lag sicherlich darin, dass es – mit dem freundlich gesinnten Format der Laudatio, den launigen, an Claes Oldenburg

214 E 3 St.
Block 385 Lot 11
5 story walk-up old law tenement

Owned by Harpmel Realty Inc., 608 E 11 St., NYC
Contracts signed by Harry J. Shapolsky, President('63)
Martin Shapolsky, President('64)
Principal Harry J. Shapolsky(according to Real Estate Directory of Manhattan)

Acquired 8-21-1963 from John the Baptist Foundation, c/o The Bank of New York, 48 Wall St., NYC, for $237 600.- (also 7 other bldgs.)

$150 000.- mortgage at 6% interest, 8-19-1963, due 8-19-1968, held by The Ministers and Missionaries Benefit Board of the American Baptist Convention, 475 Riverside Drive, NYC (also on 7 other bldgs.)

Assessed land value $25 000.- , total $75 000.- (including 212 and 216 E 3 St.) (1971)

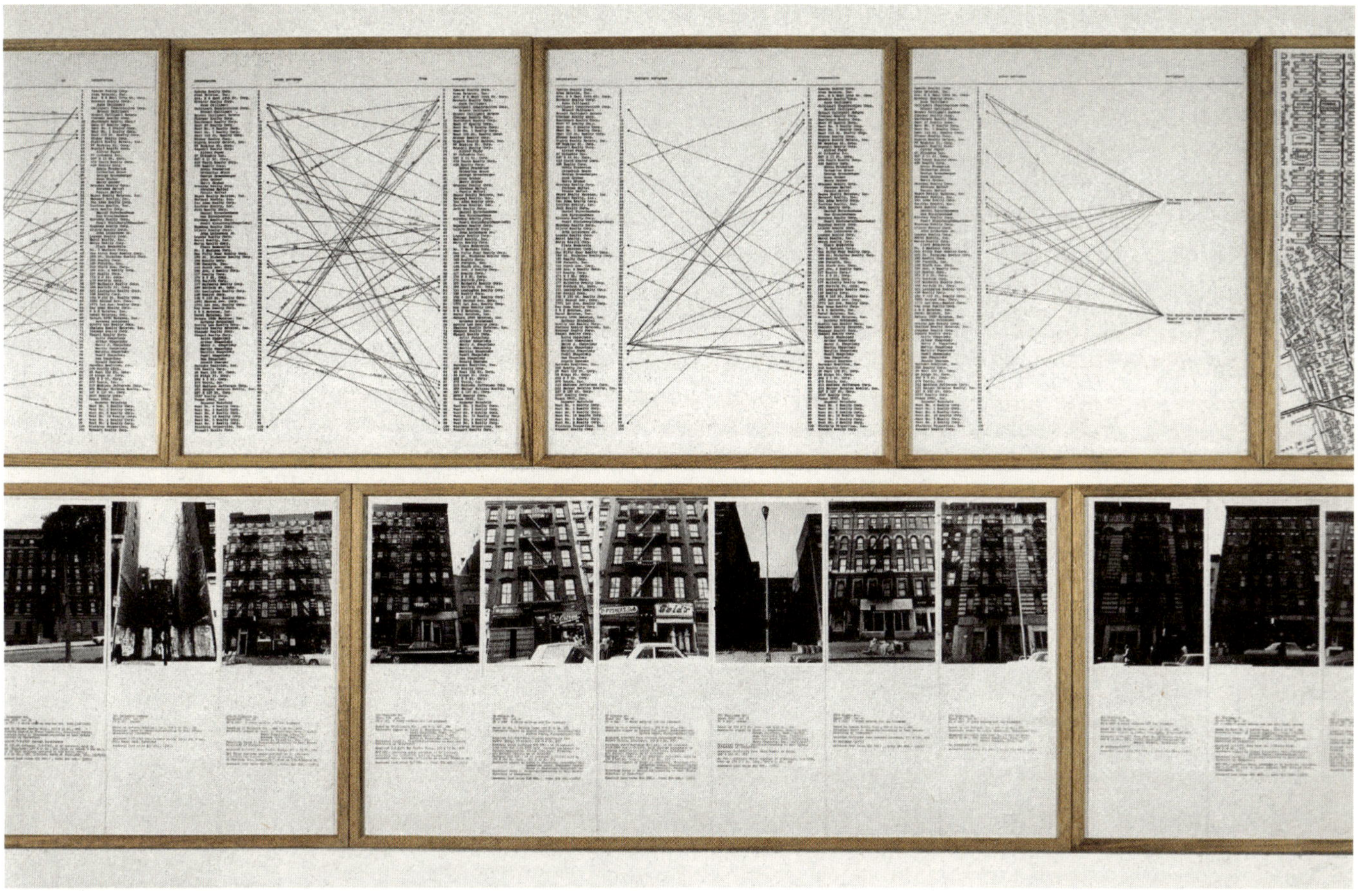

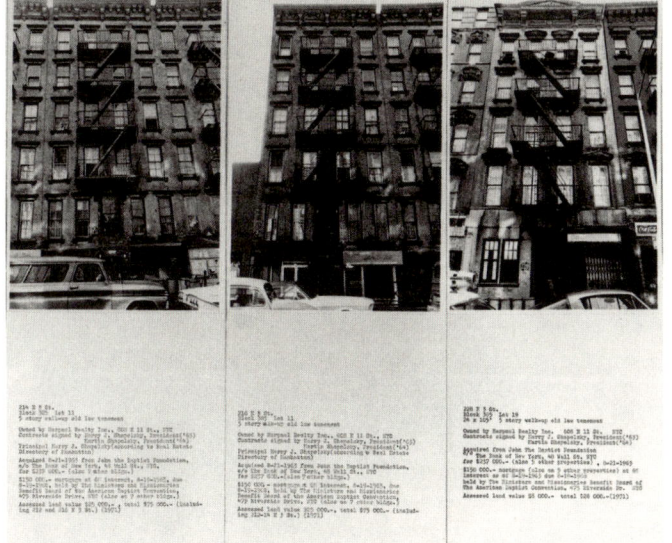

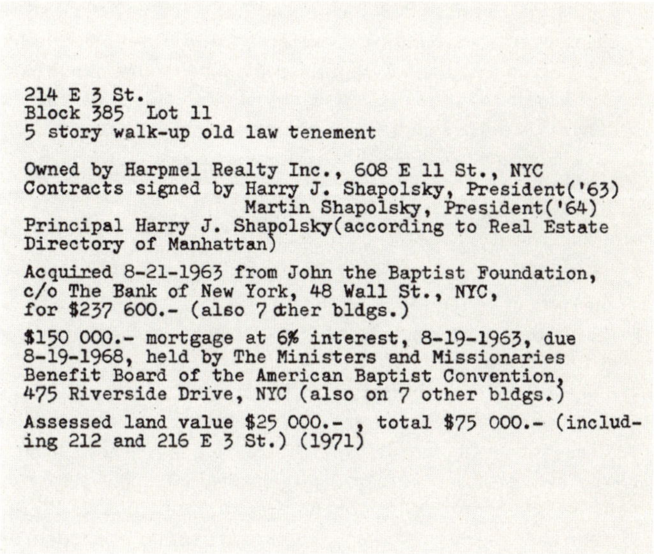

Shapolski et al. Manhattan Real Estate Holdings, A Real-Time Social System, as of May 1971 (Hans Haacke 1971).

erinnernden Preisschleifen an den ausgewählten Bauwerken und dem animierenden Motto – dem Lokalen auf vielfältige Weise Tribut zollte. Darüber hinaus trug *Liebe deine Stadt* zu dem bei, was Michael Hardt und Antonio Negri als „Produktion von Lokalität" bezeichnen, „das heißt nach den sozialen Maschinen zu fragen, in denen als lokal begriffene Identitäten und Unterschiede geschaffen und erhalten werden".[11] Eben diese Frage haben Merlin Bauer und zahlreiche andere an dem Projekt beteiligte Akteure aufgeworfen oder zu beantworten versucht, und damit auch zu konkreten Wirkungen beigetragen: So ist inzwischen der Abriss der Kölner Oper kein Thema mehr, wenn auch das gesamte Ensemble am Offenbachplatz preisgegeben wurde. Dabei erprobte *Liebe deine Stadt* eine Form von Kritik, die weniger auf Konfrontation als auf die Gestaltung eines Prozesses abzielte, der möglichst viele Beteiligte integriert und die Option einer Konsensbildung einschließt.[12] „Fast scheint es so", schrieb kürzlich der Kunsthistoriker Alexander Alberro, „als ob die Reduzierung des Bereichs des Öffentlichen und der Mangel an politischer Erfindungsgabe den Projekten kritischer KünstlerInnen, die mit dem Erbe des Konzeptualismus arbeiten, eine neue Notwendigkeit und neue Möglichkeiten verleihen."[13] Diese neuen Möglichkeiten hat *Liebe deine Stadt* genutzt – an neuen Notwendigkeiten wird es nicht mangeln.

1 Karl Beveridge und Ian Burn, „Don Judd", in: *The Fox*, Nr. 2, New York 1975, S. 138. Zit. nach Benjamin H. D. Buchloh, „Moments of History in the Work of Dan Graham", in: Ders., *Neo-Avantgarde and Culture Industry*, Cambridge, MA und London 2000, S. 179–201, hier S. 185. Übers. d. Verf.
2 Zur Conceptual Art und ihren Vermächtnissen siehe ausführlicher die Einleitung von Alexander Alberro zu *Art After Conceptual Art,* Hgg. Alexander Alberro und Sabeth Buchmann, Köln und Wien 2006, S. 13–27.
3 Siehe hierzu exemplarisch das Kapitel „Medium as Message/Message as Medium", in: Anne Rorimer, *New Art in the 60s and 70s—Redefining Reality,* London 2001, S. 70–111.
4 *Arts Magazine,* 41, 3, New York Dezember/Januar 1966/67, S. 21 f. Wiederabdruck und dt. Übersetzung in: Dan Graham, *Ausgewählte Schriften*, Hg. Ulrich Wilmes, Stuttgart 1994, S. 26–32.
5 Graham, *Ausgewählte Schriften*, S. 32.
6 Buchloh, „Moments of History in the Work of Dan Graham", S. 181. Übers. d. Verf.
7 Dan Graham in einem Brief an Benjamin H. D. Buchloh, 1976. Zit. nach Buchloh, „Moments of History in the Work of Dan Graham", S. 181.
8 Merlin Bauer, zit. nach Rainer Schützeichel, im folgenden Beitrag „Ein Gespräch mit Merlin Bauer", S. 28–33, hier: S. 29.
9 *Liebe deine Stadt* wurde durch öffentliche und private Fördergelder sowie durch den Verkauf von Multiples finanziert; siehe hierzu die Website http://www.liebedeinestadt.de.
10 Merlin Bauer, zit. nach Rainer Schützeichel, „Ein Gespräch mit Merlin Bauer", S. 30.
11 Michael Hardt und Antonio Negri, *Empire – Die neue Weltordnung,* aus dem Englischen von Thomas Atzert und Andreas Wirthensohn, Frankfurt a. M. und New York 2003, S. 59.
12 „Man kann die Perspektive [...] verändern und Leute trotzdem begeistern. [...] Die Frage ist, ob man sich hinstellt wie in den siebziger Jahren und mit Plakaten demonstriert, also ob man auf klassische Protestformen zurückgreift, oder ob man einen anderen Weg geht. Und ich habe mich mit *Liebe deine Stadt* für einen anderen entschieden..." Merlin Bauer, zit. nach Rainer Schützeichel, „Ein Gespräch mit Merlin Bauer", S. 33.
13 Alexander Alberro, „Einleitung", in: *Art After Conceptual Art,* S. 14.

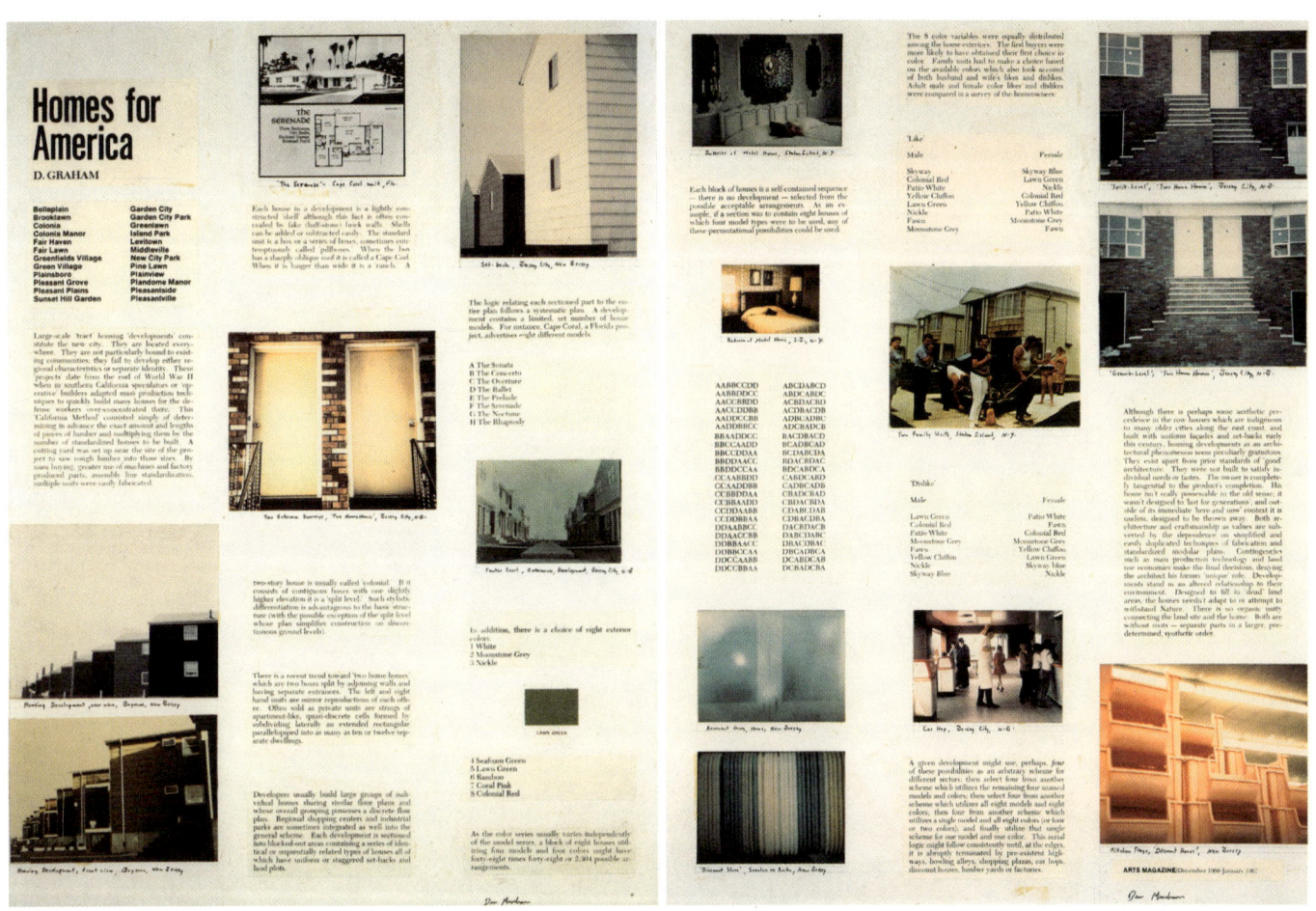

Homes for America (Dan Graham 1966), Layoutboard für *Arts Magazine*, 41, 3, New York Dezember/Januar 1966/67.

Rainer Schützeichel
Ein Interview mit Merlin Bauer

Dipl.-Ing. **Rainer Schützeichel,** *geboren 1977 in Remagen, lebt in Zürich und Bonn. Freier Autor. Er studierte zwischen 2001 und 2006 Architektur in Köln und Wien. Von 2005 bis 2007 absolvierte er ein Volontariat bei der Redaktion der Zeitschrift* der architekt *und war zudem bis 2008 Assistent am Fachgebiet Architekturtheorie der Fachhochschule Köln. Zahlreiche Veröffentlichungen in Architekturzeitschriften und Ausstellungskatalogen sowie regelmäßige Beiträge zum Internetportal www.koelnarchitektur.de.*

Rainer Schützeichel: Resultiert das Projekt Liebe deine Stadt *aus Ihrem Engagement im Umfeld der Initiative* Das Loch, *also aus der Diskussion um den Abriss der Josef-Haubrich-Kunsthalle und auch der Oper?*

Merlin Bauer: Im Jahr 2002 habe ich das Vorgängerprojekt *Unter dem Pflaster der Strand – Momentane Orte* gestartet, das ich in Zusammenarbeit mit der Architektin Anne-Julchen Bernhardt konzipiert habe und mit dem ich über neunzig Interventionen im öffentlichen Raum durchführte. Darüber bin ich zum einen mit der Architektur der Nachkriegsmoderne in Berührung gekommen, die diese Stadt sehr stark prägt – doch musste ich sie mir erst Stück für Stück erarbeiten. Zum anderen habe ich wahrgenommen, wie unvorteilhaft sich die kulturpolitische Situation entwickelte: dass diese große Kunst- und Kulturstadt abgleitet in eine gewisse Provinzialität. Das manifestierte sich auch an baulichen Veränderungswünschen wie eben der Idee, die Josef-Haubrich-Kunsthalle mit dem Kölner Kunstverein abzureißen. Ich war am Anfang kurze Zeit engagiert in der „Initiative Josef-Haubrich-Forum", aus der später „Das Loch e.V." hervorging, habe das Thema aber dann eher in meinen Projekten weitergedacht, um aus einer künstlerischen Position heraus darauf zu reagieren.

Nach dem Abriss des Josef-Haubrich-Forums entstand die verheerende Situation dieses schlagzeilenträchtigen Lochs, das die Probleme in Köln illustrierte. Ich war äußerst geschockt, als dann die Diskussion aufkam um den möglichen Abriss des Opernensembles. Es war interessant, wie auch über die Lokalpresse Politik gemacht wurde: Nämlich, dass man Köln eigentlich nur durch den großen Wurf eines Opernhauses am Rhein aufwerten könne. Über die Veränderung einer Hülle wollte man plötzlich ein anspruchsvolleres Musiktheater hinkriegen. Diese Logik folgt einer Stadtmarketing-Idee und dem Wunsch nach ikonischer Architektur. Andererseits hat man auch sehr schnell das Gefühl bekommen, dass es ein großes Interesse am Operngrundstück gab. Das ist natürlich ein sehr wertvolles innerstädtisches Grundstück. Wenn man sich aber Bilder aus der Nachkriegszeit anschaut, war die Oper eigentlich die erste architektonische Marke, ein kulturelles Zentrum und Ausdruck einer gesellschaftlichen Neuorientierung. Daher ist es eben ein historisch bedeutendes Gebäude, und ob man das schön findet oder nicht, so muss man klarstellen: Es ist Teil einer Identität der Stadtgesellschaft.

Wenn man die Historie betrachtet, war die Oper das Signal des Aufbruchs, ein gesellschaftlicher Ausdruck, der im Operngebäude manifestiert wurde. Würden Sie sagen, in der Kölner Nachkriegsarchitektur lässt sich ein gemeinsamer Nenner erkennen, der sich auch in anderen Gebäuden wiederfindet und sie deswegen so wertvoll macht? Oder anders gefragt: Warum sind gerade die Gebäude, die Sie mit Liebe deine Stadt *ausgezeichnet haben, ausgewählt worden?*

Die Auswahl war ja subjektiv. Es gab keine Jury, sie entstand vielmehr im Gespräch mit Projektbeteiligten und Freunden. So haben sich gewisse Orte herauskristallisiert: Da gibt es Gebäude, die sind dem allgemeinen Betrachter gegenüber eingänglicher und nachvollziehbarer, und dann gibt es welche, die sind schwerer vermittelbar, stehen aber für einen bestimmten Aspekt. Es ging auch darum, besonders gut gemachte Gebäude darzustellen, auf sie aufmerksam zu machen und dabei die Highlights herauszupicken.

Das Problem in der Wahrnehmung von Architektur der Nachkriegsmoderne besteht gerade in Köln darin, dass die Stadt insgesamt sehr schnell hochgezogen wurde. Wofür die ausgezeichneten Gebäude eine gute Folie sind, im Hinblick auf die Probleme von Stadtentwicklung, ist die Verantwortung, die deren Bauherren gegenüber der Stadtgesellschaft übernahmen. Heute haben Unternehmen Planungsabteilungen, in denen vielleicht nicht mal mehr ausgeschrieben wird.

Da gibt es keinen verantwortlichen Chef mehr, der sagt: „Ich hol mir jetzt einen guten Architekten, und dann lass ich mich von ihm beraten." Genau das passiert sicher immer seltener. Dafür stehen aber eben solche Gebäude. Dann gibt es welche, die über Generationen toll gepflegt werden wie das Haus Wefers, und anderseits solche, die extrem vernachlässigt werden, wo also dieses Prinzip von „administrativem Vandalismus", das Andreas Rossmann mal in der *FAZ* geprägt hat, greift. Wie eben an der Josef-Haubrich-Kunsthalle oder auch an der Oper – die so rigoros vernachlässigt werden, dass sie irgendwann im Auge des Betrachters nicht mehr als positiv erscheinen *können,* und dann ist natürlich der Weg hin zum Abriss einfach.

Wirkt das interventionistische Konzept von Unter dem Pflaster der Strand *auch bei* Liebe deine Stadt *weiter? Ist es also insofern nur bedingt ausstellungstauglich – damit meine ich, in Ausstellungen nur bedingt zu erfassen –, als es der Stadt, der Gebäude selbst für sein Funktionieren bedarf?*

Es funktioniert mit den Gebäuden, und es funktioniert vor allem auch mit dem, was dazwischen passiert: wie Leute über die Veranstaltungen reden und so als Multiplikatoren fungieren. *Liebe deine Stadt* ist als Kampagne konzipiert, die außerhalb eines Spezialistendiskurses in die Stadt hineinwirken und vor allem Leute erreichen soll, die sonst nichts mit diesen Themen zu tun haben.

Mit *Unter dem Pflaster der Strand* wollte ich auf die geringe Dynamik reagieren, die ich als Zugereister in dem sehr zentral organisierten Köln feststellen musste. Ich wollte mich aktiver in der Stadt bewegen und auf Inhalte flexibel reagieren können – eben nicht nur auf städtebauliche, sondern auch auf gesellschafts- und kulturpolitische Themen. Andererseits wollte ich öffentliche Räume exemplarisch nutzen, die Bürger einladen, aktiv als Nutzer einzugreifen.

Dieses Projekt zeigte Referenzen an die „Nicht-Orte" bei Marc Augé, die im Wesentlichen Orte ohne Identität bezeichnen, im weitesten Sinne auch Orte, die der öffentlichen Wahrnehmung entzogen sind. Wäre es nun möglich, die bei Liebe deine Stadt *ausgezeichneten Gebäude ebenso zu verstehen? Als nicht wahrgenommene Gebäude, auf die Sie mit Ihrem Projekt aufmerksam gemacht haben, da sie für eine Idee stehen – beispielsweise das Parkhaus mit Hotel Cäcilienstraße für die der „autogerechten Stadt"?*

Nicht alle Gebäude entsprechen diesem Prinzip. Aber gerade das Parkhaus mit Hotel Cäcilienstraße ist beispielhaft. Dessen geplanter Umbau, der zwar nach einer öffentlichen Debatte und auf Druck von Kommunalpolitikern in der vom Investor geplanten Form mit überdimensionalem Reißverschluss als Fassadenapplikation abgewendet werden konnte, ist exemplarisch dafür, wie unsensibel man mit kulturhistorisch bedeutsamen Orten verfährt. Der nun realisierte Entwurf entstellt das Gebäude nachhaltig.

Es geht mir um eine Haltungsfrage auf verschiedenen Ebenen. Es geht zum einen natürlich um eine Idee von kulturellem Gedächtnis, und zum anderen ist die generelle Haltung auch übertragbar auf andere Bereiche: So, wie beispielsweise mit dem Opernensemble umgegangen wird, so wird auch mit der Kultur insgesamt in Köln umgegangen. Im Prinzip ist es eine Folie für das Selbstverständnis von Politik und Administration, und damit von einer gesamten Stadtgesellschaft.

Sie haben einmal gesagt, Sie verstehen sich nicht als „Bewahrer" oder „Verschönerer". Wie aber könnten Sie mit dem Projekt reagieren, wenn ausgezeichnete Bauten wie die Oper in der Diskussion stehen und nicht die Entwicklung nehmen, die sie vernünftigerweise nehmen sollten?

Manche Dinge müssen ja auch aus ökonomischen Gründen verändert werden. Und so ist das bei dem Schauspielhaus gerade: Diese Neuausschreibung beruht auch darauf, dass es zu wenig Raum gibt. Aber man muss erst einmal den Stellenwert dessen, was man da vor sich hat, begreifen und einordnen – dann kann man verantwortungsvoll damit umgehen und es auch weiterdenken. Ich finde es nicht konservativ, zu sagen: „Ich möchte, dass dieses Schauspielhaus als Gebäude bestehen bleibt", auch wenn sich die Stadt weiterentwickeln muss. Ich sehe nicht das Opernhaus, sondern ich sehe ein Opern*ensemble,* das so erdacht wurde und das so funktioniert. Gleichzeitig kann man Zwischenräume nutzen, um Architektur und Stadt an dieser Stelle weiterzuentwickeln.

Was das „Reagieren" betrifft: Die Veranstaltung mit Peter Zumthor und Hiltrud Kier hat die Problematik um die Oper eigentlich genau auf den Punkt gebracht: Oper, Schauspielhaus und Opernterrassen müssen als Ensemble gesehen werden. Dem Beschluss, dass Opernterrassen und Schauspielhaus einem Neubau weichen sollen, ging keine öffentliche Diskussion voraus. Insofern scheint es mir wichtig, diesen Entscheidungsprozess noch einmal genau zu untersuchen.

Ist die Außensicht nötig, um die Qualität der Gebäude zu entdecken? Die Laudatoren zum Beispiel kamen in den seltensten Fällen aus Köln. Sie sagten selbst, dass Sie sich als Wahlkölner die Stadt erstmal aneignen mussten. Sind also die Qualitäten für Kölner versteckter?

Der Versuch war natürlich, mit den Laudatoren eine Außensicht auf Köln zu zeigen. Ich denke schon, dass man, wenn man irgendwo lange Zeit ist, im Allgemeinen den Blick auf seine Umgebung ein wenig verliert, weil alles dem Alltag untergeordnet und „normal" wird. Obwohl das natürlich auch personenabhängig ist, wie das Beispiel Boris Sieverts zeigt, der ein Stadtforscher modernen Typs ist und schon sehr lange in Köln lebt. Aber man braucht auch eine gewisse Zeit, um Strukturen zu erkennen und zu verstehen. Also einerseits braucht es den Blick von außen, aber andererseits geht es auch um ein ausdauerndes Beobachten.

Konnten Sie feststellen, dass es eine kontinuierliche Steigerung in der Resonanz auf Liebe deine Stadt *gab und dass das Projekt auch eine gewisse Breite erreichte?*

Erstaunlicherweise war es von Anfang an gut besucht. Schon bei der Auftaktveranstaltung im Panoramapavillon waren rund dreihundert Leute da, und es hat sich dann immer weiter ausgebreitet. *Liebe deine Stadt* war anfangs auf ein Jahr hin konzipiert, dann hat es sich aber aufgrund von finanziellen Schwierigkeiten in die Länge gezogen. Man muss aber sagen, dass gerade diese längere Projektdauer dem Wirkungsgrad der Arbeit förderlich war.

Wie war das Interesse, als Sie Gelder zur Finanzierung des Projekts geworben haben? Gab es ein grundsätzliches Interesse an Ihrem Vorhaben, oder mussten Sie erst einmal den Blick schärfen für die Qualität dieser Arbeit?

Am Anfang des Projekts habe ich unzählige Klinken geputzt und auch – was mir teilweise bis heute kritisch ausgelegt wird – die inhaltliche Auseinandersetzung gesucht mit unterschiedlichen Interessengruppen, wie zum Beispiel mit „Kölntourismus", dem „Citymarketing" und so weiter. Ich finde es wichtig, aufeinander zu zu gehen und sich argumentativ auszutauschen. Das Interesse war aber nicht groß, und ich habe begonnen in dem guten Glauben, dass eine in Aussicht gestellte Förderung kommen würde. Es musste zu diesem Zeitpunkt einfach auch passieren, weil der politische Rahmen es unumgänglich machte zu reagieren: Das war im Prinzip genau in dem Zeitraum der Diskussion um die Oper – und wenn man dann nicht anfängt, kann man es gleich in die Schublade stecken. Da muss man natürlich auch ein bisschen Risiko eingehen.

Dass jetzt der Schriftzug an der Nord-Süd-Fahrt installiert wurde, ist natürlich wunderbar, weil er gerade an diesem Ort an die Oper und die Urdiskussion um das Opernensemble andockt und an einer hochfrequentierten Stelle immer wieder darauf hinweist.

Ist der Schriftzug an dieser Stelle als dauerhafte Installation geplant?

Die offizielle Genehmigung reicht jetzt noch über ein Jahr, und dann muss man schauen, wie man sich mit dem Besitzer weiter einigt. Es hat den Anschein, dass der Schriftzug schon etwas Wahrzeichenhaftes hat: Ich bekomme viele E-Mails, dass er jetzt in Fernsehproduktionen, z. B. dem neuen ARD-Krimi über Köln, auftaucht oder als Projektion im TV-Karneval-Megaevent „11. im 11." gemeinsam mit Bildern von Rhein und Dom verwendet wird. Das ist auf der einen Seite gut, auf der anderen Seite besteht aber die Gefahr, dass der Schriftzug und damit das Projekt vereinnahmt werden. Beispielsweise kursieren kommerzielle Plagiate bis hin zu Werbespots, die nicht von meiner Seite autorisiert wurden.

Ist es notwendig, Kritik in ungewohnter Weise zu formulieren und dadurch auf eine andere Ebene zu heben?

Es ist vielleicht ein ganz entscheidender Punkt, wie man heute Kritik formuliert: Ob man sie rotzig-trotzig in den Raum stellt und damit sehr stark dem Risiko ausgesetzt ist, dass man überhört wird. Man kann die Perspektive aber auch verändern und Leute trotzdem begeistern. Im Endeffekt geht es ja darum: Leute zu begeistern für eine Idee. *Liebe deine Stadt* nimmt natürlich die Lieblichkeit der fünfziger Jahre auf mit dieser Schreibschrift, und damit schafft man, dass es erst einmal altersübergreifend gemocht wird. Aber, das ist nur *eine* mögliche Strategie. Wenn nunmehr alle Künstler so arbeiten würden, wäre es absolut falsch.

Im Endeffekt ist dieses Projekt das Ergebnis einer Bestandsaufnahme, denn die lokalen Printmedien treten nicht als übermäßig kritisch hervor. Eine wirkliche lokale Diskussionskultur ist für mich eigentlich kaum greifbar. Bei den ganzen Problemen, die in der Stadt bestehen, hat sich eher eine entspannte (Fahr-)Lässigkeit oder möglicherweise auch eine Resignation eingestellt. Die Frage ist, ob man sich hinstellt wie in den siebziger Jahren und mit Plakaten demonstriert, also ob man auf klassische Protestformen zurückgreift, oder ob man einen anderen Weg geht. Und ich habe mich mit *Liebe deine Stadt* für einen anderen entschieden …

Diese Kritik kann ja dadurch laut werden, dass sie auf subversive Art wirkt. Wenn man an die Nord-Süd-Fahrt denkt und der Schriftzug dort schon so eine Art Wahrzeichencharakter bekommen hat, dann gibt es dadurch bereits eine Präsenz auch in den Köpfen.

Genau. Und die positiven wie auch kritischen Aspekte des Projekts sind nun im Buch als letzte Etappe von *Liebe deine Stadt* zusammengefasst. Die Idee ist nicht, noch zwanzig weitere Gebäude auszuzeichnen – das kann man natürlich machen, aber es ist für die Projektdynamik nicht notwendig.

Überarbeitete Fassung des Interviews mit Merlin Bauer vom 3. April 2008, erstmals erschienen unter dem Titel „Stadtgespräch – 30. Mai 2008 – Ein Interview mit Merlin Bauer über sein Projekt ‚Liebe deine Stadt'" in: http://www.koelnarchitektur.de/pages/de/home/aktuell/2083.stadtgespraech.html.

EXPRESS, 20. Oktober 2005.

Ein letzter Blick… war der Titel der Abschiedsveranstaltung im November 2005 am Panoramapavillon an der Hohenzollernbrücke, dem ersten Standort des Liebe-deine-Stadt-Schriftzugs. Während des gesamten Abends erklang aus Kofferradios *Du lässt dich geh'n (1962)* von Charles Aznavour.

Charles Aznavour, 1962
Du lässt dich geh'n

Du bist so komisch anzuseh'n,
denkst du vielleicht, das find' ich schön,
wenn du mich gar nicht mehr verstehst
und mir nur auf die Nerven gehst?
Ich trinke schon die halbe Nacht
und hab mir dadurch Mut gemacht,
um dir heut endlich zu gesteh'n,
ich kann dich einfach nicht mehr seh'n,
mit deiner schlampigen Figur
gehst du mir gegen die Natur.

Mir fällt bei dir nichts and'res ein,
als Tag und Nacht nur brav zu sein,
seit Wochen leb ich neben dir
und fühle gar nichts mehr in mir.
Nur dein Geschwätz, so leer und dumm,
ich habe Angst, das bringt mich um.
Ja, früher warst du lieb und schön,
du lässt dich geh'n, du lässt dich geh'n.

Du bildest dir doch wohl nicht ein,
du könntest reizvoll für mich sein,
mit deinen unbedeckten Knien,
wenn deine Strümpfe Wasser zieh'n?
Du läufst im Morgenrock herum,
ziehst dich zum Essen nicht mal um,
dein Haar, da baumeln kreuz und quer,
die Lockenwickler hin und her,
und schiefe Hacken obendrein,
wie fiel ich nur auf so was rein?

Vor meinen Freunden gibst du an
und stellst mich hin als Hampelmann,
das bringt mich nachts, sogar im Traum,
im tiefen Schlaf noch auf den Baum.
Ich hab' gedacht, du hast mich lieb,
als ich für immer bei dir blieb.
Wenn du nur still wärst, das wär schön,
du lässt dich geh'n, du lässt dich geh'n.

Bei Tag und Nacht denk' ich daran,
ob das nicht anders werden kann?
Du bist doch schließlich meine Frau,
doch werd' ich nicht mehr aus dir schlau.
Zeig mir doch, dass du mich noch liebst,
wenn du dir etwas Mühe gibst,
mit einem kleinen Lächeln nur,
und tu' auch was für die Figur!
Dann hätt' ich wieder neuen Mut,
und alles würde wieder gut.

Sei doch ein bisschen nett zu mir,
damit ich dich nicht ganz verlier',
denk an die schöne Zeit zurück,
die Liebe auf den ersten Blick,
wie ich am Abend zu dir kam,
und dich in meine Arme nahm.
An meinem Herzen, das wär schön,
da lass dich geh'n, da lass dich geh'n.

Ulrich Gutmair
Was den Kölnern heilig ist
Merlin Bauers Strategie zur res publica

Ulrich Gutmair, geboren 1968 in Dillingen an der Donau, lebt seit 1989 in Berlin. Studium der Publizistik und Geschichte an der Freien Universität in Berlin. Von 2001 bis 2007 leitete er das Feuilleton der Netzeitung. Seit 2007 ist er Kulturredakteur der tageszeitung. Er schreibt für verschiedene Zeitschriften, darunter Texte zur Kunst und Spex.

Von Berlin aus gesehen liegt Köln nicht nur im halb schon versunkenen, halb noch präsenten „Westdeutschland", dem Land hinter der Transitzone. Köln scheint die alte Bundesrepublik geradezu beispielhaft zu verkörpern. Köln steht für rheinischen Kapitalismus und Westbindung, also für jenen Teil Deutschlands, der nach 1945 in der sozialen Marktwirtschaft sein Gegenmodell zum real existierenden Sozialismus fand. Das Einzige, was den Berlinern heute zum Sozialismus noch einfällt, ist die Idee, man könne ihn in einem exorzistischen Akt endgültig aus dem Leib der deutschen Hauptstadt herausjagen, indem man den Palast der Republik nicht nur abreißt, sondern auch gleich das alte Stadtschloss der Hohenzollern wiederaufbaut, indem man also ein repräsentatives Gebäude des real existierenden Sozialismus durch ein repräsentatives Gebäude des Kaiserreichs ersetzt.

Köln hingegen ist eine kulturelle Ikone, die das ganz Alte, nämlich das Römische, das Karolingische und die mittelalterliche Geschichte des christlichen Deutschlands, mit der Architektur und der Kunst der Nachkriegsmoderne verbindet. Der Kölner Dom wachte zudem jahrzehntelang über die unangefochtene Kunsthauptstadt der Bundesrepublik. Inzwischen aber haben sich die Zeiten geändert. Der Dom ist den Kölnern offensichtlich nicht mehr heilig, denn so manch einer fände nichts dabei, ihn mit Hochhäusern zu umstellen. Auch die Nachkriegsmoderne, die zu einem nicht unwesentlichen Teil den Charme Kölns bis heute ausmacht, ist Anfeindungen ausgesetzt. Und schließlich ist zu allem Überfluss so mancher Künstler und der eine oder andere Galerist nach Berlin abgewandert.

Insofern kann man es durchaus als Provokation betrachten, dass der Text eines Buchs, das von einem spezifisch kölnischen Kunstprojekt handelt, mit den Worten „von Berlin aus gesehen" beginnt, weil er von einem Autor geschrieben wurde, der seit geraumer Zeit in Berlin lebt. Merlin Bauer verpackt seine eigenen Provokationen gern elegant und dosiert sie so vorsichtig, dass sie erst langsam, gleichsam schleichend, zu wirken beginnen wie ganz besonders süßes Gift. Das könnte, wenn wir die Stereotypen von Herkunft und Ort ein weiteres Mal bemühen wollen, daran liegen, dass er als österreichischer Emigrant seit geraumer Zeit in Köln lebt. Die subtile Strategie der Subversion, die sein Projekt *Liebe deine Stadt* auszeichnet, hat von Anfang an mit dem Hang zur Umarmung aller Differenzen gerechnet, die die kölnische Gesellschaft vielleicht ganz besonders auszeichnet, und sie hat in Kauf genommen, eben daran erfolgreich zu scheitern. Dass dieses Scheitern gelungen sein könnte, beweist der Umstand, dass das Logo der Kampagne inzwischen einen prominenten Platz im Stadtbild gefunden hat.

Seit dem 11. Mai 2007 sehen sich Kölner Bürger, die mit ihrem Auto die Innenstadt auf der Nord-Süd-Fahrt durchqueren, mit einem leuchtend roten, sechsundzwanzig Meter breiten und vier Meter hohen Slogan in schöner Schreibschrift konfrontiert. Er fordert den Betrachter zu einer Haltung und einem Bekenntnis auf, das jedem heimatverbundenen Kölner eine Selbstverständlichkeit ist und den Fremden als Klischee sofort glaubwürdig erscheint: *Liebe deine Stadt*.

Dank der Unterstützung von elf Kölner Bürgern[1] konnte die Installation im Zentrum Kölns platziert werden. Sie verbanden die Anbringung des Slogans mit der Aufforderung an die Stadt, den Kulturhaushalt in den nächsten Jahren deutlich aufzustocken. *Liebe deine Stadt* ist damit unter anderem als Aufforderung zu verstehen, Kultur nicht ausschließlich dem bürgerlichen Engagement zu überlassen, sondern als öffentlichen Auftrag zu begreifen.

Anlässlich der Anbringung des Schriftzugs wies Laudator Friedrich Heubach, Professor an der Kunstakademie Düsseldorf, allerdings darauf hin, dass sich hinter diesem Imperativ falsche Annahmen verbergen: Eine Stadt sei gerade nicht für jeden Einzelnen da, sondern für alle. Die Liebe zur Stadt wiederum, die der Slogan einfordere, müsse im Sinne einer psychoanalytischen Sichtweise wohl als Akt der Notwehr gegen eine Zumutung gelesen werden, nämlich der spezifischen Verhältnisse in Köln. Tatsächlich hatte die Kampagne auf den Tag genau zwei Jahre zuvor, am 11. Mai 2005, als Reaktion auf den geplanten Abriss des Opernensembles begonnen. Die Kölner Oper steht beispielhaft für aktuelle städtebauliche Entwicklungen in Köln, sollte sie doch nach dem Willen namhafter Politiker einem repräsentativen Neubau in Randlage weichen. Unterstützt wurde dieses Projekt durch das maßgebliche und einflussreichste Medium der Stadt, den *Kölner Stadt-Anzeiger*. Wie in Bilbao, Sydney oder Hamburg sollte durch einen spektakulären architektonischen Wurf ein neues Image der Stadt als Ort von Kreativität und Kultur geprägt werden. Die Kosten wollte man über den Verkauf des dann brachliegenden innerstädtischen Operngrundstücks finanzieren. Diese Pläne lösten eine heftige Debatte aus. Denn das Opernhaus am Offenbachplatz, das von 1954 bis 1957 durch den bekannten Kölner Architekten Wilhelm Riphahn erbaut wurde, gilt trotz seiner baulichen Vernachlässigung über Jahrzehnte hinweg als herausragendes Bauwerk seiner Zeit. Inzwischen wurde ein Kompromiss gefunden, wonach zwar das Gebäude der Oper erhalten, die anderen Teile des Ensembles, darunter das Schauspielhaus, jedoch abgerissen und durch Neubauten ersetzt werden sollen.

Die Auftaktveranstaltung von *Liebe deine Stadt* fand im Panoramapavillon vor den ehemaligen Messehallen am Rhein statt. Mit Beiträgen von Hans Schilling, Bernd Streitberger und Kasper König begann hier eine kritische Auseinandersetzung über die „Kölnische Identität". Seither wurden im Rahmen der Kampagne herausragende Beispiele kölnischer Nachkriegsarchitektur, die durch ihre architektonische Qualität und städtebauliche Sensibilität bestechen, mit einer Schleife in den Stadtfarben ausgezeichnet. Als Laudatoren konnten dafür bekannte Architekten, Kunsthistoriker und Theoretiker gewonnen werden, die sich in ihren Reden dem jeweiligen Gebäude, aber auch aktuellen Fragen der Stadtentwicklung und der Kulturpolitik widmeten. Zwar war der Anlass der Kampagne der erwähnte Streit um die Oper, im Hintergrund aber steht eine Vielzahl von Ereignissen und Vorgängen, die ihren Widerhall auch über die Stadtgrenzen hinaus gefunden haben. In den vergangenen Jahren wurde nicht nur der städtische Kulturetat massiv gekürzt. Skandale um städtische Projekte wie die Kölnarena, das Technische Rathaus und einen Messehallen-Neubau, die der Oppenheim-Esch-Immobilienfonds finanzierte, erschütterten die Stadt. Wo das Engagement von privaten Investitionen angeblich die öffentlichen Etats schonen sollte, trat regelmäßig das Gegenteil ein. Auch der Abriss der Kunsthalle, von der das sprichwörtliche „Kölner Loch" übrig blieb, schadete dem Image Kölns nachhaltig.

Liebe deine Stadt handelte demnach auch davon, wie sich die Stadt fürderhin präsentieren kann und welche Prioritäten dabei gesetzt werden sollen. In seiner Laudatio auf das Landeshaus zu Köln hat der Stadtsoziologe Walter Prigge von der Stiftung Bauhaus Dessau eine in dieser Hinsicht wesentliche Frage gestellt, nämlich was die spezifische Kölner Alternative sein könne zum „Hochhaus einer Investorenmoderne" auf der einen und zu den „‚europäischen' Kulissen einer Retro-Architektur" auf der anderen Seite, „die mit industriell hergestellten Sandsteinplatten historische Traufhöhen reproduzieren". Prigge glaubt, dass die eigentliche Aufgabe von Politik und Stadtplanung in Köln darin bestehe, eben diese Alternative zu den Modellen Frankfurt und Berlin zu finden. Während Frankfurt als kontinentaleuropäischer Umschlagplatz für Kapitalströme diesem Umstand ganz selbstbewusst-bewusstlos seinen Ausdruck durch immer höhere, immer glänzendere Türme zu geben versucht, hält sich die Hauptstadt aus Unsicherheit darüber, was Deutschland im 21. Jahrhundert überhaupt sein soll, tatsächlich erst einmal am Ordnungssinn des lange untergegangenen Preußen fest.

Wie und als was aber soll sich nun Köln präsentieren? Das Projekt *Liebe deine Stadt* gibt einerseits eine durchaus konservative Antwort darauf: Köln soll sich auf die Traditionen besinnen, die sein Image ohnehin prägen, und diese Traditionen sind in jüngerer Zeit eben die des architektonischen Modernismus und der modernen Kunst. Die Kampagne sollte die

Aufmerksamkeit der Öffentlichkeit auf architektonische Meisterwerke der Kölner Nachkriegsmoderne aus den fünfziger und sechziger Jahren richten, deren Existenz entweder für selbstverständlich erachtet oder gar zugunsten von prestigeträchtigen Neubauten in Frage gestellt wird. Welche Rolle aber spielt dabei die Kunst?

Heute ist in der internationalen, besonders in der US-amerikanischen Kunstwelt, geradezu ein neuerlicher „Köln-Hype" ausgebrochen, wie die Herausgeberin der einst in Köln gegründeten und heute in Berlin produzierten Kunstzeitschrift *Texte zur Kunst,* Isabelle Graw, ebendort schrieb.[2] Köln stehe für das „sagenumwobene Epizentrum" der Kunstwelt der späten achtziger und frühen neunziger Jahre, in der die Konzeptkunst einen neuen Aufschwung erlebte. Diskursive, institutionskritische, in kollektiven Zusammenhängen entstandene Kunst prägte damals die Kunstszene in Köln. Graw analysiert in ihrem Text, dass es kein Zufall sei, „dass die mit dieser Stadt assoziierten Zusammenhänge zu einem Zeitpunkt idealisiert werden, da sich der vormals nach dem Modell ‚Einzelhandel' organisierte Kunstbetrieb in eine Eventkultur mit kulturindustriellen Zügen verwandelt hat, in welcher der ökonomische Imperativ regiert".[3] Das ist eine präzise Beobachtung, die sich allerdings nicht allein mit Blick auf die Kunst, sondern für den gesamten Bereich der Kultur, in manchen Bereichen mehr, in anderen weniger, machen lässt. Köln fungiere unter diesen Bedingungen als „Metapher für eine Art Restautonomie" des künstlerischen Felds, glaubt Graw.[4]

Wie aber kommt es dazu, dass eine Stadt überhaupt zur erfolgreichen Metapher für eine bestimmte Form der kulturellen Produktion werden kann? Auch das ist wohl kein Zufall. Es liegt erstens in der Logik und Struktur einer Event- und Celebritykultur, die ohne Gesichter und Ikonen, Metaphern und mythisch aufgeladene Orte gar nicht existieren könnte. Zweitens aber ließe sich die Hypothese aufstellen, dass den Städten im Zeitalter von Globalisierung und transnationalem Freihandel auch eine weitaus größere ökonomische und politische Bedeutung zukommt als zuvor. Wo der Nationalstaat an Bedeutung verliert, wird die Stadt zum wesentlichen ökonomischen und kulturellen Bezugspunkt.

Damit verschärft sich die Konkurrenz der Städte und Regionen untereinander, die aus eben diesem Grund versuchen, ihre Präsenz in der globalen Aufmerksamkeitsökonomie zu schärfen. Allerdings ist in der Diskussion um „globale Städte" zu Recht bestritten worden, dass zwischen diesen globalen Städten ausschließlich Konkurrenz herrsche: Vielmehr muss wohl eher davon ausgegangen werden, dass auch im Verhältnis dieser Städte untereinander eine Form der Arbeitsteilung besteht. Trotzdem ist es offensichtlich, dass Städte nicht mehr nur um Industrieansiedlungen, Verkehrsanbindungen, Subventionen, Touristen, sondern auch um ein positives Image kämpfen. Die Felder, auf denen dieser Kampf in erster Linie ausgetragen wird, sind die Architektur und die Kultur. Der Imperativ *Liebe deine Stadt* liegt als Aufruf zur Affirmation des Standorts ganz auf der Linie, die von städtischen und regionalen Marketingkampagnen im Ringen um Aufmerksamkeit vorgegeben wird. *Liebe deine Stadt* versuchte in der Tat, die Aufmerksamkeit der Stadt auf Architekturen zu lenken, die zwar keineswegs so spektakulär sind, wie es die gedachten Konsumenten urbaner Eventkultur angeblich gerne haben wollen, aber als Ensemble modernistischer Gebäude möglicherweise keinen unwesentlichen Anteil an dem Bild haben, das man sich von Köln macht.

Der Kampagne ging es demnach um eine Korrektur der Vorstellungen, die man von bestehenden und zukünftigen Images der Stadt hat. Es handelt sich tatsächlich auch um einen konservatorischen Ansatz, dem die modernistische, altbundesrepublikanische Identität Kölns am Herzen liegt. Aber es ist nicht nur die Liebe zum Baustil, sondern die Liebe zu den sich darin im besten Fall ausdrückenden Ideen der Moderne, die hier eigentlich propagiert werden. *Liebe deine Stadt* ist insofern ein subversiver Imperativ, weil sich unter diesem harmlosen und beinahe

Das Josef-Haubrich-Forum, Köln.

40 ULRICH GUTMAIR

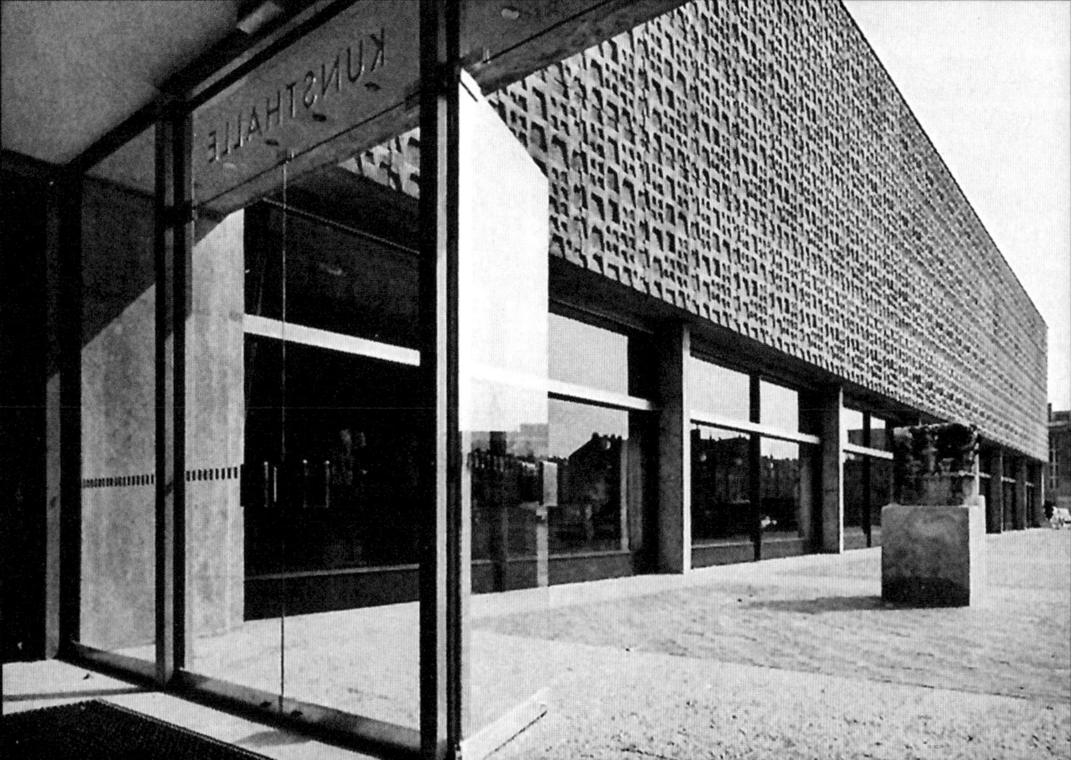
KUNSTHALLE

naiven, wenn nicht gar plumpen Slogan, der so ganz ins Bild der zeitgenössischen Eventkultur passt, ein kritischer Impuls versteckt, der sich die Prämissen eben dieser Eventkultur zu attackieren anschickt. Denn die Stadt, die zu lieben die Kölner aufgerufen werden, wird als Ort gedacht, an dem kritische Öffentlichkeit, Freiräume und Überkommenes ihren Platz haben sollen. Auch die Laudatoren, die *Liebe deine Stadt* für den Lobpreis modernistischer Kölner Bauten gewinnen konnte, plädieren dafür, die Stadt nicht nur als Ort des Konsums, sondern weiterhin als primären Ort der Vergesellschaftung zu begreifen.

Liebe deine Stadt ist nicht aus dem Nichts entstanden. Der Kampagne ging ein anderes Kunstprojekt Merlin Bauers voraus, das einen öffentlichen Raum des Austauschs und der Debatte nicht nur einforderte, sondern selbst immer wieder aufs Neue schuf. *Unter dem Pflaster der Strand – Momentane Orte* umfasste zwischen 2002 und 2005 mehr als neunzig Interventionen und Veranstaltungen. Den Kristallisationspunkt für diese Reihe von Aktionen, Gesprächen und Diskussionen bildete dabei immer wieder Bauers *Strandbox,* eine mobile Bar mit integriertem UKW-Piratensender, „deren äußerliches Erscheinungsbild an ein italienisches Eisverkäuferfahrrad erinnert", wie Bauer das Objekt selbst beschreibt. Die *Strandbox* erschien an Wunden im Gewebe der städtischen Öffentlichkeit, an Orten, deren Leere oftmals von einem Verschwinden erzählte. Der vielleicht poetischsten Intervention des Projekts gelang es, einer solchen Leere ein Stück Erinnerung zu entreißen und somit eine Lücke im urbanen Gedächtnis zu schließen. Nach dem Abriss der Josef-Haubrich-Kunsthalle war nämlich ein Fassadenfragment des Hauses vom Kölner „Sammlerpaar" Verena Kluth und Norbert Arns gerettet worden. Anstatt es aber nun als traurige Trophäe zu Hause aufzubewahren, übergaben sie es am 8. Mai 2003 in einem ordentlichen Festakt dem Römisch-Germanischen Museum. Sie füllten damit die Lücke der Katalognummer 32, und bis zum heutigen Tag ist das Objekt in der Außenausstellung der Architekturfragmente aus der Römerzeit zu sehen, direkt gegenüber der Dombauhütte.

1 Peter Bach, Kurt Bartenbach, Christian DuMont Schütte, Theo Greif, Klaus Heubeck, Peter Jungen, Thomas Kurth, Udo Müller, Werner Peters, Alexander Pirlet, Dieter Schütte und Wolfgang Strobel.
2 Isabelle Graw, „VON HIER AUS/Über Köln-Mythen, Fremdbestimmung und Rückzugs- und Ausstiegsszenarien angesichts der gestiegenen Bedeutung von ‚Leben'," in: *Texte zur Kunst,* Heft 63, Berlin, September 2006, S. 48–65, hier: S. 48.
3 Ebd., S. 52.
4 Ebd., S. 54.

Dreharbeiten zum Video *Manus Spleen 2* (Rosemarie Trockel, 2002).

Manu assistiert Udo Kier, während dieser eine Rede gegen den Abriss der Josef-Haubrich-Kunsthalle in Köln hält: „Genau deshalb sind wir hier. Nicht weil wir glauben, man könne noch etwas ändern, sondern weil man immer nichts ändern kann, darum sind wir hier. Wir sind hier, weil es zu spät ist! Wir wollen auf etwas aufmerksam machen, das dennoch geändert werden müsste. Wir wollen hier an diesem Ort gegen die Unveränderlichkeit protestieren. Wir sind hier, um mit allem Nachdruck für die Veränderungswürdigkeit einzutreten!"

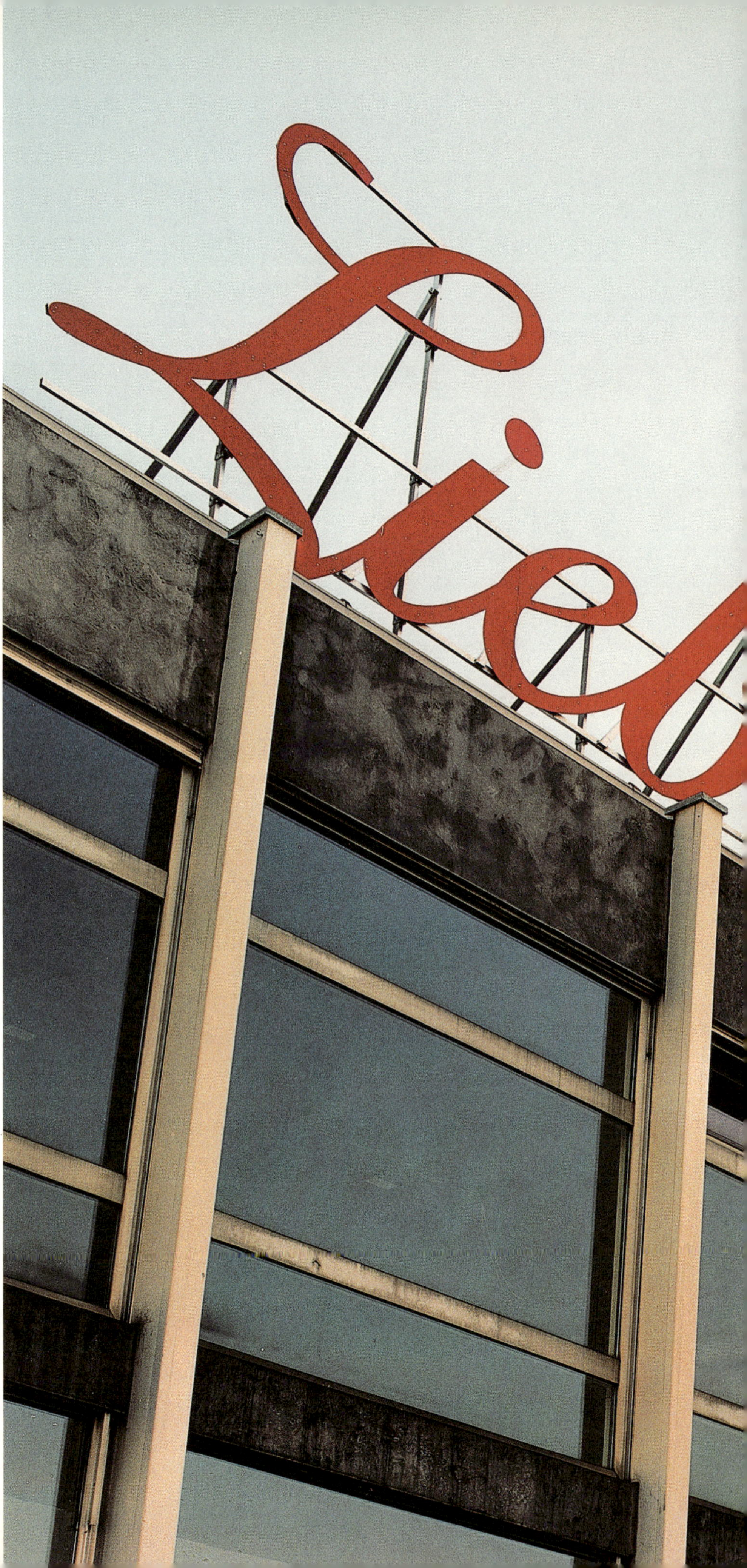

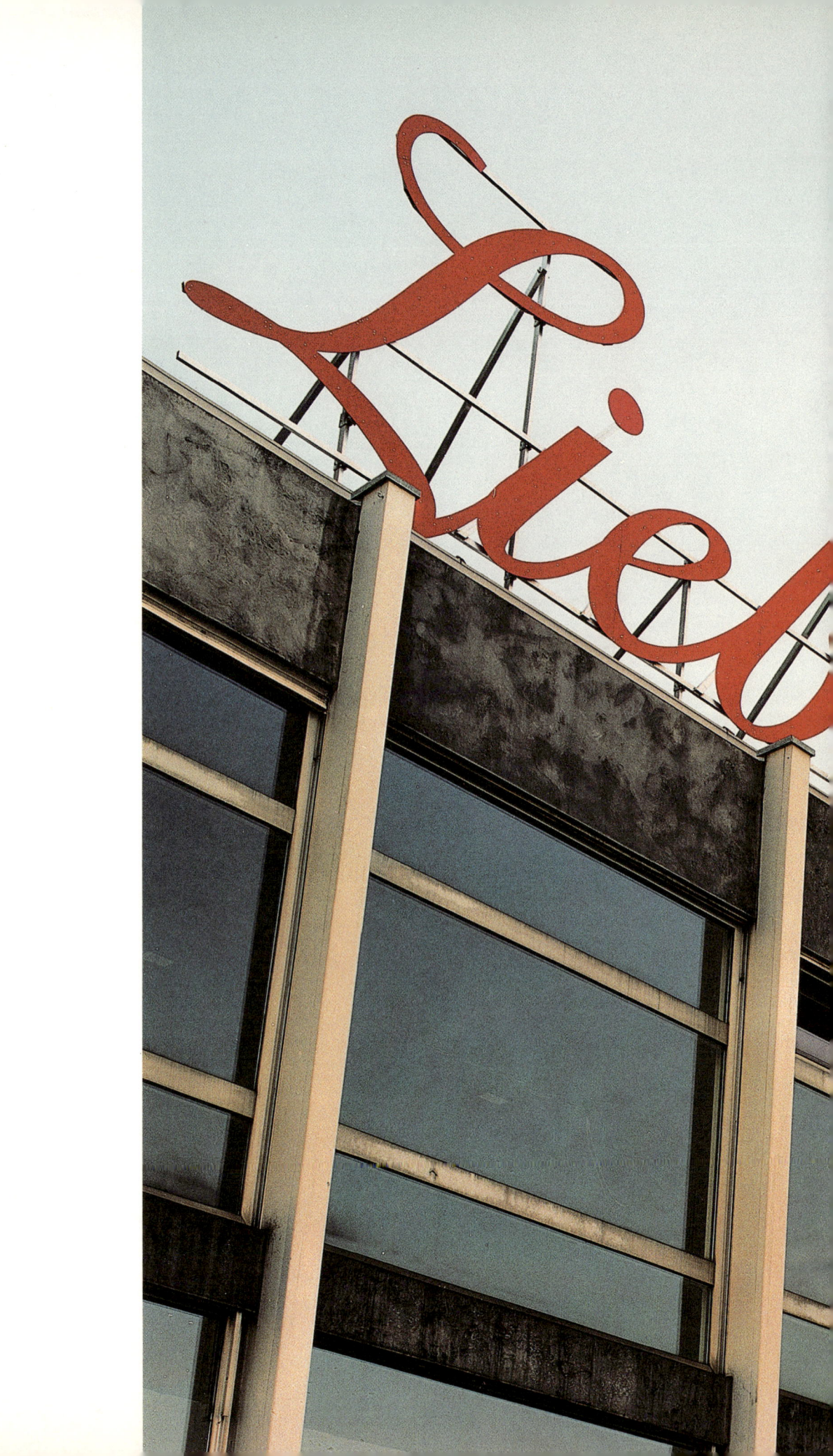

deine Stadt

Wolfgang Pehnt
Flugdach-Charme und römische Gesinnung
Anmerkungen zur Kölner Nachkriegsarchitektur

*Prof. Dr. **Wolfgang Pehnt**, geboren 1931 in Kassel, lebt in Köln. Architekturhistoriker und -kritiker. Lehrt an der Ruhr-Universität Bochum. Mitglied der Akademie der Künste, Berlin, und der Bayerischen Akademie der Schönen Künste, München. Zahlreiche Publikationen zur Architekturgeschichte des 19. und 20. Jahrhunderts.*

Es gibt nicht nur eine Tradition des Städte-Selbstlobs, sondern auch eine des Städtetadels. Das jeweils eigene Gemeinwesen wird als besonders anfällig, beschädigt oder gar korrupt dargestellt. Nirgendwo wird so viel abgerissen wie in Berlin, sagen die Berliner, der Vergangenheit so wenig Respekt erwiesen wie in Frankfurt am Main, sagen die Frankfurter, dem Moloch Verkehr so viel geopfert wie in Hannover, der Entvölkerung der Innenstädte so viel preisgegeben wie in Leipzig. Auf dem Kölner Sündenkonto stehen die ungepflegten öffentlichen Räume, ihre Verunstaltung durch überflüssiges Gerät, die noch immer bestehende Lückenhaftigkeit der innerstädtischen Textur, die Gleichgültigkeit gegenüber architektonischer Qualität, die Maßstabsbrüche im Stadtbild. Über allem droht der Vorwurf der Klüngelwirtschaft, als blühte Verabredungsmentalität nicht auch andernorts. Die Kölner waren so unvorsichtig, ein eigenes Wort für das Do-ut-des-Prinzip in Umlauf zu setzen: Klüngel eben. Nun gelten sie ganz zu Unrecht als die Erfinder des einträglichen Kompromissgeschäfts zwischen Freundfeinden.

Mit Nachsicht, scheint mir, kommt man weiter als mit Verachtung. Schon das spricht für den Slogan: *Liebe deine Stadt* – auch wenn es nicht immer leicht fällt. Ein Teil der Übel, die nach wie vor das Stadtbild bestimmen, geht auf den noch heute nachwirkenden, hohen Zerstörungsgrad Kölns während des Zweiten Weltkriegs zurück. In 262 Luftangriffen war die Stadt verwüstet worden; neunzig bis fünfundneunzig Prozent des inneren Bereichs lagen in Trümmern. Auf der Schadenskarte, die den Verlust an Wohnraum während des Kriegs darstellt, ist Köln unter den deutschen Großstädten die am meisten zerstörte. Noch in der photographischen Luftkartierung, die im Mai 1951 vorgenommen wurde, scheinen ganze Quartiere der Innenstadt ausradiert. Straßen und Gassen zogen sich als Trampelpfade durch die Trümmerwüste. Bausperre bestand in der Innenstadt bis 1949, bis zur Verabschiedung der Neuordnungsplanung für Alt- und Neustadt.

Unter diesen Umständen wirkte jeder Neubau, der ein größeres Volumen oder einen prominenteren Bauplatz beanspruchte, als Signal zum Aufbruch. Selbst ein Miniaturformat wie Gottfried Böhms Kapelle in den Ruinen von St. Kolumba, heute von Peter Zumthors Diözesanmuseum verschlungen, erschien als hoffnungsvolles Zeichen einer besseren Zukunft. Dank der Nähe Bonns als frisch erkorener Bundeshauptstadt zogen Behörden, Bundesämter und Bundesverbände, diplomatische Vertretungen und Medienanstalten zu und boten das Volumen an Bauaufträgen, mit dem sich Stadt gestalten ließ, forderten allerdings auch Opfer an Stadtfläche für Auto- und Lieferverkehr. Bank- und Versicherungswesen, in Köln seit je stark vertreten, trugen zum Ausbau der Dienstleistungsmetropole bei. Ein Teil der Neubauten – wie der des Gerling-Konzerns – wurden noch mit den freudlosen, tief schattenden, mit Stein verkleideten Rasterfronten versehen, die schon im Dritten Reich für Geschäftsbauten Anwendung fanden und institutionelle Würde ausstrahlen sollten. Andere – wie Bauten des Kaufhofs in der City oder der Provinzial-Versicherung am Rudolfplatz – erhielten bereits die leichten, zartgliedrigen Glasfassaden, die Curtain Walls, die auf den Einfluss der großen nordamerikanischen Architekturbüros zurückgingen und als Ausweis einer neuen Epoche galten.

Gab es in der Kölner Architekturszene der späten vierziger, der fünfziger und frühen sechziger Jahre Charaktereigenschaften, die nur dieser Stadt eigen waren? Natürlich teilten die Kölner Architekten nach dem Krieg die allgemeinen zeitgenössischen Vorlieben. Betonstützen, die sich von einem schmalen Fußpunkt aus nach oben verbreiterten, tanzten ihren Spitzentanz auch hier. Flugdächer schwebten über Unterbauten, die das Fliegen nicht gelernt hatten; das frechste hat Hans Schilling dem Autohaus Fleischhauer am Hohenzollernring aufgesetzt. Gefallsüchtige Ornamente, die als freie Phantasiespiele galten, besetzten die Bauten. Backsteinwände wie Metallbrüstungen wurden wie Schweizer Käse durchlöchert. Kunst, von Dekoration kaum zu unterscheiden, besetzte Außen- wie Innenflächen mit Wandmosaiken, Ritzreliefs,

Aus dem Bildarchiv von Wolfgang Pehnt.

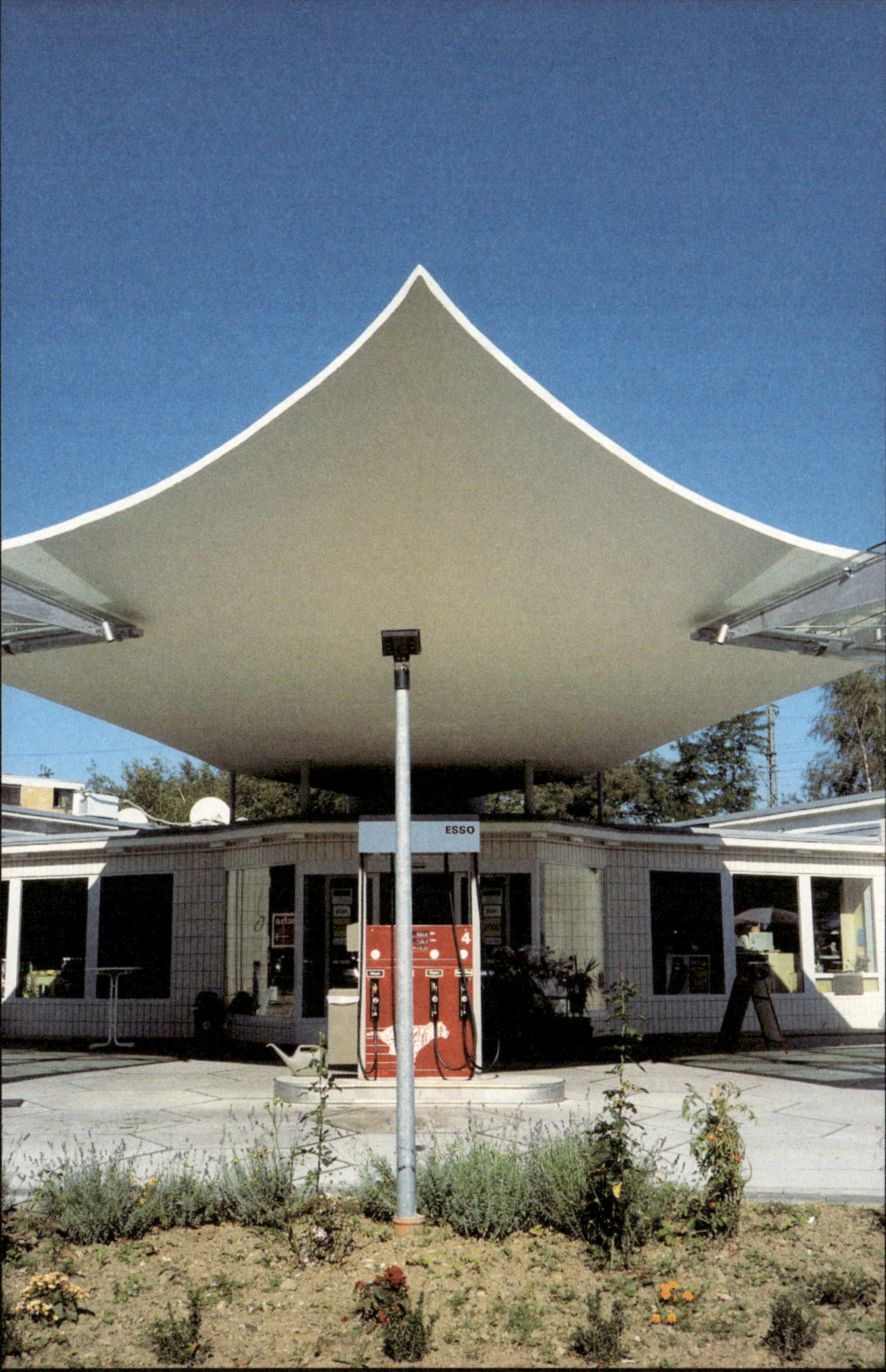
ESSO

farbigen Glasfenstern. Unter den Materialien war alles beliebt, was Farbe brachte (vorzugsweise Pastelltöne) und reflektierend glitzerte: Chrom, Messing, Kupfer, Baukeramik, Fliesen, bunte Klinkersteine.

Das alles stand unter dem Leitbild einer neuen Leichtigkeit, das die Machtallüren des Dritten Reichs und die Katastrophen des Kriegs vergessen lassen sollte. Die Planer der Berliner *Interbau*-Ausstellung von 1957 haben dafür eine Liste von Attributen aufgestellt: „leicht – heiter – wohnlich – festlich – farbig – strahlend – geborgen".[1] Diesem Tugendkatalog hätte man am Rhein zugestimmt, so lange jedenfalls, bis auch hier ein kraftstrotzender Betonbrutalismus einzog. Die exzentrischen Pavillons für die *Bundesgartenschau* von 1957 im Rheinpark, aber auch die genialen Zeltkonstruktionen Frei Ottos folgten dem frühen, verlockenden Leitbild, ebenso die Kommerz- und Kulturbauten an der Hahnenstraße von Wilhelm Riphahn oder der lichte Funktionsbau der Firma Mülhens in Ehrenfeld von Wilhelm Koep und Rudolf Koep.

Im Gegensatz zur Klischeevorstellung von der heiteren, gelassenen Colonia, die jede Fünf gerade sein lässt, setzte jedoch in Köln und im weiteren Rheinland eine einflussreiche Gruppe von Architekten strenge moralische Maßstäbe. Hans Schwippert war einer ihrer Sprecher. Mit den Ruinen wollte er auch die Spuren des Ungeistes beseitigen, der „den Raum der Seele" beherrsche.[2] Dominikus Böhm, der Senior des katholischen Kirchenbaus, der seine Eindrücke von der Antike schon bei einer Italienreise 1913 gesammelt hatte, gehörte dazu; Rudolf Schwarz natürlich, Kölns Generalplaner von 1946 bis 1952; der Kirchenbauer Emil Steffann, der seit 1947 in Köln und dann bei Bad Godesberg lebte und sich dem Armutsideal des heiligen Franziskus verpflichtet fühlte. Zahlreiche Unterschriften von Rheinländern standen 1947 unter einem Manifest, das im Umkreis des Deutschen Werkbunds entstand und das „Gültig-Einfache" forderte.[3]

In diesem Kreis und dann auch bei Jüngeren war das Bewusstsein lebendig, sich auf dem ehemals römischen Territorium der Germania inferior zu bewegen und der mauerschweren, gewölbefesten Tradition des römischen Ziegelbaus verpflichtet zu sein. Die zweitausendjährigen Zeugnisse dieser Baukultur lagen zutage oder wurden durch Ausgrabungen im freigebombten Stadtgelände zutage gefördert: der sensationelle Fund des Dionysos-Mosaiks noch in den Kriegsjahren, der Statthalterpalast unter dem Rathaus („mit dem Fahrstuhl in die Römerzeit"), das Amphitheater am Kapitolsberg, die Thermen an der Cäcilienstraße. Böhm hatte sein Atelierhaus in Köln-Marienburg, Straßenadresse „Auf dem Römerberg", unweit des Militärlagers, wo die Römer ihre Rheinflotte stationiert hatten. Karl Band regte mehrfach an, einen Grüngürtel zwischen dem staufischen Mauerring und dem Verlauf der römischen Stadtmauer anzulegen und mit dieser „Umgrünung der Römerstadt" die Gestalt der Colonia Claudia Ara Agrippinensium herauszuarbeiten.[4]

Nicht zuletzt waren es die romanischen Stiftskirchen der Stadt in ihrer schwer beschädigten Gestalt, die eine Auseinandersetzung mit ihrer Geschichte verlangten, wenn sie kompetent wiederaufgebaut werden sollten. Die ehrwürdigsten von ihnen bargen römische Reste: St. Georg, St. Gereon mit einem römischen Ovalbau im aufgehenden Mauerwerk, St. Maria im Kapitol, die ihre lateinische Vorgeschichte schon im Beinamen ausdrückte, Groß St. Martin, St. Peter, St. Severin, St. Ursula, der Dom sowieso. Überall antike Gräberfelder im Souterrain, Relikte von Staats- und Nutzbauten, Tempel, Villen in den Fundamenten. Kein Wunder, dass Rudolf Schwarz in seiner Broschüre zum Aufbau der Stadt mit feierlichen Worten „die Eigenart Kölns" rühmte, „Jahrtausende zu überdauern".[5] Den kreativen Umgang mit Ruinen legte der Denkmälerbestand nahe. Vorbild wurde nicht nur das antike Rom, wie es die Archäologen rekonstruieren, sondern Rom, wie es sich dem heutigen Auge darbietet: in ruinöser Präsenz.

Ohne diese Erinnerung an eine Zeit vor aller Gegenwart wären viele Bauten, die nach der Währungsreform in der Stadt entstanden, nicht zu verstehen: nicht die merkwürdig zeitlose Allerheiligenkirche, die Schwarz zusammen mit Josef Bernard in Köln-Marienburg errichtete; nicht die Franziskanerkirche in der Ulrichgasse, der Steffann die großartige Würde römischer Ruinen mitgab.[6] Auch auf Profanbauten trafen römische Disziplin und monumentaler Sinn zu. Das Wallraf-Richartz-Museum/Museum Ludwig, heute Museum für Angewandte Kunst, das Schwarz zusammen mit Josef Bernard baute, lebt wie das römische Haus aus dem Kontrast zwischen abweisender Außenerscheinung und introvertiertem Atrium. Die kahle Südfront des wieder aufgebauten Gürzenich könnte hinter ihrer Steinfassade ebenso gut einen römischen Saalbau, wenn nicht eine Basilika verbergen. Große Ordnung und festlicher Charakter waren gewollt und wurden erreicht.

Das Baumeisterliche, der inszenierte Konflikt zwischen Alt und Neu und das Zusammenwirken aller bildenden Künste wurden in Köln noch lange vertreten, zumindest bei den repräsentativen Bauaufgaben. Anderswo hielt längst die vorgefertigte Büromoderne aus den USA ihren Einzug. Die neuen Götter waren Skidmore, Owings and Merrill oder der dänische Architekt Arne Jacobsen, der die US-Moderne früh verarbeitete und in Deutschland ständiger Gast war. Auch für das Kölner Rathaus hatte er 1958 einen schönen Entwurf gemacht, der es bis zu einem Ankauf brachte. Das größte Prestige genoss der emigrierte Mies van der Rohe. Den Kölnern gelang es, in ihm den abendländischen Baumeister zu sehen, und sie hatten nicht einmal Unrecht damit. Seine Bauten hätten „das uralte Wissen bewahrt, dass das Leben nie besser gerät als wenn es in das große Gesetz einer strengen objektiven Form eingebettet ist", fand Schwarz.[7]

Architekten einer damals jungen Architektengeneration hielten sich an die Hinweise der Väter und Lehrer. Heinz Bienefeld, Meisterschüler von Dominikus Böhm, hielt sich oft in Rom auf, maß Bauten „der Alten" auf und schulte sein Gefühl für handwerkliche Qualität und für die Materialität von Oberflächen an römischem Mauerwerk. Manchen seiner strengen, privaten Wohnhäuser setzte er Atrien nebst Impluvien ein, als seien es römische Villen.[8] Das Bewusstsein, in einer weit zurückreichenden Perspektive zu arbeiten, war jüngeren wie älteren Protagonisten der Kölner Nachkriegsarchitektur zu eigen. 1980, als die Postmoderne wieder wörtliche Zitate erlaubte, errichteten Rolf Link, einstiger Mitarbeiter der Böhms, und seine Söhne an der Friesenstraße ein Badehaus, das die neuen Freiheiten mit Tonnengewölbe und Metopenfries nutzte. Seine Ornamentik erinnert an das gemauerte Bildprogramm des Römerturms schräg gegenüber.

Oswald Mathias Ungers schließlich, der seinen Lebensgang mit der römischen Wasserleitung verglich, die ihn aus der Eifel in die Stadt Köln geführt habe, hat sich Zeit seines Lebens mit Atrium und Säulengang, Vierpfeilersaal und Hadriansvilla auseinandergesetzt. Historische Ausgaben der Vitruv'schen Baulehre bilden den harten Kern seiner berühmten privaten Architekturbibliothek, Stadtveduten (nicht zuletzt mit antiken Tempeln) Fixpunkte seiner der Moderne wie der Geschichte verpflichteten Kunstsammlung.[9] Modelle von Parthenon und Pantheon aus Alabastergips, dazu historische Baumodelle, standen in seinem Anwesen in Glashütte, Eifel, oder in dem mehrfach erweiterten Komplex seines Hauses in der Müngersdorfer Belvederestraße, dort, wo die reichen Römer ihre Landvillen hatten. Ein Haus wie eine Stadt und eine Stadt wie ein Haus – diese Devise Vitruvs traf auf seine eigenen Häuser zu. Es nimmt sich wie eine Erfüllung dieses Architektenlebens aus, dass der letzte Auftrag, dessen Fertigstellung Ungers erlebte, das Eingangsbauwerk zu den Kaiser-Thermen in Trier war.

Die Erinnerung ans römische Erbe hat in Köln nicht zu einem strengen Monumentalismus geführt. Inmitten der Charme-Offensive der fünfziger Jahre war sie ein Moment von anderen, betraf im Wesentlichen auch nur repräsentative Bauaufgaben wie Gürzenich, ehemaliges

Wallraf-Richartz-Museum/Museum Ludwig, Spanischer Bau, Sakralbauten. Mehr als anderswo gelang es in Köln mit seiner großen Innenstadtfläche, innerhalb der mittelalterlichen Stadtmauer den Wohncharakter mancher Quartiere zu erhalten, so im Severinsviertel, am Griechenmarkt, am Eigelstein. In diesen Teilen legte man Wert auf das Behagliche und Kleinteilige, auf Dreigeschossigkeit, Fenstergewände aus Naturstein, Satteldächer, nutzbare Höfe in Blockbebauungen.[10] Da war den Kölnern ihre Gemütlichkeit lieber als der große Auftritt.

Ich kann nicht sagen, dass meine Sympathie allen Bauten gilt, deren sich die Aktion *Liebe deine Stadt* angenommen hat. Bei Hans Schillings Backsteinprisma Neu St. Alban – Fünfeck plus Parabel – oder bei dem lichten Palais, das Eckhard Schulze-Fielitz, Ernst von Rudloff und Ulrich von Altenstadt für den Landschaftsverband Rheinland entworfen haben, fällt mir die Zuwendung leicht. Dagegen gehört das Fernmeldeamt an der Cäcilienstraße in meinen Augen zu jenen Halbhochhäusern, die der Stadtsilhouette eher geschadet als genutzt haben. Seitdem aus den oberen offenen Etagen die Parabolantennen abmontiert wurden, wirken die Plattformen besonders sinnlos – wie Bücherregale, aus denen man die Bücher fortgeräumt hat. Sogar die britische Queen erkundigte sich bei einem frühen Besuch in Köln, warum man dieses scheinbar unfertige Bauwerk nicht vollendet habe. Auch Riphahns raumverdrängendes, monumentenhaftes Opernhaus ist weit von der filigranen Eleganz und städtebaulichen Rücksichtnahme entfernt, die damals im Theaterbau möglich war, beispielsweise in Münster und in Gelsenkirchen, ohne dass Riphahn ein anderes, neues Pathos erreichte.

Doch was unser Leben in den Städten vertraut macht, hat nicht mit Schönheit, sondern mit Charakteristik zu tun. Es hängt zusammen mit den Erinnerungen, den kollektiven und den individuellen, die es auslöst, und die können sich an ästhetisch durchgebildete wie an hässliche, aber charaktervolle Bauten binden. Es war der Irrtum des Architekturhistorikers Diethelm Hoffmann-Axthelm, der im Frühjahr 2000 eine fatale Debatte um Sinn und Zweck der Denkmalpflege auslöste, für denkmalwert nur das Schöne zu erklären: „Es gibt kein unmittelbareres Maß für Denkmalwert als die Schönheit."[11] Aber der Erhaltung wert ist nicht das, was gefällt, sondern das, was geschichtliche Aussagekraft hat. Wenn es dazu auch noch gefällt – umso besser.

Der amerikanische Stadtplaner und Wahrnehmungstheoretiker Kevin Lynch hat in seinem Buch *The Image of the City* beschrieben, wie Bauten als Merkzeichen der Orientierung, Sicherheit und damit dem Wohlbefinden in der Stadt dienen. In Los Angeles City erwähnten viele befragte Bewohner ein halb verfallenes, niedriges, graues Holzgebäude, an dem sie sich orientierten, von einem der Interviewpartner „die kleine, graue Lady" genannt.[12] „Kleine, graue Ladys" tragen ebenso viel wie stattliche Architekturpersönlichkeiten dazu bei, sich auf einen Ort einzulassen, ihn wieder zu erkennen und sich in ihm wiederzuerkennen.

1 Zit. nach Wulf Wewel und Jürgen Tomisch, *Die städtebauliche Entwicklung des Hansaviertels in Berlin,* Diplomarbeit TU Berlin, Berlin 1976, S. 79ff.
2 Hans Schwippert, „Theorie und Praxis – Geschrieben Ende 1944," in: *Baukunst und Werkform,* Heft 1, Heidelberg 1947, S. 18.
3 „Ein Aufruf – Grundsätzliche Forderungen," u. a. in: ebd., S. 29.
4 Karl Band, *Gedanken zum Wiederaufbau unserer Stadt,* 29. Juni 1945, Typoskript, HAStK (Historisches Archiv der Stadt Köln) 2/1313.
5 Rudolf Schwarz, *Das Neue Köln – Ein Vorentwurf,* Köln 1950, S. 24.
6 Die Doppelschaligkeit der oberen Geschosse des Gerling-Turms verführte Hiltrud Kier sogar zu einem Vergleich mit den doppelschaligen römischen Diatretgläsern – zumal einer der Architekten, Helmut Hentrich, eine bedeutende Glassammlung besaß. Hiltrud Kier, *Architektur der 50er Jahre – Bauten des Gerling-Konzerns in Köln,* Frankfurt am Main 1994, S. 63.
7 Rudolf Schwarz an Ludwig Mies van der Rohe, 9. Oktober 1948, Typoskript, Archiv Rudolf Schwarz, Köln.
8 Vgl. Wolfgang Voigt, „Dissident, Architekturpionier," in: *Heinz Bienefeld 1926–1995,* Hg. ders., Kat. Deutsches Architekturmuseum, Frankfurt am Main 1999, vor allem S. 40f.
9 Vgl. *Oswald Mathias Ungers – Kosmos der Architektur,* Hg. Andres Lepik, Kat. Neue Nationalgalerie, Berlin 2006, vor allem die Aufsätze von Stephanie Tasch, Jasper Cepl und Oliver Elser.
10 Vgl. Hiltrud Kier, „Städtebauliche Entwicklung der 50er Jahre in Köln," in: Wolfram Hagspiel, Hiltrud Kier, Ulrich Krings, Dorothe Heiermann, *Köln: Architektur der 50er Jahre,* Stadtspuren 6, Hgg. Stadt Köln, Der Oberstadtdirektor, Stadtkonservator, Köln 1986, S. 25; Wolfram Hagspiel, „Die Architektur der 50er Jahre in Köln – Versuch einer stilistischen Einordnung," in: ebd., S. 30ff.
11 Dieter Hoffmann-Axthelm, *Kann die Denkmalpflege entstaatlicht werden?* Gutachten für die Bundestagsfraktion von Bündnis 90/Die Grünen, März 2000, Entwurf (Typoskript), S. 22.
12 Kevin Lynch, *The Image of the City,* Cambridge, Mass. 1960 (deutsch: *Das Bild der Stadt,* Bauwelt Fundamente 16, Berlin, Frankfurt am Main, Wien 1965, hier: S. 98).

KÖLN *damals gestern heute* *von Peter Fuchs*

Greven Verlag Köln

WOLFGANG PEHNT

Peter Fuchs, *Köln damals gestern heute*, Köln 1975.

FLUGDACH-CHARME UND RÖMISCHE GESINNUNG

Boris Becker
Albrecht Fuchs
Candida Höfer

Parkhaus mit Hotel
Cäcilienstraße

Burberrys
30 Jahre in Köln
30% Treue-Nachlaß
CAR TEAM
CARService
EINFAHRT
WASCHSTRASSE

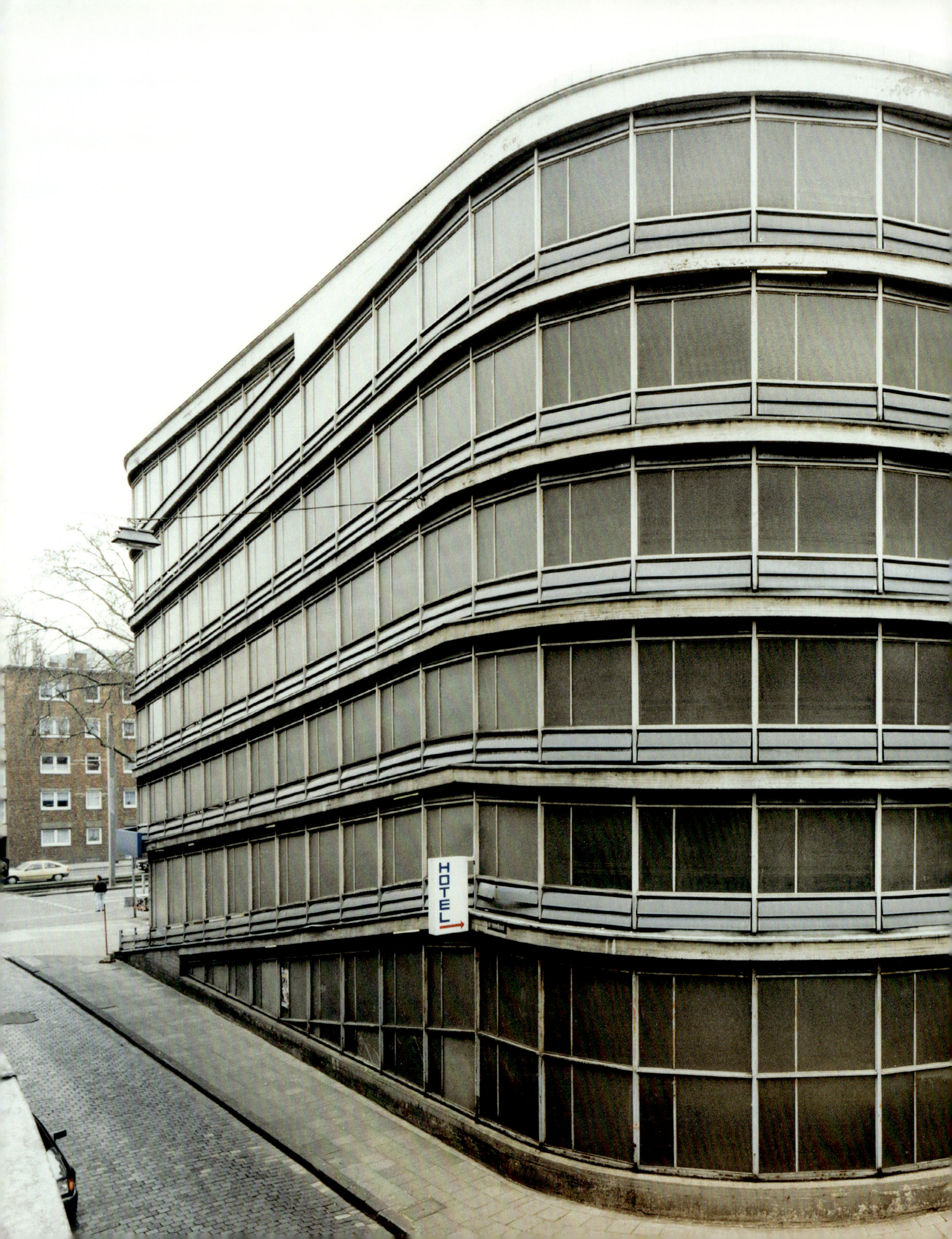
HOTEL

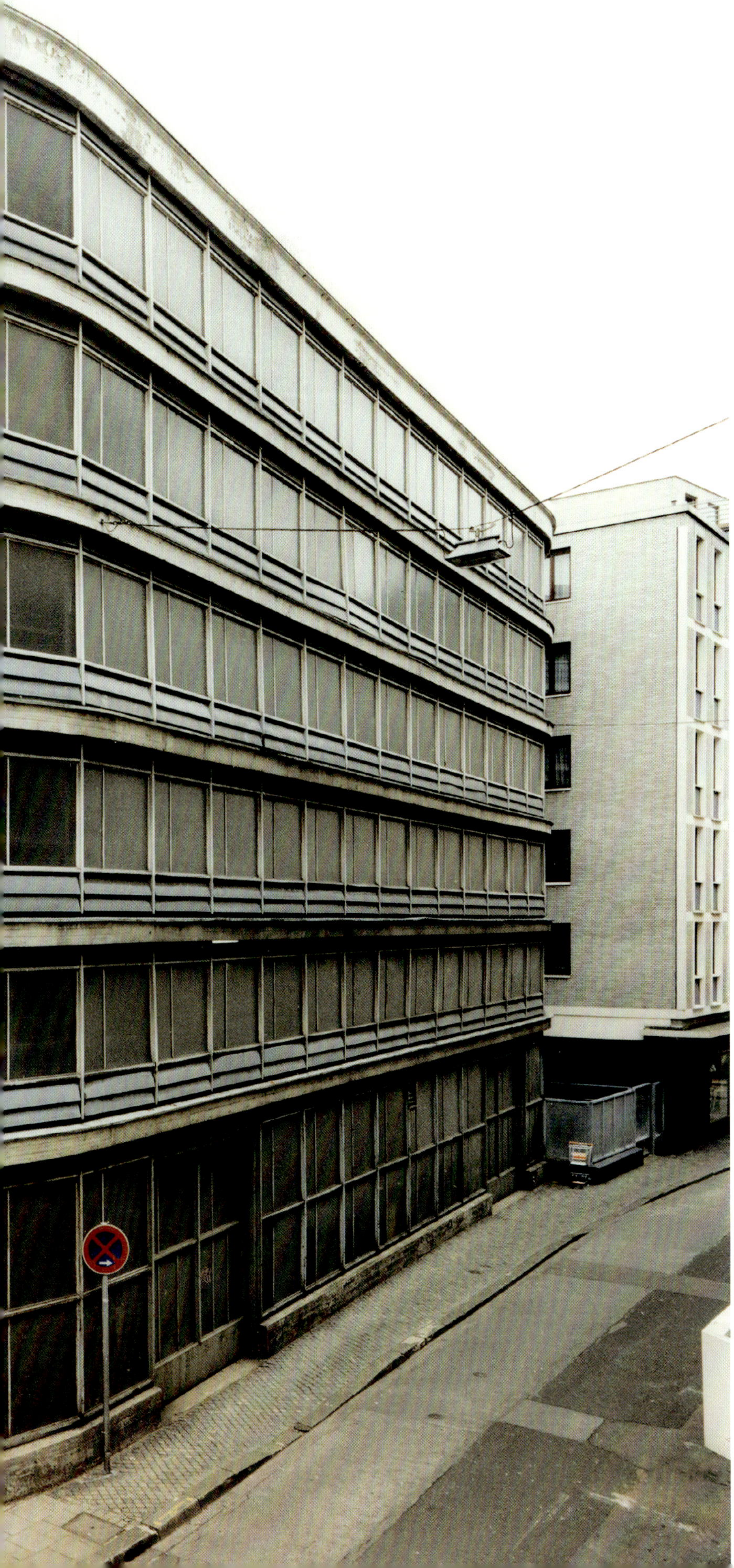

Afri-Cola-Haus
Turiner Straße

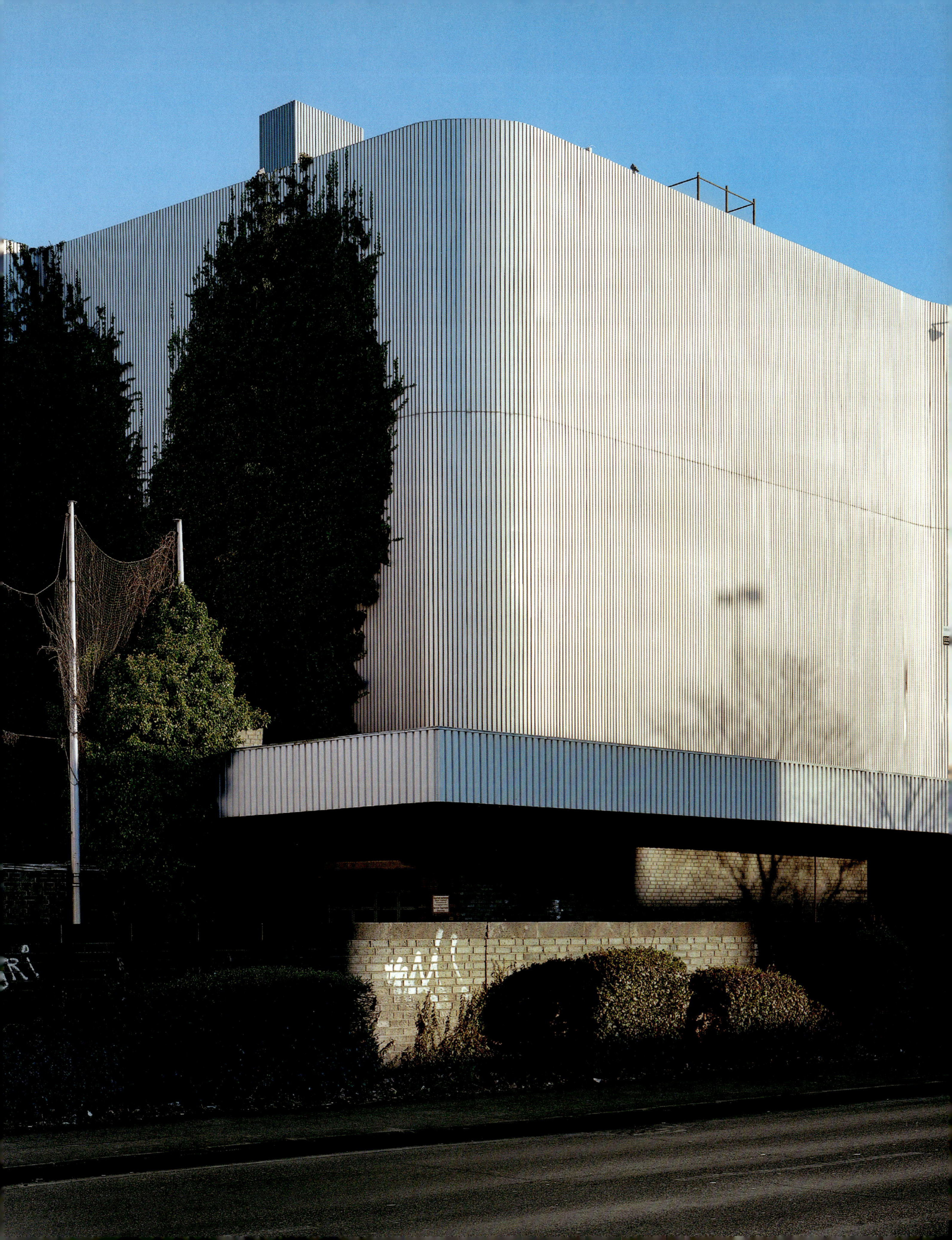

blowUPmedia
the giant poster company

0251 - 510 410
www.blowup-media.de

30 ZONE

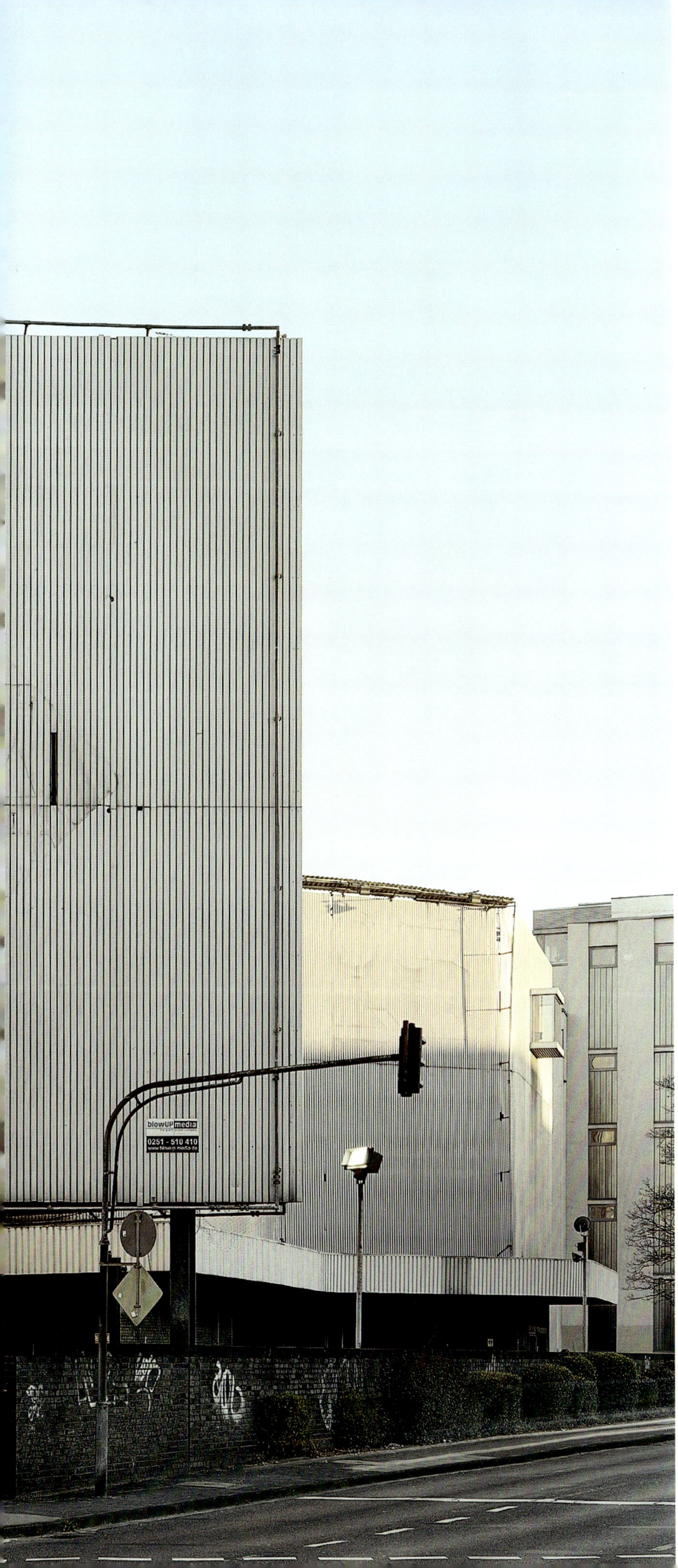

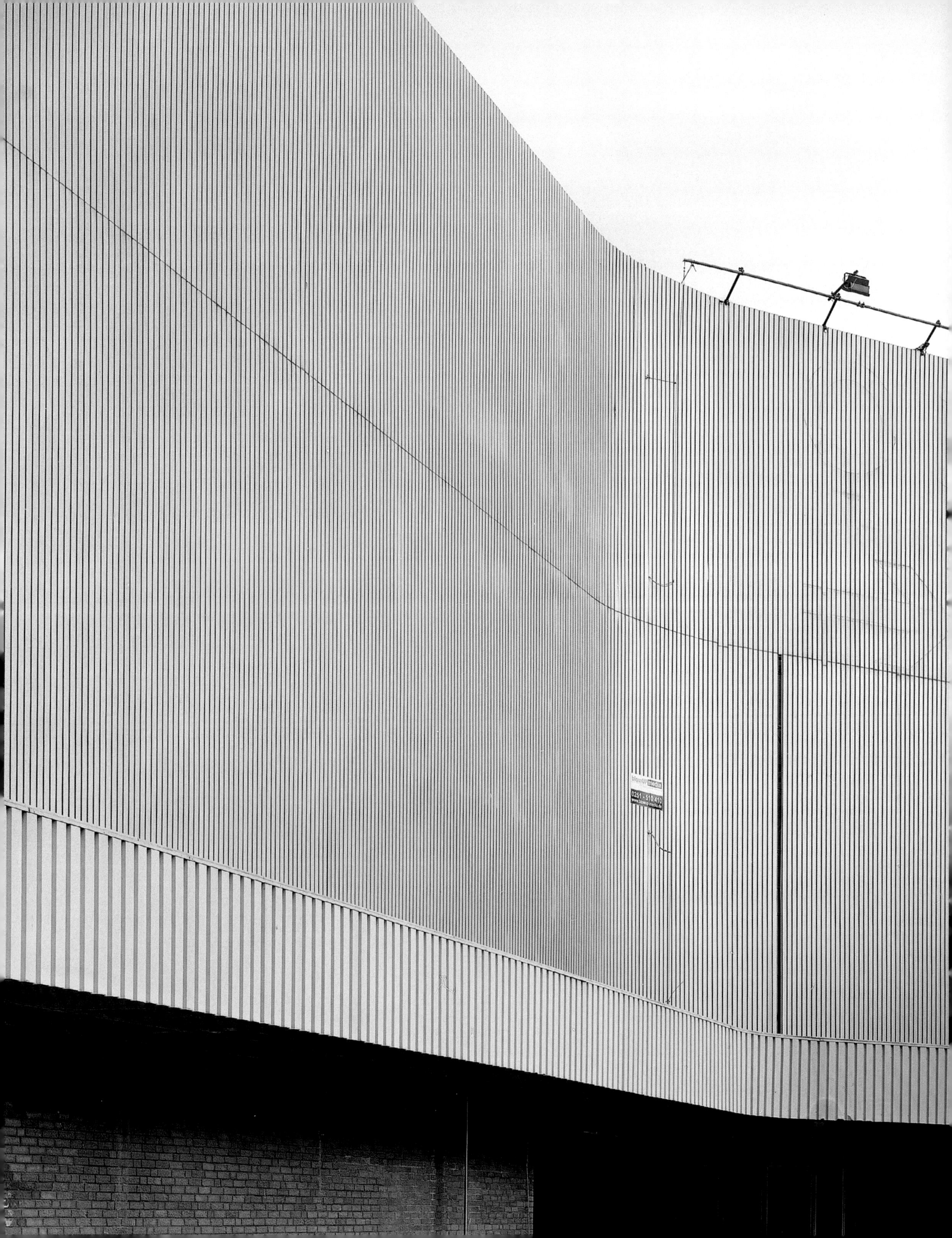

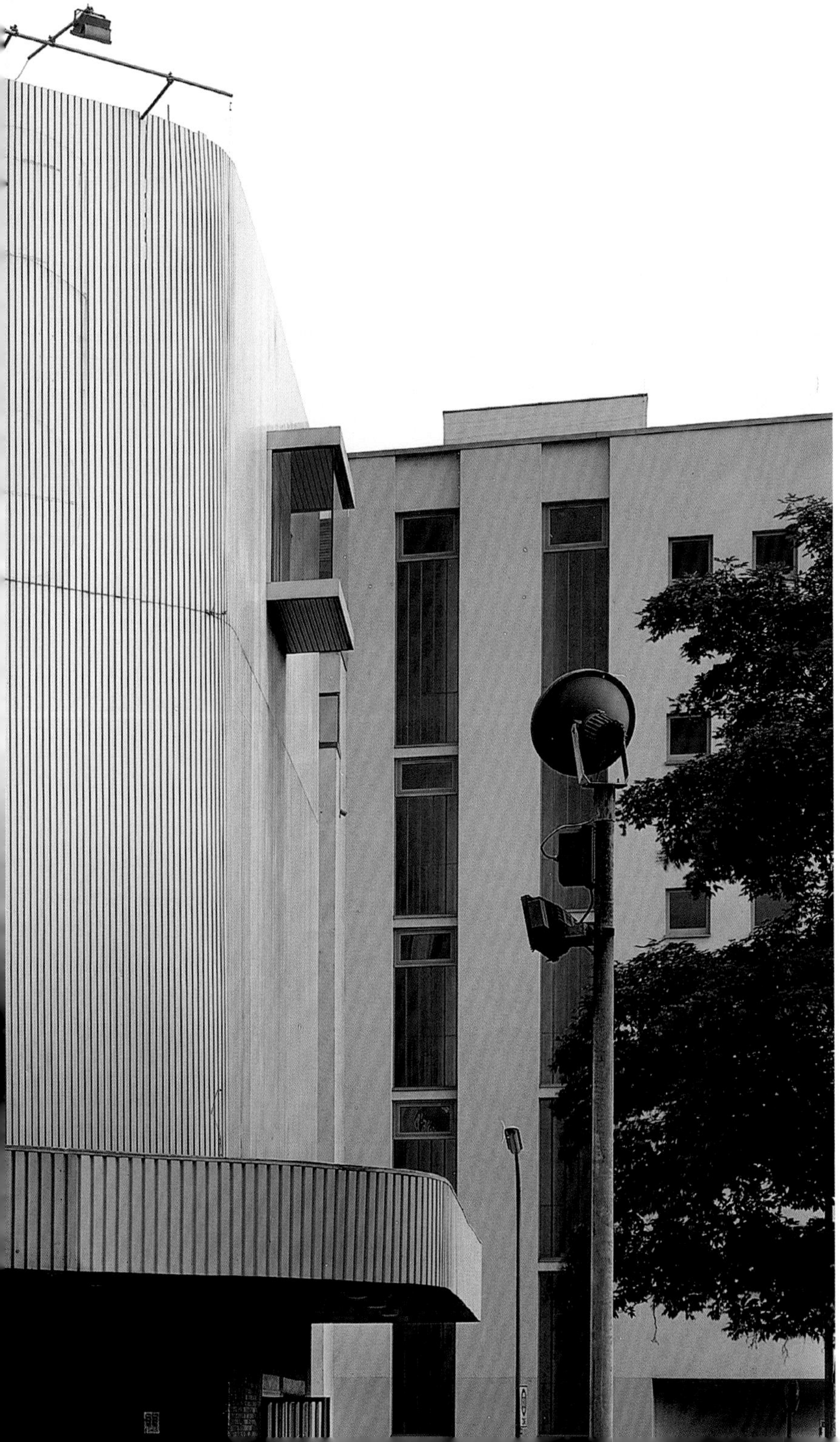

Haus Wefers
Komödienstraße

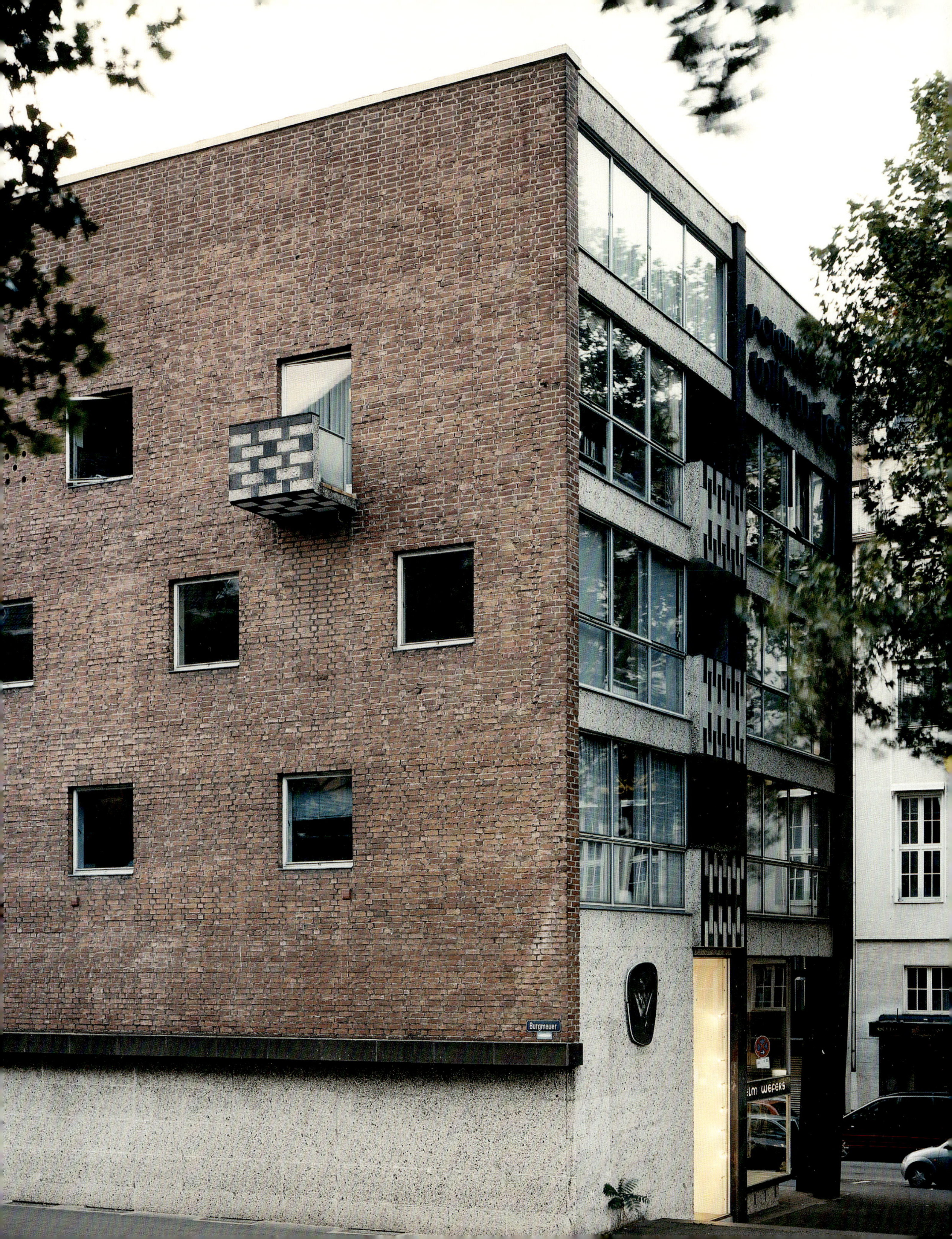
Burgmauer
ELM WEFERS

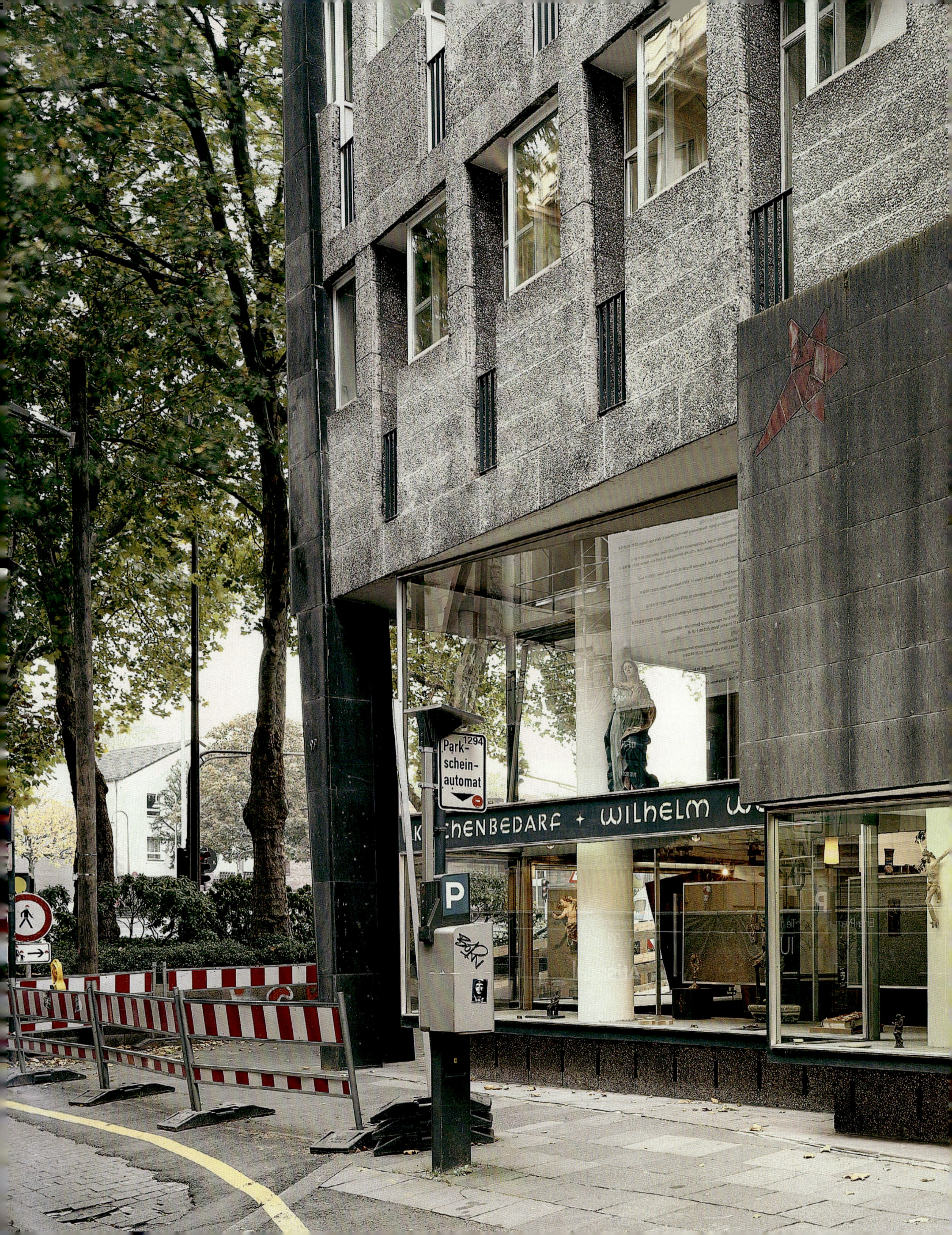
Park-
schein-
automat
1294
CHENBEDARF + WILHELM
P

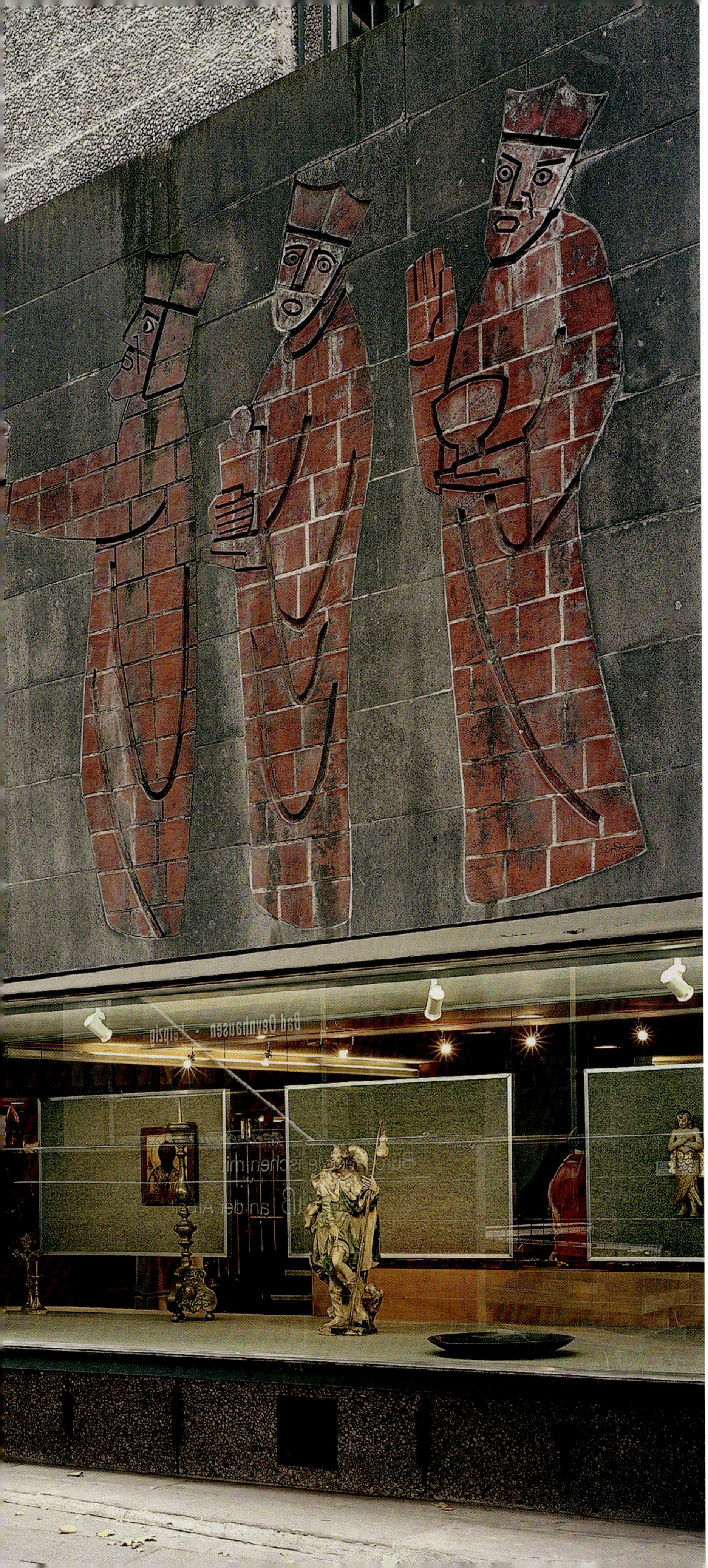

ELM WEFERS   PARAM

WILHELM WEFERS

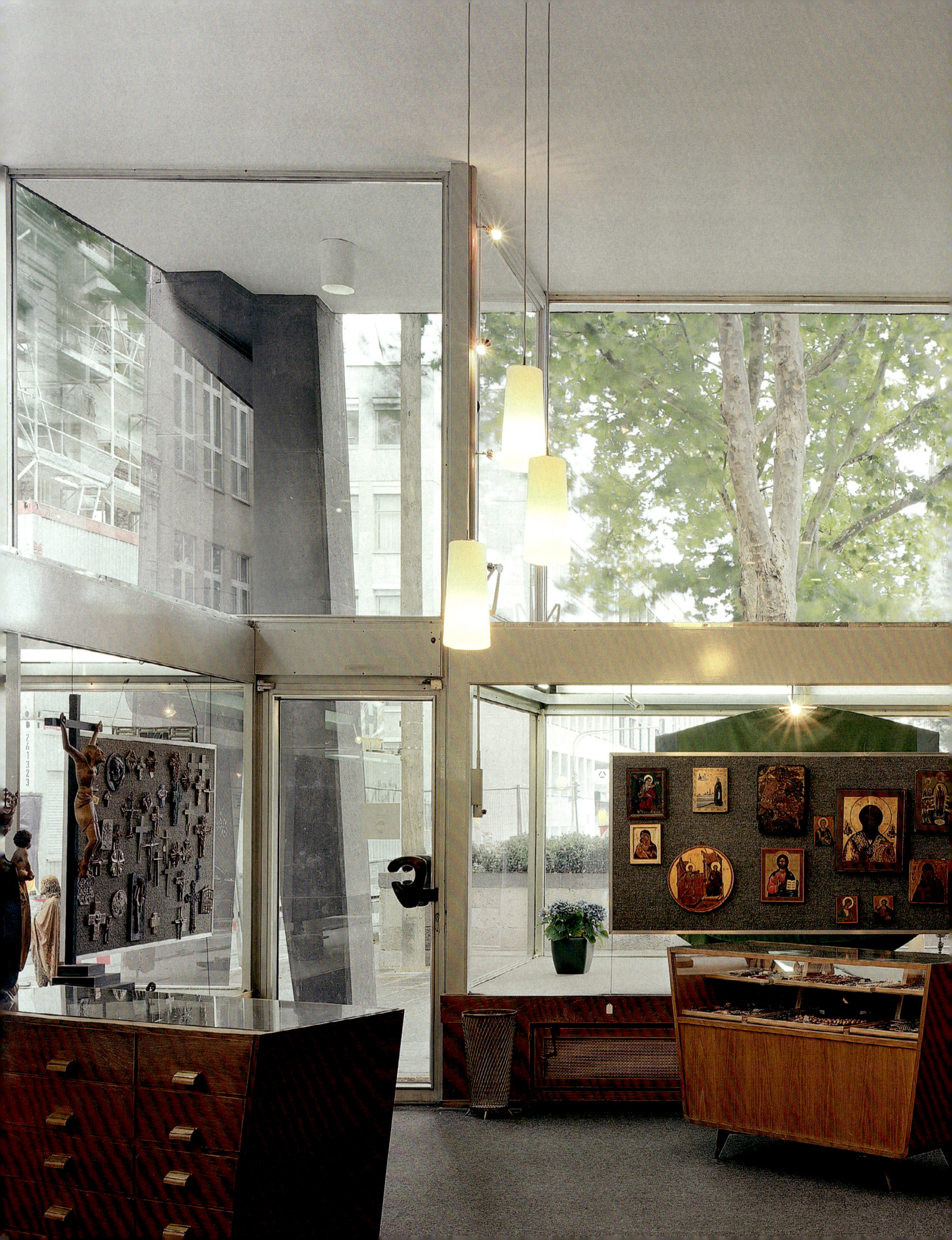

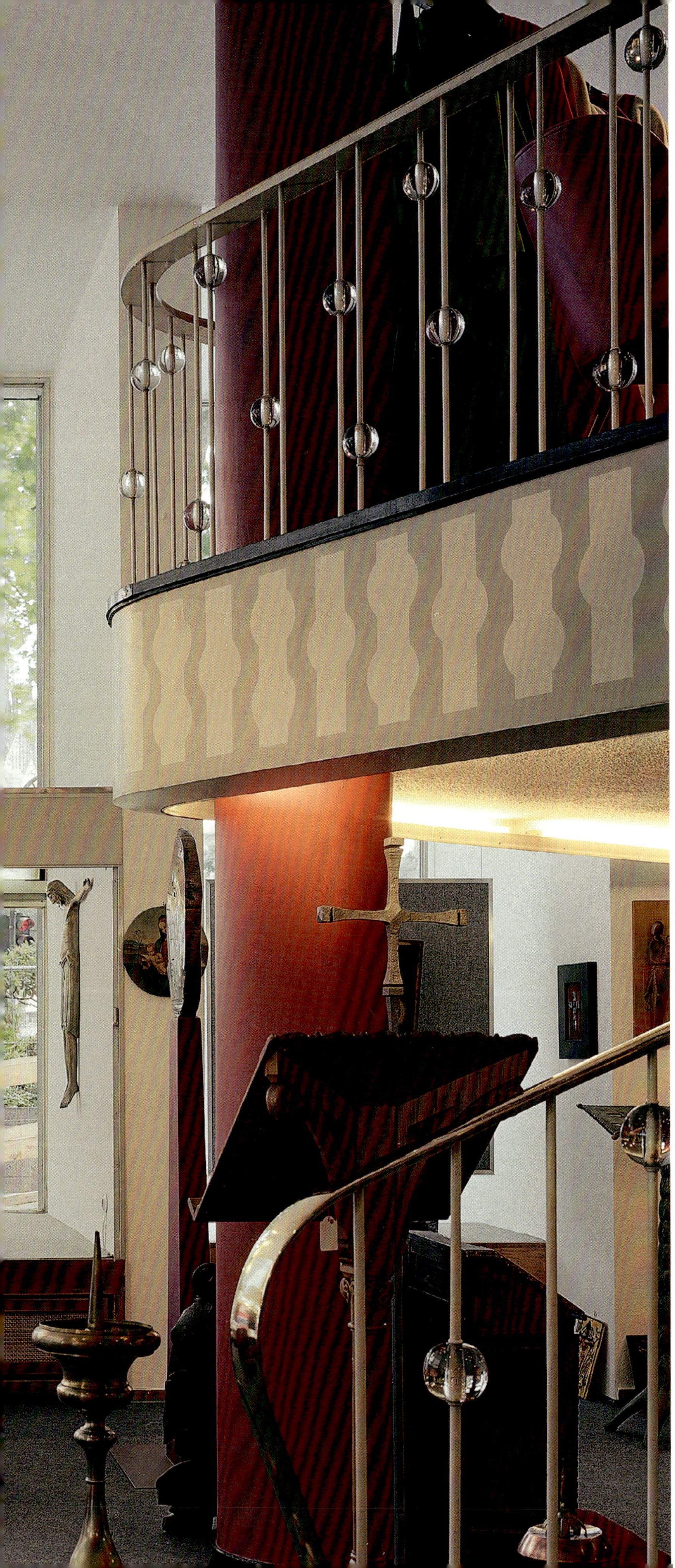

Opernhaus Köln
Offenbachplatz

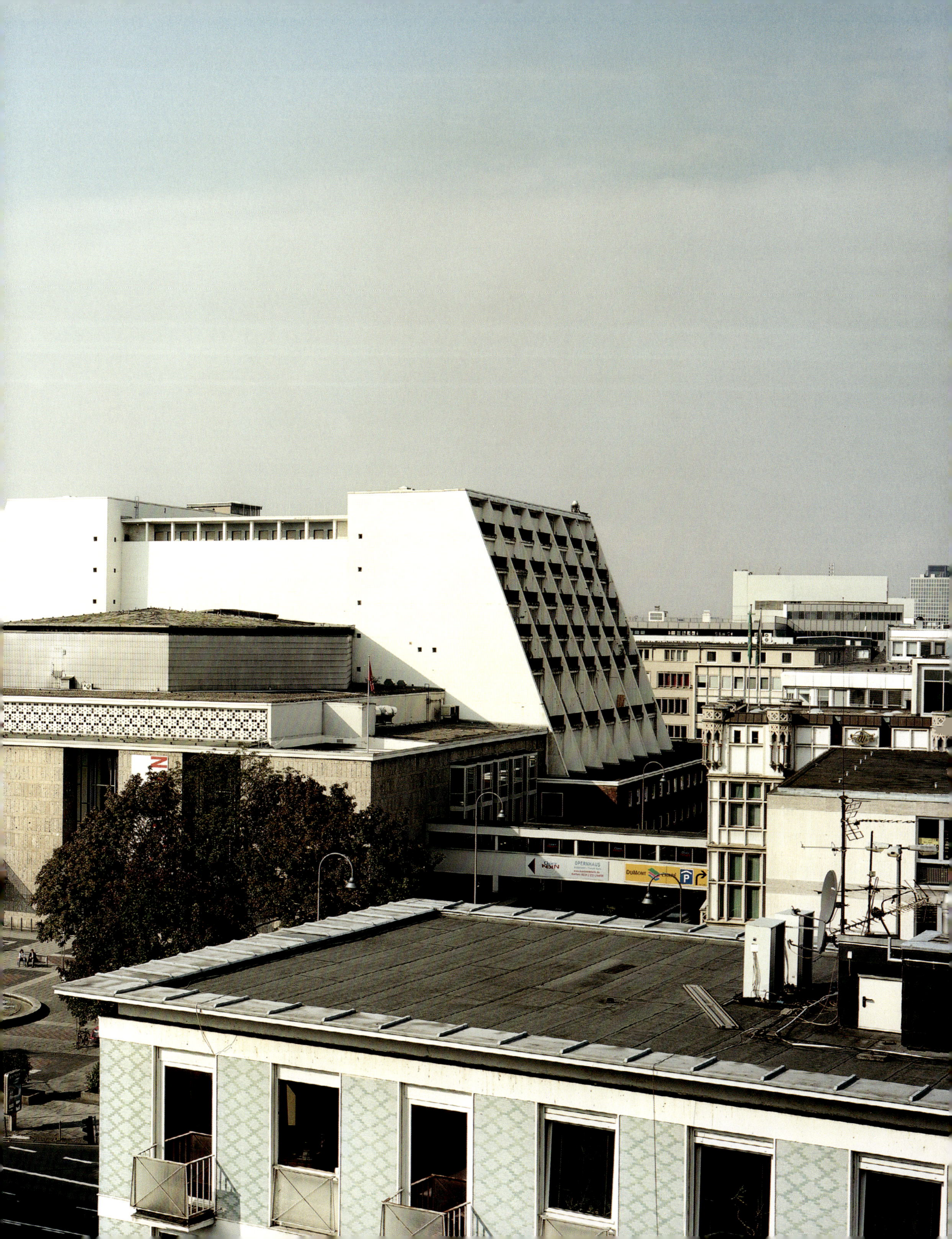
OPERNHAUS
DuMont
P

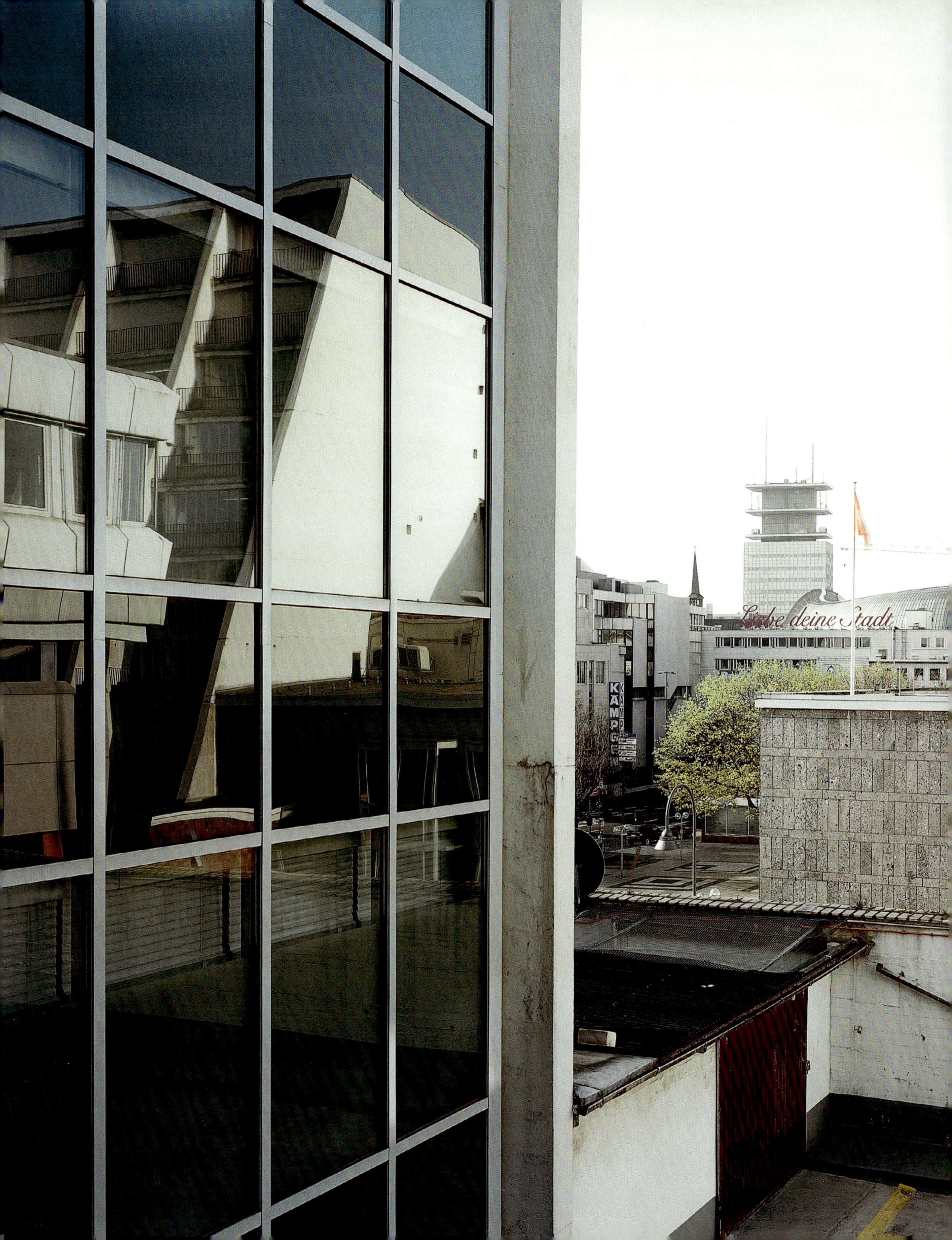
Liebe deine Stadt

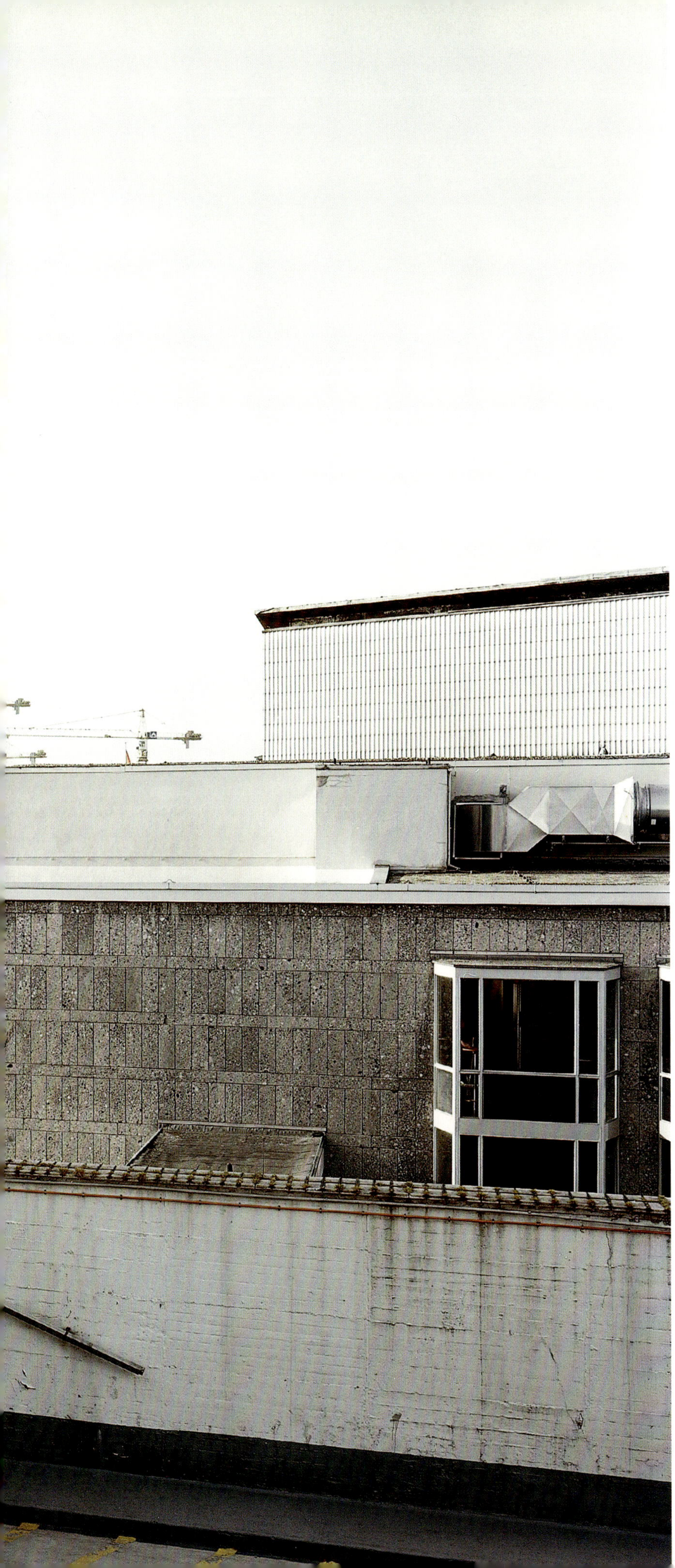

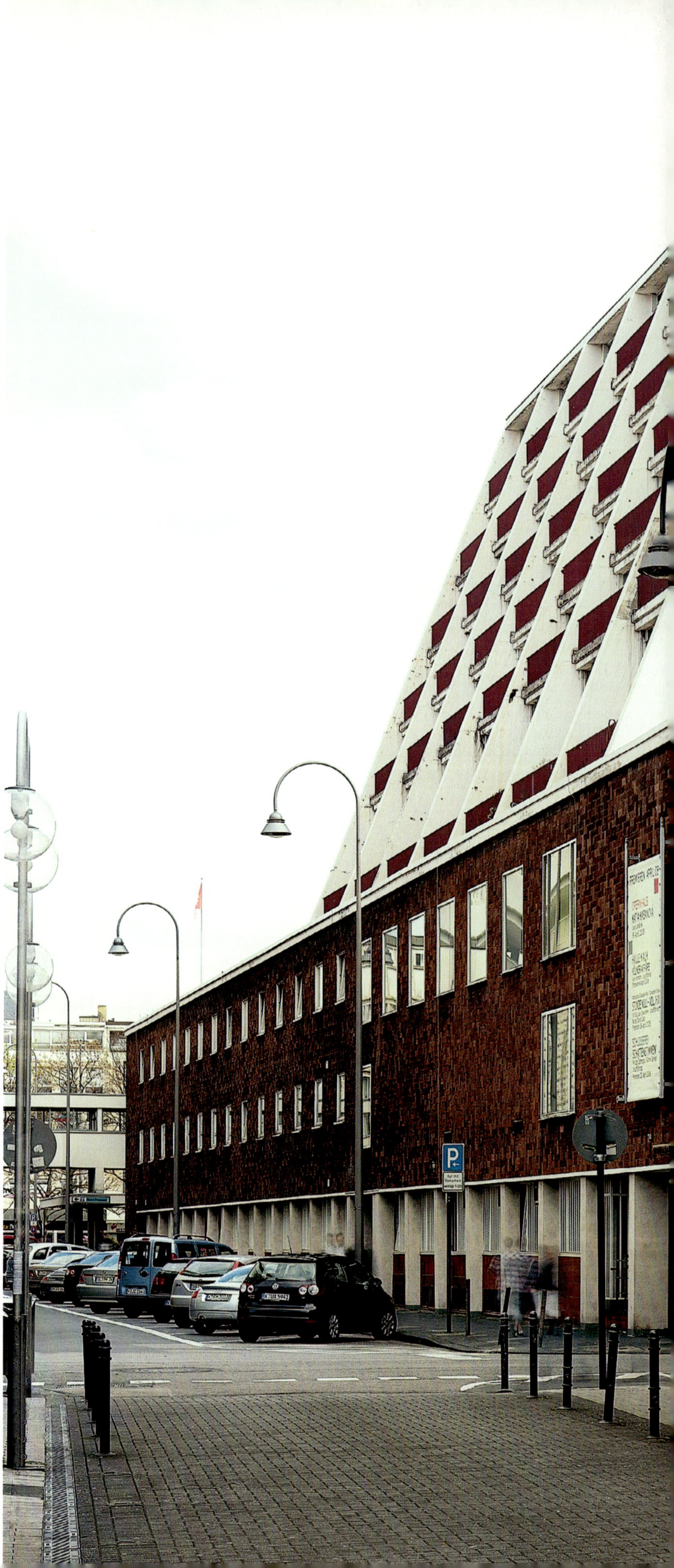

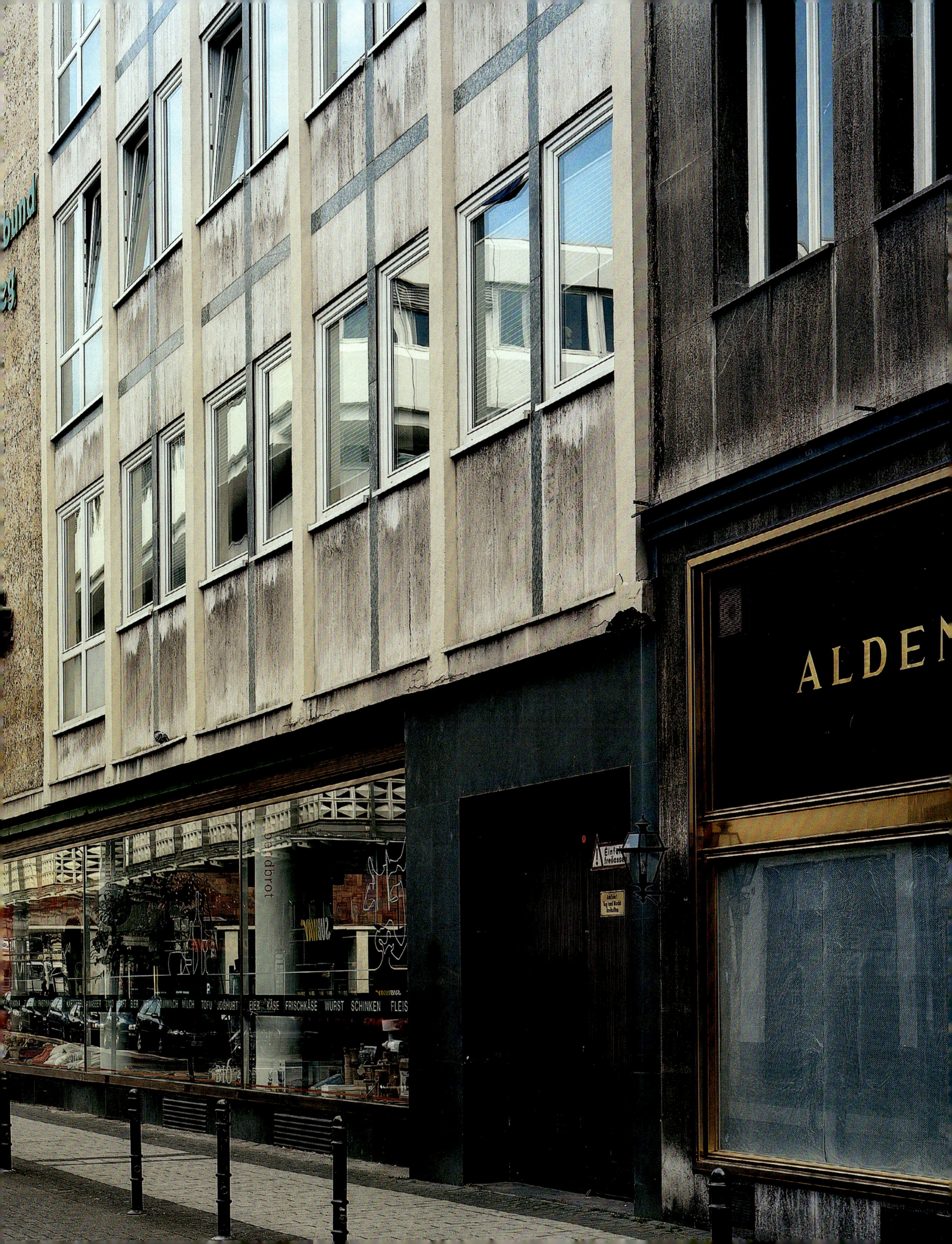
ALDEN
KÄSE FRISCHKÄSE WURST SCHINKEN

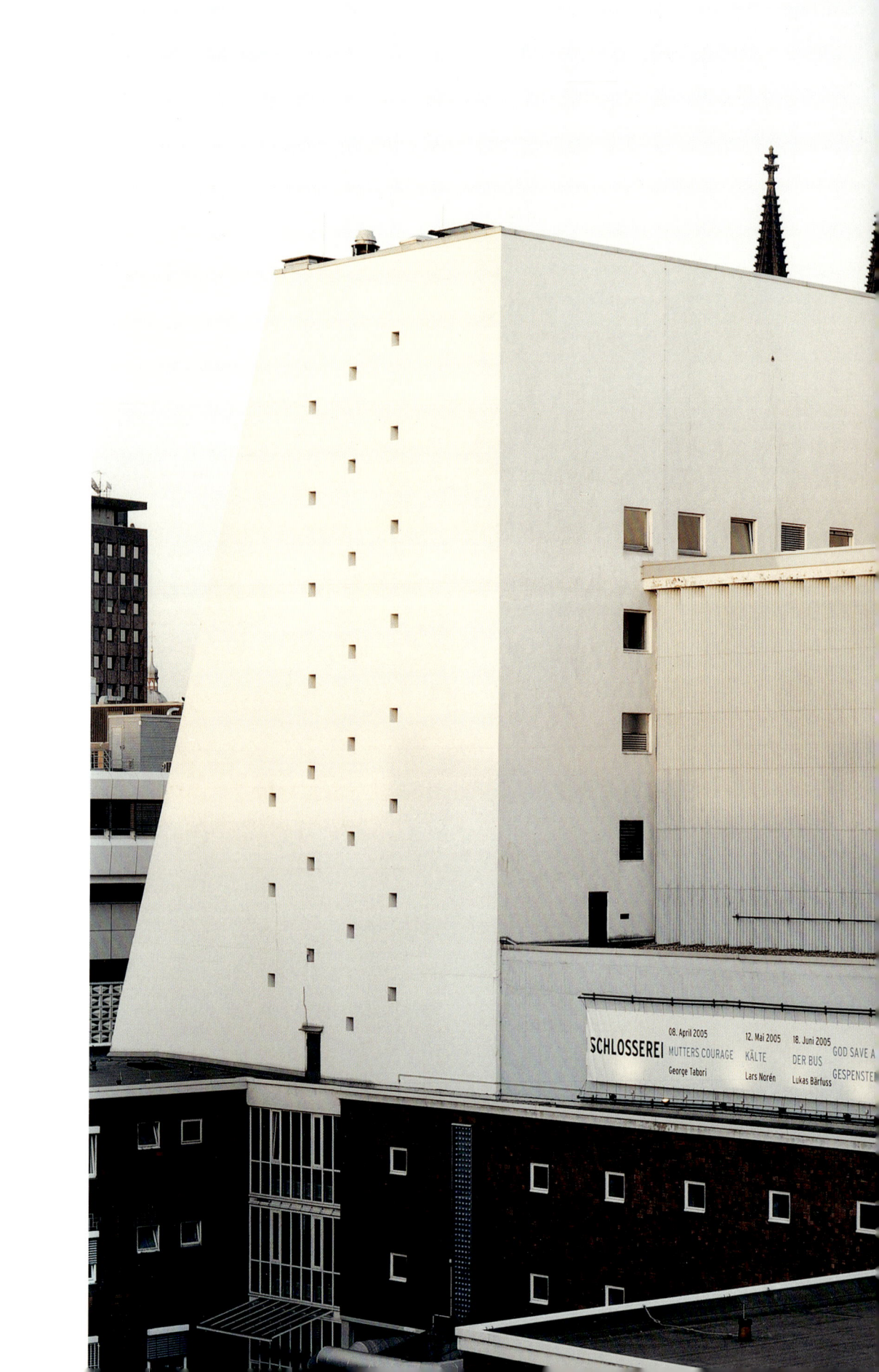

08. April 2005	12. Mai 2005	18. Juni 2005	
SCHLOSSEREI			GOD SAVE A
MUTTERS COURAGE	KÄLTE	DER BUS	
George Tabori	Lars Norén	Lukas Bärfuss	GESPENSTER

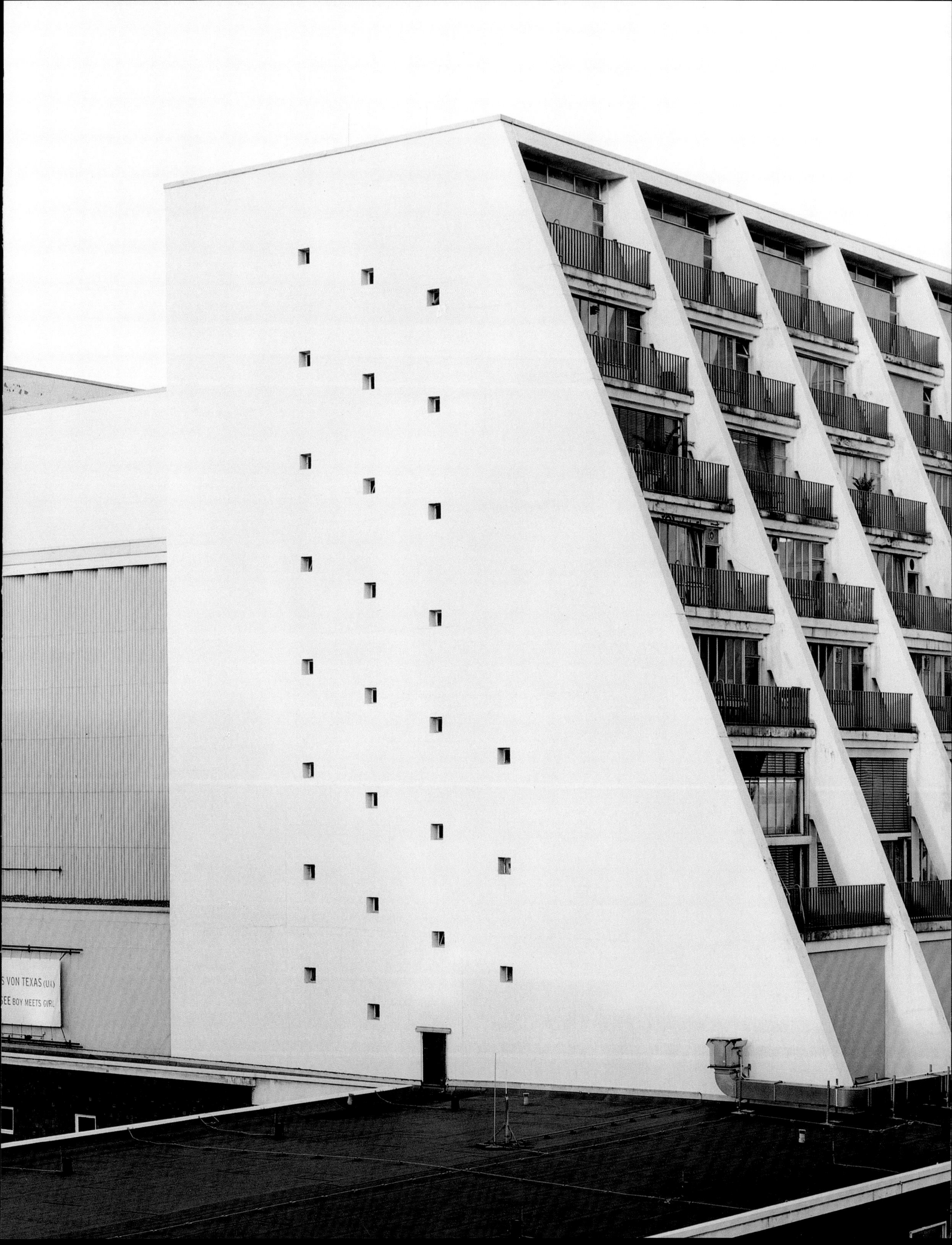
S VON TEXAS (UA)
SEE BOY MEETS GIRL

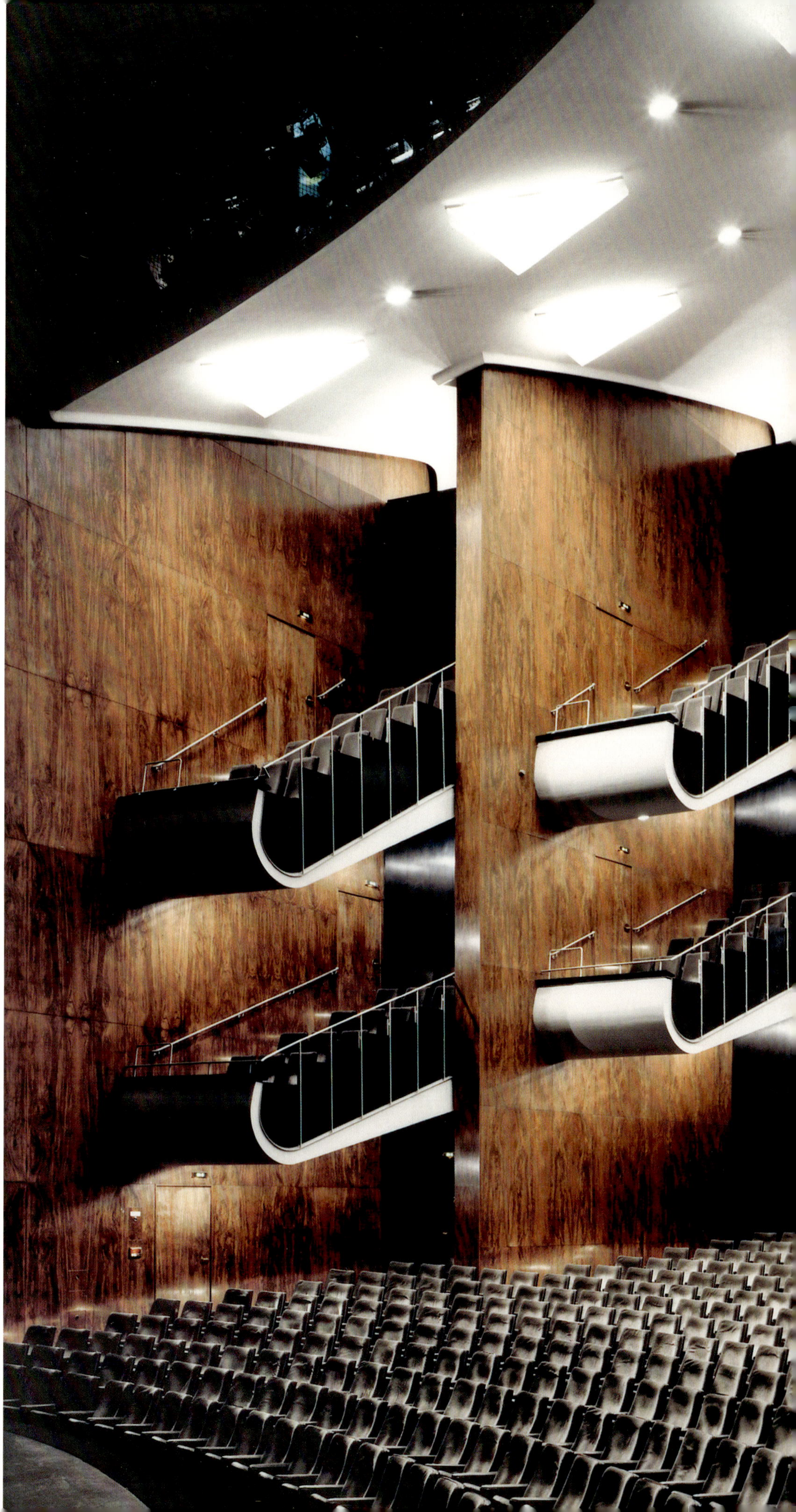

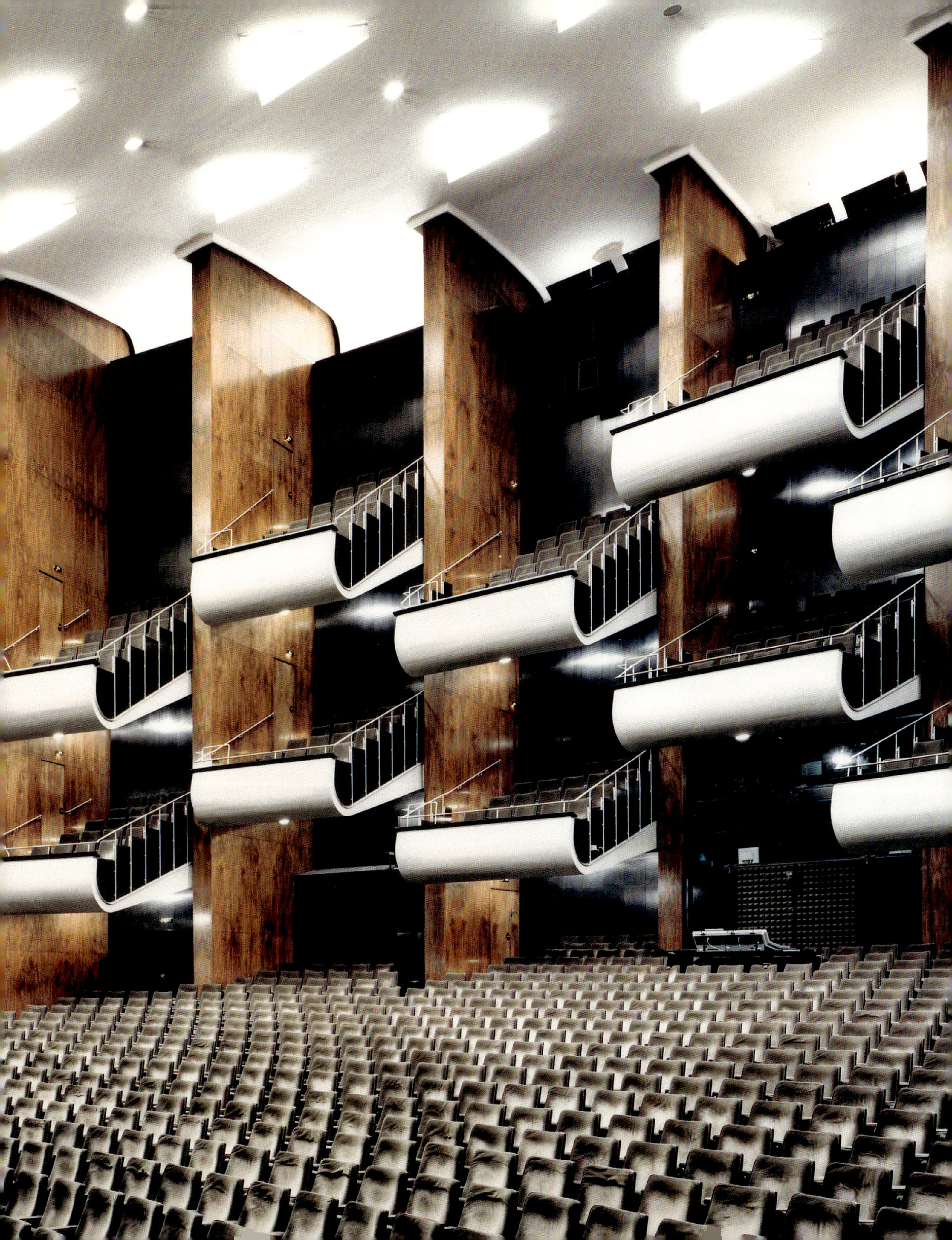

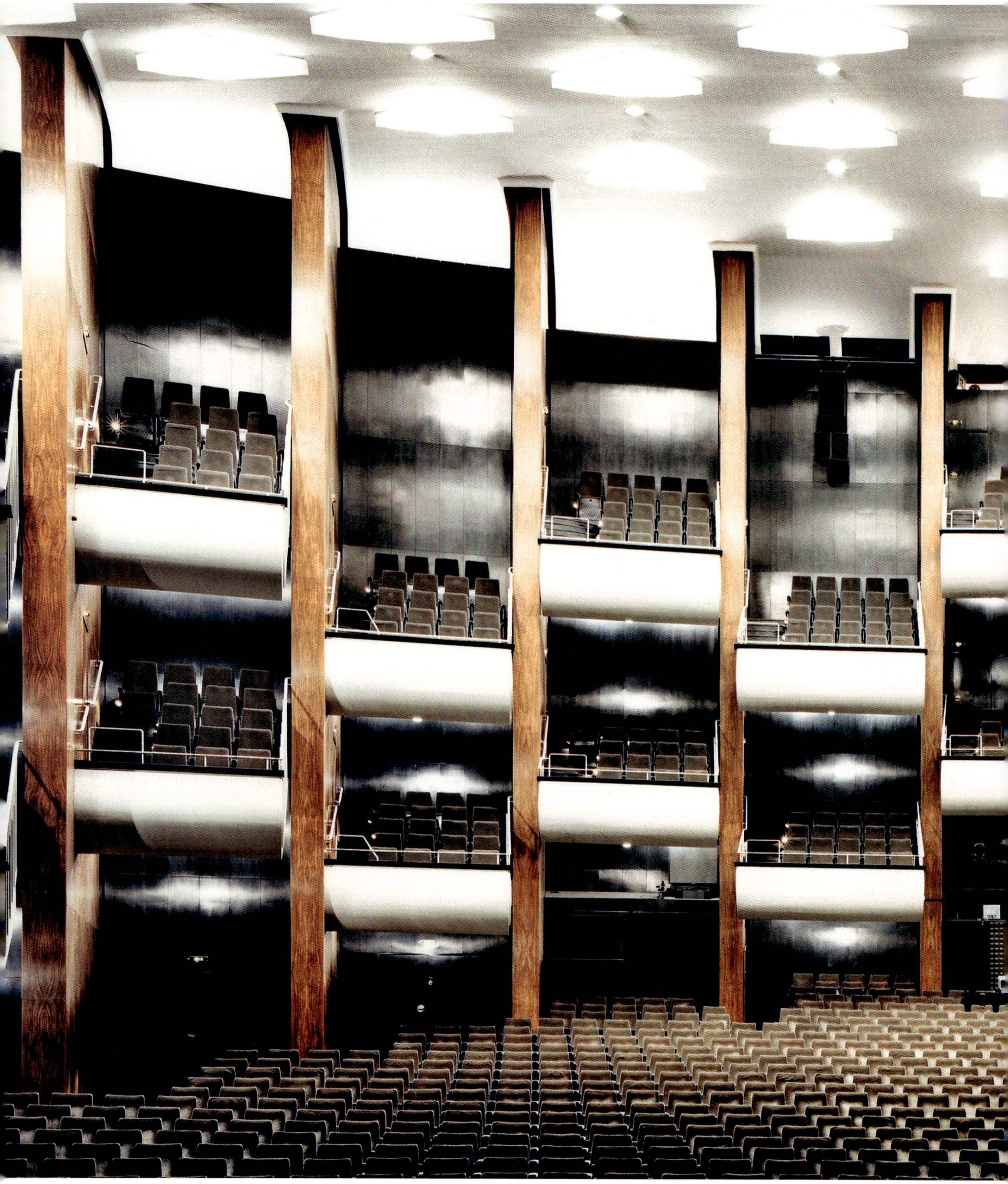

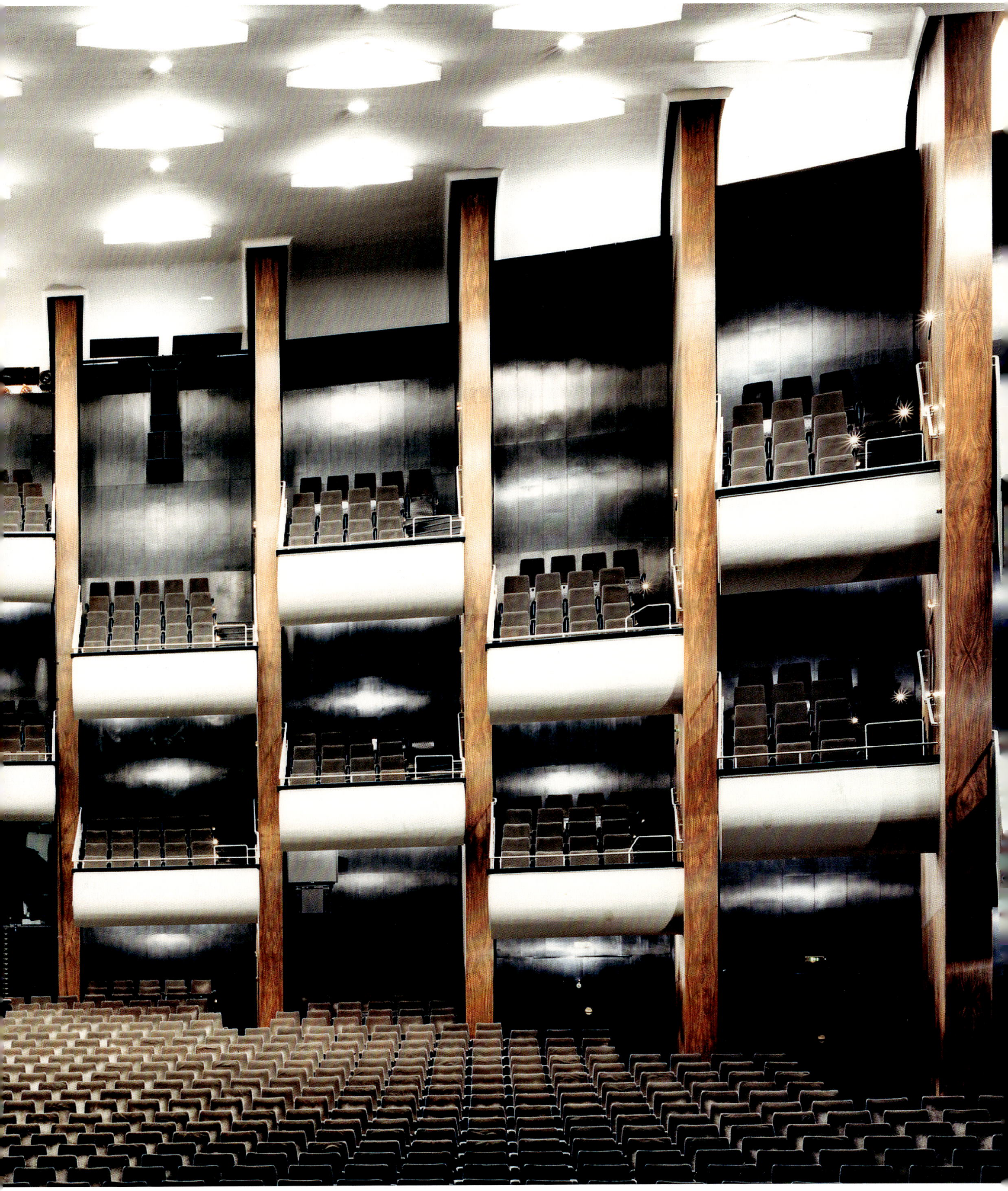

Schauspielhaus Köln
Offenbachplatz

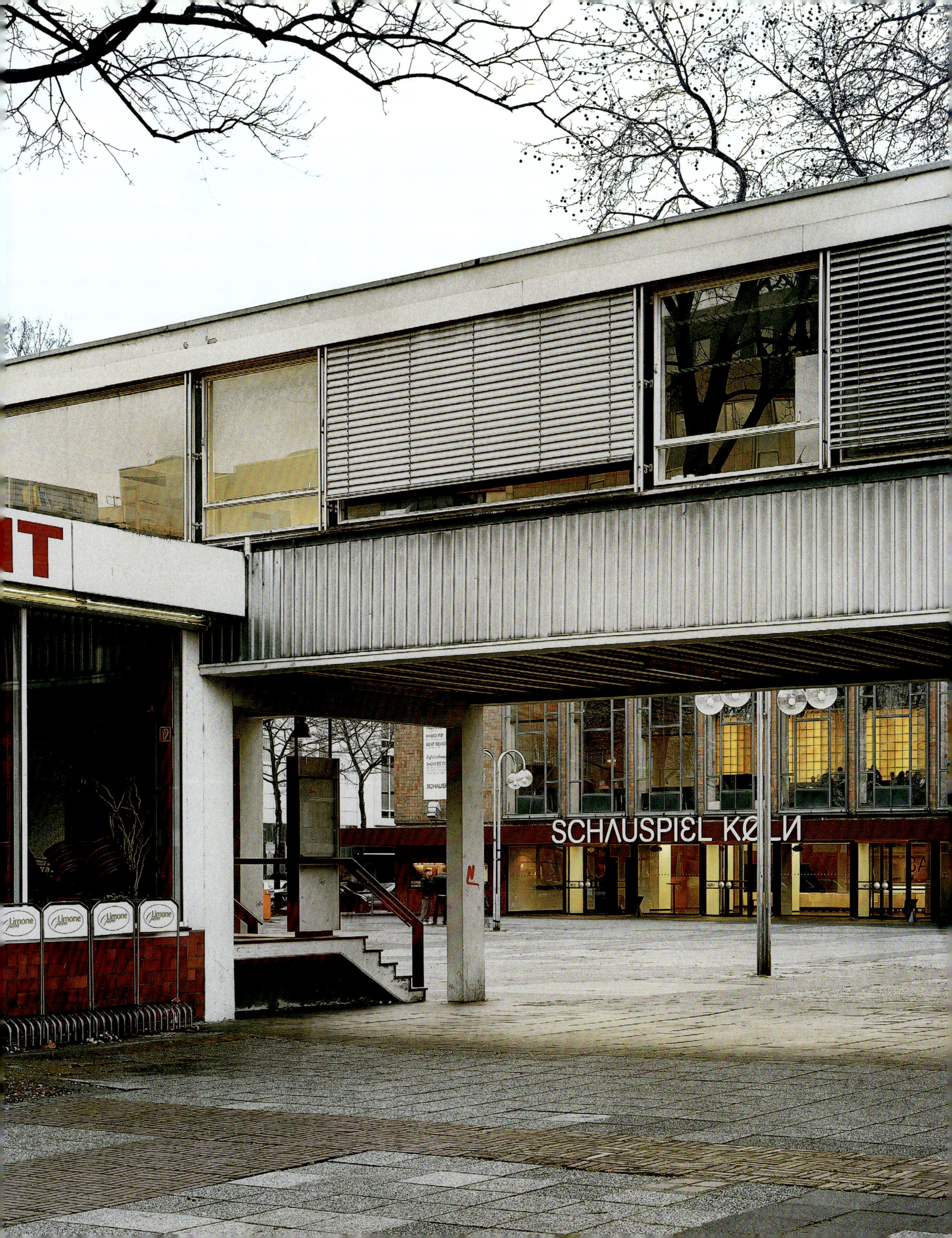
SCHAUSPIEL KØLN

MÄRZ 2008
UNTITLED PASSAGES
SCHLOSSEREI
FREMDES HAUS
Dea Loher
RADIO RO
BEAT GENERATION
Jack Kerouac
Erfrischungsraum
SHOW DE COLOGNE
SCHAUSPIEL KØLN
SCHAUS

Yasmina Reza
DER GØTT DES GEMETZELS
Regie: Karin Beier
SCHAUSPIEL KØLN
EL KØLN

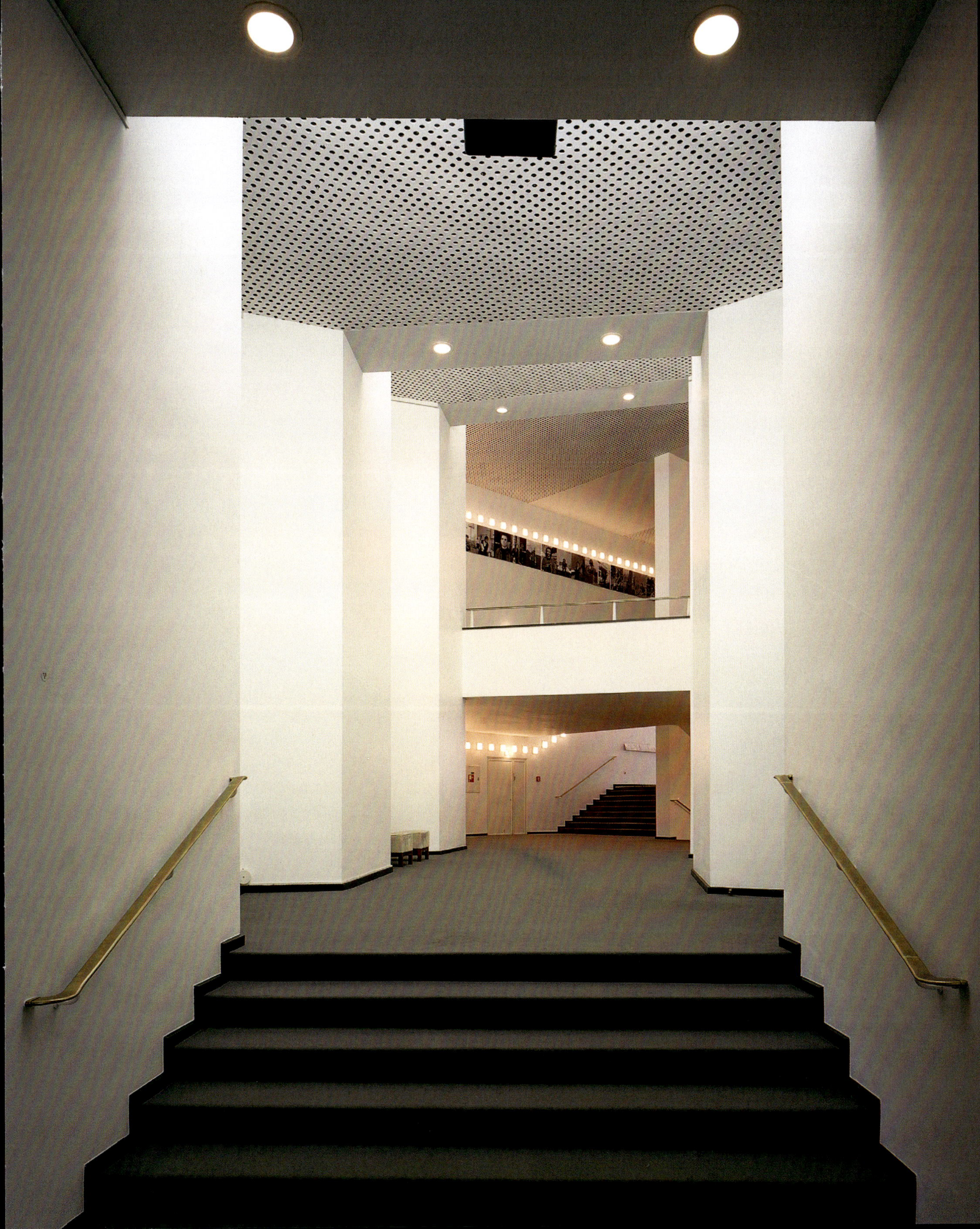

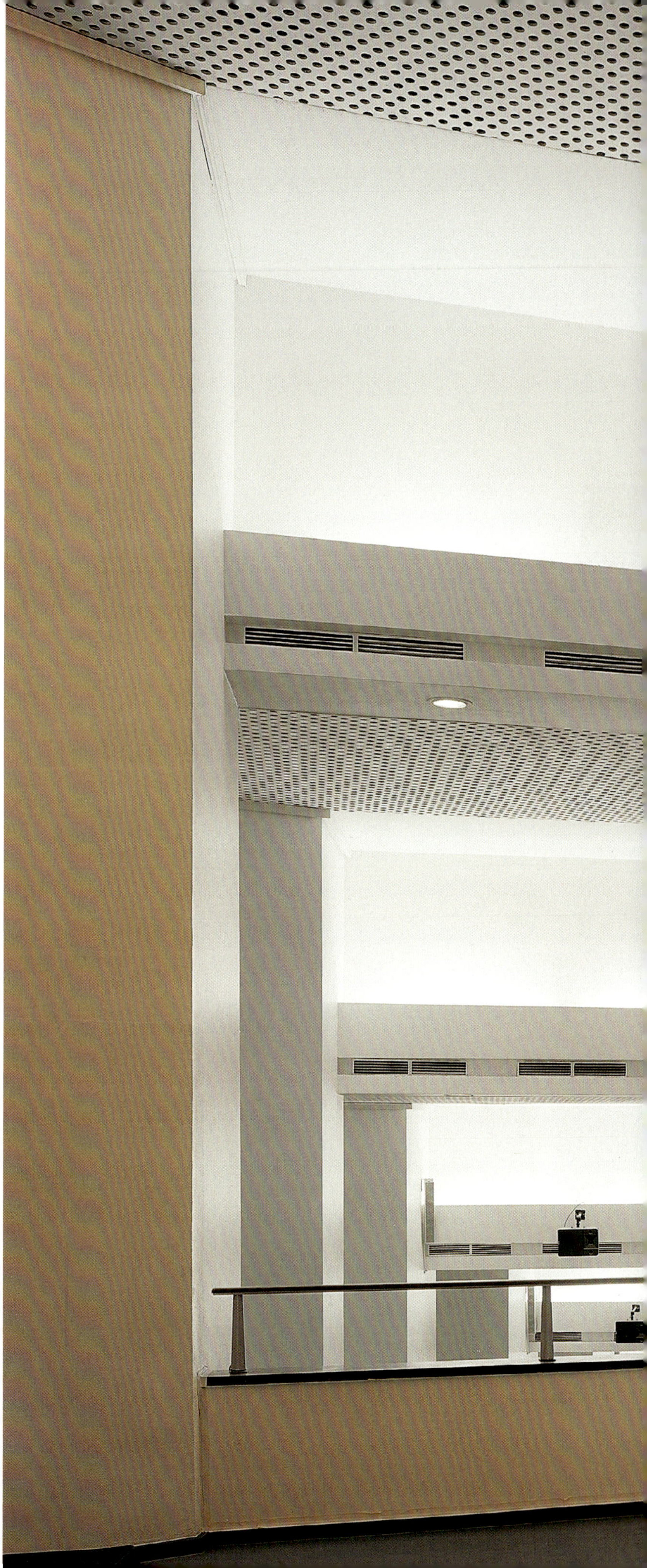

HOCHPARKETT LINKS

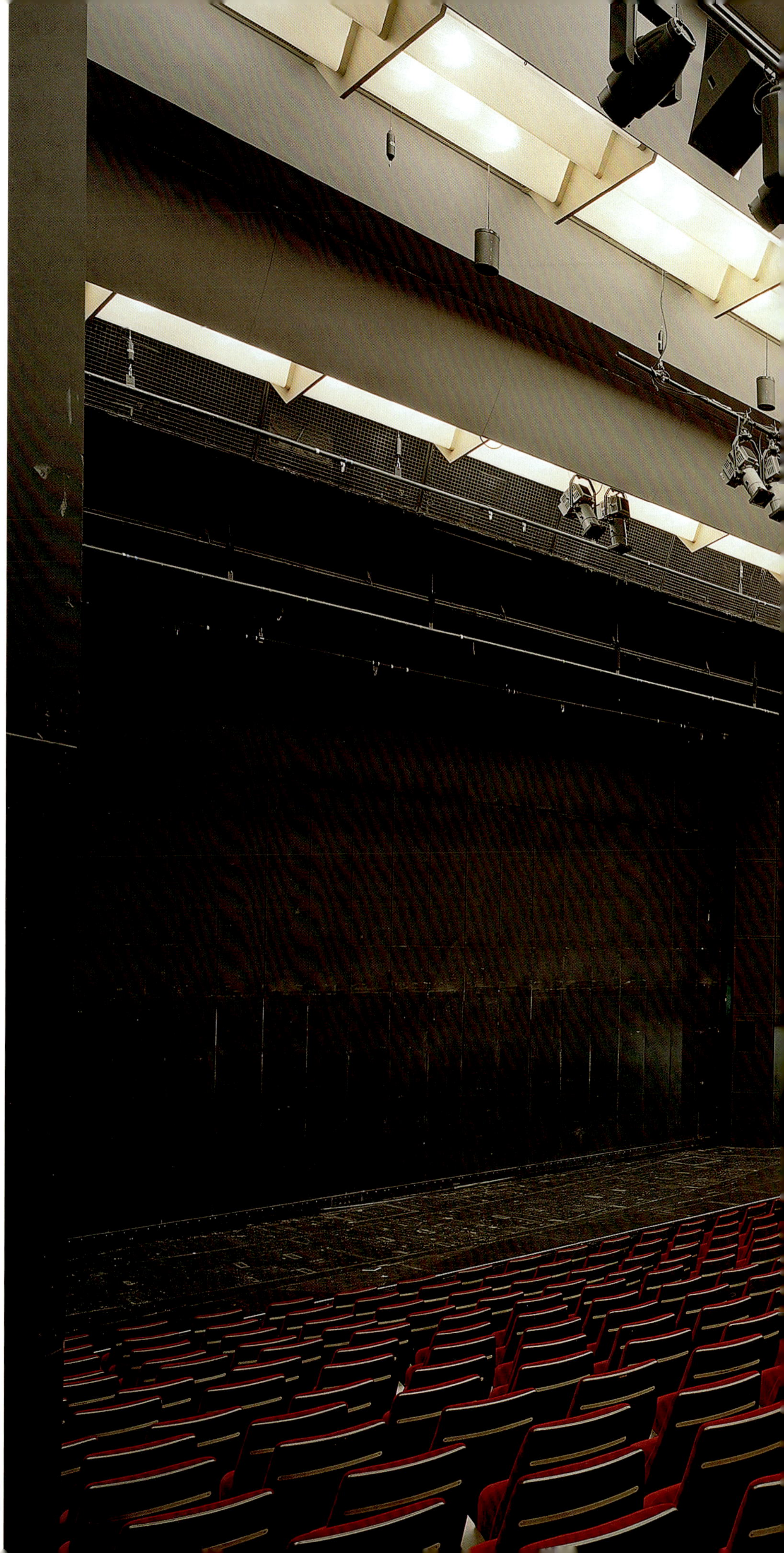

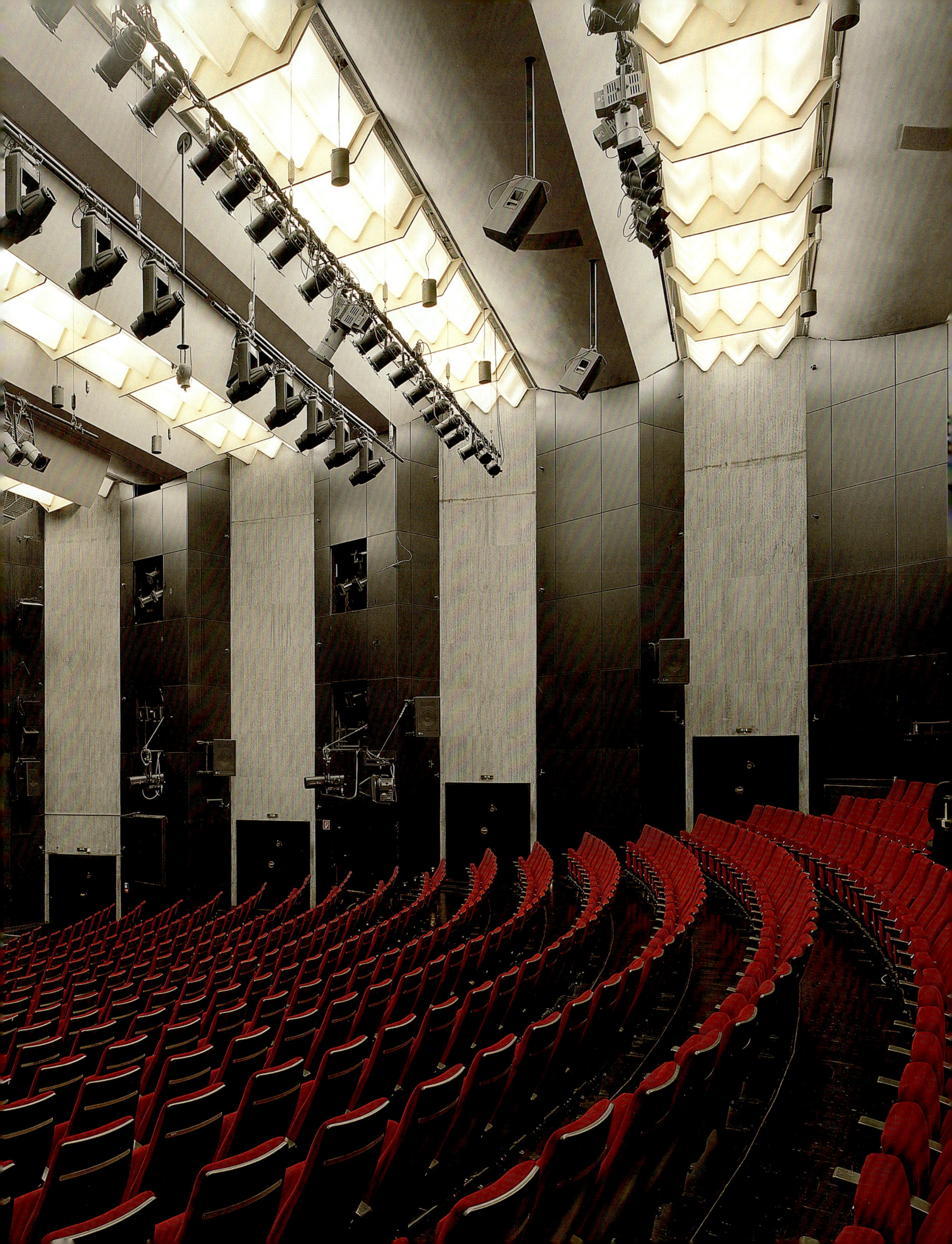

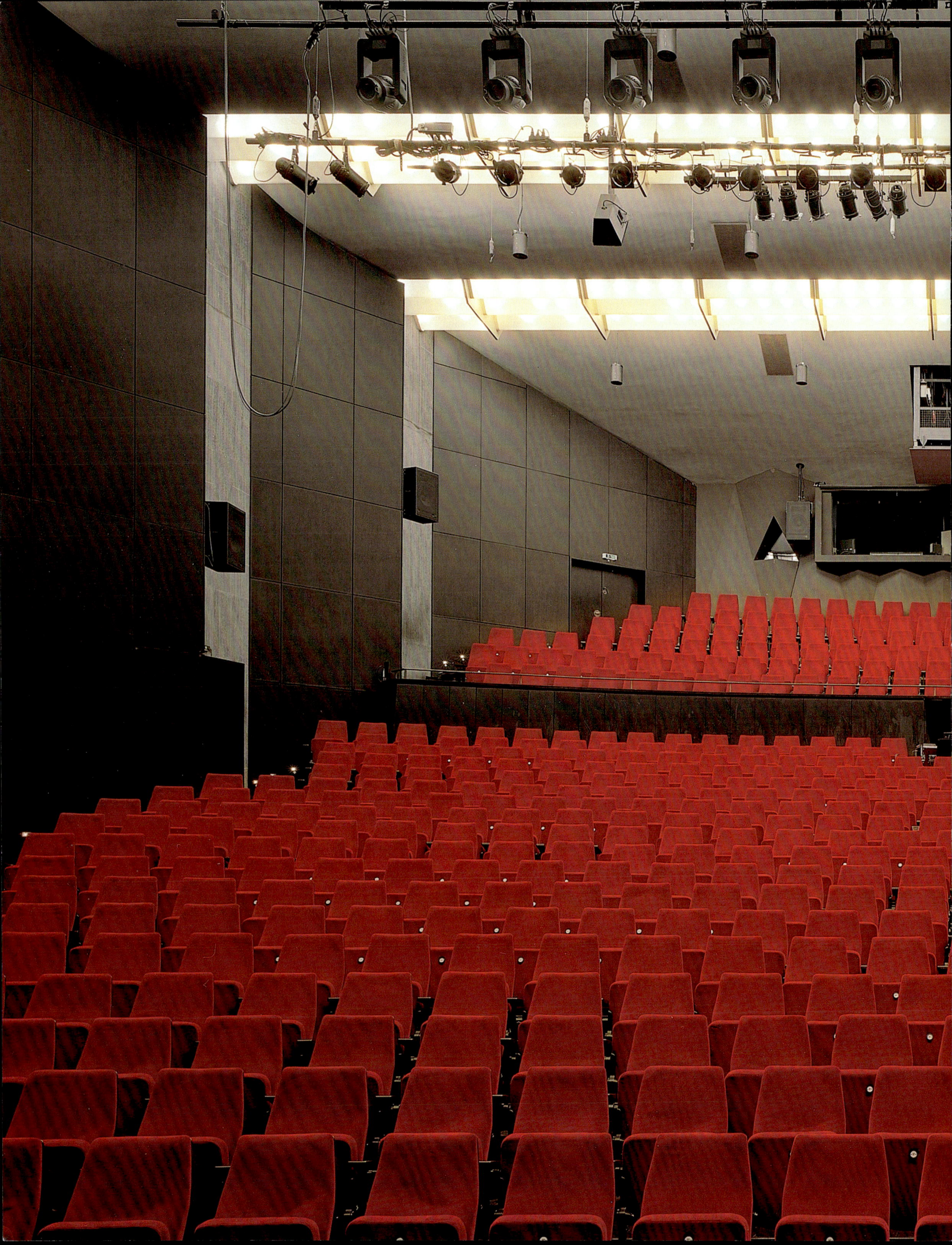

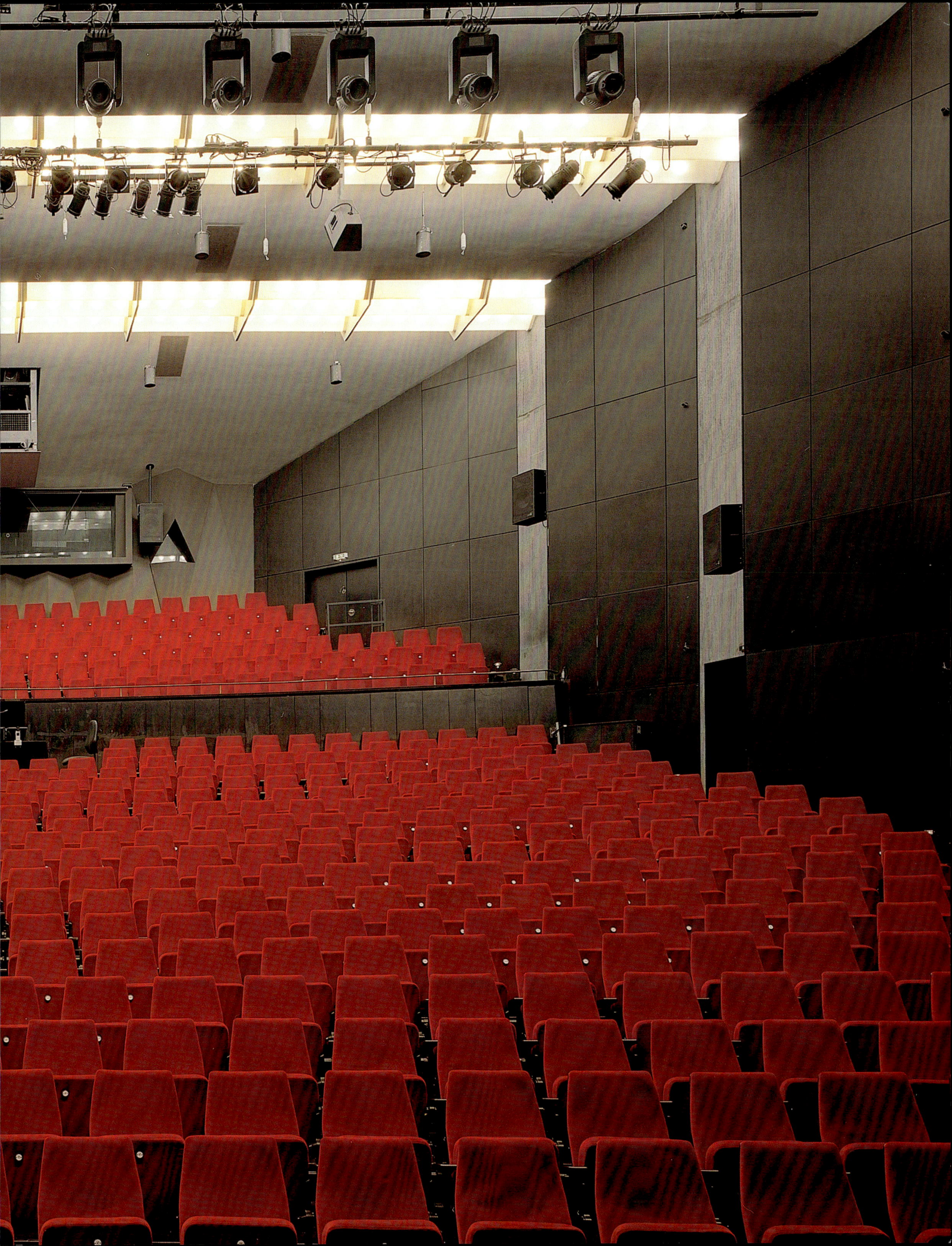

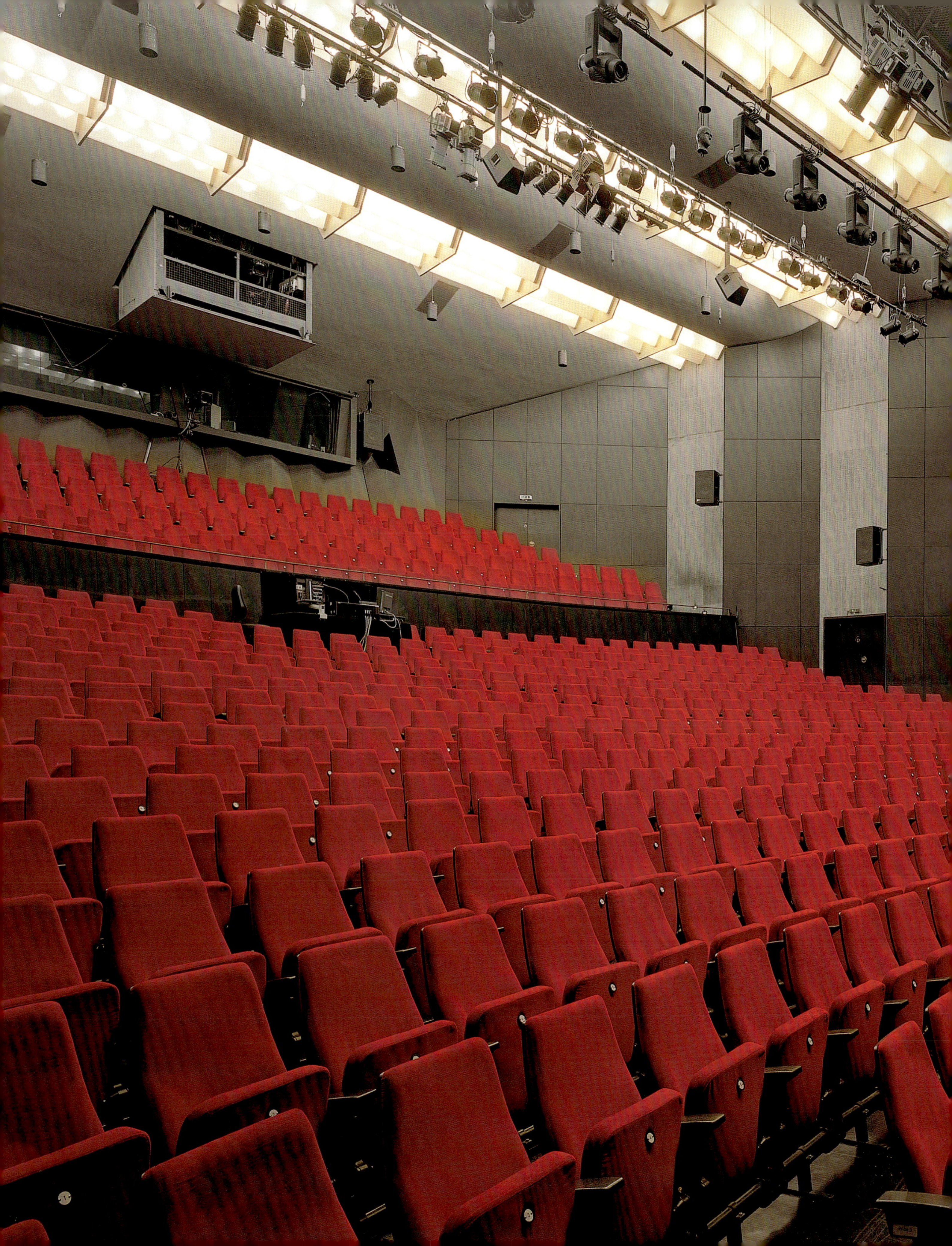

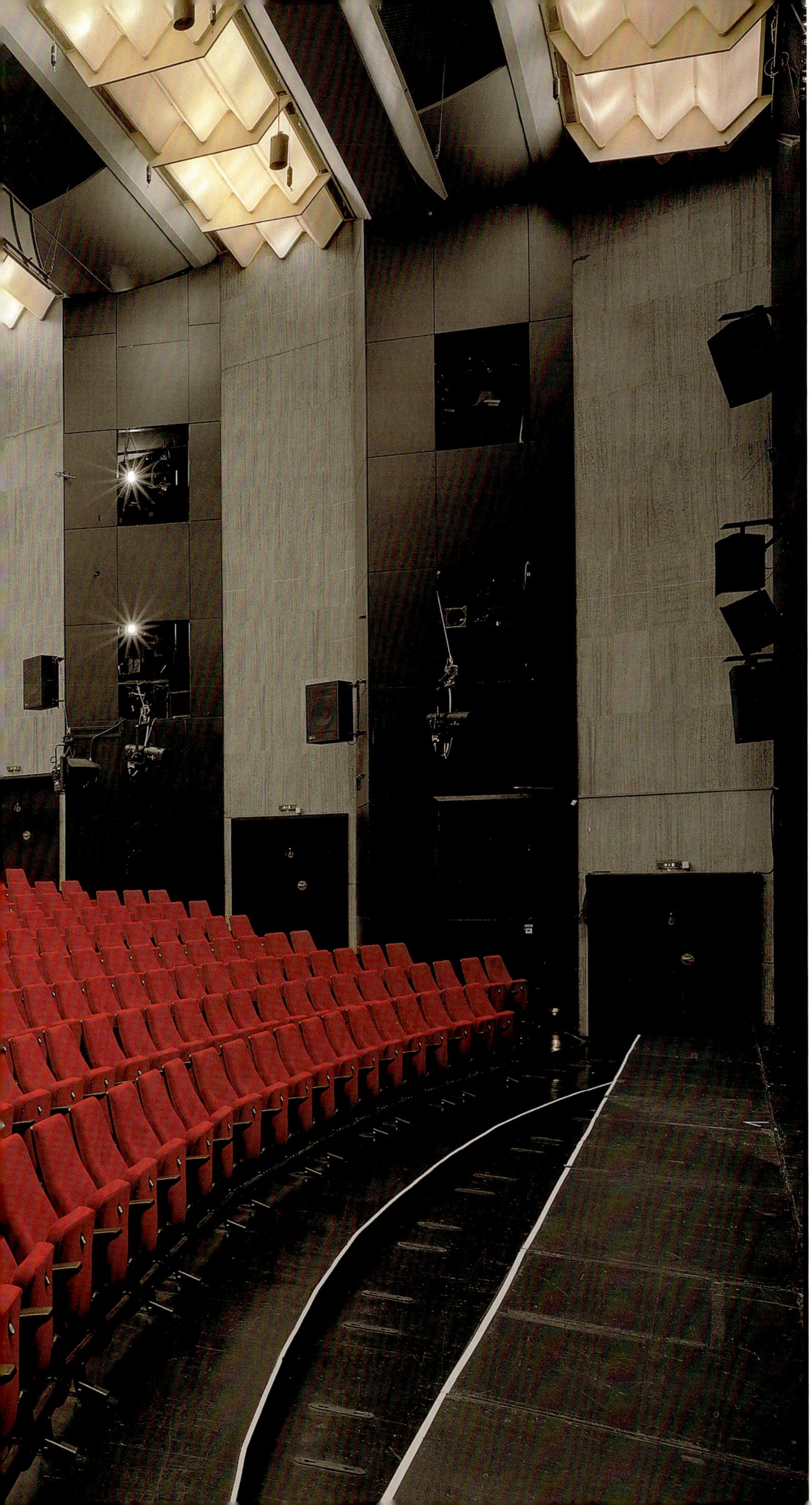

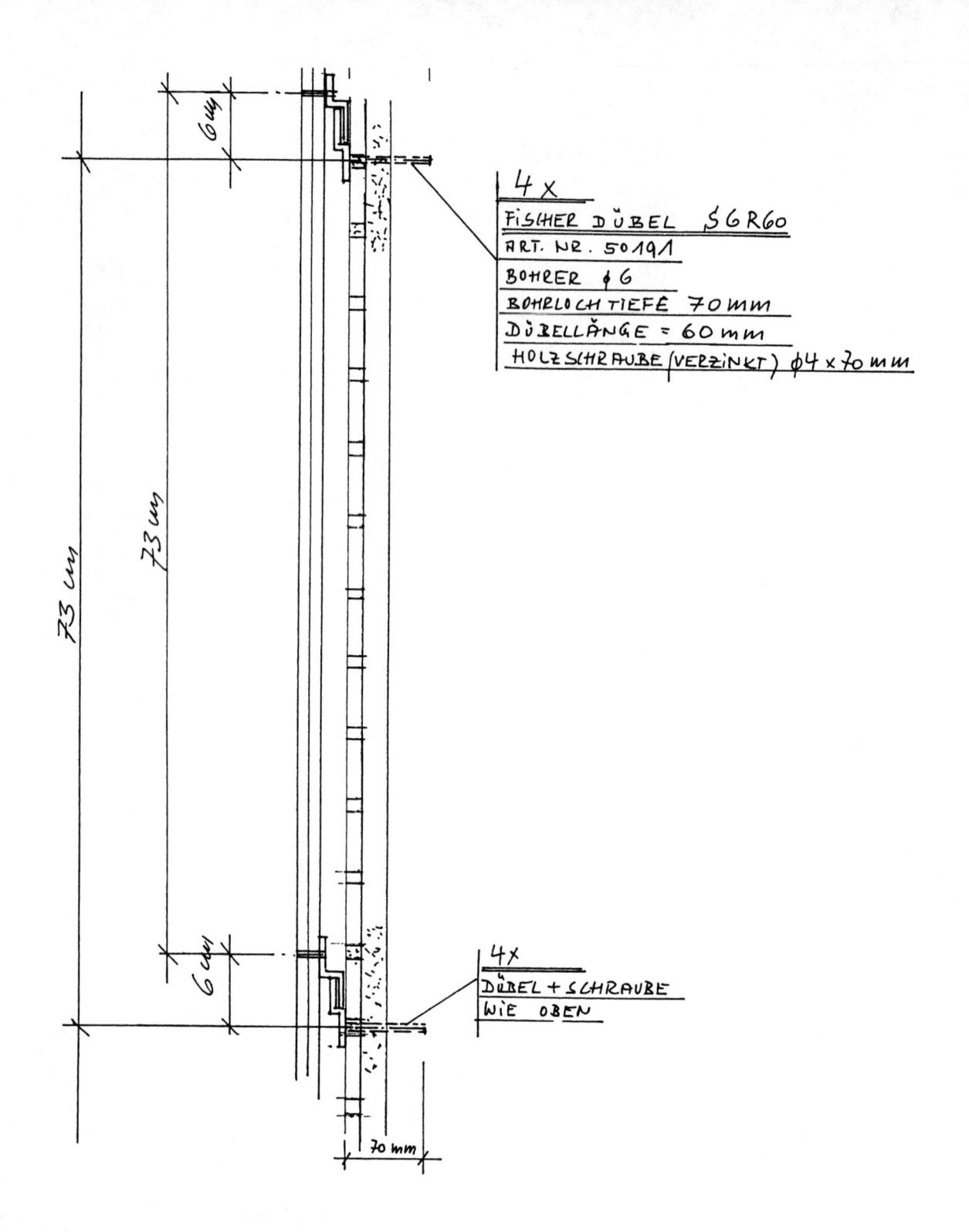

4x
FISCHER DÜBEL SGR60
ART. NR. 50191
BOHRER ⌀6
BOHRLOCHTIEFE 70 mm
DÜBELLÄNGE = 60 mm
HOLZSCHRAUBE (VERZINKT) ⌀4 x 70 mm

6 cm

73 cm

73 cm

6 cm

4x
DÜBEL + SCHRAUBE
WIE OBEN

70 mm

BLATT ①

11.09.2005

Liebe deine Stadt

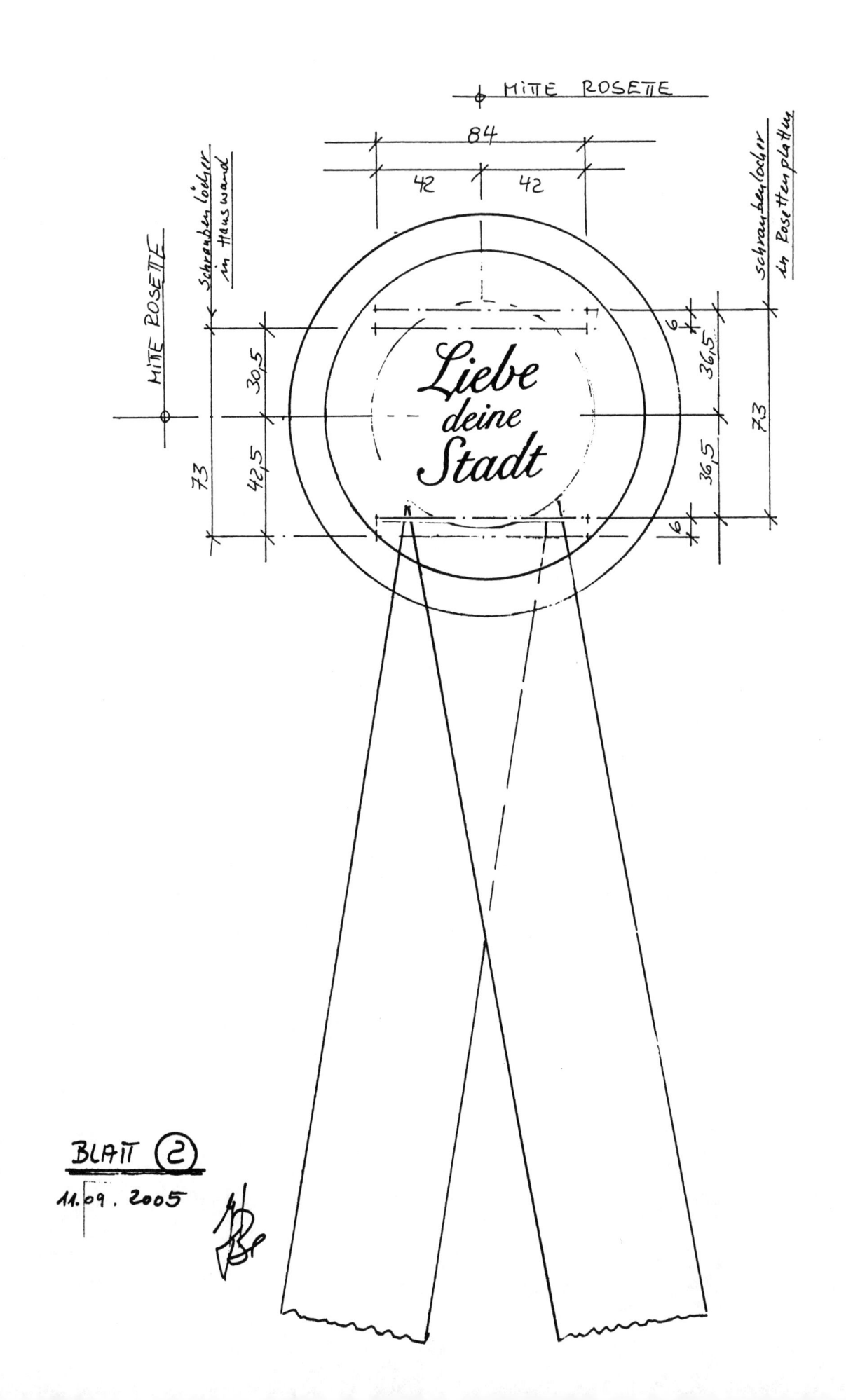

MITTE ROSETTE

84 — 42 | 42

MITTE ROSETTE

Schraubenlöcher in Hauswand — 30,5 | 42,5 | 73

Schraubenlöcher in Rosettenplatte — 6 | 36,5 | 36,5 | 6 | 73

BLATT ②
11.09.2005

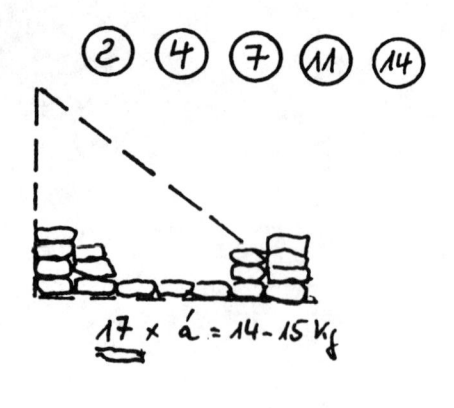

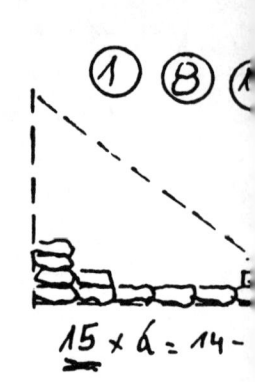

② ④ ⑦ ⑪ ⑭   ① ⑧

17 × á = 14-15 kg   15 × á = 14-

Liebe de

① ② ③ ④ ⑤   ⑥ ⑦

SCHEMASKIZZE SANDSACKANZAHL UND ANORDNUNG

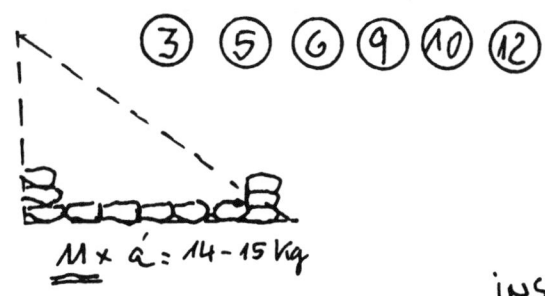

③ ⑤ ⑥ ⑨ ⑩ ⑫

11 x á = 14-15 Kg

INSGESAMT ≙ 196 SANDSÄCKE

ne Stadt

⑨ ⑩ ⑪ ⑫ ⑬ ⑭

Aufgestellt. 09.05.2005

JÜRGEN BERNHARDT DIPL.-ING
BERATENDER INGENIEUR, BDB
INGENIEURBÜRO FÜR STATIK
UND TRAGWERKSPLANUNG
THEODOR–HEUSS–RING 14
50668 KÖLN
TELEFON (0221) 122348
TELEFAX (0221) 125219

Montage des Schriftzugs *Liebe deine Stadt* von Merlin Bauer auf dem Panoramapavillon der Koelnmesse am 10. Mai 2005.

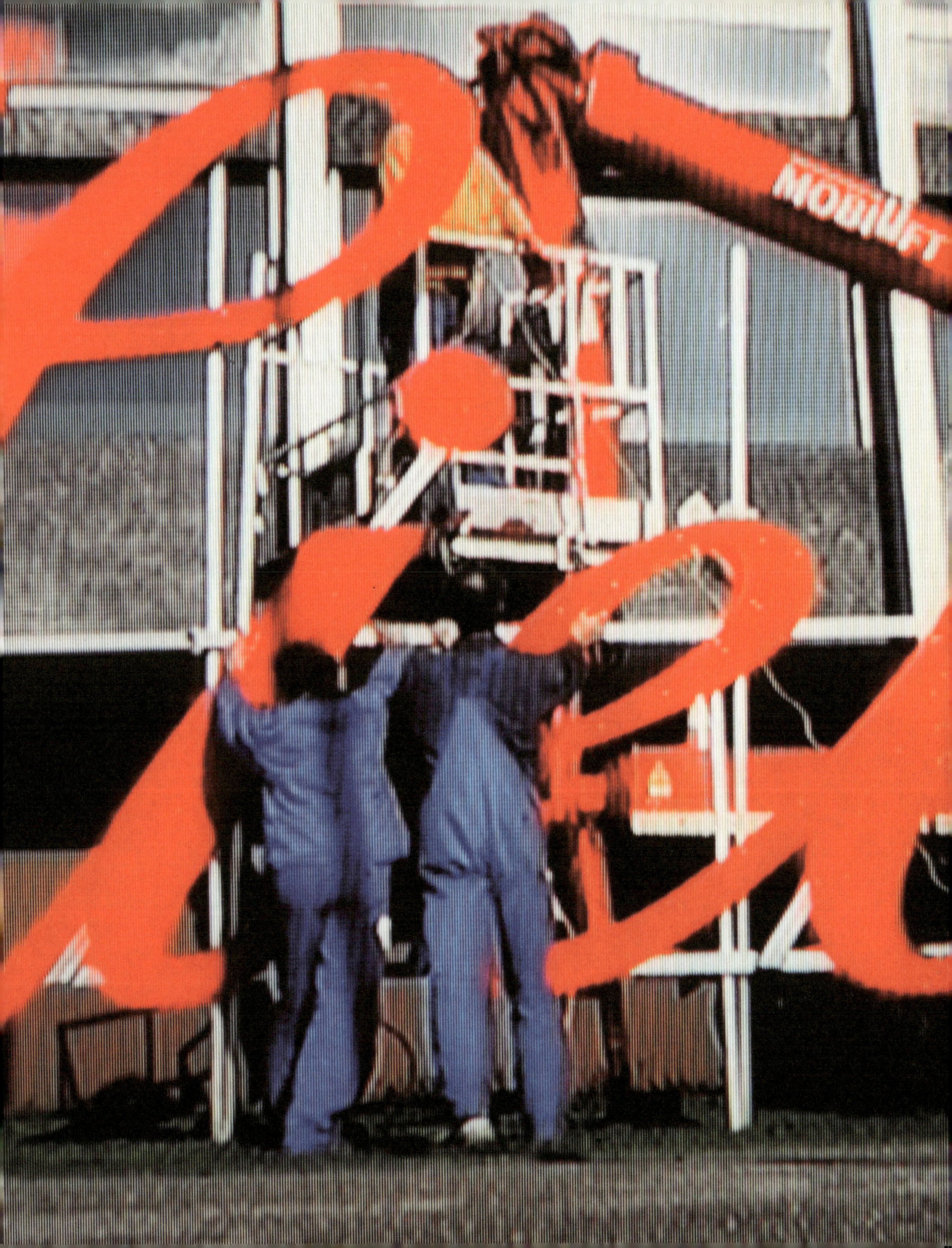

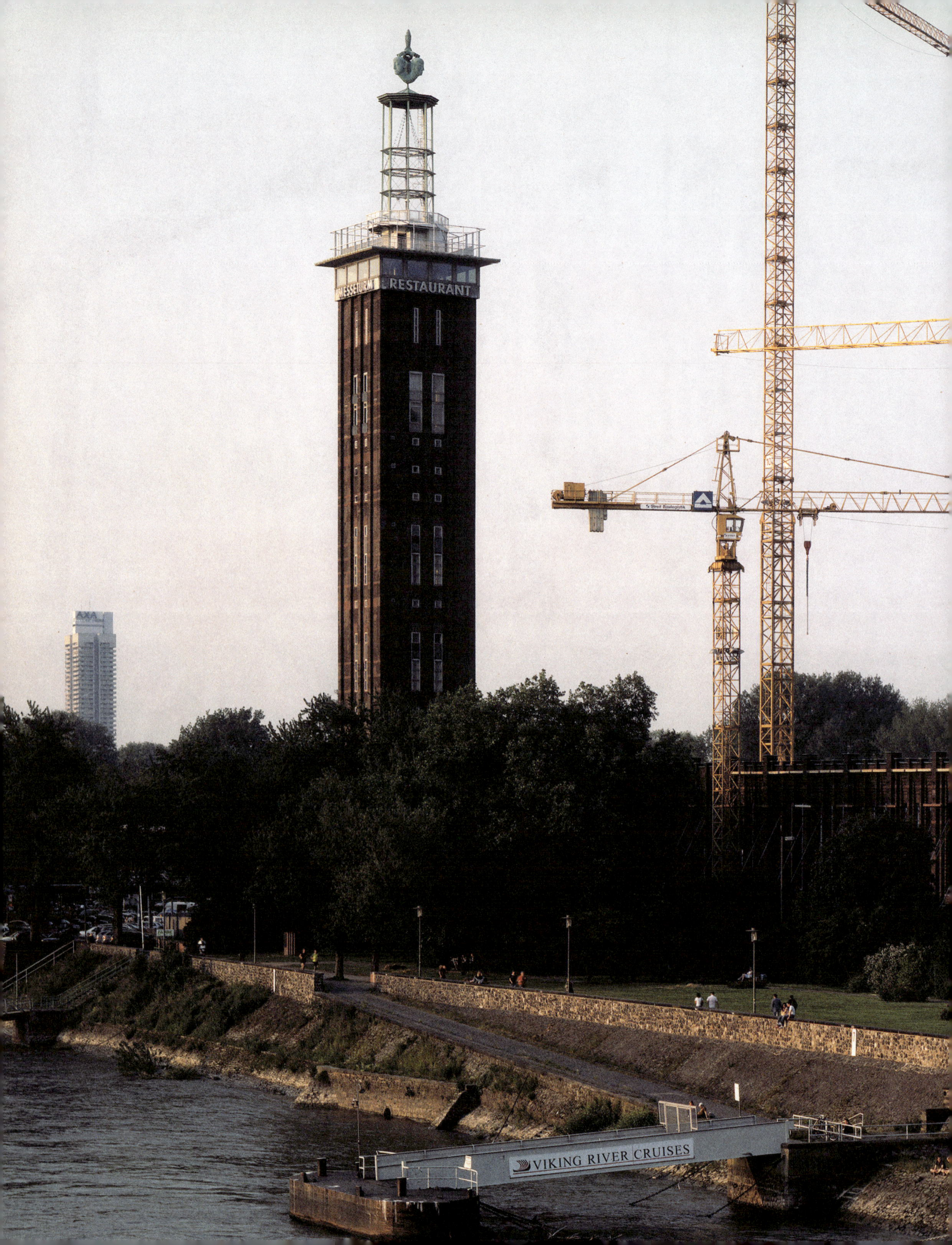
AXA
RESTAURANT
VIKING RIVER CRUISES

Liebe deine Stadt

11. Mai 2005
Hans Schilling
Über die Sorgen von Architekten und Stadtplanern

Hans Schilling, geboren 1921 in Köln, gestorben 2009 in Köln. 1937 Bauzeichnerlehre bei Karl Band, 1949 Wettbewerbsgewinn für den Wiederaufbau des Gürzenich mit Karl Band, Realisierung in Planungsgemeinschaft mit Rudolf Schwarz und Josef Bernard, ab 1955 selbständig als Architekt.
Ganz besonders wurde Hans Schilling für seine katholischen Sakralbauten bekannt. Zu seinen bedeutendsten zählen die Abtei Königsmünster in Meschede, die Friedenskirche Zu den Heiligen Engeln in Wesel und Neu St. Alban in Köln.
Folgende Kölner Profanbauten gehören zu seinen Werken: Rheinpark Restaurant Rheinterrassen, die Handwerkskammer (westlicher Teil), das Kolpinghaus, die Arbeiten am Gürzenich mit Karl Band, Josef Bernard und Rudolf Schwarz und das Maternushaus mit Peter Kulka, außerdem viele Geschäfts- und Wohnhäuser und das Fleischhauer-Haus am Hohenzollernring.

Es war von jeher das Recht des Architekten, in der Zeit liegende Ideen architektonisch zu formen. Es war auch von jeher sein Recht, neue Ideen zu entwickeln und auszudenken. Es mag aber unter Ihnen viele geben, die meinen, dass neue Gedanken keine Chance hätten, die alten Erklärungen über die architektonische Gestalt weiterführen zu können. Sie lehnen alles ab, was in modernen Formen entsteht oder entstanden ist. Eine solche Ablehnung halte ich für durchaus ehrenwert. Es ist aber nicht so, dass unsere Baukunst heute eine Allerweltssprache spräche, sie klingt immer heimatlich, bei uns, in Finnland, in Nordamerika.

Die Kölner zum Beispiel wussten, dass der Wiederaufbau ihrer im Krieg zerstörten Stadt eine edle Aufgabe war und haben das von Beginn an als eine geistige Verpflichtung aufgefasst. Aber 1948 kam die Währungsreform, die materielle Not war zu Ende und das Wirtschaftwunder beendete die Zeit, in der sich – trotz eigener großer Sorgen – viele Bürger Gedanken darüber machten, was die Stadt war und wie sie wieder werden sollte.

Planen und Bauen wurden wegen der heute kaum noch vorstellbaren Größenordnung aber etwas zu hastig betrieben, und darum gibt es viele Dinge, die das Urteil der Geschichte nicht bestehen oder bestanden haben. Diese Dinge sollten eine ständige Mahnung sein, sich für alles Zeit zu nehmen, was Bestand haben soll.

An die Stelle eines Wettlaufs der Baumassen müsste aber eigentlich ein Ringen um Bauformen und Bauideen treten, in deren Mitte die uns überlieferten sakralen und profanen historischen Bauten wie Kostbarkeiten eingebettet sind. Aber für die Mehrzahl der Bauherren, das sind für den öffentlichen Bau die Politiker, die zweifellos zuständig, aber nicht sachverständig sind, und für den übrigen Bereich des Bauens die Investoren und privaten Grundbesitzer, die die geistige Qualität als Qualität oft nicht erkennen, bei denen es sich nur „rechnen" muss, gilt: Diese Bauherren haben ihre Berater, meistens Leute, die Einfluss haben auf die Politiker, auf die Banken, auf die Manager – und die kennen wiederum ihre Projektsteuerer, Surveyors, Übernehmer, Developer und wie sie alle heißen – und natürlich die etablierten Baukonsortien, und die wissen alles, meistens auch alles besser.

Das macht nun den Architekten und Stadtplanern große Sorgen, weil die Sprache der Bauindustrie eine völlig andere ist als die der Architekten. Während die Architekten eine Trennung von Bauplanung und Bauausführung fordern, lehnt die Bauindustrie dies mit der Begründung ab, es würden dadurch „Optimierungspotentiale" zwischen Planung und Bauausführung verhindert.

Dieser Zustand ist beklagenswert, weil die Ergebnisse dieses Denkens mehr und mehr zu vollkommen unannehmbaren Lösungen, sowohl architektonischen als auch städtebaulichen führen, die den Interessen der Öffentlichkeit keinesfalls entsprechen. Immer mehr Investorenarchitektur von der Stange versaut unsere Umgebung. Mit hauchdünnen Natursteinplatten zugekleisterte Langweiler sollen zwar etwas hermachen, sind aber ohne Geist, Würde und Gestalt und meist ein ästhetischer Sittenverfall sondergleichen. Gottlob widersetzt sich die Denkmalpflege sehr oft den stets bedenkenlos geäußerten Forderungen nach ein paar weiteren Geschossen, die unabdingbar sind. „Sonst gehen wir eben nach Düsseldorf!" droht man meistens mit Erfolg.

Bei der Diskussion über diese begehrte Höhenentwicklung der Stadtgestalt von Köln wird nun erwogen, die Gebäudehöhen festzulegen, wie das in Paris der Baron Haussmann in den fünfziger Jahren des 19. Jahrhunderts getan hat, als er Paris neu aufbauen musste. Das in der alten Stadt Köln zu versuchen halte ich für grotesk, denn nicht die Höhe eines Bauwerks ist maßgebend für das Bild unserer Stadt, wichtig ist, wie ein Bauwerk in Maß und Gestalt – natürlich auch in der Höhe – mit den Nachbarn Gemeinschaft bilden will und somit einen jeweils charakteristischen Straßen- oder Platzraum schafft.

Die Auftaktveranstaltung des Projekts *Liebe deine Stadt* mit Kasper König und Hans Schilling im Panoramapavillon an der Hohenzollernbrücke, 11. Mai 2005.

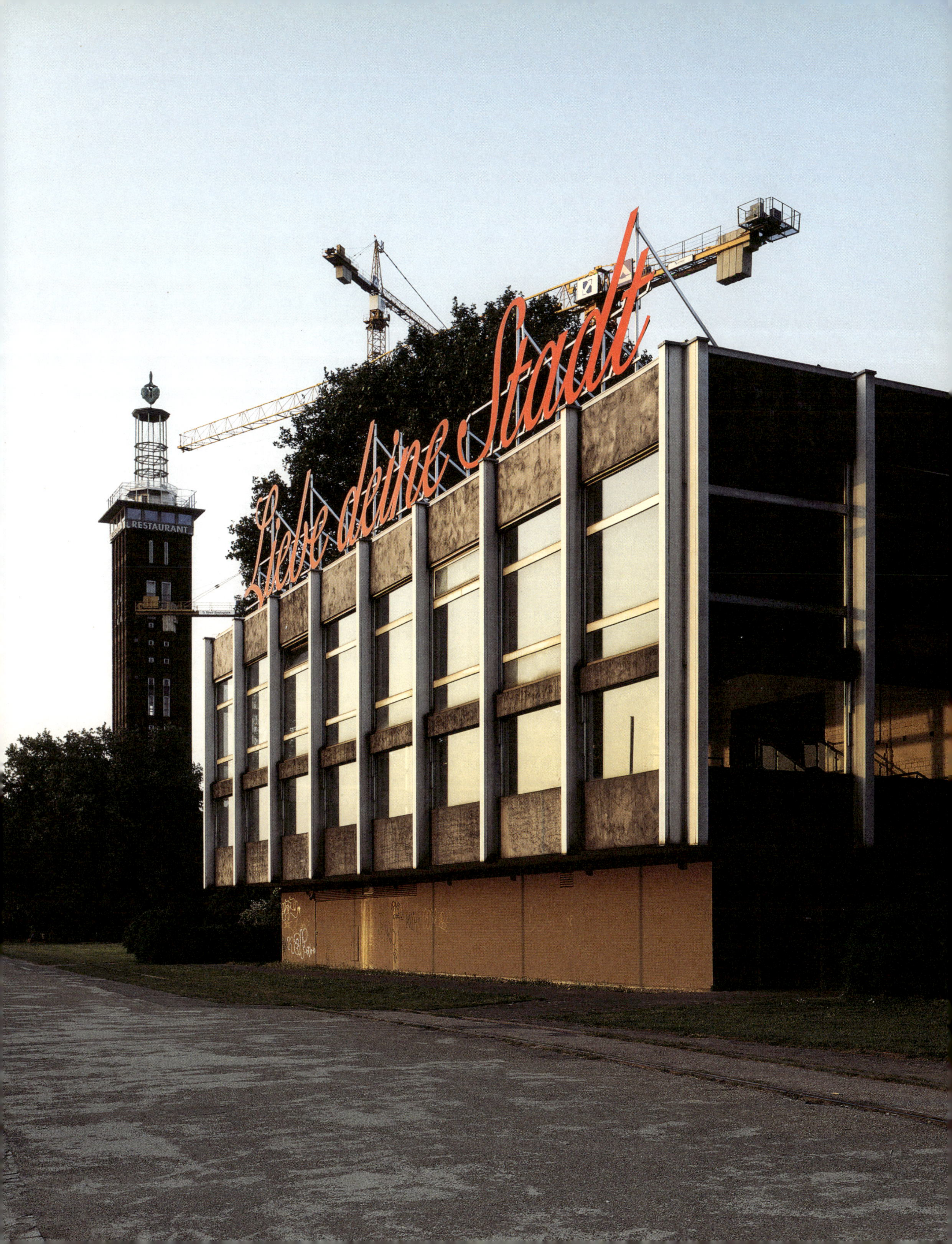
RESTAURANT
Liebe deine Stadt

Die Aufgabe des Architekten ist es, sich mit solchen Gegebenheiten auseinanderzusetzen und darzustellen, dass jeder Bau in seinen Kontext, in die vorhandene Umgebung eingebunden werden soll. Dabei muss der Gedanke der Einheitlichkeit des Ganzen Berücksichtigung finden. Einheitlichkeit des Ganzen und Mannigfaltigkeit der Teile sind Prinzipien der Gestalttheorie. Der Architekt schafft durch veränderte Zusammenstellung der Einzelteile stets neue, Bedeutung prägende, ganzheitliche Zusammenhänge. Wenn er Konventionelles unkonventionell benutzt, wenn er vertraute Dinge in befremdlicher Weise zusammenstellt, verändert er ihren Kontext und kann so ausgedienten Klischees eine lebendige Wirkung geben. Gewöhnliche Dinge in einem ungewöhnlichen Zusammenhang scheinen deshalb neu und alt zu sein. Das sind Leitvorstellungen für die Planung, die beachtet werden sollten. Es müssen aber Instrumente entwickelt werden, die die Investoren oder sonstigen Marktakteure mit den Interessen der Öffentlichkeit, mit Architekten, Stadtplanern und Bürgern auf eine Diskussionsebene bringen. Hier ist Herr Streitberger[1] gefragt, und auch die Politiker, die die geistige Qualität von Planung erkennen und intellektuellen Argumenten zugänglich sind.

Und nun ein paar Gedanken über unsere Stadt ganz allgemein und besonders für die allerwärts geplanten Hochhäuser. Gottfried Böhm, Pritzker-Preisträger und Kölner Baumeister, hat zu diesem Problem gesagt: „Nimmt man zum Beispiel eine der bedeutendsten romanischen Kirchen Kölns, die St.-Georg-Kirche, so stört dort das daneben stehende Hochhaus der Polizei nicht so sehr wegen seiner Höhe, sondern weil der Bau nur er selbst sein will und gar nicht versucht, mit seiner Nachbarschaft eine Gemeinschaft und somit einem Raum zu bilden, in dem dann die Kirche als kleine Kostbarkeit gefasst ist." Wie nobel ist diese Kritik und wie konstruktiv! Und weiter Gottfried Böhm: „Es gibt aber leider nicht nur in unserer Stadt, sondern allgemein viele solcher sich selbst genügen wollenden Hochbauten, die keinen Bezug haben zur Gesamtheit. Wir wissen auch, dass diese Sünden nur in den seltensten Fällen abgerissen werden können. Unsere Aufgabe müsste es deshalb sein, uns mit den Gegebenheiten auseinanderzusetzen und zu versuchen, sie in die Gemeinschaft einzubinden. Um das zu erreichen, werden wir schon oft relativ hohe Nachbarbauten erstellen müssen, um mit den nun einmal vorhandenen Sünden zusammen Stadt-, Straßen- und Platzräume schaffen zu können. Das wird eben eine sehr bewegte Stadttopographie werden müssen, die, wenn sie gut gemacht ist, nicht nur nicht stört, sondern das Erleben der Stadtgestalt steigert."

Die Sehnsucht nach dieser Kultur wächst, je mehr das Ökonomische dominiert. Wie sonst ist das Aufkommen der Erkenntnis zu erklären, dass der Rheingarten und Farina, die Bastei, die Museen, die romanischen Kirchen und der Dom, aber auch die Hohe Straße, die Schildergasse, der Neumarkt und die Passagen, die Ehrenstraße, das Hahnentor und die Ringe mehr Spaß machen als die später hinzugefügten Dinosaurier, die allesamt eine Zumutung sind, die nicht singen, sondern schreien! Und die der Stadt Köln, einer römischen Gründung 50 n. Chr., noch in unserer Zeit, zweitausend Jahre später, sehr schlecht bekommen.

Dies gilt auch für das Hochhaus der Rheinischen Zusatzversorgungskasse, das in Deutz gebaut wurde. Wegen der sehr unterschiedlichen Qualität der umgebenden Objekte, einer Ansammlung architektonischer Individuen, die miteinander auch nichts anzufangen wissen, stellt sich das Hochhaus der Zusatzversorgungskasse vom städtebaulichen Gesichtspunkt aus äußerst widersprüchlich dar. Einen weniger geeigneten Bauplatz für ein solches neunzig Meter hohes Gebäude (ursprünglich waren es mehr) gibt es in ganz Deutz wohl nicht. Das Grundstück unterliegt einer sehr fragwürdigen Kommerzialisierung. Man baut nicht für sich selbst, man vermietet. Der Mieter, so verlautet, soll „ein Zugewinn" für Köln sein und „eine Initialzündung" für den Standort. Wie so etwas ausgeht, kann man ja am Lufthansa-Hochhaus studieren, dessen „Zugewinn" für Köln sehr schnell verflogen ist. So ein Stuss wird über das

Projekt geschrieben, und was die UNESCO so alles dagegen hat, mit ihrem Weltkulturerbe und so, wird von einem Großinvestor – Gott hab' ihn selig – gekontert: Der Dom brauche die UNESCO nicht, und der Einspruch der UNESCO versperre der größten Stadt in Westdeutschland den Weg in die Zukunft. Im Übrigen sei es weniger von Interesse, ob das Kirchengebäude das UNESCO-Siegel „Weltkulturerbe" trage oder nicht!

Die Planung dieses Hochhauses der Architekten Gatermann und Schossig, das den schönen Namen „KölnTriangle" trägt, ist gewiss nicht schlecht. Man hat sich bei der Entwicklung des Grundrisses einer rein geometrisch beschreibenden Bewegungstheorie bedient, deren Erfinder der Ingenieur Reuleaux war, Leiter der Maschinenfabrik in Deutz. Das ist ein kluger Gedanke, der aber mit der Entwicklung der Höhe des Bauwerks mit seinen sinnlos aufeinander getürmten Geschossen von banalster Funktionalität nicht zu Ende gebracht ist. Die Proportionen des Hochhauses sind dem Zufall überlassen, denn ursprünglich sollte es hundertdrei Meter hoch werden, aber der Oberbürgermeister in seiner Gott begnadeten Weisheit hat diese Höhe auf neunzig Meter reduziert. Auch Stuss. Die Frage nach der architektonischen und städtebaulichen Bedeutung eines solchen Bauwerks wird so zur Farce.

Die Aufgabe des Planers, Städtebauers oder Architekten ist es nämlich, sein Wissen, sein Können und seine Kreativität so einzusetzen, dass aus den Träumen der Menschen eine Stadt entsteht, die sie als ihre Stadt akzeptieren und bei der sie bereit sind, sich mit ihr zu identifizieren und sich für sie zu engagieren. Schade, denn im Wettbewerb für das Deutzer ICE-Terminal war eine überzeugende städtebauliche Lösung mit räumlich aufeinander bezogenen Hochhäusern, die eine Gruppe um ein großes Bahnhofsdach bildeten, prämiert worden. Das nun gebaute Hochhaus der Rheinischen Versorgungskasse war gar nicht dort vorgesehen und steht nun in keinerlei Beziehung zum vorhandenen und geplanten Städtebau der Umgebung. Die Höhe dieses Bauwerks und seine Nähe zum Rheinufer bedeuten aber eine empfindliche Störung der Aura des Doms. Diese Meinung wurde auch in allen Diskussionen und Workshops sowie im Stadtentwicklungsausschuss vertreten. Doch die Politiker, die die letzten Entscheidungen zu treffen haben, erkennen die Tendenzen einer organischen Entwicklung im Städtebau nur sehr schwer.

Das Ideal der „ersten Moderne" – der Reinheit des Neuen – mit der Komplexität der heutigen Wirklichkeit – den kulturellen, historischen, ökonomischen und ökologischen Bedingtheiten einer „zweiten Moderne" – in Einklang zu bringen und so zu verknüpfen, dass ein Zusammenhang entsteht, entspricht nicht ihrer Denkweise. Stattdessen gewinnen kurzfristige und aufsehenerregende Gags, die unserer Medienkultur durchaus entsprechen, eine unverhältnismäßig große Bedeutung und tragen dazu bei, dass das Gespür für das natürlich Gewachsene verlorengeht. Die Folge ist eine Beeinträchtigung des Erscheinungsbilds unserer Umwelt bis zur Unerträglichkeit. Investoren und Bauherren müssen aber wissen, dass ihre Bauwerke nun einmal immer auch die Haltung ihres Erbauers verkörpern.

Für das Leben unserer Stadt ist es auch unumgänglich, dass mehr Wohnnutzung und mehr Wohnqualität entstehen, es müssen Wohnungen für Familien gebaut werden, in denen Kinder leben können. Aber die Grundstücksbesitzer – vielfach die Stadt selbst – müssen ja dringend für höhere gewerbliche Nutzung oder als Ersatz für abgerissene Opernhäuser exorbitant hohe Grundstückspreise erzielen, die für solch banale Dinge wie das Wohnen unerschwinglich sind.

Man wird wohl darüber nachdenken müssen, ob man die radikale Trennung des Lebens in die Funktionen Wohnen, Arbeit und Erholung, die durch die Bodenpreisentwicklung sozusagen von selbst entstand, aber auch von der Stadtplanung allgemein für richtig erachtet wurde, aufrechterhält oder, wo es nur eben geht, wieder Wohnen und Gewerbe mischt – abgesehen natürlich von industrieller und handwerklicher Produktion. Die privaten Wohnparteien sehen in der Tatsache, dass kommerzielle Mieter im Hause sind, oft beträchtliche Vorteile, vor allem versprechen sie sich davon Ruhe am Abend und am Wochenende.

Es wird bald viele Gebäude geben, die ihrer Funktion als Bürohaus nicht mehr genügen, und wenn man die urbane Stadt als einen Ort des Austauschs betrachtet – wir tauschen Waren und Dienste aus, Ideen und Meinungen, Freundschaft, Ratschläge und so weiter –, dann ist das Wohnen in der Stadt von Vorteil gegenüber dem Wohnen in Land fressenden Gartenstädten, und wahrscheinlich sind diese umgebauten Häuser viel aufregender und stimulierender und machen ihre Bewohner weitaus glücklicher als Wohnhochhäuser in den Vorstädten.

Wenn Köln nun die Verschandelung seines Stadtbilds, wie sie sich in den Hochhäusern und Hochhäuschen zeigt, in dem blauen Musicalzelt und der aus dem Ruder laufenden Bebauung des Rheinauhafens, einer ehemaligen romantischen Insel, die einmal „das Werthchen" hieß, endlich beenden will, ist die Frage nach der Zukunft des Opernhauses von Wilhelm Riphahn nicht auszuklammern.

Das Opernhaus ist ein kühner Rohbetonbau aus den fünfziger Jahren, dem Beginn des Wiederaufbaus unserer im Krieg völlig zerstörten Stadt. Es wird aber seit Längerem, durch Leserbriefe (etwa von Elke Heidenreich) erhärtet, von der Presse behauptet, das Gebäude werde von der Bevölkerung als hässlich empfunden. Objektiv betrachtet setzt sich der Bau durch seine Form entscheidend von der Durchschnittsqualität seiner Nachbarbebauung ab und gehört zu den Bauten, die die Stadt prägen. Die davor liegende Verkehrsschneise der Nord-Süd-Fahrt ist allerdings ein Eingriff in die gewachsene Stadtgestalt, die durch Tieferlegung wieder ein Stadtraum werden muss. Das ist wichtig, wichtiger als ein neues Opernhaus!

Der Riphahn-Bau muss aber restauriert werden. Fachleute sagen, dass sich die Stadt darum seit zwanzig Jahren herumgedrückt hat, weil der Bau der Geringschätzung der öffentlichen Hand ausgesetzt ist. Die Tieferlegung der Nord-Süd-Fahrt würde den Mangel der schlechten Anbindung an die Fußgängerwege, der eine Tatsache ist, beheben. Das Opernhaus selbst atmet den Geist des Wiederaufbaus, ist in seinen räumlichen Zusammenhängen vortrefflich geraten und hat ein Auditorium, das mit seinen schönen und eine vorbildliche Sicht erlaubenden Balkonen seinesgleichen sucht.

Was das Äußere des Baus angeht – besonders den unmöglichen Zustand an der Krebsgasse, so lassen sich auch hier bessere Nutzungen denken und eine zeitgemäßere Fassade entwickeln. Doch auch hier gilt: Architektur machen heißt suchen, erfinden, entwickeln, zu einem bestimmten Zweck und im Sinne einer bestimmten Aufgabe. Und sich dafür Zeit nehmen.

Gottfried Böhms Vision unserer Stadt ist anschaulich: „Wir wollen eine homogene, moderne Stadt sehen, durch die der Rhein eine schöne Schleife zieht, wo Bauten der Gemeinschaft, und zwar nur diese, eine besondere Betonung durch ihre Höhe aufweisen, wie Rathaus, Kirchen, Kulturbauten, Brückenpfeiler und dergleichen. Man kann nicht glauben, diesen Reigen abstrakter Türme Kölns mit Hochhäusern fortsetzen zu können, auf welcher Rheinseite auch immer. Das macht die Qualität unserer Stadt kaputt. Wir wollen eine Stadt erleben, in der man spürt, dass sie ganz in unserer Zeit lebt, und zwar ebenfalls links wie rechts des Flusses, eine Stadt, in der man aber auch die große Geschichte, die sie durchgemacht hat – wenn auch im Unterbewusstsein –, erlebt, in der man die ehrbaren alten Bauten behutsam eingebettet findet, in der man sich in vielen unterschiedlichen Straßen und Platzräumen gut orientiert und wo man in ihr immer wieder charakteristische, moderne Bauten findet, um sich an ihrer Originalität zu erfreuen, so wie man sich in der Gemeinschaft der Menschen immer wieder über besondere Originale und Charaktere freut. Stadtgestalt ist ja schließlich der bauliche Ausdruck einer Gemeinschaft von Menschen mit unterschiedlichem Charakter und Originalität, die aber zusammen wohnen, arbeiten, sich vergnügen – kurz in Gemeinschaft leben wollen."

Hier möchte ich nun gerne anfügen, dass viele der Vorstellungen von Gottfried Böhm seit der Zerstörung bereits Wirklichkeit geworden sind. Köln ist schöner geworden, als es je zuvor war. Die Köln-Kritiker, die heute alles und jedes für schlechter halten, als es in der verklärten Vergangenheit war, haben das alte Köln vor der Zerstörung wohl nicht erlebt. In meiner Erinnerung war Köln in großen Teilen eine muffige Angelegenheit des 19. Jahrhunderts – und genau so dreckig wie heute. Die Altstadt mit ihren ziemlich unappetitlichen Puffs war asozial, die Rheinuferstraße hatte als Anlieger nur Hafenakteure, Kohlenhandlungen, Schrottplätze und dergleichen, und der Rhein floss daran vorbei und war vom Fußgänger nur unter Lebensgefahr zu erreichen.

Die Schneisen, die die Nationalsozialisten für ihre Aufmärsche und maßstablosen Parteibauten in die Stadt geschlagen hatten, taten ein Übriges, der Römerstadt den Garaus zu machen, wobei manches Großkaufhaus wie auch Stollwerck sich in das intakte Stadtgefüge hineingefressen hatten. Straßen wie die Rheinaustraße, in denen anno dazumal der Oberbürgermeister wohnte, hatte man verlassen, und sie waren heruntergekommen. Nur so viel über Alt-Kölle. Köln hat sich gemausert. Es hat, bedingt durch Krieg und Denkmalpflege, eine wohnliche Neustadt, eine Altstadt, die wieder am Rhein liegt, und ein bevorzugtes Wohngebiet. Es hat den Rheingarten, der den Vorzug hat, dass der Bürger den Rhein wieder erleben kann. Es hat die Museumsstadt mit der Philharmonie zwischen Rhein und Dom, die Domplatte samt der inzwischen sehr schönen, neu errichteten Treppe zum Bahnhofsvorplatz, die es ermöglicht, vom Fluss aus zu Fuß durch die Römerstadt bis zum mittelalterlichen Hahnentor zu gelangen, ohne vom Verkehr belästigt zu sein, am Dom vorbei, über Hohe Straße und Schildergasse, vorbei an den wunderbaren Passagen am Neumarkt, St. Aposteln, Ehrenstraße und weiter über die Ringe, die mit ihren Plätzen und Grünanlagen langsam Teil der Stadt werden, was auch früher nicht so war.

Etliches von all dem Schönen, das nach der Zerstörung geschaffen worden ist, wäre noch zu erwähnen, aber es gibt viel Niemandsland, das auf eine weitere Generation wartet, es gibt immer noch die urbanistische Orientierungslosigkeit unserer Straßenachsen – das muss neu erdacht werden! Das alles ist kein Leichtes, aber wir Architekten werden den Mut nicht verlieren, denn der Ruf der Investoren nach einer bloßen Nützlichkeit des Bauens ertönt immer deutlicher, und das muss aufgehoben werden!

1 Bernd Streitberger, seit dem 1. Januar 2004 Dezernent für Stadtentwicklung, Bauen und Planen in Köln.

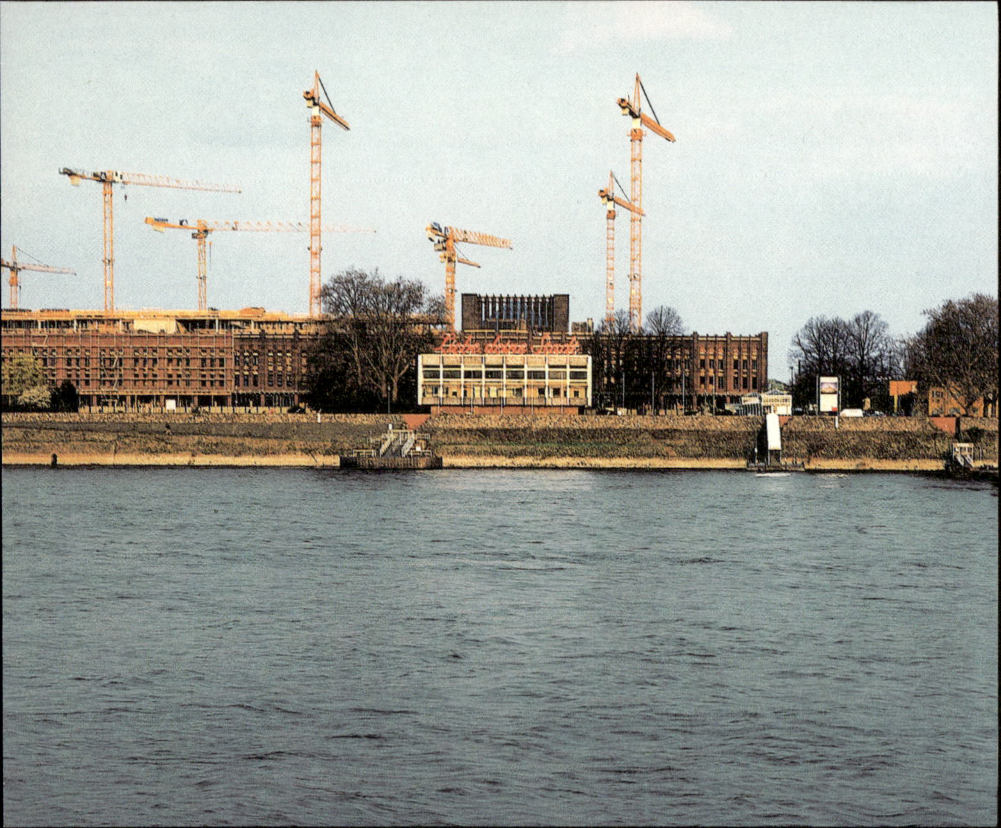

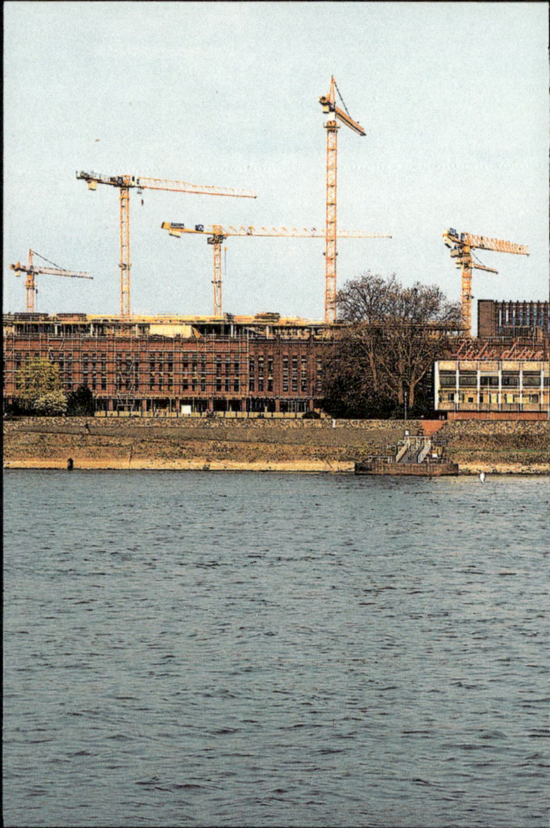

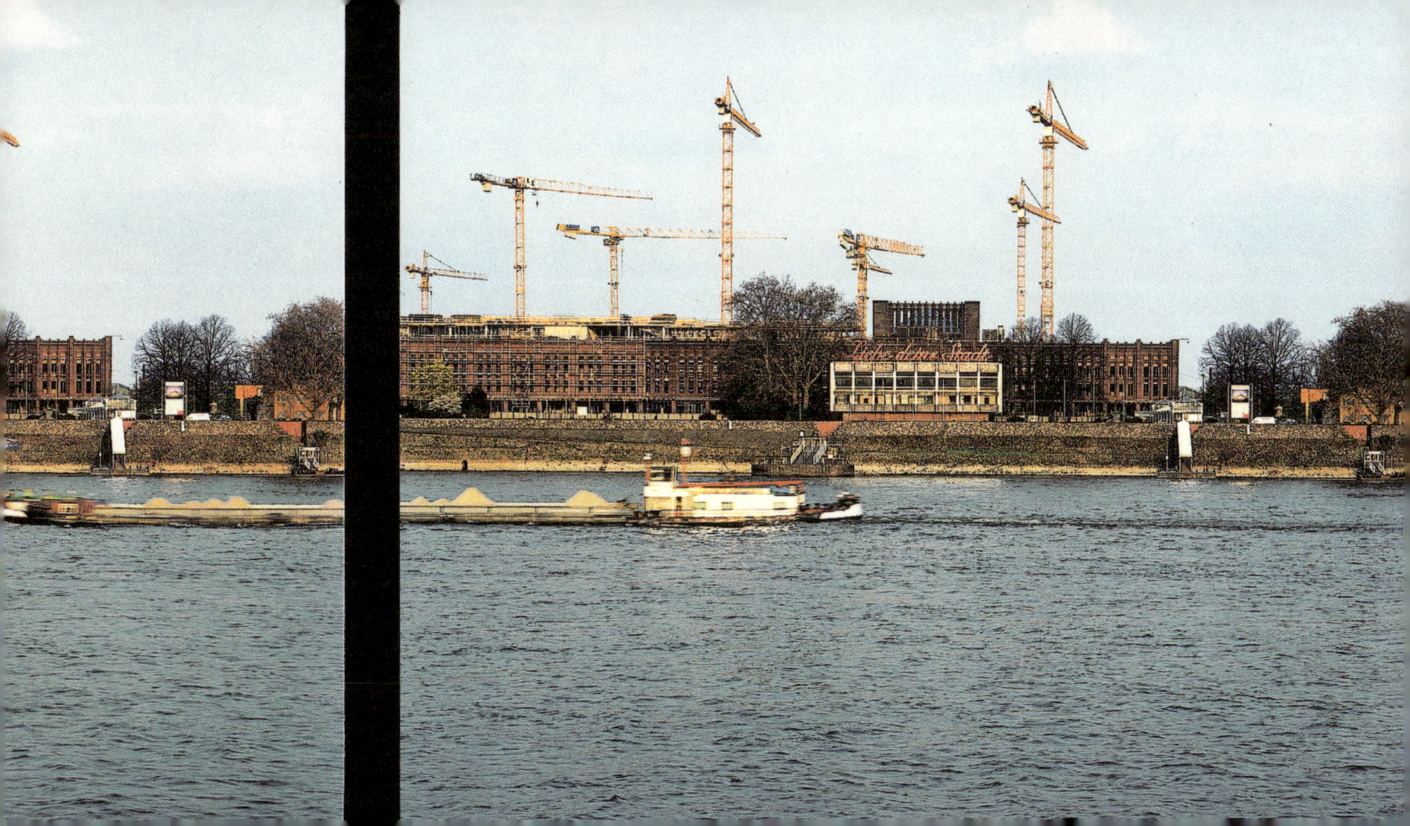
Liebe deine Stadt

15. Juli 2005
Alexander Markschies
Parkhaus mit Hotel Cäcilienstraße –
ein Abgesang

*Prof. Dr. **Alexander Markschies**, geboren in Berlin-Nikolassee, lebt in Aachen. Kunsthistoriker. Promovierte 1999 an der Universität Bonn und habilitierte sich 2006 an der Universität Basel. Seit 2006 ist er Professor für Kunstgeschichte an der RWTH Aachen, seit 2004 Mitherausgeber der Zeitschrift für Kunstgeschichte, München/Berlin.*

Gibt es Parkhäuser, die einem unmittelbar vor Augen stehen und die sich zudem namentlich mit einem Architekten verbinden? Unbedingt – man denke etwa an die 1930 eröffnete Kant-Garage von Richard Paulick in Berlin, die 1931 bis 1934 von Eugenio Miozzi errichtete Autorimessa in Venedig, die als technisches Wunderwerk den Idealen des Neuen Bauens verpflichtet ist, die Haniel-Garage nebst anliegendem Hotel von Paul Schneider-Esleben in Düsseldorf-Flingern von 1953 mit ihrer komplett verglasten Fassade und dem Pagodendach, an dem die Auf- und Abfahrtsrampe aufgehängt ist, oder – ebenfalls multifunktional – die Marina City in Chicago von Bertrand Goldberg aus dem Jahr 1962: zwei sechzig Stockwerke hohe Wolkenkratzer, die an die Form von Maiskolben oder an Darstellungen des Turms zu Babel erinnern, wo über einem Schiffsanlegeplatz die ersten achtzehn Stockwerke für neunhundert Autos reserviert sind. Darüber folgen Appartements, eine Bank, Büros, Geschäfte, ein Fernsehstudio sowie ein Theater. Auch die Architektur, die nie gebaut wurde, weist eindrückliche Beispiele auf, Konstantin Melnikovs Parkhaus für 1.000 Autos über der Seine (1925), jüngst von Juan Navarro Baldeweg neuerlich aktiviert, oder Louis Kahns Entwurf für ein City Center in Downtown Philadelphia, dem er die Gestalt einer Festung gab. In der Gegenwart finden sich spannende Projekte bei von Gerkan, Marg & Partner, Gigon/Guyer, Zaha Hadid, Kengo Kuma sowie von Michel Targe, Jean-Michel Wilmotte und Daniel Buren. Obwohl Tiefgaragen und Parkhäuser ihrer Struktur nach eher für Autos als für den Menschen eingerichtet sein müssen – nach der bayerischen Bauordnung sind sie definiert als ein „ganz oder teilweise umschlossener Raum zum Abstellen von Kraftfahrzeugen" –, obwohl sie, laut Jürgen Hasses hinreißendem Buch über die Kulturgeschichte des Parkhauses[1], „gelittene Orte" sind, „Orte ohne Selbst" oder gar „Orte des Bösen", ist doch letztlich jedes als „Kathedrale der Automobilität" ein Wunderwerk.

Dies gilt zumal für das Parkhaus mit angeschlossenem Hotel an der Hohe Straße 30/Ecke Cäcilienstraße, gelegen mithin an der kurz vor dem Krieg durch Köln geschlagenen Ost-West-Verkehrsachse. 1957 im Auftrag der Allianz-Versicherung fertiggestellt, konnte man hier parken, tanken, schlafen und gelangte unmittelbar in die Hauptgeschäftsstraßen Kölns – was will man mehr? Nur selten hat die „autogerechte Stadt" unmittelbar vor dem „Betonbrutalismus, der mit seinen ungefügten, dräuenden Kolossen das Gewebe der Stadt zerfetzt" (Dieter Bartetzko) eine so wundervoll funktionale und dabei eine zugleich so schöne architektonische Umsetzung erfahren.

Der von dem Architekten Ernst Nolte (1897–1973) errichtete Gebäudekomplex ist hoch elegant, ja geradezu feinsinnig. Die fünfstöckige Parkgarage für 295 Autos hebt an mit Tankstelle und Zufahrt unter einem weit auskragenden Dach, darüber öffnet sie sich in Fensterbändern, die um die Gebäudekante geführt sind und dort ganz sachte ausschwingen, als atmete die Fassade aus – hätte mehr Geld zur Verfügung gestanden, die Fenster würden mit ihren Rahmen der Rundung gewiss folgen und wären nicht übereck gestellt. Damit erinnert das Parkhaus eher an ein Bürogebäude aus dieser Zeit, jedes Auto scheint ein eigenes Fenster zu bekommen, und mit 2,45 Metern Deckenhöhe auch ausreichend Raum. In einzigartiger Weise scheint hier die stillgestellte Mobilität eine würdevolle Inszenierung zu finden, das Auto wird vom Objekt der Planung zum Subjekt der Erfahrung von Architektur. Tatsächlich ist die Fassade aber ein Schleier, die Etagen dahinter fungieren als Erschließungsrampen. Die Menschen im Hotel am Augustinerplatz, das sich seitlich anlehnt, dürfen dagegen aufrecht stehen, wie die hochrechteckigen Fenster signalisieren. Fasst man es knapp zusammen, so zeichnet den Komplex eine wirklich erstrangige baukünstlerische Qualität aus, und das auf engstem Raum: Das Hotel misst etwa in der Breite nur 8,50 Meter.

Der Architekt, ehemals Baurat in Köln-Lindenthal, ist heute dennoch nahezu vergessen. In Stuttgart hat er bei Paul Bonatz studiert und arbeitete dann mit Adolf Abel am Müngersdorfer

Stadion. Etwa dreißig Bauten hat er in Köln zwischen 1930 und 1950 errichtet, vor allem Häuser und Schulen, die heute allerdings meist durchgreifend verändert sind: die 1937 eingeweihte Schule Spoerkelhof in Köln-Merkenich, ein Wohnhaus in der Goethestraße 43 in Köln-Marienburg oder die Stadtsparkasse am Barbarossaplatz. Die Endhaltestelle der Köln-Bonner Rheinuferbahn von 1939/40, einen Glaspavillon mit ungeheuer elegantem, halbrund schließendem Dach, hat man leider abgerissen. Bis vor Kurzem war sein Gebäude an der Hohe Straße 30/Ecke Cäcilienstraße erstaunlich gut erhalten. Man hätte es mehr lieben, in jedem Fall behutsam behandeln müssen, als Absurdum einer jedermann vertrauten Terra incognita.

1 Jürgen Hasse, *Übersehene Räume – Zur Kulturgeschichte und Heterotopologie des Parkhauses*, Bielefeld 2007. Vgl. dazu auch die Besprechung von Dieter Bartetzko in der *Frankfurter Allgemeinen Zeitung* vom 10. Oktober 2007, S. L36, und – allgemein zum Thema – Simon Henley, *The Architecture of Parking*, New York 2007.

Ungeniert geschmacklos

*Zu „Parkhaus mit Reißverschluss"
(Ausgabe vom 15. 2.)*

Die Idee, dem ältesten Kölner Parkhaus ein modernes Gesicht zu verpassen, stößt hoffentlich auf Unverständnis. Unsere Baubehörde wäre gut beraten, die geplante Verschandelung dieses Parkhauses aus den 50er Jahren nicht zu genehmigen. Es steht zu hoffen, dass dieser filigrane und zeitgeschichtlich bedeutende Baukörper durch sofortigen Vollzug unter Denkmalschutz gestellt wird. Die Instandsetzung des Gebäudes und besonders der zeittypischen Fassade wäre geboten, um dieses Kleinod zu bewahren und nicht in der Anonymität der markanten Moderne untergehen zu lassen. Es gibt in unserer Stadt Architekten, die den behutsamen Umgang mit unserer gebauten Geschichte pflegen und dem Bauherrn bei einer Instandsetzungsplanung bessere Perspektiven aufweisen können als die geplante brutale Einschachtelung mit einer Edelstahlfassade, lastwagengroßen Lamellenfenstern und dem autogroßen Reißverschluss-Zip. Hier sollte man es bei einer einmaligen Computeranimation belassen.

Ilsetraut Popke, Architektin, Köln

Verwundert reibt man sich die Augen angesichts der öffentlichen Lobhudelei für die äußerst fragwürdige Umgestaltung des Parkhauses. Hier verliert sich reinste Glückwunschkartenarchitektur in plumper Dekoration in erster Lage! Haben denn die „Entwurfverfasser" nichts von der Diskussion um die Qualität des Kölner Stadtbildes mitbekommen? Ist ihnen und den beteiligten städtischen Behörden und fach schockiert. Zum Einen ließe sich vortrefflich über die Sinnhaftigkeit eines überdimensionalen Reißverschlusses an einer Parkhausfassade diskutieren. Zum Anderen aber schockiert mich die gänzlich unkritische Weise, in der über den fehlgeschlagenen Gestaltungswillen des zukünftigen Betreibers berichtet wird. Ich kann und will nicht glauben, dass wieder einmal in dieser Stadt ohne das Eingreifen der zuständigen Gremien die Baukultur an prominenter Stelle so missachtet wird; und dies, nachdem Boris Becker noch vor Kurzem mit seiner fotografischen Arbeit einen so unverstellten Blick auf ein gutes Stück Kölner Architektur präsentiert hat!

Carsten Eiden, Architekt, Köln

■ **Leserzuschriften**

Schreiben:
Kölner Stadt-Anzeiger
50590 Köln

Faxen: 0221/224-2524
Mailen: ksta.leserbriefe@mds.de
(Alle Schreiben bitte mit Anschrift und Rufnummer)

Online:
www.ksta.de
www.ksta.de/forum

Aprilscherz im Februar? Das ist der erste Gedanke, der einem beim Anblick dieses „Highlights der Stadtgestaltung" (M. Sauer) kommen muss. Aber nein, dem Kölner wird nichts erspart, diese effekthascherische Geschmacklosigkeit ist offenbar wirklich ernst gemeint. Als hätte es einer derartigen Unterstützung für Lothar Lempers Klage über den geistigen und gebauten Zustand der ausschuss nur unterstützen. Die Idee ist aus dem Amerika von Vorgestern, während die jetzige Fassade meiner Meinung nach reif ist für den Denkmalschutz. Mit dieser sanierten Fassade wäre Köln um ein Schmuckstück reicher.

Ursula Coersmeier, Köln

In den 50er Jahren gehörte dieses Parkhaus zu den Highlights neuer Architektur in Deutschland als Beispiel des wirtschaftlichen Aufschwungs dieser Republik. Es ist schon erstaunlich, mit welchem aufgesetzten, ziemlich geschmacklosen Zeitgeist man eine klassisch gute zeitlose Lösung übertüncht. Eine Erneuerung dieser bestehenden Fassade wäre die städtebaulich und wirtschaftlich sinnvollere, dem Bauherrn und Betreiber viel deutlicher positiv anzurechnende Antwort gewesen. Man sollte unbedingt versuchen, ihn davon zu überzeugen. Die an vielen Stellen im Stadtbild geschundene Stadt würde es ihm danken.

Architekt Walter von Lom, Köln

Der Sturm der Entrüstung entfacht sich immer stärker, seit in Kölns Öffentlichkeit die Verschandelung und Vernachlässigung des Stadtbilds angeprangert wird. Einschlägig sind die Leserbriefe, die ohne Ausnahme kritisch mit der Entwicklung ins Gericht gehen. Und jetzt das: Ein Reißverschluss als „neuer Blickfang für die City", im Angesicht der romanischen Stiftskirche gegenüber. Eher ist das ein Schlag ins Gesicht, nicht nur für St. Maria im Kapitol, sondern für alle, die sich um die Aufwertung des Stadtbildes kümmern. Vielleicht unterschätze ich die symbolische Bedeutung des

Empört reagieren die Leserbriefschreiber auf den Vorschlag, das alte Aral-Parkhaus an der Großen Sandkaul mit einem „Reißverschluss" zu versehen.
BILD: ARCHIV

Leserzuschriften, *Kölner Stadt-Anzeiger*, Mittwoch, 23. Februar 2005.

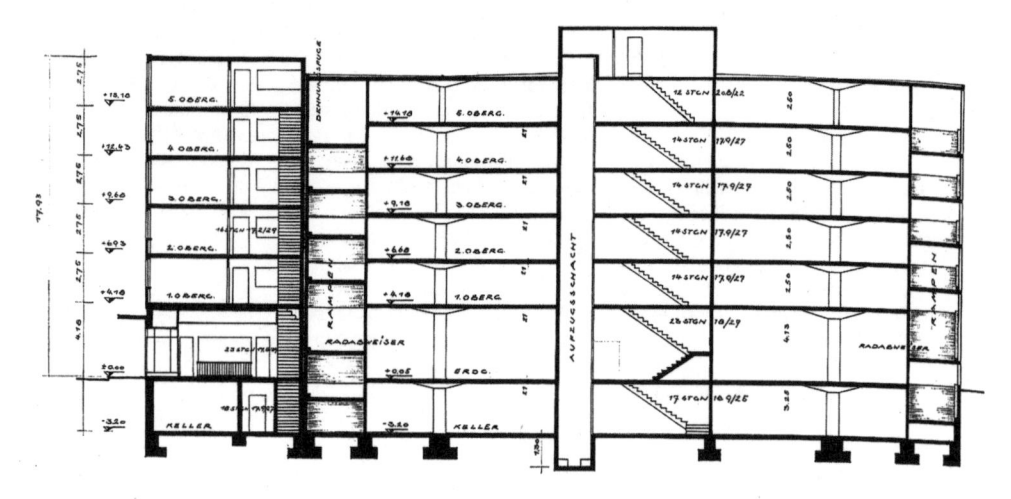

Schnitt durch Hotel und Parkhaus von der Hohen Straße in Richtung Großer Sandkaul. Grundriß des ersten Obergeschosses. Maßstab 1:300.

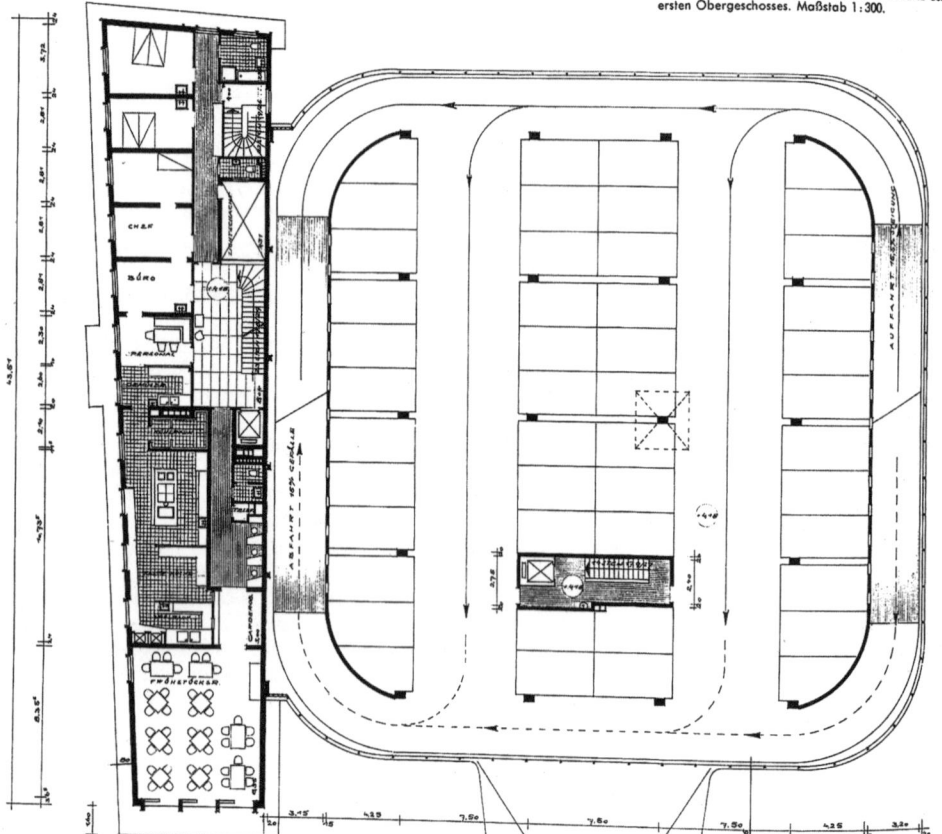

Pläne für das Parkhaus mit Hotel Cäcilienstraße, Köln aus *Baumeister*, 1958, Heft 8, München.

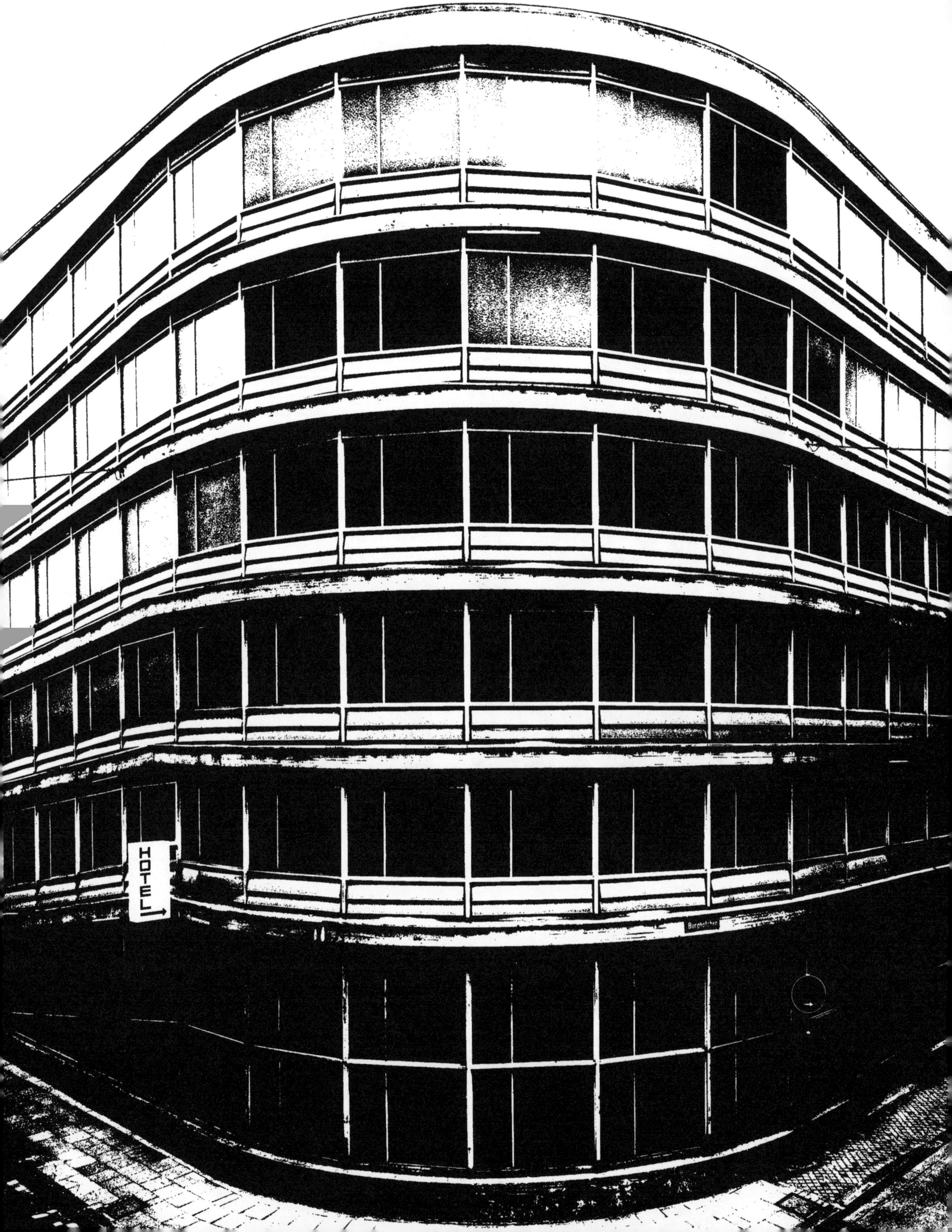

Parkhaus mit Hotel in Köln

Architekt BDA Dipl.-Ing. Ernst Nolte, Köln

Für die Verbindung von Parkhaus und Hotel brachte der „Baumeister" in Heft 7/1957 einen interessanten Beitrag aus der Schweiz.

Das Parkhaus in Köln liegt an der vor dem Krieg quer durch die Innenstadt geschlagenen Ost-West-Straße, die als Durchgangs- und innerstädtische Hauptverkehrstraße immer größere Bedeutung gewinnt. Aber nicht nur die angrenzende verkehrsreiche Straße ist günstig für die Placierung, ebenso wichtig ist die kurze Verbindung zur inneren Geschäftsstadt, also der Gegend, die am bequemsten zu Fuß erreicht werden kann. Hier mündet Kölns Hauptgeschäftsstraße, die „Hohe Straße" in die Ost-West-Achse, und hier beginnt Kölns Einkaufs- und Büro-Zentrum.

Städtebaulich war die Wahl des Grundstückes durch die Bauherrschaft (Allianz-Lebensversicherungs AG) sehr günstig, obwohl vor etwa zwei Jahren noch sehr viele Grundstücke unbebaut als Parkfläche zur Verfügung standen und auch die Zahl der Kraftfahrzeuge weit niedriger als heute war.

Die Verbindung von Parkhaus und Hotel ist nur dann sinnvoll, wenn etwa die dreifache Anzahl Wagenabstellplätze gegenüber den Betten vorhanden ist, damit das 24-Stunden-Parken einmal erreicht, auf der anderen Seite aber genügend Platz für stundenweises Abstellen vorhanden ist. Auch diese Relation ist hier erfüllt: 295 Abstellplätze bei 90 Hotelbetten. Eine weitere Rentabilitätssteigerung stellt die große Tankstelle vor der Garagenhaus dar, die eine gute Sichtverbindung zur Ost-West-Straße hat, und deren Service-Räume im Erdgeschoß des Parkhauses liegen.

Die Grundstücksgröße ist für das ausgedehnte Bauprogramm sehr beschränkt, und es war Aufgabe des Architekten, im Garagenhaus ein Rampensystem zu finden, das besonders platzsparend war. Aus diesem Grunde war von vorneherein eine zentrale Spiralrampe ausgeschlossen, die etwa die halbe Garagenhausfläche in Anspruch genommen hätte. Man verlegte deshalb die Rampen an zwei Seiten des Garagenhauses und schuf damit im Innern vier Parkstreifen. Bei einer Grundfläche von 38,10×38,10 = 1450 m² beansprucht ein Abstellplatz (einschließlich aller Nebenräume und Fahrwege) nur knapp 5 m², was als ausgesprochen günstig zu bezeichnen ist. Diese wirtschaftliche Lösung war aber nur möglich, weil man mit nur 2,45 Geschoßhöhe auskam. Dadurch wurde es möglich, statt der vorgeschriebenen vier jetzt fünf Garagengeschosse bei etwa gleicher Bauhöhe zu errichten. Diese niedrige Stockwerkshöhe war übrigens nur durch eine unterzugslose Pilzdeckenkonstruktion nach Vorschlägen von Fritz Leonhardt, Stuttgart, möglich.

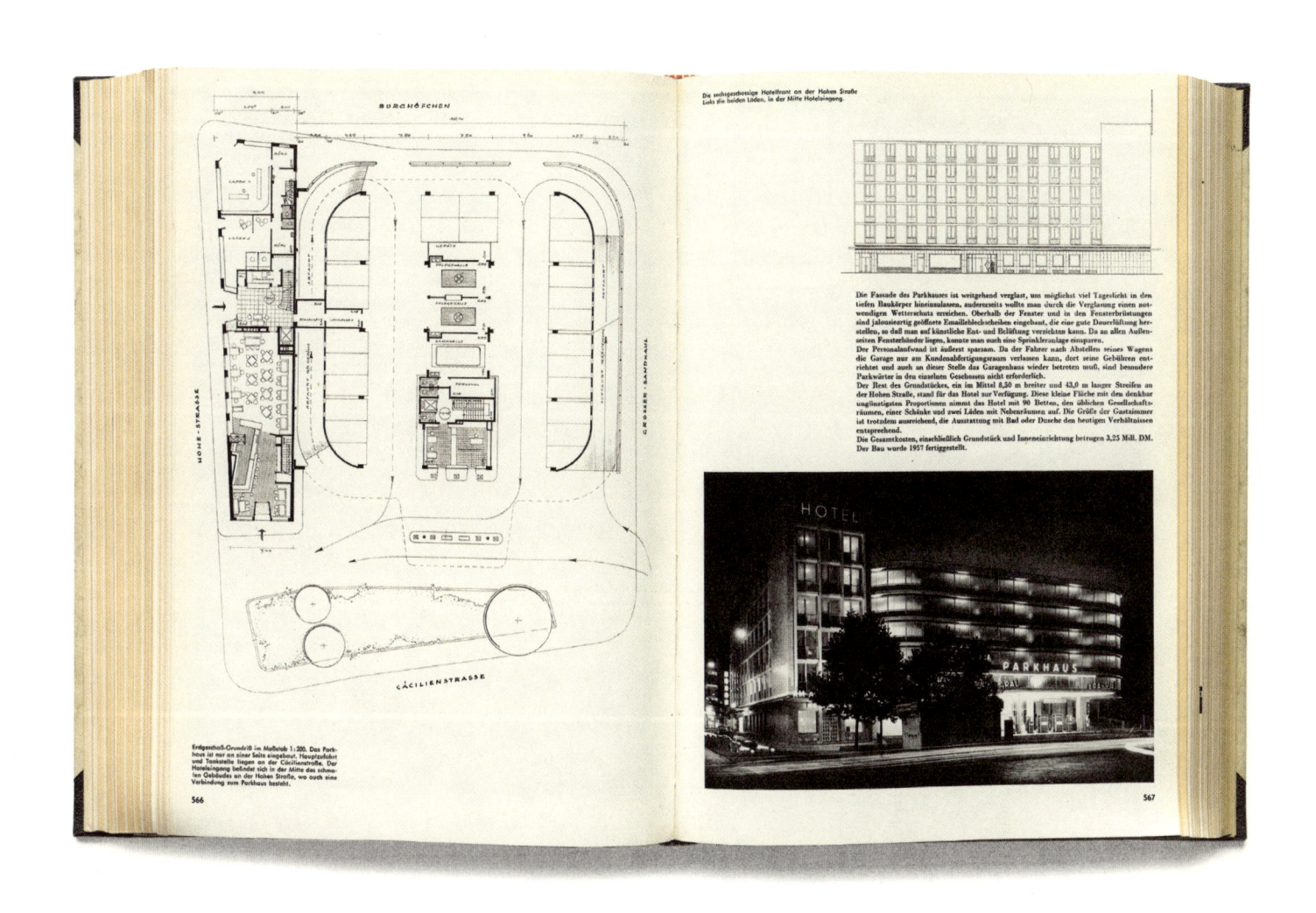

Die sechsgeschossige Hotelfront an der Hohen Straße
Links die beiden Läden, in der Mitte Hoteleingang.

Die Fassade des Parkhauses ist weitgehend verglast, um möglichst viel Tageslicht in den tiefen Baukörper hineinzulassen, andererseits wollte man durch die Verglasung einen notwendigen Wetterschutz erreichen. Oberhalb der Fenster und in den Fensterbrüstungen sind jalousieartig geöffnete Emailleblechscheiben eingebaut, die eine gute Dauerlüftung herstellen, so daß man auf künstliche Ent- und Belüftung verzichten kann. Da an allen Außenseiten Fensterbänder liegen, konnte man auch eine Sprinkleranlage einsparen.
Der Personalaufwand ist äußerst sparsam. Da der Fahrer nach Abstellen seines Wagens die Garage nur am Kundenabfertigungsraum verlassen kann, dort seine Gebühren entrichtet und auch an dieser Stelle das Garagenhaus wieder betreten muß, sind besondere Parkwärter in den einzelnen Geschossen nicht erforderlich.
Der Rest des Grundstücks, ein im Mittel 8,50 m breiter und 43,0 m langer Streifen an der Hohen Straße, stand für das Hotel zur Verfügung. Diese kleine Fläche mit den denkbar ungünstigsten Proportionen nimmt das Hotel mit 90 Betten, den üblichen Gesellschaftsräumen, einer Schänke und zwei Läden mit Nebenräumen auf. Die Größe der Gastzimmer ist trotzdem ausreichend, die Ausstattung mit Bad oder Dusche den heutigen Verhältnissen entsprechend.
Die Gesamtkosten, einschließlich Grundstück und Inneneinrichtung betrugen 3,25 Mill. DM. Der Bau wurde 1957 fertiggestellt.

Erdgeschoß-Grundriß im Maßstab 1:300. Das Parkhaus ist nur an einer Seite eingebaut. Hauptzufahrt und Tankstelle liegen an der Cäcilienstraße. Der Hoteleingang befindet sich in der Mitte des schmalen Gebäudes an der Hohen Straße, wo auch eine Verbindung zum Parkhaus besteht.

Baumeister, 1958, Heft 8, München.

PARKHAUS MIT HOTEL   135

31. August 2005
Bazon Brock
Das Afri-Cola-Haus: eine Simulationsanlage
für die Differenz von Wesen und Erscheinung

*Prof. Dr. sc. tc. h.c. **Bazon Brock**, geboren 1936 in Stolp/Pommern, lebt in Wuppertal. 1957–1964 Studium der Germanistik, Philosophie, Kunstgeschichte und Politikwissenschaften in Zürich, Hamburg und Frankfurt a. M.; parallel dazu Ausbildung und Tätigkeit als Dramaturg; 1957 erste Aktionslehrstücke; 1959 erste Happenings mit Hundertwasser, Kaprow, Beuys, Vostell, Paik; seit 1968 Besucherschulen auf der documenta in Kassel.*

1965–1976 Lehrtätigkeit im Fach Ästhetik an der Hochschule für bildende Künste Hamburg, 1977–1980 als Professor an der Hochschule für Angewandte Kunst in Wien, seit 1980 an der BUGH Wuppertal; Arbeitsschwerpunkt Neuronale Ästhetik, Imaging Sciences; 1992 Ehrenpromotion zum Doktor der technischen Wissenschaften an der ETH Zürich; Mitbegründer der Forschungsgruppe Kultur und Strategie; 2004 Verleihung des Bundesverdienstkreuzes 1. Klasse. 2006: Lustmarsch durchs Theoriegelände in elf großen Museen, Galerien und Theatern Deutschlands, Österreichs und der Schweiz. Heutiger Arbeitsschwerpunkt: Neuronale Ästhetik, Imaging Sciences.

Das Logo für die Aktion *Liebe deine Stadt* erinnert an die Auszeichnung für das geniale Rennpferd Musil'scher Prägung: „Ein geniales Rennpferd reift die Erkenntnis, ein Mann ohne Eigenschaften zu sein." So lautet die Überschrift zu Kapitel 13 des großen Romans, in dem es heißt: „Sein Geist sollte sich als scharf und stark beweisen und hatte die Arbeit der Starken geleistet."[1]

Köln wird in der Aktion *Liebe deine Stadt* dazu aufgefordert, das alte Selbstverständnis einer heiligen Gottesstadt in der Gegenwart zu bekräftigen. Diejenigen, die meinen, dass der Begriff der Heiligkeit im Alltagsleben heute nicht in einer angemessenen Form ausgedrückt werden kann, irren sich wohl. Die Aktion *Liebe deine Stadt* bedeutet eigentlich, den Versuch zu unternehmen, sich so beatmen, beseelen oder enthusiastisch aufladen zu lassen, dass der Anspruch erfüllt wird, Mitglied einer Himmelsstadt oder einer Gottesstadt zu sein. In der modernen Terminologie der Ästhetik ist das ziemlich einfach darstellbar, und das Afri-Cola-Haus, an dem ich vor zwanzig Jahren mit Charles Wilp in wilden Zuckungen vorbeigezogen bin, bietet dafür besonders gute Voraussetzungen.

Wenn sich heute so gut wie bei jedem, der nach Köln kommt oder in dieser Stadt wohnt, das Bewusstsein einer radikalen Hässlichkeit der Lebensumgebung einstellt, dann bedarf es nur eines kleinen Schritts, um die Tradition des heiligen Köln einzuholen. Man hat sich nur einen kleinen Gedanken zu vergegenwärtigen: Wenn man etwas als hässlich bezeichnet, dann muss man denknotwendig den Gegenbegriff zu „hässlich", also „schön" bilden. In der realen Konfrontation mit der Welt, die immer und überall fragmentarisch, fragwürdig, unvollkommen und nur auf Widerruf vorhanden ist, wird man, wenn man diese Qualifizierung des real Gegebenen ernst nimmt, darauf verwiesen, dass man angesichts dieser realen Hässlichkeit, dieser realen Verlogenheit, dieser realen Unrichtigkeiten die Begriffe des Guten, Wahren und Schönen ausbilden muss.

Niemand auf der Welt hat die Möglichkeit, einen Kanon des Schönen durchzusetzen, so viele Angehörige von Akademien sich auch dessen bedient oder so viele fundamentalistisch gesonnene Diktatoren auch versucht haben, einen solchen Kanon durchzusetzen. Dies ist schlichtweg zum Scheitern verurteilt. Gleichzeitig besteht darin die Sensation einer Erfindung der Gottesstadt in der Realität, nämlich die Möglichkeit, ohne die letztbegründende Autorität irgendwelcher Instanzen, die das Gute, das Wahre, das Schöne dogmatisch verbänden, dennoch fortwährend auf das Gute, das Wahre und das Schöne verwiesen zu sein. Diese geniale Konstruktion wird mit Benedikt von Nursia in die Welt gesetzt und bestimmt dann die Kultur des Mittelalters. Es handelt sich um den Antifundamentalismus schlechthin, der Köln auszeichnet und den man anhand des unglaublich nüchternen Realitätssinns der Kölner erkennen kann. Sie geben sich auch keine Mühe, irgendeine Spottgestalt euphorisch zu überhöhen. Bestenfalls leisten sie sich einen zurückhaltenden, dezenten Blick auf diese Erscheinung, aber niemals eine Behuldigung oder Behübschung, also auch keine Stadtbehübschung, keine Verschönerungsaktion der Welt. Diese ungeheuer nüchternen und realistischen Kölner, die gleichsam die Kraft aufbringen, den Dreck „Dreck" zu nennen, die Hässlichkeit „Hässlichkeit" zu nennen, das Böse „böse" zu nennen oder das ethisch höchst Zwiespältige wenigstens auch als solches zu akzeptieren, sind damit enthusiastische Bekenner der Orientierung auf das Gute, Schöne und Wahre. Denn sie könnten sich der Realität der Gegebenheiten überhaupt nicht aussetzen, wenn sie zur Bestimmung des Hässlichen nicht den Begriff der Schönheit hätten.

Was Köln und damit eigentlich, soweit sie christlich geprägt ist, die europäische Kultur ausmacht, ist, dass sie aus der konkreten Erfahrung der Endlichkeit, der Hässlichkeit und des Scheiterns alle Hoffnung begründet. Wer realistisch genug ist, das Hässliche „hässlich" zu nennen, anstatt so zu tun, als sei es ganz etwas anderes, das Kaputte „kaputt" zu nennen, das Blöde „blöd" zu nennen, der hat auch die Fähigkeit, sich in den Begriffswelten, die ihm diese Urteile erlauben, mehr oder weniger theologisch, inzwischen aber auch wissenschaftlich geschult, zu Hause zu fühlen. Das Afri-Cola-Haus ist eine Simulationsanlage für eine realistische Einschätzung des Kapitalismus als Mechanismus der Begründung von Scheitern als Vollendung oder der Begründung von Hoffnung. In Köln wäre niemand so dumm gewesen zu glauben, dass die Versprechen von Coca-Cola oder Hosenherstellern oder Waschmitteln sich durch das Trinken, Anziehen oder Verblenden realisieren ließen. Jeder Kölner weiß, dass er auf diese Scheinhaftigkeit, Widerrufbarkeit und Nichtigkeit angewiesen ist, um sie in der Erfahrung des Blödsinns und der leeren Versprechungen ständig auf das hin zu untersuchen oder zu bedenken, was das Gegenteil dieser Nichtigkeiten ist. Aber das ist eben nur begrifflich fassbar, jedoch nie real einforderbar. Ein Kölner, dem sie die letzte Autorität in Sachen der Gutheit, der Wahrheit und der Schönheit vorsetzen würden, würde mit karnevalesken Gesten, wahrscheinlich von obszönen Sprachgesten begleitet, auf diese Anmaßung fundamentalistischer Autoritäten reagieren.

Das Afri-Cola-Haus war als reine Blendfassade und als Repräsentation der europäischen Tradition der Blendwerke die Voraussetzung für die Erfahrung der abgrundtiefen Absurdität dieses Kastens als Architektur. Diese Anlage ist überhaupt keine Architektur, sondern stellt ein irgendwie baulich zustandegekommenes Konglomerat dar, das geflissentlich vermied, die Gesetze der Proportion, der Materialgerechtigkeit oder der Diaphanie einzuhalten. Das Afri-Cola-Haus lieferte die Substanz für die Erfahrung, dass Architektur nicht in Baustoffen, Heimat nicht in Stein und gedankliche Erinnerungsarbeit nicht in Material realisiert wird, sondern ausschließlich in den Köpfen und den Fähigkeiten der Menschen.

Charles Wilp zielte tatsächlich als gut theologisch-katholisch trainierter Künstler auf die Befeuerung des Enthusiasmus für die Engel. Dies hat er ebenfalls in seinen Photos realisiert. Das hieß bei ihm, dass er für eine Form der realisierten Virtualität eintrat. Wie richtig da gedacht wurde, sieht man heute, wo ein Teil nichtkölnerisch-trainierter Alltagsidioten glaubt, man könne die Realität virtualisieren. Das ist natürlich Unfug: Entweder ist es Realität oder es ist virtuell. Die Virtual Reality kann es überhaupt nicht geben. Der umgekehrte Weg ist der theologisch geforderte, nämlich das Gedankliche, Spirituelle, Kognitive in Zeichen zu realisieren. Deswegen müssen Zeichen auch als Zeichen erkennbar sein. Sie dürfen nicht vortäuschen, die Sache selbst zu sein. Die Verpackung darf nicht vortäuschen, auf irgendeine Weise auf das bezogen sein zu können, was im Inneren der Verpackung enthalten ist. Es wäre eine Beleidigung und eine Zumutung für die Intelligenz des normalen Menschen, anzunehmen, dass das, was auf der Verpackung abgebildet ist, in irgendeiner Weise auf die Substanz des Inhalts bezogen sei. Jeder intelligente Mensch weiß, dass es eine unaufhebbare Differenz zwischen dem Schein, der Fassade und der materiellen Substanz oder dem Wesen der Sache gibt. Gerade diese Differenz ist das, wofür man sich interessiert, auch im Hinblick auf sich selbst: Der Unterschied zwischen dem, wie man sich selbst gerne sehen würde, wie man sich selbst empfindet, und der Art und Weise, wie man von außen gesehen und wahrgenommen wird, ist doch das Spannende.

Charles Wilp war ein typischer Vertreter der Pop-Agitation oder, wie wir das nannten, der Agit-Pop-Generation. Die Agit-Pop-Generation ist nicht zu verwechseln mit der Agit-Prop, die wurde durch die Generation der zwanziger Jahre im Hinblick auf die Arbeiterkultur in Gestalt einer agitativen Propaganda vertreten. Der Agit-Pop dagegen versuchte, die Differenz zwischen der Vorspiegelung einer Erscheinung, einem Begriff oder einem Bild und der Substantialität einer Sache sichtbar zu machen. Charles Wilps Reklamen sah man ihre Übertriebenheit und ihre affirmative Überwältigungsstrategie an, insbesondere denjenigen für Afri-Cola. Mit Hilfe der affirmativen Überwältigungsstrategie versuchte man so lange etwas in den Vordergrund zu schieben, zu behübschen und zu beraunen, bis jeder merkte, dass hier das Gegenteil gemeint war.[2] Eine berühmte Kampagne der damaligen Zeit, an der Charles Wilp teilnahm, war der Kampf

AFRI-
COLA
BLUNA

W E R T G U T A C H T E N
5000 Köln 1
Dagobertstr. 22-26 und 23-29 / Domstraße 79
– Fa. Karl Flach Verwaltungs GmbH + Co KG –

Blick von der Nord-Süd-Achse auf das Gebäude
mit Zufahrt (Reklamefläche gehört mit zum Grundstück)

Vorder- und Seitenansicht des Verwaltungsgebäudes
Thuriner Straße / Ecke Dagobertstraße

Auszug aus einem Wertgutachten für die Karl Flach Verwaltungs GmbH & Co KG, Köln.

gegen den Paragraphen 218. Die affirmative Strategie bestand darin, nicht mehr mit Politikern zu rechnen, nicht mehr zu fragen, ob es den Paragraphen 218 geben könne oder nicht, sondern zu akzeptieren, was die Gerichte jeden Tag aburteilten. Man wollte dafür sorgen, der *Stern* hat das organisiert, dass 10.000 Frauen sich selbst bezichtigten, gegen den Paragraphen 218 verstoßen zu haben. Und damit sollte die justitiable Sache unmöglich gemacht werden, denn die Gerichte konnten schlechterdings nicht 10.000 sich selbst anzeigende Frauen verfolgen. Das Justizsystem wäre gelähmt gewesen – ein ausgezeichnetes Beispiel für affirmative Strategien![3]

Charles Wilp vermochte mit seiner Art von Werbung und Propaganda für die Waren, für die Euphorie im Kapitalismus und für den Zusammenhang von Kapitalismus und Depression zu zeigen, dass der ehrliche Kapitalist in seiner Werbung durch den weiten Abstand zwischen der Überwältigung der ästhetischen Mittel und der Sache selbst stets dafür sorgt, darauf hinzuweisen, dass es hier nicht um die Wahrheit geht. Wilp hätte sich niemals zu der Aussage verstiegen, dass das, was er bewirbt und zeigt, auch dasjenige sei, was den Leuten verkauft werde. Vielmehr hat er die Intelligenz erfordernde Fähigkeit zur Differenzierung verkauft und damit die Kompetenz, zwischen dem Schein und dem Wesen zu unterscheiden. Also hat man den Leuten die Bestätigung für die eigene Einschätzung als intelligente Menschen verkauft.

Man begann damals, mit Zustimmung selbst der Unternehmer, den Betrachter der Waren so zu professionalisieren, wie an anderer Stelle der Betrachter im Museum als Kunstbetrachter durch Besucherschulen, durch Führungen und durch Lesen von intelligenten Vor- und Nachworten trainiert wurde.[4] Daraus folgt, dass nur der ein Profi ist, der das, was die Wahrnehmung unter den allgemeinen Bedingungen der Täuschbarkeit ihm präsentiert, für kritikwürdig hält. An dieser Stelle wurde Werbung oder Kunst zum Ausweis der Evidenzkritik. Es kann kein besseres Kennzeichen für die Leistungen von Kunst, Bildkunst oder Werbung geben als die Anleitung zur Evidenzkritik. Das, was man sieht, aber nur so aussieht „als ob", ist eben nur dadurch verständlich, dass man realisiert, warum es das nicht sein kann, was es zu sein scheint oder zu sein behauptet.

Alle intelligenten Formen der modernen Kunstpraxis, der Werbung und des Wissenschaftstreibens sind auf Kritik an dem, was evident ist, angelegt. Für die Wissenschaften ist heute selbst der Wahrheitsbegriff nur noch eine Frage der Evidenz; über einen anderen Wahrheitsbegriff verfügen sie überhaupt nicht. Deswegen unternahmen die Künste die Anstrengung, die Kritik der Wahrheit zu betreiben, was zugleich eine Kritik an der kapitalistischen wie an der wissenschaftlichen Wahrheit war, verbunden mit der Fähigkeit, auf grundsätzliche – und wahrnehmungstheoretische oder ästhetische Probleme hinzuweisen. Von da ab wurden die Kunst, die Werbung, die Literatur, der Journalismus oder die Wissenschaft einer Strategie der Problematisierung unterzogen, weil mittlerweile jedermann bewusst war, dass für Menschen auf Erden Probleme nur durch das Erzeugen von neuen Problemen lösbar sind. Folglich konnte man sich als Künstler, als Werber oder als Wissenschaftler nicht mehr als Experte für Problemlösungen ausgeben, sondern ausschließlich als jemand, der das, was alle anderen für evident halten, zum Problem macht, der also durch Evidenzkritik zum Sachverhalt der Gespräche, der Bedenklichkeiten, der Orientierung der Menschen aufeinander wurde.

Man muss sich bloß fragen, was Menschen dazu veranlasst, sich aufeinander zu beziehen. In dem Augenblick, wo man weiß, dass man mit seiner Weisheit nicht sehr weit kommt, muss man sich sogleich zu anderen hinwenden. Wenn jemand sich einredet, die Probleme seien lösbar, muss er anerkennen, dass er mit ihnen nicht mehr fertig wird. Daraufhin muss er sich bei anderen erkundigen, wie sie denn mit der Erfahrung fertig werden, dass sie die absolute Wahrheit, Schönheit, Gutheit oder die Strategie der Orientierung auf die expertenhafte

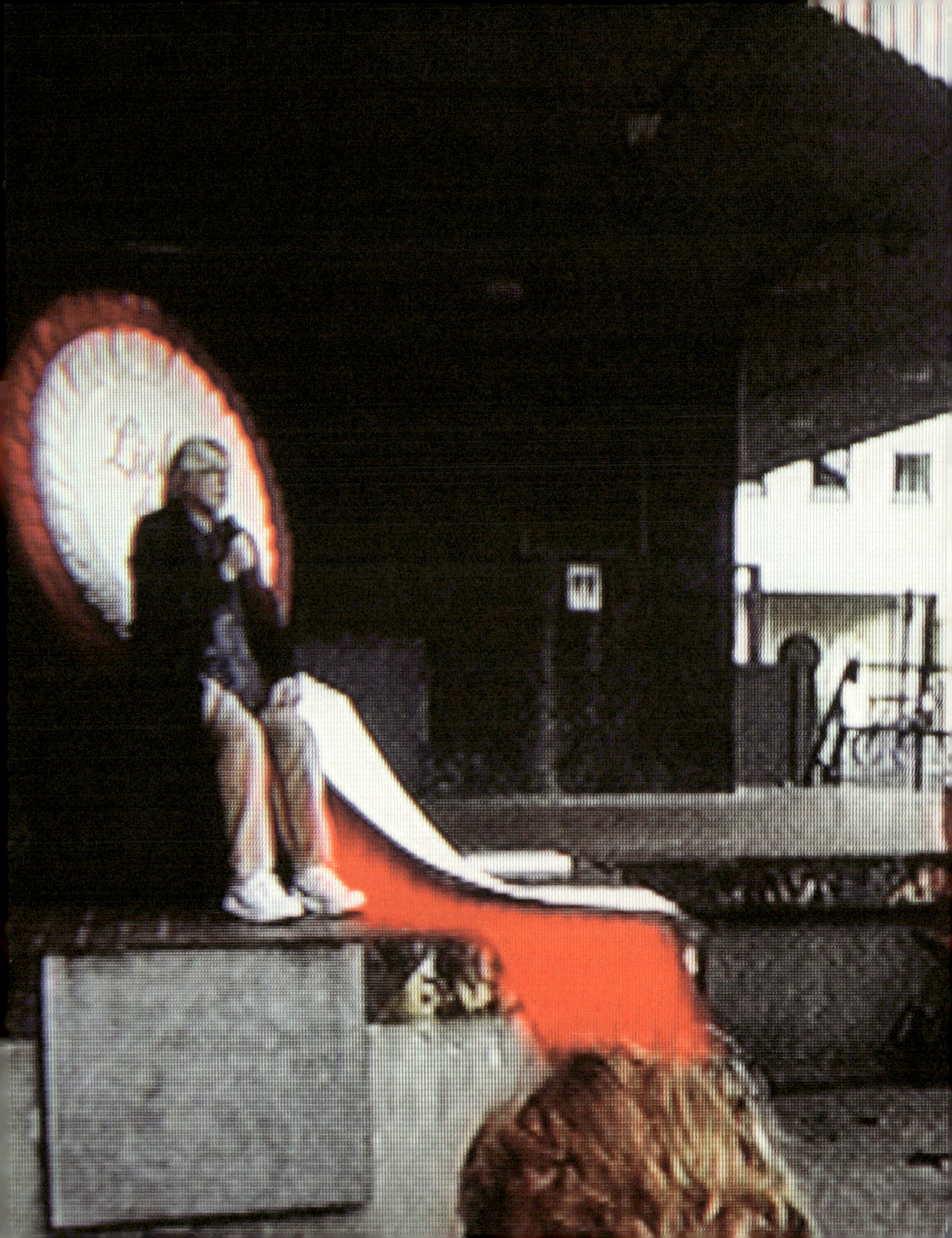

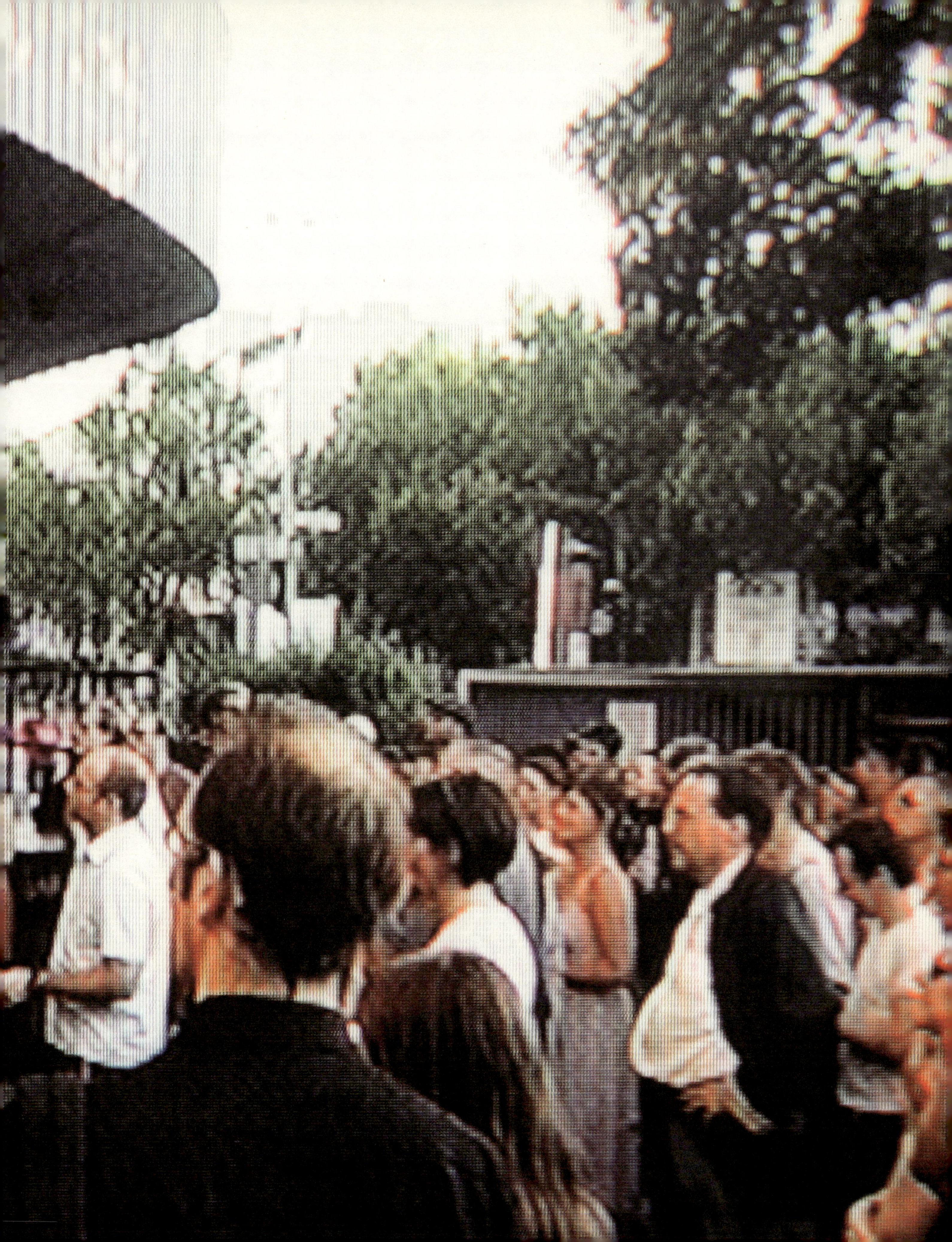

Problemlösung nicht mehr vorgeben können. Er muss dann die anderen fragen, wie sie denn ohne diese Behauptung leben können und mit welchen Strategien des Überlebens sie eigentlich hantieren.

Charles Wilp mit seiner Werbung und der Architekt Hans Schilling mit seiner Blendfassade richteten das Afri-Cola-Haus offenbar als eine Simulationsanlage für die Differenz von Wesen und Erscheinung ein. Wenn man versucht, einen Einblick in die tatsächliche Struktur des Hauses zu gewinnen, registriert man, dass das Wesen dieser Architektur völlig unverstellt bleibt. Darin liegt gewissermaßen der potenzierte Ausdruck von totalem Chaos, von Hässlichkeit, von Unstrukturiertheit. Eine ganz bewusste Absicht steckt dahinter, nämlich die Erfahrung der Differenz zwischen dem auszudrücken, was da sichtbar ist, und dem, was dahinter als Wesen dieser Erscheinung vorgegeben wird.

In den sechziger, siebziger und achtziger Jahren wurde, angeführt von den französischen Philosophen, die Orientierung auf die Differenzbildung und das Denken in Differenzen grundlegend. Allein die Voraussetzungen in den einzelnen Gemeinschaften der Menschen waren sehr unterschiedlich, um das wirklich aufzunehmen. In auf die theologische Tradition orientierten Gemeinschaften wie Köln – die sich gerade in der Abwehr, in der generösen Lächerlichkeit, der sie sich auch selbst unterzogen, im Hohn, im Spott, in der wegwerfenden Geste, in der Vermüllung und im Dreck repräsentiert fanden – wurde das Denken in den Differenzen zu einem hervorragenden Mittel, sich gegen die Angebote fundamentalistisch-dogmatischer Behauptungen von Wahrheit, Gutheit und Schönheit durchzusetzen. Hier vor Ort war klar, dass die wirkliche Architektur unseres Weltverhältnisses unsere Gedanken sind. Die sozialen Fähigkeiten, sich miteinander zu verabreden und zu binden, zählen ebenso dazu. Die soziale Bindungsfähigkeit wird dadurch begründet, dass man bei dem andern sehen will, wie er oder sie denn mit den Problemen umgeht, die alle anderen auch nicht lösen können.

Was sich daraus für die Orientierung in der Existenz ergibt, kann man in Köln beobachten, das ein ganz besonderes Klima für solche Fragen bietet. Es ist nicht aus der Luft gegriffen zu behaupten, dass die ungeheure Position Kölns bei der Entstehung der Avantgarde, der Agit-Pop-Bewegung und der Werbung Anfang der sechziger Jahre auf der Fähigkeit der Kölner beruht, sich – gewissermaßen an der Theologie geschult – tatsächlich auf die Realitäten einzulassen und sich deswegen dann umso umstandsloser auf das orientieren zu können, was mit den hehren, großen Begriffen gemeint ist. In Düsseldorf glaubt man wirklich, man hätte etwas geschaffen, wenn man an einer Straße einen Kasten aus Marmor, Gold, Glas und derartigen Frisierwerten hinstellt. In Köln wäre das völlig undenkbar, da dort niemand auf so einen Blödsinn reinfällt. Jeder Kölner würde sich naturgemäß von dieser Düsseldorfer Anbetung einer untheologischen Modernität abwenden. Der Kölner würde sogleich versuchen zu zeigen, dass etwas nur aus der Differenz zwischen Erscheinung und Wesen heraus zu sein vermag und würde dem Düsseldorfer dann erklären, was dessen bedenkliche Attitüden in Hinblick auf Erscheinung und Wesen sind. Eine der größten Lemurengestalten hier in Köln, obwohl er in Düsseldorf sein Büro hatte, war Charles Wilp. Der hat immer bekannt, dass er in Düsseldorf das Geld verdiene; in Köln dagegen bekomme er die Ideen für das, was er denen in Düsseldorf verkaufe. Er hatte die Vision von Köln als Basis für die neuen Eroberungen der Welt der „kosmischen Ideen" – in bewusster Anlehnung an Kandinsky – und wollte in Köln eine Art Weltraumbahnhof der neuen kosmischen Ideen organisieren.

An dieser Stelle möchte ich an die soziale Intelligenz in Köln appellieren, den neuen Begründungszusammenhang von Vergeblichkeit, Fragment, Müll, Dreck, Scheitern und der Begründung des Hoffnungaufbauens zu etablieren oder vielleicht sogar die Stadt dieser neuen Begründung zu sein. Man stelle sich einmal vor, dass der Dom mit dem Material gefüllt würde, um das man sich unabdingbar kümmern müsste, dem Müll, der nicht ist, was er zu sein scheint, dem strahlenden Müll. Den kann man weder schmecken, noch tasten, noch fühlen, noch kann man ihm ansehen, was er seiner chemischen Substanz nach oder in physikalischer Hinsicht darstellt. Für die Evidenzkritik des Physikers bedeutet das, dass er keine Voraussetzungen hat, je auf das Wesen der Sache zu rekurrieren. Es bleibt ihm nichts anderes übrig, als mit dem Begriff „strahlend" auf die immerwährende Differenz zu verweisen.

Jedermann weiß, dass von Rom und Griechenland nur Ruinen überlebt haben, dass auf der Welt überhaupt nur die Ruinen ewig sind. So gesehen mache man sich selbst möglichst schnell zu einer Ruine, um das eigene Überleben sicherzustellen, um überhaupt eine Chance zu haben, sich selbst auf Dauer zu stellen. Denn eigentlich haben nur das Fragmentierte und der Müll das Vermögen zu überleben. Man hat sich die Frage zu stellen, was eigentlich die Wirkung dieses Mülls ausmacht? Das, was wir mit dem Begriff des „Strahlens" bezeichnen, ist das, was die Dauer ausmacht. Dauer ist aber eine Eigenschaft, die man sonst nur den Göttern zuschreibt. Wenn man von 15.000 Jahren Halbwertszeit für normal strahlenden Müll in der leichteren Version ausgeht, dann ist man darauf angewiesen, eine Perspektive kultureller Dauer ins Auge zu fassen, die bisher noch keine andere Kultur erreicht hat. Weder die Griechen, noch die Ägypter, noch die Babylonier, noch die Hethiter konnten eine solche Dauer erzielen. Aber der Sache nach ist dort angelegt, worum es hier geht. Der neue Gott, das heißt das, was Dauer garantiert, was die Denknotwendigkeit von Schönheit, Gutheit und Wahrheit aus der realen Erfahrung des Scheiterns, der Beschränktheiten, der Blödsinnigkeiten und der Falschheiten begründet, ist heute mit Verstandesgründen und mit Vernunft nur noch durch den Müll zu repräsentieren. Was man in Form des Abfalls, des Drecks und des Scheiterns erlebt, ist – übertragen auf die allgemeine soziale Ebene des Mülls – die einzige Garantie für die Dauer einer Kultur. Gott und Müll oder Stadt und Scheitern oder Schönheit und Hässlichkeit im Sinne einer realen Akzeptanz des Hässlichen zur notwendigen Orientierung auf den Begriff des Schönen, das Gleiche mit dem Guten, Wahren, bedeutet eine Architektur der Gedanken zu etablieren, innerhalb derer man wieder reden kann von kultureller Dauer, von Zukunftsperspektive, von Ewigkeit.[5] Denn 15.000 Jahre Halbwertszeit sind tatsächlich eine Ewigkeit, zumal im Vergleich mit allen historischen Kulturen, und das auch noch verstandesmäßig begründet und nicht nur geglaubt.

Von diesem Moment ausgehend hat man die Möglichkeit, tatsächlich wieder das zu denken, was einem bisher zu denken unmöglich schien: die Wahrheit, die Schönheit, die Gutheit, die Dauer, die Zukunft, die Perspektive, selbst die Ewigkeit. Die Umkehrung des Begründens solch großartiger Konzepte aus der realen Erfahrung des Scheiterns, der Hässlichkeit, der Begrenztheit, der Lüge ist das, was mit der Agit-Pop-Tradition verbunden war. Für die Agit-Pop-Tradition hat die offensichtliche realisierte Differenz zwischen dem Schein und dem Wesen eine besondere Bedeutung. Wo immer man hinsieht, hat man die Spuren einer solchen Vermüllung zur Begründung einer Kultur der Ewigkeit und der Dauer zu begrüßen. Zugleich handelt es sich um das, was vor 1.600 Jahren in der christlichen Welt als Innovation einsetzte, denn die begann nicht mit dem Triumph der göttlichen Apotheose oder mit dem Triumph einer übermenschlichen Leistungsfähigkeit – das war antiker Hokuspokus –, sondern sie begann mit der Kreuzigung des Gottes, mit der Vermüllung, mit der Vermanschung, mit der Verdreckung, mit der Zerschlagung, mit der Pein und mit der Qual. Die Christenheit setzte genau mit dem an, was unseren Alltag im Leben heute ausmacht.

Die Bedeutung des Mottos *Liebe deine Stadt* besteht darin, dass man sich in der Lage sieht, diese Voraussetzung anzuerkennen und sich aus dieser Prämisse heraus permanent auf das Gute, Wahre und Schöne, auf die Ewigkeit, die Kultur zu orientieren. Zeichenhafte Werke wie Literatur oder Kunst sind gleichsam die institutionellen, dafür eigentlich vorgesehenen

BAZON BROCK

Die Blendfassade des Afri-Cola-Hauses von Hans Schilling.

DAS AFRI-COLA-HAUS

Formen der Realisierung dieses Umkehrprinzips. Die Maler haben sich vom 13. Jahrhundert an, und nach ihrer Etablierung als Profession im Zuge des Entstehens der modernen Kunst im 16. Jahrhundert, vornehmlich des Themas der christlichen Ikonographie angenommen. Da wurde thematisch vorgegeben, was sie materiell als Gestalter von Bildern, von Literatur und von Musik selbst betrieben.

Es ist die nicht zu leugnende reale Erfahrung der Hässlichkeit, der Begrenztheit, der Beschränktheit, der Verblödung – vor allem die Proletarisierung der Spitzen der Eliten ist in Köln besonders weit fortgeschritten –, die das Sprechen über die Ewigkeit, die Schönheit und die Gutheit mit rationalen und logischen Argumenten ermöglichen kann. Es handelt sich hierbei um keine Glaubensfrage. Müll ist der Gott, der wirklich Dauer stiftet. Daran braucht man nicht zu glauben – da hält man einen Geigerzähler hin und weiß Bescheid. Scheitern ist die definitive Orientierung auf das Gelingen, gerade in dem Maße, wie sie selber unabweislich wird, denn man kann es nicht mehr leugnen.[6] Genau daraus begründet sich die wirkliche rationale Hoffnung, dass man gemeinsam die Kraft aufbringt, dieser Realität standzuhalten. Damit ist es wieder möglich, sich auf den Himmel der Ideen, auf die kulturelle Wertigkeit, auf die Ewigkeit und die Dauer einzulassen. Hierauf beruht die Mission des Afri-Cola-Hauses, und darum verdient es wirklich eine Auszeichnung.

Ich wünschte mir, dass ein jeder dieses Logo *Liebe deine Stadt* an seiner Haustüre anbrächte, um damit auf die realistische Erfahrung des Scheiterns, der Hässlichkeit und der Lügen aufmerksam zu machen. Man dürfte dann klingeln und fragen, inwiefern sich der Hausbewohner auf das Gute, Wahre und Schöne orientiere. Daraufhin käme man in ein Gespräch über das Gute, Wahre und Schöne, über die Ewigkeit, über Gott und die Kultur, denn man hätte offensichtlich bekundet, dass man diesbezüglich rationale Begründungen liefern könne. Mit dem Logo *Liebe deine Stadt* hat man auf die Realität des Scheiterns, der Hässlichkeit, der Blödigkeit, der Falschheit, der Lügen des Oberbürgermeisters verwiesen und zugleich signalisiert, dass man an einer Architektur seelischer Verbundenheiten und herzlicher Begründungen der Verhältnisse interessiert ist. Man muss sich nur einmal vorstellen, was los wäre, wenn nun ab morgen alle in Köln anfangen würden, in den Hotels, Bars, Lobbys, Cafés und Restaurants über die Großartigkeit der Ewigkeitskonzepte und über Gott und vor allem über die Verlässlichkeit der Dauer zu sprechen. Man würde sich ausschließlich auf die Wahrheit, die Schönheit, die Gutheit konzentrieren und alles andere für unerheblich erklären. Das Geschwätz über den Sex endete, stattdessen würde über die Liebe und über die göttliche Kraft, die sich darin manifestiert, gesprochen.

Der Afri-Cola-Bau ist gewissermaßen die Kathedrale, in der der Müll diese Art von Begründung für den Kapitalismus zur Sprache bringt. Hier ist deutlich demonstriert, dass alle kapitalistische Propaganda, aller Triumph der Wirtschaft, alle Beschaffung von Arbeitsplätzen und alles Glück der Menschen auf Erden Schwindel sind, was sowieso jeder täglich erfährt. Wieso empört man sich über die Lügnereien im Wahlkampf? Man muss schon ziemlich minderbemittelt sein, wenn man sich darüber noch beschwert, wo es doch ohnehin für jedermann evident ist. Stattdessen gilt es, auf die dankbare Idee zu kommen, dass jeder dieser politischen Gauner und Lügner zu einem Kompagnon in der Orientierung auf das Gegenteil zu machen ist. Im Übrigen hat sich die pädagogische Erziehungsgesellschaft über jede Lüge zu freuen. Die Eltern sollten den Kindern nicht verbieten zu lügen, sondern sie sollten sich freuen, wenn ihr Nachwuchs gekonnt lügt. Denn dann können sie ihre Kinder für intelligent befinden und beobachten, dass sie ihr Gehirn vollkommen beherrschen und es nutzen können. Am bravourös lügenden Kind kann man sehen, dass es die Differenz zwischen Wahrheit und Falschheit erkannt hat und dass es in der Lüge dennoch auf die Wahrheit bezogen ist – und das, obwohl weder die Eltern noch das Kind „die" Wahrheit kennen. Genau dies ist die Grundlage für das, was das

Humanum eigentlich ausmacht. Indem man einander zu verstehen gibt, dass man zwar keine Ahnung hat und nichts wirklich kann oder beherrscht und auch nichts besitzt, nimmt man an der realen Erfahrung teil, die eine Begründung für das Humanum enthält. Deswegen orientiert man sich auf das Können, das Vermögen, das Haben und den Glanz der Welt, aber eben unter dem Aspekt einer bloßen Denknotwendigkeit, niemals aber in dem Versuch, dies in goldenen Kleidern, Schuhen, Goldstücken oder Bauten realisiert zu sehen, sondern ausschließlich als gedankliches Konzept.

Die Leute trafen sich ungefähr um 350 n. Chr. im römischen Imperium und damit auch in Köln und befragten die christlichen Mönche, was sie denn eigentlich zu bieten hätten. Sie waren über das Angebot erstaunt, das aus einem verkrüppelten Heiland bestand, von dem sie gehört hatten, dessen Macht bestehe darin, dass er keine habe. Die Leute fragten sich zu Recht, was denn das ganze Spektakel sollte. Dann kamen die kleinen Mönche – intellektuelle Wanderprediger wie wir heute – und erklärten den Menschen, wie man mit rationalen Gründen die Hoffnung auf die Ewigkeit und auf das Reich Gottes begründen könne. Die Mönche machten verständlich, wie man in der Erfahrung eben dieser Fähigkeit zur Orientierung auf die Realität ein heiliges Köln erleben würde. Damals bestand die Realität des Lebens aus Kreuzigung, Vermanschung und Folter. Erst als das akzeptiert war und nicht mehr geleugnet wurde, hatten die Menschen überhaupt eine Chance, sich auf das Denknotwendige zu beziehen. Das Denknotwendige zu erkennen, war die Bedingung und zugleich der Beginn des Baus des heiligen Köln, das heute noch durch die Kathedralen repräsentiert wird. Kathedrale heißt immer, an der Differenz zwischen Himmel und Hölle, an dem Unterschied zwischen der peinhaften Erfahrung von ideologischer Überblendung, von eitler Hoffnung und von ausgemalten Paradiesen und umgekehrt, an der realistischen Fähigkeit zur Anerkennung des Scheiterns und des Elends zu bauen. Deshalb ergab sich daraus der Gedanke der Kunst, denn die Kunst erfüllt genau diese Differenz. Auf der einen Seite steht das Reich des Schönen und des ästhetischen Scheins, der aber nicht vorspiegelt zu sein, was er ist, sondern der auf der anderen Seite durch Evidenzkritik demonstriert, dass er gerade nicht ist, was er zu sein vorgibt.

Diese Erfahrung sollte heute nachvollzogen werden. Sie sollten sich darüber im Klaren sein, dass Sie die Chance haben, in einer heiligen Sozietät, in der *Colonia,* das heißt in der Kolonie Gottes zu leben und damit innerhalb der Bedingungen und der Erfahrung des Scheiterns. Sobald man das produktiv macht, ist man als Künstler ein Profi. Denn Künstler sind nichts anderes als Leute, die ihr Scheitern, ihre Blödigkeit, ihre Dummheit professionell nutzen können. Ein Künstler ist ein Mann, der seine Beschränktheit managt und daraus etwas produktiv hervorgehen lässt. Der Künstler besitzt die Fähigkeit, seine Angst, seine Blödigkeit und seine Versagenserfahrung zum Thema zu machen, so das alle anderen ihre Erfahrungen daran abarbeiten können. In diesem Sinne steht man dann in der Nachfolge Christi, das heißt in der Imitatio Christi, indem man das Wissen mobilisiert, das dem Begründungszusammenhang Dürers entstammt, also zu wissen, dass Dürer den Künstler aus dieser Imitationsfähigkeit abgeleitet hat. Auch derjenige, der heutzutage meint, er müsse Dürer als dem Künstler nachfolgen, ist dann über diesen an die Imitatio Christi angeschlossen. Er ist folglich in dem Gegenprogramm zum Fundamentalismus und zu der religiösen Wiederkehr der Wahrheitsbehauptungen aus Testamenten und Offenbarungsschriften aufgehoben. Dessen bedürfen wir in besonderer Weise, sonst werden uns die Behauptungen dieser fundamentalistischen Wahrheiten bald den Garaus machen.

Lichthof

1   Robert Musil, *Der Mann ohne Eigenschaften*, Reinbek bei Hamburg 1952, S. 46.
2   Zur „Technik der Affirmation" siehe Bazon Brock, *Ästhetik als Vermittlung – Arbeitsbiographie eines Generalisten*, Hg. Karla Fohrbeck, Köln 1977, S. 164–173.
3   *Stern*, 24. Jg., Heft 24, Hamburg, 6. Juni 1971.
4   Zum Programm „Professionalisierung der Betrachter, der Mitbestimmungsbürger, der Konsumenten und selbstverantwortlichen Patienten" siehe Bazon Brock, *Der Barbar als Kulturheld – Ästhetik des Unterlassens, Kritik der Wahrheit – Wie man wird, der man nicht ist*, Gesammelte Schriften 1991-2002, Hg. Anna Zika in Zusammenarbeit mit dem Autor, Köln 2002, S. 721.
5   Bazon Brock, „Gott und Müll", in: *Kunstforum International, Theorien des Abfalls*, Bd. 167, Nov.–Dez., Ruppichteroth 2003, S. 42–45.
6   Zum Thema „Scheitern als Gelingen" siehe Bazon Brock, *Der Barbar als Kulturheld – Ästhetik des Unterlassens*.

Das Grundstück des Afri-Cola-Hauses vor der Errichtung der Blendfassade, Privatarchiv der Familie Flach, Köln.

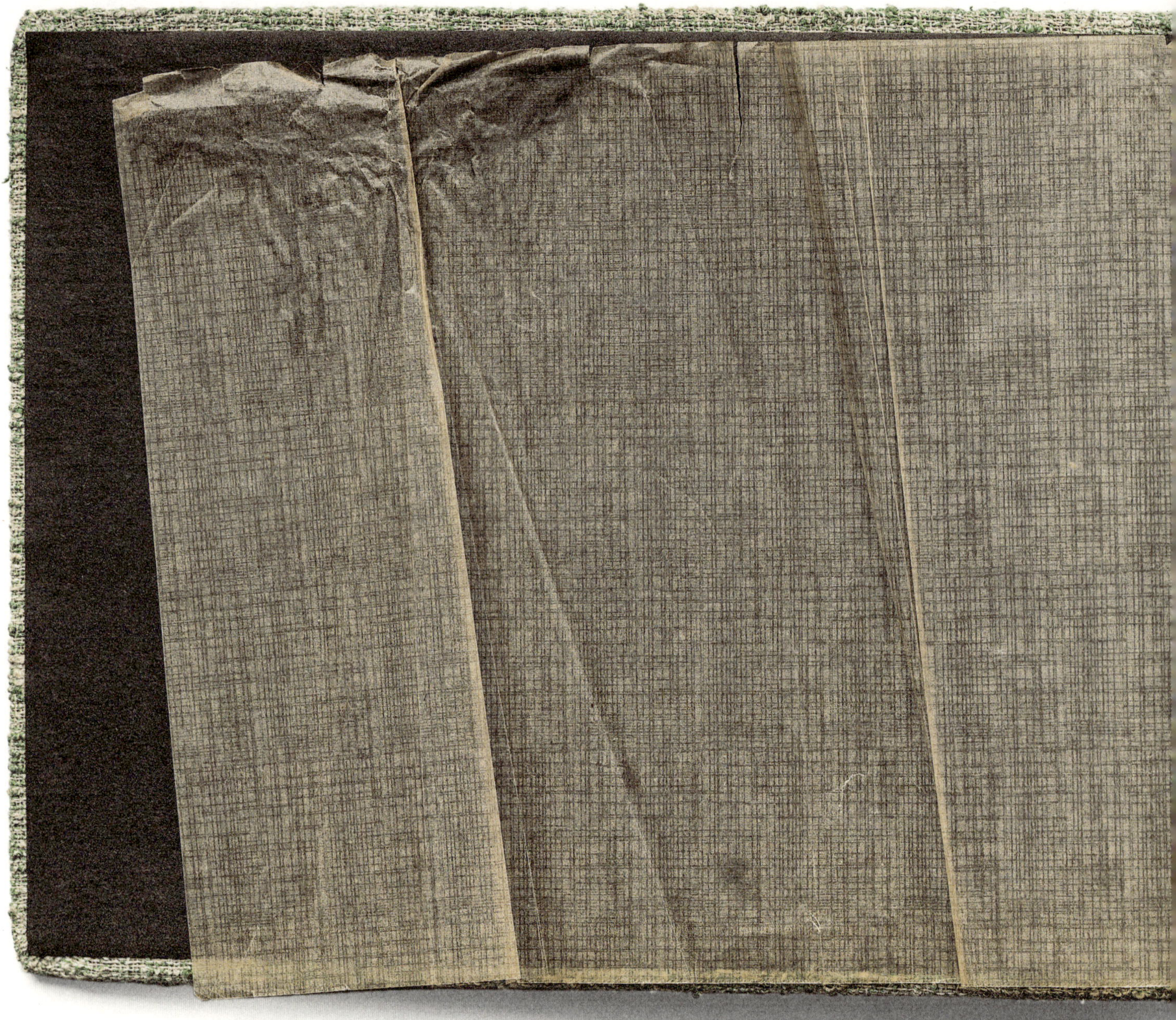

Fliegerangriff 28.4.1942
Dagobertstr. 25

Fotoalbum, Privatarchiv Familie Flach, Köln.

DAS AFRI-COLA-HAUS

25. September 2005
Martin Struck
Das Haus Wefers, eine „boîte de miracle"

Martin Struck, geboren 1957 in Köln, lebt in Krefeld. Architekt und Bauassessor, seit 2001 Diözesanbaumeister des Erzbistums Köln. 1977–1980 Ausbildung zum Bau- und Möbeltischler. 1980–1984 Studium der Architektur an der Rheinisch-Westfälischen Technischen Hochschule Aachen und am Department of Architecture der University of Bristol, GB. 1989–1997 städtischer Baudirektor, Entwurfsarchitekt und Leiter des Hochbauamtes der Stadt Meerbusch, anschließend Geschäftsführer des SIM (Service Immobilienmanagement).

Zunächst einmal ist Liebe eine Beziehungsgeschichte. Die Geschichte einer Beziehung zwischen Persönlichkeiten, vielleicht auch zwischen Personen und Sachen. Aber sie ist eben immer auch „Geschichte". Diejenige von Haus Wefers, seinem Architekten und seinem Bauherrn kann ich nicht nacherzählen – dazu ist die Quellenlage zu dürftig. Weder im Nachfolge-Architekturbüro Karl Band noch bei Josef Stracke, dem Sohn des Erbauers, hat sich irgendwelcher Schriftverkehr erhalten. Dennoch kann der aufmerksame Betrachter Spuren dieser Liebesgeschichte entdecken, und das sind nicht Spuren einer abgeschlossenen Vergangenheit, sondern Setzungen zur Verdeutlichung der geschichtlichen Kontinuität unseres Lebens in und mit der Stadt Köln.

Bereits im Raumprogramm und bei der Auswahl des Bauplatzes scheint die Persönlichkeit des Bauherrn auf: Es ging ihm um Wohnraum für sich und seine Familie, um Mietflächen für das „Theater am Dom" und um seine eigenen Geschäftsräume, Ausstellungsflächen für seinen Handel mit Paramenten und Ausstattungsgütern für die Liturgie in den Kirchen des Kölner Erzbistums. Und das Ganze vis-à-vis der Westturmfassade des gotischen Doms, den ja jeder richtige Kölner von irgendeinem Fenster seiner Wohnung aus sehen möchte, um sich täglich seines exakten Standorts im Universum zu vergewissern. Mit diesem Identifikationspunkt kann kein Kölner ganz gottlos sein. Und das ist unserem Erzbischof stets Anlass zu begründeter Hoffnung. Dazu kommt noch die Wahl eines Architekten, der gebürtiger Kölner Katholik und zugleich Garant für eine solide, moderne Architektur war.

Karl Band wurde 1900 als Sohn eines Architekten geboren. Die Familie wohnte am Hohenzollernring, der Sohn wurde in der Pfarrkirche St. Andreas getauft und legte sein Abitur am Apostelgymnasium ab. Danach studierte Band Kunst- und Architekturgeschichte an der Universität Bonn, mittelalterlichen Kirchenbau bei Paul Clemen und ab 1921 in Karlsruhe unter anderem bei Friedrich Ostendorf und Otto Gruber. 1924 schloss er dort das Studium als Diplom-Ingenieur ab, um darauf in das Architekturbüro von Hans Schumacher einzutreten. Bis 1930 arbeitete er in mehreren unterschiedlichen Kölner Architekturbüros und lernte in schwieriger Zeit diesen Beruf von der Pike auf. Zu diesem Zeitpunkt legte er in Karlsruhe die Prüfung zum Regierungsbaumeister ab und erwarb damit einen Beamtentitel, den er als freier Architekt seine gesamte Berufslaufbahn hindurch mit Stolz auf allen Plan- und Briefpapierbeschriftungen vermerkte. In den folgenden Jahren betrieb er zusammen mit dem bekannten Kirchenbaumeister Eduard Endler ein Architekturbüro. Unter eigenem Namen nahm er an verschiedenen Wettbewerben teil und zeichnete für verschiedene ausgereifte Bauten verantwortlich, die allerdings die Sprache einer „gemäßigten" Moderne sprachen. In der Kriegszeit musste er verschiedene Bauprojekte für das Rüstungsministerium übernehmen. Allerdings hat er bereits seit 1943 wieder in Köln gewirkt: bei Notsicherungen der im Bombenhagel ruinierten und vollständig vom Untergang bedrohten Kulturbauten und Kirchen seiner geliebten Heimatstadt. In der Zeit unmittelbar nach dem Zweiten Weltkrieg begann dann die Hauptschaffensperiode des Architekten: Wohn- und Geschäftshäuser, Wiederaufbauplanung, stadtgestalterische Überlegungen, Wiederherstellung zerstörter Kirchen und so weiter. In der Kunibertsklostergasse baute er 1952 sein eigenes Wohn- und Bürohaus. An diesem werden beispielhaft die Prinzipien seiner städtebaulichen Idealvorstellung deutlich: Wiederaufbau in Anlehnung an die überkommene Parzellenstruktur und Herabzonierung der Gebäudehöhen, Freistellen und Einbetten in Grünzüge der wichtigen (historischen) Sonderbauten, Auswahl tradierter rheinischer Baumaterialien und Verwendung des modernen Formenkanons – Flachdach, horizontal gelagerte Fenster, kubische Formen oder Stahlbetonsäulen. Karl Band muss aufmerksam das Baugeschehen im Ausland verfolgt haben. Zur Weiterbildung der Kollegen hat er mehrfach Ausstellungen über ausländische Architekten in Köln organisiert. Um die Wiederaufbauplanungen in diesem Sinne zu gestalten, hat sich Karl Band auch die Mühe gemacht, in den entsprechenden Gremien politisch aktiv mitzuarbeiten.

156 MARTIN STRUCK

Postkarten von Haus Wefers, Köln.

DAS HAUS WEFERS 157

Leider sind seine Visionen heute nur noch an wenigen Stellen der Kölner Innenstadt sichtbar, und auch die müssen noch gegen den dauernden Höherzonierungsdruck der Investoren verteidigt werden. Außer den vielen Wohn- und Geschäftshäusern war ein weiterer Arbeitsschwerpunkt Bands die Instandsetzung historischer und der Neubau moderner Kirchen. In den fünfziger Jahren waren im Büro Band bis zu fünfundzwanzig Mitarbeiter beschäftigt. 1965 übergab Band das Büro seinem Sohn Gero, der es bis zu seinem Unfalltod 1983 führte. Trotz seines hohen Alters von über achtzig Jahren nahm Band den Auftraggebern gegenüber pflichtbewusst die Bürogeschäfte wieder auf und führte sie bis zu seinem Tod 1995 fort.

Der Dritte im Bunde von Haus Wefers ist dann noch der einmalige Bauplatz: eine an drei Straßen mit völlig unterschiedlichen Höhenniveaus und Breiten grenzende Parzelle mit trapezförmigem Grundriss. Diese Lage verbindet Vergangenheit und Zukunft, zumindest so, wie man sie sich 1957, dem Erbauungsjahr des Hauses, noch positiv vorstellte: Dort gibt es den Höhenversprung an der römischen Stadtmauer, den die Stadtplanung nach dem Krieg erfahrbar zu machen versuchte, um die Wurzeln, die „Urzelle" von Köln freizulegen. Dann gibt es den aus der Tradition bewährten Stadtbaustein des in die Straßenfront eingefügten, Raum bildenden Gebäudes in Mischnutzung mit einer der Öffentlichkeit zugewandten Fassade und dem privaten Rückbereich. Gleichzeitig wird mit der Lage des Grundstücks an der autogerechten Nord-Süd-Fahrt der Bau von drei Seiten erfahrbar und macht die Vorstellung des neuen Städtebaus vom frei in den fließenden, begrünten Stadtraum gestellten Körper deutlich.

Bauherr, Architekt und Bauplatz – aus dieser Dreiecksgeschichte resultiert dieses wunderbare Gebäude: Le Corbusier hätte es eine „boîte de miracle", eine Zauberkiste genannt. Herangestellt an die frühere Römermauer, spannt ein gegabelter Pylon zwei je nach Straßen- und Himmelsrichtung unterschiedliche Fassadensegel auf über Ladeneingang und in die Öffnung hineingestellten Schaufenster-Schmuckkästchen. Nach dem Dogma der Moderne – das die Trennung der einzelnen Funktionen und Elemente vorsieht – wird hier mit voneinander abgesetzten Flächen und Kuben gearbeitet. Diese Idee wird jedoch nicht als entmaterialisierte Haut aus Glas und Verputz durchgespielt, sondern durch die Verwendung von Basaltlava, Ziegel, Kieselbeton und Eichenholz mit hoher haptischer Qualität „rematerialisiert".

Jene führt noch einmal zum Stichwort „Liebe". Denn was charakterisiert die geliebte Person, den geschätzten Gegenstand? Zuerst einmal doch seine Einzigartigkeit und Individualität, die sich zugleich mit Vertrautheit und Kenntnis von Herkunft und Geschichte verbindet. Es geht um ungeschminkte Authentizität, die alle Lebens- und Altersspuren sichtbar belässt. Die von Band eingesetzten Materialien sind, wie man sehen kann, in Würde gealtert, gereift. Doch vor allem kommt noch eines hinzu: die Schönheit. Wie schwer ist das zu beschreiben und zu definieren – sie entsteht als rechtes Maßverhältnis aller Einzelteile zum Ganzen, nichts kann hinzugefügt oder weggenommen werden, im Betrachter wird ein Gefühl der Harmonie ausgelöst, als befände er sich im Gleichklang mit einer in ihm angeschlagenen Saite.

Eine solche Auffassung von Schönheit bedingt eine Gliederung der Fassadenflächen in harmonische Proportionen, je nach Materialität und Lage – hiervon hängen Schattenspiel und optisches Gewicht der Komposition ab. Und in der Nachkriegsarchitektur der fünfziger Jahre hatte nichts mehr „Gewicht" – denn dieser Stil sollte Leichtigkeit und Beschwingtheit ausstrahlen. Jede Fassadenfläche bezieht sich auf die je unterschiedliche Straßensituation auf ihrer Seite: Im Norden die lebhafte Seite – in ihrer würfeligen Kleinteiligkeit passt sie sich in die dort schmale Komödienstraße ein, in der sich als Gegenüber noch einige Gründerzeitfassaden mit ihren starken Stuckverzierungen erhalten haben. Im Süden schwebt eine von verhältnismäßig kleinen Quadratfenstern durchsetzte Backsteinwand, die sich monumental gegen das Verkehrsbrausen erhebt. Sie erinnert an die römische Stadtmauer und ist möglicherweise

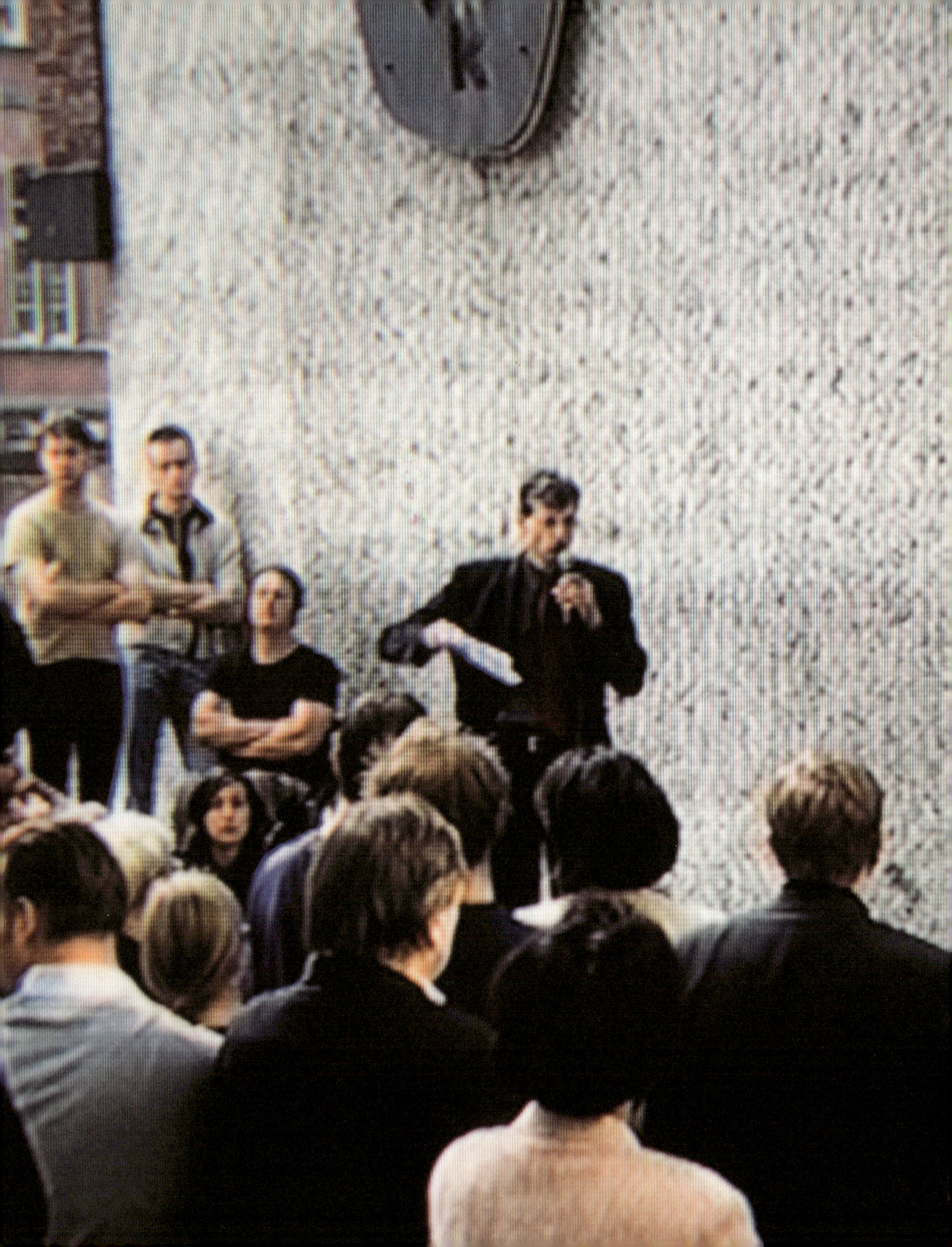

auch mit Rücksicht auf die städtebauliche Einbindung des Amtsgerichtsgebäudes gegenüber backsteinern im hellen Verputz und Naturstein der Nachkriegsumgebung gehalten. Einen Kontrapunkt zu dieser beinahe schon abweisenden Massivität bildet der kleine Balkon, der mit seiner mosaikverzierten Brüstung schmetterlingsleicht vor der Fassade hängt. Und dann ist da noch die Noblesse der Ostfassade, die großzügige Horizontallinien im Gleichgewicht mit den vertikalen Kanten von Pylon und Seitenflächen sowie dem Balkoneinschnitt aufweist. Sie wirkt leicht im Erdgeschoss, sauber im Dachabschluss. Eine Komposition neuer Zeit, die derjenigen der gegenüberliegenden Domfassade beinahe ebenbürtig ist. In der Tat besitzt dieser Bau drei sorgfältig durchkomponierte und genial inspirierte Fassadenflächen.

Es sind Fassaden in einer Zeit, die die Fassadenarchitektur des Historismus schlechthin als Ursache aller dahinter versteckten Hinterhof-Übel und deren Entladung in eine unselige Zeit ausgemacht hatte. Im ursprünglichen Sinn leitet sich das Wort „Fassade" vom lateinischen „facies" (Gesicht) ab, die Fassade ist also das sorgfältig gestaltete Gesicht eines Hauses, das eine Idee vom Menschenbild seines Bauherrn vermittelt. Im architektonischen Funktionalismus sprachen die Architekten daher lieber von „Ansichten" als von „Fassaden". Stimmte der Grundriss mit seinen Funktionen, dann würden so konzipierte Häuser auch wahrhaftig und gleichzeitig schön werden. Aber es bedarf eben doch eines Künstlers wie Karl Band, damit so etwas wirklich funktioniert. Es handelt sich nämlich nicht um eine reine „Fassadenarchitektur" ohne Berücksichtigung der Bedürfnisse der Bewohner oder der unterzubringenden Nutzungen. Band hat einen Grundriss von bestechender Logik und Einfachheit entwickelt: Treppenhaus und Aufzug sind an der richtigen Stelle platziert, damit keine unnötigen Verkehrsflächen entstehen. Die wohlproportionierten Räume sind entsprechend ihrer Wertigkeit, Funktion und Himmelsorientierung sinnfällig angeordnet. Der bis ins Detail edel eingerichtete Laden mit der über die Wendeltreppe zu erreichenden Zwischenempore unterstützt die Verkaufssituation: Er bietet eine großzügige Warenpräsentation, eine offene Zugangssituation zum unverbindlichen Schauen, einen Rückzugsbereich zur individuellen Beratung in heimeliger Umgebung, aber auch geeignete Lagermöglichkeiten. Ein solcher Laden benötigt nicht alle fünf Jahre ein neues Outfit: Raumproportionen, Lichtführung und Materialdetails erfüllen ihre Funktion zeitlos. Hinzu kommt, dass die Einbauten und Details nicht allein praktische Zwecke erfüllen. Sicherlich war für Karl Band die Synthese der Künste in der Architektur mehr als eine theoretische Idealvorstellung. Um sich seine praktische Umsetzung dieses Gedankens zu vergegenwärtigen, betrachte man nur seine Gestaltung der Türen, Türgriffe, Geländerstäbe und Handläufe, Balkonbrüstungen und Wandverkleidungen. Auf der Komödienstraße sind von Siegfried Erdmann als Backsteininkrustation in der Fassade die *Heiligen Drei Könige,* die dem Stern in Richtung Osten folgen, auf ihrem Weg zum Herrn der Welt zu sehen. In die Gestaltung wurden außerdem weitere Künstler, bekannte und unbekannte, einbezogen. Ihren Vorschlägen hat sich die Architektur angepasst, mit ihren Vorstellungen haben sie sich in den vorgegebenen Rahmen eingepasst – und so ist ein Gesamtkunstwerk entstanden.

Liebenswert ist eine Stadt, in der solche Dreiecksgeschichten geschrieben wurden. Und werden? Noch einmal Karl Band: 1950, Cäcilienstraße/Ecke Nord-Süd-Fahrt, ein Laden- und Ausstellungsgebäude für das Möbelgeschäft Schirmer – ein ebenso prominentes Eckgrundstück mit einem Bauherrn, der wusste, was er wollte, ergab eine ebenso gute, moderne Architektur. Nur ausgerechnet die soll jetzt abgerissen werden. Der ganze Block! Und das ist der Ersatz: Bauherr = anonym; Raumprogramm = Büros; Architekt = erfahren im Umgang mit Investoren.

Was dabei herauskommt, steht heute überall herum – beziehungslos und stumm und niemals geliebt. Auch diesen Vorgängen müssen wir unsere Aufmerksamkeit widmen: Wo sind sie heute, die Persönlichkeiten (zum Verlieben?), die unsere Geschichte mit der Stadt weiter erzählen?

Detail der Eingangstür von Haus Wefers, Köln.

DAS HAUS WEFERS

S. 163   Leserzuschriften, *Kölner Stadt-Anzeiger*, Montag, 21. Februar 2005.
S. 164f. *Frankfurter Allgemeine Zeitung*, Samstag, 26. Februar 2005.

Montag, 21. Februar 2005

Weg mit dem hässlichen Koloss

Zu „Neue Oper am Deutzer Rheinufer" (Ausgabe vom 15. 2.), zum Leitartikel von Christian Hümmeler „Eine Vision für Köln" (Ausgabe vom 16. 2.) sowie weiteren Berichten zu diesem Thema.

Ich lese in Ihrer Zeitung zum Thema Oper, man wünsche sich „eine Diskussion mit Beteiligung der Bürgerschaft, besonders der Kulturszene". Da bin ich aber gespannt, ob jemand unsere Meinung wirklich wissen möchte. Ich sag sie Ihnen gern, stellvertretend für sehr viele Kulturschaffende in dieser Stadt: Wir fassen uns an den Kopf, warum dieser grottenhässliche Plattenbau aus den 60er Jahren ein denkmalgeschütztes Objekt sein soll. Weg damit, Riphahn hat in der Zeit schnellen Wiederaufbaus eine entsetzliche Geschmacklosigkeit gebaut, die inzwischen noch dazu ein Schrotthaufen ist. Ich kenne die Oper von innen sehr gut, schließlich arbeite ich seit zehn Jahren für die Kinderoper. (Sie ist das einzig Schöne in ansonsten fürchterlichen Foyer. Um sie zu erhalten, produzieren wir meine ZDF-Sendung „Lesen!" genau dort. Jede Sanierung wäre Flickwerk und würde nie den Ansprüchen eines modernen Hauses genügen, außerdem ist es meiner Meinung nach dazu längst zu spät. Weg mit diesem hässlichen Koloss, weg mit dem abscheulichen blauen Zelt am Bahnhof und endlich kühn her mit einer Idee für ein neu gebautes Opernhaus an zentraler Stelle in der Nähe von Dom, Bahnhof, Philharmonie, Museum. Da gehört die Oper hin, und nicht ans Deutzer Ufer. Ich bin froh darüber, dass sich der der Stadt gegenüber sehr (zu?) loyale Intendant nun auch endlich öffentlich äußert dahingehend, dass er sich einen Neubau vorstellen kann. Vorstellen? Mit aller Kraft wünschen, eine andere Chance gibt es nicht.

Elke Heidenreich, Köln

Wer – wie Herr Soenius – stillschweigend zusieht, wie eine funktionierende Kunsthalle nebst Kunstvereinsräumen abgerissen wird, um dann zu sagen, dass aber für Neubauten kein Geld da ist, der sollte in Sachen Opernhaus und anderer Bauten ein für alle Mal den Mund halten. Wie viel Löcher will uns dieser Herr noch bescheren?

Dr. Marlis Zilken, Köln

Sie sprechen sich für ein neues Kölner Opernhaus am Deutzer Rheinufer aus. Das alte Haus am Offenbachplatz könne man getrost auf andere Weise nutzen. Ob der Riphahn-Bau aufgegeben werden soll, ist eine Frage. Vielen Kölner Bürgern gilt das Gebäude als hässlich, doch kann das nicht einfach daran liegen, dass es dringend sanierungsbedürftig ist? Ob das Projekt eines Neubaus bei gleichzeitiger Umnutzung des Riphahn-Baus Sinn macht, ist die zweite ungleich interessantere Frage. Sie sind der Meinung, Köln solle sich ein Opernhaus leisten, das architektonisch mit dem Neubau der Königlichen Oper in Kopenhagen konkurrieren kann. Glauben Sie allen Ernstes, dass sich in Köln ein Milliardär finden lässt, der der Stadt ein neues Opernhaus im Wert von über 300 Millionen Euro spendiert? Das war nämlich in Kopenhagen der Fall. Und wie ist es um eine Umnutzung des Riphahn-Baus bestellt? Der Denkmalschutz gilt nämlich auch für das Innere eines Gebäudes.

Sven Trösch, Köln

Die Stadt Köln tut sich schwer mit ihren Bühnen. Der schwerste und unverzeihliche Fehler war der Abbruch des Opernhauses am Habsburgerring, das in vielen Teilen trotz Bombentreffern noch funktionsfähig war und ohne weiteres hätte wieder aufgebaut werden können. An den anfangs als „Grabmal des unbekannten Intendanten" oft geschmähten Neubau am Offenbachplatz haben sich die Kölner längst gewöhnt, doch schon geistern Neubaupläne durch städtische Beamtenköpfe. Vorreiter scheint der Kämmerer zu sein. Wenn dann auch noch der Kirmesplatz am Deutzer Rheinufer als idealer Opernplatz favorisiert wird, dann sollte man den Befürwortern einer neuerlichen Verlegung der Oper in Erinnerung rufen, dass das Zentrum von Köln, das Herz der Stadt, am linken Rheinufer liegt. Und da gehört die Oper hin.

Hans König, Köln

Wie können Rat und Verwaltung der Stadt Köln ernsthaft an einen Neubau statt an eine Sanierung der Kölner Oper denken. Für die Zeit, in der das Ensemble Opern- und Schauspielhaus entstanden sind, waren es hervorragende Bauten, die eine Renovierung und Sanierung auf jeden Fall rechtfertigen. Ein Theater – egal ob Oper oder Schauspiel – sollte immer an einer attraktiven Stelle in der Innenstadt zu finden sein, so wie es jetzt ist und früher am Rudolfplatz war. Ich kann mir vorstellen, dass ich mit meiner Meinung nicht allein in der Kölner Bürgerschaft da stehe, zumal ich mich – wie sicherlich andere auch – noch gut an fünf Stunden „Meistersinger" in der Aula der Universität erinnern kann.

Sigrid Horstmann, Köln

Kämmerer Peter Michael Soenius gebührt für seinen Vorschlag, einen Neubau für die Bühnen der Stadt Köln am Deutzer Ufer in die aktuelle Diskussion miteinzubeziehen, höchstes Lob. An keinem sonstigen Kölner Standort finden sich so einzigartige Bedingungen. Erfrischend die Haltung von Kulturausschuss-Vorsitzendem Theodor Lemper – seine kritische, teils provokante Bestandsaufnahme sorgte zunächst für Anschub zu diesem Thema. Städtebauliche Chancen dieser Art bieten sich nur alle 50 Jahre – in solchen Situationen bedarf es der Querdenker. Folgt man OB Schramma, so ist er Willens, seinen maßgebenden Beitrag hierzu einzubringen. Die gesamte Bürgerschaft ist aufgerufen, sich fördernd zugunsten eines solchen Großprojekts zu engagieren.

Klaus Herre, Köln-Thielenbruch

Das Opernhaus der Stadt Köln: Die Diskussion über die Sanierung des denkmalgeschützten Gebäudes oder den Bau einer neuen Oper ist entbrannt.
BILD: MAX GRÖNERT

Oper zu verkaufen

Stadtverschandelung, nächster Teil: In Köln droht der Abriß des Theaters von Wilhelm Riphahn

Seit Mitte September widmet das Museum für Angewandte Kunst in Köln dem Architekten Wilhelm Riphahn (1889 bis 1963) eine Ausstellung. Entsprungen ist sie einem zweifachen Motiv: einmal dem schlechten Gewissen gegenüber einem Baumeister, der das Gesicht der Stadt zwischen 1918 und 1935 sowie zwischen 1945 und 1963 wie kaum ein anderer mitgestaltet hat und doch eine Art bekannter Unbekannter geblieben ist, zum anderen der kulturpolitischen Absicht, sein durch vernachlässigte Unterhaltspflicht entkräftetes Opernhaus zu würdigen und den lauter werdenden Begehrlichkeiten, das Denkmal durch Verkauf und (Teil-)Abriß gewinnbringend abzustoßen, entgegenzutreten.

Diese wohlmeinende Prophylaxe schien zunächst aufzugehen. Die großangelegte, von Britta Funck konzipierte Schau stellt Riphahn als einen Architekten heraus, der in den zwanziger Jahren auch überregional zu den ersten Protagonisten des „Neuen Bauens" zählt, an dem er sich nach dem expressionistischen Panorama-Restaurant „Die Bastei" (1924) auf der preußischen Rheinuferbefestigung mit exzellenten Beiträgen wie dem temporären Pavillon für die „Kölnische Zeitung" auf der „Pressa" (1928), dem „Ufa-Palast" am Hohenzollernring (1930) oder der Siedlung „Weiße Stadt" in Köln-Buchforst (ab 1926) beteiligt. Seine Vielseitigkeit bewegt sich auf hohem Niveau. Es gibt kaum eine Bauaufgabe, der er sich nicht gestellt hat. In seinem Œuvre stehen Geschäfts- neben Kulturbauten, Fabriken neben Kirchen, Villen neben Siedlungen. Dabei hat er sich auf seine Heimatstadt konzentriert, wo er an der Baugewerbeschule studiert und nach kurzen Assistenzen in München, Berlin und Dresden 1913 ein eigenes Büro eröffnet hat. Sein Mitwirken an der Dammerstock-Siedlung in Karlsruhe (1928), wo er – gemeinsam mit seinem Partner Caspar Maria Grod – hinter Walter Gropius und Otto Haesler einen dritten Preis erringt, stellt eine wegweisende Ausnahme dar.

Auch wenn Riphahn nach dem Krieg die avancierte Position seiner besten Jahre nicht fortführen kann, bleibt er doch ein tonangebender Architekt, der den Wiederaufbau der Stadt maßgeblich bestimmt. Neben der Hahnenstraße, die er mit niedrigen Pavillons vor den flachgedeckten Baublöcken – so beim (erst vor kurzem für den Kölnischen Kunstverein vorbildlich restaurierten) Britischen Kulturinstitut „Die Brücke" – städtebaulich aufgelockert, gehören das Opernhaus (1957) sowie das ihm angegliederte Schauspielhaus (1962) am Offenbachplatz zu seinen Markenzeichen: Das Duo ist – mit 1340 und 820 Plätzen – die größte Theateranlage, die nach dem Krieg in der Bundesrepublik errichtet wird. Ihrem riesigen Bauvolumen nimmt Riphahn die Monumentalität, indem er zwei pylonhafte Werkstatttrakte neben den Bühnenturm setzt, die ihn als durchfensterte Geschosse wie Terrassenhäuser flankieren.

Als Fanal des Wiederaufbaus atmet das Opernhaus den Geist der jungen Demokratie: offen zur Stadt und mit einem Auditorium, das keine schlechten Plätze kennt. Den Diagonalen des Außenbaus entspricht im Innern die Anlage der Balkone, die an Bobschlitten erinnern und ein Prinzip fortentwickeln, das erstmals 1951 in der Royal Festival Hall in London angewandt wurde. Obwohl ein stadtbildprägendes Baudenkmal, ist der nur mangelhaft an die Publikumswege angebundene Solitär schon länger den Geringschätzungen der öffentlichen Hand ausgesetzt: Über Jahrzehnte wurden Bauunterhaltung und die Wartung der noch originären technischen Anlagen vernachlässigt, so daß ein Renovierungsstau in zweistelliger Millionenhöhe aufgelaufen ist. Ins obere Foyer wurde eine „Kinderoper" gestopft, die, kulturpolitisch wertvoll, das Raumkontinuum vernichtet, und die imposante Rückfront zur Krebsgasse nimmt sich mit den vorgesetzten Containerbauten wie die Kulisse eines Güterbahnhofs aus.

Den kulturpolitischen Nebeneffekt, für eine neue Wertschätzung der architektonischen Qualität zu werben, schien die Ausstellung zunächst auslösen zu können. Doch kaum neigt sie sich ihrem Ende zu, flammt die Diskussion um die Zukunft des Hauses wieder auf. Nahrung erhält sie durch ein fast hundert Seiten starkes Gutachten der Stadtverwaltung, das die Generalsanierung auf 142 Millionen Euro veranschlagt und sie als „wesentlich kostengünstigere Variante" einem Neubau, der auf 196 Millionen Euro beziffert wird, vorzieht. Doch die Kommune steht mit mehr als fünfhundert Millionen Euro in der Kreide, und das Land stellt keine Zuschüsse in Aussicht. Alternative Finanzierungsmodelle werden erwogen, Immobilienspekulationen unternommen: Objekt und Grundstück in bester City-Lage könnten verkauft und, so etwa kalkuliert der Kämmerer, mit den Erlösen nicht nur an anderer Stelle ein neues Opernhaus gebaut, sondern auch noch die Nord-Süd-Fahrt am Offenbachplatz unter die Erde gelegt werden. Schon wurden acht alternative Standorte zwischen Deutzer Werft, Aachener Weiher und Eisstadion ausgeguckt: Angebote, das Theater in der Stadt zu marginalisieren.

Dagegen stehen Position und Rang eines Baudenkmals, das zur „Hochstadt" gehört, wie Rudolf Schwarz, der Generalplaner des Wiederaufbaus, den kulturellen Mittelpunkt des Gemeinwesens definierte. In Köln ist das halb vergessen, der Dissens geht durch Stadtverwaltung und Parteien, Oper und Öffentlichkeit hindurch. So spricht sich Kämmerer Peter Michael Soénius für den Verkauf und einen von privaten Investoren vorfinanzierten Neubau an anderer Stelle aus, während sich Baudezernent Bernd Streitberger für die Generalsanierung stark macht. Oberbürgermeister Fritz Schramma bezieht – „sehr offen" – eine dritte Position, die am Denkmalschutz, nicht aber an der Nutzung als Oper festhält. Sehr realistisch ist das nicht, denn das Haus muß, so betont Stadtkonservator Ulrich Krings, Aufführungsstätte bleiben und könnte allenfalls behutsam in ein Musicaltheater oder ein Kongreßzentrum, nicht aber in ein Kaufhaus oder Hotel umgebaut werden.

Während Peter F. Raddatz, der geschäftsführende Intendant der Bühnen, eine Instandsetzung favorisiert, die die Werkstätten und Probenräume im Haus unterbringt, können sich Opernintendant Christoph Dammann und Generalmusikdirektor Markus Stenz, die im September noch für eine Stiftung „Sanierung der Oper" warben, „einen kühnen, zukunftsweisenden Neubau an anderer Stelle durchaus vorstellen". Viel Zeit für eine Entscheidung bleibt nicht mehr, das Haus befindet sich in einem derart maroden Zustand, daß „täglich", so Raddatz, die Schließung aus Sicherheitsgründen droht. Schon müssen Aufführungen, weil Bühnenaufzüge ausfallen, uminiert werden und Auftritte statt von unten von der Seite erfolgen.

Die Debatte wird, bei aller Polemik, lang von Scheuklappen verengt, die weder zurück noch nach rechts und links blicken lassen. Dabei müßte sich die als selbstverständlich angenommene Prämisse, das Neue per se auch das Bessere ist, der alten Colonia längst als Trugschluß erwiesen haben, wie zwei sehr verschiedene Vergleichsbeispiele vor Augen führen. Auch das Museum, das am Neumarkt stehen soll, hatte einmal den Anspruch, ein „architektonisch großer Wurf" zu werden. Doch acht Jahre nachdem ein Wettbewerb entschieden und drei Jahre nachdem der Vorgängerkomplex abgerissen wurde, ist nur das „Loch" ausgehoben und noch kein Grundstein für ein Haus gelegt, das immer wieder abgespeckt und umgeplant wurde und kaum mehr als passabler Funktionsbau zu werden verspricht. Schon gar nicht wird ein anderer Solitär von Riphahn, das 1938/39 gegen die Doktrinen der Nazi-Ästhetik durchgesetzte Pressehaus in der Breiten Straße herangezogen, das 1998 dem mediokren DuMont-Carrée weichen mußte. Stück moderner Architektur ging da verloren, und selbst die denkmalgeschützten Kolonnaden und Fensterbänder, die integriert werden sollten, waren eines Morgens „aus Versehen" abgerissen worden. Daß die Zeitung, die damals die Innenstadt für einen Glaspalast an der Auffallstraße aufgab, nun mit Leserbriefen von Prominenten, die mit Wegwerfparolen („weg mit dem häßlichen Koloß") gegen den „Plattenbau (!) der sechziger Jahre (!)" Stimmung machen, gerät zur nachträglichen Rechtfertigung in eigener Sache. Als Gegenbeispiel empfiehlt sich der „Spanische Bau" des Rathauses: Seine mustergültige Instandsetzung (F.A.Z. vom 24. April 2004) gibt ein Vorbild für das Opernhaus.

Wenn Köln die Verschandelung seines Stadtbildes, wie sie sich in den Hochhaus- und „Höherzonungskonzepten" oder der blauen Musicalzelt hinter dem Bahnhof manifestiert, endlich aufhalten will, es um die Sanierung des Opernhauses nicht umhinkönnen. Mit dem anhaltenden Glauben an die Heinzelmännchen, die die hiesige Mentalität entspricht, ist nicht getan. Das Märchen vom „Fischer un syner Fru", für den aktuellen Fall nicht aus realistisch, gehört nicht zum Kölner genschatz.

ANDREAS ROSSMANN

Die Ausstellung über Wilhelm Riphahn ist bis zum 6. März im Museum für Angewandte Kunst zu sehen. Der Katalog ist im Verlag Buchhandlung Walther König erschienen und kostet 28 Euro.

Oper zu erneuern

Stadtkosmetik erster Teil: Abschied vom Kölner Intendanten

Wie ein später Nachschlag, letztes Nachdieseln der Intendanten-Ära Günter Krämer wirkt die Premiere der Oper „Jonny spielt auf" von Ernst Krenek zur Halbzeit der Spielzeit. Gesungen wird ordentlich. Jedoch das sonst so zuverlässige Gürzenich-Orchester Köln kann sich unter Leitung von Ryusuke Numajiri nicht aufraffen zu mehr als mittelprächtig inspirierter Anteilnahme: Es fehlt Kreneks Jazz-Rhythmen-Parodien an Schärfe, dem Puccini-Schmalz an Verführungskraft und der Ironie der plapperhaften Ensembles an Tempo. Der gewesene Intendant hat noch einmal selbst inszeniert, in den klassischen Krämerfarben Schwarz und Weiß (der Dialektik wegen) sowie Rot (fürs Gefühl). Virtuose Lichtregie sorgt für fließende Übergänge und atemraubende Designer-Effekte. Ab und zu zündet eine Regie-Idee und verpufft. Die Kölner feiern Krämer, als er zum Schlußapplaus mit dem Team auf der Bühne auftaucht, freundlich, doch nicht frenetisch. Schon im Treppenhaus spricht man über andere Themen.

Wieder handelte es sich um eine kostengünstige Koproduktion, die Übernahme einer Produktion, die anderswo stattgefunden hatte: Krämer war vor gut zwei Jahren an der Wiener Staatsoper für den verstorbenen Regisseur Herbert Wernicke eingesprungen (F.A.Z. vom 18. Dezember 2002). Nur nolens, volens, wie er jetzt bekannte: Er möge den „Jonny" eigentlich gar nicht, sagte er gegenüber der „Kölnischen Rundschau", denn das Werk habe nur einen „Oberflächenreiz". Wörtlich: „Es ist ein ausgewalzter Einakter, der immer die gleichen Melodien dudelt. Wir konnten allerdings Kürzungen durchsetzen."

Immerhin lasse sich damit ein Publikum anlocken, dem man zeigen könne: „Oper tut ja gar nicht weh." Autsch! Steht es wirklich so schlimm (wohl weniger um Kreneks Zeitoper, eher um den Opernbetrieb und das Interesse der Opernfreunde an ihren Opernhäusern und um die Motivation eines intelligenten, erfahrenen Opernmachers), daß man der Laufkundschaft zahnarztmäßig zunächst die unbedingte Harmlosigkeit versprechen muß? Warum wird dann nicht gleich das ganze Stück weggekürzt? Oder besser sowieso der gute, alte, bürgerliche Opernbetrieb, das Dreispartenhaus mit Standort in der Stadtmitte?

Und richtig, Krämer kommt auf den Punkt. Befragt zur Kölner Stadtplanungsdebatte votiert er für „Abreißen". Das Haus, das er jahrelang geleitet hat, ist ihm nun zu groß, zu repräsentativ, nicht mehr zeitgemäß. Viel Müdigkeit, wenig Selbstverantwortungsgefühl und ein hybrides „Nach mir die Sintflut"-Denken sprechen aus diesen Worten. Ist das Repertoire heruntergewirtschaftet, sind die Häuser leer gespielt: Dann haut weg den Scheiß.

ELEONORE BÜNING

Feuilleton

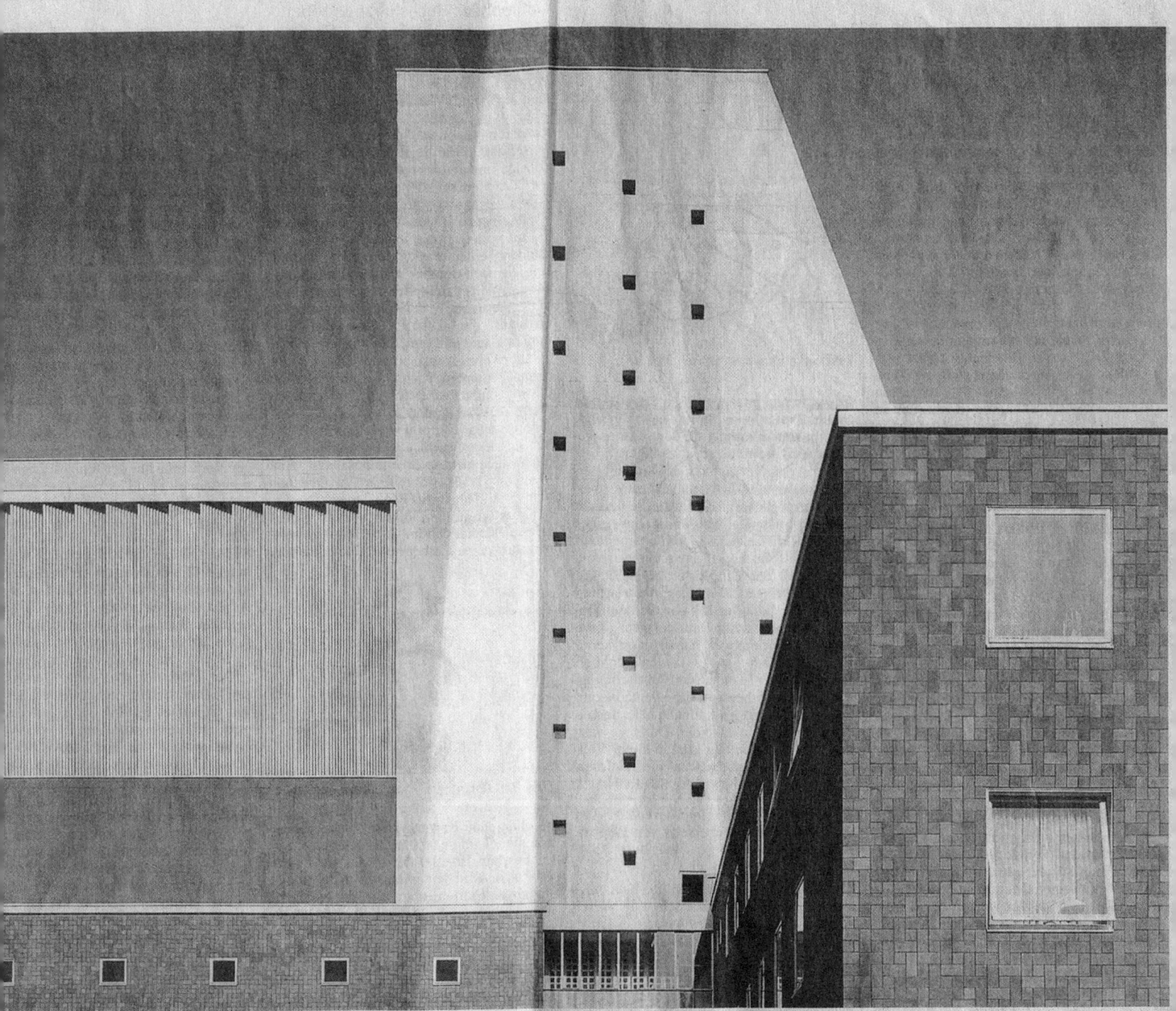

...n Loch ist nicht genug: In Köln hätte man es gern gemütlicher. Da stört ein Bau der zweiten Moderne, wie das Opernhaus von Wilhelm Riphahn. Foto Hugo Schmölz

Oper zu verkaufen

Stadtverschandelung, nächster Teil: In Köln droht der Abriß des Theaters von Wilhelm Riphahn

Seit Mitte September widmet das Museum für Angewandte Kunst in Köln dem [Ar]chitekten Wilhelm Riphahn (1889 bis [19]53) eine Ausstellung. Entsprungen ist sie [ei]nem zweifachen Motiv: einmal dem [sch]lechten Gewissen gegenüber einem Bau[me]ister, der das Gesicht der Stadt zwischen [19]18 und 1935 sowie zwischen 1945 und [19]63 wie kaum ein anderer mitgestaltet hat [un]d doch eine Art bekannter Unbekannter [ge]blieben ist, zum anderen der kulturpoliti[sch]en Absicht, sein durch vernachlässigte ein Prinzip fortentwickeln, das erstmals 1951 in der Royal Festival Hall in London angewandt wurde. Obwohl ein stautbildprägendes Baudenkmal, ist der nur mangelhaft an die Publikumswege angebundene Solitär schon länger den Geringschätzungen der öffentlichen Hand ausgesetzt: Über Jahrzehnte wurden Bauunterhaltung und die Wartung der noch originären technischen Anlagen vernachlässigt, so daß ein Renovierungsstau in zweistelliger Millionenhöhe aufgelaufen ist. Ins obere nen unternommen: Objekt und Grundstück in bester City-Lage könnten verkauft und, so etwa kalkuliert der Kämmerer, mit den Erlösen nicht nur an anderer Stelle ein neues Opernhaus gebaut, sondern auch noch die Nord-Süd-Fahrt am Offenbachplatz unter die Erde gelegt werden. Schon wurden acht alternative Standorte zwischen Deutzer Werft, Aachener Weiher und Eisstadion ausgeguckt: Angebote, das Theater in der Stadt zu marginalisieren.

Dagegen stehen Position und Rang ei- eine Instandsetzung favorisiert, die auch die Werkstätten und Probenräume im Haus unterbringt, können sich Opernintendant Christoph Dammann und Generalmusikdirektor Markus Stenz, die im September noch für eine Stiftung „Sanierung der Oper" warben, „einen kühnen, zukunftsweisenden Neubau an anderer Stelle durchaus vorstellen". Viel Zeit für eine Entscheidung bleibt nicht mehr, denn das Haus befindet sich in einem derart maroden Zustand, daß „täglich", so Raddatz

22. September 2006
Peter Zumthor
Protokoll eines Auftritts vor dem Kölner Opernensemble

Peter Zumthor, geboren 1943 in Basel, lebt in Haldenstein/Schweiz. 1958–62 Ausbildung zum Möbelschreiner in der Möbelwerkstatt des Vaters, Oscar Zumthor, und 1963–67 zum Gestalter an der Kunstgewerbeschule Basel, Vorkurs und Fachklasse, sowie am Pratt Institute, New York. Ab 1967 Arbeit als Bauberater und Inventarisator historischer Siedlungen bei der Kantonalen Denkmalpflege Graubünden, daneben Ausführung einiger Umbauten und Renovationen. 1979 Gründung des eigenen Architekturbüros.

Gastprofessuren am Southern California Institute of Architecture, SCI-ARC, Los Angeles, 1988, an der Technischen Universität München, 1989, und an der Graduate School of Design, GSD, Harvard University, Boston, 1999. Seit 1996 Professor an der Accademia di architettura, Università della Svizzera italiana, Mendrisio.

Zahlreiche Mitgliedschaften und Auszeichnungen, darunter Heinrich Tessenow Medaille, Technische Universität Hannover, 1989; Internationaler Architekturpreis für Neues Bauen in den Alpen, Sexten Kultur, Südtirol, für die Kapelle Sogn Benedetg, die Wohnungen für Betagte in Chur, Masans, und das Wohnhaus Gugalun, Versam, 1992 und 1995; Erich Schelling Preis für Architektur, Karlsruhe, 1996; Carlsberg Architectural Prize, Kopenhagen, 1998; Bündner Kulturpreis, Graubünden, 1998; Mies van der Rohe Award for European Architecture, Barcelona, für das Kunsthaus Bregenz, 1999; Grosser Preis für Alpine Architektur, Sexten Kultur, Südtirol, 1999; Laurea in Architettura Ad Honorem, Università degli Studi di Ferrara, 2003; Thomas Jefferson Foundation Medal in Architecture, University of Virginia, 2006; Spirit of Nature Wood Architecture Award, Wood in Culture Association, Finnland, 2006; Prix Meret Oppenheim, Bundesamt für Kultur, Schweiz, 2007; Praemium Imperiale, Japan Art Association. Brick Award, 2008.

Werke: Schulanlage Churwalden/Graubünden. Doppelhaus Räth, Haldenstein/Graubünden, 1983; Schutzbauten über römischen Funden, Chur. Atelierhaus Zumthor, Haldenstein/Graubünden, 1986; Kapelle Sogn Benedetg in Sumvitg/Graubünden, 1989; Kunstmuseum Chur (in Zusammenarbeit mit P. Calonder und H.J. Ruch), 1990; Wohnhaus für Betagte, Chur-Masans, 1993; Haus Gugalun, Versam/Graubünden, 1994; Wohnsiedlung Spittelhof, Biel-Benken/Baselland. Thermalbad Vals/Graubünden, 1996; Kunsthaus Bregenz, 1997; Klangkörper, Schweizer Pavillon auf der Expo 2000; Dokumentationszentrum Topographie des Terrors (Berlin, 1. Preis im Wettbewerb 1993, Entwurf teilweise 1997 realisiert, Ende 2004 vom Land Berlin abgerissen); Haus Zumthor, Haldenstein, 2005; Feldkapelle für den Heiligen Bruder Klaus, Hof Scheidtweiler, Mechernich-Wachendorf. Kolumba, Kunstmuseum des Erzbistums Köln, 2007.

Meine sehr geehrten Damen und Herren – ich habe mal bei Walter Benjamin gelesen, dass er durch eine für ihn neue Stadt erst einmal hindurchgegangen ist, sie regelrecht für sich entdeckt hat. Und das heißt dann bei ihm „schauen", also, wie wir in der Schweiz sagen, „luega". Eben das habe ich in Köln natürlich auch ab und zu gemacht, und so habe ich dieses Gebäude hier, das Opernensemble, irgendwann einmal entdeckt. Es ist ja nicht besonders schwer zu finden, aber – ich gebe es zu – ich jedenfalls musste das erst einmal entdecken. Mein erster Eindruck aus einiger Entfernung war: Was ist denn das für ein komisches Schiff da drüben? Es wirkte auf mich wie ein Ungetüm, und es hatte diese seltsamen Flankenbauten. Typologisch war es schwierig einzuschätzen. Was für eine Art Gebäude war das wohl? Daraufhin habe ich es mir genauer angeschaut und – ich weiß nicht, kennen Sie das auch? – man kann ein Gebäude anschauen, und mit einem Mal spürt man: „Zum Teufel ja, das ist wirklich sehr sorgfältig gemacht, erstaunlich!" Und plötzlich spürt man, da war ja tatsächlich ein Mensch. Und dieser Mensch hat da etwas getan. So sehr, dass ich mich gefragt habe, warum ich das nicht schon viel früher bemerkt hatte, dass das ein gutes Gebäude ist. Und das ist natürlich einmal mehr typisch für die Architektur der fünfziger Jahre. Diese Zeit, das war meine Jugend, und da gab es sozusagen keine Architektur, das war ja eigentlich alles nichts. Aber trotzdem hat mich gefreut zu sehen, wie sich hier die Schwere im Bauen nach dem Weltkrieg in der Architektur des Wiederaufbaus aufgelöst hat, aber eben nicht irgendein pionierhaftes Bauen betrieben wurde. Die deutschen „Architekturpioniere" sind gar nicht mehr hier, wie Sie wissen. Aber in der Schweiz, wo die Pioniere vielleicht blieben oder auch wie Le Corbusier gingen, gab es dieses Phänomen durchaus. Es geschah dann etwas, was dort in den fünfziger Jahren auch geschehen ist: Die Dinge wurden leichter, es kamen nicht das Bauhaus und die Härte der nationalistischen Architekturstile zurück, sondern eine Art Freundlichkeit oder Lieblichkeit, die mitunter fast etwas Ländliches haben konnte. Ich hoffe, Sie verzeihen mir, wenn ich das jetzt so sage – mir jedenfalls kommt es so vor. Vielleicht ist das auch die Übertragung meiner persönlichen Erfahrung von Bauten aus dieser Zeit, die ich aus der Schweiz, etwa aus der Region am Zürichsee kenne, die noch viel von einer alten Handwerklichkeit erkennen lässt. Wenn ich diesen Kölner Bau sehe, dann stelle ich mir vor, was das für diesen Architekten nach dem Krieg für eine wahnsinnige Freude gewesen sein muss, dass man wieder bauen konnte, ja selbst, dass man mit der Hoffnung auf eine Umsetzung in der Wirklichkeit wieder zeichnen konnte! Und das sieht man dem Bau heute noch an. Da ist alles so überlegt, Sie können es selber sehen, bis ins letzte Detail fein durchdacht. Sie wissen, wie dick Fenstersprossen mittlerweile sind, der Vergrößerungsfaktor liegt wohl so um die zwölf Zentimeter pro Jahr – bald sehen wir ja nicht mehr zu den Fenstern raus!

So jedenfalls verlief meine Begegnung, mein „Einstieg" in dieses Gebäude, und damit auch ein weiteres Mal in die Zeit der fünfziger Jahre. Ich kann nicht einmal genau sagen, wo diese Formen herstammen. Was sind ihre Vorbilder? Wenn wir in dieser Zeit Deutschland oder auch die Schweiz im Überblick betrachten, dann gibt es da etwas Gemeinsames: diese dünnen Decken, die Auflösung der Massen, die feinen Stäbe, die Farben, die wir heute für typisch befinden. So habe ich etwa gehört, dass die ursprüngliche Bestuhlung innen auch orange gehalten war. Das charakteristische Hellblau und die schwarz hinterlegten Aluminiumprofile kehren in der Gesamtanlage immer wieder, was dann eine gewisse skandinavische Eleganz erzeugt, bei der man nicht sagen könnte, ob sie mehr mit dem Dänen Arne Jacobsen oder dem Finnen Alvar Aalto zu tun hat. Damals hat man sich natürlich schon wieder anhand der Buchneuerscheinungen darüber orientiert, was anderswo gebaut wurde.

Wenn ich in das Gebäude hineinschaue und um es herumgehe, entdecke ich seine Maßstäblichkeit, es gelingt mir, seine Gesamtkomposition zu sehen und zu genießen. Das Gebäude und dann das Restaurant, sie beziehen sich wunderbar leicht aufeinander. Wäre man in New York,

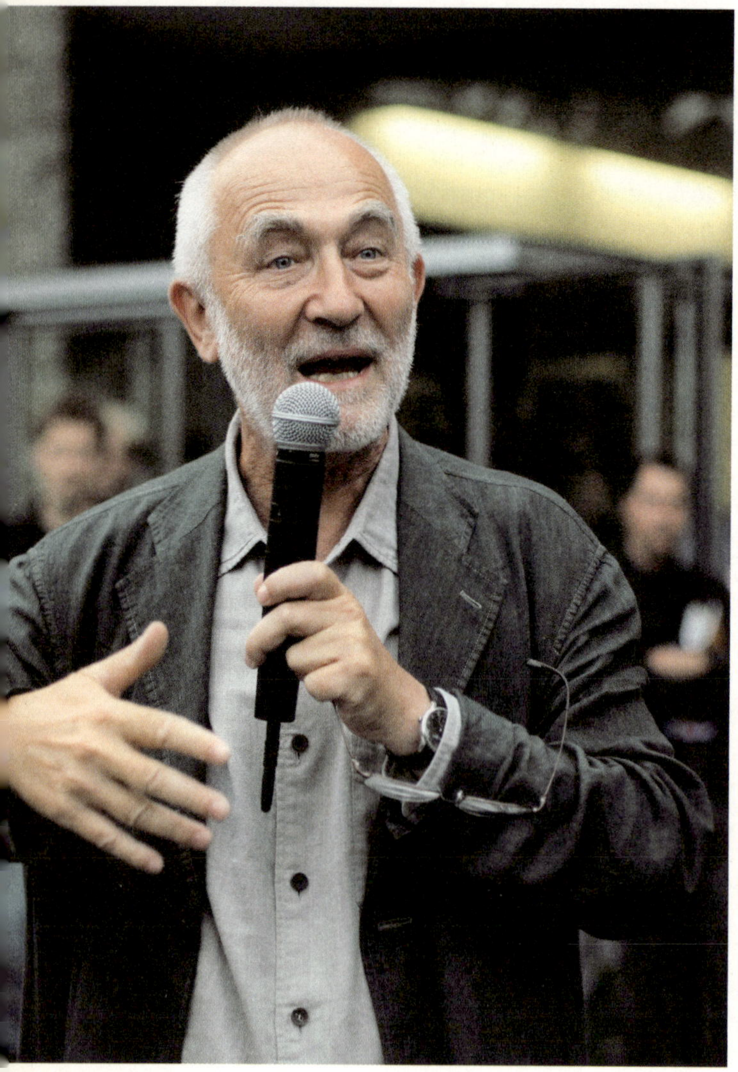

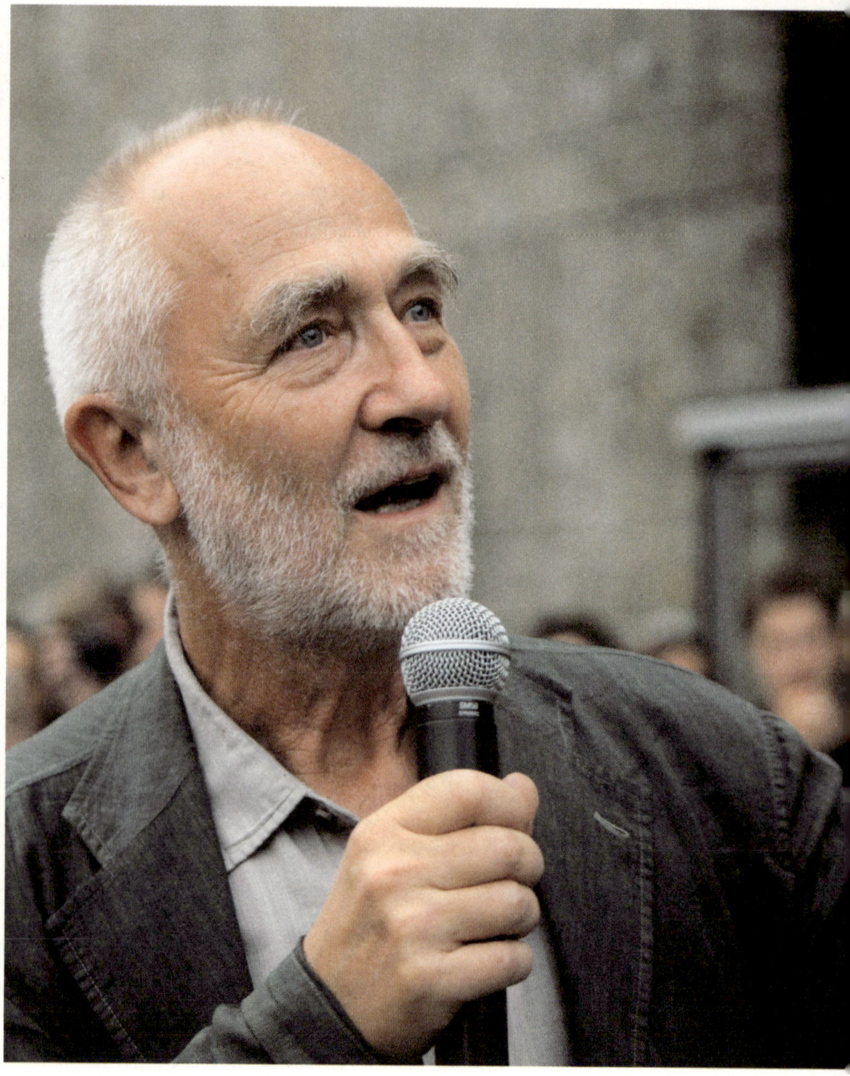

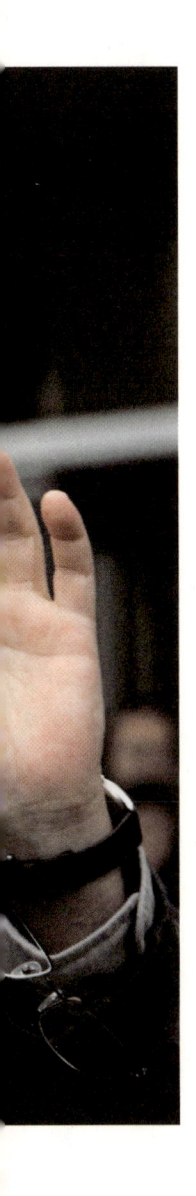

Peter Zumthor vor dem Kölner Opernhaus am 22. September 2006.

dann würde man das jetzt „entdecken" und in dieser eleganten Situation eine Spitzenbeiz, ein erstklassiges Restaurant einrichten, schöne Bäume davor anpflanzen. Es ist eine wunderschöne Komposition, die in ihrem Verhältnis zum Platz davor und in ihren Übergängen sehr typisch für ihre Zeit ist. In dieser besonderen Maßstäblichkeit, die ja niedrig und doch großzügig ist, wird Öffentlichkeit erzeugt. Und ich denke, das ist eigentlich das Größte, was Architektur in einer Stadt leisten kann: wenn es ihr gelingt, öffentlichen Raum zu erzeugen. Bei vielen Bauten, die wir Architekten heute bauen, nützt es herzlich wenig, wenn wir den Raum davor als „Piazza" bezeichnen. So funktioniert das einfach nicht. Aber mit einem so großzügigen Atem, wie wir ihn hier sehen, kann es sehr wohl funktionieren. Es ist heiter, es ist leicht, es ist offen, es ist nicht vollgestellt. Und jeder kann sehen, dass alles seinen Platz hat und dazugehört. Wenn man dieses Gebäude so betrachtet, dann beginnt man, es zu lieben.

Und so kann ich mein erstes großes Lob, dass hier im besten Sinne öffentlicher Raum erzeugt wird, noch um zwei Punkte erweitern: Der eine betrifft den großen Platz, der mit seinen fünf Eingängen auch fünf Eingangssignale aussendet. Dass es fünf Eingänge sind und nicht eine gerade Anzahl, dadurch deutet sich an, dass dieser Eingangsbereich ein festlicher Ort der Verwandlung ist, an dem wir unsere Stadtmäntel ablegen, dann seitlich hoch spazieren, oben im Foyer erscheinen und uns auf den Balkonen in unserer festlichen Garderobe präsentieren. Eine solche klassische Abfolge hat jedes gute Opernhaus: Man schreitet über den Platz herein, legt ab, und begibt sich dann, in Gruppen aufgefächert, durch das Foyer ins Auditorium. Ich wüsste nicht, wie man das besser machen könnte, das ist ein Klassiker. Und betrachte ich nun dieses Auditorium, dann stelle ich fest, dass es etwas Besonderes hat, das ich so noch nie gesehen habe. Was doch bemerkenswert ist, ist die Intimität dieses Raums, der ja eigentlich ganz kurz ist. Die Logenbalkone, die wie Papierschlangen zwischen den Raumfächern sehr steil hineinhängen, sind sehr nahe und intim auf die Bühne hin orientiert, und das hat etwas ungemein Festliches, das einen außerordentlich zufrieden macht und einem ein schönes Gefühl für die Arbeitsweise dieses Architekten vermittelt.

Mein zweites Lob betrifft also die Festlichkeit – und das dritte schließlich bezieht sich auf die Geschlossenheit der Gesamtkomposition. Wenn ich um das Gebäude herumgehe, dann ist das eben nicht eintönig, sondern ich habe das Gefühl, dass hier die Komposition die Architektur in ihrer Gesamtheit durchdringt. Was ich zum Beispiel sehr liebe, ist die kleine gedrückte Passage mit den farbigen Bildern nach dem seitlichen Platz mit seiner Intimität und mit seinen Bäumen. Also, wissen Sie, das ist toll! Wenn ein Haus so etwas kann, (und da drüben kann es dann das) und auf der Rückseite noch etwas anderes, und das ist dann mein Favorit: die Partie, wo man die beiden Türme an den Flanken aufsteigen sieht, und man erkennt, dass der Architekt hier ja das Bühnenhaus sozusagen mit lebenden Wänden kaschiert oder belebt hat; hinten stehen die beiden Flanken und die Mitte plötzlich fast symmetrisch da. Eine Passage verbindet beide Seiten oben durch, unten haben wir das Gegenstück zu diesem Hof, einen unglaublich lebendigen Anlieferungshof. Ich könnte noch lange Details aufzählen, die den ganz spezifischen Charakter dieses Baus klarmachen. Das Gebäude hat offensichtlich viel Charakter, und dadurch erzeugt es einen Ort in seinem Inneren und einen an seiner Außenseite. Das nennt man, glaube ich, manchmal auch „Identität" – und das ist also mein drittes Lob. Herzlichen Dank für die Identitätsstiftung!

S. 171   Fassadendetail des Kölner Opernhauses, Krebsgasse.

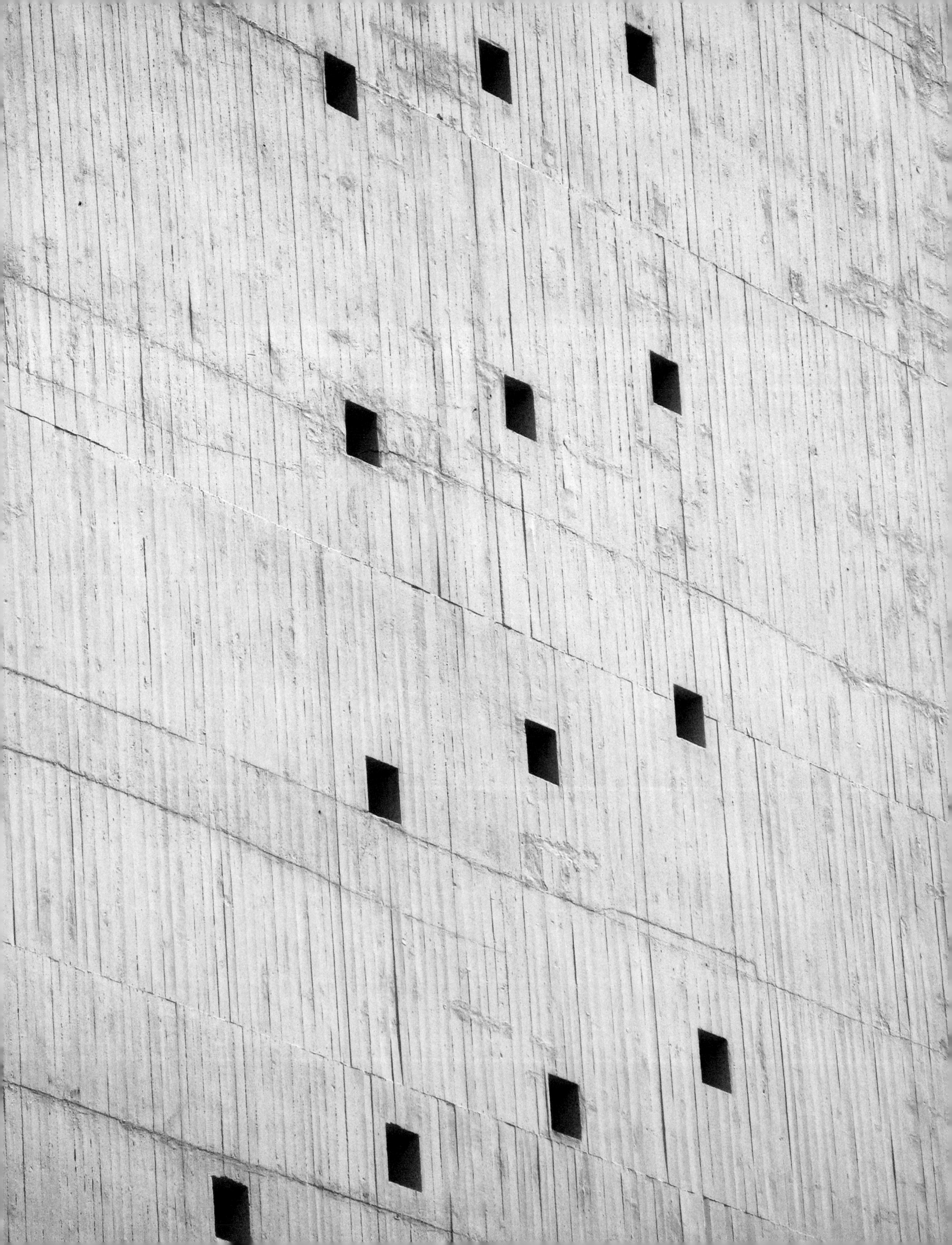

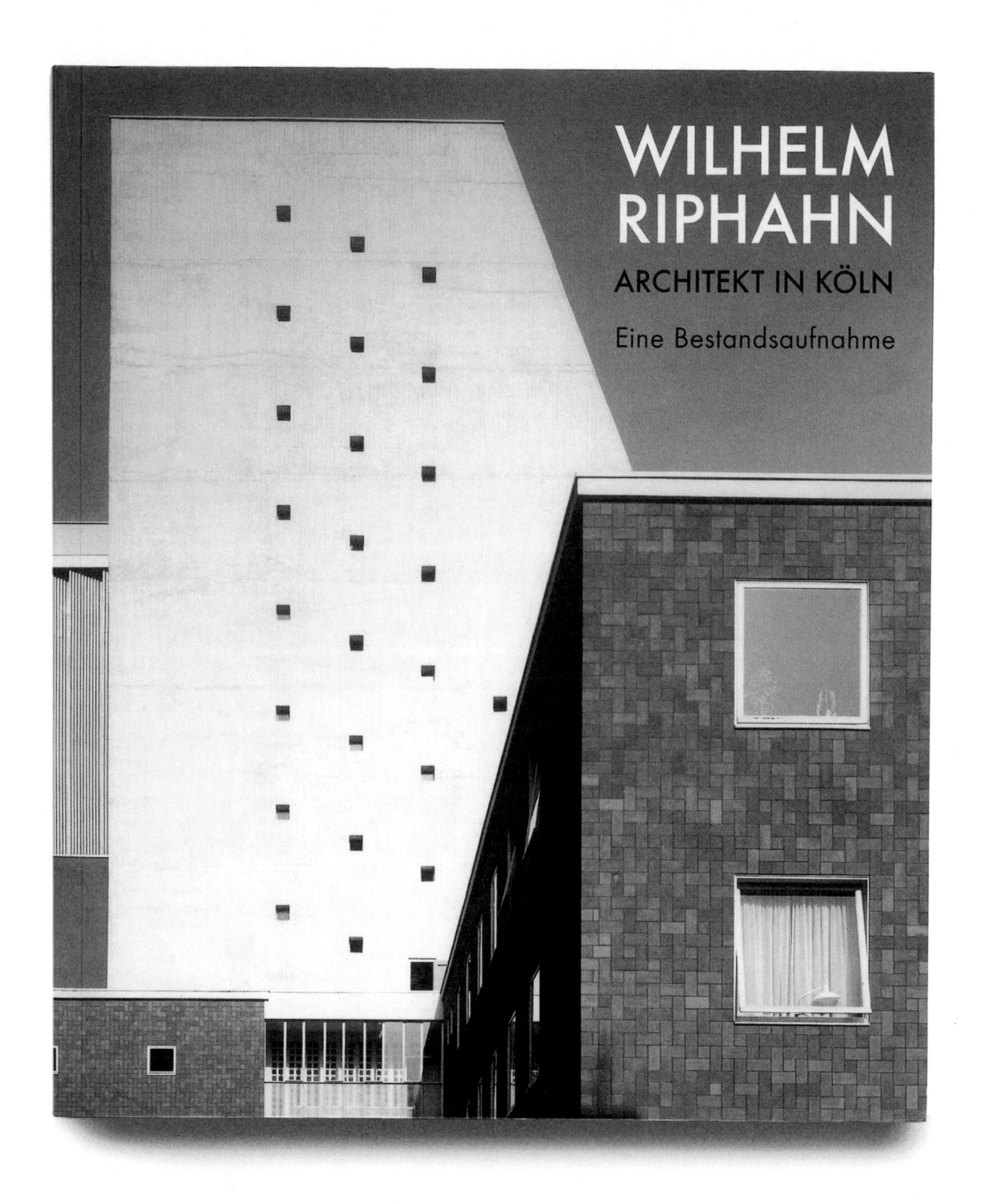

S. 172f.   Ausstellungskatalog zu *Wilhelm Riphahn – Architekt in Köln*, Museum für Angewandte Kunst, Köln 2004.

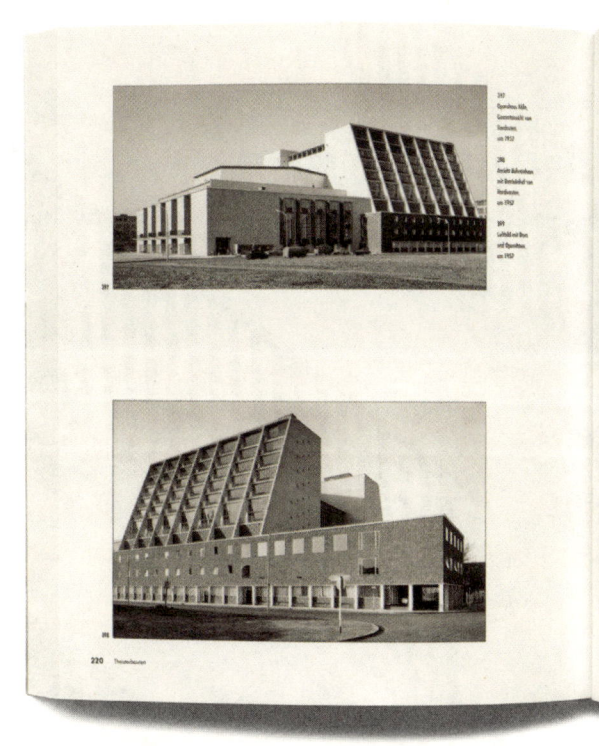

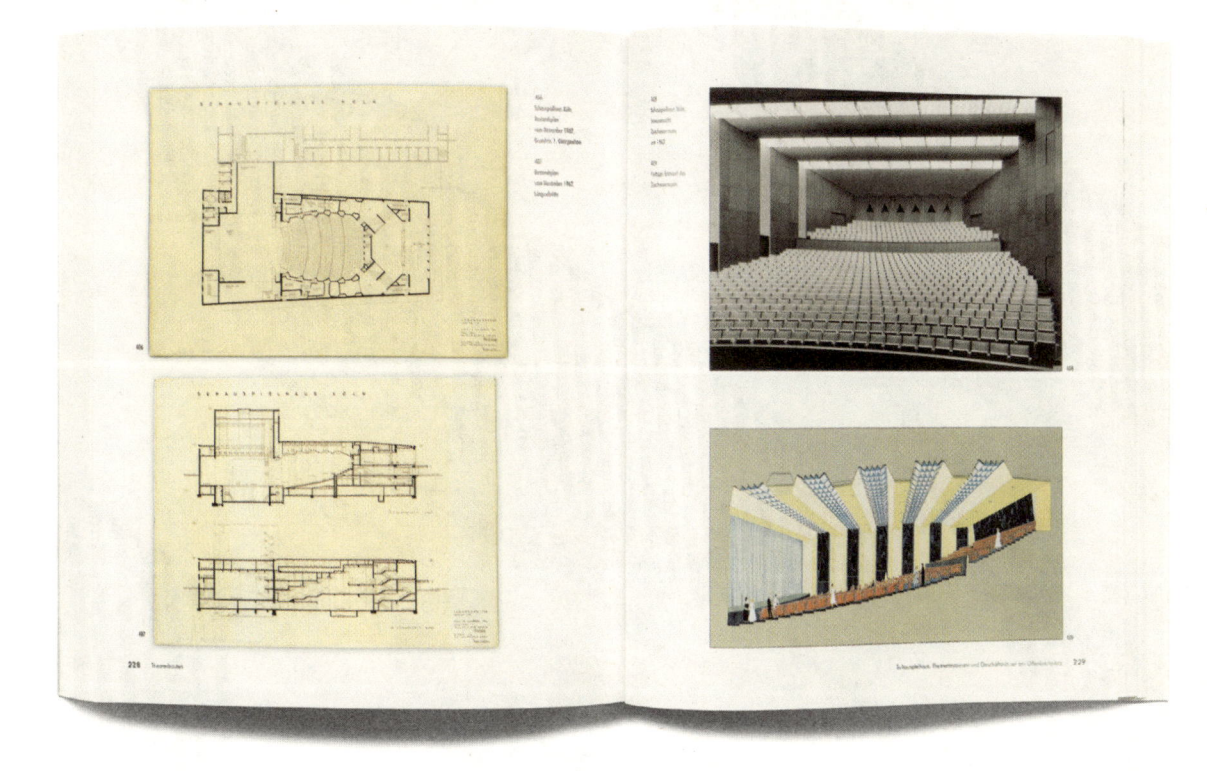

DAS KÖLNER OPERNENSEMBLE 173

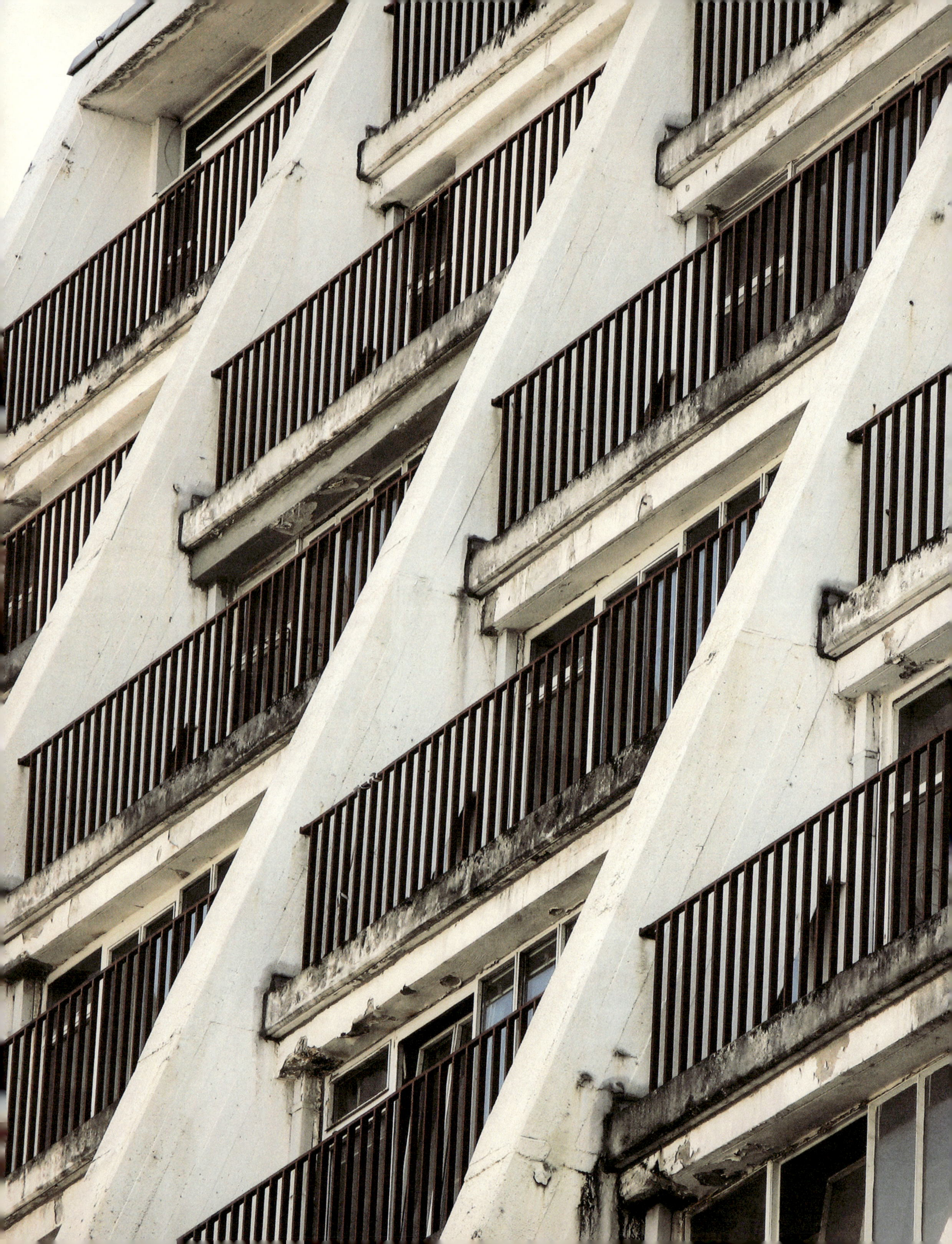

S. 174 Die Balkone der Betriebsräume flankieren den zentralen Bühnenturm der Kölner Oper.
S. 175 Blick vom Parkhaus in der Krebsgasse auf die Kölner Oper.

Liebe deine Stadt

Liebe-deine-Stadt-Schleife an der Fassade der Kölner Oper, September 2006.

22. September 2006
Hiltrud Kier
Das Kölner Opernhaus: ein städtebaulicher Höhepunkt des Neuaufbaus

*Prof. Dr. **Hiltrud Kier**, geboren 1937 in Graz, lebt in Zülpich. Kunsthistorikerin, war von 1973 bis 1997 bei der Stadt Köln u.a. als Stadtkonservatorin und Generaldirektorin der Museen beschäftigt. Seit 1978 lehrt sie an der Rheinischen Friedrich-Wilhelms-Universität Bonn Kunstgeschichte, seit 1988 als Honorarprofessorin.*

Nachdem Peter Zumthor mit dem Blick des Architekten diese wunderbare Bautengruppe und die sie umgebenden Plätze sozusagen in den Wolken schwebend erklärt hat, will ich das Thema ganz bewusst auf die Erde in Köln herunterholen und die Planungsgeschichte dieses Orts darstellen.

Es begann in den zwanziger Jahren, als Fritz Schumacher die ersten Überlegungen anstellte, dass die Kölner Altstadt Straßendurchbrüche brauche, um den ansteigenden Verkehr zu bewältigen. Daraus wurde dann zunächst in den zwanziger Jahren nichts, aber nach 1933 erhielten die Planer tatsächlich ihre Chance. Es wurden die beiden großen Achsen in Nord-Süd- und in Ost-West-Richtung geplant und weitgehend auch schon durchgebrochen. Am Schnittpunkt dieser Achsen war das neue Theater geplant. Man weiß, wie es dann in den vierziger Jahren schließlich weiterging. Mit einigem Sarkasmus könnte gesagt werden, der Krieg habe zur Unterstützung der Stadtplaner stattgefunden und dabei seien die geplanten Trassen nahezu völlig freigebombt worden. Da allerdings auch schon während des Kriegs für den Bau dieser Straßen abgerissen wurde, gab es hier nach Kriegsende den ironischen Spruch, dass man in Köln in den vergangenen Jahren nie genau gewusst hätte, was die Architekten oder Planer und was die Bomben zerstört haben.

Weil auch in Köln nach 1945 zwar die Politik wechselte, aber die Verwaltung weitgehend blieb, wurde die Planung der vorausgegangenen Jahre wie selbstverständlich weitergeführt – insbesondere, da ja seit den zwanziger Jahren über Straßendurchbrüche in der so großen Kölner Altstadt nachgedacht worden war. Der Generalplaner des Kölner Wiederaufbaus, Rudolf Schwarz, hat nach 1945 die viel breiter als Aufmarschstraßen des NS-Regimes geplanten Trassen verschmälert und modifiziert. Vor allem an der Ost-West-Achse entstand mit der Hahnenstraße nach Entwurf von Wilhelm Riphahn eine völlig neue und spannende städtebauliche Situation – die heute leider etwas ungepflegt und mit Werbung verschandelt ist. Die Idee aber, im Zentrum der Stadt, an einem großen rechteckigen Platz an der Nord-Süd-Fahrt, das neue Stadttheater zu bauen, ist geblieben, und so entstand hier zwischen 1953 und 1957 das neue Opernhaus von Wilhelm Riphahn. Gleichzeitig geplant wurde das Opernrestaurant, das Operncafé, das ja am alten Platz am Habsburgerring eine ganz besondere Bedeutung hatte. Es gibt Berichte aus den dreißiger Jahren, dass man sich dort besonders gerne ins Operncafé setzte, um den Verkehr zu beobachten. Und genau dieses Konzept wurde auch am neuen Platz verfolgt: Das neue Operncafé steht bewusst an dieser Stelle, um den Verkehr auf der neuen Straße, der Nord-Süd-Fahrt, beobachten zu können. Es war ganz bewusst von Anfang an kein Tunnel geplant, sondern es sollte dieses großstädtische Flair der vom Autoverkehr belebten Straße geboten werden – genau das, was alle bis heute suchen, wenn sie sich in Paris im Café an der Oper hinsetzen. Zusätzlich von Riphahn mitgeplant war das Schauspielhaus, sodass sich genau diese Platzfolge ergab, die Herr Zumthor in seiner Beschreibung so eindrucksvoll geschildert hat.

Die Oper wurde 1957 eröffnet, das alte Opernhaus am Habsburgerring 1958 abgebrochen und sicher mit dem Planungsgewinn für das dort genehmigte Provinzial-Hochhaus der Neubau der Oper bezahlt. Allerdings hat man in den darauffolgenden Jahren und Jahrzehnten schlichtweg vergessen, einen entsprechenden Bauunterhaltungsfonds für die Oper in den Etat zu setzen. Man hat den Bau einfach vergammeln lassen, vor allem im technischen Bereich. Als dann nach Jahrzehnten über die Renovierungskosten gesprochen wurde, passierte etwas völlig Vertrautes: Die Renovierungskosten sollten angeblich die Neubaukosten übersteigen – weil es doch so viel einfacher erscheint, irgendwo neu zu bauen und das im Zentrum der Stadt gelegene Grundstück zu verscherbeln – natürlich mit wesentlich höherer Ausnutzung, die einen entsprechenden Planungsgewinn bringt.

Hiltrud Kier vor dem Kölner Opernhaus am 22. September 2006.

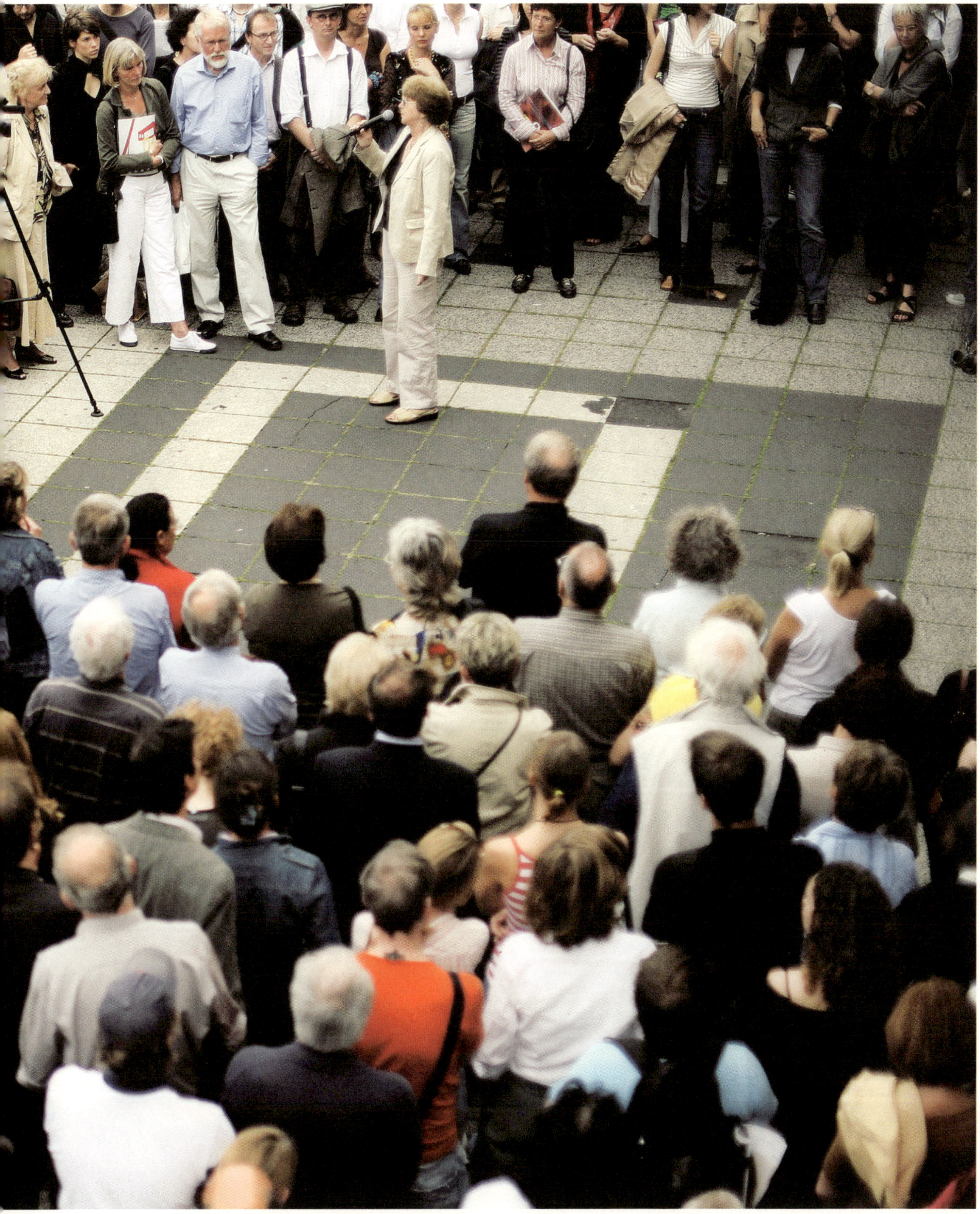

Im Augenblick ist der Stand der Diskussion offensichtlich – man möchte zwar das Opernhaus erhalten, doch die dazugehörigen Opernterrassen, das Operncafé, abbrechen, dort ein neues Schauspielhaus bauen und die Stelle, wo das Schauspielhaus steht, neu bebauen lassen. Sprich: Kapitalisieren des Grundstücks in irgendeiner Form. Dadurch wird dieses wirklich sehr schöne Ensemble zerstört. Zu ihm gehört auch noch das gegenüber der Oper gelegene, ebenfalls von Wilhelm Riphahn gebaute Geschäfts- und Wohnhaus. Dieser geschlossenen Platzanlage mit Höhenbegrenzung fügte sich auch das 4711-Haus von Wilhelm Koep ein, ein ganz typischer Rasterbau der sechziger Jahre mit den als Werbezier wieder aufgenommenen neugotischen Elementen.

Die Frage bleibt: Was passiert hier jetzt weiter? Erstaunlicherweise wird noch immer von einem Tunnel an dieser Stelle geschwärmt, der aber weder städtebaulich sinnvoll ist, noch die 500 Millionen Euro, die er mindestens kostet, wirklich rechtfertigen würde. Zusätzlich gibt es ein Höhenentwicklungskonzept, das eine Bebauung von 35 Metern Höhe an der Nord-Süd-Fahrt vorsieht. 35 Meter sind fast so viel wie das WDR-Archivhaus. Das heißt, eine ganze Reihe von Hochhäusern würde diesen wirklich besonders schönen Platz der fünfziger Jahre zerstören. Es bedarf also durchaus noch großer Wachsamkeit, ob die zukünftige Planung hier das Opernhaus tatsächlich erhält, und vor allem, wie sie es erhält. Es wird ja doch noch immer wieder zwischen den Zeilen davon geschwärmt, wie schön ein neuer Bau wäre – am liebsten direkt am Rhein, so etwas wie in Sydney. Nebenbei könnte man dann diesen Bereich hier ohne Hemmung kapitalisieren.

Köln muss dringend aufgefordert werden, die Oper so zu schätzen, wie sie es verdient – als städtebaulichen Höhepunkt des Wiederaufbaus der Stadt und auch als architektonischen Höhepunkt, der vor allem im Inneren seine hervorragende ästhetische und akustische Wirkung als einer der besten Theaterbauten Deutschlands entfaltet.

Blick von der Nord-Süd-Fahrt auf das Kölner Opernensemble in den fünfziger Jahren.

Albrecht Fuchs

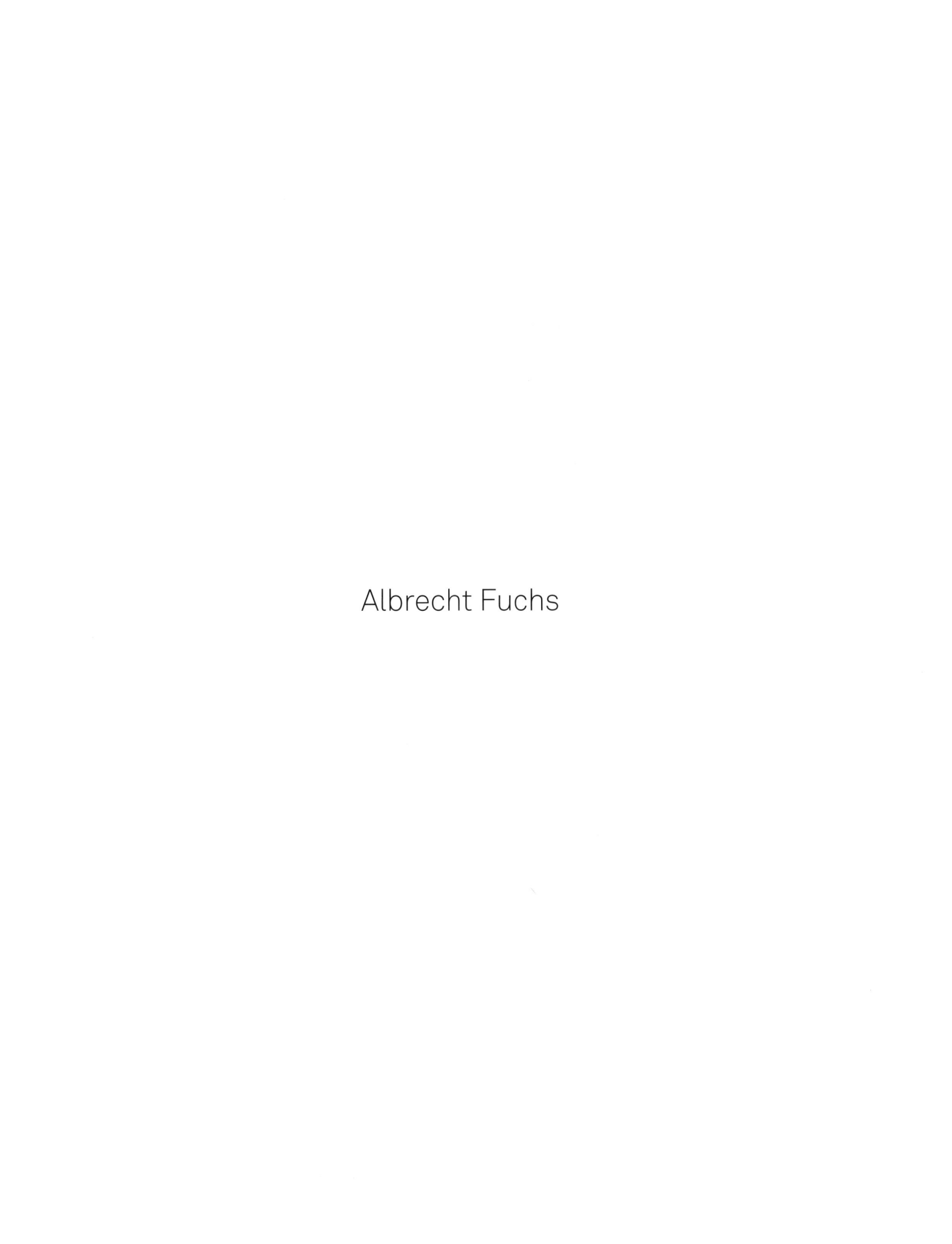

Landeshaus
Kennedy-Ufer

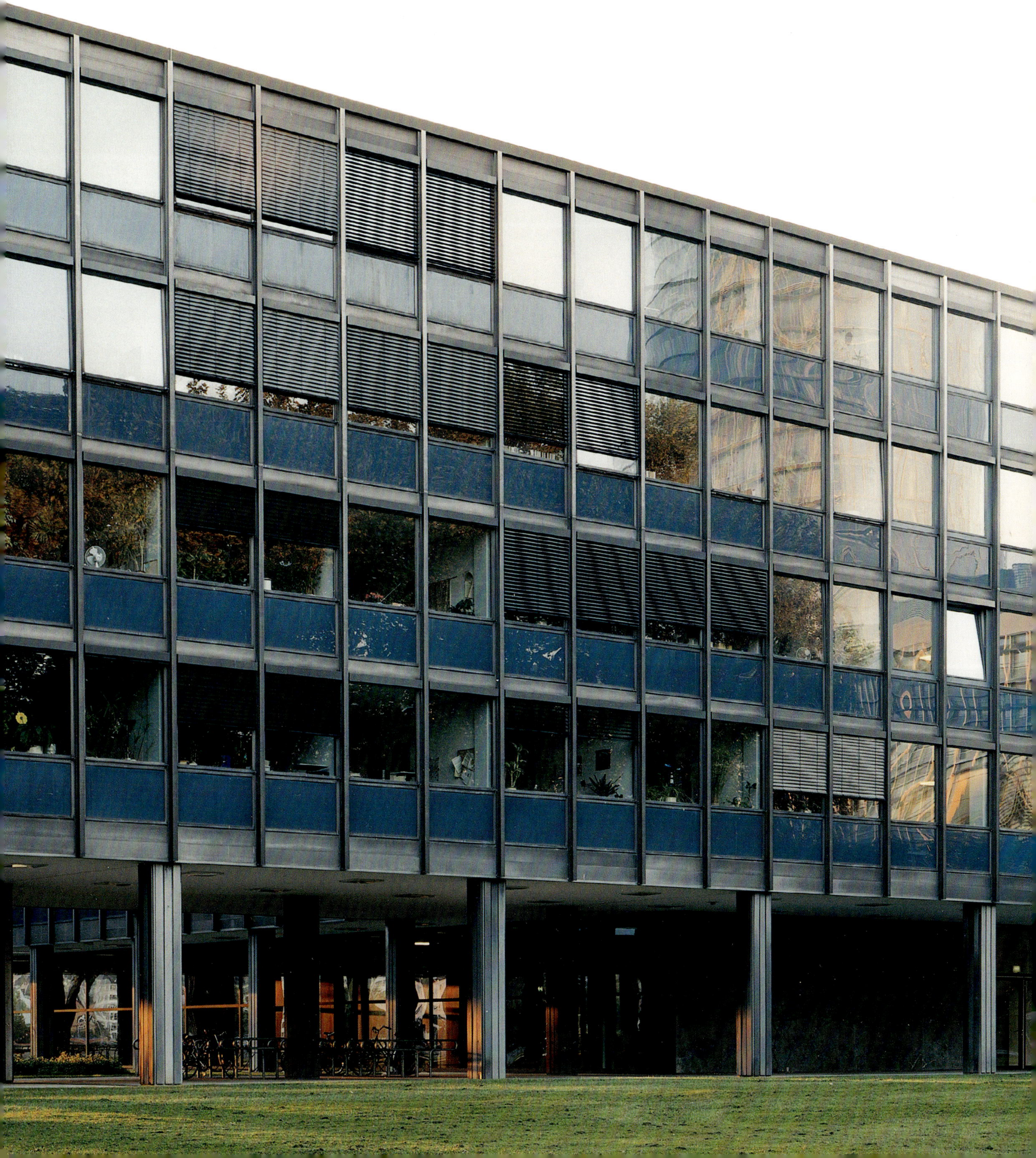

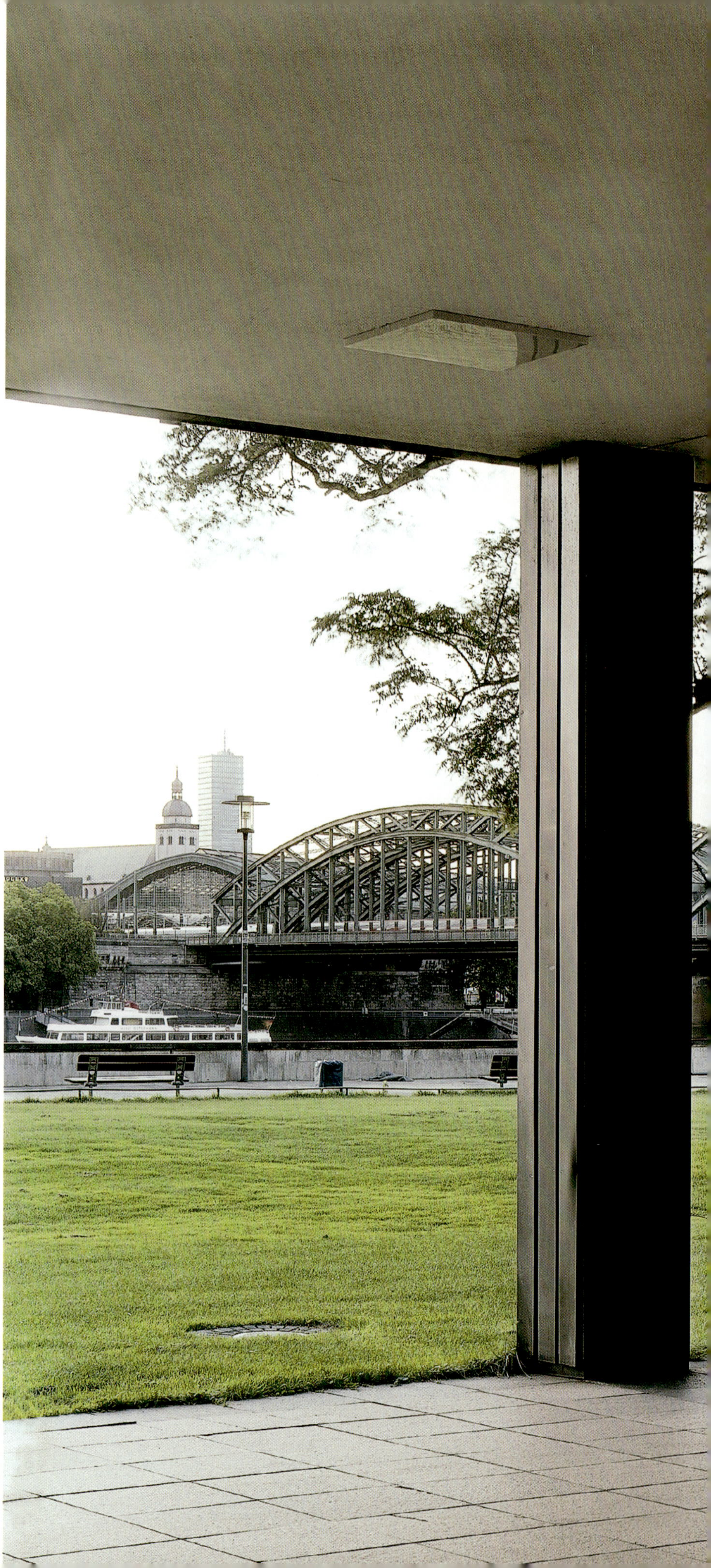

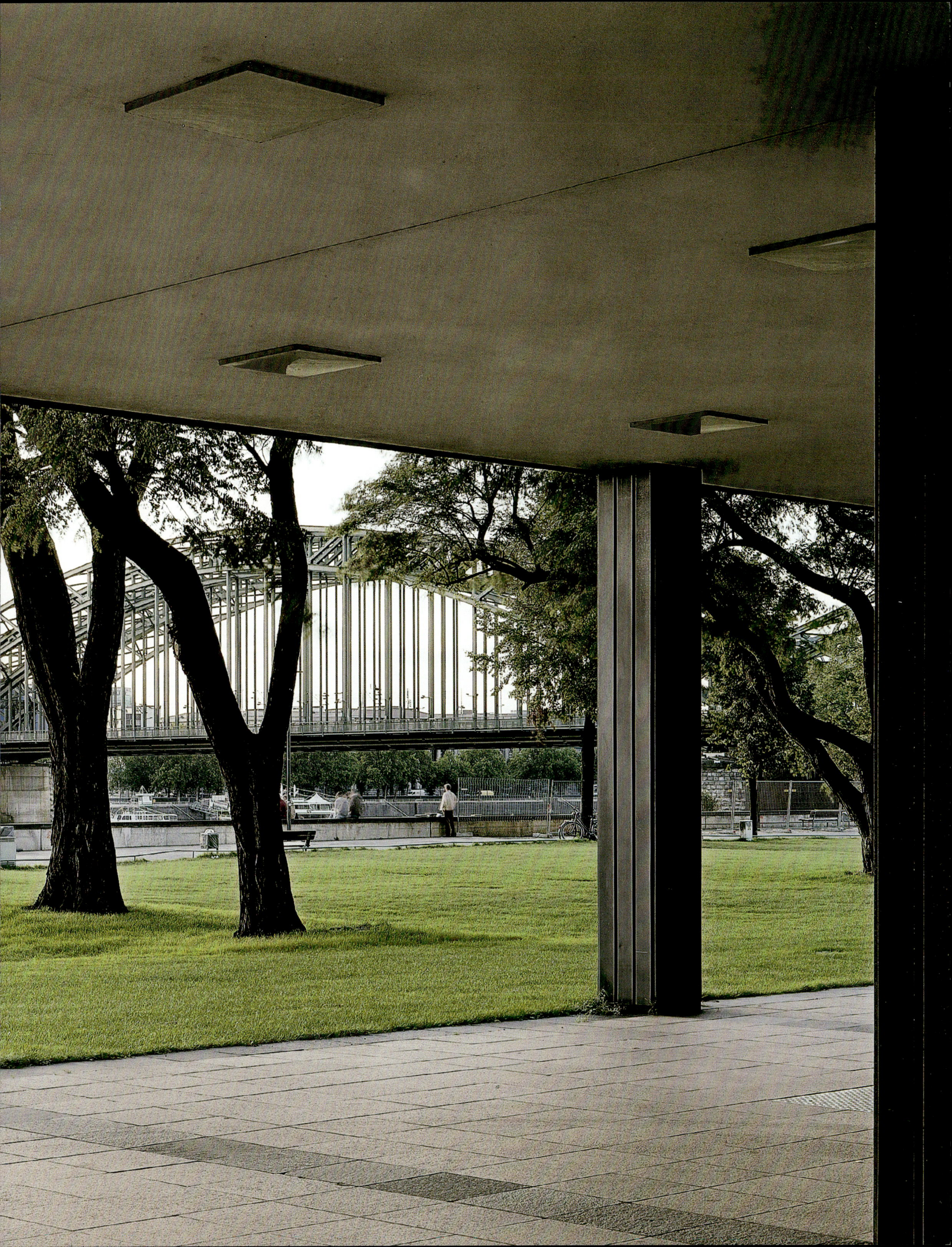

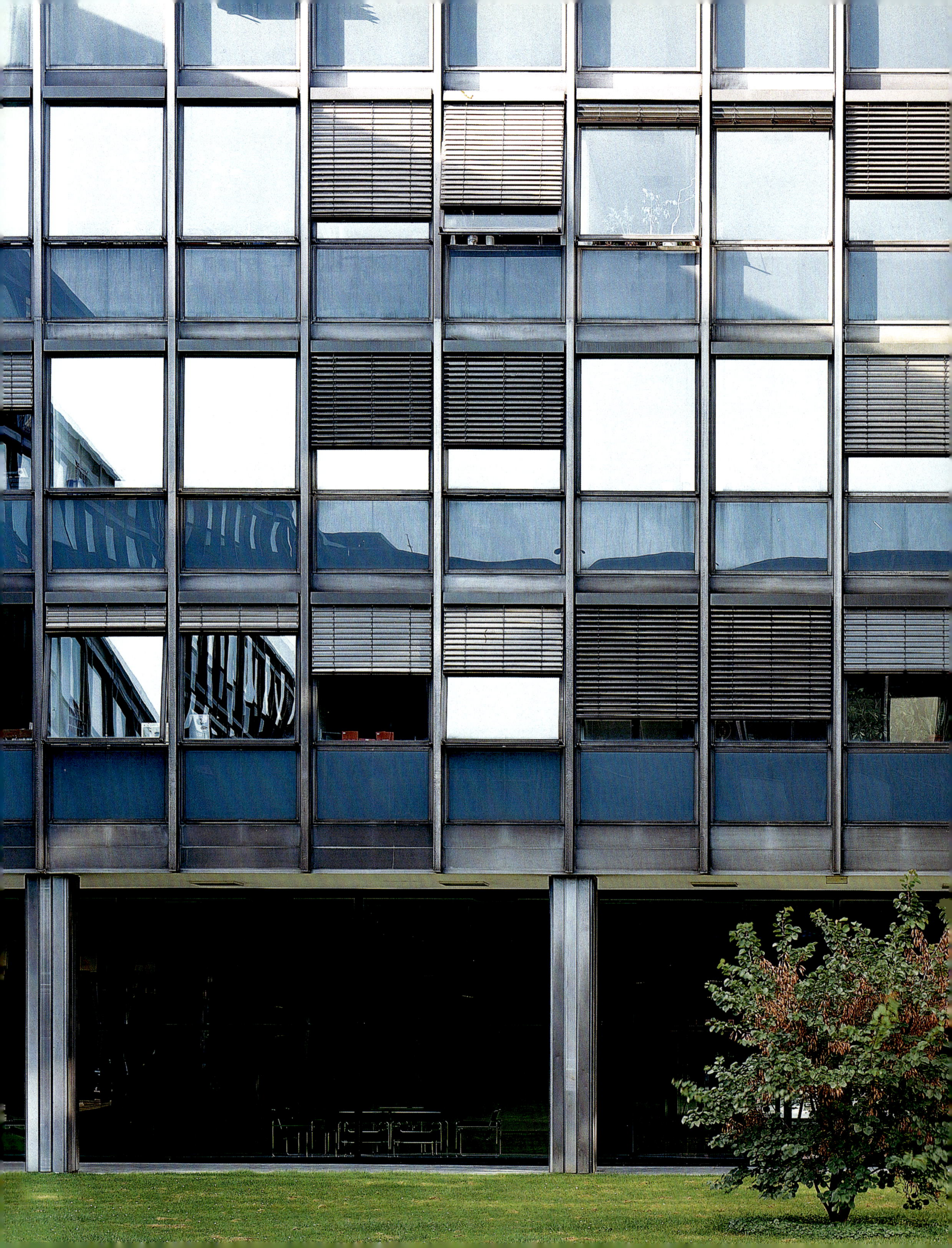

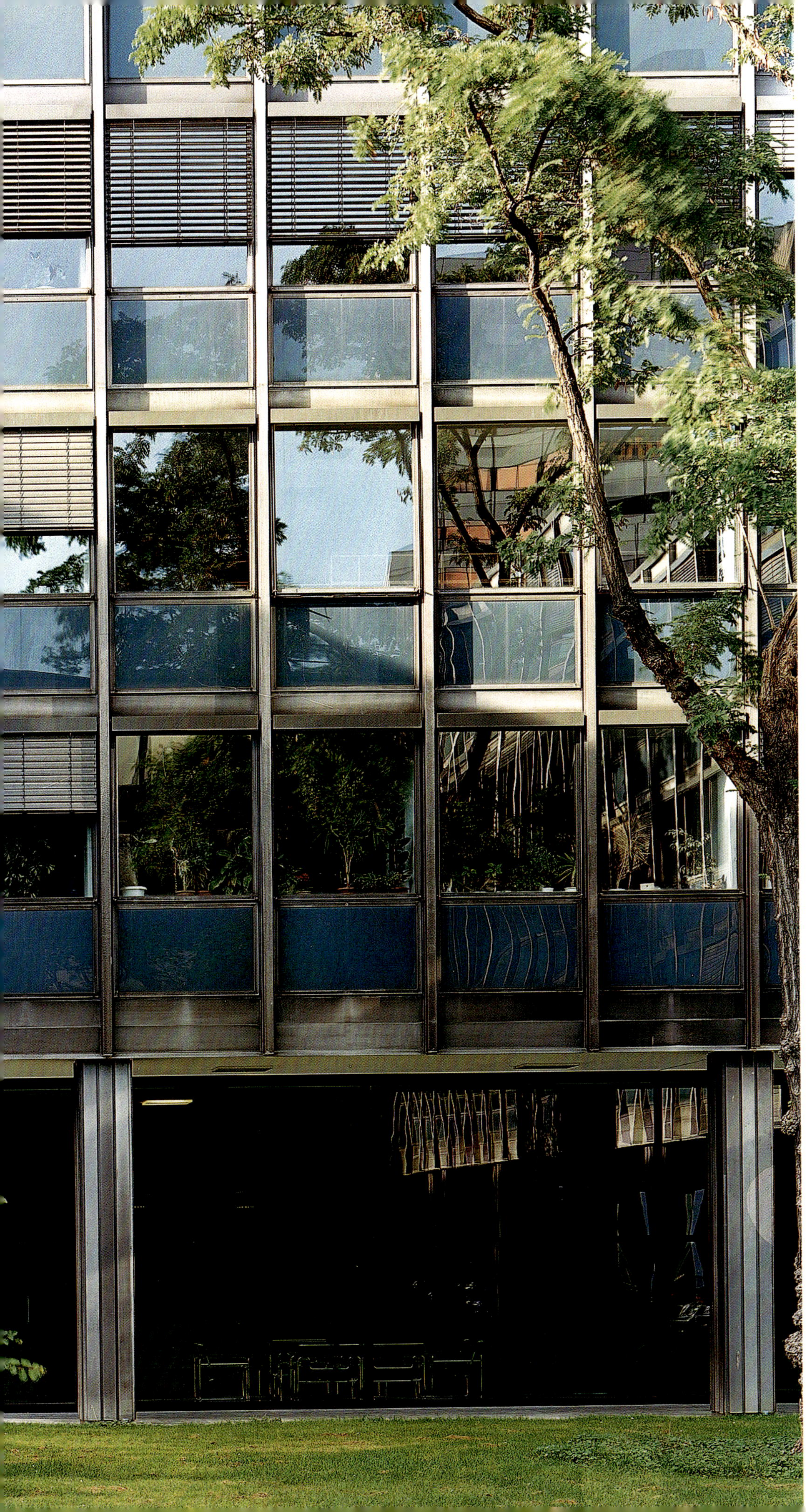

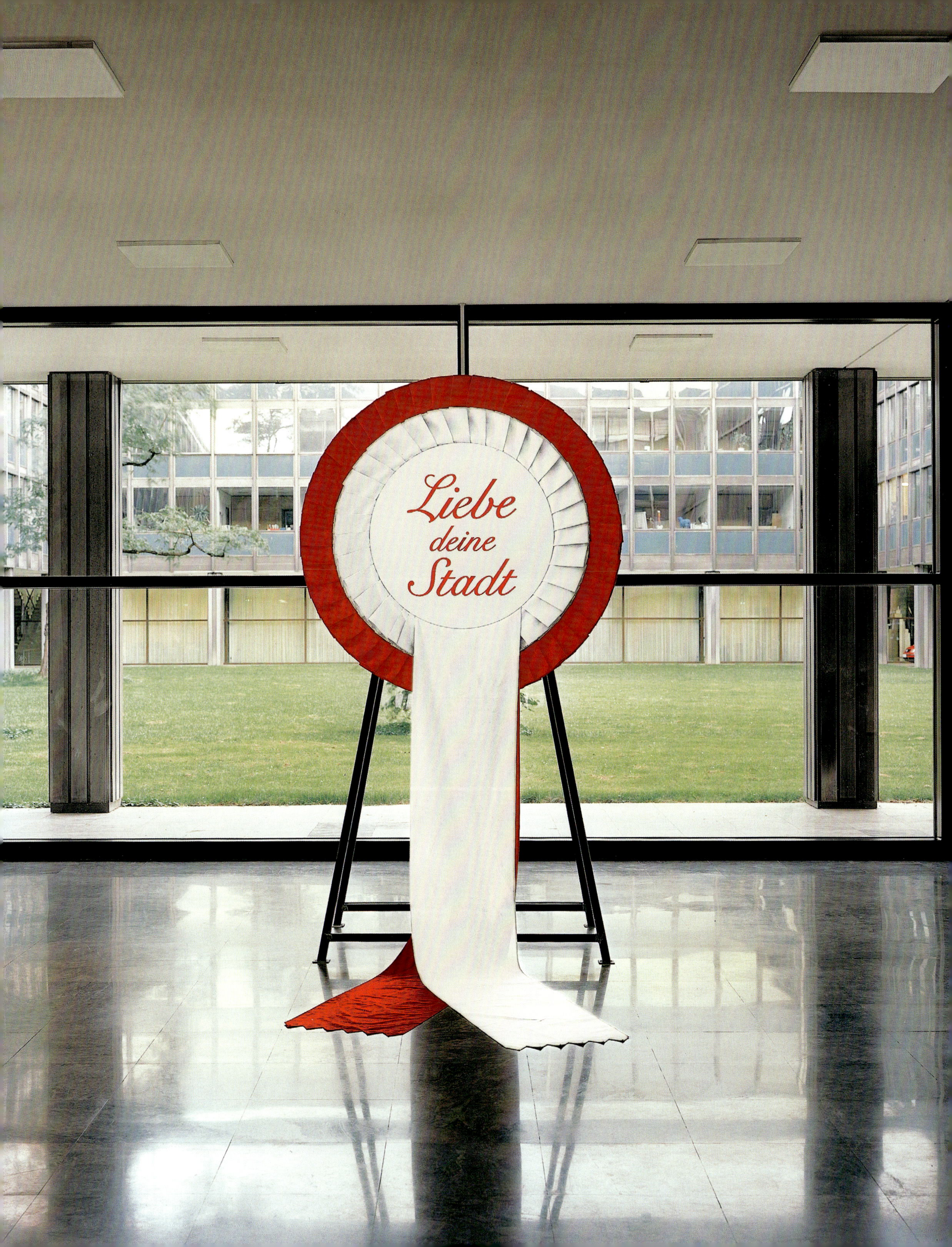
Liebe
deine
Stadt

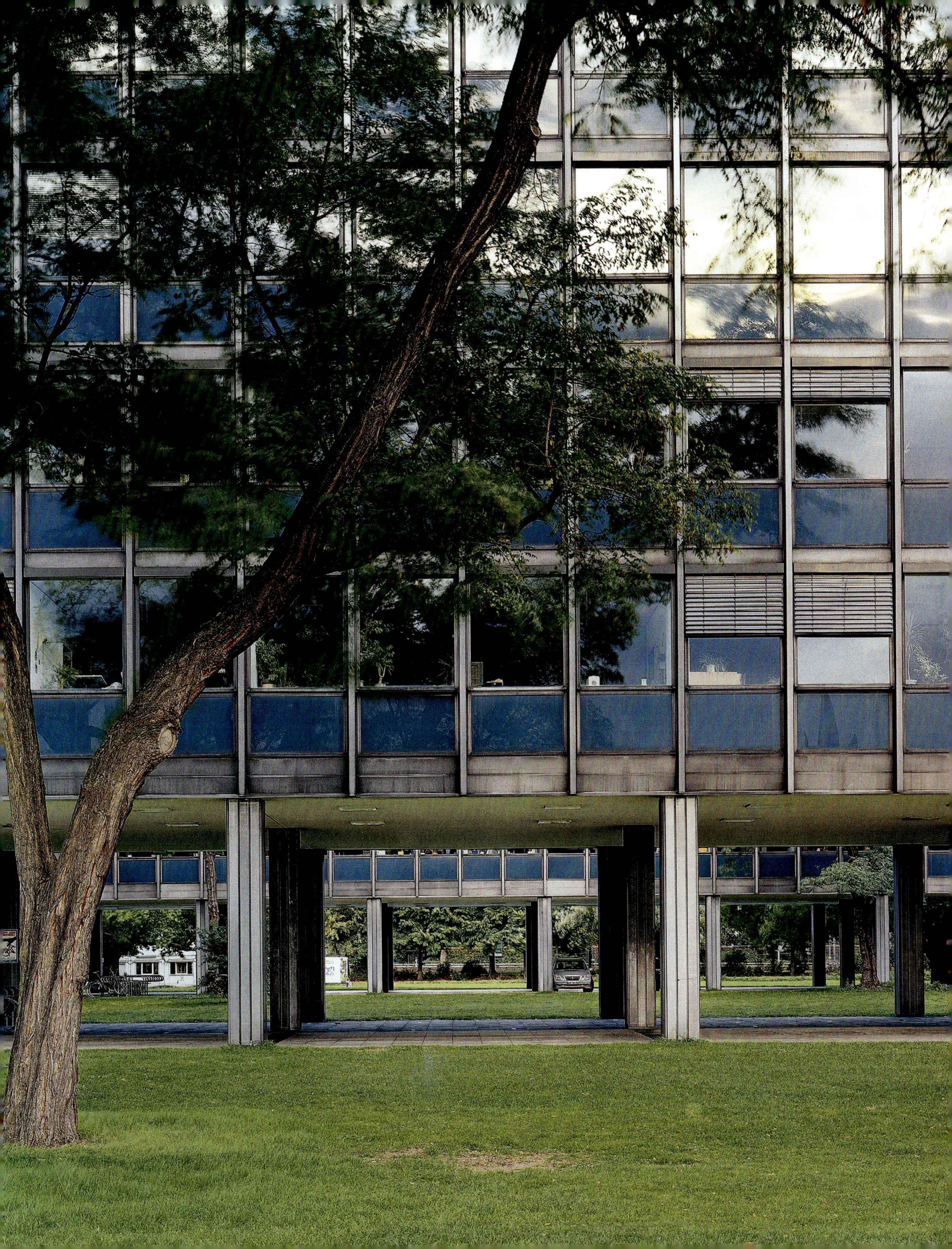

Neu St. Alban
Stadtgarten

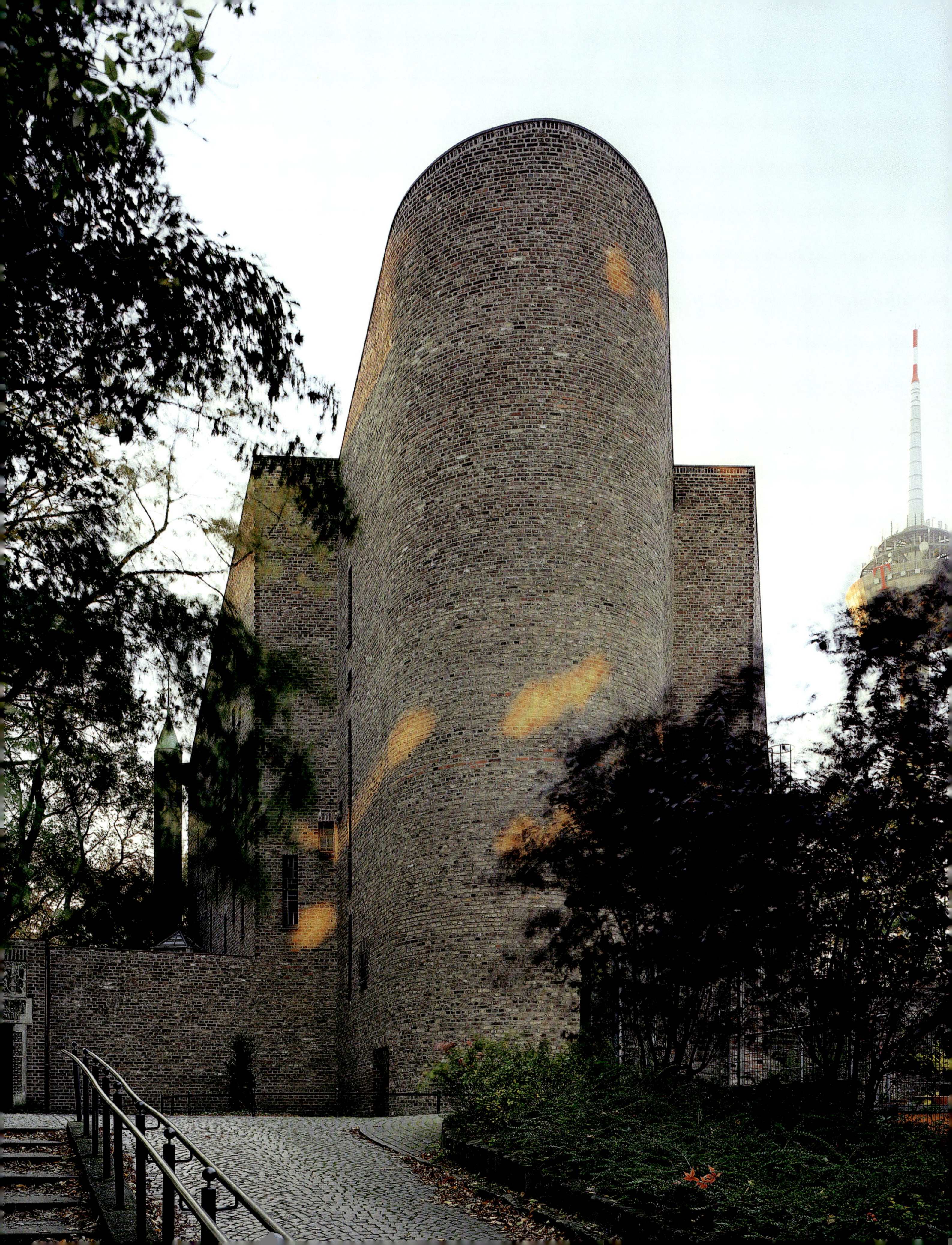

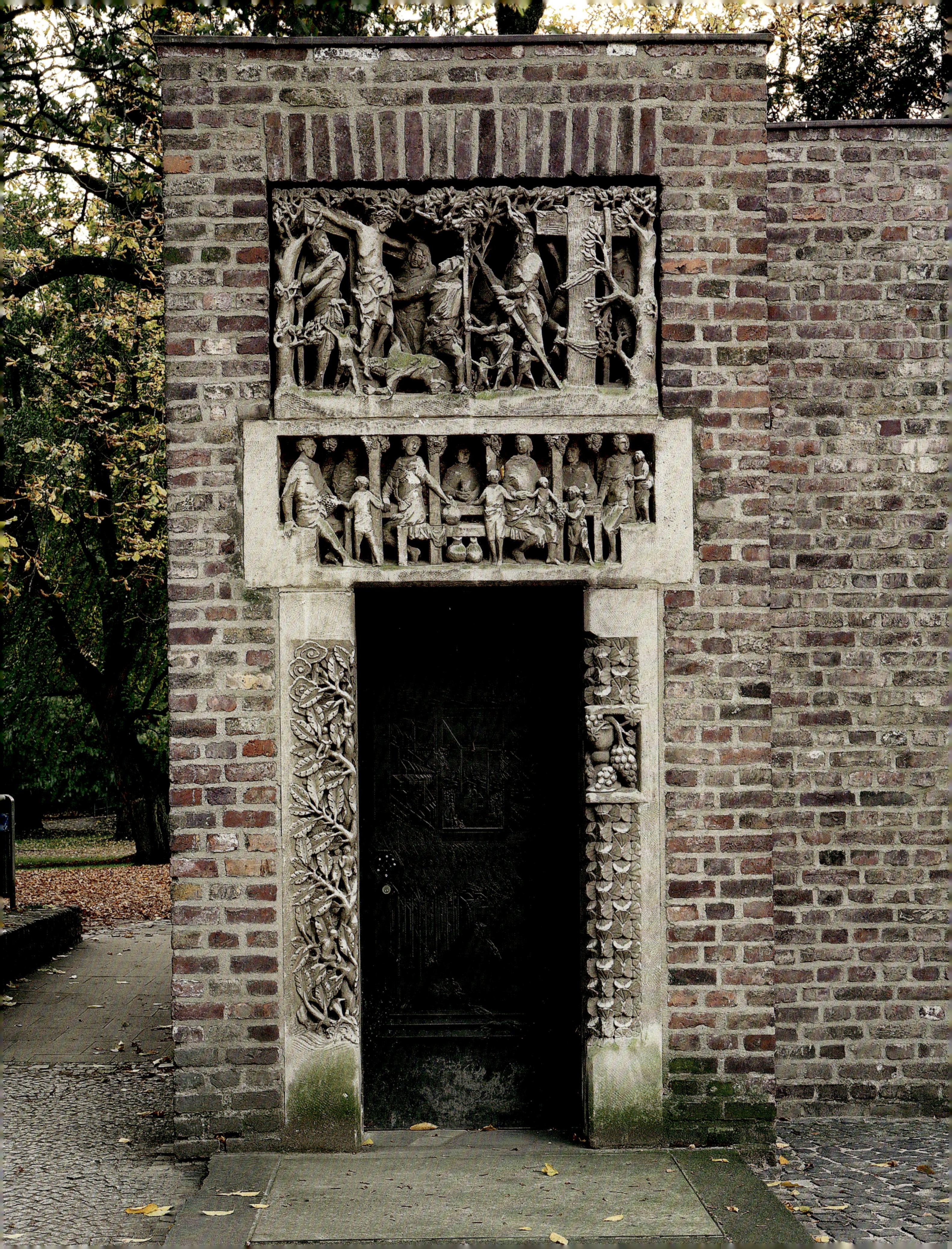

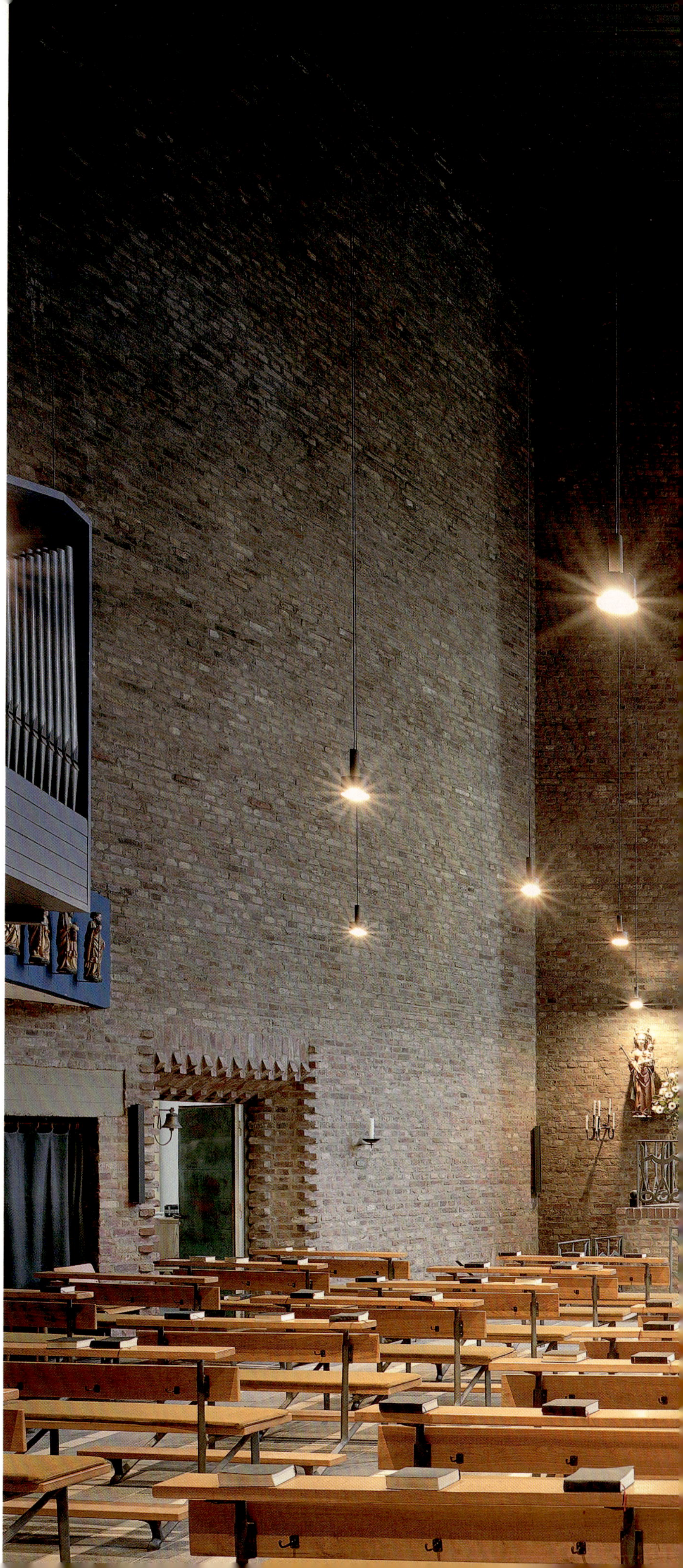

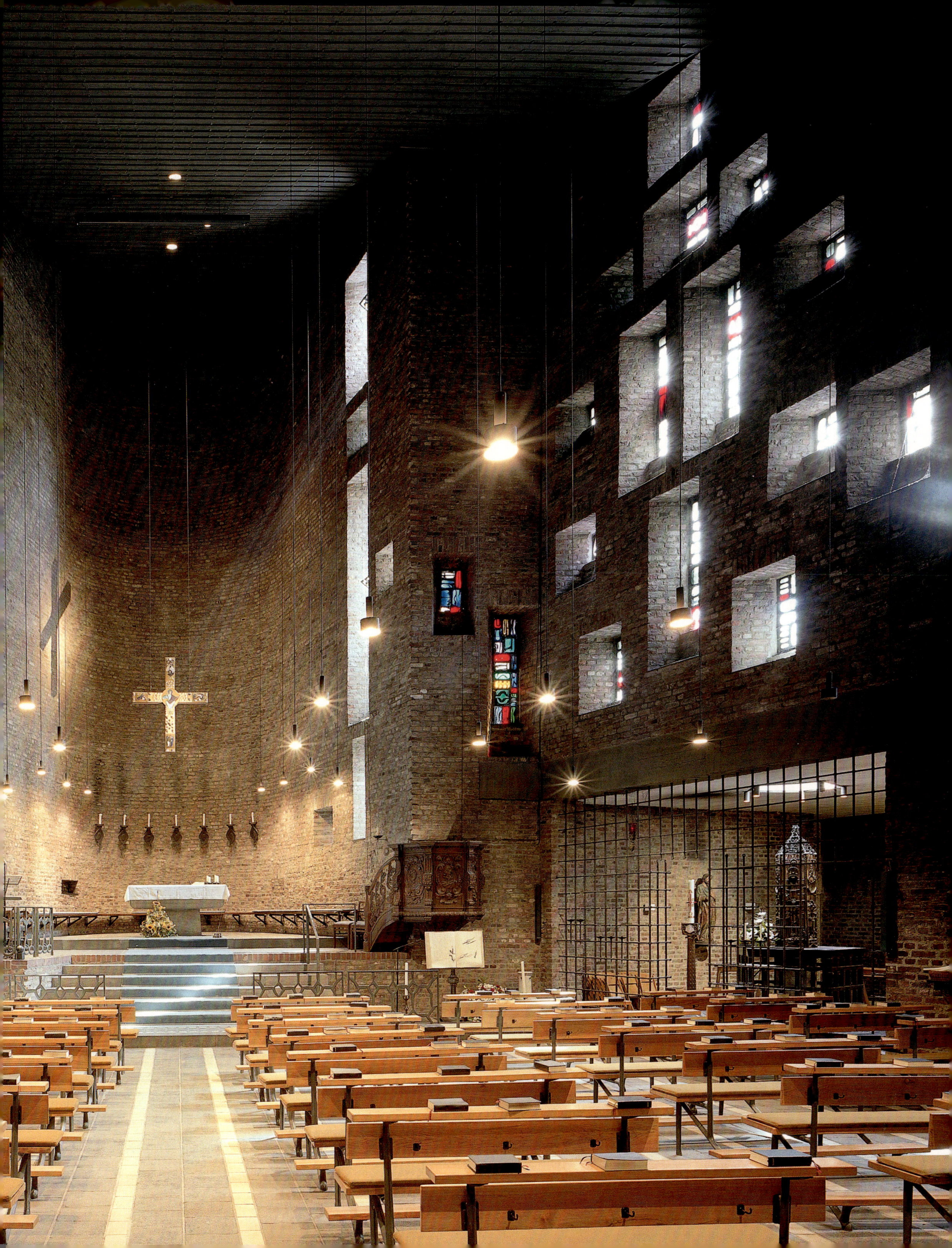

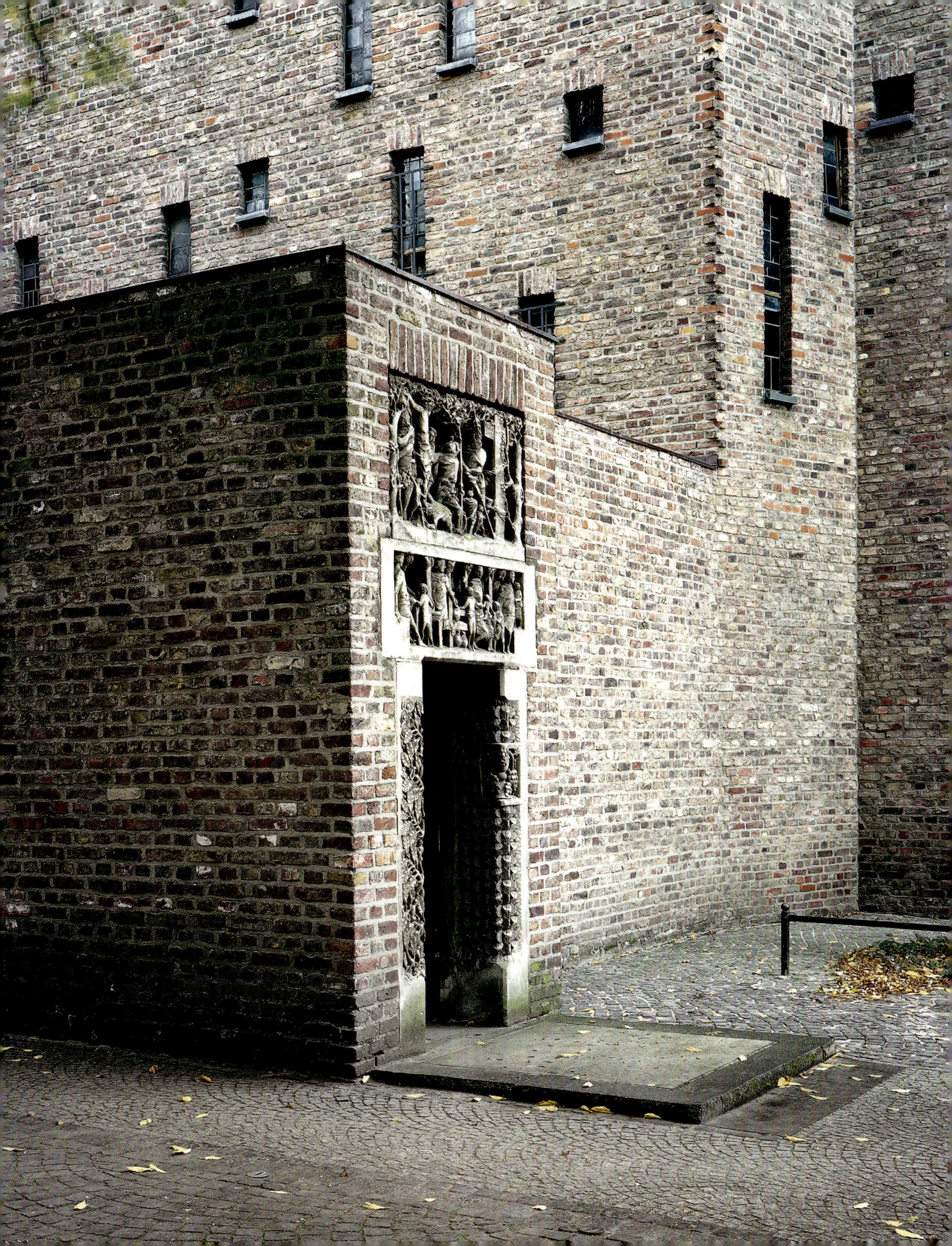

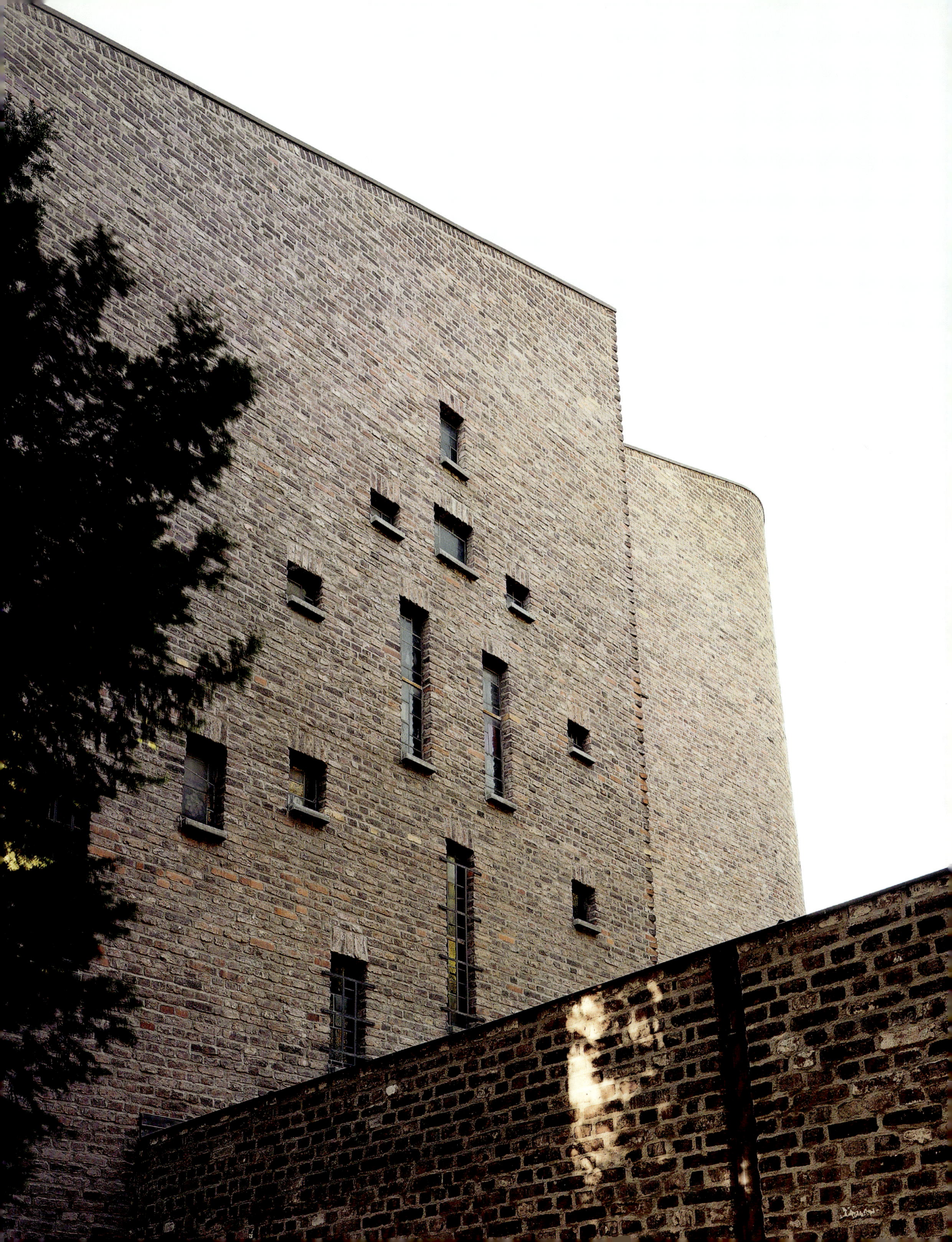

Fernmeldehochhaus
Sternengasse

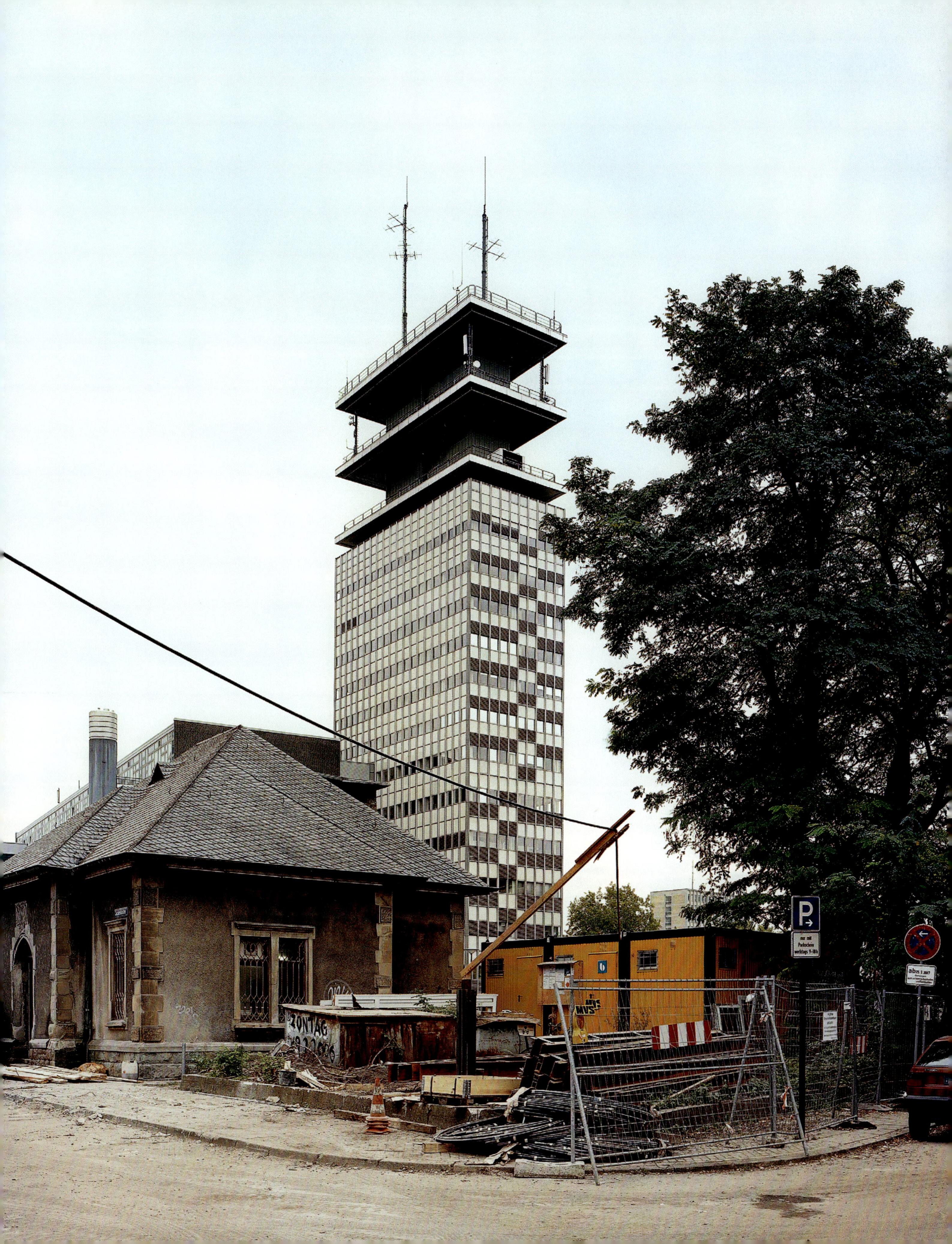
ZONTAG
P

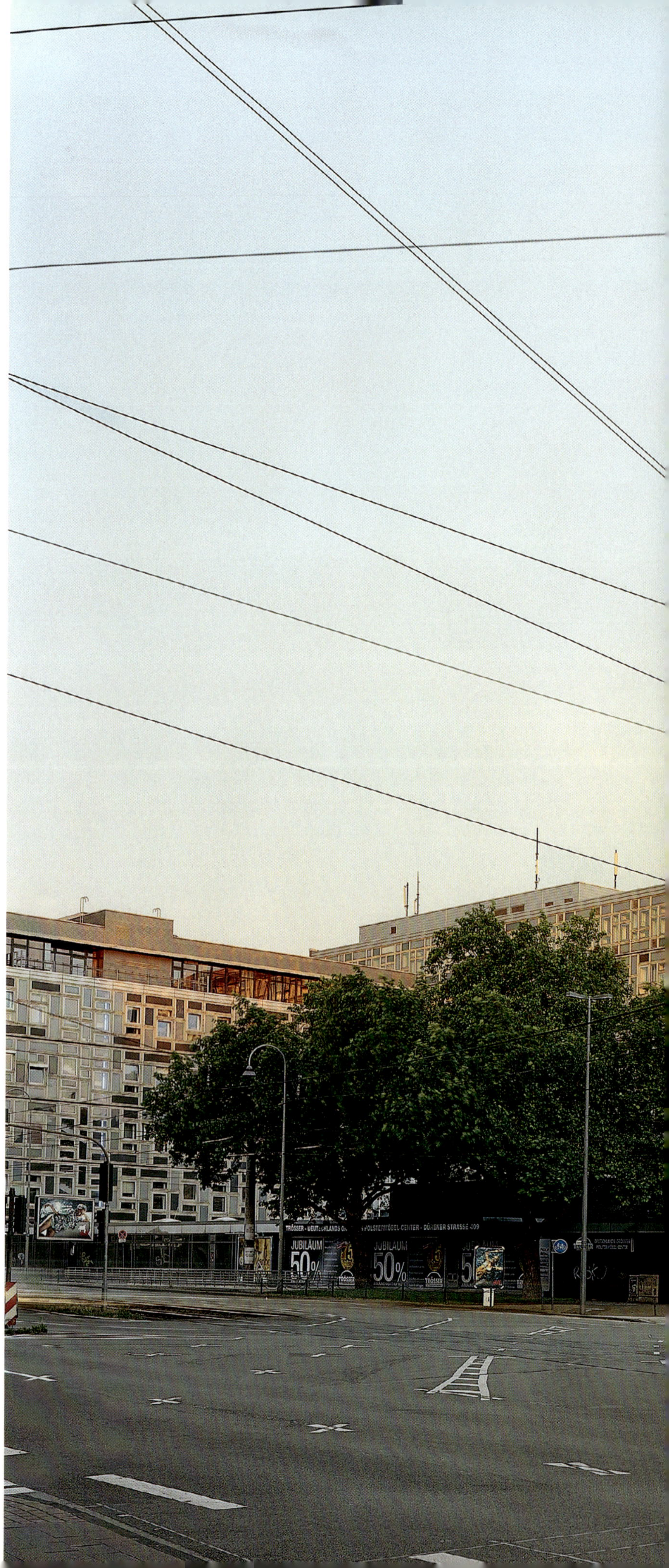
JUBILÄUM
50%

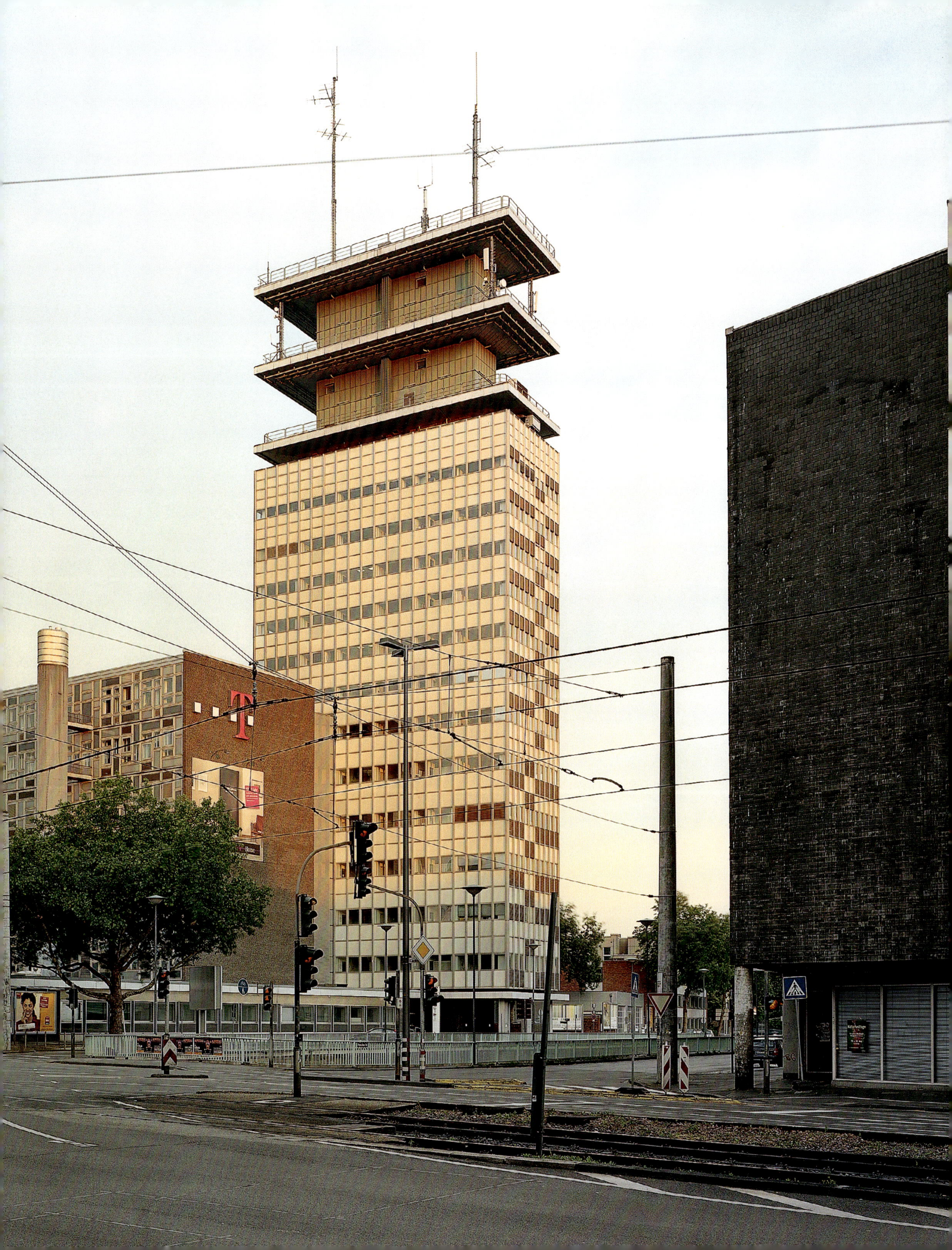

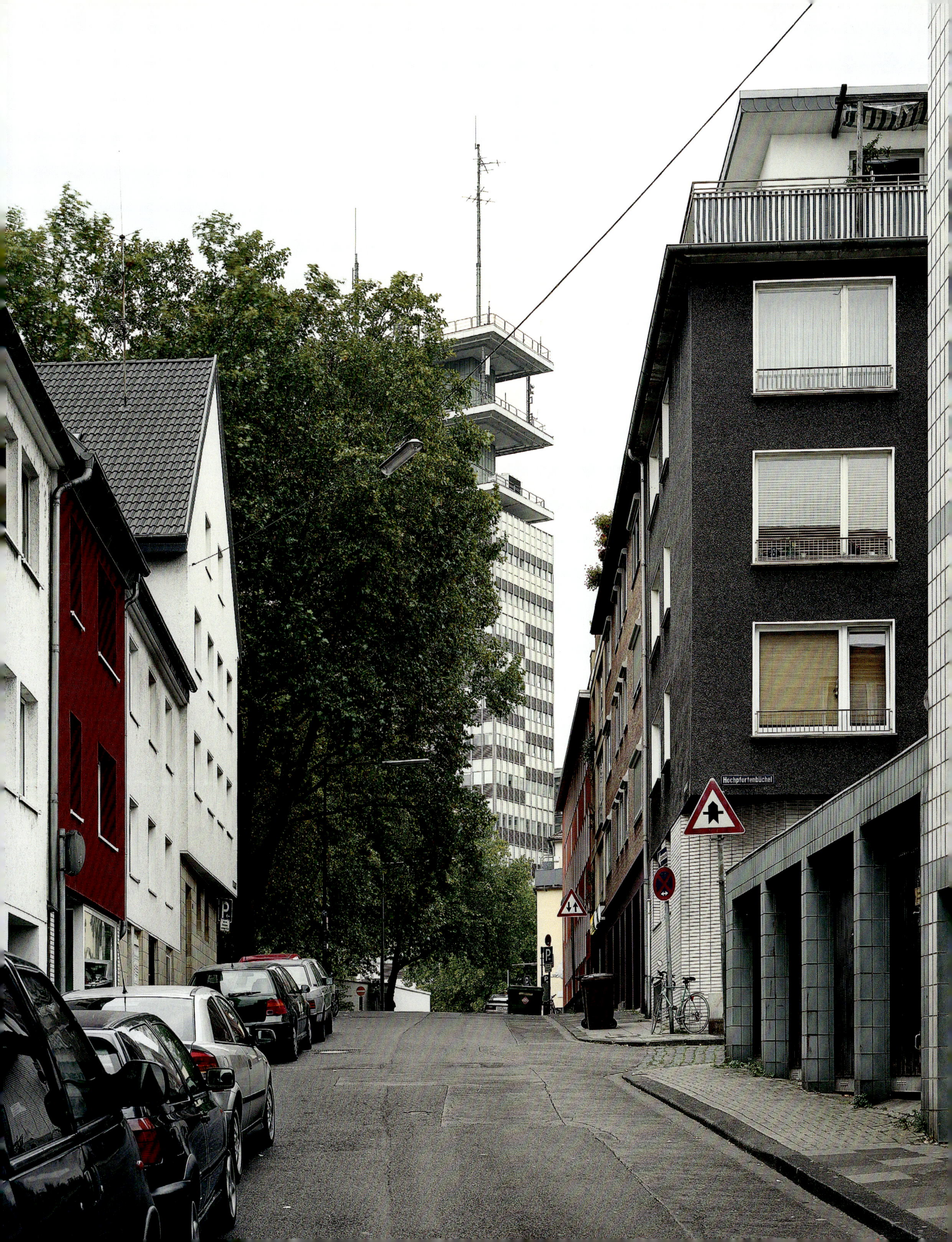
Hochpfortenbüchel

Parkcafé
Rheinpark

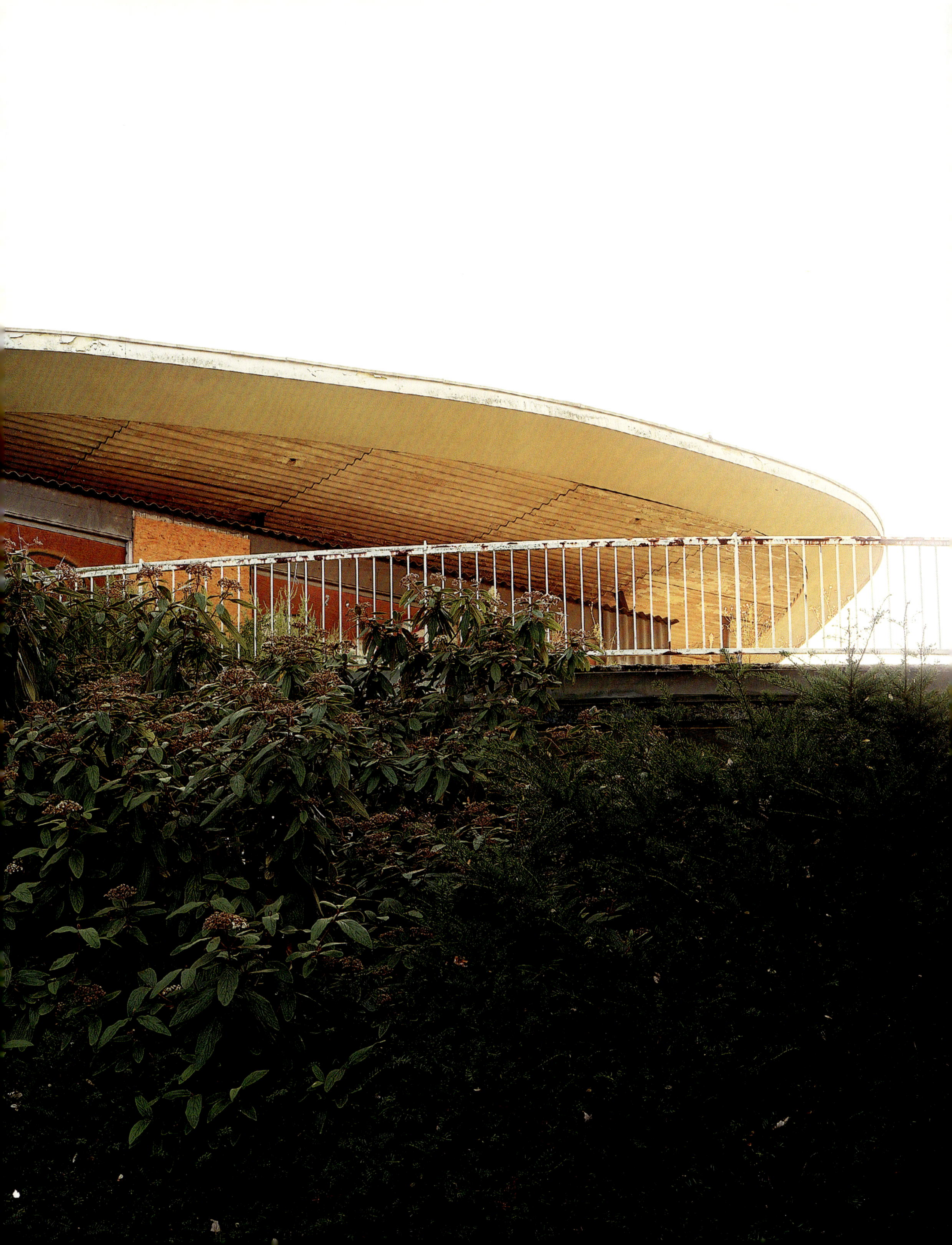

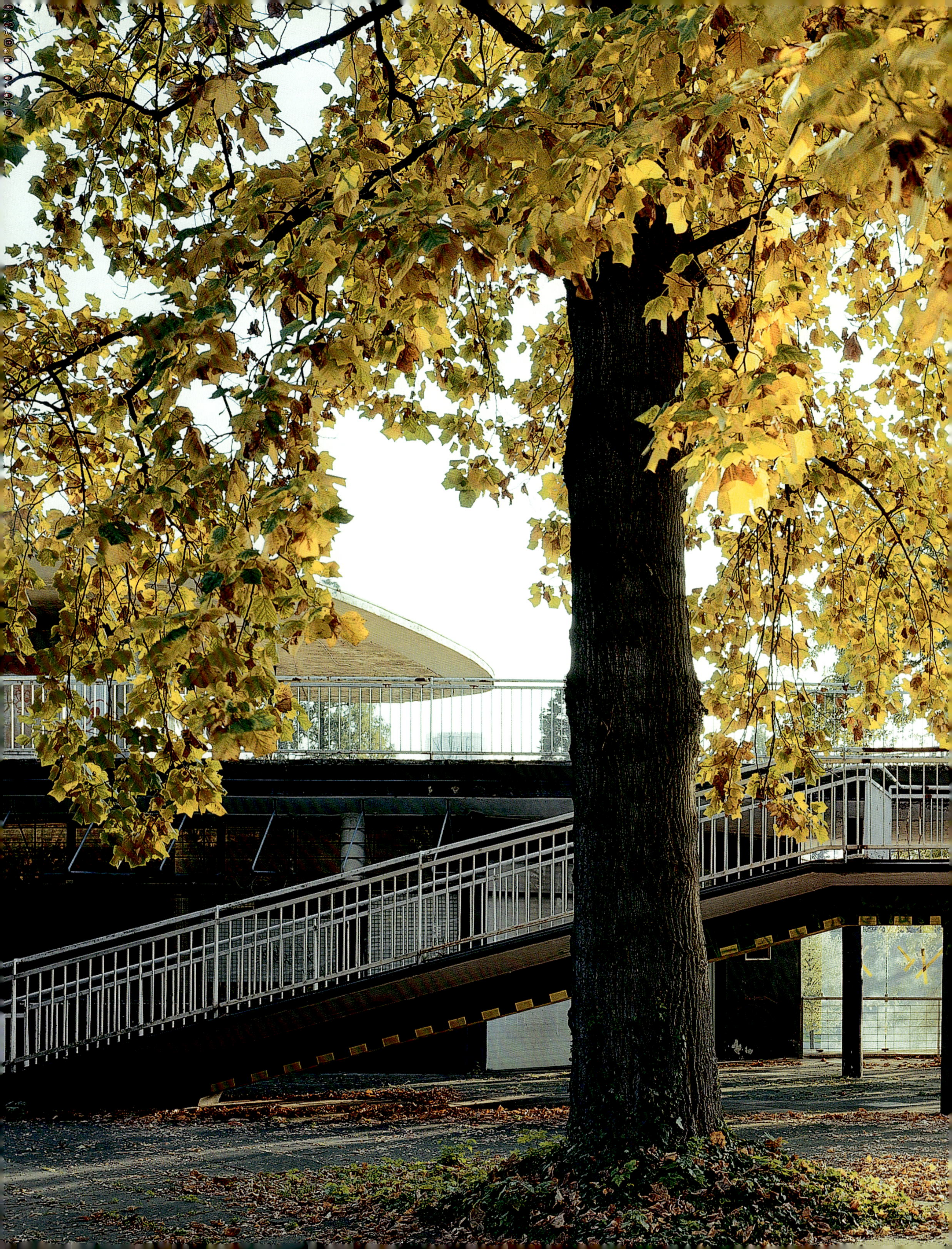

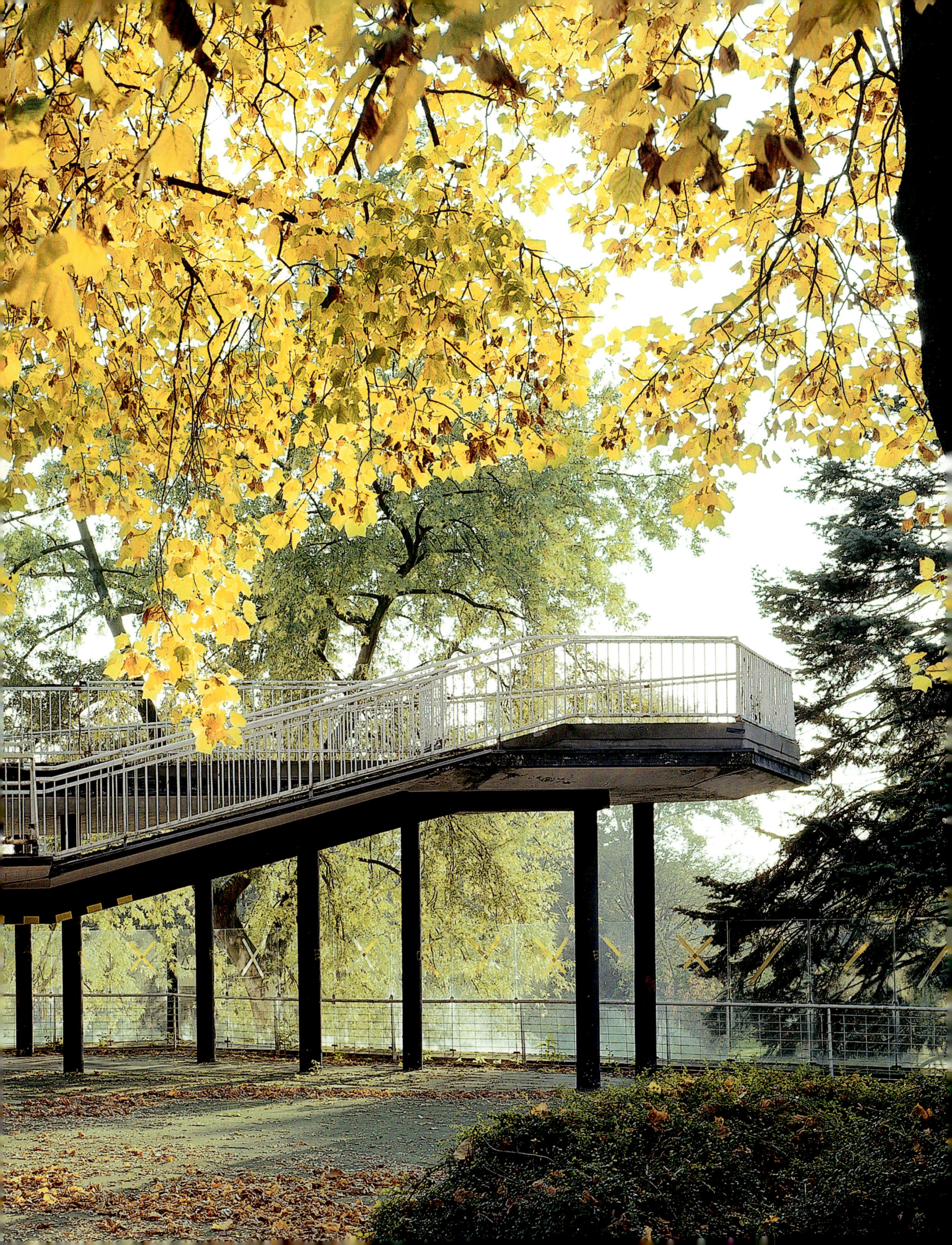

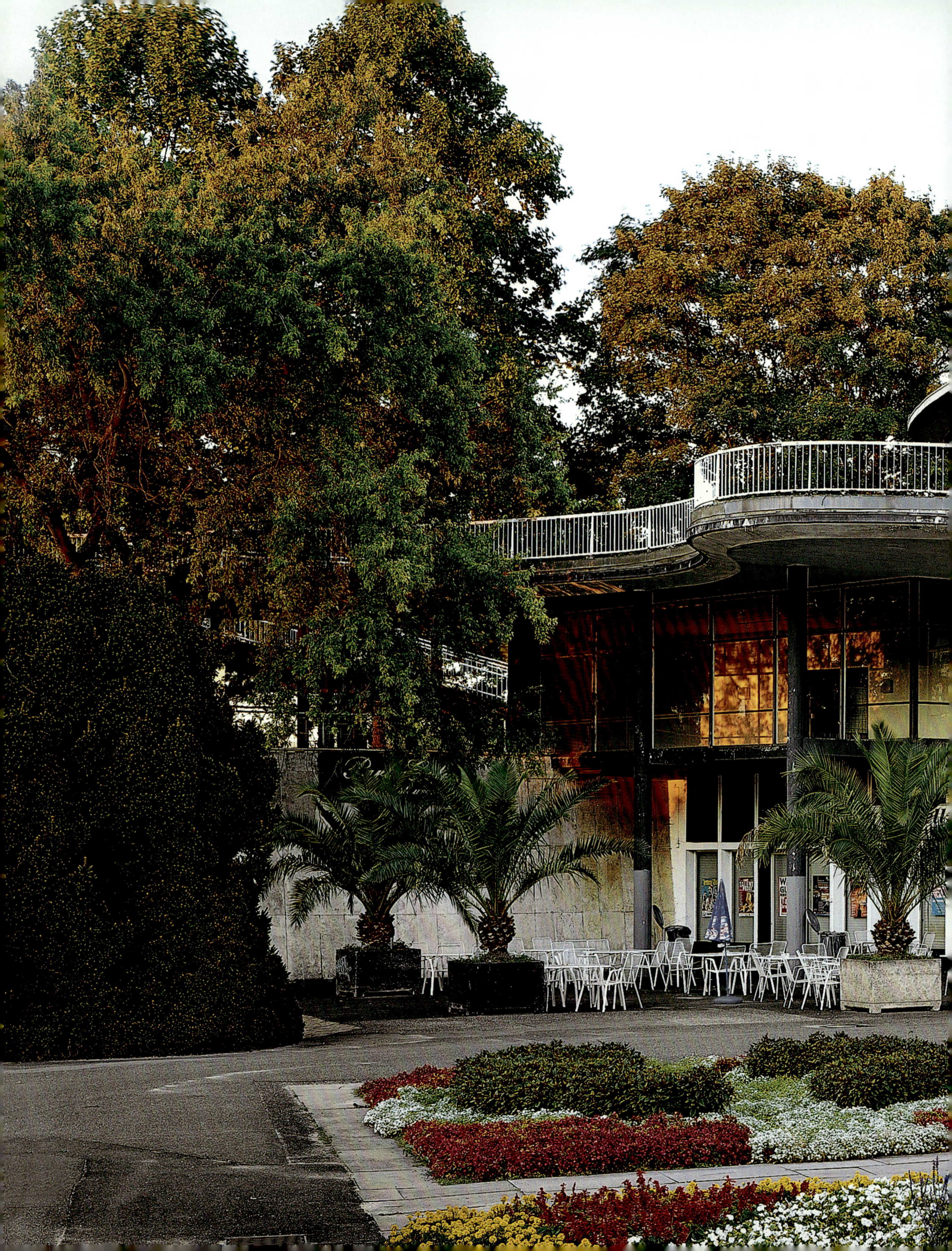

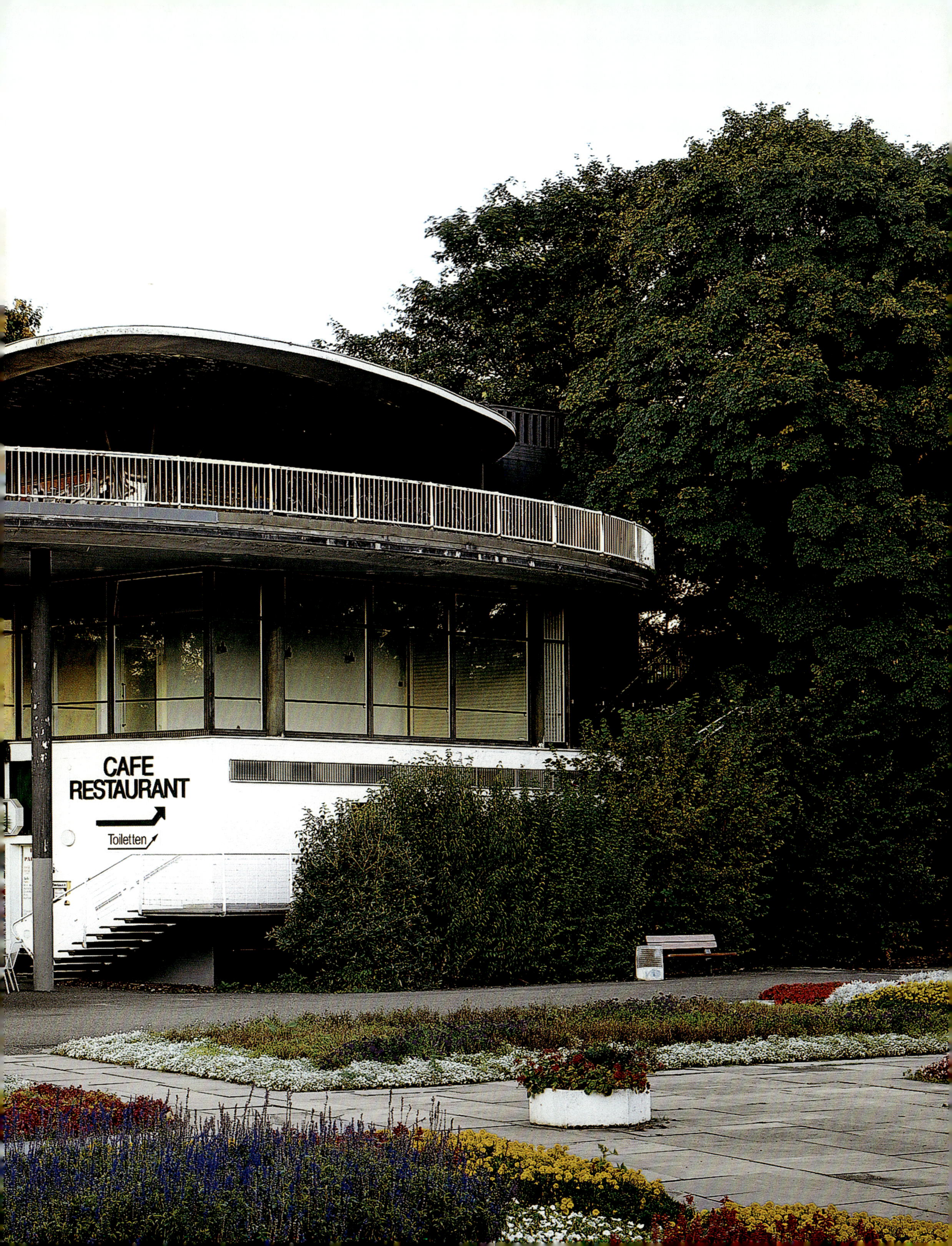
CAFE
RESTAURANT
Toiletten

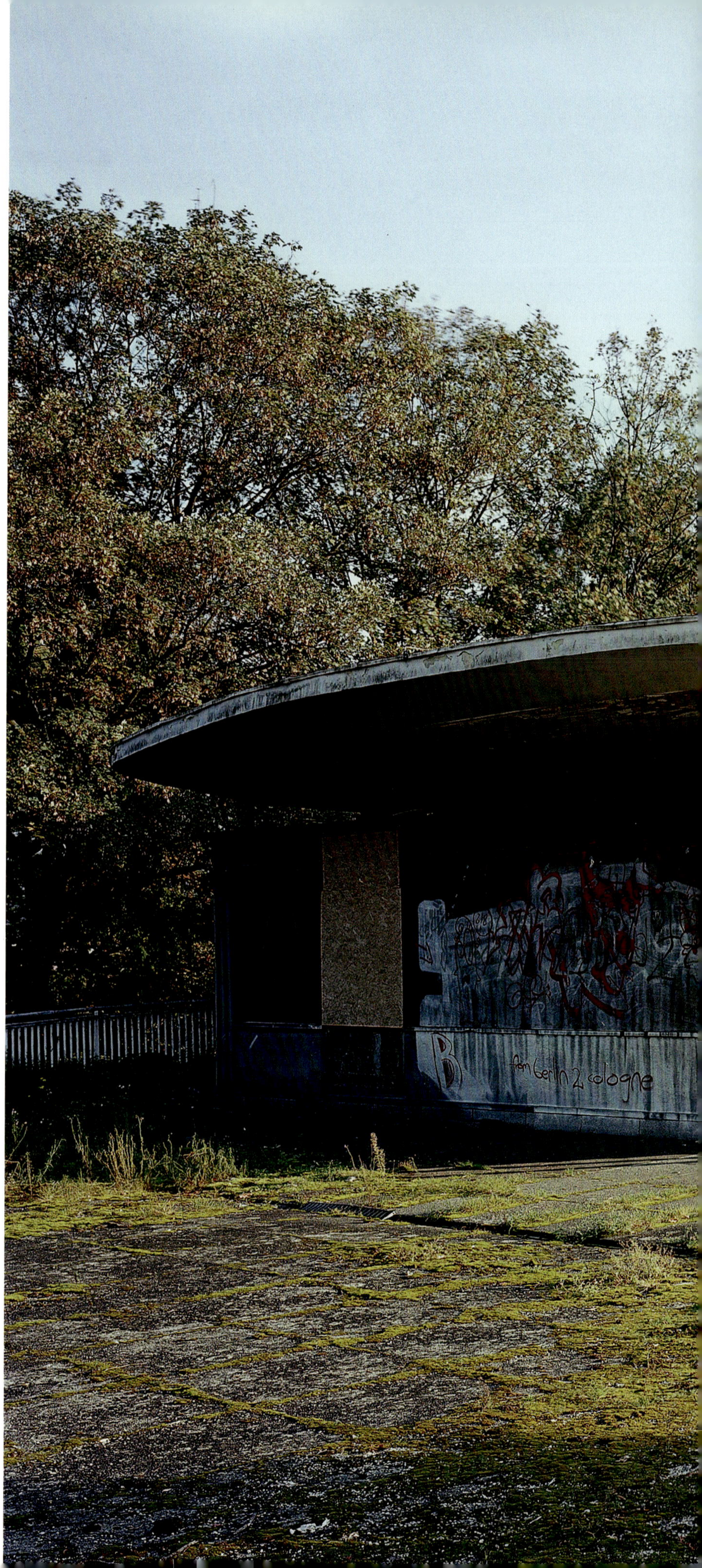
from Berlin 2 cologne

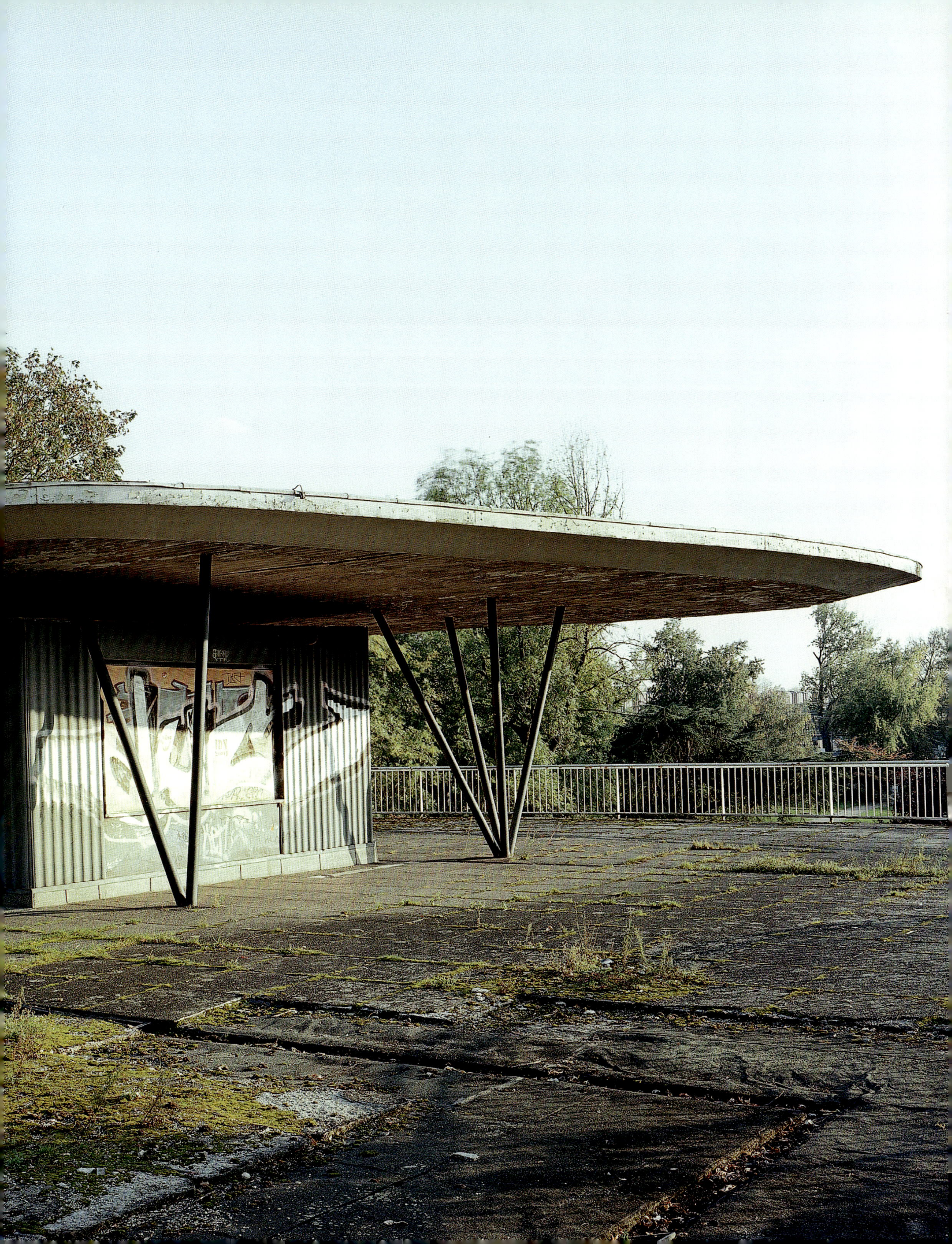

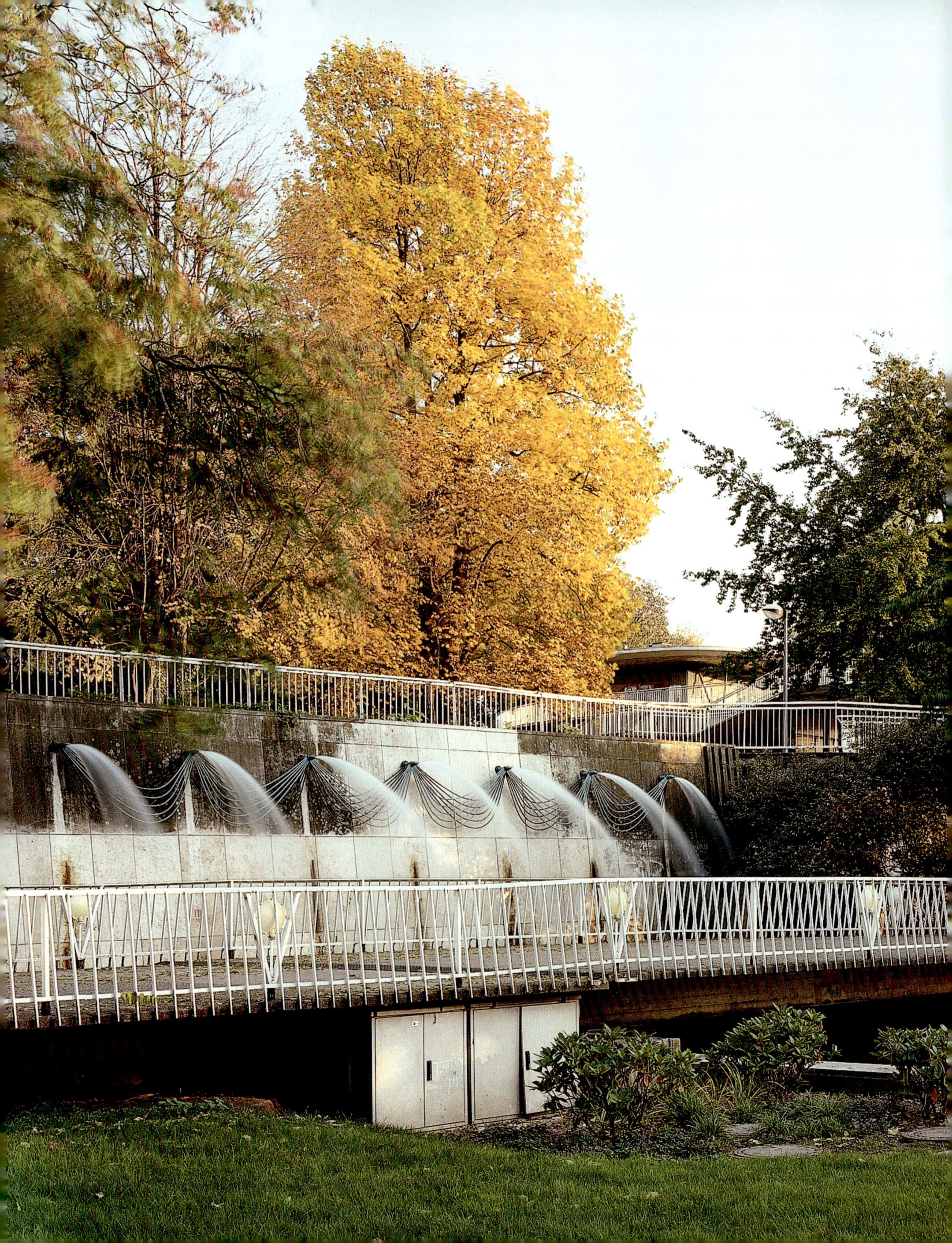

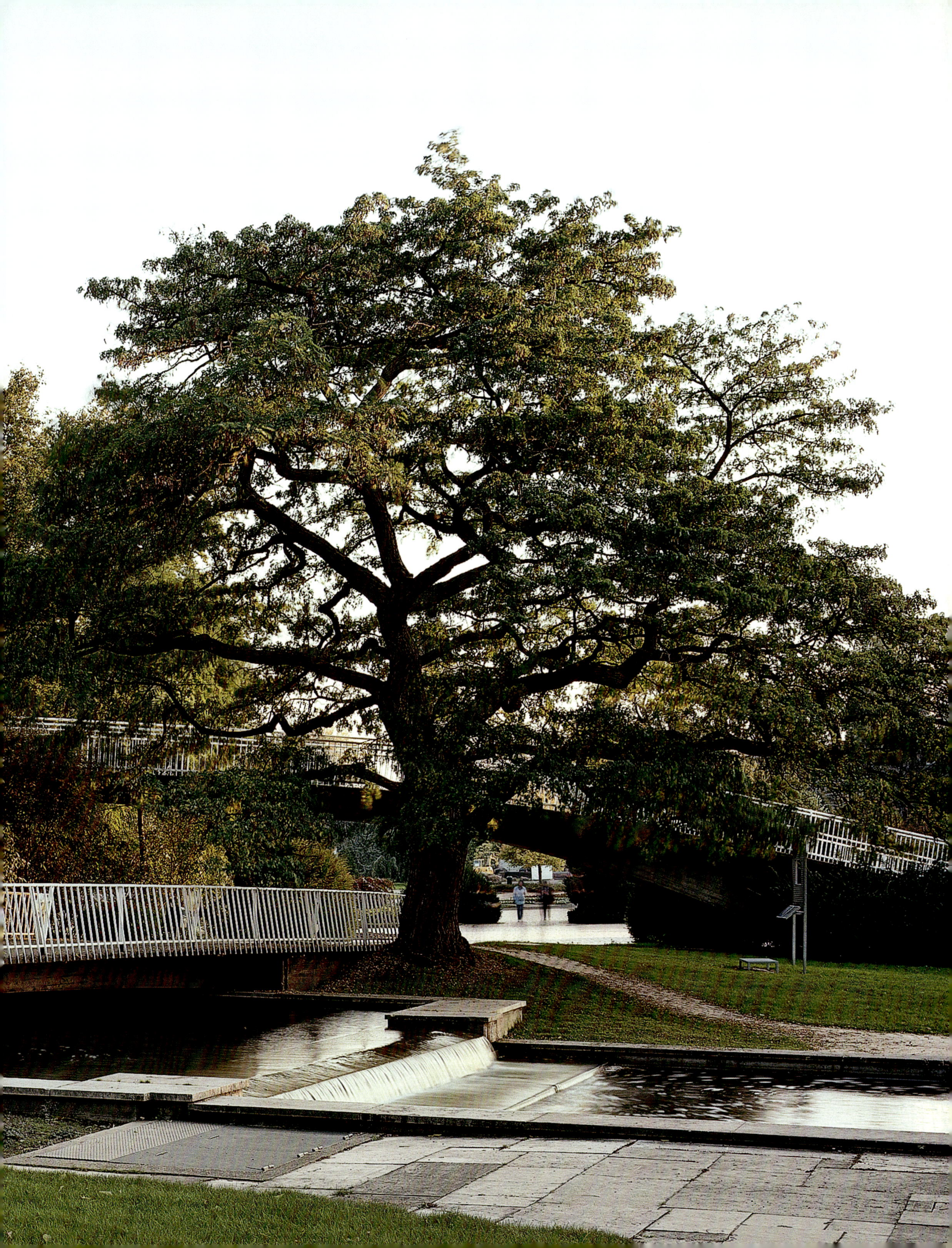

Amerikahaus
Apostelnkloster

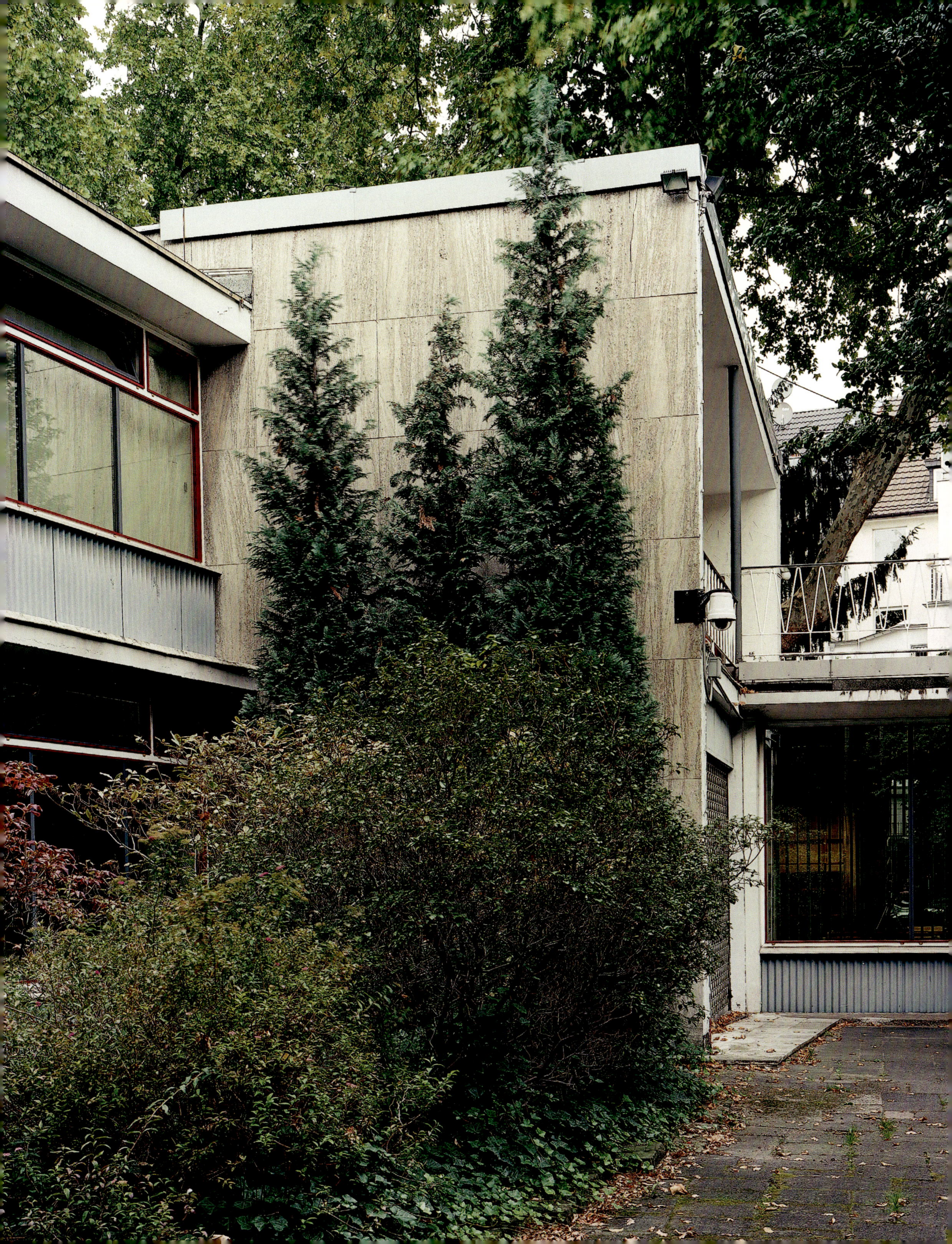

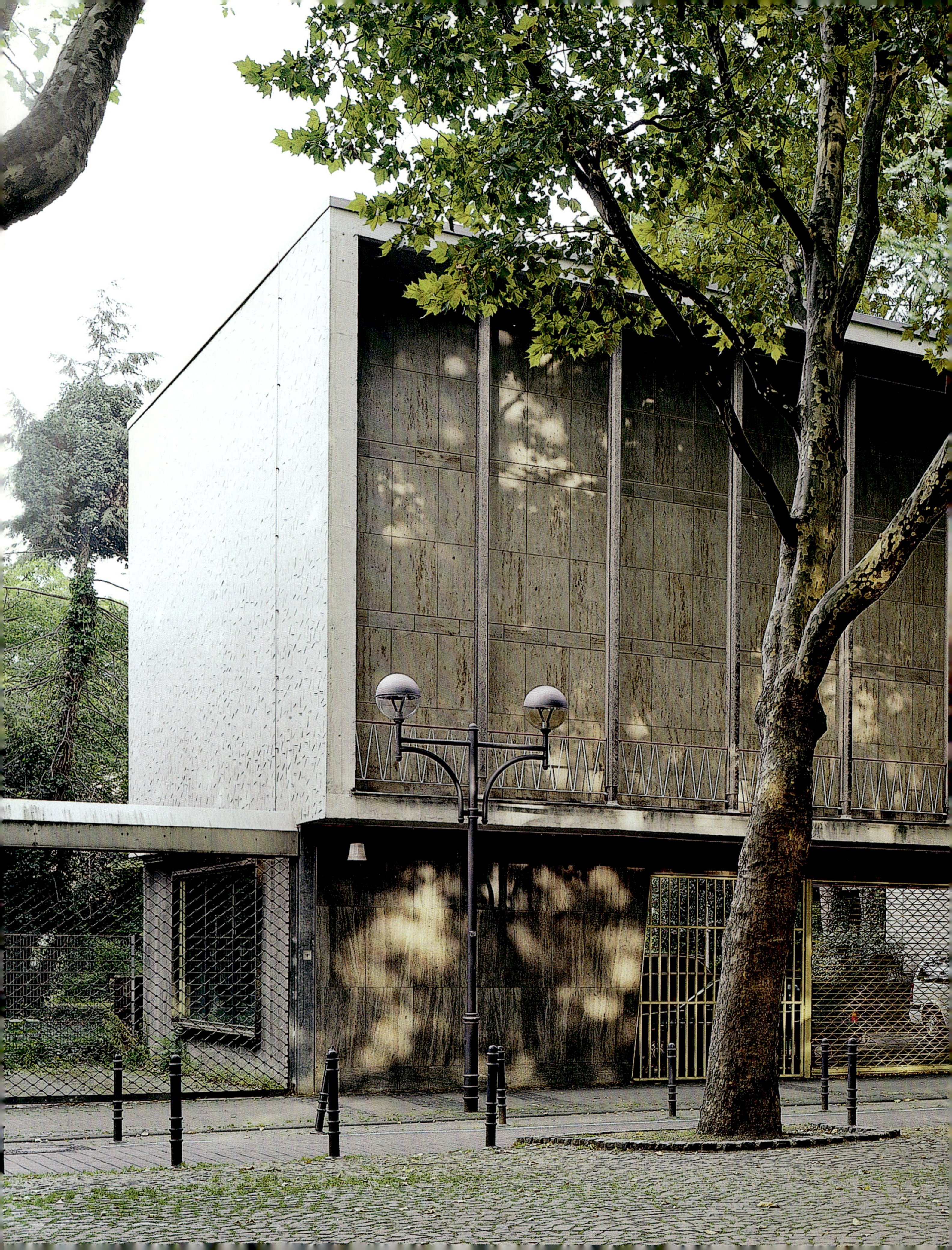

amerika haus

uck Close
ROB
ERT
INDI
ANA
Museum Kurhaus Kleve – Ewald Mataré-Sammlung
Amity Institute
Live, Learn & Teach in the USA
Study in the
USA

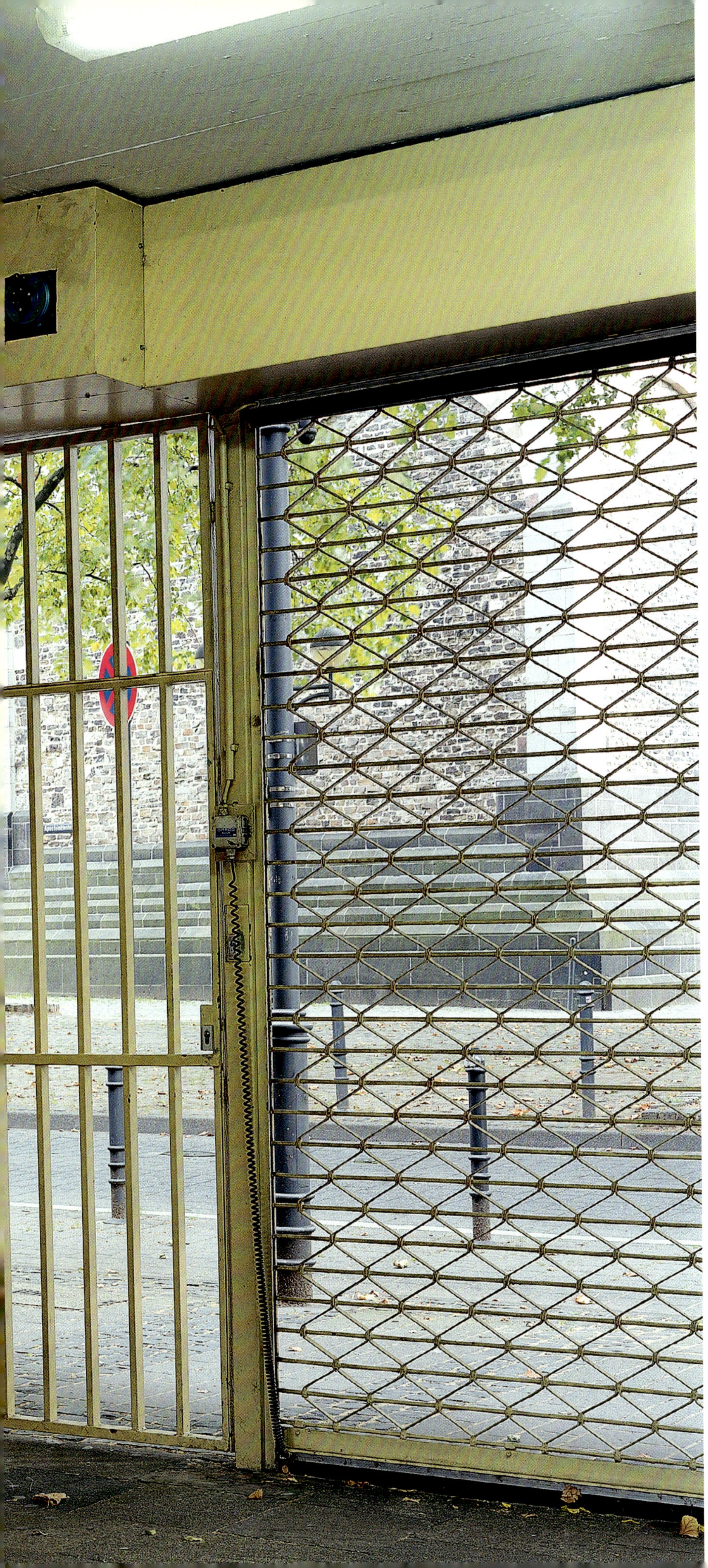

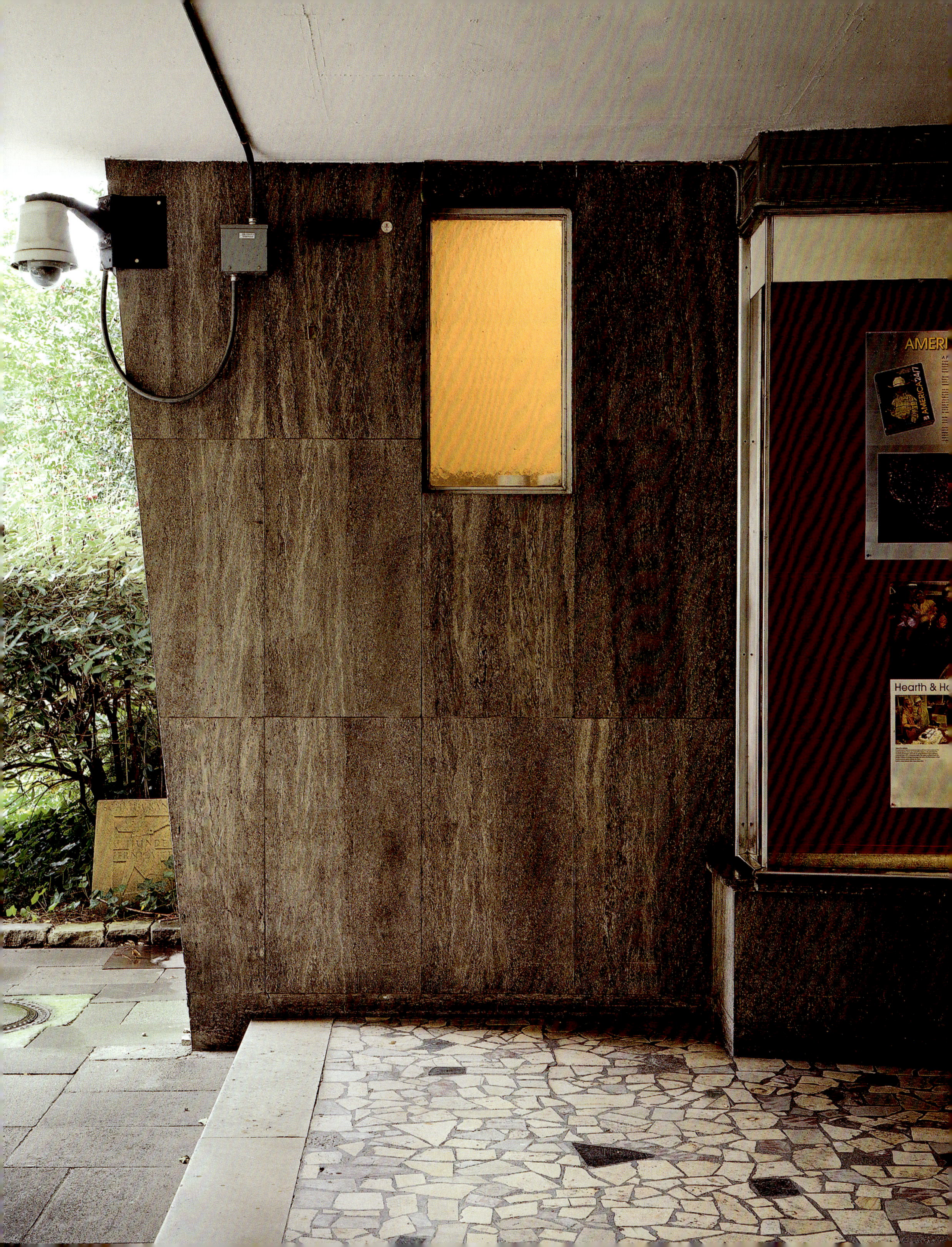
AMERI
AMERICA24/7
Hearth & Ho

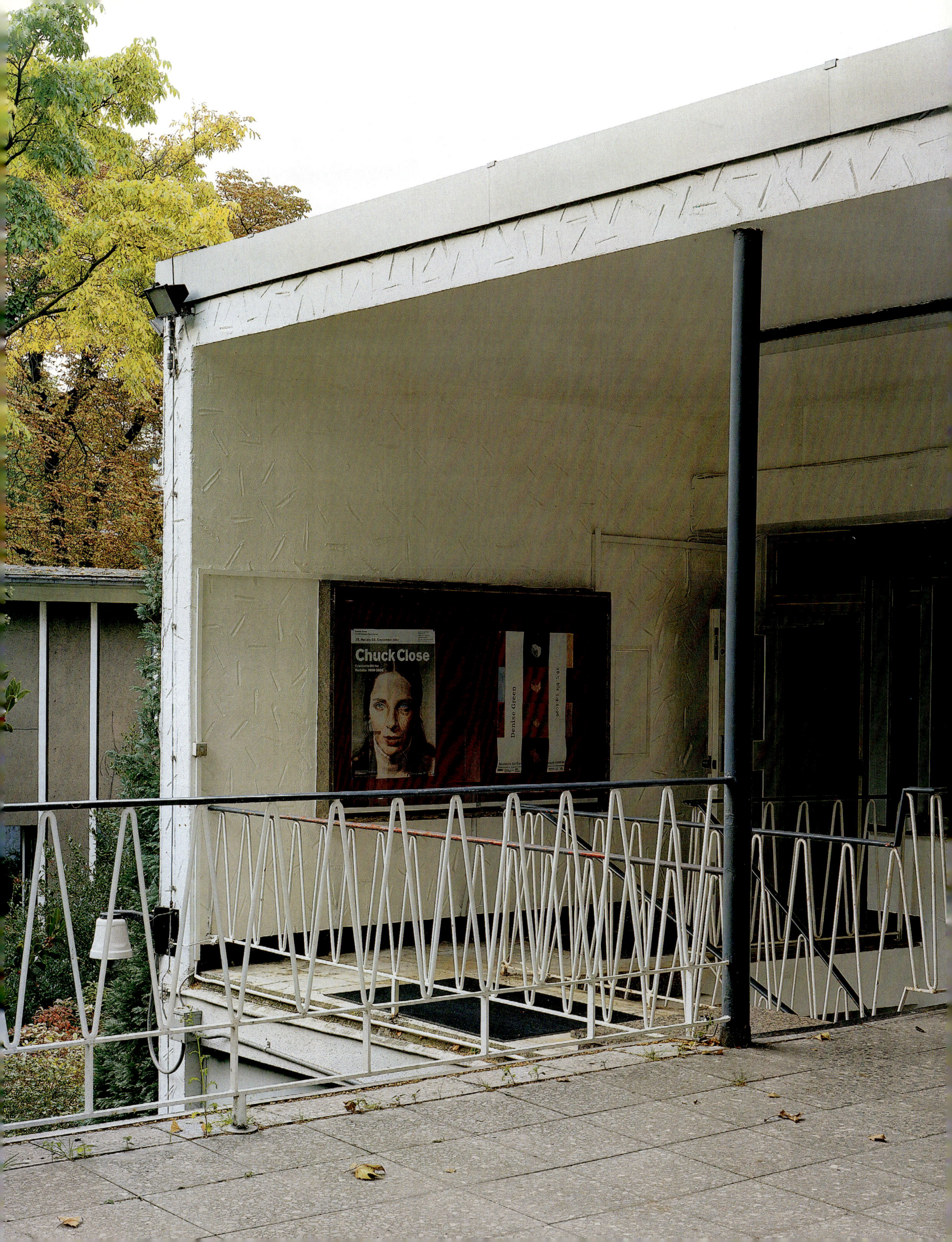

351

① ② ③ ④ ⑤ ⑥

1.) = WAAG. PROFIL   ; 2.)

STÄNDER A.

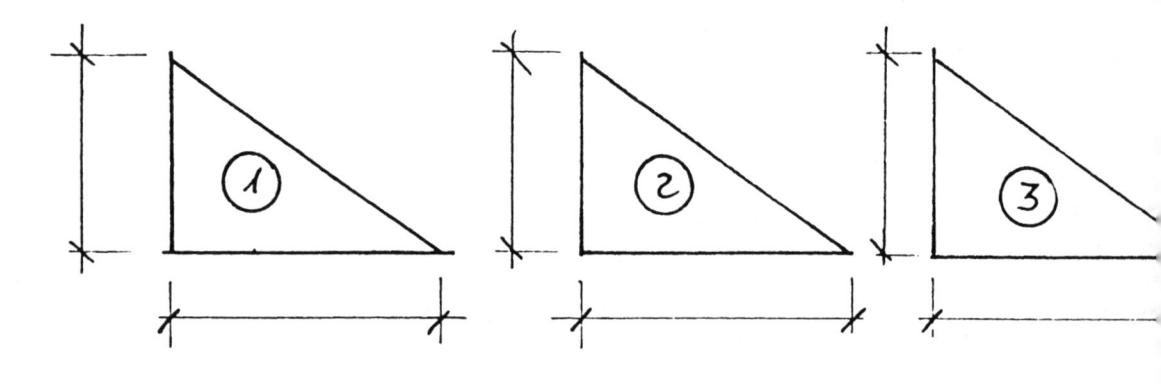

① ② ③

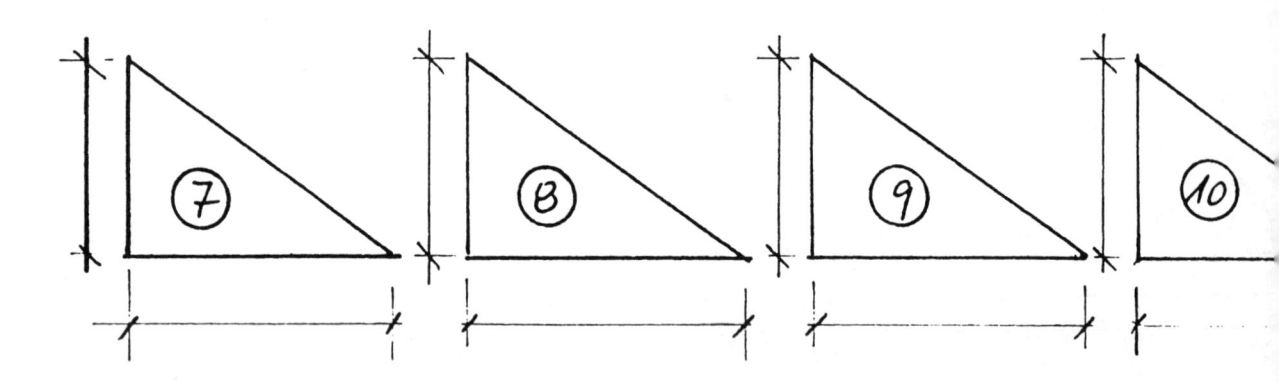

⑦ ⑧ ⑨ ⑩

⌀ 8 ⌀ 9 ⌀ 10 ⌀ 11 ⌀ 12 ⌀ 13

...DER PROFIL =   ; SCHRAUBEN - ⌀ =

...SUNGEN : HIER SCHEMATISCH GEZEICHNET (unmaßstäblich)

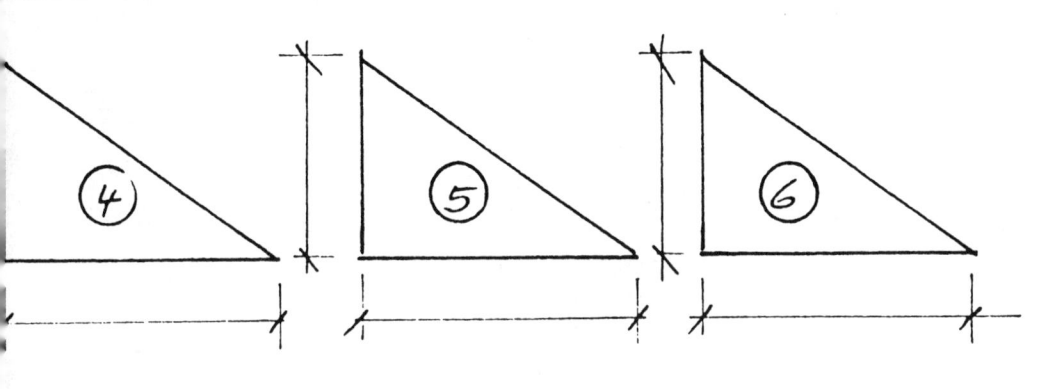

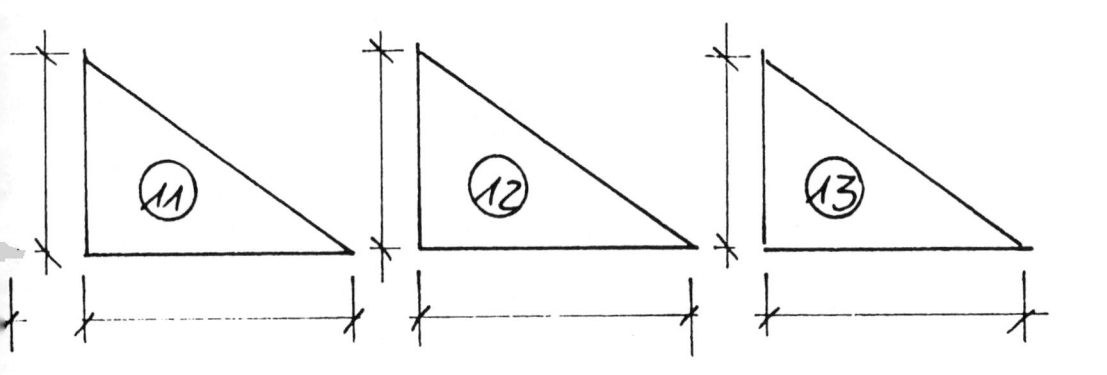

④ ⑤ ⑥

⑪ ⑫ ⑬

ING. JÜRGEN BERNHARDT · BERATENDER INGENIEUR BDB
...ENIEURBÜRO FÜR TRAGWERKSPLANUNG
...68 KÖLN · THEODOR-HEUSS-RING 14
...FON (0221) 12 23 48 · FAX (0221) 12 52 19

...1.2007

Lieb

deine Stadt

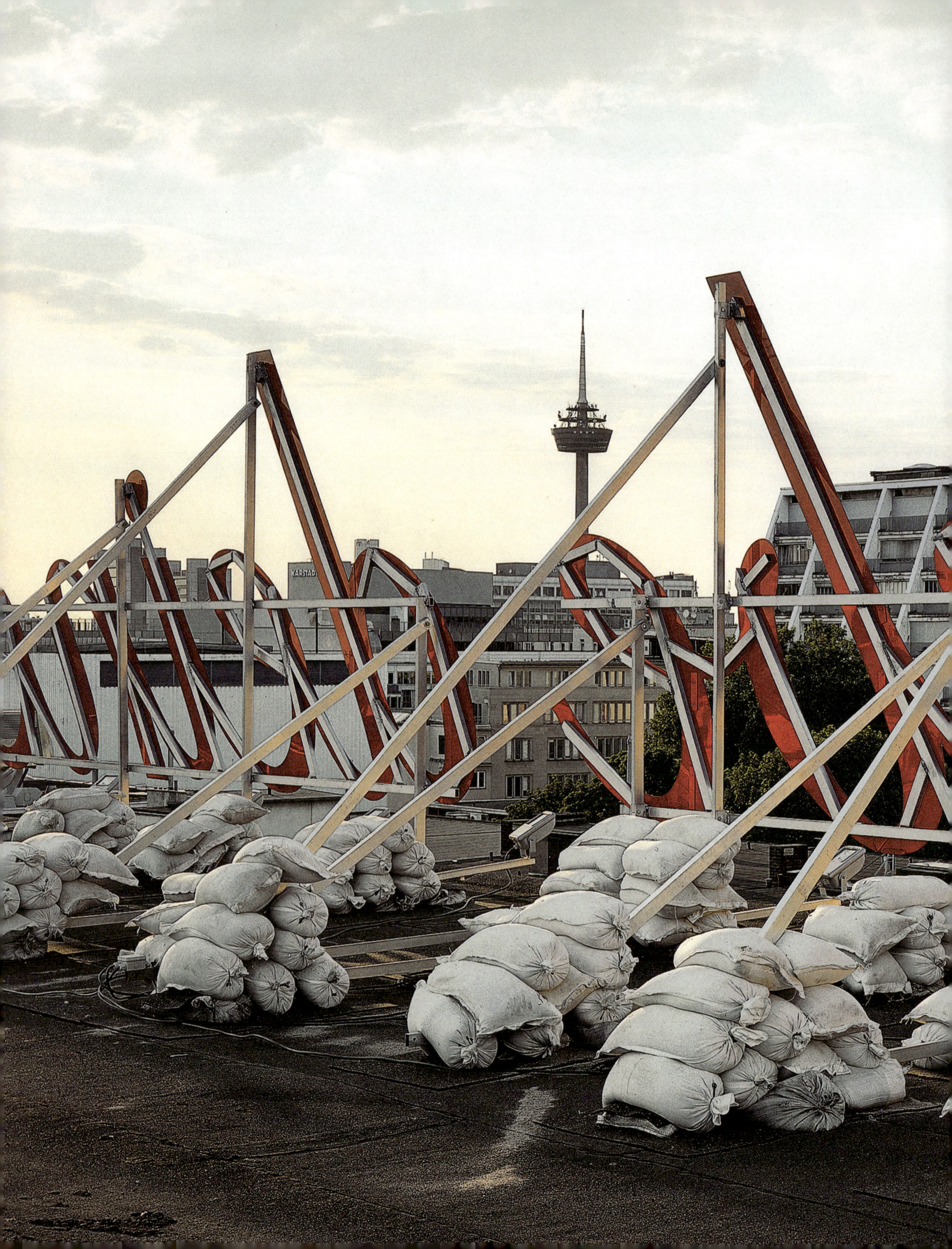
KARSTADT

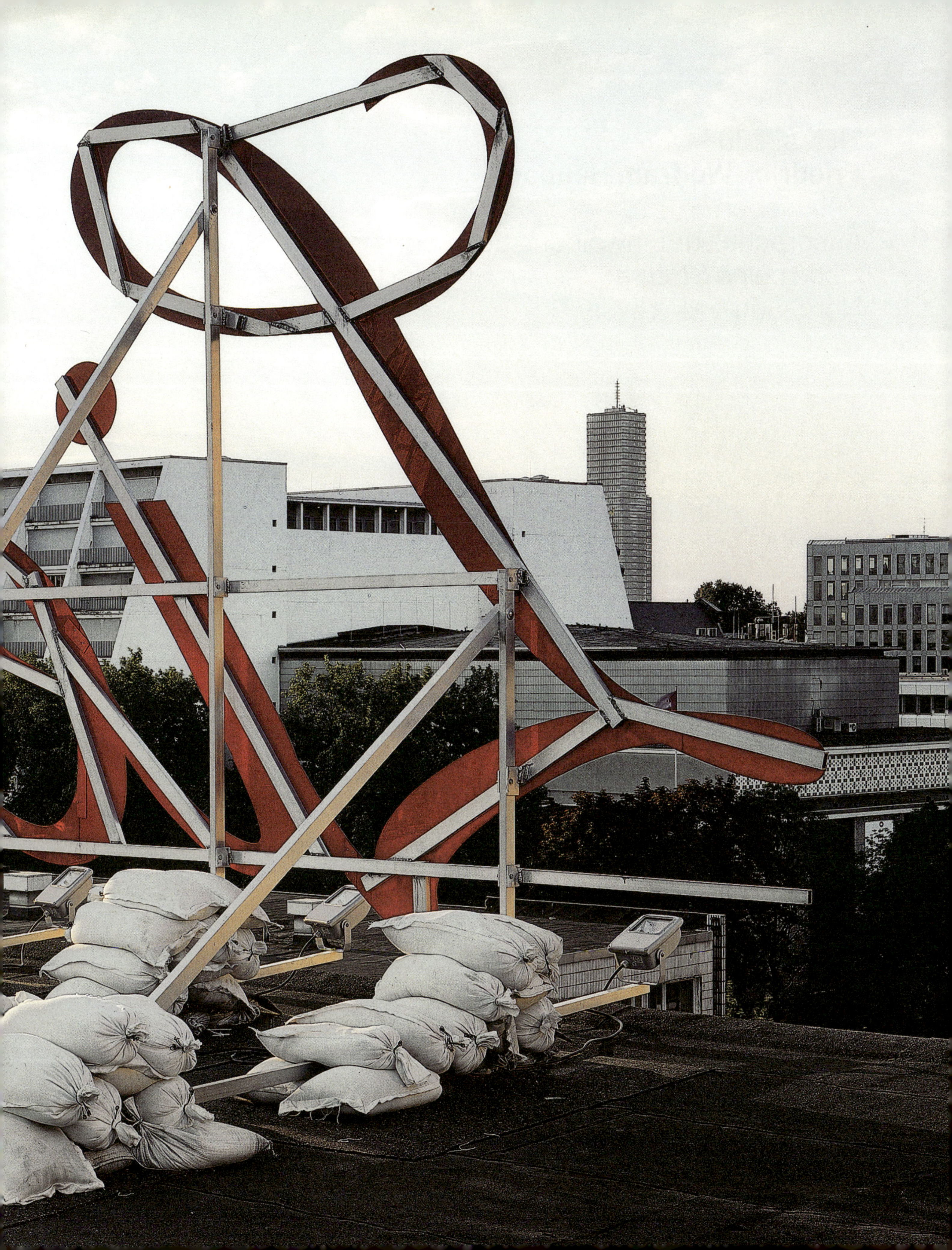

11. Mai 2007
Friedrich Wolfram Heubach
Köln lieben?!
Ansprache zur Einweihung des Schriftzugs
Liebe deine Stadt am neuen Standort an der
Nord-Süd-Fahrt

Prof. Dr. Dipl.-Psych. **Friedrich Wolfram Heubach,** *geboren 1944 in Nordrach, lebt in Köln und Isle St. Martin (Frankreich), studierte Psychologie, Soziologie und Kunstwissenschaft an der Universität zu Köln (Dipl.-Psych.; Dr. phil.). 1968 gründete er die Avantgarde-Kunstzeitschrift Interfunktionen, deren Herausgeber er bis 1975 war. 1984 erfolgte die Habilitation für das Fach Psychologie. 1985 bis 1989 war er Professor für Psychologie an der Universität zu Köln, 1989 bis 1992 Professor für Psychologie an der Hochschule für Bildende Künste in Hamburg. 1992 bis 2008 hatte er den Lehrstuhl für Psychologie/Pädagogik an der Kunstakademie Düsseldorf inne.*

Heubachs Veröffentlichungen liegen vor allem in den Bereichen Wahrnehmungspsychologie, Neue visuelle Medien, Empirische Ästhetik und Psychologie des Alltagslebens.

Verehrte Anwesende,

ich bin eingeladen worden, ein paar festliche Worte aus Anlass der Anbringung dieses Schriftzugs *Liebe deine Stadt* zu sprechen. Ich glaube, man hat damit einen Fehlgriff getan. Sie werden sich fragen, wieso steht er denn da und hat nicht einfach abgesagt? Und wieso meint er überhaupt, das sei ein Fehlgriff?

Zur ersten Frage, warum stehe ich hier als dieser Fehlgriff? Nun, aus Respekt vor Köln und seinen Traditionen. Ist es doch in Köln in kulturellen Belangen schon schöne Tradition geworden, immer mal wieder Fehlgriffe zu tun – sie sind schon ein Teil der Kölner Folklore geworden. Vergegenwärtigen Sie sich beispielsweise nur das Gerangel um den Kulturdezernenten, von dem man jetzt hört, er käme auch als Opernintendant in Frage, oder denken Sie an den Fehlgriff mit der Kunsthalle und ihrem Abriss oder an Kölns Bewerbung zur Kulturhauptstadt oder an die Bebauungspläne auf der anderen Rheinseite. Die Liste ließe sich verlängern, und ich reihe mich in sie ein, weil ich mir sage, sei nicht eitel, steh' zu Köln, sei Teil seiner Tradition, seiner Folklore des Fehlgriffs.

Und wieso bin ich einer? Weil – so begrüßenswert und verdienstvoll die Initiative *Liebe deine Stadt* ist und so großartig ich es finde, dass diese Devise ausgerechnet hier über der Nord-Süd-Fahrt platziert werden konnte, und so sehr ich meine, dass man den Finanziers dieser Aufstellung großen Dank schuldet – ich dennoch nicht umhin komme zu meinen, dass diese Devise selbst, *Liebe deine Stadt,* einen ziemlich groben Unfug darstellt und gewissermaßen ein Verhängnis zum Programm macht.

Wo liegt das Verhängnis? Das Verhängnis beginnt mit dem besitzanzeigenden Fürwort, mit dem Possessivpronomen „deine". Damit werden wir aufgefordert, uns die Stadt zu eigen zu machen. Also, Köln soll meine Stadt sein, wie sie auch jedem Anderen die seine sein soll – was ja wohl heißen soll: Köln ist für jeden da. Und das ist ein gravierendes Missverständnis!

Köln – wie jede Stadt – ist nicht für *jeden* da. Eine Stadt ist für *alle* da! – Ein Unterschied, der so groß ist, wie er mittlerweile nicht mehr gekannt, geschweige denn noch gemacht wird. Weshalb es wohl angebracht ist, etwas über diesen Unterschied zu sagen. Worin liegt er? Wie zeigt er sich? Nehmen Sie irgendeine Bank in Köln. Ich meine eine Parkbank. Und da sehen Sie, wie jemand kommt und beschließt, es sich auf dieser Bank gemütlich zu machen: Er schwingt sich auf die Rücklehne und setzt die Füße auf die Sitzfläche. Hier sieht man dieses Missverständnis: Der meint, die Bank sei für jeden da und jeder könne mit ihr machen, könne sie so nutzen, wie er will. Nun, dann sehen wir einen Menschen, der macht genau dasselbe, nur legt er dabei eine Zeitung auf die Sitzfläche. Und hier sieht man: Dieser Mensch hat offensichtlich begriffen, dass diese Bank nicht für jeden da ist, sondern für alle. Das heißt, dass jeder sie so zu nutzen hat, dass sie auch für alle anderen zu nutzen bleibt. Dass er also seinem Eigennutz eine Grenze setzt zugunsten des Gemeinnutzes.

Nun, das ist nicht die einzige Bank in Köln, an der man dieses schwierige Verhältnis zwischen Eigennutz und Gemeinnutz sehen kann. Man muss sich nur die Oppenheim Bank, die Oppenheim-Esch-Immobilienfonds und deren Wirken in Köln ansehen, da sieht man die prekären Folgen dieses possessiven Verhältnisses – *meine* Stadt –, das manche Bürger zu Köln haben.

Nun, ich will da schnell drüber hinwegreden, indem ich zu etwas Unverfänglichem komme. Vermeintlich. Nämlich zu den ästhetischen Konsequenzen, die dieser Appell *Liebe deine Stadt* – mache sie zu deiner! – zeitigt. Wenn man einem Menschen einen Raum anbietet und ihn auffordert: „Mache ihn dir zueigen!", was macht er dann? Er richtet sich darin häuslich ein, und sehr bald herrscht dann da, was man Gemütlichkeit nennt. Gegen diese Tendenz, sich etwas zueigen zu machen, indem man es sich darin gemütlich macht, mag ja ungeachtet des

FRIEDRICH WOLFRAM HEUBACH

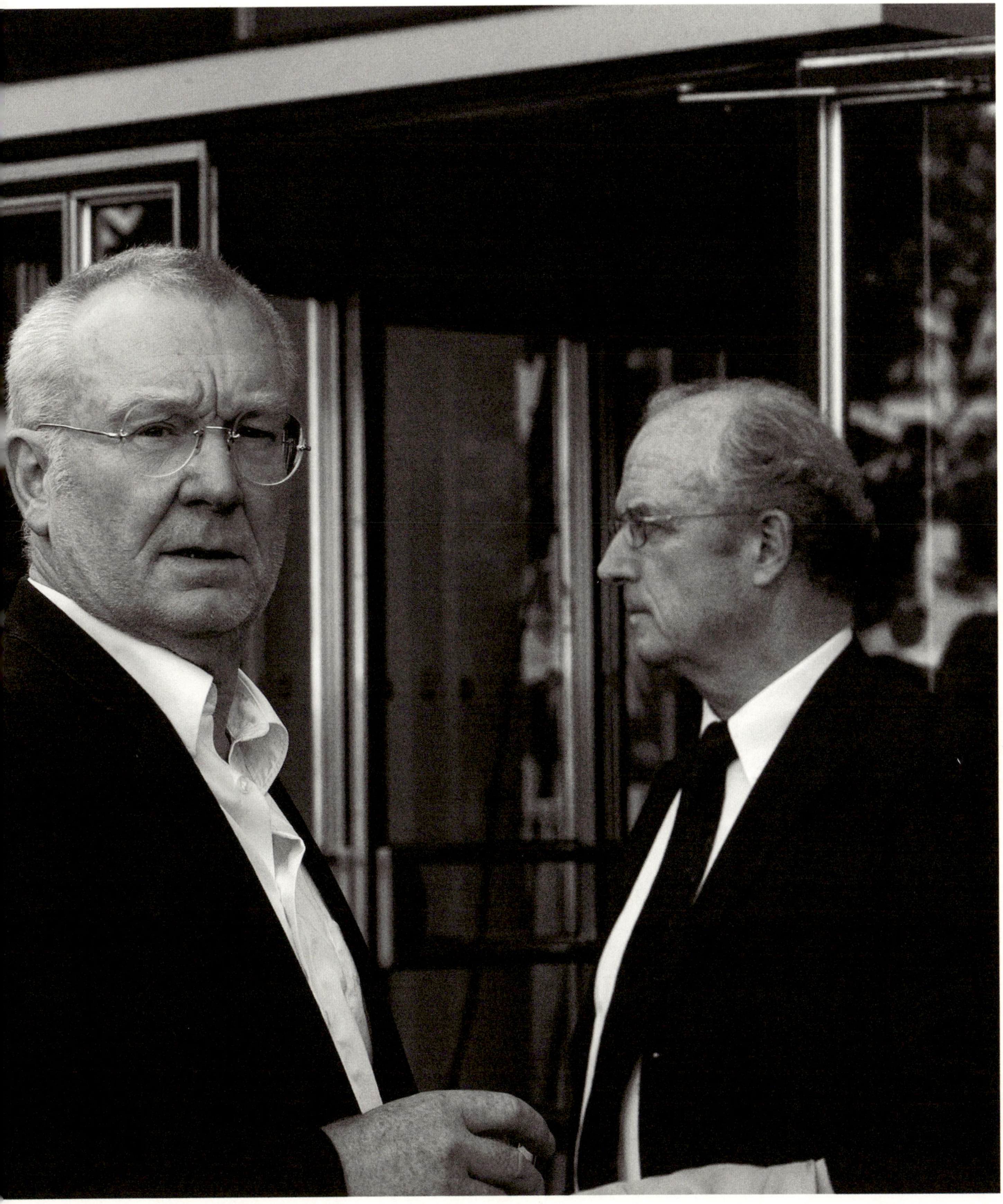

ästhetischen Elends, das sie über die Menschen bringt, nichts zu sagen sein, solange sie sich im eigenen Heim auslebt. Aber wenn die Leute nun auch die Stadt, sie zu ihrer machend, unter diesen Anspruch stellen und den öffentlichen Raum über den Leisten ihres gemütlichen Heimes schlagen, dann weiß bald keiner mehr, dass „Stadt" mehr meint als „Wohnort", dann tritt an die Stelle dessen, was man einst den „freien Geist des Urbanen" nannte, diese aufdringliche Leutseligkeit einer Wohngemeinschaft und kommt es eben zu genau dieser Verwohnzimmerung der Stadt, wie wir sie seit Längerem erleben.

Man sehe die ganze verblumenkübelte, verzierpollerte Innigkeit der städtischen Freiflächen, die preziöse Vitrinisierung des Warenkonsums in den neuen Passagen, die regressive, nachgerade uterinäre Idyllik der Viertel, ihre Verkiezung, die Veranwohnerung des Straßenparkens, das panische Verkehrsberuhigen und Straßenbegleitbegrünen inklusive, und andere ähnliche Fortschritte in der Vergemütlichung der Stadt. In ihnen verrichtet sich genau wieder – natürlich der Zeit gemäß andesignt und verlifestylt – jene ästhetische Notdurft, die sich einst in Zierkissen, Schonerdeckchen, Sammeltassen, Tagesdecken, in Büffetvitrine und Blumenbank ausließ, kurz: in jenem sentimentalen Verhau, jenem möblierten Verhängnis namens „Heim".

Sollten Sie diese Verwohnzimmerung der Stadt für eine Ausgeburt einer zynischen Phantasie halten, dann aber bitte nicht nur meiner, denn schließlich nennt die da einschlägig tätige Firma Decaux das, was sie tut, ja selber „Stadtmöblierung".

Aber warum ist hier von all dem die Rede? Weil dieser Anspruch, der sich da neuerdings in der Stadt auslebt, auch in der Kritik wirksam ist, wie sie jetzt häufiger an der Nord-Süd-Fahrt geäußert wird, an der wir uns hier gerade befinden. Und ich muss sagen, ich liebe die Nord-Süd-Fahrt. Ich wohne fünfzig Meter davon entfernt, ich rede also – laut, wie diese Straße ist – nicht über eine Liebe, die mich nicht auch leiden lässt. Ich liebe die Nord-Süd-Fahrt auch nicht, weil ich sie so liebenswert oder schön finde, sondern weil ich diese blöden Ansprüche auf Idylle hasse, die vieler Kritik an ihr zugrunde liegen.

Da wird man mir wahrscheinlich entgegenhalten: „Ja, aber hören Sie mal! Sie können ja ruhig die Nord-Süd-Fahrt lieben, aber das ist und bleibt doch eine Bausünde!" Aber die Nord-Süd-Fahrt ist keine Bausünde. Eine Bausünde, eine individuelle Verfehlung eines Architekten, das war zum Beispiel die Dom-Umbauung. Wenn man da stand vor dieser Betonseligkeit, vor dieser Seligkeit in Beton, da hatte man den Eindruck, es wäre bei dieser Umbauung darum gegangen, den Dom in den Westwall[1] zu integrieren. Die Nord-Süd-Fahrt ist keine Bausünde, und man muss sie auch weder lieben noch unbedingt schön finden, genauso wenig wie die Oper hier oder das Fünfziger-Jahre-Ensemble an der Hahnenstraße, sondern alles das ist Ausdruck einer Zeit, ist Geschichte, und als deren Zeugnis sollte man sie doch wenigstens zu achten wissen.

Aber zurück zu dem Slogan *Liebe deine Stadt* – zu dieser Aufforderung an uns, Köln zu lieben. Was soll das?! Ich verstehe es nicht! Wozu dieser Appell?! – Das tun doch die Kölner, die haben doch schon immer ihre Stadt geliebt! Und wie! Und mit welchen verhängnisvollen Folgen!

Nehmen Sie zum Beispiel Herrn Neven DuMont. Wenn man ihn fragte: „Lieben Sie Köln?", dann würde er sicher nicht „Nein" sagen. Er hat ja schließlich auch schon Beweise seiner Liebe gezeigt. Also etwa diesen Brunnen, den er gestiftet hat, der an der Breite Straße steht. Wenn Sie mal sehen wollen, wie blind Liebe sein kann und zu welchen ästhetischen Unsäglichkeiten das führen kann, wenn jemand seine Liebe beweisen will, schauen Sie sich diesen Brunnen an. Und eine persönliche Bitte, folgen Sie mir in meinem Versuch, diesen Brunnen unsichtbar zu machen, indem Sie den Punks, die sich gerne um ihn sammeln, immer viel Geld geben, so dass sich unter ihnen herumspricht, dass man an diesem Brunnen gutes Geld macht! Und dass dann hinter diesen Punks der Brunnen allmählich nicht mehr zu sehen ist.

Oder ein anderer Fall von Liebe zu Köln: der Fall Schramma. Auch hier wieder ein Fall dieser für eine leidenschaftliche Liebe ja typischen Störung kognitiver Funktionen. So können dem Herrn Schramma die Hochhäuser in Köln einerseits nicht hoch genug sein, egal wie wenig man dann noch vom Dom sieht. Aber er ist andererseits ganz unbedingt dafür, dass man endlich wieder den Dom im Logo der Messegesellschaft zeigt, damit er so in aller Welt gesehen werde. Also ganz die für Liebende typische Vernachlässigung der Realien zugunsten des Symbolischen.

Oder nehmen Sie diesen Fall HA Schult. Wenn Sie Herrn Schult fragen: „Lieben Sie Köln?", dann wird der Ihnen ganz viel und noch mehr erzählen. Auf jeden Fall wird er nicht widersprechen. Und wenn Sie sich das ansehen, was er so der Stadt angetan hat in der langen Geschichte dieser unglücklichen Beziehung von Liebe, dann werden Sie auch da wieder etwas aus der Pathologie des Liebeslebens klar vor Augen haben. Nämlich dieser unbedingte Versuch des Liebenden, das geliebte Gegenüber seinen Phantasien anzugleichen, sich gleich zu machen. Woraus sich in seinem Fall die heillose Umtriebigkeit erklärt, in der HA Schult unbedingt überall in Köln irgendwas von dieser blöden Buntheit und dieser Beliebigkeit anzuschrauben sucht, die seine eigene ist.

Nun, wenn man sich das alles so anschaut – und ich habe ja hier beileibe nicht alle Liebesbeweise der Kölner an ihre Stadt aufgezählt –, dann muss man doch zugeben: Köln ist eine ziemliche Zumutung, und es können einem tiefe Zweifel kommen, ob dieses Köln überhaupt zu lieben ist. Und es gibt ja auch viele, die behaupten, Köln könne man nicht lieben. Köln sei einfach zu hässlich, in jeder Hinsicht, ästhetisch wie politisch, uninspiriertester Klüngel. Dieses Köln zu lieben, wozu der Slogan auffordere, das wäre eine blanke Zumutung.

Das hat mich natürlich als der Psychologe, der ich bin, herausgefordert, und ich habe mir die Frage gestellt, kann man alles das, wovon hier die Rede war, sehr wohl sehen, und Köln, diese Zumutung, dennoch lieben?!

Ja, rein empirisch gesehen, kann man das – viele tun's ja schließlich –, aber als Psychologe muss man ja auch Erklärungen finden dafür. Und so habe ich mich denn etwas in den abendländischen Trieb- und Affektlehren umgesehen und bin auf zwei Erklärungen für eine Liebe zu Köln gestoßen, oder anders gesagt, auf zwei Modelle einer möglichen Liebe zu Köln.

In dem einen Fall bei Sigmund Freud. Und zwar im Zusammenhang seiner Auseinandersetzung mit einer bestimmten Ideologie der Mutterliebe, die behauptet, Mutterliebe sei etwas gewissermaßen Angeborenes. Sie liege in der Natur der Frau, und dank dieser in ihr angelegten Liebe zum Kind, sei sie denn auch in der Lage, diese ganzen Zumutungen auf sich zu nehmen, welche die Aufzucht ihres Kindes mit sich bringen, dieses Nicht-mehr-Durchschlafen-Können, diese ewige Arsch-Abwischerei und Brei-Rührerei, et cetera et cetera. Da wendet Freud ein, ob es sich nicht vielleicht eher umgekehrt verhält: Beginnt nicht die Mutter, die da so gründlich auf all das verzichtet, was heute unter dem Begriff „Selbstverwirklichung" firmiert, irgendwann in dem Maße das Kind zu lieben, wie und weil nur so ihre Selbstentsagung, ihr Verzicht auf eigene Erfüllung, noch einen Sinn erfüllt? Und womit es ihr möglich wird, alles das, was sie eben noch als ein ihr von außen Abverlangtes, Aufgenötigtes, Zugemutetes erfuhr, jetzt als freie Gaben einer tiefen Liebe in ihr zu erleben? Versteht man das so, dass hier die Liebe sozusagen eine Notwehr bildet gegen eine Zumutung, die so groß ist, dass ihr anders kein Sinn mehr zu geben ist beziehungsweise der standzuhalten sonst nicht möglich wäre, dann hätte man hier ein erstes Modell einer Liebe zu Köln.

Es gibt noch ein anderes, auf das bin ich bei Dostojewski gestoßen. Ihnen dürfte bekannt sein, das es bei Dostojewski immer wieder um das Gute und das Böse geht: hier der gute Mensch und dort etwas Bedrückendes, Erniedrigendes, Gemeines. Und dieses Gemeine hat eine enorme

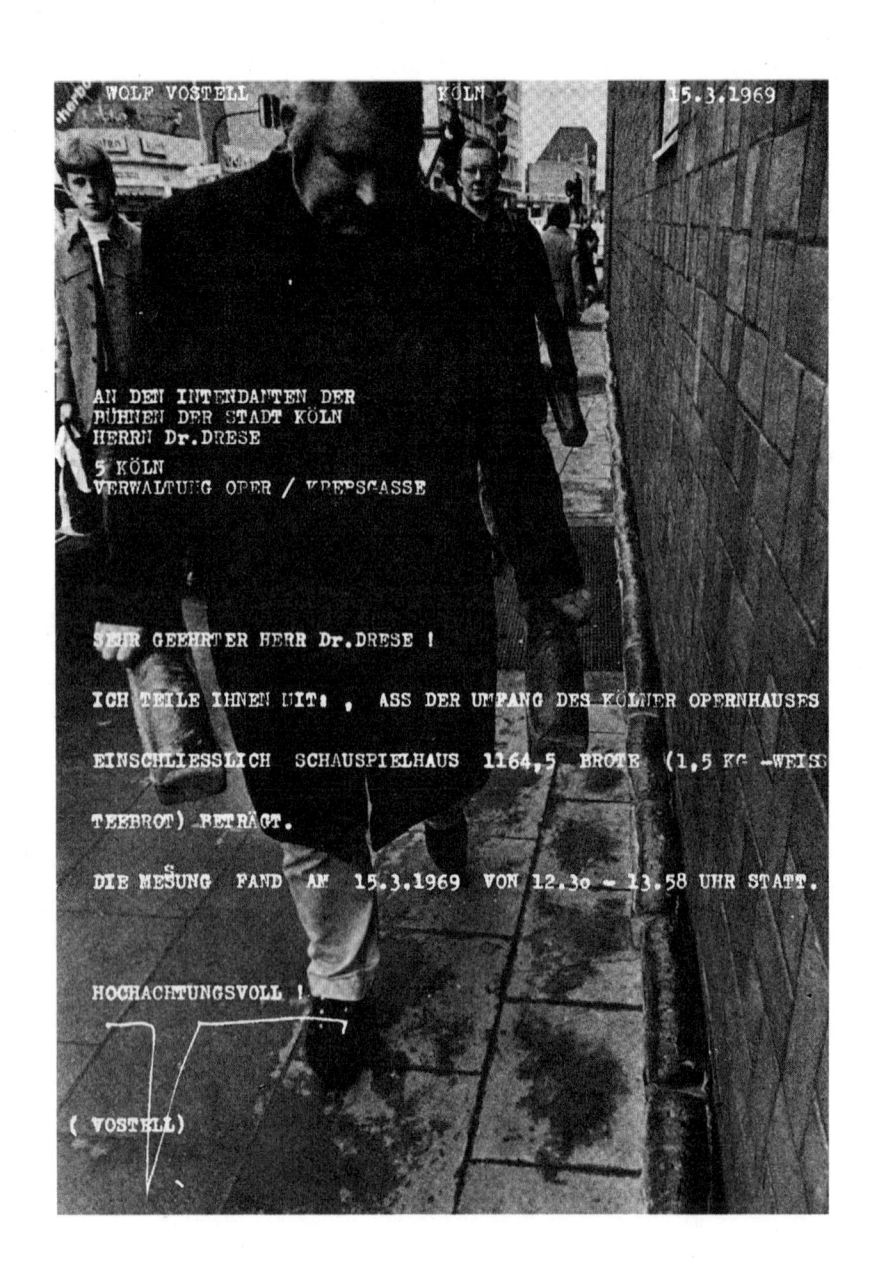

> WOLF VOSTELL KÖLN 15.3.1969
>
> AN DEN INTENDANTEN DER
> BÜHNEN DER STADT KÖLN
> HERRN Dr. DRESE
> 5 KÖLN
> VERWALTUNG OPER / KREPSGASSE
>
> SEHR GEEHRTER HERR Dr. DRESE !
>
> ICH TEILE IHNEN MIT: , ASS DER UMFANG DES KÖLNER OPERNHAUSES
>
> EINSCHLIESSLICH SCHAUSPIELHAUS 1164,5 BROTE (1,5 KG -WEISS
>
> TEEBROT) BETRÄGT.
>
> DIE MESSUNG FAND AM 15.3.1969 VON 12.30 - 13.58 UHR STATT.
>
> HOCHACHTUNGSVOLL !
>
> (VOSTELL)

```
WOLF  V O S T E L L        BROTVERMESSEN
```

[image of opera house]

```
BROT= EIN INSTANT-HAPPENING EREIGNETE
SICH AM 15.3.1969  VON 12.35 UHR -13.58 UHR
IN KÖLN.MIT 40 BROTEN WURDE DER UMFANG DER
STÄDT.BÜHNEN GEMESSEN (VOSTELL-HEUBACH-
ZUFALLSPUBLIKUM)

===================================================
---------------------------------------------------
DER UMFANG DES KÖLNER OPERNHAUSES
EINSCHLIESSLICH SCHAUSPIELHAUS BETRÄGT:
1164,5 BROTE,1,5Kg,50 cm lang,WEISS,TEEBROT


KOMBINAT 1
KÖLN
```

DRUCKSACHE

Kleine historische Reminiszenz an eine schon lange zurückliegende künstlerische Aktion, die den Autor dieses Beitrags zeigt – rechts hinter Vostell, ein Teebrot in der Hand –, und die davon zeugt, wie selbstlos und mit welch fragwürdigen Mitteln bzw. Argumenten er auch schon früher bemüht war, die Kölner über sich und ihre Stadt aufzuklären.

Macht, gewinnt immer mehr Macht über den Menschen. Und so gut er auch ist, es versucht ihn, er beginnt zu wanken und zunehmend in die Macht des Bösen zu geraten. Und was macht er da nicht selten bei Dostojewski? Er beginnt dieses ihn Bedrückende und Erniedrigende zu lieben! Er wendet sich nicht voller Abscheu von ihm ab, von diesem Bösen und Gemeinen, er flieht es nicht. Nein, er liebt es. Aber was hat er nur davon? Den Beweis, dass ihm in und mit seinem Gefühl der Liebe eine Macht gegeben ist, die stärker ist als die des ihn bedrängenden Bösen. Er triumphiert über dieses Böse, indem er sich imstande zeigt, den zu lieben, der es ihm antut. Dies ein weiteres Modell, Köln zu lieben. Die Liebe zu Köln als Triumph über alles Bedrückende und Niedrige, das einem diese Stadt zumutet.

Nun wird ein Kenner des abendländischen Denkens vielleicht bemerken, dass diese Modelle gar nicht so weit auseinanderliegen, jedenfalls eine gemeinsame Wurzel haben in jener Liebe, der Nietzsche das Wort geredet hat mit seinem „amor fati" (Liebe zum Schicksal).

Da würde allerdings ein Kenner der Kölner Mentalität – ein vermeintlicher – sofort einwenden, das wäre zu viel verlangt vom Kölner. Also diese Selbstlosigkeit, dieser Heroismus des „amor fati", das wäre nicht des Kölners Art. Der wäre damit allemal überfordert.

Aber das stimmt nicht! Das stimmt nicht! Sein Schicksal, also Köln zu lieben, egal was und wie es kommt, – das ist für den Kölner überhaupt kein Problem, weiß er doch: Et hätt noch immer joot jejange.

Und damit der Kölner in dieser seiner heroischen Zuversicht recht behält, damit auch wirklich man am Ende wird sagen können, ja, es ist wieder einmal doch noch gutgegangen, – darum habe ich mir hier erlaubt darauf hinzuweisen, dass hier und jetzt sehr wohl manches noch im Argen liegt. Ich danke Ihnen für diese Gelegenheit und für Ihre Geduld.

Überarbeitete Tonband-Aufzeichnung der frei gehaltenen Rede.

1 Zum Schutz der Westgrenze Deutschlands in den dreißiger Jahren errichtetes, zumeist aus Bunkern und Panzersperren bestehendes Verteidigungssystem.

Plakat für die Inszenierung *Kölner Affären* von Alvis Hermanis (Riga) in der Halle Kalk/ Schauspielhaus Köln, 2008.

↑ 🛣 ✈

↑ 🚛 Severins-Brücke

Neumarkt ↗

↑ (3.5t) Deutzer Brücke

Heumarkt ↗

eine Stadt
e World Communicate
Klosterfrau
MELISSENGEIST
30
ZONE
3,8 m
50 m
Einbahnstraße
Unser Strom
macht schöner.

Liebe deine Stadt
Helping the World Communicate
Klosterfrau
MELISSENGEIST
30
ZONE
50 m
WEHMEYER

Bühnenbild der Inszenierung *Kölner Affären* von Monika Pormale (Riga) in der Halle Kalk/Schauspiel Köln, 2008.

26. Juli 2007
Walter Prigge
Moderne nach dem Bauhaus
Das Landeshaus in Köln-Deutz

*Dr. **Walter Prigge**, geboren 1946 in Bremen, lebt in Dessau. Stadtsoziologe, Publizist, Kurator und seit 1996 wissenschaftlicher Mitarbeiter der Stiftung Bauhaus Dessau.*

Mitte der fünfziger Jahre war noch fast alles frei um den Kölner Dom, es gab noch keine Domplatte, die provisorischen Parkplätze auf den geräumten Grundstücken ringsherum reichten bis an den Rhein hinunter. Gegenüber, auf der Deutzer Seite, wurden die Reparaturen der Kriegszerstörungen jedoch bereits in Angriff genommen. Der Landschaftsverband Rheinland übernahm das im Krieg zerstörte Haus der Vorgängerinstitution und schrieb 1955 einen Wettbewerb aus: Es sollten 15.000 Quadratmeter Büroräume für über siebenhundert Mitarbeiter entstehen. 91 Entwürfe wurden eingereicht, in der Mehrzahl damals noch unrealisierbare Hochhäuser am Rheinufer. Das war die Chance für jüngere Architekten – sie gewannen die beiden ausschließlich vergebenen zweiten Preise, beide waren keine Hochhäuser. Eckhard Schulze-Fielitz, Ernst von Rudloff und Ulrich S. von Altenstadt bauten das Landeshaus dann als vierstöckiges Bürohaus, das auf rechtwinkligem Grundriss einen im Erdgeschoss nach zwei Seiten hin offenen Innenhof umschließt: Die Uferlandschaft fließt durch das Gebäude hindurch.

Nach Verzögerungen beim Baubeginn wurde es 1959 fertiggestellt. Angesichts der konsequent modernen Architektur unsicher geworden, ließ der Bauherr das Erscheinungsbild der graublauen Vorhangfassade durch ein Expertengremium überprüfen: Auf die grauen Profile sollten silbern schimmernde Aluminiumbleche aufgezogen und die dunkelblauen Brüstungsfelder dazwischen durch hellgrüne Gläser ersetzt werden, so die Empfehlung dieses Gremiums. Das reizte den Chefredakteur der Architekturzeitschrift *Bauwelt* zu einer Glosse unter dem Titel „4712?". Conrads kritisierte die gewünschten kosmetischen Fassadeneingriffe („in der Nähe unsinnig, in der Fernsicht wirkungslos") und lobte den fertigen Bau als Meisterstück junger Architekten: „Damit ist er – für uns – ein Lehrstück, betont distanziert von der kölnischen, aber ach so unkölnischen Nachkriegseigenart: von Parfüm und Protz falscher Repräsentation."[1] Wohl auch durch diese Intervention blieb es bei der graublauen Ansicht.

Die Stahl-Beton-Konstruktion folgt mit ihrer vorgehängten Fassade der sachlichen Moderne nach dem Bauhaus, die sich in vereinzelten Nachkriegsbauten auch in Köln zeigt. Gleich einer modernen Plastik, die ohne dominante Schauseite von allen Seiten gleichermaßen durchgearbeitet ist, gewinnt dieser Baukörper eine enorme architektonische Selbständigkeit, die sich hier nicht gegen die Landschaft wendet, sondern das offene Ineinander von kontrollierter Büro- und öffentlicher Gartennutzung organisiert. Es sind die architektonischen Prinzipien der amerikanischen Bürohausmoderne, reformuliert von Bauhaus-Migranten wie vor allem Ludwig Mies van der Rohe, die von den jungen deutschen Architekten aus Chicago und anderswo nach Köln importiert und eigenständig europäisch interpretiert wurden – sie strukturieren den räumlich durchgerasterten Baukörper und verleihen seinen Formen architektonische Qualitäten. 1985 wurde der Bau daher zu Recht zum Denkmal erklärt. Heute ist er ein Lehrstück für transparente Proportionen und räumliche Raster ohne Langeweile, für Maßstäblichkeit ohne „bigness" und für die städtebauliche Einordnung in die auch von diesem Bau mitkonstituierte Uferlandschaft.

Eindeutig positioniert sich dieser luftig geöffnete Bau also auf der Seite der international orientierten Moderne, die für eine transparente Sachlichkeit eintrat – und gegen den regionalistischen Neoklassizismus aus der Stuttgarter Schule, der die Nachkriegsarchitektur dominierte und so auch die verspielte Fassade ornamentierte, die dem Blau-Gold-Haus der Kölner Parfümfabrik 4711 gegenüber am Dom vorgehängt wurde. Diese Auseinandersetzung um die unterschiedlichen formalen Schulen der Moderne bestimmte die deutsche Architekturgeschichte im 20. Jahrhundert; in den fünfziger Jahren wurde sie als Kampf der zwei Linien um die richtige Form auch von Köln aus geführt, so in dem 1953 von Rudolf Schwarz angezettelten und national diskutierten Bauhaus-Streit.

Für alle Richtungen der Moderne stellte damals der Dom selbstverständlich die kölnische Identität dar – die Bauten in seinem Sichtfeld ordneten sich dem nationalen Denkmal und

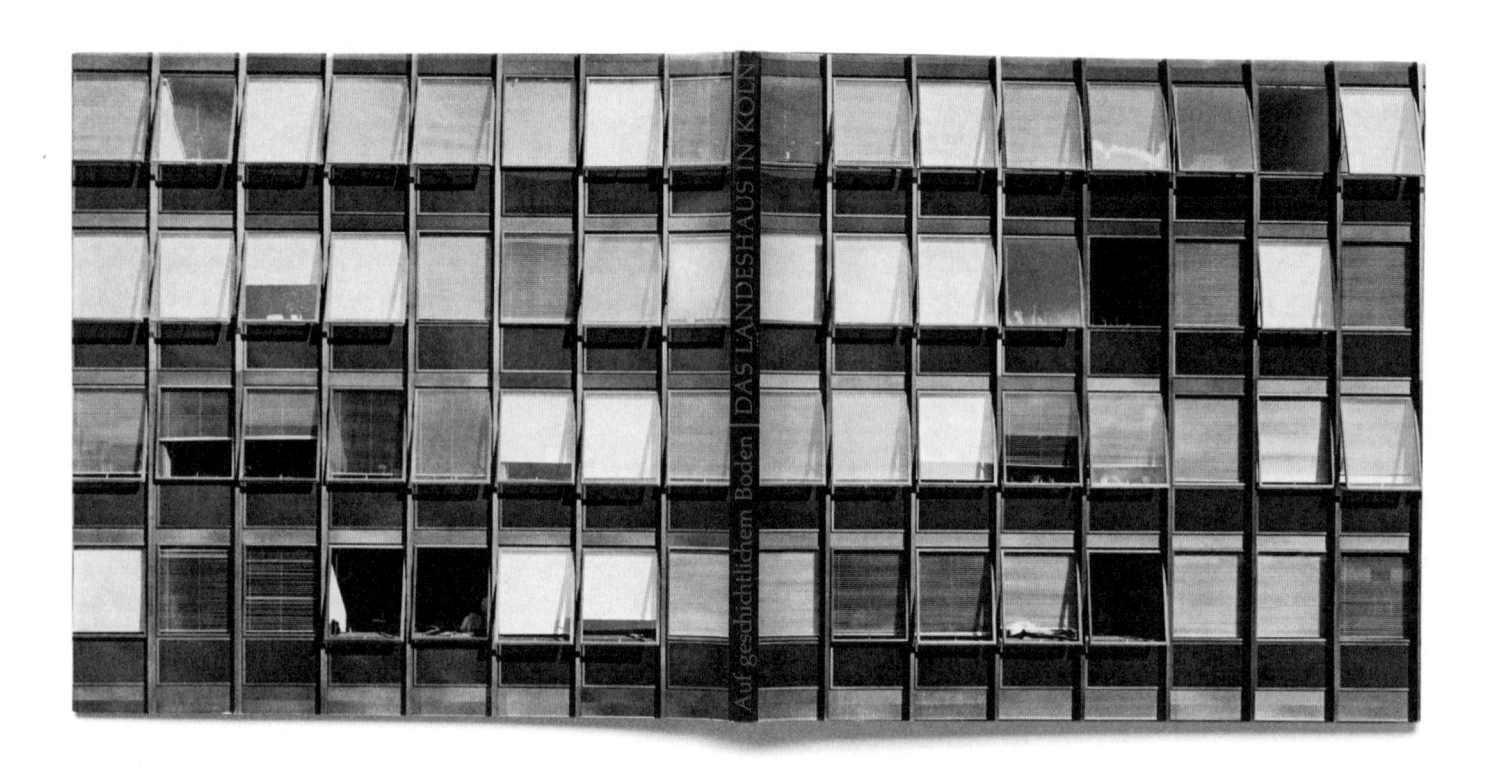

Auf geschichtlichem Boden – DAS LANDESHAUS IN KÖLN, Herausgegeben vom Landschaftsverband Rheinland, Köln 1959.

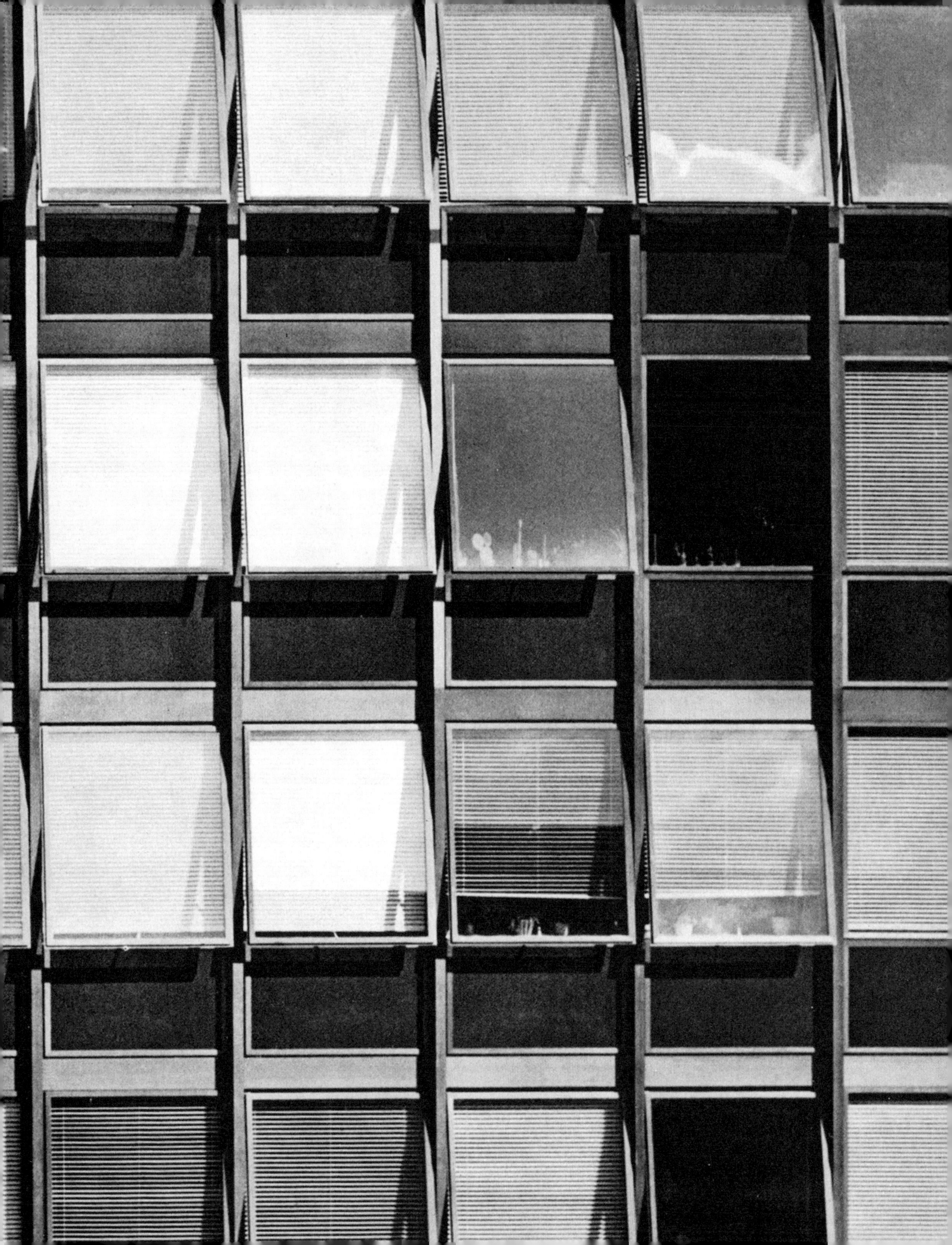

späteren Weltkulturerbe fraglos unter. Die Gegenwart respektiert das nicht mehr. Neben den bereits vorhandenen, in der Höhe moderaten, in der Qualität nicht akzeptablen Hochhäusern in der Nachbarschaft des Landeshauses war ein Pulk von fünf weiteren, mit etwa hundert Metern wesentlich höheren Hochhäusern am Deutzer Bahnhof geplant. Am Endpunkt der ICE-Stecke Frankfurt–Köln sollte kurz vor der Dombrücke auf rechtsrheinischer Seite ein zweites „stadtbildwirksames Zentrum" mit ICE-Anschluss und umgenutzten Messehallen entstehen. Stadtplanerische Gutachten behaupteten die Verträglichkeit der neuen Hochhäuser mit dem Erscheinungsbild des Doms und demonstrierten mit „wissenschaftlichen Sichtfeldanalysen", dass ein solches Zentrum aus „planerischer und städtebaulicher Sicht die angestrebte vertikale bauliche Verdichtung und die Entwicklung eines stadtbildwirksamen, zeichenhaften Erscheinungsbildes an diesem Standort" legitimiere.[2]

Das rief den Widerspruch des nationalen Vereins für Denkmalpflege auf. Stellvertretend für die UNESCO mischte sich das deutsche Nationalkomitee von ICOMOS, des International Council on Monuments and Sites, in die Debatte um ein zweites Zentrum gegenüber dem Dom ein. Neben der Warnung vor den banalen Qualitäten der projektierten Hochhausbauten ging es den protestierenden Denkmalpflegern – wie in den ähnlichen Weltkulturerbe-Fällen Potsdam oder Dresden – um die Sichtbeziehungen zum Weltkulturerbe: Kritisiert wurde gerade die Stadtbildwirksamkeit der neuen Hochhäuser, gegen die die Blicklandschaft des Doms zu schützen sei. Dagegen argumentierten die Liebhaber der amerikanischen Businessmoderne, dass die Zeit nun reif sei für neue Ikonen. Die fünf gläsernen Hochhäuser sollten, zusammen mit den Kranhäusern auf der linksrheinischen Seite, einen „Bilbao-Effekt" am Rheinufer erzeugen, der die wirtschaftliche Strahlkraft Kölns nach außen symbolisieren und nach innen potenzieren könnte. Auch diese Position der symbolischen Wirtschaftsförderung argumentiert mit Sichtfeldern und Stadtbildern eines allerdings modernisierten Stadtmarketings, das den Dom als traditionelle Stadtikone dem neuen Raumbild der Dienstleistungsstadt unterordnet.

In allen Fällen ist allerdings umstritten, was ikonische Architekturen und ein mit Bildern arbeitender Städtebau heute überhaupt zu leisten vermögen. In Zeiten verschärfter kommunaler Konkurrenz und dem damit verbundenen Zwang zu unternehmerischer Stadtpolitik stimmte die Kölner Kommunalpolitik jedenfalls der Planung eines zweiten Zentrums zu. Gestoppt wurde sie erst durch die Intervention von außen: Die Drohung mit der Roten Liste des Weltkulturerbes zeigte Wirkung.

Auch wenn man im Zeitalter globaler Stadtentwicklungen des 21. Jahrhunderts der überkommenen „barocken" Argumentation mit architektonischen Sichtachsen und Blicklandschaften nicht zustimmt – die Stoßrichtung der Intervention war richtig: Erscheint es unsinnig, den Dom mit höheren Häusern einer banalen Investorenarchitektur übertrumpfen zu wollen, so ist es geradezu abwegig, mit fünf Hochhäusern gegen Frankfurt konkurrieren zu wollen, das internationale Dienstleistungszentrum am anderen Ende der ICE-Strecke. Das war der ideologische Hintergrund, auf dem das zweite Zentrum projektiert wurde. Warum aber sollte Köln in der Städtekonkurrenz mit Planungsmethoden erfolgreich sein, die andere Städte perfektionieren und somit kennzeichnen? Köln muss den eigenen Weg finden, und es scheint so, dass die Chance dazu nun auch an der Messe besteht. Denn nachdem hier zu verschiedenen Zeiten unterschiedliche Höhen von Hochhäusern zwischen sechzig und hundert Metern diskutiert und auch beschlossen wurden, war der Hochhausplan am Deutzer Bahnhof doch nicht mehr zu halten. Übrig blieb das einzelne Hochhaus (KölnTriangle), das neben dem Landeshaus versucht, mit einer angestrengt originellen Form zu punkten und damit etwas Ikonisches über seine bloße Investorenarchitektur hinaus darzustellen. Investor war in vermittelter Form wieder die Landesverwaltung, die hier jedoch nicht die institutseigene Tradition von Qualitätsarchitektur des Landeshauses fort-, sondern die spekulative Forderung durchsetzte, die Ausnutzung an diesem Standort über die verträglichen und ortsüblichen sechzig Meter hinaus auszuweiten.

Mit auffallender Form und Höhe hat dieses Hochhaus zwar durchaus Skyline-Format; es fehlen jedoch weitere Kriterien ikonischer Architektur – so insbesondere die Ausbildung architektonischer Qualitäten, die kreative Impulse an den Standort vermitteln könnten. Der Triangle-Turm wird daher kein Logo für die Stadt Köln werden, bietet dafür aber eine schöne Aussicht auf sie. Die architektonischen Qualitäten reichen hier ebenso wenig aus wie bei den Kranhäusern auf der anderen Seite des Rheins, die krampfhaft eine symbolische Beziehung zur Hafennutzung suchen. Wirkliche Ikonen der Architektur zeichnen sich nach der Postmoderne durch eine größere Offenheit der Interpretationsmöglichkeiten aus – sie sind in ihrer ambivalenten, monumentalen Bedeutung widersprüchlicher als diese Kölner Nachfahren einer gewöhnlichen gläsernen Bürohausmoderne. Erst solche latente Mehrdeutigkeit macht wirkliche Ikonen zu Logos für den jeweiligen Ort.

Wo liegen nun die Alternativen zu den „ikonischen" Hochhäusern einer Investorenmoderne oder zu den „europäischen" Kulissen einer Retro-Architektur, die mit industriell hergestellten Sandsteinplatten historische Traufhöhen reproduzieren? Eine solche Alternative zu Frankfurt oder Berlin zu finden ist die gegenwärtige Aufgabe der Stadtarchitektur in Köln. Denn Köln hat vorbildliche Bauten, die den richtigen Weg anzeigen: Das sind historisch und rechtsrheinisch das hier ausgezeichnete Landeshaus, das seine Umgebung mit architektonischen Qualitäten kritisiert und bis heute überstrahlt; in der Gegenwart und privatwirtschaftlich die neue Filiale von Peek & Cloppenburg, die auf die städtebaulichen Besonderheiten ihres Standortes mit einer interessanten Form antwortet; und neuerdings vor allem das neue Diözesanmuseum, jüngster Kölner Beitrag zur baukulturellen Tradition des halböffentlichen Bauherrn Kirche, der sowohl Retro-Architektur als auch Containermoderne kritisch reflektiert und damit jenen historischen Kampf der zwei Form-Linien für Köln beenden könnte. Diese Bauten meistern die jeweiligen städtebaulichen Herausforderungen ihrer Standorte mit besonderen Gestaltungsweisen von städtischer Qualitätsarchitektur, die gerade in der Zurückweisung offensichtlicher privater oder öffentlicher Ikonographien stadtbildprägende Qualitäten gewinnen.

1 Ulrich Conrads, „4712'?" In: *Bauwelt*, Heft 34, Berlin 1959, S. 1002; ders.: „Meisterstück = Lehrstück: Anmerkungen zum neuen Landeshaus in Köln", in: *Bauwelt*, Heft 30, Berlin 1960, S. 861.
2 Aus dem Gutachten für das Stadtplanungsamt Köln, zit. nach Barbara Schlei, „Blickbeziehungen – Die Stadtbildverträglichkeitsuntersuchung zur Kölner Hochhausplanung," in: http://www.koelnarchitektur.de/pages/de/home/aktuell/1022.htm vom 21. November 2003, aufgerufen am 10. April 2008.

Walter Prigge am 26. Juli 2007 vor dem Landeshaus in Köln-Deutz.

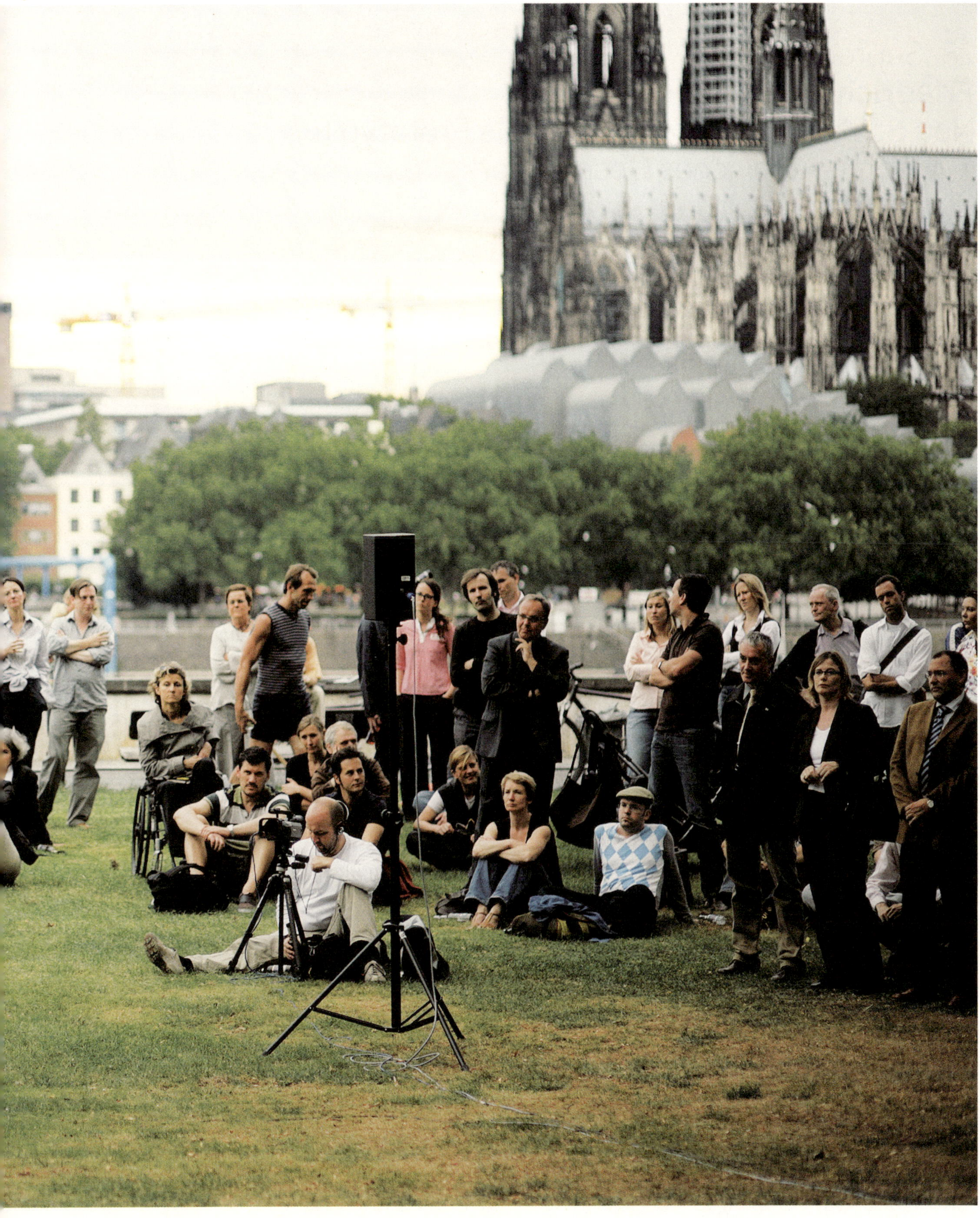

28. September 2007
Friedrich Kurrent
Neu St. Alban am Stadtgarten als Prototyp für ein architektonisches Gesamtwerk

Prof. em. **Friedrich Kurrent,** *geboren in Hintersee bei Salzburg, lebt in Wien und Sommerein. Architekturstudium an der Akademie der bildenden Künste, Wien, bei Clemens Holzmeister. 1952 Diplom, seither freischaffender Architekt. Mitglied der arbeitsgruppe 4 (bis 1964 mit Wilhelm Holzbauer, bis 1973 mit Johannes Spalt). Assistent bei Konrad Wachsmann und Ernst A. Plischke. 1965 Gründungsmitglied der Österreichischen Gesellschaft für Architektur. 1973–1996 Universitätsprofessor für „Entwerfen, Raumgestaltung und Sakralbau" an der Architekturfakultät der Technischen Universität München. Seit 1987 Mitglied der Bayerischen Akademie der Schönen Künste.*

Auszeichnungen: 1979 Preis der Stadt Wien für Architektur, 1997 Österreichisches Ehrenzeichen für Wissenschaft und Kunst, 1998 Sonderpreis für „Beispielhaftes Bauen mit Brettschichtholz" im Rahmen des „Holzbaupreises 1998" des Bayerischen Landwirtschaftsministeriums (für die Segenskirche in Aschheim); 2001 Goldenes Ehrenzeichen der Stadt Wien; 2007 Silbernes Ehrenzeichen des Landes Salzburg.

Ausgewählte Bauten: Parscher Kirche in Salzburg, mit der arbeitsgruppe 4; Seelsorgezentrum Ennsleite in Steyr, mit der arbeitsgruppe 4 und Johann Georg Gsteu; Kolleg Sankt Josef in Salzburg-Aigen, mit der arbeitsgruppe 4; Zentralsparkasse Floridsdorf in Wien, mit Johannes Spalt; Wohnhaus Nobilegasse in Wien; Bergkapelle in Ramingstein; Evangelische Segenskirche in Aschheim; Katholische Pfarrkirche Sankt Laurentius in Kirchham; Maria Biljan-Bilger-Ausstellungshalle in Sommerein.

Merlin Bauer hat es vermocht, mich für ein paar Worte von Wien nach Köln zu locken. Merlin Bauer: Ist das nicht der Name einer Romanfigur?

Liebe deine Stadt – diese hier in Köln ausgegebene Parole, eine Aufforderung, die wie ein Befehl klingt, soll verschiedene, inzwischen abseits der öffentlichen Aufmerksamkeit im Schatten stehende Bauten wieder ins Licht holen, so hier Neu St. Alban am Stadtgarten. Hans Schilling hat diese Kirche 1957, vor fünfzig Jahren, gebaut. Fast gleichzeitig habe ich mit Johannes Spalt und Wilhelm Holzbauer, meinen Freunden der „arbeitsgruppe 4", in Salzburg die aus dem Umbau eines alten Bauernhofs hervorgegangene Kirche Parsch gebaut.

Anfangs war ich etwas unschlüssig, ob ich diese Einladung annehmen sollte, denn hier in Köln gibt es doch genügend Sachkundige. Ich rief Maria Schwarz in Köln-Müngersdorf an. Sie gab mir den Rat: „Frag doch den Schilling selbst." „Im Prinzip", sagte Hans Schilling mit kölscher Sprachmelodie am Telefon „empfehle ich das." Maria Schwarz, das werden hier wenige wissen, unterrichtet seit zehn Jahren an der Architekturfakultät der Technischen Universität München das Fach Sakralbau. Ich habe diese Aufgabe bis zu meiner Emeritierung betreut. Der Erfolg von Maria Schwarz, den sie dort in ihrer Arbeit mit den Studenten hat, ist großartig. Ebenso vorbildlich ist ihre schützende Hand, die sie über die Schwarz-Bauten hält, von denen Sie hier in Köln wunderbare Beispiele haben.

Hier in Köln mehr über Rudolf Schwarz zu sagen, das hieße Eulen nach Athen tragen. Dieser überragende deutsche Architekt ist über Karl Band auch mit Hans Schilling in dessen Anfangszeit verbunden. Wie Sie wissen, war der Wiederaufbau des Gürzenich ein gemeinsames Werk. Und es ist interessant, sich Hans Schillings relativ junges Projekt für das Wallraf-Richartz-Museum aus dem Jahre 1996 anzusehen – mit dem er dem benachbarten Gürzenich, der Ruine Alt St. Alban und den *Trauernden Eltern* von Käthe Kollwitz Reverenz erwiesen hätte.[1] Dem realisierten Entwurf von Oswald Mathias Ungers fehlt, in den Worten Schillings, „ein Eingehen auf diese erhabene und einmalige Situation".[2] Ansonsten erfährt der Neubau von Ungers durch Schilling aber eine positive Würdigung.

Es muss eine Architektengegend sein, dieses Köln, dem auch der große deutsche Architekt Ungers von Anfang an verbunden ist.

Denken wir auch an die bereits über drei Generationen reichende Architekten-Familie Böhm: Dominikus Böhm, Kirchenbauer der ersten Stunde, wie mein Lehrer Clemens Holzmeister (der bekanntlich auch hier in Köln wirksam war, etwa bei der Neuordnung der romanischen Georgskirche um 1930) – Gottfried Böhm: Eines seiner frühesten Werke hier in Köln, das berührende Kleinod St. Kolumba, nach den Zerstörungen des Zweiten Weltkriegs gebaut, hat seit Neuestem Atmungsprobleme und Lichtmangel, weil sich der Neubau des Kölner Diözesan-Museums, der Bau eines anderen großen Architekten, des Schweizers Peter Zumthor, darübersetzt.[3]

Diese Zeilen habe ich in Wien geschrieben, ohne den fertigen Museumsbau gesehen zu haben. Aber jetzt, gerade vor unserer Veranstaltung, habe ich ihn gesehen. Das Kolumba-Kunstmuseum des Erzbistums Köln ist ein großartiger Bau. Innen wie außen, städtebaulich wie architektonisch. Die Materialverwendung, die Raumfolge, die Lichtführung sind eindrucksvoll. Die ausgestellten Kunstobjekte kommen zu optimaler Wirkung. Doch vom Lichtentzug in der Kapelle Madonna in den Trümmern konnte ich mich trotzdem überzeugen: Die Farbglasfenster von Ludwig Gies haben ihre Leuchtkraft verloren.

Doch zurück zu den Böhms: Die dritte Böhm-Generation hat es auch nicht leicht. Gegenwärtig hören wir vom Kölner Streit um den Neubau einer großen Moschee im Stadtteil Ehrenfeld, die Paul Böhm in einem Wettbewerb gewann (sein Bruder Stefan absolvierte das Architekturstudium an unserer Technischen Universität in München). Man sollte auch die dritte Generation hier bauen lassen. Vielleicht könnte der junge Böhm dabei die Symmetrie verlassen und nur eines statt zweier Minarette errichten? Dass die Familie Böhm, die mit dem katholischen Kirchenbau im Rheinland bekannt und darüber hinaus berühmt wurde, noch keine evangelische Kirche[4] oder eine Synagoge gebaut hat, sich nun aber mit Moscheebau beschäftigt, sehe ich als eine positive Erweiterung und eine gesellschaftspolitische Notwendigkeit in Deutschland, also auch in Köln. In Köln, der katholischsten Stadt Deutschlands, dürfen bekanntlich erst seit zweihundert Jahren protestantische Kirchen gebaut werden. Ich bin in Salzburg, der katholischsten Stadt Österreichs, aufgewachsen. Der dortige Erzbischof hat die Protestanten des Landes verwiesen. Die erste evangelische Kirche Salzburgs stammt aus dem 19. Jahrhundert.

Die Gemeinsamkeiten und Unterschiede der drei monotheistischen Religionen, des Judentums, des Christentums und des Islam, sowie ihre Auswirkung auf den Sakralbau sind für jeden Architekten faszinierend und ungeheuer bereichernd. Es ist hier der Platz, zu der derzeitigen Debatte über den Moscheebau in Deutschland und Österreich einige Worte zu sagen, und dabei sind auch einige Rückfälle in der Wortwahl zu erwähnen.

Das Wort „entartet" aus dem Munde des Kölner Erzbischofs Meisner, von der *Neuen Zürcher Zeitung* als „Kardinalsfehler" apostrophiert,[5] wurde anlässlich der Eröffnung des vorhin erwähnten Diözesanmuseums ausgesprochen und ist bis Wien gedrungen. Aber auch der niederösterreichische Landeshauptmann Erwin Pröll sagte bezüglich eines Moscheebaus in einem ORF-Interview, Minarette seien „etwas Artfremdes". Der Generalsekretär der Österreichischen Volkspartei, der den treffenden Namen Hannes Missethon trägt, behauptete, Minarette seien „nicht Teil der österreichischen Kultur".[6]

Ein Politiker des rechten Lagers, Heinz-Christian Strache, klopfte bei der letzten Wahl Sprüche wie „Daham statt Islam" und heizte kürzlich bei einer Protestveranstaltung gegen den Bau eines türkischen Gemeindezentrums in Wien-Brigittenau die Wiener Volksseele mit der Kurzformel „Moschee – ade" an. Der Kärntner Landeshauptmann Jörg Haider will in seinem Bundesland den Bau von Moscheen und Minaretten gar baubehördlich verbieten.[7] Solche Absichten widersprechen den Grundrechten der Religionsfreiheit in Österreich wie in Deutschland. Für die Verfassungen beider Länder ist dies eine kulturelle Schande.

Beängstigend ist auch das undifferenzierte Bild, das über Islam und Moscheebau vorherrscht. Der Ursprung im arabischen Hofhaus und den folgenden flachen Hofmoscheen wird kaum gesehen. Die Reduktion auf die späteste Bauform der osmanisch-türkischen Kuppelmoschee ist nicht der einzige Weg im heutigen Moscheebau.

Schließlich muss ich zu Hans Schilling, unserem Ehrengast, dem 86-jährigen Kölner Architekten zurückkommen. Sein vor sechs Jahren erschienenes Buch *Architektur 1945–2000*[8] gibt Auskunft über fast sechzig Jahre Architektentätigkeit. Dabei spielen Wohnbauten, Wohnhäuser, Einfamilienhäuser, Stadthäuser, Geschäftsbauten, Bürohäuser, Gewerbebauten, Altenzentren, Schulen, das Kölner Kolpinghaus, Kulturbauten wie das schon erwähnte Projekt für das Wallraf-Richartz-Museum (1996) oder die umfangreiche Bauanlage Maternushaus (1978–83) mit hoher städtebaulicher Bedeutung sowie die Stadtplanung für Köln eine große Rolle. Am wichtigsten aber waren für ihn Abteien, Klöster und Kirchenbauten. Von 1952 bis 1984 realisierte Hans Schilling dreißig katholische Kirchen in Köln und Umgebung; im Rheinland und in Westfalen – in zeitlicher Reihenfolge in Essen, Oberhausen, Münster, Bonn-Bad Godesberg, Düsseldorf, Paderborn und Mainz.

Eine dieser Kirchen, Neu St. Alban am Stadtgarten, fertiggestellt im Jahr 1957, ist Gegenstand unserer Betrachtung. Wir stehen hier mit dem Schöpfer des Bauwerks, mit Hans Schilling, vor beziehungsweise in seinem Bauwerk. Er sollte es eigentlich selbst erklären. Ich versuche lediglich mit einigen Worten die Einbindung dieses Einzelbauwerks in sein Gesamtwerk zu erläutern, denn an diesem Beispiel lässt sich sehr gut die bauliche, theologische und liturgische

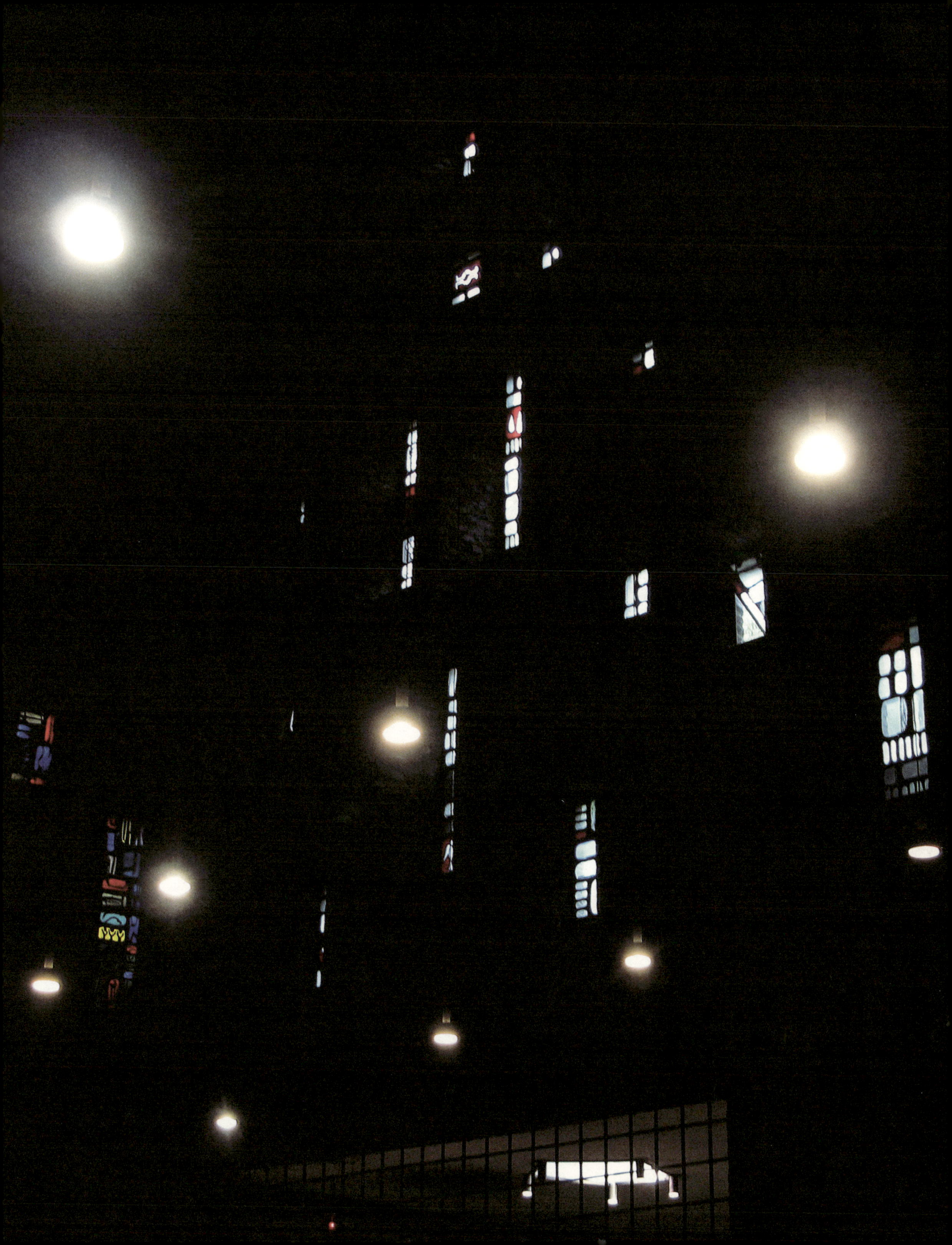

Friedrich Kurrent am 28. September 2006 in Neu St. Alban.

Dieser Raum hat eine ganz einfache, schlichte Frömmigkeit, wie man sie selten findet. Und was dieser Raum auch noch hat, vor allem, wenn man allein darin ist: Man merkt, dass man nicht allein ist, man merkt das Gemeinschaftliche, das hier angestrebt ist und sich in seinen besonderen Formen ausdrückt. Aber es drückt sich auch nach außen aus und spricht hier nicht nur zu den nachbarlichen Häusern, sondern auch mit der Baumwelt. Das ist Dir so schön gelungen, und dieses Gemeinschaftliche ist ja auch das, was heute so sehr fehlt in der modernen Architektur.

Gottfried Böhm am 28. September 2006 in Neu St. Alban.

Konzeption von Schillings Kirchenbauten ablesen. Hier haben wir einen Prototyp: *seinen* Prototyp. Die Grundrisskonfiguration ist ein Vieleck, genaugenommen ein Fünfeck, das die Gemeinde umfängt. Im Osten schließt eine parabelförmige Konche an, die etwas erhöht den Altar aufnimmt (man erinnere sich an den „Heiligen Wurf", den *4. Plan* von Rudolf Schwarz). Die Parabel wird von ihrem Scheitelpunkt her geboren und ist eine offene Form. Die Kanzel, der Ambo, nimmt die Stelle des Übergangs der Parabel zum Vieleck ein. Schräg gegenüber spannt sich eine Orgelempore in das Vieleck. Bei dieser Kirche ist dem heiligen Sakrament ein eigener Raumteil, eine eigene Kapelle zugewiesen. Ein um eine Stufe erhöhter, stegartiger Weg verbindet den Sakramentsaltar mit dem Hauptraum. Elmar Hillebrand gestaltete den Sakramentsaltar wie auch das Tor zur Kapelle. Man beachte, dass dieses alles vor dem II. Vatikanum (1962–65) konzipiert und verwirklicht wurde.

Ein zur Apsisparabel schräg aufsteigendes Pultdach überdeckt das Ganze und fasst es zu einem einfachen, differenzierten, eindrucksvollen Baukörper zusammen. Untrügliches Zeichen einer hohen Architekturqualität ist die Entsprechung von innerer Raumbildung und äußerer Bauform. Ein weiteres Merkmal Schilling'scher Baukunst ist die Wahl der Materialien und die Art, wie er mit ihnen umgeht. Nie modernen Konstruktionsmethoden abhold, sind hier, innen wie außen, Raum wie Baukörper vom Rohziegelbau bestimmt. Die Verwendung von Abbruchziegeln bringt zusätzlich eine geschichtliche Dimension ins Blickfeld. Die haptisch erfahrbaren Oberflächen bilden eine wohltuende Textur. Von den Lichtverhältnissen kann ich mich erst überzeugen, wenn ich den Kirchenraum betreten habe. Die akustischen Qualitäten müssten, nach Studium des Plans, sehr gut sein. Maria Schwarz sagte: „Eine wunderschöne Kirche – Hineingehen wie in eine gebuchtete Welt."

Schilling hat von Anfang an auf die Mitwirkung bildender Künstler bei seinen Bauten, besonders bei seinen Kirchenbauten, Wert gelegt. Peter Doners nannte im Schilling-Buch folgende Künstler: Georg Meistermann, Franz Pauli, Ewald Mataré, Wilhelm Buscholte, Toni Zenz, Hubert Beske, Elmar Hillebrand.[9]

Hans Schilling hat sein eigenes Wohnhaus 1951, im Alter von dreißig Jahren, an die Mauer des Gereonswalls gebaut. Schon früh ist die Affinität zum Bestehenden, zum Älteren zu bemerken, dem Neues angefügt wird. Und die Fähigkeit, seine Bauten im Kontext zu planen. Ich denke dabei an die genialen Nachkriegsreparaturen von Hans Döllgast in München – Interpretationen, die der Geschichtlichkeit des Alten Respekt erwiesen und sie mit sparsamsten Mitteln in die Gegenwart brachten.[10]

In Bezug auf den städtebaulichen Zusammenhang sei hier noch erwähnt, dass Hans Schilling schon 1947 mit Karl Band eine „Umgrünung der Römerstadt C.C.A.A." geplant hat, die wie der Kranz der romanischen Kirchen um den Dom gedacht war.

Fast gleichzeitig erfuhren jüngst Köln und Wien die rücksichtslose Verhaltensweise von geschichtslosen Planern und Investoren, die mit Hochhäusern zu nahe an die Altstädte heranbeziehungsweise hineinrücken wollten. In Wien ist es gelungen, den Bau der Türme von Wien-Mitte, die nur achthundert Meter vom Stephansdom entfernt geplant waren, zu verhindern. Das letzte Ergebnis der Bestrebungen, gegenüber in Köln-Deutz, zu nahe an der alten Stadt, Hochhäuser zu bauen oder diese zu verhindern, ist mir nicht bekannt. Auch mit diesem Problem hat sich Schilling gründlich auseinandergesetzt.

Um die Identität der Stadt unter dem Motto *Liebe deine Stadt* zu begreifen, ist es eben auch notwendig, solche – wenn auch kleine – Bauten wie diese Kirche Neu St. Alban am Stadtgarten wieder stärker ins allgemeine Bewusstsein zu bringen.

> ... Der Plan war bald fertig und mein Prälat meinte, man müsse ihn nun dem Kirchenvorstand vorlegen. Das seien alles brave und anständige Leute. Es sei auch eine Frau dabei, als Vertreterin des Pfarrgemeinderates. Und etwas zögernd, als wollten sich die rechten Worte so gar nicht einstellen, meinte er, sie würde zuweilen Fragen stellen. Der Plan war wirklich gelungen und ich bereitete mich darauf vor, ihn der Gemeinde zuzutragen. Aber mein Prälat, der dem Kirchenvorstand voll des Lobes den bisherigen, reibungslosen Ablauf der Planung geschildert hatte, erläuterte den Plan selbst und brachte ihn dem Kirchenvorstand mit geläufigen Worten nahe. Bei dieser Gelegenheit stellte ich fest, daß er gar keine Pläne lesen konnte, denn wo er den Altar vermutete, da war der Taufstein und den Ort der Verkündigung verwechselte er mit dem Ort des Brotes. Aber er sprach überzeugend, denn die theologische Konzeption stammte ja von ihm selbst. Sind noch Fragen? – beendete er seinen Vortrag. Ja, es waren noch Fragen. Die Dame meldete sich. „Herr Architekt", fragte sie mich, „wie soll denn der Fußboden werden? In unserer jetzigen Kirche verbrauchen wir jedesmal drei Aufnehmer." Ich wollte die Frage beantworten, aber mein Prälat wehrte ab: Das kann heute noch gar nicht gesagt werden, denn wir sind ja erst im Entwurfsstadium. Wir werden zu gegebener Zeit mit dem Kirchenvorstand darüber beraten. Mit meinem Prälaten hatte ich mich schon beraten und wir waren gemeinsam auf Naturstein gekommen, auch wenn es etwas teurer sei, meinte er, der Kirchenvorstand würde dem sicher zustimmen. Ob man nun, nachdem alles geklärt sei, über den Plan abstimmen könnte?! Einstimmig angenommen! Beim nächsten Planungsgespräch müßte ich ihm allerdings berichten, daß da Schwierigkeiten waren. Baustop. Er meinte, da müßte er mal eben den Johannes anrufen. Nun muß man wissen, daß die rheinischen Prälaten für jeden Spezialfall einen Freund beim Generalvikariat sitzen haben. Die heißen meistens Josef, Theodor, Franz, Anton oder Gregor.

Hans Schilling, *Architektur 1945–2000*, Köln 2000.

1 Es handelt sich bei der Skulptur in Neu St. Alban um eine leicht vergrößerte Werkkopie von 1959 als Erinnerungsstätte für die gefallenen Soldaten des Zweiten Weltkriegs. Das Original stammt von 1932 und befindet sich auf dem Soldatenfriedhof von Vladslo/Belgien, wo Käthe Kollwitz' Sohn am 22. Oktober 1914 ums Leben kam.
2 „Schatzhaus der Kunst – Das Wallraf-Richartz-Museum am neuen Ort", in: Sonderbeilage des *Kölner Stadt-Anzeiger* vom 19. Januar 2001, S. 12. Zit. nach Peter Daners, „Das Gesicht der Stadt bewahren – Vom kontextuellen Bauen in Köln und anderenorts", Nachwort von: Hans Schilling, *Architektur 1945–2000,* Köln 2001, S. 320–327, S. 326.
3 Vgl. die Besprechung von Hubertus Adam vom 22./23. September 2007 in der *Neuen Zürcher Zeitung*. Online unter: http://www.nzz.ch/nachrichten/kultur/literatur_und_kunst/reduktion_und_sinnlichkeit_1.558848.html
4 Anschließend an meinen Vortrag sagte mir Gottfried Böhm, er habe doch eine evangelische Kirche gebaut, nämlich eine katholische und eine evangelische mit gemeinsamem Kirchturm. Ökumene?
5 *Neue Zürcher Zeitung* vom 19. September 2007.
6 *Der Standard* vom 14. Juli 2007.
7 Ebd., 28. August 2007.
8 Hans Schilling, *Architektur 1945–2000*.
9 Peter Daners, „Das Gesicht der Stadt bewahren – Vom kontextuellen Bauen in Köln und anderenorts", S. 322. Mit Elmar Hillebrand, Gottfried Böhm und anderen war ich 1971 zur Neuordnung des Salzburger Doms eingeladen und erinnere mich an sein Projekt, an das für ihn typische Romanisierende.
10 Sowohl Gottfried Böhm als auch seine Frau waren Döllgast-Schüler.

Merlin Bauer ①

Friedrich Kurrent
KÖLN / ST. ALBAN AM STADTGARTEN
28. SEPTEMBER 2007

Merlin Bauer hat es vermocht, mich für ein paar Worte von Wien nach Köln zu locken.
Merlin Bauer: ist das nicht der Name einer Romanfigur?

„Liebe Deine Stadt" – diese hier in Köln ausgegebene Parole, eine Aufforderung, die wie ein Befehl klingt, soll verschiedene inzwischen abseits der öffentlichen Aufmerksamkeit im Schatten stehende Bauten wieder ins Licht holen:
So hier St. Alban am Stadtgraben.

Hans Schilling hat diese Kirche 1957, vor 50 Jahren gebaut.

Fast gleichzeitig habe ich mit meinen Freunden der damaligen „arbeitsgruppe 4" (Johannes Spalt und Wilhelm Holzbauer) in Salzburg die Kirche Parsch, hervorgegangen aus dem Umbau eines alten Bauernhofes, gebaut.

Diese Nachkriegszeit und die liturgische Bewegung, die zum II. Vatikanischen Konzil führte, sind uns bekannt.

Anfangs war ich etwas unschlüssig, ob ich diese Einladung annehmen sollte, weil es doch hier in Köln genug Sachkundige gäbe. Da rief ich Maria Schwarz in Köln-Müngersdorf an. „Frag doch den Schilling selbst" gab sie mir den Rat.
„Im Prinzip" sagte Hans Schilling mit kölscher Sprachmelodie am Telephon „empfehle ich das."

②

Maria Schwarz, das werden hier Wenige wissen, unterrichtet seit 10 Jahren an der Architekturfakultät der Technischen Universität München SAKRALBAU.
Ich betreute diese Aufgabe bis zu meiner Emeritierung. Der Erfolg dort mit den Studenten (von Maria Schwarz) zu arbeiten ist großartig.
Ebenso vorbildlich ist ihre schützende Hand, die sie über die Schwarz-Bauten, von denen Sie hier in Köln wunderbare Beispiele haben, hält.
Hier in Köln mehr über Rudolf Schwarz zu sagen hieße Eulen nach Athen tragen.
Rudolf Schwarz, dieser überragende deutsche Architekt ist über Karl Band auch mit Hans Schilling in dessen Anfangszeit verbunden. Wie Sie wissen war der Wiederaufbau des Gürzenich ein gemeinsames Werk.
Und es ist interessant sich das relativ junge Projekt von Hans Schilling für das Wallraf-Richartz-Museum aus dem Jahre 1996 anzusehen – mit dem er dem benachbarten Gürzenich, der Ruine Alt-St. Alban und den „Trauernden Eltern" von Käthe Kollwitz Reverenz erwiesen hätte.
Dem realisierten Entwurf von Oswald Mathias Ungers fehle (nach den Worten Schillings) „ein Eingehen auf diese erhabene und einmalige Situation."
Im sonstigen erfährt der Neubau von Ungers durch Schilling aber eine positive Würdigung.
Es muß eine Architektengegend sein, dieses Köln, dem auch der große deutsche Architekt OM UNGERS von Anfang an verbunden ist.

Manuskript von Friedrich Kurrents Laudatio.

Maria Schwarz und
Friedrich Kurrent
am 26. September 2007
vor Neu St. Alban.

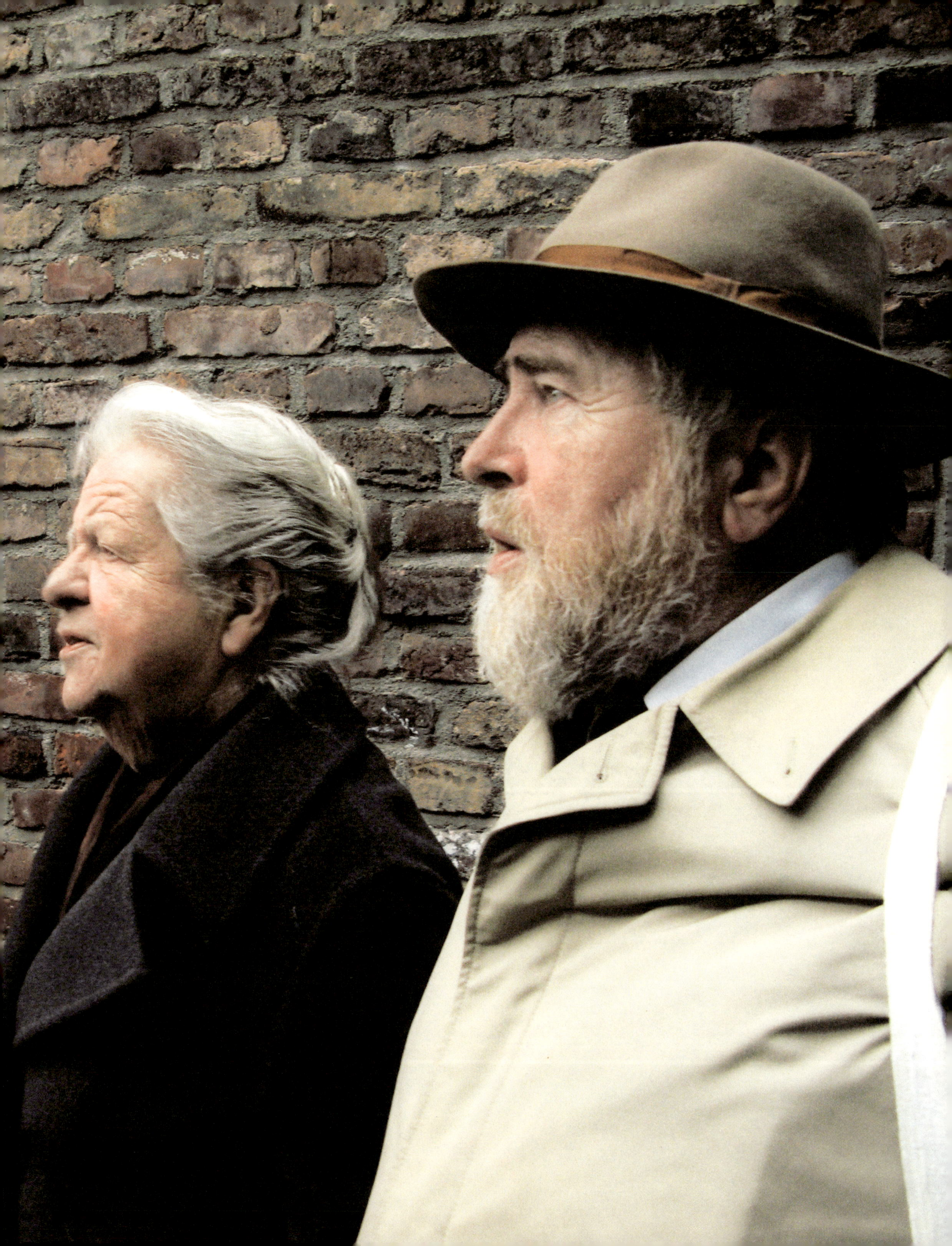

Bagno Vignoni
4. Oktober 2007

Köln war die Reise wert — Böhm, Schillings, Maria Schwarz, Zumthor, Richter im Dom.
Es war so schön, so daß ich keine Rechnung schreiben werde.
Beste Grüße aus der schönsten Gegend (der Welt?)
Ihr Kurrent mit Dank

Herrn
Merlin
BAUER
Brüsseler Str. 39
50674 KÖLN
Deutschland

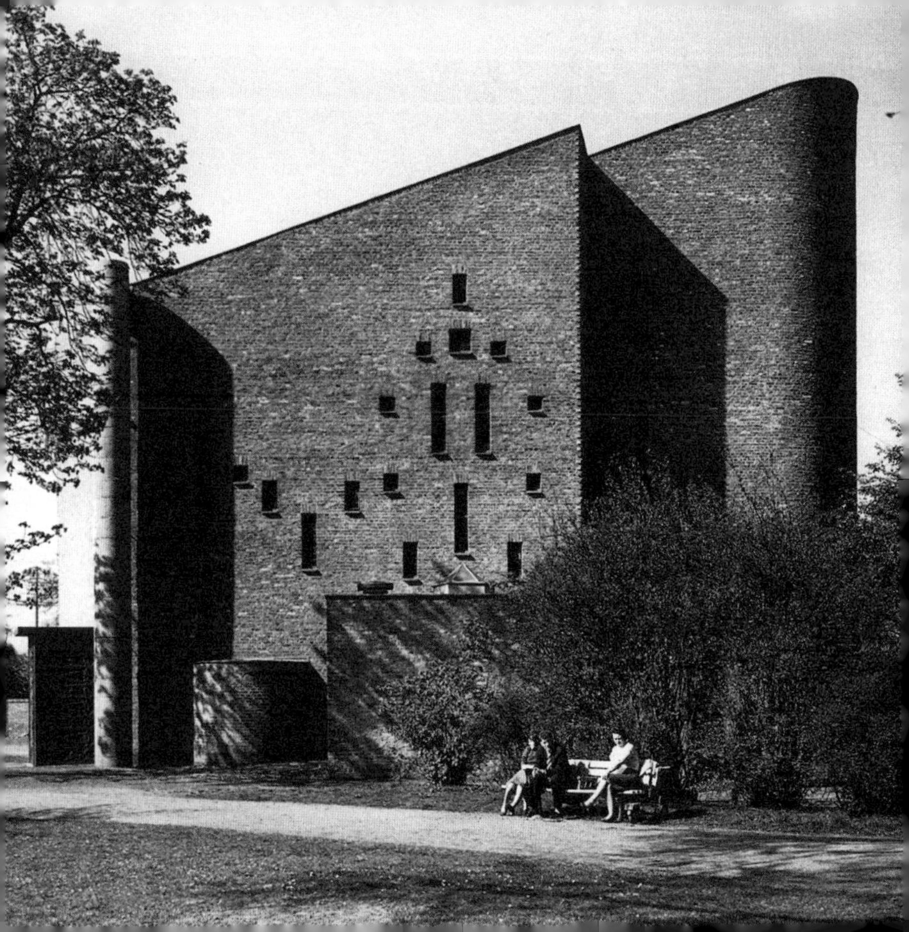

3. Oktober 2007
Thomas Sieverts
Das Fernmeldehochhaus Köln als Beispiel für den Esprit de Corps der Bauabteilung der alten staatlichen Post

Prof. em. **Thomas Sieverts,** *geboren 1934 in Hamburg, lebt in Bonn. Architekt und Stadtplaner. Seit 2007 Mitglied der Sektion „Baukunst" an der Akademie der Künste Berlin, seit 2003 Mitglied der Sächsischen Akademie der Künste.*

Studium der Architektur und des Städtebaus an den Technischen Universitäten Stuttgart, Liverpool und Berlin. 1965 Gründung der Freien Planungsgruppe Berlin. 1967–70 Professor für Städtebau an der Hochschule für Bildende Künste Berlin. 1970–71 Gastprofessur am Urban Design Programm der Graduate School of Architecture, Harvard University Cambridge (Mass.); 1971 Professur für Städtebau und Siedlungswesen Technische Hochschule Darmstadt. Seit 1978 eigenes Planungsbüro in Bonn. 1989–94 Wissenschaftlicher Direktor der Internationalen Bauausstellung Emscher Park Gelsenkirchen. 1995 Deutscher Städtebaupreis, Auszeichnung für vorbildliche Bauten in Nordrhein-Westfalen; 1995/96 Fellow am Wissenschaftskolleg Berlin. 2003 Auszeichnung guter Bauten des BDA Bochum, Hattingen, Herne, Witten für das Gesamtprojekt des Bochumer Westparks.

Projektbeteiligungen: Wohnungsbauanlage Aschaffenburg; Bochumer Westpark; Neugestaltung Problemsiedlung Dransdorf, Bonn; Wohnanlagen Berlin-Karow; Zeche Nordstern Gelsenkirchen; Neugestaltung Hochhaussiedlung Dransdorf, Bonn.

Die Architektur der fünfziger und frühen sechziger Jahre steht gegenwärtig nicht hoch im Kurs: Ihre Bemühungen, an die Moderne der zwanziger und frühen dreißiger Jahre anzuknüpfen und nach den schlechten Erfahrungen mit dem rückwärtsgewandten Monumentalismus der Nationalsozialisten bei allem Selbstbewusstsein und Stolz auf den Wiederaufbau einen neuen, eigenen und leichteren Ausdruck zu finden, werden heute nur selten gesehen und anerkannt. Deswegen ist es besonders begrüßenswert, dass sich *Liebe deine Stadt* diesem Thema zuwendet. Es gibt dort einiges Bemerkenswerte zu entdecken.

Die Gebäudegruppe des Fernmeldeamtes ist in vieler Hinsicht ein typisches Produkt ihrer Zeit: Die Komposition aus großer Scheibe und Turm entspricht der architektonischen Konvention der Moderne zu ihrer Entstehungszeit. Sie ist gelungen, aber sie ist letztlich nicht besonders bemerkenswert. Und doch gibt es einiges, das eine heutige Diskussion lohnt: Architektonisches, Städtebauliches und die Frage nach Bauherrn und Architekt.

Bemerkenswert ist meines Erachtens die Fassade der Scheibenhäuser: Eine verschachtelte, die Stockwerkgliederung umspielende Anordnung aus ungleich großen Rechteckelementen als zum Teil farbige, nachts funkelnde Fenster, als geschlossene Paneele und als Lüftungsgitter. Diese Fassade macht neugierig: Was verbirgt sich dahinter? Man käme von selbst kaum darauf: Es ist ein großes „Maschinenhaus", vollgestopft mit Fernmelde-Relaisstationen. Man hätte damals auch ein fast völlig geschlossenes Maschinenhaus bauen können, man wollte sich aber offensichtlich mit dieser besonderen, feinteilig vernetzten Fassade in den städtischen Maßstab der umgebenden Bebauung einfügen. Vielleicht sollte dieses Netzwerk von Fensterprofilen auch entfernt an jene Telefonnetze erinnern, deren Steuerung das Gebäude diente. Wie dem auch sei – die Feingliedrigkeit, die Bemühung um einen Beitrag zur Kultur der Stadt sind liebenswerte Züge mancher guten Architektur der fünfziger Jahre.

Bemerkenswert ist auch der Büroturm, der zugleich mit seinen beiden oberen Plattformen, die mit großen, formstarken Parabolantennen besetzt waren, auch ein Fernmeldeturm ist. Auch hier sehen wir wieder den Versuch, einen technischen Apparat zum integralen Teil einer Architektur zu machen. Leider wurden die Parabolantennen in der Zwischenzeit demontiert, dadurch hat die Architektur an Sinn und Wirkung verloren, man kann die einstige Kraft nur noch ahnen.

Bemerkenswert ist die städtebauliche Lage: Da hat die Stadt Köln in den fünfziger Jahren, im Wiederaufbau, in ihre Mitte, an die Kreuzung der bedeutendsten Verkehrsachsen, ein fast ausschließlich technisches Bauwerk – seinerzeit das größte Fernmeldeamt Europas – als eine ihrer wichtigsten städtebaulichen Dominanten gesetzt. Das verweist auf die große symbolisch-zeichenhafte Bedeutung, die dem Fernmeldewesen für die Stadtgesellschaft zugemessen wurde. Das Fernmeldeamt Köln ist ein geschichtlicher und architektonischer Meilenstein aus den Anfängen der Informationsgesellschaft – ein Dinosaurier, der eine seinerzeit weit entwickelte und heute vollständig veraltete Technik verkörpert. Dieses Zeugnis der Technik ist ein wichtiges Artefakt in der Entwicklung der Informationstechnologien unserer Zeit. Die Setzung dieses Symbols hat sich als zukunftsträchtig erwiesen, und darum sollte es erhalten bleiben! Vielleicht aber hat man den Standort auch deswegen gewählt, weil ein Fernmeldeamt unempfindlich gegen Umgebungslärm ist; aber diese beiden Gründe schließen sich ja nicht aus.

Bemerkenswert ist nicht zuletzt der Umstand, dass die Dokumentation aus der Entstehungszeit – eine Dokumentation, die übrigens dem Gebäude nur wenige Seiten, der Technik dafür umso mehr widmet, was dem Investitionsverhältnis von etwa 23 Millionen DM für die Bauten und etwa 80 Millionen DM für die Technik entspricht – keinen Architekten nennt: Es war seinerzeit gute Behördentradition, dass für die Leistungen einer Behörde keine Namen genannt wurden. Der Bauherr war die staatliche Post, und diese war bekannt für ihre qualitätvolle Architekturtradition. Seinerzeit konnten Ministerialräte noch gute, kultivierte Bauherren und Postoberbauräte sehr

Das Fernmeldehochhaus Köln am 27. Juni 1961.

Das Fernmeldehochhaus Köln am 12. Oktober 1961.

DAS FERNMELDEHOCHHAUS

gute, kultivierte Architekten mit großen, anspruchsvollen Bauaufträgen sein. Das Fernmeldeamt Köln steht in dieser anspruchsvollen Tradition. Es ist heute – im Zeitalter des Outsourcing, des Leasing, der reinen Finanzinvestitionen – kaum noch vorstellbar, dass eine Behörde einen über viele Jahrzehnte gepflegten architektonisch ehrgeizigen Esprit de Corps besaß.

Die Post war nur ein Beispiel, freilich ein besonders bemerkenswertes, für eine große Behörde, die über mehrere Jahrzehnte eine eigene besondere Baukultur gepflegt hat. Vergleichbares finden wir in jener Zeit auch in den Stadtverwaltungen mehrerer großer Städte, in denen begabte und profilierte Stadtbauräte mit einem meist erstaunlich kleinen Kreis verschworener beamteter Mitarbeiter mit den Mitteln der besonderen Architektur aller öffentlichen Bauten und mit der kontinuierlichen Gestaltung des öffentlichen Raums die Baukultur einer ganzen Stadt über mindestens ein Jahrzehnt, zum Teil aber auch viel länger, positiv geprägt haben. Hier sind zum Beispiel Fritz Schumacher (Hamburg), Theodor Fischer (München) und, aus neuerer Zeit, Klaus Humpert (Freiburg) zu nennen.

Ein Blick auf die Neubauten in der Umgebung des Fernmeldehauses macht klar, mit was für einem Kulturverlust wir es hier zu tun haben. Man sieht diesen Bauten mit wenigen Ausnahmen an, dass sie als „Bauherren" anonyme Gremien der Finanzwelt mit einem Blick auf die Wirtschaftlichkeit hatten, aber keine wirklichen, persönlich profilierten Bauherren, die ein echtes kulturelles Interesse an guter Architektur als einem historisch bedeutenden Beitrag zur Kultur der Stadt gehabt hätten.

Die meisten dieser Bauten sind nicht schlecht, sie beleidigen das Auge nicht. Sie bieten aber auch keinen Anlass, es dort länger als nur ganz flüchtig verweilen zu lassen.

Heute ist wieder viel von Baukultur die Rede, auch von den Bedingungen zu ihrer Entstehung und von hierfür günstigen Verfahrens- und Organisationsformen. Es wäre eine lohnende Forschungsaufgabe, dem Esprit de Corps, der der guten Architektur für große Organisationen häufig zugrunde gelegen hat, einmal nachzugehen, um daraus für die Gegenwart zu lernen!

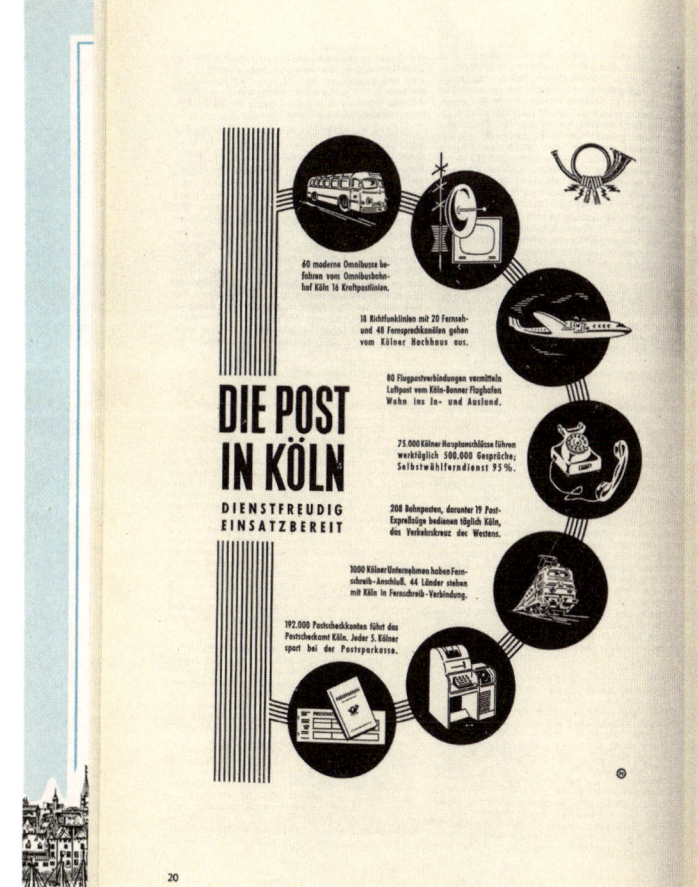

KOELN, Illustrierter Wirtschaftsspiegel, Städtebuch Köln, Darmstadt 1960.

3. Oktober 2007
Boris Sieverts
Die Großartigkeit im Unvollkommenen

Boris Sieverts, *geboren 1969 in Berlin, lebt in Köln. Studierte Kunst in Düsseldorf und arbeitete anschließend einige Jahre als Schäfer sowie in Architekturbüros in Köln und Bonn. Seit 1997 führt er mit seinem Büro für Städtereisen Einheimische und Touristen durch jene Grauzonen unserer Ballungsräume, die eigentlich ihr eigenes Territorium sein könnten, tatsächlich jedoch häufig so fremd sind wie ferne Kontinente. Dabei stellt er durch ausgefeilte Raumfolgen landschaftliche Zusammenhänge für ansonsten als extrem disparat geltende Umgebungen her und entwickelt Visionen und weiterführende Interpretationen der erforschten Landschafts- und Siedlungsgebilde.*

Als Merlin Bauer mich fragte, ob ich nicht gemeinsam mit meinem Vater im Rahmen des Projekts *Liebe deine Stadt* etwas zum Fernmeldehochhaus an der Nord-Süd-Fahrt sagen möchte, war ich hin und her gerissen. Einerseits war es verlockend, meinen Vater einmal in einer für meine Wahlheimatstadt so unglaublich typischen städtebaulichen Situation zu erleben und gleichzeitig Teil dieser Situation sein zu dürfen, für deren Betrachtung ich mich im Großen und Ganzen ja durchaus selbst für einen Experten halte. Andererseits ist das Fernmeldehaus eines der wenigen Gebäude entlang der Nord-Süd-Fahrt, zu denen ich ein weitgehend indifferentes Verhältnis habe. Auf der sechsstündigen Führung entlang dieser Erschließungsachse durch die Kölner Innenstadt, die ich im Programm habe, steigen wir, von Süden kommend, kurz vor Erreichen des Gebäudes und seines Umfelds, in Taxis und steigen erst am Opernplatz, also außerhalb seines Wirkungskreises, wieder aus. Beim Ausarbeiten der Tour war das keine bewusste Entscheidung gegen das Gebäude – auf meiner Suche nach „sprechenden" Abschnitten an der Nord-Süd-Fahrt wurde ich hier auch nach wiederholtem Besuch einfach nicht fündig. Irgendwo zwischen Griechenmarkt und Cäcilienstraße begann das große Schweigen. Dieses zu durchqueren, um zum nächsten Teil der Erzählung zu gelangen, hätte aus dem Film, der mir vorschwebte, eine Besichtigung gemacht. Da kam mir die Taxifahrt unter der Schildergasse hindurch gerade recht, zumal die Tunnel der Nord-Süd-Fahrt unglaublich „taxigen" sind. Für mich war dieser Straßenabschnitt damit auch irgendwie abgehakt.

Ich kann bis heute, auch nach einigem Nachdenken anlässlich dieses Events, nicht genau benennen, warum mich dieses Gebäude so unglaublich wenig berührt. Vielleicht sollte ich mir in diesem Fall einfach die sich anbietenden Erklärungen zu eigen machen, auch wenn ihre Erwähnung bei mir nicht diese „Ja, genau das ist es!"-Wirkung erzielt, die mich sonst relativ sicher die persönliche Wahrheit von der akademischen unterscheiden lässt: Das Fernmeldehaus ist ein Behördenhaus und war für mich von jeher so muffig, wie es ein Behördenhaus nur sein kann. Es ist von Behördenmenschen geplant und mit Behördenmenschen gefüllt. Mit seinen hohen Sicherheitsansprüchen und der daraus resultierenden, sehr weit gehenden Abschottung nach außen war es für mich immer ein völlig unstädtisches Element. Die Muster der Fassade des „Langhauses" waren für mich immer so langweilig wie die Stoffmuster der Anzüge von Messebesuchern oder der Krawatten von – Behördenmenschen.

Zwar kann ich, wenn man mich darauf hinweist, die Ambitioniertheit und den hohen architektonischen Anspruch des Gebäudes erkennen, aber da regt sich nichts in mir. In seinem Ursprung ist es ja ein technokratisches Gebäude, und wahrscheinlich könnte ich mehr damit anfangen, wenn man diesen technokratischen Impuls konsequent durchgezogen und auf Massengliederung, feine Details und architektonische Ambition verzichtet hätte wie bei den Parkhäusern jener Zeit, die ich sehr liebe. Der hohe architektonische Anspruch verwässert für mich die Gnadenlosigkeit, die das Gebäude ja dennoch hat, die aber irgendwie ungreifbar bleibt. Bestes Beispiel dafür sind die blinden Schaufensterscheiben des Flachbaus zur Cäcilienstraße, hinter denen ich jahrelang leerstehende Läden vermutet habe. Das heißt, nein, eigentlich habe ich nichts vermutet, sie waren halt einfach da, die blinden Scheiben. Nur von hier, vom Kaufhofparkdeck aus, fand ich das Haus schon immer beeindruckend – das ist ja auch die klassische Planzeichnungsperspektive jener Zeit –, und insofern betrachte ich die Wahl dieses Standorts für die Ansprache sowie den tollen Weg hinüber durch die Unterführung der Kaufhof-Ausfahrt unter der Cäcilienstraße hindurch als meinen Beitrag zu dieser Situation.

Man sollte über die Kölner City niemals sprechen, ohne auch über ihre Parkhäuser und deren oberste Decks zu sprechen. Sie bestätigen sich immer wieder als die Orte, von denen aus einem diese Ansammlung mittlerer bis großer Kisten und Kästchen auf einem gleichzeitig mittelalterlichen und autofreundlichen Grundriss am ehesten einen gewissen ästhetischen Mehrwert

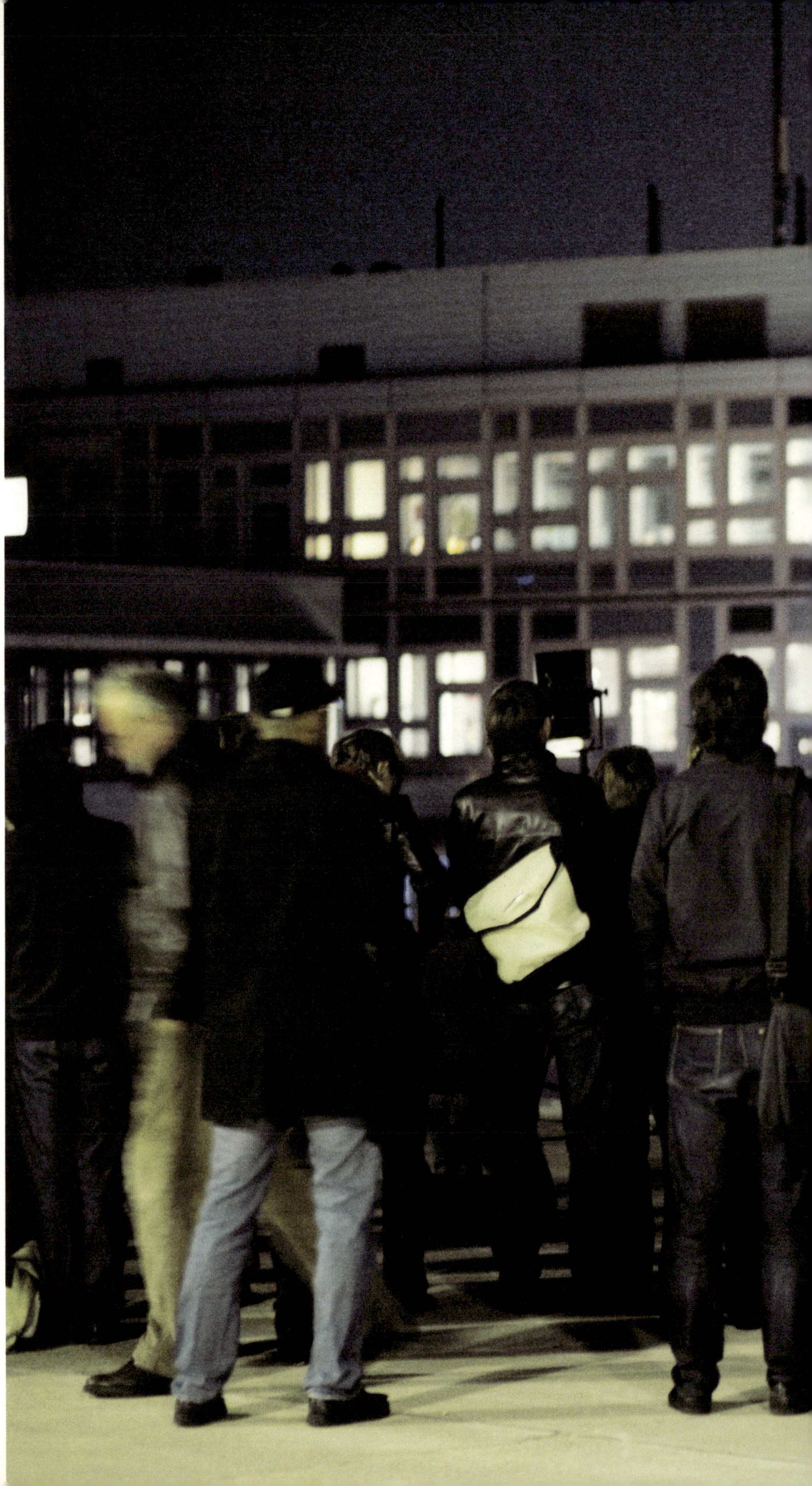

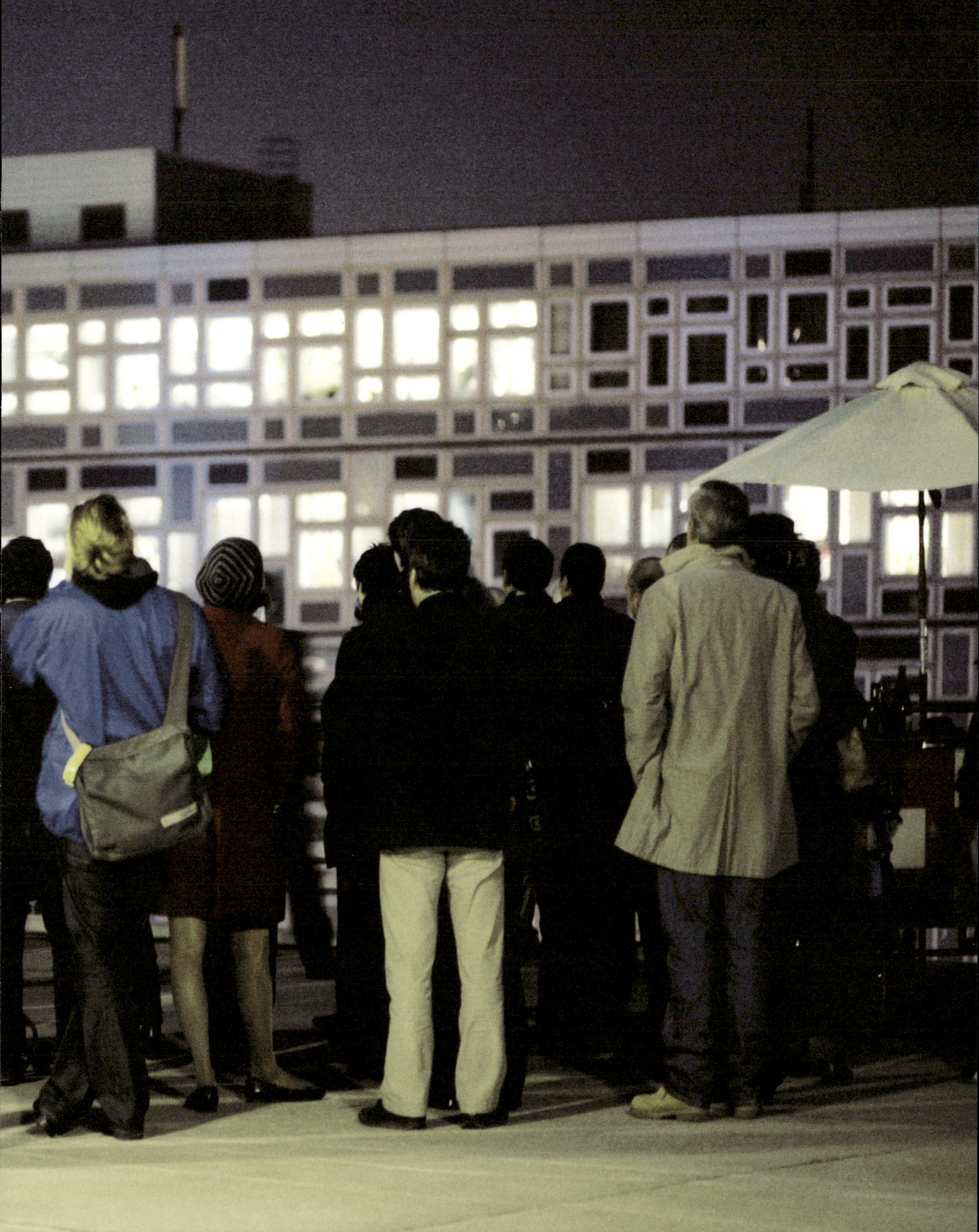

vermittelt. Das hat viele Gründe, die sich nur auf den ersten Blick auf das Panorama und die Weite des Himmels beschränken. Mindestens genauso wichtig sind hier die Selbstähnlichkeit und die Heterotopie des Ortes. Peter Zumthor hat bei seinem Bau für das Diözesanmuseum diese Stärke der Kölner City begriffen und aufgegriffen. Er hat unglaublich viele Unvollkommenheiten dieser Umgebung aufgenommen und ins Erhabene gewandelt – darunter die großen, geschlossenen Parkhauswände, die Dachlandschaft mit ihren Hausmeisterwohnungen und Technikgeschossen, die Leere der Nord-Süd-Fahrt. Damit hat er nicht nur einen tollen Bau geschaffen, sondern zugleich auch das ästhetische Potential eines ganzen Umfelds zum Vorschein gebracht. Die Großartigkeiten im Unvollkommenen zu sehen und zu heben, das erscheint mir persönlich, und besonders in Köln, eine nachhaltigere Art, die Stadt umzubauen, als einfach ihre Beseitigung und Ersetzung durch Lösungen zu verfügen, die dann eben nur ein bisschen weniger unvollkommen sind. Deshalb finde ich es auch absolut richtig, das Fernmeldehaus auszuzeichnen, denn natürlich hat es eine gewisse Großartigkeit. Für die Zukunft der Nord-Süd-Fahrt darf man gespannt sein, ob diese Großartigkeit im Unvollkommenen erkannt wird, ob damit gearbeitet wird. Einfache Raumschließungen nach städtebaulichem Kochbuch, wie sie im Moment betrieben werden, machen aus dieser Straße noch längst keinen Boulevard, sondern lediglich eine Schlucht. Ihren monumentalen Charakter zu erhöhen und gleichzeitig Angebote zu schaffen, ihn wahrzunehmen und zu goutieren, das könnte ein richtiger Weg sein.

S. 291ff. Bildband *FERNMELDEHOCHHAUS KÖLN*, Hrsg. Oberpostdirektion Köln in Zusammenarbeit mit der Deutschen Postreklame GmbH Bezirksdirektion Köln.

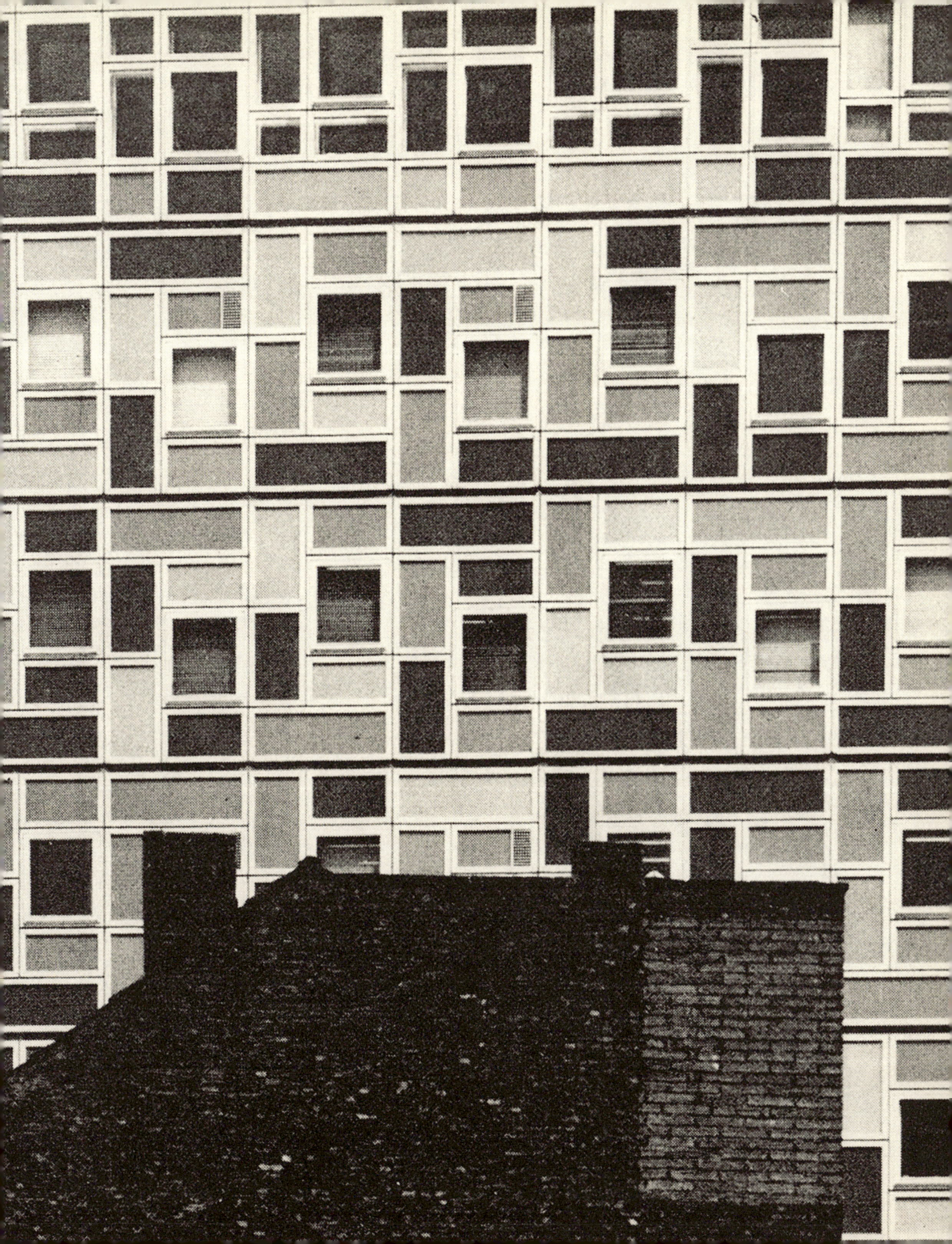

FERNMELDEHOCHHAUS KÖLN

Türme sind seit alters her die Wahrzeichen unserer Städte. Es waren die himmelstrebenden Turmhelme unserer Kirchen, die in den Stadtsilhouetten die Akzente setzten; jetzt sind die Umrisse hoher Wohn-, Geschäfts- und Verwaltungsbauten hinzugekommen.
Der Turm des Fernmeldehochhauses Köln steht auf altem, geschichtlichem Boden. Bei den Gründungsarbeiten stieß man auf Reste von Bädern und kunstvoll gefügten Brunnen aus römischer Zeit. Der große Maler Peter Paul Rubens verbrachte hier an dieser Stelle seine Jugendjahre. Jetzt ist der Turm ein Wahrzeichen an einem städtebaulichen Schwerpunkt, dem Verkehrskreuz zweier wichtiger Straßenzüge: der von Norden nach Süden führenden Autoschnellstraße und der verkehrsreichen Cäcilienstraße. Mit Bedacht mußten an dieser Schnittstelle, in unmittelbarer Nähe des altkölner Stadtkerns, die Baumassen des Fernmeldehochhauses geordnet werden: wie die Langschiffe der nächstgelegenen bedeutsamen Kirchen St. Cäcilia und Maria im Kapitol schwingt der Hauptkörper in ostwestlicher Richtung. Von einer eingeschossigen Schleierbebauung zur lärm- und stauberfüllten Cäcilienstraße abgeschirmt, liegt die Hauptmasse der technischen Bauten an der ruhigeren Sternengasse. Die durch die Forderungen der Fernmeldetechnik überdimensionierten Geschoßhöhen werden durch das Netzwerk eines feingliedrigen Betonrasters nach außen in eine maßstäbliche Ordnung gebracht. Damit sind die Brücken zur nachbarschaftlichen Bebauung geschlagen.
Die obersten Plattformen des Turmbaues füllen sich in der nächsten Zeit mit den Parabolspiegeln der Richtfunktechnik. Der Umriß des Turmes schließt sich damit mehr und mehr in seinen noch offenen Plattformräumen. Die von dort ausstrahlenden Dezimeterwellen knüpfen Verbindungen in alle Welt.
Der Turm des Fernmeldehochhauses ist zu einer Aussage unserer von der Technik geprägten Zeit geworden.

Die vorgehängte Fassade des siebengeschossigen Längstraktes besteht aus stockwerkshohen, vorfabrizierten Betonrahmenelementen mit Füllungen aus farbigem Sicherheitsglas. Die versetzt angeordneten Kastendoppelfenster mit äußeren Aluminium- und inneren Holzrahmen besitzen zwischenliegenden Sonnenschutz, leiten Stauwärme nach außen ab und sorgen für gleichmäßige und tiefe Ausleuchtung der technischen Räume. Die gläsernen Ansichten des Turmes sind geprägt durch eine differenzierte Leichtmetallkonstruktion, die maschinell betriebene und automatisch gesteuerte Sonnenschutzelemente in übereinanderliegend gekoppelter Bauweise aufnimmt.

292

Im Hauptreppenhaus des Längstraktes sind die Natursteinstufen auf Betonplattenbalken aufgesattelt und bilden mit der leichten Holz-Stahl-Konstruktion des Geländers eine helle und transparente Anlage.

12

Die Büroeinrichtung der Diensträume im Hochhaus ▶ ermöglicht einen rationellen Arbeitsablauf. Sie ist in ihrem Aufbau beweglich und läßt in der Anordnung jeden Verbund zu Arbeitsgruppen zu.

Das Herzstück der Wärmeversorgung ist der Pumpen- und Verteilerraum. Je nach Außentemperatur wird hier, elektronisch gesteuert, für die einzelnen Bedarfsträger das warme Wasser aufbereitet.

16

Der Wärmebedarf für Heizung, Klimatisierung und ▶ Warmwasserversorgung beträgt 3,6 Millionen Kilokalorien pro Stunde und wird durch zwei koksgefeuerte und zwei ölgefeuerte Heizkessel gedeckt.

DAS FERNMELDEHOCHHAUS   293

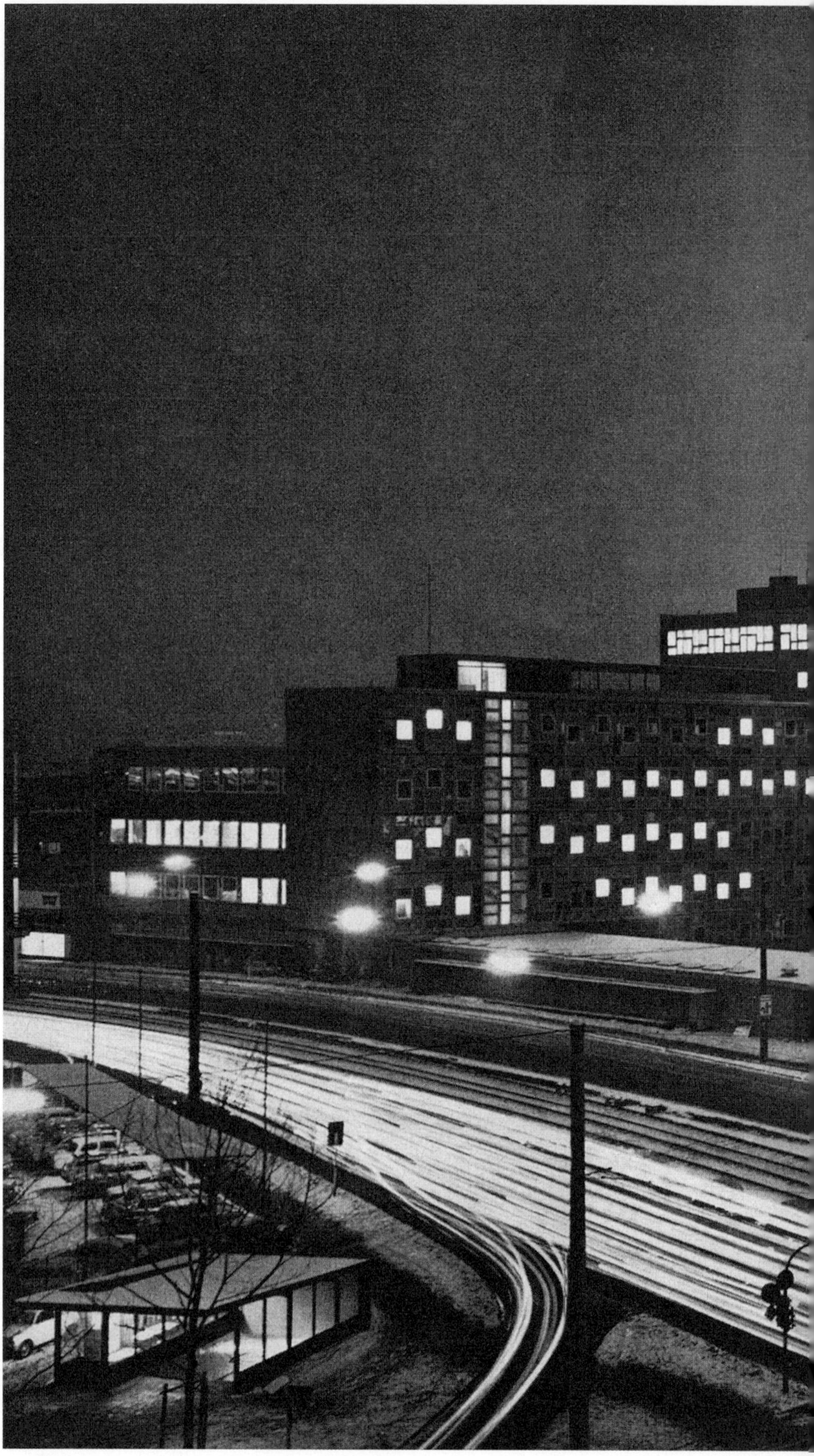

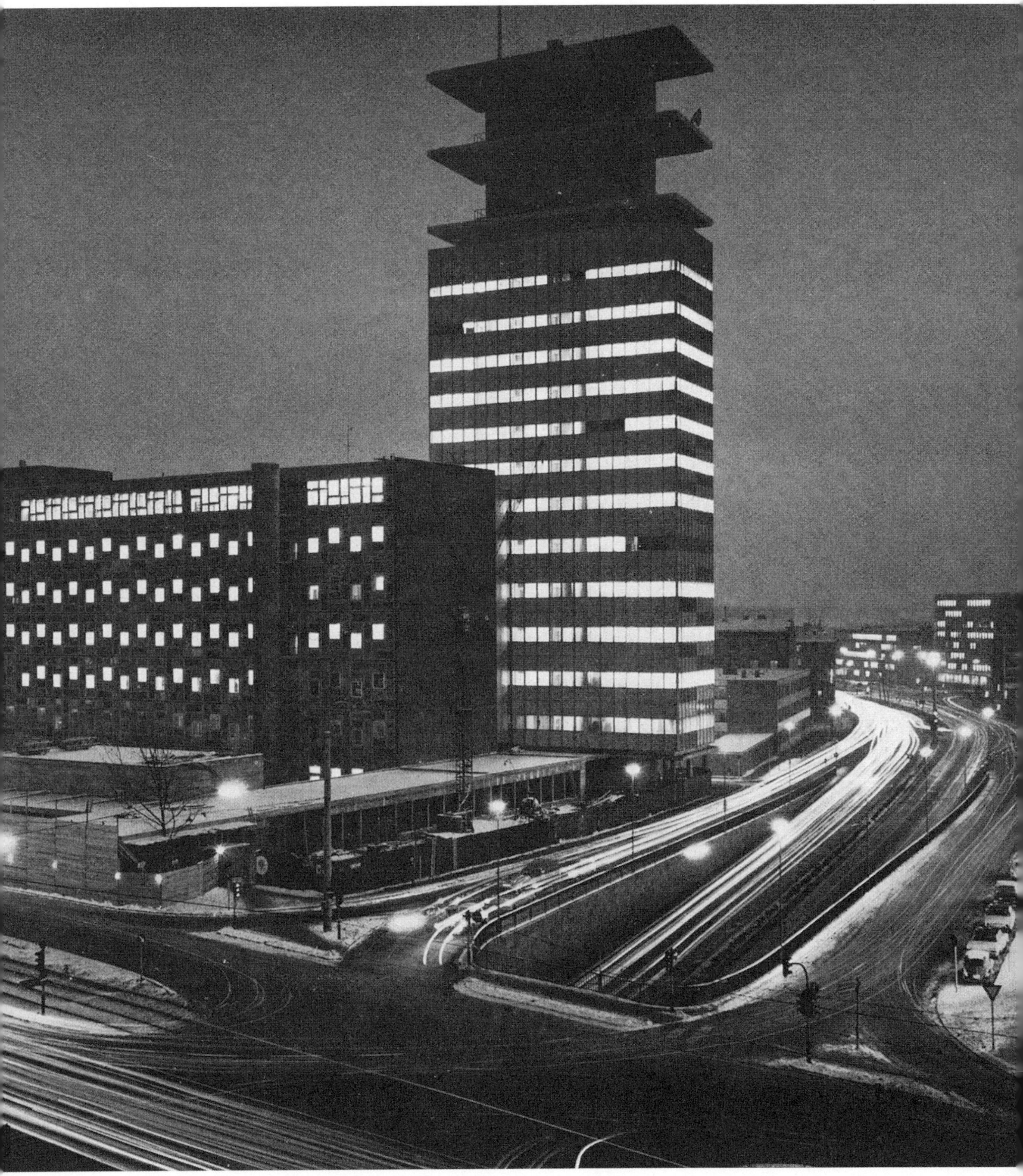

Die Schaltanlage für die Stromversorgung der Fernmeldetechnik hat einen Anschlußwert von 635 kVA. Den Kern der Anlage bilden die Gleichrichterfelder, die mit hochbelastbaren Selen-, zum Teil auch Siliziumgleichrichtern und mit vollautomatisch arbeitenden Regel- und Umschalteinrichtungen bestückt sind. Weitere Felder enthalten Schalteinrichtungen für die umfangreichen Batterieanlagen und die Netzzuleitungen. An die Stabilität der Spannungen werden hohe Anforderungen gestellt. Wegen der bei der Gleichrichtung entstehenden Verlustwärme wird der Raum besonders belüftet.

Wenn die Vermittlungstechnik die Weichen für eine Nachrichtenübermittlung gestellt hat, übernimmt die Übertragungstechnik die Weitergabe von Ort zu Ort. Da hierbei der Kabelweg der aufwendigste Teil ist, müssen die Zahl der Kabeladern und ihr Durchmesser möglichst klein bleiben. Die Übertragungstechnik hat daher die Aufgabe, die elektrische Dämpfung dünner Kabeladern durch Verstärkung unwirksam zu machen und die vorhandenen Kabeladern mit Hilfe der Trägerfrequenztechnik mehrfach, bei Koaxialleitern bis zu tausendfach auszunutzen.
3 500 Doppeladern in 52 Kabeln verbinden die übertragungstechnischen Einrichtungen des Fernmeldehochhauses mit denen in anderen Orten. Davon werden 470 trägerfrequent genutzt. Sie erbringen 10 000 Sprechwege. Insgesamt stehen zur Zeit 14 000 Sprechwege zur Verfügung.
Ferngespräche werden nicht nur auf dem Drahtweg, sondern auch auf dem Funkweg geführt. Dafür sorgen funktechnische Einrichtungen in den oberen Geschossen des Turmgebäudes und Richtfunkantennen auf den umlaufenden Turmplattformen. Der Richtfunk im Fernmeldehochhaus ist zunächst auf das Fernsprechen beschränkt. Die Richtfunkstelle Hansahochhaus wird beibehalten, um den ständig steigenden Anforderungen insbesondere des Fernsehens auf lange Sicht nachkommen zu können.
Eine besondere Übertragungsstelle schaltet die Tonleitungen für die Rundfunkanstalten. Am Verteilerfeld können 120 ankommende Tonleitungen auf gleich viele abgehende beliebig geschaltet werden.
Außer den genannten fernmeldetechnischen Einrichtungen wurden zahlreiche andere Dienste im neuen Hochhaus aufgenommen. Die wichtigsten sind eine Vermittlungsstelle für 2 000 Fernschreibanschlüsse, eine Telegraphenübertragungsstelle, eine Fernsprechauskunft mit 56 Plätzen, die nach einem Mikrolesverfahren arbeitet, eine Fernsprechentstörungsstelle für 150 000 Sprechstellen, Funkanlagen für den öffentlich beweglichen Landfunk, eine Dienstvermittlung für 1 500 Nebenstellen u. a. m. So wird das Fernmeldehochhaus, namentlich mit seinen späteren Erweiterungen, allen Anforderungen gewachsen sein.

296

◀ Trägerfrequenzeinrichtungen, zum Teil mit Transistoren bestückt, gestatten die gleichzeitige Übertragung von 1000 Gesprächen auf einer Leitung.

Ein Blick auf einen Verteiler für die Trägerfrequenztechnik läßt den hohen Montageaufwand für die abgeschirmten Kabel erkennen.

39

Richtfunkspiegel übermitteln Hunderte von Gesprächen gleichzeitig in einem Funkstrahl über Entfernungen bis zu 60 km. Da er sich geradlinig ausbreitet, ist zwischen Sende- und Empfangsstelle quasioptische Sicht erforderlich. Es dürfen sich deshalb auf seinem Weg und in dessen unmittelbarer Nachbarschaft keine Hindernisse befinden. Richtfunkantennen müssen stets einen erhöhten Standort auf Bergen oder Türmen haben.

41

DAS FERNMELDEHOCHHAUS

5. November 2007
Jan Assmann
Ges(ch)ichtslosigkeit
Zur Architektur der fünfziger Jahre

*Prof. em. Dr. **Jan Assmann**, geboren 1938 in Langelsheim, lebt in Konstanz. Dr. phil., Dr. h.c. mult. (Münster, Yale, Jerusalem), Professor em. für Ägyptologie an der Universität Heidelberg und Honorarprofessor für Kulturwissenschaft und Religionstheorie an der Universität Konstanz, Mitglied der Heidelberger Akademie der Wissenschaften und der Academia Europea. Forschungsschwerpunkte sind neben archäologischer Feldarbeit (Thebanische Nekropolen) ägyptische Religion und Literatur in theoretischer und vergleichender Perspektive, Kulturtheorie (besonders das „kulturelle Gedächtnis"), allgemeine Religionswissenschaft (Polytheismus und Monotheismus) sowie die Rezeption Ägyptens in der europäischen Geistesgeschichte.*

Liebe deine Stadt – zu diesem Motto hatte Merlin Bauer eingeladen, sich mit bestimmten Kölner Bauwerken der fünfziger Jahre, in unserem Fall dem Parkcafé, zu beschäftigen. Die folgenden Bemerkungen gehen von der Vorstellung einer Liebesbeziehung zwischen Mensch und Stadt aus.

Das menschliche Leben ist eingespannt in je spezifische Koordinaten von Raum und Zeit. Zu beiden entwickelt der Mensch ein ambivalentes Verhältnis: zu den Orten, an denen, und zu den Zeiten, in denen sich sein Leben abspielt. Man kann diese Orte lieben oder hassen, sie können einem aber auch wenig bedeuten. Man kann mit seiner Zeit, aber auch gegen sie leben, und da die Zeiten sich wandeln, kann auch die Beziehung des Einzelnen zu *seiner* Zeit zwischen Ablehnung und Zustimmung schwanken. Nirgends aber gewinnen beide, die lokalen und die temporalen Determinanten unseres Daseins, einen so sinnfälligen, prägenden Ausdruck wie in der Architektur. Ich gehöre tatsächlich zu den Menschen, die ihre Stadt – in meinem Fall sind es mehrere Städte, in denen ich gelebt habe und lebe (Lübeck, Heidelberg und Konstanz) – *lieben*, wobei die Zeit, das heißt die Vergangenheit, die in diesen Städten sichtbar, begehbar, erlebbar wird, eine große Rolle spielt. Gleiches kann ich nicht behaupten für die Zeiten, in denen ich gelebt habe und lebe. Ich gehöre nicht zu denen, die auf die fünfziger Jahre nostalgisch zurückblicken, und auch hier ist es in erster Linie die Architektur, an der sich diese Aversion gebildet hat. Aversion heißt „Abkehr", und ich denke, dass es vor allem der Impuls der Abkehr von der eigenen Zeit, von der Gegenwart der fünfziger Jahre war, der meine Berufswahl bestimmt und mich zu Archäologie und Ägyptologie gebracht hat.

Ich bin in Lübeck, einer mittelalterlichen Stadt, aufgewachsen, die mich in vielfacher Hinsicht sehr entscheidend geprägt hat. Zum einen natürlich durch ihre Schönheit. Dazu muss man wissen, dass der Grafiker Alfred Mahlau – dessen Design an den Produkten der Schwartauer Marmeladenfabrik und der Lübecker Konditorei Niederegger noch heute zum deutschen Alltag gehört – ein Kinderspielzeug geschaffen hat, das den Namen „Lübeck in der Schachtel" trägt: Fünf Kirchen mit zusammen sieben Türmen, viele kleine Backsteinhäuschen, meist mit den typischen Treppengiebeln, sowie Stadtmauer und Wehrtürme, alles in dem typischen backsteinfarbenen Rotbraun und dem Hellgrün der kupfernen Kirchtürme. Damit durfte ich nur spielen, wenn ich krank war. Dann bekam ich ein Tablett aufs Bett und durfte Lübeck aufbauen. Dieses Vergnügen hat meine Gesundheit nicht gerade gefördert; ich war so oft wie möglich krank als Kind. Und wenn ich nicht krank war, vertrieb ich mir die Zeit, indem ich Lübeck in Bildern aufbaute. Hunderte von Lübeckbildern sind so entstanden, und in meinem Farbkasten waren die Farben Rot, Braun und Hellgrün ständig aufgebraucht.

Ich habe Lübeck nie nach der Natur gemalt, sondern nur nach dieser Idealvorstellung. Das Lübeck, in dem ich aufwuchs, sah ganz anders aus. Als eine der ersten deutschen Städte war es im Mai 1942 zerbombt worden, und fünf von den sieben Türmen sowie große Teile der Innenstadt waren zerstört. Vielleicht war es diese Verlusterfahrung, die Diskrepanz zwischen dem siebentürmigen Ideal-Lübeck und dem zerstörten Lübeck meiner Kindheit, die mich diese Stadt so besonders lieben ließ. Dazu kam aber noch etwas anderes. Eine Stadt ist ja nicht nur ein architektonischer, sondern auch ein sozialer und kultureller Raum. Im Lübeck der Kriegs- und Nachkriegszeit fand ein sehr intensives kulturelles, und zwar insbesondere musikalisches Leben statt, an dem ich als Kind teilnehmen durfte, weil meine Mutter die Musiker oft zu ihrer vielgerühmten Erbsensuppe einlud (was oft mit improvisierten Hauskonzerten verbunden war) und weil sie mich während der Kirchenkonzerte nicht allein zu Haus lassen wollte. Musiziert wurde in den noch bespielbaren Kirchen und im Remter des gotischen St.-Annen-Museums, und zwar alte Musik auf historischen Instrumenten. Das ist heute gang und gäbe – damals war es eine Pioniertat. Nach einer gewissen Eingewöhnungsphase platzte bei mir sehr rasch der

Knoten, und ich entwickelte eine lebenslange intensive Leidenschaft für diese Musik, die für mich immer mit Lübeck, mit gotischer Architektur und ihrer ganz besonderen Akustik verbunden blieb. Auch das gehört zum Thema *Liebe deine Stadt,* zu der Art von Liebe, die hier im Spiel ist.

Was aber ganz sicher auch dazugehört, ist die Verlusterfahrung, die Nostalgie, das Heimweh. Im Jahre 1949, ich war damals gerade elf geworden, sind wir von Lübeck nach Heidelberg gezogen. Dort habe ich mich zunächst einmal intensiv nach Lübeck zurückgesehnt. Heidelberg ist eine Barockstadt. Hier gibt es aufgrund der Zerstörung im Jahre 1689 kein Mittelalter, so schön diese Stadt andererseits auch ist. Vor allem aber fehlte mir die Musik. So wie in Lübeck, auf historischen Instrumenten und mit einer ganz besonderen Leidenschaft des Musizierens, wurde, so schien es mir, nirgendwo sonst Musik gemacht. In der nostalgischen Erinnerung verklärte sich mir alles. Als ich dann aber endlich im Jahre 1956 per Anhalter nach Lübeck reiste, wurde mir dieses Wiedersehen zur dritten Verlusterfahrung. Die Zerstörung im Mai 1942 habe ich als kleines Kind nicht bewusst genug miterlebt, um den Unterschied von vorher und nachher aus wirklich eigener Anschauung und Erinnerung nachvollziehen zu können. Jetzt aber sah ich das ganze Ausmaß des Verlusts, und zwar durch den Wiederaufbau, den ich nur als eine neuerliche Verwüstung empfinden konnte. Damit komme ich nun endlich zum Thema, der Architektur der fünfziger und sechziger Jahre.

Die Architektur der Fünfziger mit ihrer programmatischen Gesichtslosigkeit, ihrem unsensiblen Zustopfen der Baulücken, ihrer Bevorzugung künstlicher Stoffe wie Beton, Eternit, Aluminium-Eloxat, Bakelit, Neonlicht und Plastik und auch ihrem geschichtslosen Modernismus mit seinem Schwung und Schmiss, seiner leichtfüßigen Pseudoeleganz, kurz, dem, was man damals „schnieke" nannte, von der auch das Kölner Parkcafé nicht ganz unberührt ist – das alles konnte ich nur hassen, und zwar vor allem deswegen, weil es sich in meinen Augen geradezu schmerzlich störend über und in das Alte und „Echte" gedrängt hat. Ich konnte die Architektur der fünfziger Jahre nur als parasitär und unecht wahrnehmen. Da trifft es sich schlecht, dass Merlin Bauer sich ausgerechnet von mir eine Laudatio auf das Parkcafé gewünscht hat.

Die Architektur der sechziger Jahre fand ich allerdings fast noch schlimmer. Denn wenn die der fünfziger von einer gewissen rokokohaften Leichtfüßigkeit, dem Hang zum Unverbindlichen, Geschichts- und Gesichtslosen, ja Provisorischen geprägt war, so schlug in den sechziger Jahren das Pendel in die Gegenrichtung, in Richtung Brutalismus aus. Jetzt entstanden schwere Betonkästen, denen jede Eleganz und Leichtigkeit fehlte. In Heidelberg wurde in jenen Jahren der naturwissenschaftliche Campus im Neuenheimer Feld gebaut und eine stilistische Ausrichtung vorgegeben, in deren Geist immer noch weitergebaut wird. Das ist eine Architektur, die klotzen und imponieren will, aber keinerlei Anspruch darauf erhebt, geliebt zu werden. Das Institut in Heidelberg, an dem ich studiert und das ich dann später fast dreißig Jahre lang geleitet habe, war ursprünglich in einem klassizistischen Gebäude untergebracht, das in den sechziger Jahren abgerissen und durch einen Neubau ersetzt wurde, der in meinen voreingenommenen Augen an öder Hässlichkeit seinesgleichen sucht (freilich inzwischen auch immer mehr findet, was jedem, der neuerdings in Heidelberg aus dem Bahnhof tritt, sofort ins Auge springt – anstelle der charakteristischen Bergsilhouette, die früher den Ankömmling von ferne grüßte).

Dabei ist aber der Hass auf diese Architektur nur die Kehrseite der Liebe. Mir wäre das alles vermutlich ziemlich gleichgültig gewesen, hätten sich diese Gebäude nicht an die Stelle einer alten, geliebten Bebauung gesetzt. Die Architektur der fünfziger und sechziger Jahre ist mit dem Stichwort „Wiederaufbau" verbunden und geht auf Architekten zurück, die nur allzu dankbar waren dafür, dass ihnen der Krieg die Mühe des Abrisses abgenommen hatte. Wo das noch nicht gereicht hatte, wurde weiter niedergerissen. In den Fünfzigern und Sechzigern regierte das Auto, die Städte mussten vor allem verkehrsfreundlich sein. Sie wurden durch breite sechs- bis achtspurige Achsen erschlossen, die Stadtkerne, die nun glücklicherweise keine verwinkelten Altstädte mehr waren, wurden zu „Citys" mit Banken, Geschäften, Verwaltungsgebäuden, Parkhäusern und Tiefgaragen umfunktioniert, während das Wohnen ebenso wie die Industrie an die Peripherie verlegt wurden. Man sollte in Vor-, Satelliten- und Gartenstädten wohnen und zu Einkaufs- und Geschäftszwecken in die City fahren.

Das alles hat sich dann in den siebziger Jahren geändert, jetzt sollten die Innenstädte wohnlich, lebendig, gastlich und erlebnisreich werden, die „kollektive Erlebnisdichte" (wie mein Vater das nannte) avancierte plötzlich zu einem wichtigen stadtplanerischen Faktor; Fußgängerzonen wurden angelegt, der Autoverkehr systematisch entmutigt, in Umgehungsstraßen und periphere Parkhäuser abgesaugt und aus den Innenstädten herausgehalten – Maßnahmen, die ich nur als eine Wende zum Besseren empfinden konnte. Das große Aufatmen kam für mich dann in den achtziger und neunziger Jahren mit der postmodernen Aufgeschlossenheit gegenüber der Vergangenheit, mit der Absage an einen normativen Modernismus und dem unbefangenen Versuch, an vergangene Baustile anzuknüpfen. Ich sollte vielleicht noch erwähnen, dass mein Vater Architekt war, nach dem Krieg in Heidelberg das Stadtplanungsamt und später in Darmstadt die Bauverwaltung leitete. Mein Vater teilte meine Begeisterung für historische Bauformen, aber nicht meinen Widerwillen gegen die Architektur der fünfziger Jahre. Heidelberg hatte unter dem Krieg nicht gelitten, so blieb es von dem Schicksal des Wiederaufbaus verschont. Darmstadt aber bot mit seinen gesichtslosen Betonbauten und seinen breiten Nord-Süd- und Ost-West-Achsen das Bild einer typischen Nachkriegsstadt. Als mein Vater 1962 dorthin berufen wurde, waren alle Sünden schon begangen; nur eine, die Errichtung einer Trabantenstadt im Norden von Darmstadt mit dem berühmten Architekten Ernst May, blieb für ihn noch übrig: ein Paradebeispiel des zeittypischen Brutalismus.

Doch zurück zum Parkcafé, das ja wohl das genaue Gegenteil von jedem Brutalismus darstellt. In dem Buch *Garten am Strom* wird als Ziel des Architekten Rambald von Steinbüchel-Rheinwall erwähnt, „ein möglichst organisch wirkendes Gebäude zu schaffen, das sich harmonisch in den Park einfügt […]. Die nur auf schlanken Rundstützen aufliegenden, nierenartig geschwungenen und weit ausladenden Terrassen bzw. Verdachungen nehmen den zurückliegenden Bauteilen den Eindruck der Geschlossenheit. […] Die Tendenzen der Architektur der 50er Jahre erreichen in diesem fast filigran zu nennenden Bau eine seltene Virtuosität in Leichtigkeit und Transparenz".[1] Das Gebäude sollte leicht, transparent und pflanzenhaft sein. Ursprünglich war es auch noch bunt: die Unterseite der Terrasse blau, das obere Dach gelb, alle Stützen weiß. Das Buch spricht ganz zu Recht von „beschwingter Form" und „farbenfrohem Anstrich". Beschwingtheit und Frohsinn soll dieses Gebäude ausstrahlen und sich wie eine riesige Betonblume in den Park einfügen.

Das Stichwort „nierenartig" trifft die Signatur der Zeit und ihres Designs mit seinem Willen zu Beschwingtheit und Frohsinn, man denke nur an die berühmten Nierentische. Ich erinnere mich an die fünfziger Jahre als eine Mischung alberner Schlager, restaurativer Politik, konventioneller Formen, geschmackloser Möbel, alles beherrschenden Kunststoffs, gesichts- und geschichtsloser Architektur und forcierter Harmlosigkeit. Vieles davon war sicher einfach Reaktionsbildung auf eine traumatische Vergangenheit. Von der Vergangenheit wollte man nichts wissen, und den Kalten Krieg, so kam es mir vor, wollte man nicht wahrhaben. Das sogenannte „Wirtschaftswunder" hatte ja schließlich seinen politischen Preis, aber davon wurde nicht gesprochen. Hauptsache, „wir sind wieder wer".

Die fünfziger Jahre stehen im Zeichen der Abkehr von der Vergangenheit. Das gibt ihrer Architektur das Gesichts- und Geschichtslose. Somit sind sie authentischer Ausdruck einer neuen deutschen Identität, die sich vielleicht am besten als Identitätsverweigerung bestimmen lässt.

Daraus ergibt sich der Unterschied zu den zwanziger Jahren, der Zeit nach dem Ersten Weltkrieg. Auch diese Nachkriegszeit tendierte in einem vergleichbaren Aufatmen zu gewissen Formen von forcierter Fröhlichkeit, Tanzwut, Schlagerboom und Dada, die sich mit den fünfziger Jahren vergleichen lassen. Von Identitätsverweigerung konnte jedoch keine Rede sein. Daher wirkt diese Zeit in ihren kulturellen Ausdrucksformen in der Rückschau sehr viel spannungsreicher, tiefer und hintergründiger. Die fünfziger Jahre haben für mich nichts Hintergründiges.

Die Diagnose „Identitätsverweigerung" sollte ich vielleicht erläutern. In den fünfziger Jahren war dieses Prinzip, glaube ich, noch weitgehend unbewusst. Diese Jahre standen im Zeichen der Verdrängung, des kollektiven Beschweigens. Vielleicht kann man geradezu von einem Willen zu Unschuld und Harmlosigkeit sprechen, der sich in der Architektur dieser Jahre ausdrückt. Die Zeit der großen Schuldanklagen war ja noch lange nicht gekommen. Man wusste, dass die Nazis schreckliche Dinge getan hatten, vielleicht sogar, dass die deutsche Nation eine furchtbare Schuld auf sich geladen hatte, aber dem glaubte man sich entziehen zu können, indem man sich in dem Provisorium der Bundesrepublik einrichtete, Europapolitik betrieb, das christliche Abendland als kulturelle Zielidentität herausstellte und die Westbindung forcierte. Das war in den fünfziger Jahren ein mehr unbewusster Eskapismus, der sich mit der 68er-Generation dann in einen expliziten Antinationalismus beziehungsweise nationalen Selbsthass verwandelte. Diese Wende machte der westdeutschen Nachkriegsidylle ein Ende.

Das Kölner Parkcafé ist ein sehr authentisches, zeittypisches und ausdrucksstarkes Zeugnis der idyllischen Komponente der fünfziger Jahre und mutet in seiner programmatischen Leichtigkeit stellenweise geradezu japanisch an. Es steht auch nicht anstelle irgendwelcher Altbauten, sondern dort, wo es hingehört, in einem Park, dem es sich sensibel einfügt. Man sollte es nicht abreißen, sondern als eines der wenigen zugleich typischen und ästhetisch ansprechenden Bauwerke dieser Zeit restaurieren, wenn auch vielleicht nicht in seiner ursprünglichen, sondern in einer das „Japanische" betonenden, strengeren Farbgebung.

1 *Garten am Strom – Der Rheinpark in Köln,* Hgg. Joachim Bauer, Dieter Klein-Meynen und Henriette Meynen, Köln 2007, S. 125f.

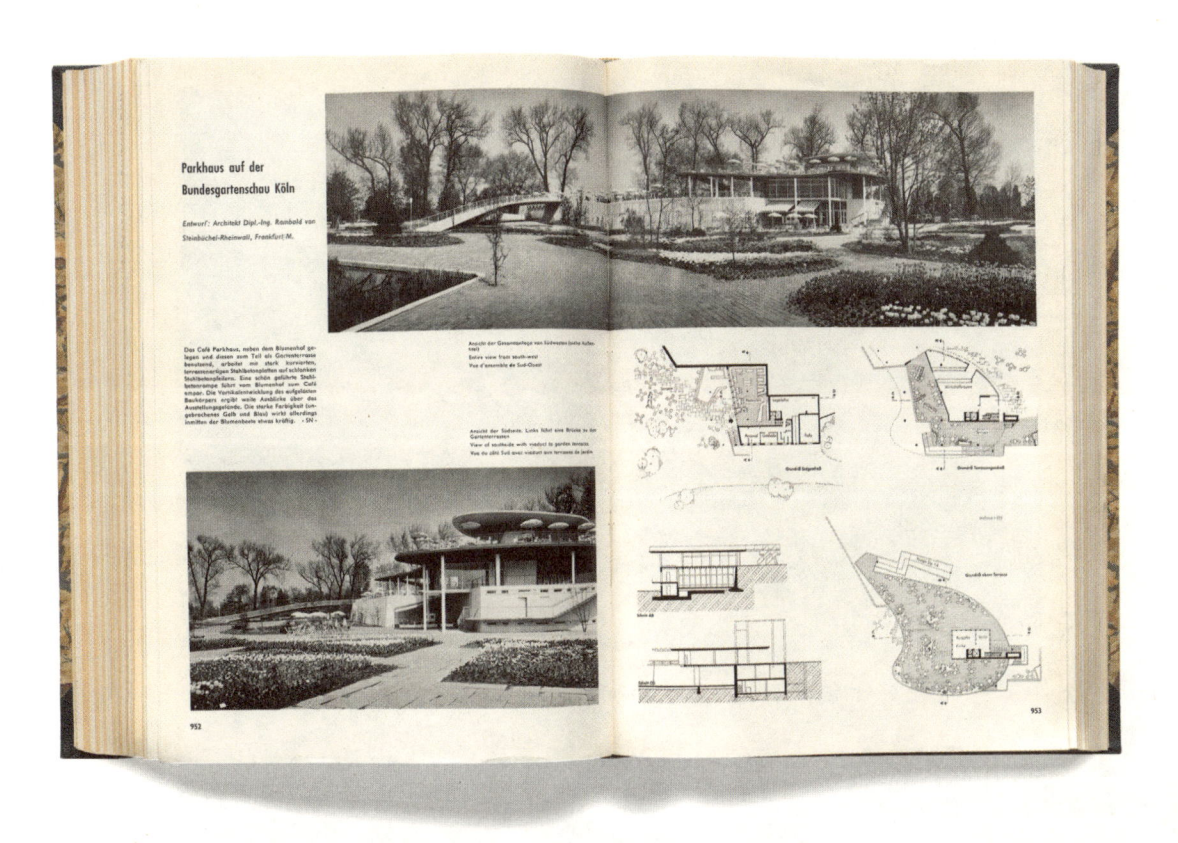

Deutsche Bauzeitschrift, 1957, Heft 8, Gütersloh.

Jan und Aleida Assmann am 5. November 2007 im Parkcafé, Köln-Deutz.

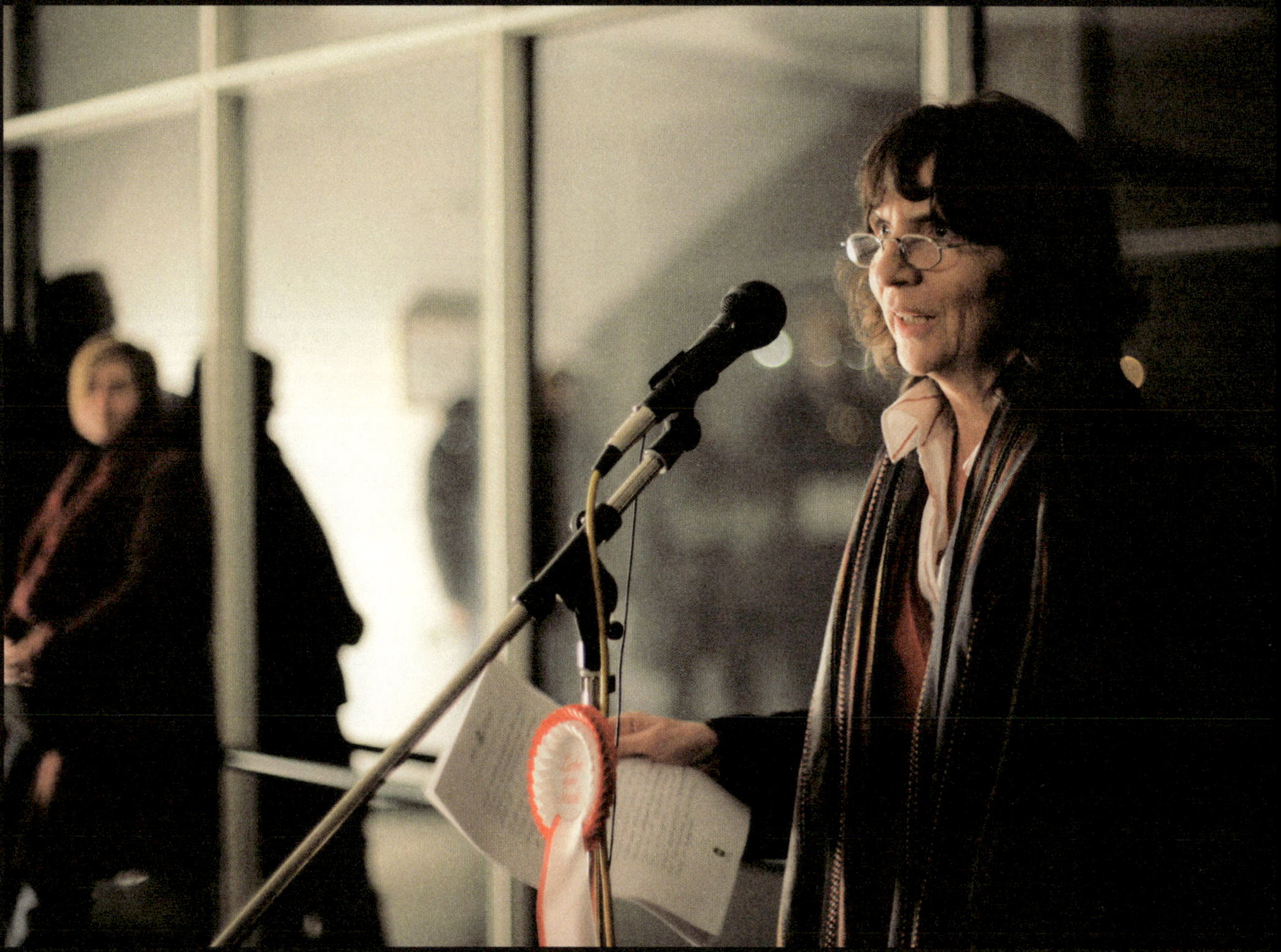

5. November 2007
Aleida Assmann
Das Parkcafé – architektonische Quintessenz
der fünfziger Jahre

 Aleida Assmann, *geboren 1947 in Bethel bei Bielefeld, lebt in Konstanz. Sie studierte Anglistik und Ägyptologie in Heidelberg und Tübingen und lehrt seit 1993 Englische und Allgemeine Literaturwissenschaft in Konstanz sowie als Gastprofessorin an mehreren Universitäten in den USA (Rice, Princeton, Yale, Chicago) und in Wien. Forschungsschwerpunkte sind neben der englischen Literaturgeschichte von der Renaissance bis zur klassischen Moderne vor allem Gedächtnistheorie, die Rolle der jüngeren Vergangenheit in der modernen, insbesondere deutschen Literatur und die Medientheorie. Aleida Assmann war Fellow des Wissenschaftskollegs zu Berlin, des IFK in Wien, im Warburghaus (Hamburg) und ist Mitglied der Berlin-Brandenburgischen Akademie der Wissenschaften sowie der Österreichischen Akademie, der Göttinger Akademie und der Akademie Leopoldina.*

Jeder Abschied ist die Geburt einer Erinnerung an etwas, das es vielleicht nie gegeben hat.[1]

Der Abschied von einem Menschen, einer Stadt, einem Gegenstand, einem Gebäude ist immer zugleich auch ein Weckruf, eine Schwelle für die Wahrnehmung. Sie wird aus der habituellen Lethargie herausgerissen, die unterschwellig davon ausgeht, dass sich das Jetzt ozeanisch um uns ausdehnt und dass es für das, was wir Gegenwart nennen, kein Ablaufdatum und keine Grenze gibt. Was immer fraglos anwesend ist, kann nicht wirklich gesehen, erkannt, geschätzt werden – es ist erst der Abschied, der drohende oder plötzliche Entzug, der die Aufmerksamkeit schärft, die Reflexion in Gang setzt, die Affekte mobilisiert.

Dass wir das, was wir lieben, erst dann wirklich zu würdigen wissen, wenn es uns genommen wird, ist eine alte Einsicht. Shakespeare hat sie bündig in den Schlussversen seines 73. Sonetts zusammengefasst:

This thou perceiv'st which makes thy love more strong
To love that well which thou must leave ere long.

In diesen Zusammenhang gehört auch die schönste Definition des Wortes „Nostalgie", die ich kenne. Sie stammt von Svetlana Boym und lautet: „Liebe auf den letzten Blick".[2] Diese Formulierung geht auf Walter Benjamin zurück, der ein Gedicht von Baudelaire aus den *Fleurs du Mal,* „A une passante", interpretiert hat.[3] Mit dem Abschied hört eben nicht nur etwas auf, es entsteht auch etwas Neues, nämlich die Erinnerung, beziehungsweise was immer diese zu konstruieren bereit ist. Es gibt unter den Erinnerungsforschern diejenigen, die – wie die kognitiven Psychologen – immer wieder betonen, dass die Konstruktionen der Erinnerung trügerisch und unzuverlässig sind. Sie messen sie an einem exakt überprüfbaren Maßstab wie Zahlen, Zeiten, Orten, für den die Erinnerung jedoch nicht unbedingt gemacht ist.

Man kann aber auch die positive Seite der Konstruktion hervorheben und die imaginative Aufladung eines Erinnerungsbildes betonen. Entscheidend ist dabei, dass Erinnerung ohne Imagination gar nicht auskommt, und das in einem ganz wörtlichen Sinn der Bild-Schöpfung. Erinnerung reproduziert nicht Vergangenheit, sondern schafft ein Bild der Vergangenheit, sie transformiert beständig gelebte Wirklichkeit in Repräsentationen. Ohne Repräsentationen aber gibt es keinen Zugang zur Vergangenheit.

NACHKRIEGSMODERNE[4]
Ich selbst habe die meiste Zeit meines Lebens in den vom Krieg unzerstörten Städten Heidelberg und Konstanz verbracht. Für viele andere deutsche Städte galt dagegen das Wort von der „Stunde null"; Kirchtürme waren abgebrochen, Prachtbauten zerstört, Wohnzeilen dem Erdboden gleichgemacht. Nach der Flächenbombardierung, die den von den Deutschen entfesselten Krieg in ihre Städte zurückbrachte, blieben Stadtskelette und Kraterlandschaften ohne jeden pittoresken Ruinenwert übrig. In der Nachkriegszeit blickte man nicht zurück, weder im Zorn noch in Trauer. Es ging schlicht und einfach ums Überleben. Die Zeichen waren in Ost wie West ganz auf Zukunft gestellt. Die Nachkriegsmoderne breitete sich in Ost- und Westdeutschland gleichermaßen aus. Hüben wie drüben ging es darum, Trümmer wegzuräumen und zerbombte Stadtteile so schnell wie möglich in Wohnsiedlungen zu verwandeln. Die Abrissmentalität war ebenso verbreitet: Was in Kriegszeiten nicht zerstört worden war, war in Friedenszeiten vor Abbruch noch längst nicht sicher. Die „durchlüftete und autogerechte Stadt"[5] wurde zu einer gemeinsamen Norm. Auch wirtschaftlicher Aufstieg und Prosperität wirkten sich denkmalzerstörend aus. Das belegen die Sanierungen

der Innenstädte bis in die siebziger Jahre hinein, die wenig Gewicht auf Bestandserhaltung legten. Das Zauberwort der Nachkriegsepoche hieß „Wiederaufbau". Hier kann von „Stunde null" jedoch keineswegs die Rede sein, denn dieser Wiederaufbau lag, wie uns Architekturhistoriker versichern, weitgehend „in den Händen der alten Praktiker"[6]. Der Wiederaufbau der Nachkriegszeit wurde bereits ab Oktober 1943 im Ministerium Speer vorbereitet, „noch ehe die Städte vollends in Schutt und Asche fielen"[7]. Die Architekten seines Stabs leiteten das ein, was an Wohnungsbauprogrammen und Verkehrsplanung nach dem Krieg umgesetzt wurde und inzwischen kritisch als „die zweite Zerstörung". bewertet wird.

Die „Stunde null", die für die Bevölkerung leidvoll und traumatisch war, brachte den Architekten die große Chance neuer Visionen. Befreit von historischem Ballast, konnten sie ihre neuen Ideen umsetzen. In einem Vortrag von 1946 beschrieb Hans Scharoun die großartigen Möglichkeiten, die sich aus Sicht der Planer auftaten: „Die mechanische Auflockerung der Stadt durch Bombenkrieg und Endkampf gibt uns die Möglichkeit einer großzügigen organischen und funktionellen Erneuerung."[8] Das Wort „Wiederaufbau" ist verräterisch. Es suggeriert nicht nur planerische Kontinuitäten, sondern auch ein schnelles Wiederherstellen und Wiedergutmachen. Damit verharmlost und verschleiert es für uns Heutige den absoluten Tiefpunkt deutscher Geschichte. Es gab aber auch Architekten, die sich damals gegen das Wort wehrten. Zu ihnen gehört Hans Schwippert, der 1944 von den Amerikanern mit dem Aufbau beauftragt wurde. Er bekämpfte die gängige Praxis, die durch „Wiederaufbau" den „Aufbau" verhinderte. Seiner Meinung nach waren die Probleme der Deutschen allein mit Steinen und Mörtel nicht zu lösen: „Wir brauchen Aufräumtrupps und Baukolonnen auf allen drei Ruinenfeldern: in den Trümmern der Stadt, den Trümmern der Seele und den Trümmern des Geistes."[9]

Das Wort „Wiederaufbau" bezeichnete in der Nachkriegsmoderne weit mehr als Bauprojekte. Es umfasste auch die Wiederherstellung eines funktionierenden Gemeinwesens samt Infrastruktur, Ökonomie und politischem Institutionengefüge. Architektur wurde nach 1945 zur Leitmetapher für den gesamten Staat und seine Gesellschaft, deren Neubeginn sich allem voran in seiner Architekturgeschichte spiegelt. Die Bauformen, die nach dem Krieg im Mittelpunkt standen, waren Eigentumswohnungen, Eigenheime und Siedlungen. In seiner Regierungserklärung von 1953 verkündete Konrad Adenauer: „In den ersten vier Jahren [der BRD] sind annähernd sieben Millionen Deutsche wieder zu einer eigenen Wohnung und einem eigenen Heim gekommen, zu einem großen Teil Vertriebene, Ausgebombte und Evakuierte."[10]

1953 verzeichnete man über 450.000 fertiggestellte Wohnungen, für die folgenden Jahre wurden über eine halbe Million in Aussicht gestellt. Ein weiterer Leitbegriff lautete „Neue Heimat". Die führende Baugenossenschaft mit diesem Namen konnte sowohl an den Willen zur Erneuerung als auch an die Millionen Vertriebenen appellieren, die es aufzunehmen und zu integrieren galt. Dafür wurde der alte Heimatbegriff von seinen Assoziationen mit einer in Blut und Boden verankerten ländlichen Existenzform gereinigt und stand fortan für Wohnen in der „aufgelockerten und durchgrünten Kleinstadt"[11]. Die organisch gegliederte Volksgemeinschaft hatte sich in die „nivellierte Mittelstandsgesellschaft" (Helmut Schelsky) verwandelt, jene Sozialform, die wir im Zeitalter der New Economy durch die sich weitende Kluft zwischen Arm und Reich soeben hinter uns lassen. Für den „Heimatschutzstil" der fünfziger Jahre steht das Eigenheim, das zum Prototyp auch für andere Gebäudeformen wie Reihenhäuser und Verwaltungsgebäude wurde. Seinen emblematischen Charakter erhielt das Eigenheim im Westen auch als Gegenthese zu kollektivistisch-sozialistischen Utopien im Osten.

DIE FÜNFZIGER JAHRE ALS KULTUR DES PROVISORIUMS

Die Bundeshauptstadt Bonn spiegelt exemplarisch die historische Phase des Wiederaufbaus: „Schnell, billig und phantasielos wurde, wie andernorts auch, gebaut."[12] Am Anfang standen Baracken und Montagehäuser, die 1949/50 in vorgefertigter Schnell-Gemischt-Bauweise mit einer Option auf fünfzehn Jahre errichtet wurden und von denen sich noch drei erhalten haben. Das gewachsene Provisorium der Anfänge in Bonn dokumentiert unter anderem „Deutschlands berühmtester Kiosk" gegenüber dem Bundesrat im ehemaligen Zentrum der Macht, der sich seit knapp fünfzig Jahren in Familienbesitz befindet und gegenwärtig vom Abriss bedroht ist. Die Schmucklosigkeit, Unscheinbarkeit und der provisorische Charakter dieses Kiosks stehen emblematisch für das Provisorium der fünfziger Jahre. Es war nicht nur der Not geschuldet, sondern auch Programm. Monumentale Baugestaltung war im post-faschistischen Deutschland ein Tabu. Hans Schwippert, Architekt in Bonn und Anwalt dieser neuen Bescheidenheit, kommentierte die Innenausstattung des Plenarsaals des Deutschen Bundestags mit den Worten: „Nichts von den repräsentativen Leihgaben der Vergangenheit, sondern leichte Geräte, die nichts verbergen."[13]

In der Tat gibt es keinen größeren denkbaren Kontrast als den zwischen den megalomanen Visionen, die Hitler mit seinem Chefarchitekten Speer für ein tausendjähriges Reich entwarf und auch teilweise realisierte, und dem Bekenntnis der fünfziger Jahre zu Zweckmäßigkeit, Unauffälligkeit und Unscheinbarkeit. Während sich gegenwärtig in Bonn die Frage nach der Konservierung des Provisoriums stellt, ist Berlin inzwischen aus seinem Provisorium herausgetreten und stellt sich auf eine neue Zukunft ein. Zukunftsplanung bedeutet Investition in Ewigkeit und Dauer, weshalb hier nicht nur im großen Stil Neues gebaut, sondern inzwischen auch aufwendig restauriert und rekonstruiert wird.

DIE VORDERGRÜNDIGE LEICHTIGKEIT DES SEINS

Ebenso charakteristisch wie das Merkmal der Vorläufigkeit ist für die Haltung und das Lebensgefühl der fünfziger Jahre die Geschichtsverweigerung. Dafür ist das Kölner Parkcafé (1954–56) ein anschauliches Beispiel. Der Architekt Rambald von Steinbüchel-Rheinwall hat seinen Entwurf so beschrieben: „Nach allen Seiten hin, von einem Kern ausgehend, strecken sich die Platten in die Luft, ähnlich wie Blätter oder die Zweige eines Baumes."[14] Er spricht mit Blick auf seine Architektur auch von einem „organisch wirkenden Gebilde"[15]. Dieser Stil passt natürlich ausgezeichnet zum Standort des Parks mit den Kölner Rheinterrassen und zum Kontext der Bundesgartenschau von 1957, für die das Café gebaut wurde. Schlanke Rundstützen, nierenartig geschwungene Platten, Luftigkeit und Leichtigkeit stehen in Gegensatz zu klassizistischen Normen und historischem Ballast. Es ist für die Besucher auch heute noch nachvollziehbar, wie die Formen dieser Architektur, die gestuften Platten des Cafés, sich auf dem Boden in der runden Form der Beete fortsetzen. Die Orientierung an der Natur verbindet sich mit der Suche nach einer zeitlos gültigen Formensprache. Damit setzt dieses architektonische Programm gleichzeitig ein klares Gegengewicht zur Last der Geschichte. Die Formensprache und ihre stilistischen Vorbilder werden weder wie im Historismus in vergangenen Epochen gesucht noch in der reinen Logik der Konstruktion wie in der klassischen Moderne, sondern in den Grundformen der Natur.

Diese Natur als Inbegriff des Organischen wird allerdings in den fünfziger Jahren noch einmal neu erfunden. Auffällig ist, dass das Natur-Konzept dieser Zeit keine Anleihen am Natur-Konzept des Jugendstils machte, das seinerseits bereits Geschichte geworden war. An die Stelle pflanzlicher Vorbilder tritt die Niere als Inbegriff des Organischen. Bei der Suche nach neuen organischen Modellen geht es vor allem auch um die Voraussetzungslosigkeit eines

Postkarten (1957–1971) vom Rheinpark aus der Sammlung Joachim Bauer, Köln.

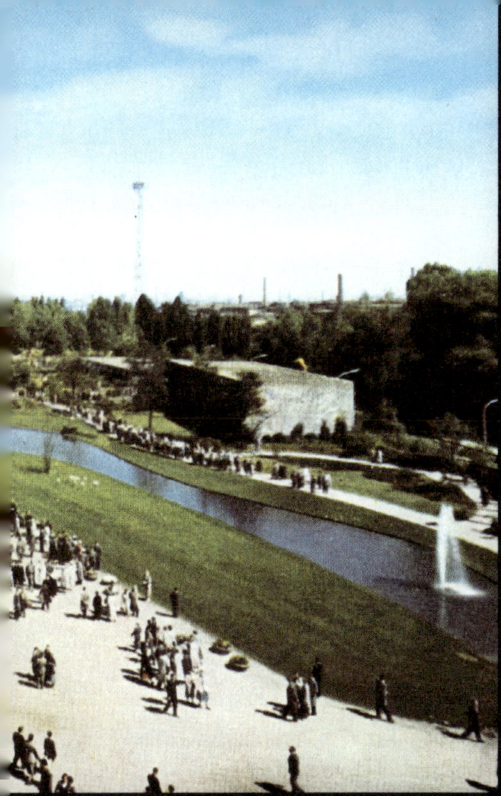

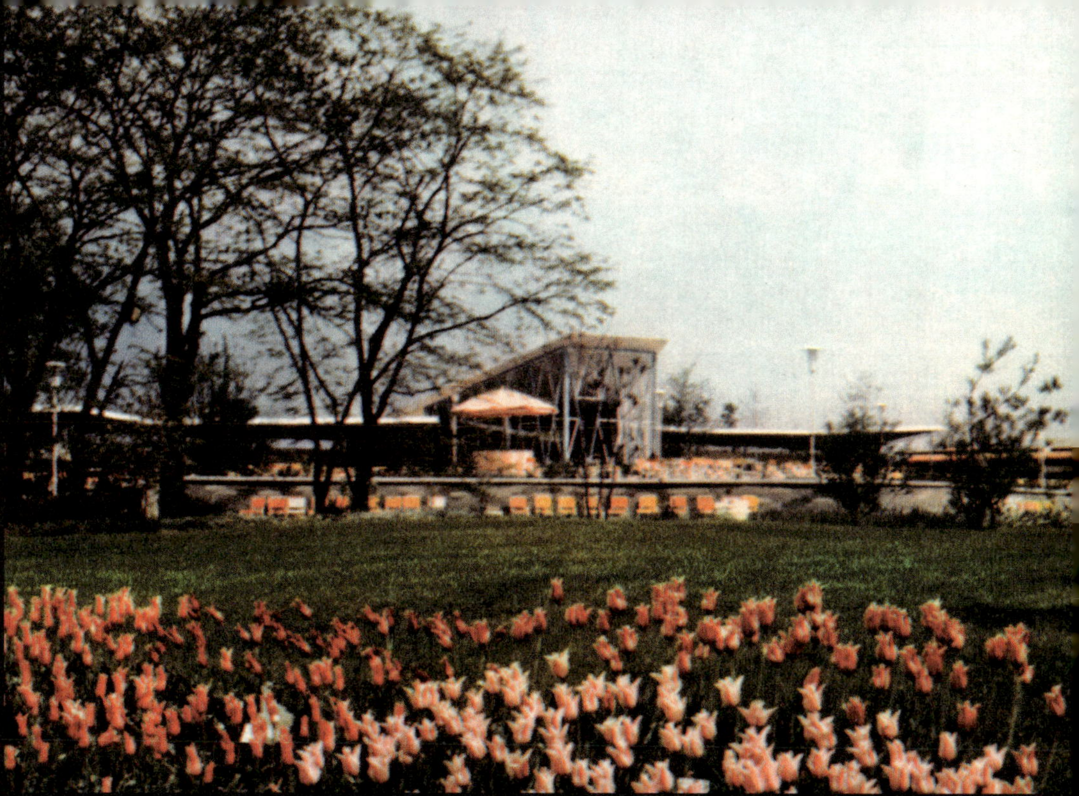

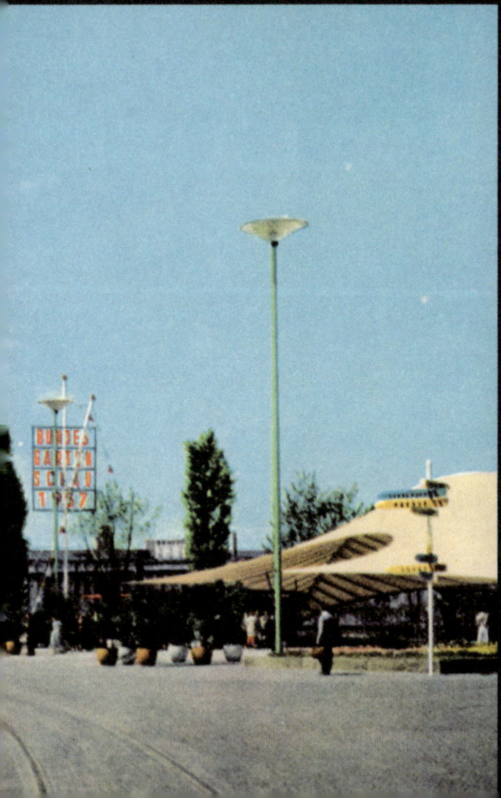
BUNDES
GARTEN
SCHAU
1957

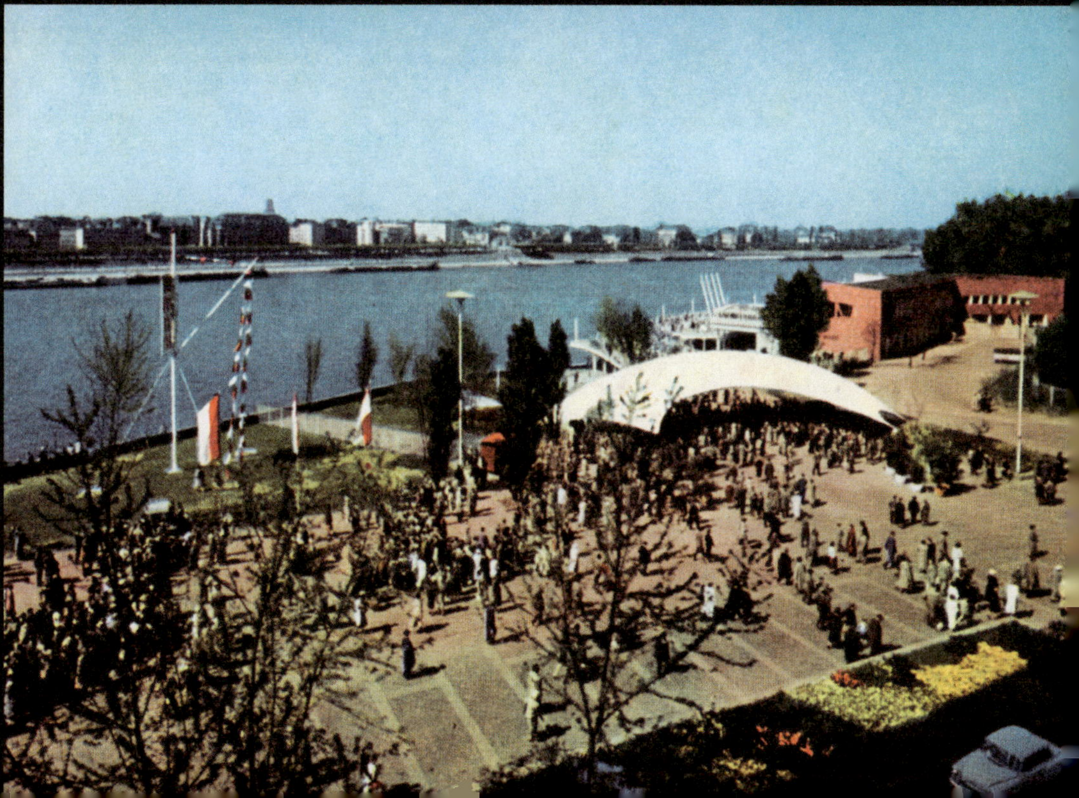

neuen Anfangs, um innovative Formen eines Neubeginns, der keine Stilzitate erlaubt und keine Assoziationen an frühere Idiome der Architektursprache zulässt. Auffällig ist ebenfalls, dass im Gegensatz zu früheren Bewegungen die Verehrung des Organischen in den fünfziger Jahren nicht von einer lebensreformerischen oder „grünen" Welthaltung getragen ist. Im Gegenteil schließt sie die Verehrung von Industrie und Technik keineswegs aus und macht einen begeisterten Gebrauch von den neuen Baustoffen aus synthetischen Materialien.

„[…] leichte Geräte, die nichts verbergen und nichts repräsentieren",[16] so lautete die Devise für die Innenausstattung des Plenarsaals des Deutschen Bundestags. Leichtigkeit, Unbeschwertheit und Heiterkeit sind in der Tat die Schlüsselbegriffe der visuellen Kultur der fünfziger Jahre, die das Parkcafé geradezu als eine architektonische Quintessenz verkörpert. Das Lebensgefühl der geistigen Eliten mag durch schwarze Kleidung, exzessiven Zigarettenrauch, existentialistische Philosophie sowie neue Formen von Protestverhalten geprägt gewesen sein. All dies war jedoch eingehüllt in ein universales Design eleganter, gekonnter, luftig vordergründiger Leichtigkeit, die die Formensprache von Architektur, Design, Mode und Werbung durchzieht. Aus der Retrospektive schillert das Bild des Parkcafés – es kündet von der unbeschwerten Oberflächlichkeit und Selbstvergessenheit der fünfziger Jahre, es verkörpert aber auch eine in sich schwingende, geradezu „japanisch" anmutende Leichtigkeit des Seins. Dieses Doppelbild des Parkcafés, das zugleich ein Bild seiner Epoche ist und eine Erinnerung an etwas, „was es vielleicht nie gegeben hat", tritt nun im Abschied erstmals ins „Jetzt der Erkennbarkeit" (Walter Benjamin).

1 Das Zitat habe ich in einem Artikel in der *Welt* vom 15. November 2007 gefunden, wo sich Jürgen Rüttgers anlässlich des Abschieds von Franz Müntefering über dessen Rolle als Stabilisator der großen Koalition äußert. Es handelt sich offenbar um die Erweiterung eines anderen, Salvador Dalí zugeschriebenen Zitats: „Im Abschied ist die Geburt der Erinnerung."
2 Svetlana Boym, *The Future of Nostalgia,* New York 2002.
3 Walter Benjamin, *Charles Baudelaire. Ein Lyriker im Zeitalter des Hochkapitalismus*, Hg. u. Nachwort von Rolf Tiedemann, Frankfurt, S. 43f.; Charles Baudelaire, *Les Fleurs du Mal*, Berlin o.J., Tableaux Parisiens CXVII, S. 176.
4 Der folgende Abschnitt fasst ein Kapitel aus meinem Buch zusammen: Aleida Assmann, *Geschichte im Gedächtnis. Von der individuellen Erfahrung zur öffentlichen Inszenierung,* München 2007.
5 Bruno Flierl, der vor der Wiedervereinigung in der DDR als Architekt tätig war, beschreibt in einem Aufsatz, wie dem neuen Leitbild des Sozialismus planerisch zum Sieg verholfen wurde. Um den benötigten Platz für den neuen Stadtgrundriss zu schaffen, wurden teilweise ganze Altstadtviertel samt Kirchen abgerissen. „Stadtgestaltung in der ehemaligen DDR als Staatspolitik", in: *Wohnen und Stadtpolitik im Umbruch. Perspektiven der Stadterneuerung nach 40 Jahren DDR,* Hgg. Peter Marcuse und Fred Staufenbiel, Berlin 1991.
6 Wiltrud Petsch und Joachim Petsch, *Bundesrepublik – eine neue Heimat? Städtebau und Architektur nach '45,* Berlin (West) 1983, S. 45, 47ff.; vgl. auch Werner Durth, *Deutsche Architekten. Biographische Verflechtungen 1900–1970,* München 1992.

Postkarte (1957) vom Rheinpark aus der Sammlung Joachim Bauer, Köln.

7 Hans J. Reichhardt und Wolfgang Schäche, *Von Berlin nach Germania. Über die Zerstörung der ‚Reichshauptstadt' durch Albert Speers Neugestaltungsplanungen,* Berlin 2001, S. 46–48.
8 Zitiert nach Johann Friedrich Geist und Klaus Küvers, *Das Berliner Mietshaus,* Band 3: 1945–1989, München 1989, S. 236.
9 Zitiert nach Klaus von Beyme, *Kulturpolitik und nationale Identität. Studien zur Kulturpolitik zwischen staatlicher Steuerung und gesellschaftlicher Autonomie,* Opladen 1998, S. 211.
10 *Jahresbericht der Bundesregierung* von Germany (West), Bundesregierung, Germany (West). Presse- und Informationsamt, veröffentlicht von Das Amt, 1953, S. 8.
11 Wiltrud Petsch und Joachim Petsch, *Bundesrepublik – eine neue Heimat? Städtebau und Architektur nach '45,* S. 56.
12 *Denkmalbereiche – Chancen und Perspektiven,* Vortragstexte der Tagung am 13. September 2000 im Haus der Geschichte Bonn, Mitteilungen aus dem Rheinischen Amt für Denkmalpflege, Heft 12, Köln 2001, S. 27.
13 Heinz Schwippert, „Das Bonner Bundeshaus", in: *Neue Bauwelt,* Heft 17, Berlin 1951, S. 70.
14 *Leit-Faden durch die Bundesgartenschau Köln 1957,* Pressemitteilung Köln 1957, Manuskript. Zitiert nach: *Garten am Strom. Der Rheinpark in Köln,* Hgg. Joachim Bauer, Dieter Klein-Meynen und Henriette Meynen, Köln 2007, S. 124.
15 Ebd.
16 Heinz Schwippert, „Das Bonner Bundeshaus", S. 70.

4. Dezember 2007
Michael Zinganel
REAL ESTATE – Stadt, Kino und die Spekulation als Unterhaltung

Michael Zinganel, geboren 1960 in Radkersburg, lebt und arbeitet in Graz und Wien. Kulturwissenschaftler, Architekturtheoretiker, Künstler und Kurator. Architekturstudium an der TU Graz, Postgraduate am Fine Arts Department der Jan van Eyck Akademie Maastricht, Dissertation in Geschichte an der Universität Wien. Von 1996 bis 2003 Kurator für Bildende Kunst im Forum Stadtpark Graz, 2003 Research Fellow am IFK Internationales Institut für Kulturwissenschaften Wien. Seit 2001 Univ.-Assistent am Institut für Gebäudelehre an der Technischen Universität Graz, Lehraufträge und Gastprofessuren an unterschiedlichen österreichischen Universitäten; Ausstellungen und Vorträge im In- und Ausland. Arbeitsschwerpunkte u.a. „Die Produktivkraft des Verbrechens für die Entwicklung von Sicherheitstechnik, Architektur und Stadtplanung" und zuletzt „Tourismus als Motor des transnationalen Kulturtransfers". Arbeitete zuletzt an einem Theaterstück über Stadt- und Regionalbranding.

ERINNERUNGEN

Als ich vor mittlerweile zwanzig Jahren als Architekturstudent in Graz lebte, schien Köln noch keine Reise wert. Während ich mich dann Anfang der neunziger Jahre in einen werdenden Künstler verwandelte, verwandelte sich auch mein Bild von Köln: Die Stadt wurde zu einem der Sehnsuchtsorte schlechthin. Die Akademie im benachbarten Düsseldorf *produzierte* Künstlerinnen und Künstler, während sich Köln als Markt- und Schauplatz der aus ihr hervorgehenden handelbaren Artefakte etabliert hatte. Es wurde gemunkelt, es sei vor allem der Überschuss nicht nur aus dem deutschen, sondern auch aus dem US-amerikanischen Immobilienmarkt, der diesen Markt maßgeblich speise. Doch ist meine Erinnerung nicht von den Immobilienspekulationen, sondern von einer schier unglaublichen Dichte an Galerien geprägt, von *dem* Kunstverein, *der* Kunstbuchhandlung, *dem* Kunstmagazin sowie *der* Kunstmesse einschließlich ihrer Gegenmesse und parallel geführter Zwischennutzungen leerstehender Straßenlokale für Polit-, Diskurs-, Pop- und andere Mischformate, die Künstlerinnen und Künstler wie ich in ihren postgradualen Identitäts- und Repräsentationskrisen so interessant und aufregend fanden.

Meine Besuche der vergangenen Jahre dagegen waren überlagert von Berichten über Kölns Imagewandel – durch Sparkassen-Skandale, Korruption, Spekulation und diffuse Entscheidungsstrukturen bei Bauprojekten, die den Stadtraum Kölns in Zukunft prägen sollten –, wie sie Freunde und Freundinnen in ständiger lustvoller (Selbst-)Anklage vorbrachten. Auch wenn es für Außenstehende aussichtslos schien, diese Unterstellungen zu überprüfen, konnte ich die Lust an der Entwicklung von Verschwörungstheorien durchaus teilen und mit meinem einschlägigen Know-how aus anderen Städten ergänzen.

Diese Gespräche sind ein Beispiel dafür, dass das unlautere Verhalten der Anderen, ob real oder fiktiv, eine gemeinschaftstiftende Wirkung entfalten kann. Wir brauchen dieses abweichende Verhalten nachgerade zur Konstruktion unserer eigenen Identität, denn es produziert eben den Gesprächsstoff, der die Akteure zusammenführt, und es bietet eine Projektionsfläche, auf der wir das Bild unserer eigenen Normalität oder Anständigkeit konstruieren können.

Von allen Besuchen ist mir aber in Erinnerung geblieben die Vielzahl modernistischer Pavillonbauten, von Architekturpreziosen der Nachkriegszeit, die in meinem persönlichen Plan der Stadt Köln einen Ring um die Innenstadt bilden, in dessen Kernzone, wenngleich diskret versteckt, sich auch das Amerikahaus befindet, in dem wir heute stehen.

LAUDATIO

In seiner ursprünglichen Funktion als britisches Kulturinstitut bildete das Nachbargebäude „Die Brücke", in dem sich heute der Kölnische Kunstverein befindet, das Referenzprojekt für den Entwurf des Amerikahauses, aber es stand auch im Zentrum des weiträumigen Wiederaufbauprogramms an der Hahnenstraße, das Gefahr läuft, von Interessen des Immobilienmarkts überrollt zu werden. Meine Laudatio möchte ich im Kino des Kunstvereins mit einem der schönsten und rührseligsten US-amerikanischen Spielfilme beschließen, die sich mit dem Thema Immobilienspekulation beschäftigen: *Das Wunder der 8. Straße* (USA 1987, Originaltitel: *Batteries Not Included,* Regie: Matthew Robbins), dessen Plot bewegende Impulse für die Stimmung des Abends und für mögliche politische Handlungsoptionen liefern könnte.

STADTGESCHICHTE

Das von dem Architekten Rudolf H. Schickmann geplante und 1955 eröffnete Amerikahaus am Apostelnkloster ist integraler Bestandteil des städtebaulichen Kulturerbes der Kölner Nachkriegszeit, das im städtischen Bewusstsein eine leider viel zu bescheidene Rolle spielt. Dieses Gebäude orientierte sich, was seine städtebauliche Anordnung, seine Baukörpergliederung

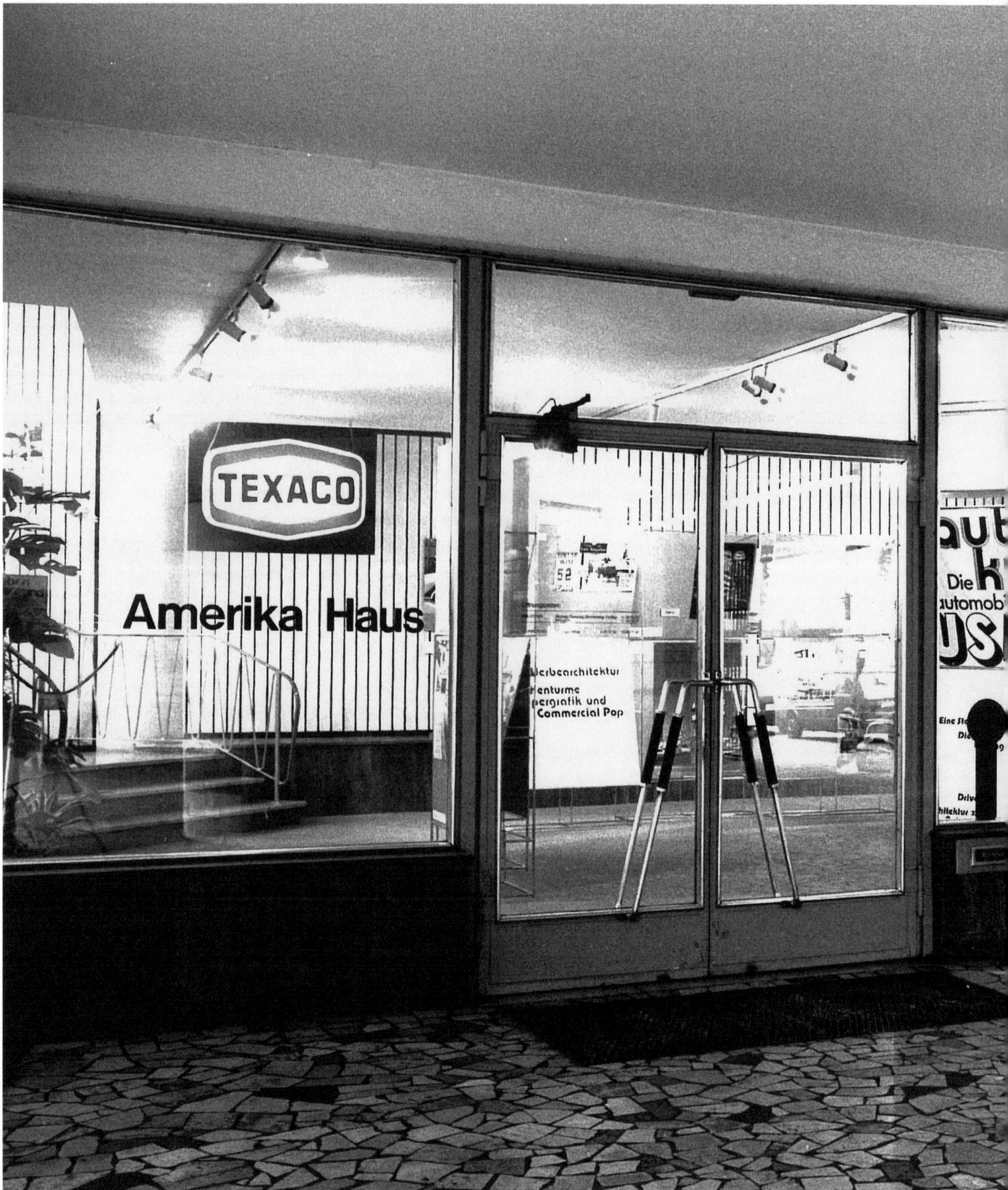
TEXACO
Amerika Haus
Commercial Pop
Die

Eingangsbereich mit Schaufenster zum Amerikahaus, Köln.

und sein Raumprogramm betrifft, an dem schon 1950 an der Hahnenstraße als britisches Kulturinstitut errichteten Nachbargebäude „Die Brücke". Dessen Entwurf stammt von Wilhelm Riphan, dem als Mitglied des Planungsteams zum Bau des „Neuen Köln" die Gesamtplanung der Hahnenstraße oblag. Die war in der 1935 von den Nationalsozialisten geplanten, aber nicht mehr realisierten Ost-West-Achse als Kernzone eines neuen, faschistischen Stadtbilds gedacht gewesen. Anstelle der monumentalen, historisierenden Gebäude wurde in der Nachkriegsbebauung bewusst nach einem Gegenbild gesucht: Moderne, flache, pavillonartige Bauwerke, die von einer geradezu südländischen Leichtigkeit geprägt sind, sollten durch den rhythmischen Wechsel aus Längszeilen und Querriegeln die Hahnenstraße in abwechslungsreiche Stadträume aufgliedern, deren Mischung aus Läden, Gastronomie und Kultureinrichtungen zu mondänem Flanieren einladen sollten. Und es ist gerade die geringe Bebauungsdichte, die das historische Ensemble heute so anfällig für die Begehrlichkeiten der Immobilienbranche macht.

OBJEKTGESCHICHTE(N)
Einen wichtigen Beitrag zum Kulturprogramm bildeten in der Wiederaufbauphase der Stadt die Kulturinstitute der ehemaligen Kriegsgegner: „Die Brücke" als Sitz des Britischen Kulturinstituts war nach dem Belgischen Haus das nächste, das sich in Köln niederließ. Mit seiner prominenten Lage in der Kernzone der Bauentwicklung zur Hahnenstraße sollte es „einen symbolischen Ort des Dialoges in der vom Krieg zerstörten Stadt" bilden.[1] Es folgten das französische, das italienische und 1955 schließlich das amerikanische Kulturinstitut.

Das Amerikahaus wurde auf dem Grund des vormaligen Apostelgymnasiums unmittelbar hinter der „Brücke" errichtet. Im Lageplan erscheint die Bebauung des Amerikahauses wie eine Kopie des Britischen Kulturinstituts: Jeweils zwei im rechten Winkel zur Hahnenstraße gesetzte Riegel werden durch einen langen, verglasten, zurückgesetzten Riegel verbunden. Diese Anordnung bildet eine Vorzone zur Hahnenstraße sowie einen attraktiven, geschützten Innenhof zwischen den Objekten. Während „Die Brücke" von der Längsseite aus erschlossen wird, erfolgt der Zugang zum Amerikahaus auf der Schmalseite am Apostelnkloster. Auch die Raumprogramme der beiden Kulturinstitutionen erscheinen auf den ersten Blick identisch, nur dass die Briten bei weitem mehr Nutzfläche als die Amerikaner zur Verfügung hatten: Denn wo der Längsriegel der „Brücke" mit Bibliothek und Studienräumen ein Geschoss mehr aufweist, verfügen die Amerikaner stattdessen über eine großzügige Dachterrasse. Der massiv wirkende Riegel der „Brücke" ist unterkellert und beherbergt über dem Kinosaal einen weiteren, ebenso großen Veranstaltungssaal. Im Amerikahaus dagegen existiert nur ein Mehrzwecksaal, der aber nicht ebenerdig ist, sondern wie eine Brücke zu schweben scheint. Tatsächlich ist das Erdgeschoss teils als freies, aber überdecktes, teils als geschlossenes Foyer gestaltet, von dem aus die Blicke und Wege der Besucher vom Apostelnkloster in den Garten oder zum Treppenaufgang geleitet werden. Das Foyer im Obergeschoss öffnet sich durch eine großzügige Verglasung sowohl zur Dachterrasse im Hof als auch zum Apostelnkloster – zurück in den öffentlichen städtischen Raum. Von dort aus wird ein schmaler, mit schlanken Säulen versehener Balkon erschlossen, der sich die gesamte Fassade entlangzieht und in seiner Tiefe nach und nach abnimmt. Die unterschiedliche Betonung der Bauteile durch Rahmung und Strukturierung, durch die Verwendung zweier unterschiedlicher Natursteine sowie durch leichte, geradezu verspielt wirkende Metallgeländer schafft eine attraktive Schauseite, eine sehr eigenwillige Interpretation der späten Moderne, deren Wert sich Köln noch nicht ausreichend bewusst zu sein scheint.

FENSTER NACH AMERIKA
Als Trägerorganisation des Amerikahauses fungierte die United States Information Agency mit Sitz in Washington, D.C. „Zu den Aufgaben der im August 1953 gegründeten Behörde zählte unter anderem die Förderung der Akzeptanz und Aufklärung über die US-Politik im Ausland, Förderung des Dialogs zwischen Amerikanern und amerikanischen Organisationen und den entsprechenden Stellen im Ausland sowie Information der US-Regierung über die Reaktionen und Meinungen zur eigenen Politik im Ausland", so die rückblickende Selbstdarstellung in Wikipedia.[2] Ein Schelm, wer dabei Böses denkt: Die Nähe zu anderen Information Services suggeriert bereits der Name der Organisation, zugespitzter würde man ihr avanciertes Kulturprogramm als Propaganda, die Evaluierung des Feedbacks ihrer lokalen Gäste als sanfte Form der Spionage bezeichnen. Trotzdem waren die Amerikahäuser vor allem in den fünfziger bis siebziger Jahren äußerst populär, weil sie den enormen Nachholbedarf nach der von den Nationalsozialisten verbotenen US-amerikanischen Kulturproduktionen decken konnten – und dies durchaus auf hohem Niveau: Hier traten nicht nur die Größen des Jazz, des New Dance und der Literatur auf, sondern auch kritische Kultursoziologen wie Richard Sennett. Und selbst eine der Leitfiguren der Frankfurter Schule, Theodor W. Adorno, sprach an diesem Ort über das Verhältnis von deutscher und amerikanischer Kultur. Auch die aufkommenden Emanzipationsbewegungen von Frauen und ethnischen Minoritäten sowie das Interesse für Alltagkultur bildeten sich im Programm des Amerikahauses ab.

Nachdem aber klar wurde, dass der Kalte Krieg endgültig gewonnen war und sich die Mächte, die hinter dem Eisernen Vorhang lauerten, von innen heraus aufgelöst hatten, schienen die Niederlassungen der United States Information Agency überflüssig zu werden: Bis am 1. Oktober 1999 die Trägerorganisation aufgelöst wurde, gab es noch 190 Niederlassungen in 142 Ländern der Welt. Ab sofort fungierten sie nurmehr als Abteilungen für Öffentlichkeitsarbeit des US-Generalkonsulats, die für Presse und Information, Programm und Austausch zuständig waren. Das Kulturprogramm wurde spürbar eingeschränkt.

Nur zwei Jahre später, nach dem Anschlag auf das New Yorker World Trade Center im September 2001, wurden die Sicherheitsvorkehrungen in allen US-amerikanischen Einrichtungen weltweit massiv verschärft, ihre Kommunikationsarbeit wurde weitgehend auf die Präsenz im Internet verlagert. Wer noch direkten Kontakt zum Kölner Amerikahaus suchte oder dessen Präsenzbibliothek benutzen wollte, musste sich vorher anmelden, sich überprüfen lassen und wie auf einem Flughafen eine Sicherheitsschleuse passieren. Seitdem war das Amerikahaus nur noch eingeschränkt für die Öffentlichkeit zugänglich. Und im September 2007 wurde es dann als letztes der 57 weltweiten Amerikahäuser endgültig geschlossen.

DEUTSCH-AMERIKANISCHE FREUNDSCHAFT
Ein Bedürfnis junger europäischer Intellektueller, sich von der Politik und der Kulturproduktion der Vereinigten Staaten abzusetzen, ist evident, und so waren die Amerikahäuser in Deutschland immer wieder Ziele durchaus gewaltbereiter amerikafeindlicher Proteste. Trotzdem zählten die USA gleichzeitig auch zu den erklärten Sehnsuchtszielen für Forschungsaufenthalte – und so waren die Amerikahäuser die ersten Anlaufstellen für alle, die sich darauf vorbereiten wollten. Die amerikanischen Eliteuniversitäten konnten es sich in den achtziger Jahren leisten, ihre eigenen Kritiker zu beschäftigen oder sogar die schlauesten aus Europa abzuwerben. Selbst für die deutsche Kulturbetriebslinke, die sich über die Populärkultur mit der Authentizität

Links oben: Der Veranstaltungssaal des Amerikahauses, Köln.
Links unten: Die Bibliothek des Amerikahauses, Köln.
Rechts: Die Fassaden des Amerikahauses und der „Brücke", Köln.

DAS AMERIKAHAUS

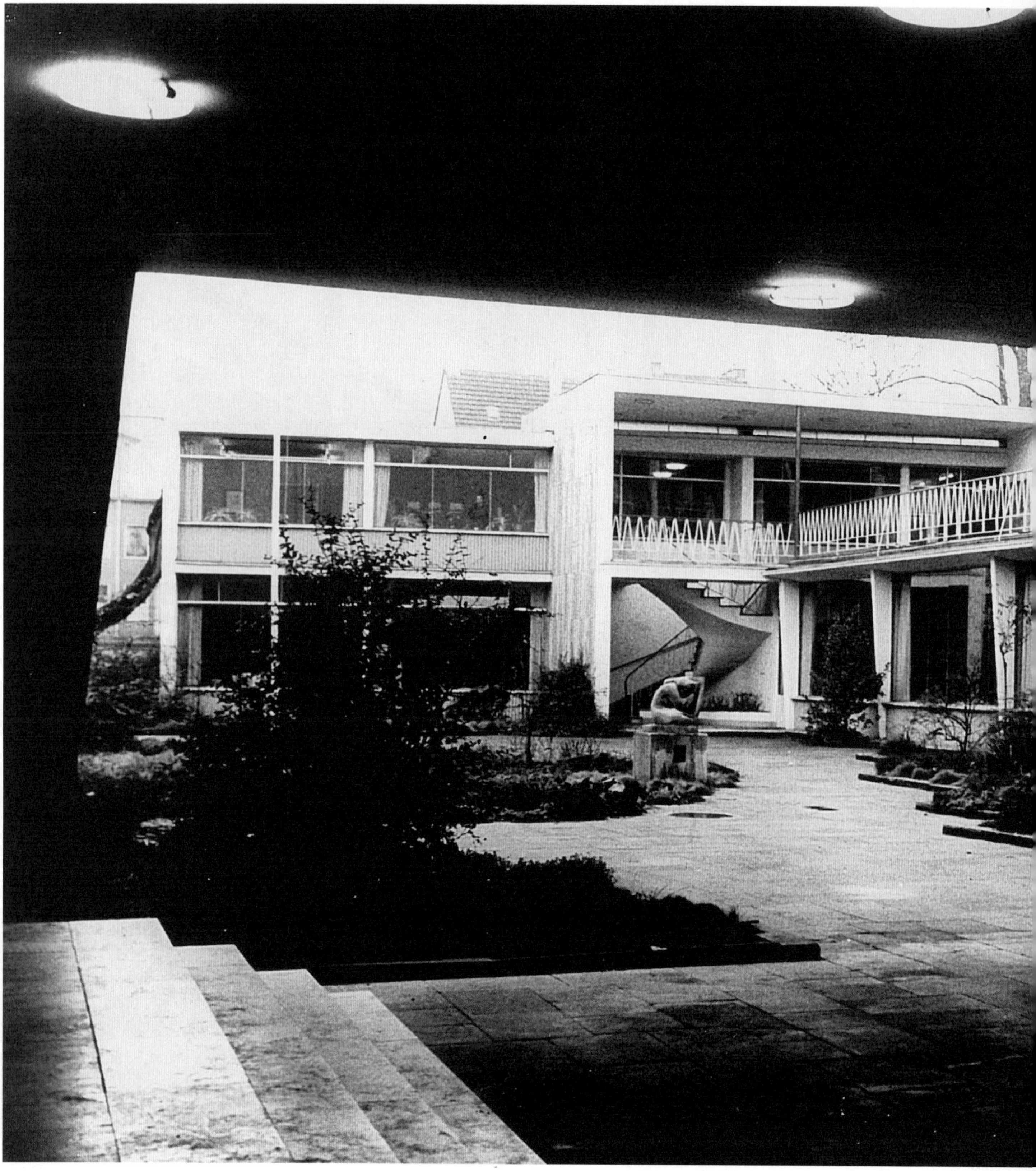

Blick in den Innenhof des Amerikahauses, Köln.

JEVER, JE
GAFFEL 2.-
TANNENZÄPFLE
ROTWEIN JE
PROSECCO 2.-
BIONADE 2.-
APFELSCHORLE 1,5
KARTOFFEL- 3.-
THYMIAN SUPPE
DTO MIT 3,50
FLEISCHWURST
EDITION 30.-

Amerikahaus Köln, 4. Dezember 2007.

DAS AMERIKAHAUS

der Entrechteten identifizierte, hatten die US-amerikanische Populärkultur und deren wissenschaftliche Analyse Vorbildfunktion. Und ohne den Theorieimport aus den USA hätte sich wohl in Deutschland auch die Qualität der Diskurse über Race, Class and Gender oder Political Correctness ganz anders entwickelt.

Auch für eine „linke" Stadtforschung kamen wichtige Impulse aus den USA: Die führende Institution der Stadtsoziologie, die in den zwanziger Jahren von Robert Ezra Park begründete Chicago School, richtete den Blick der Forscher auf die Entrechteten in den sozialen Ghettos der Metropolen. Ende der siebziger Jahre wurde die neomarxistische kritische Geographie durch den aus Großbritannien in die USA eingewanderten Humangeographen David Harvey weiterentwickelt, der die städtischen Umbruchprozesse in Baltimore untersuchte und eine Theorie neoimperialistischer Stadtentwicklung entwarf. Ende der achtziger Jahre entstand, gewissermaßen als postmoderner Remix aus Chicago School und Frankfurter Schule, die Los Angeles School.

Im Kontext dieser Entwicklungen ist schließlich auch das 1990 in Los Angeles erschienene, richtungsweisende Buch *City of Quartz* zu betrachten.[3] Dessen Autor Mike Davis ist ein romantisch veranlagter und gleichzeitig unbarmherziger marxistischer Kulturkritiker, der im Sinne der Frankfurter Schule kein einziges Quäntchen vom Richtigen im grundsätzlich Falschen des spätkapitalistischen Amerika finden will und den Hegenomiediskurs zu kulturpessimistischer Meisterschaft entwickelt hat. Etwas Authentisches glaubt er ausschließlich in den Subkulturen der entrechteten Arbeiterklasse auszumachen – und dies gibt er mit deren Untergang wohl auch verloren. Dennoch liefert sein Buch eine brillante Genealogie der Machtverhältnisse in Los Angeles, und seine Methode, kritische Geographie und Aufdeckungsjournalismus mit der Analyse der Los-Angeles-Bilder im populären Hollywood-Film zu verbinden, macht es zu einer unglaublich spannenden Lektüre. Mit diesem Buch hat er auch viele Autoren im deutschsprachigen Raum ermutigt, die asymmetrischen Machtverhältnisse in den eigenen Städten zu untersuchen: Walther Jahns, Stefan Lanz' und Klaus Ronnebergers Buch *Die Stadt als Beute*,[4] aber auch meine eigene Arbeit ist in wichtigen Teilen von Mike Davis' Studie beeinflusst.[5]

KUNST UND IMMOBILIEN

In *City of Quartz* beschreibt Mike Davis unter anderem auch den Zusammenhang von Immobilienwirtschaft und Kunstbetrieb in Los Angeles: Er bezeichnet darin „Künstler und Intellektuelle als Söldner des internationalen Immobilienkapitalismus",[6] Kultur als integralen Bestandteil des Landerschließungsprozesses, „Kulturbauten als Brückenköpfe der Erschließung".[7] Dabei hätten Davis zufolge „die großen Immobilienmagnaten [...] in diesem neuen kulturellen Überbau auf allen Ebenen das Sagen".[8] Sie sitzen in den Vorständen der Kunstinstitutionen. Ihr kulturelles Engagement wiederum fördert die Beziehungen zu den politischen Eliten der Stadt, die dieses Engagement mit ihrer Unterstützung im Wettbewerb um die neuen Monopole entschädigen. Denn der Bodenmangel hat die Preise so hoch getrieben, dass sich der Markt auf nur mehr wenige große Gesellschaften beschränkt.[9] Davis sieht den Kulturboom in Los Angeles „als Epiphänomen einer gesamtgesellschaftlichen Polarisierung"[10] zwischen Reich und Arm. Die Kultur der Konzerne komme dabei nur den Wohlhabenden entgegen, der versprochene „Trickle-down"-Effekt trete nicht ein oder komme bei der Straßenkultur nicht an.

Zur Erinnerung: Mike Davis beschreibt die Stadtentwicklung zu Beginn der neunziger Jahre in Los Angeles, nicht in Köln. Wer sich aber die Mühe macht, die wichtigsten Namen im Kölner Immobiliengeschäft mit den Vorständen von Kulturinstitutionen zu vergleichen, wird durchaus

Analogien finden. Davon ist der Kunstverein im Nachbargebäude nicht ausgeschlossen, ebenso wenig wie das Projekt *Liebe deine Stadt*. Und es macht die Angelegenheit noch interessanter, dass die heutige Co-Direktorin des Kunstvereins Anja Nathan-Dorn im Jahr 2003 zusammen mit der Architekturhistorikerin Monika Läuferts, die ihre Magisterarbeit über den Architekten Wilhelm Riphan verfasst und an einem Buch über ihn mitgearbeitet hat,[11] sowie mit anderen Mitstreiterinnen und Mitstreitern eine theatralische Inszenierung in einer Galerie am Rudolfplatz realisiert hat: *Die Köln Kaputt Revue*.[12] Darin geht es um die Verflechtungen der Hauptakteure – Kölner Stadtsparkasse, SK Corpus und Oppenheim-Esch-Fonds, sowie des immergleichen Vermittlers (und dessen Provisionen) – in die Immobilienspekulationen um die Hahnenstraße.

Vor Kurzem noch verlautete in einer Pressemitteilung von Stadtverwaltung und US-Generalkonsulat optimistisch, dass für die Nachnutzung des Amerikahauses ein Trägerverein Amerika Haus e. V. gegründet wurde. Vorsitzende ist die Kölnerin und gebürtige New Yorkerin Freifrau von Oppenheim (vgl. Oppenheim-Esch-Fonds), die am 26. Juli 2007 aus der Hand des US-Generalkonsuls und des Oberbürgermeisters den Schlüssel für das denkmalgeschützte Amerikahaus übernehmen konnte.[13] Doch scheint sich diese Konstruktion nicht bewährt zu haben. Nun wird die Thyssen-Stiftung in das Gebäude aus deutsch-amerikanischem Kulturerbe einziehen.

FILM UND SPEKULATION

Zum Kulturimport aus den USA zählen auch Filmproduktionen aus Hollywood. Eine ihrer Stärken zeigt sich darin, Gesellschaftskritik in so dichte emotionale Inszenierungen zu verpacken, dass sie für ein Massenpublikum konsumierbar werden, selbst dann, wenn sie die zweifelhafte Praxis von Immobilienunternehmern bloßstellen. Auch für Mike Davis spielt die Repräsentation der Stadt im Film eine bedeutende Rolle, denn seiner Ansicht nach könnte der Film in der Lage sein, eine fiktive sozialpolitische Gegengeschichte zu schreiben und zu verbreiten, wie Robert Townes' Berichte von Landraubzügen und Spekulationen in dessen Drehbuch für den Film *Chinatown* (1974) beweisen. Zwar produzierte Hollywood in Mike Davis' Einschätzung viel Reaktionäres, aber auch viele gut gemachte Detektivgeschichten in der Tradition von Raymond Chandler und Film noir – in der Regel „mit einem pointierten Gegensatz zwischen der primitiven Schönheit der südkalifornischen Küste und der primitiven Gier der dortigen Unternehmer".[14]

Nun möchte ich Sie aber vom Amerikahaus in das Kino des Kunstvereins und von Mike Davis' Los Angeles ins New Yorker East End entführen: Der 1987 von Steven Spielberg produzierte Film *Das Wunder der 8. Straße* ist meines Erachtens eines der brillantesten Beispiele einer künstlerischen Auseinandersetzung mit dem Phänomen der Immobilienspekulation: Ein Immobilienhai hat im New Yorker East End bereits mit den Abrissarbeiten für ein neues Geschäftsviertel begonnen. Nachdem sich aber die Mieter eines Altbaus – ein betagtes Restaurantbesitzerehepaar, ein Boxer, ein brotloser Künstler und eine hochschwangere Frau – trotz angebotener Abfindungszahlungen weigern zu gehen, werden sie von einer Gang terrorisiert. Da geschieht das Unglaubliche: Zwei winzige fliegende Untertassen kommen den Bewohnern zu Hilfe, setzen zerstörte Bauteile wieder instand und schweißen selbst die Hausbewohner zu einer Solidargemeinschaft zusammen, die den aussichtslos erscheinenden Kampf schließlich doch noch gewinnt.

Womöglich kommen ja auch den Kölnern eines Tages Außerirdische zu Hilfe – wenn nur noch ein einziger der Pavillonbauten der Nachkriegszeit übriggeblieben und das Kulturerbe endgültig vom Verschwinden bedroht sein sollte.

Erst das Ende dieses Films wird der offizielle Abschluss meiner Laudatio sein.

1 Aus der aktuellen Imagebroschüre des Kunstvereins.
2 Vgl. http://de.wikipedia.org/wiki/United_States_Information_Agency. Zugriff vom 20. November 2007.
3 Mike Davis, *City of Quartz – Ausgrabungen der Zukunft in Los Angeles,* Berlin 1994 (Orig. London und New York 1990).
4 Walther Jahn, Stephan Lanz und Klaus Ronneberger, *Die Stadt als Beute,* Bonn 1999.
5 Michael Zinganel, *Real Crime – Architektur, Stadt und Verbrechen,* Wien 2003.
6 Davis, *City of Quartz,* S. 93.
7 Ebd., S. 94.
8 Ebd., S. 98.
9 Ebd., S. 157.
10 Ebd., S. 100.
11 Monika Läuferts, *Die Einfamilienhäuser des Kölner Architekten Wilhelm Riphahn,* Magisterarbeit, Köln 2002; *Wilhelm Riphahn, Architekt in Köln – Eine Bestandsaufnahme,* Hg. Britta Funk, Ausstellungskatalog des Museums für Angewandte Kunst Köln, Köln 2004.
12 *Die Köln Kaputt Revue,* Galerie Frehrking Wiesehöfer, Köln; mit Anja Dorn, Monika Läuferts, Verena Kluth, Kathrin Jentjens, Olaf Karnik und Norbert Arns, April 2003.
13 Tobias Morchner, „Amerikahaus wird geschlossen", in: *Kölner Stadt-Anzeiger,* 8. Juni 2007. http://www.ksta.de/html/artikel/1179819761668.shtml. Zugriff vom 20. November 2007.
14 Davis, *City of Quartz,* S. 64.

Der neue Veranstaltungssaal (1974) und das Foyer (1955) des Amerikahauses.

DAS AMERIKAHAUS

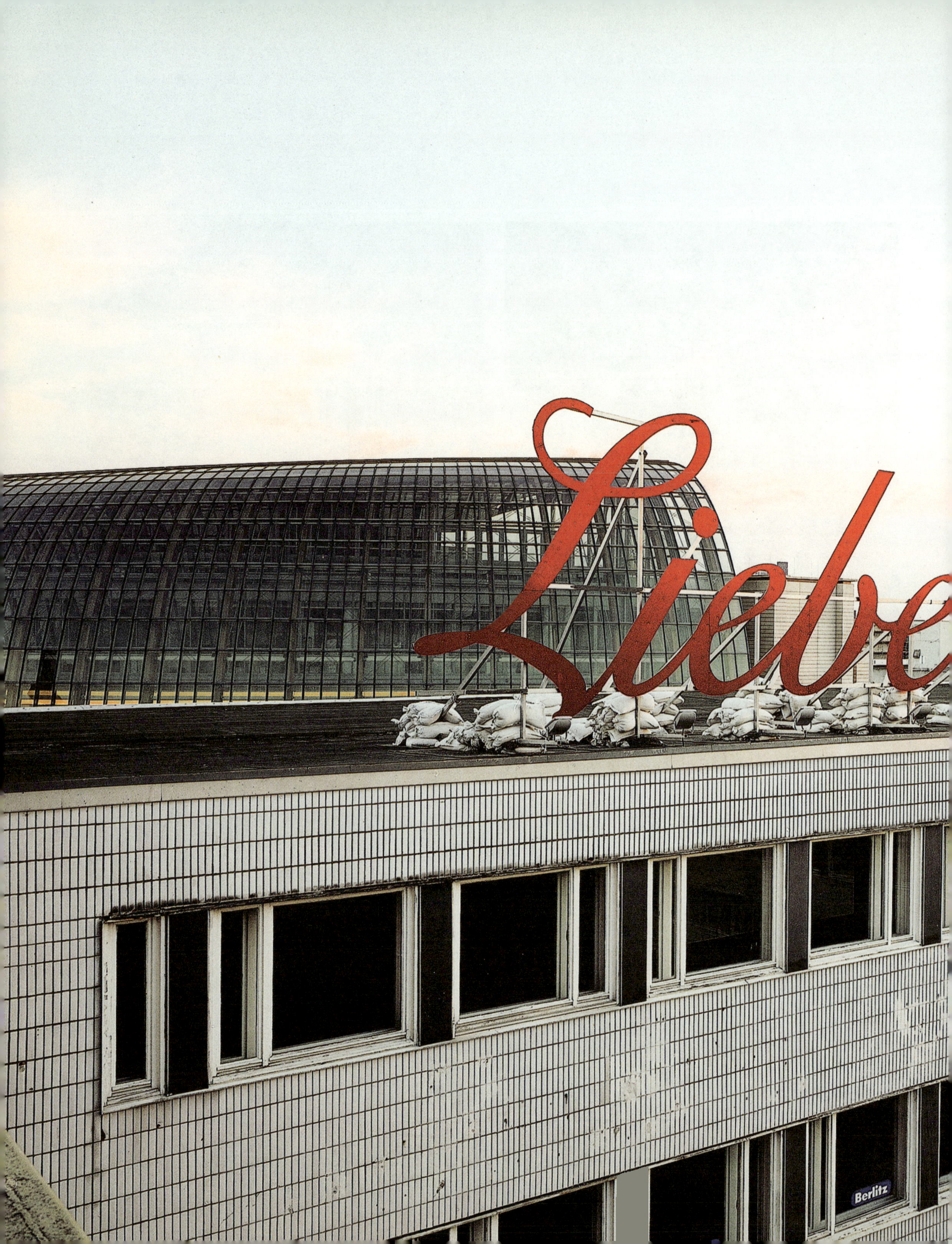
Lieb
Berlitz

deine Stadt
Berlitz
Berlitz
Berlitz
Berlitz
Berlitz
Berlitz
the World Communicate

Kasper König und Merlin Bauer
Ein Gespräch im Ristorante Luciano

*Prof. **Kasper König**, geboren 1943, war bereits mit 23 Jahren Kurator der Museumsausstellung Claes Oldenburg in Stockholm. Schon während seines Studiums organisierte er weitere Ausstellungen und gab zahlreiche Bücher heraus, u. a. die Nova Scotia Serie (Halifax, Canada) in Zusammenarbeit mit der New York University Press. 1985 wurde König auf den neu gegründeten Lehrstuhl „Kunst und Öffentlichkeit" an der Kunstakademie Düsseldorf berufen. Drei Jahre später wurde er Gründungsdirektor der Ausstellungshalle Portikus und Professor an der Städelschule Frankfurt, die er ab 1989 als Rektor leitete. Als Ausstellungsmacher organisierte er zahlreiche Großausstellungen, zum Beispiel Westkunst 1981 in den Kölner Messehallen, von hier aus 1984 in der Messe Düsseldorf, Der zerbrochene Spiegel zusammen mit Hans Ulrich Obrist 1993 in Wien und Hamburg. 1977 initiierte er gemeinsam mit Klaus Bußmann die Skulptur Projekte Münster. Diese kuratierte er auch in den Jahren 1987, 1997 und 2007. Seit 2000 ist Kasper König Direktor des Museum Ludwig in Köln. Zur Wiedereröffnung des Hauses 2001 präsentierte er die Ausstellung Museum unserer Wünsche. Es folgten zahlreiche monographische und thematische Ausstellungen sowie andersartige Interventionen.*

Merlin Bauer: Im Museum für Angewandte Kunst fand 2004/2005 eine Wilhelm-Riphahn-Ausstellung statt, bei deren Eröffnung Oberbürgermeister Fritz Schramma betonte, die Oper werde niemals abgerissen. Kurz danach begann die Diskussion darüber, ob das über Jahre vernachlässigte Gebäude wegen allzu hoher Sanierungskosten abgebrochen und an anderer Stelle ein neues Opernhaus in Form einer Public Private Partnership gebaut werden solle. Die Vermarktung des Grundstücks sollte den Neubau finanzieren. Es gab bzw. gibt anscheinend die Vorstellung einer Sydney-Oper am Rhein, also die Idee einer ikonischen Architektur.

Kasper König: Eine Oper, die übrigens wunderschön ist. So ein Haus, das für die grandiose Bucht konzipiert wurde, würde in Köln natürlich kleinkariert und popelig wirken. Es gibt keine Stadt in der Bundesrepublik, deren architektonische Kultur so versaut ist wie Kölns.

Ich sehe diese Architekturdebatten um den Abriss der Oper oder den der Josef-Haubrich-Kunsthalle als Folie für die Prozesse, die in den letzten Jahren in Köln stattgefunden haben. Sie sind mehr als nur Architekturdiskussionen. Da geht es vielmehr um den Umgang mit Geschichte, um die Frage: Wie geht man mit Kultur um?

Es ist natürlich eine unglaubliche Dämlichkeit, etwas abzureißen und dadurch Realitäten schaffen zu wollen, weil zum Beispiel die sogenannte Kunsthalle überhaupt nicht finanziert ist. Es gibt ja gar nichts. Das Einzige, was sie vielleicht kalkulieren, ist, dass man das Licht anschaltet und die Heizung bezahlt, aber nicht, wie man dann auch diesen Transmissionsriemen nutzt – für was, warum, weshalb?!

Beim Richtfest des neuen Kulturzentrums am Neumarkt wurde der eigentlich für die Kunsthalle vorgesehene Raum sowieso schon als Wechselausstellungsraum definiert. Diese Kunsthalle existiert so ja nicht mehr im städtischen Kulturprogramm.

Aber auf dem Baustellenschild steht nach wie vor Kunsthalle statt Ausstellungshalle. Da wird permanent ein Etikettenschwindel betrieben.

Es wird ja immer nur über die Kunsthalle gesprochen, über die Oper, und nicht über die gesamten Ensembles: Nun soll ein Neubau das Schauspielhaus und die Opernterrassen ersetzen. Obwohl durch den öffentlichen Druck inzwischen davon abgesehen wird, die Oper abzureißen, und man sich jetzt zur Sanierung durchgerungen hat, hat man quasi durch die Hintertür den Abriss des Schauspielhauses beschlossen. Man hat in der Ausschreibung bereits den Abriss vorausgesetzt und den möglichen Erhalt des Gebäudes nicht mal in Betracht gezogen. Es gab vor der Ausschreibung keine öffentliche Diskussion, und man hat nur ganz große Büros bevorzugt. Wie haben Sie dieses Procedere empfunden?

Erst einmal ist positiv, dass die Oper, die noch ein sehr eigener Baukörper ist, quasi als Solitär erhalten bleibt. Hoffentlich wird der realisierte Entwurf zumindest nicht so wie der zum Stadtmuseumsanbau. Dieser ist banal und geht unter die Gürtellinie. Da gibt es wohl jemanden, der bereit ist, ein Gebäude zu stiften, partiell zu stiften: irgendeinen Bauunternehmer, der vielleicht sehr erfolgreich ist und sich gerne architektonisch verwirklichen möchte. Und wenn man sich dagegen ausspricht, wird schnell gesagt: „Das sind undankbare Leute, die es nicht zu schätzen wissen, wenn jemand was schenken will!"

EIN GESPRÄCH **333**

Denn auch in der Architektur ist ein gestalterischer Anspruch zu artikulieren, und man muss darauf bestehen, dass es unter einem bestimmten Niveau nicht geht. Ich bedaure, dass dieses Niveau scheinbar nicht vorhanden ist, immer wieder mühsam neu etabliert werden muss. Deshalb gibt es keine wirklich ausgeprägte architektonische Kultur in unserer Stadt.

Es ist eher eine Frage – und das ist auch Inhalt meiner Arbeit –, wie man, von einer gewachsenen Struktur ausgehend, über deren Wahrnehmung einen neuen Prozess anstoßen kann.

Die gewachsene Struktur war natürlich durch den Krieg bereits jäh unterbrochen und wurde dann durch den Wiederaufbau noch einmal schwer lädiert. Als ich in Frankfurt relativ aktiv an der städtebaulichen Diskussion teilgenommen habe, war meine Tendenz, es ist schon hässlich, doch die einzige Chance ist, es noch hässlicher zu machen, und dann gewinnt es wieder eine eigene Qualität. Das ist aber nicht zu vermitteln, weil es sehr zynisch klingt.

Soll man wirklich die „Fehler" der Nachkriegszeit wiederholen, als man viele Altbauten abriss, was man später dann mit der „Zweiten Zerstörung" bezeichnete? Also eine „Dritte Zerstörung" in Kauf nehmen? Stadtentwicklung spiegelt ja auch wider, wie eine Stadt mit ihrer Kultur und Geschichte umgeht. Wie funktionieren Politik und Administration, wie ist das demokratische Verhältnis zu den Bürgern und deren Möglichkeit, sich einzubringen? Ich habe mit den Jahren, in denen ich in Köln lebe, eher das Gefühl einer großen Ohnmacht: Ob das Desinteresse ist, etwa an den Machenschaften des Oppenheim-Esch-Fonds?

Das ist nicht Desinteresse, da ist man einfach nur der Verlierer. Von vornherein ist der Steuerzahler als derjenige einkalkuliert, der die Zeche zahlt.

Das Ganze scheint sich immer haarscharf an der Grenze zur Wirtschaftskriminalität zu bewegen. Dem Stadtsäckel geht viel Geld verloren, selbst wenn man nur einzelne Aspekte herausnimmt, wie die Rheinhallen und die neuen Messehallen.

Irgendjemand wollte offensichtlich eine komplexe europaweite Ausschreibung vermeiden und hat eine andere Methode gefunden, die zuungunsten der Stadt und des Steuerzahlers läuft und zugunsten eines privatwirtschaftlichen Modells, das Profite macht und Risiko vermeidet.
Gegen das Prinzip wäre grundsätzlich nichts einzuwenden, weil es ungeheuer frustrierend sein kann, wenn die Bedingungen so bürokratisch sind. Eine privatwirtschaftliche Firma ist vielleicht gar nicht verpflichtet, so stark wie ein öffentlicher Bauherr auf alle möglichen Restriktionen einzugehen. Sie kann unter Umständen den superadministrativen Weg abkürzen.

Liegt es daran, dass es keine Kontrollmechanismen gibt und die Stadtpolitik parteiübergreifend überfordert ist?

Ich würde da vielmehr in Bildern sprechen, dass die Rheinhallen aus der Perspektive der Messe vielleicht nicht mehr so effizient wie heutige moderne Hallen sind. Doch wenn es nach reiner Effizienz ginge, wäre es sinnvoll, eine Messe gleich direkt an den Flughafen zu bauen, da kommt man hin und haut wieder ab. Und hat zugleich die Nachbarschaft einer Stadt, wo die Leute repräsentieren können und an die übrige Gesellschaft angeknüpft sind.
Vieles geht bei Modernisierungen auch schief. Man denke allein an das Messelogo, da hat man für Unsummen irgendein neues Logo entwickelt mit dynamischen Kugeln, das hieß dann

Koelnmesse, und hat dafür den Dom und die zwei Wellen, die den Rhein symbolisieren, verschrottet. Jetzt merkt man, das neue Ding ist ein Allerweltszeichen und kommt nicht an, so wie früher der Dom und der Rhein, denn die ganze Welt verband diese Kombination sofort mit Köln.

Nicht nur mit dem Messelogo hatten wir es früher besser als Düsseldorf, das mit Sicherheit ökonomisch dynamischer ist als jetzt Köln. Ich habe das Dynamische damals bei der Kunstmesse erlebt, später hat man das zur Art Cologne gemacht. Doch die Dynamik ist weg, der Wind hat sich gedreht, und das ist bei der Architektur vergleichbar.

Es gibt identitätsstiftende Momente, die man geschickt nutzen und transformieren oder dialektisch aufladen sollte. Da ist natürlich eine Stadt wie Köln in keiner Weise aufgestellt. Köln ist eine sehr alte Stadt, hier wird gemaggelt, es gibt keine Theorie, sondern immer nur Selbstvergewisserung, ein Sich-selber-auf-die-Schulter-Klopfen, ein Sich-Überschätzen und zugleich die Größte-Stadt-einer-Region-sein-Wollen – und bloß nicht mehr. Das sind alles gewachsene Dinge, zum Teil sogar sympathisch, aber nicht gerade zukunftsträchtig. Dabei gibt es eine allgemeine Identifizierung mit der Stadt, die enorm groß ist.

Zumindest, was die Architektur betrifft, ist zum Beispiel Kolumba wirklich ein Geschenk, das plötzlich an etwas anknüpft und zeigt, dass es möglich sein kann. Weil es ja auch Kult ist. Ob das einem jetzt gefällt oder weniger gut gefällt, das hat Haltung.

Es lässt seine Umgebung in Schönheit erstrahlen.

Es decouvriert natürlich auch eine gewisse Popeligkeit der unmittelbaren Nachbarschaft, was okay ist. Und was ist denn eine Stadt? Ein Ort, wo Einheimische und Fremde sich begegnen *können*, aber nicht begegnen *müssen*, wo eine gewisse Privatsphäre gewahrt wird; sogleich kann es schön sein, sich öffentlich zu bewegen, insofern hat ja so eine verlotterte Stadt wie Köln auch charmante Seiten.

Köln ist schon immer eine schmuddelige Stadt gewesen, hat eine große Geschichte, und das ist auch das Spannende. Doch die Stadt hat sich in den letzten zehn, fünfzehn Jahren in der subjektiven wie öffentlichen Wahrnehmung zunehmend negativ exponiert.

Naja, sich immer provinzieller verhalten.

Wir sprachen von den speziellen Kölner Immobiliengeschäften, etwa den Public-Private-Partnership-Aktivitäten um die Messehallen. Bei solchen Geschäften muss man doch von vornherein wissen, dass dafür letztlich der Steuerzahler geradestehen muss. Wenn andererseits selbst kleinere kulturelle Institutionen wie der Kölnische Kunstverein, einer der ältesten Deutschlands, die artothek und nun auch die European Kunsthalle, vielleicht auch die Museen, um einen Mini-Etat und damit um ihre Existenz kämpfen müssen, ist das nicht absurd?

Eine Privatisierung kann aber eben auch zu größerer Effizienz führen und somit dem Bürger zugute kommen. Wenn man diese Effizienz nachweisen kann, spricht nichts dagegen – es sei denn, es geht ans Eingemachte, bestimmte Institutionen werden privatisiert, die wirklich allen und keinem gehören: Kindergärten, Schulen oder ein Gefängnis. Das hätte eine fatale Auswirkung auf die Zukunft der Gesellschaft, und da sollte man den Bürger nicht unterschätzen, bevormunden oder manipulieren. Zu sagen, aufgrund der Kungeleien gibt es kein Geld für Kultur, kann schnell einen populistischen Zungenschlag bekommen. Die Sache ist komplizierter.

Bei den zwei Fällen Rheinhallen und Messe, in denen auch Staatsanwaltschaften und die Europäische Kommission ermitteln, wissen wir, dass der städtische Haushalt stark strapaziert wird. Er ist ohnedies so schwer belastet, dass die Hoheit des Stadtrates darüber aufgehoben wurde und er unter dem Reglement der Bezirksregierung stand oder steht.

Das heißt natürlich, dass man mehr ausgibt, als man einnimmt. Aber das ist auch eine Frage der Prioritäten. Und da ist die Frage der Verteilung: Wer übernimmt welche Kosten, das Land, der Bund, die Stadt?

Die Stadt Köln hat keine nachvollziehbare Präsenz, weder im Landtag noch im Bundestag, obwohl sie die viertgrößte Stadt der Bundesrepublik ist. Es gibt zum Beispiel überhaupt kein Argument dagegen, warum das Ostasiatische Museum oder das Rautenstrauch-Joest-Museum, zumindest zur Hälfte staatliche Museen, nämlich des Landes Nordrhein-Westfalen, sein können. Viele Bundesländer tragen solche Institutionen auch außerhalb ihrer Hauptstädte.

Sobald man eine Metropolendiskussion führt, kann man davon ausgehen, dass die, die diese Diskussion führen, gerne Metropole sein möchten, aber gar nicht sind. Insofern sind diese Attribute Kunststadt und Literaturstadt immer absurd. Entweder man ist es, dann braucht man sich selbst nicht so zu bezeichnen, oder man möchte es gerne sein oder war es mal und pocht darauf.

War der Aufstieg Kölns zur Kunstmetropole möglicherweise nur ein geschichtlicher Zufall?

In gewisser Weise ja, aber nicht ganz zufällig, weil es sicher hier einen Humus gibt – diese Bilderfreundlichkeit und die Neugierde und Bereitschaft – und die geographische Lage. Die Nachbarschaft zu Holland, Belgien, Köln als älteste Stadt in der Region, das schuf ein intellektuelles Klima, bedingt auch durch den WDR, durch viele Intellektuelle, die hier ihr Zubrot fanden, und natürlich diesen absoluten Schock nach dem Zusammenbruch und der Nazizeit.

Jetzt hat sich der Wind gedreht, die Situation ist eine andere und nun gibt es viele Leute, die haben einen furchtbaren Phantomschmerz und berufen sich auf etwas, an dem sie in keiner Weise beteiligt waren. Dabei ist es natürlich auch immer eine Konstellation von einzelnen Personen, die etwas erkennen, so wie damals der Hackenberg[1]. Er hat das nicht unbedingt geschaffen, aber er hat es erkannt und in richtigen Momenten unterstützt und das sehr politisch. Nehmen Sie die Ausstellung *Westkunst* (1981), die ist argumentativ politisch vertreten worden. Da hatte es diese großen Ausstellungen wie die *Staufer* in Stuttgart (1977), *Preußen* in Berlin (1981), die *Wittelsbacher* in München (1980) gegeben, und er hat argumentiert, wir waren in den zwanziger Jahren friedliebend, nach dem Ersten Weltkrieg, und wir gehörten quasi zu Preußen, aber wir waren keine Preußen in dem ideologischen Sinne, und wir hatten keine Herrscherhäuser, wir beziehen uns auf die Moderne. So hat er die *Westkunst*[2] argumentativ durchgeboxt, mit einem sehr angemessenen Etat und auf einer sehr souveränen Ebene.

Fehlen heute solche kraftvollen, visionären Köpfe in der Kulturpolitik, nicht nur in Köln?

Heute ist die Situation anders. Es gab damals das ungeheure Trauma der Zerstörung und die Frage, wie es danach wieder möglich sein kann, in die Zukunft zu gehen, ohne die Vergangenheiten zu verdrängen, sondern indem man damit arbeitet.

Strukturell kann ich Ihnen ein Beispiel geben: Kurt Hackenberg hat aktiv Zeitung gelesen. Ich bin damals mit meiner Familie aus Amerika gekommen, meine Frau hat eine Buchhandlung in München aufgemacht, und da habe ich eine Vortragsserie und andere Aktivitäten an der

Münchener Akademie entwickelt, die sehr kontrovers aufgenommen wurden. In einer ultrareaktionären Zeitung stellte man mich als selbsternannten linksanarchistischen Meinungsmacher hin, und das hat ihn köstlich amüsiert. Er hat gesagt: König, Sie kriegen da keinen Fuß auf die Erde, kommen Sie nach Köln! Sie arbeiten ja mit Ihrem Bruder zusammen, dem Buchhändler und Verleger, und ich weiß, Sie sind immer wieder mal hier. Und ich habe geantwortet: Ich möchte, dass Sie mir die Fahrkarte 2. Klasse bezahlen, Hotel ist nicht nötig, und dann freut es mich sehr, mit Ihnen über Möglichkeiten zu reden. Darauf hat er sich eingelassen, und als ich kam, hat er gesagt: So, das nennt man in der Verwaltungssprache „einen Vorgang schaffen", und bat seine Sekretärin, einen Leitzordner zu holen. Damit wurde die *Westkunst* ins Leben gerufen. Er hatte einen Stab von einer Sekretärin, einem Faktotum – der war Chauffeur und alles Mögliche –, einem Buchhalter, von gerade mal fünf Leuten. Und dann gab es später einen Referenten für Kunst und einen für Künstler, das ist natürlich absurd.

Also arbeitet heute die Verwaltung ineffizient?!

Es ist ein anderer Stil, eben ein Nicht-Ermöglichen oder ein Verhindern, dass die Mitarbeiter bewusst Verantwortung tragen. Es ist auch eine Frage der Wertschätzung, es geht nicht immer nur ums Geld. Das wurde gerade im musealen Bereich über Jahre vernachlässigt. Man dachte sich einfach, das läuft schon irgendwie, und hat jede Gelegenheit gesucht einzusparen, ohne an die Zukunft zu denken.

Offenbar hat also die Wertschätzung für Kunst und Kultur in den vergangenen zehn, zwanzig Jahren stark abgenommen. Liebe deine Stadt hat sehr viel mit solchen strukturellen Fragen zu tun: wie man heute auf gewachsene Architektur und Strukturen blickt, ebenfalls in der Kunst und anderen Kulturbereichen.

Das ist auch eine Eigenheit der Region. Sie haben hier keine überregionalen Zeitungen, doch es gab im *Kölner Stadt-Anzeiger* immer wieder Phasen mit einer phantastischen Redaktion. In Bezug auf Film kauften in den siebziger Jahren Interessierte in München wie in Berlin die Ausgabe jeden Samstag. Dort schrieb eine ganze Riege von Filmkritikern, die in Köln über die Uni oder über Filmclubs sozialisiert worden waren. Werner Strodthoff hatte eine ziemlich klare Position als langjähriger Architekturkritiker. Aber das ist wie eine Amnesie: Das kann mal sein für einige Jahre, und dann wieder nicht.

Also lebt man jetzt in Köln in einer Amnesie?

Zumindest ist die Forderung an sich selbst mehr als genügsam.

Steht die abnehmende Wertschätzung für Kultur auch mit den reformbedürftigen Bildungssystemen in Zusammenhang? Ich sehe Kunst und Kultur immer in einem Bildungskontext, nicht in der Produktion, aber in der Vermittlung. Gibt es nun Anlass zur Hoffnung, weil der Kulturhaushalt im vorletzten Jahr erhöht wurde und weiter sukzessive erhöht werden soll?

Das ist auch ein Betrug. De facto wurde er erhöht, aber nachdem er sukzessive runtergefahren worden war. Da kann man nicht von Erhöhung sprechen, sondern von schemenhafter Angleichung an früher. Und wenn wiederum der Abrissbagger daraus bezahlt wird oder die Umzugskosten, dann ist das absurd. Auch da schlägt diese Mogelpackung voll zu, es gibt keine

Klarheit und Wahrheit in diesen Dingen, das ist frustrierend. Die Kulturpolitiker haben innerhalb der Politik keinen hohen Stellenwert, und es ist sehr schwer sich durchzusetzen. Die sind furchtbar beleidigt, wenn man sagt, was Sie da wieder abgeliefert haben, ist amateurhaft, denn sie wollen geliebt werden.

Sie haben über die schlechte Ausstattung Ihres Hauses und anderer Institutionen gesprochen, etwa im Zusammenhang mit Angeboten von Schenkungen wie der Sammlung Stoffel, wo es nicht nur um die Qualität der Kunst ging, sondern auch darum, dass man solche Sammlungen konservieren und betreuen muss, was ein hoher Kostenfaktor ist.

Wenn man nicht in der Lage ist, finanziell auf Augenhöhe etwas bieten zu können, um dementsprechend zu fordern, dann ist man eine lahme Ente. Aufforderungen der Stadt, Verhandlungen zu führen ohne Kompetenz, bis zu welcher Höhe ich denn verhandeln kann, sind lächerlich. Da kann ich es doch gleich lassen.
Zwar habe ich immer wieder schwierige Phasen, doch der Grundtenor ist konstruktiv, weil ich für das, was ich tue, eine Begeisterung habe.

Geht es in der Architektur nicht wie teilweise in der Kunst auch um das Event, und das Substantielle, Nachhaltige geht verloren? Wenn Zaha Hadid, die ja keine schlechte Architektin ist, in der ganzen Welt ihre Marke setzt, ohne auf den jeweiligen Ort zu achten oder die Funktion des entsprechenden Gebäudes?

Ja. Man sieht das ja am Potsdamer Platz in Berlin, das ist doch mittelmäßig. Nur die Architekten sind im Allgemeinen illustre Namen, man erwartet dort ein anderes Niveau. Das Problem mit diesen so genannten Stararchitekten ist, dass sie oftmals als Alibi dienen, die normale, reale Architektur stärker zu vernachlässigen: Schulen, Fabriken, Krankenhäuser. Insofern habe ich die Initiative *Liebe deine Stadt* begrüßt, weil da dezidiert ein bestimmtes Objekt analysiert wird, wie die Werbetafel von Afri Cola an der Nord-Süd-Fahrt. Bazon Brock hat über dieses Potemkin'sche Dorf so wunderbar parliert, indem er etwas, dem man sonst keine besondere Beachtung schenkt, genau angeschaut hat und positiv wertete.
Ich war übrigens auf der Art Basel Teil einer großen Diskussionsrunde, darin war auch Zaha Hadid. Und ich habe meine Bedenken angemeldet und gesagt, ich wäre nicht so glücklich, in einem Museum von Zaha Hadid arbeiten zu müssen. Ihre neuen Museumsentwürfe würden wie ein rollender Furz auf der Gardinenstange wirken. Diese Platitüde hat sie mir schwer übel genommen, obwohl Sie mich aus der Städelschule kannte. Die Majestätsbeleidigung scheint in der fragwürdigen Kunstwelt üblicher als in der der Architektur. Das Dilemma ist, dass die Architekten Künstler werden wollen und die Künstler Architekten, und das gibt einen hybriden Mischmasch.

Wenn man da jetzt eine Parallele zur bildenden Kunst ziehen möchte ...

Die Parallele ist, dass man auf der einen Seite einen Olafur Eliasson hat, vom Ansatz her ein seriöser Künstler, mit irgendwelchen Großprojekten, aber dann ist natürlich ein Buckminster Fuller viel relevanter.

S. 339   Kasper König gestaltet als „Chefredakteur" den *EXPRESS* vom 16. April 2008 zur Eröffnung der 42. ART COLOGNE.

EXPRESS Hallo Köln!

Seite 32 • KÖLN • Mittwoch, 16. April 2008

Kasper König kauft Kunst

Mit dem Ludwig-Chef auf der ArtCologne

Von SANDRA EBERT und PATRIC FOUAD (Fotos)

Köln – Da soll nochmal einer sagen, Männer gehen nicht gerne einkaufen! Die 42. ArtCologne war noch nicht eröffnet, da hielt es Prof. Kasper König nicht mehr im Museum Ludwig aus. EXPRESS begleitete den Museumsdirektor bei seinem Einkaufsbummel.

Der Geldbeutel ist prall gefüllt: 100 000 € stellen die „Freunde der ArtCologne e.V." jedes Jahr dem Museum Ludwig, dem Museum für Ostasiatische Kunst und dem Museum für Angewandte Kunst zur Verfügung, um auf der Kunstmesse einkaufen gehen zu können.

Bei der Galerie Heinrich Erhardt aus Madrid sieht König eine Installation von Tobias Rehberger – ein verfremdeter Stuhl von Designer Konstantin Grcic und eine Lampe mit Bändern (Preis: 16 400 Euro) lässt er reservieren. „Das ist Lebensstil, Dekor und Funktionalität – ich find's toll, weil man's benutzen kann."

Mit Galerist Hans Strelow fängt der Ludwig-Chef gleich an zu handeln: Das Beuys-Werk „Zwei Fräulein mit leuchtendem Brot" hat es ihm angetan. 7000 Euro soll die seltene Edition mit bemalter Schokolade kosten. „5000!", hält König dagegen. „Geht nicht", jammert der Düsseldorfer Galerist – und König schickt sich an zu gehen. „Was ist denn Ihr letztes Wort?", schickt ihm Strelow hinterher. Gekauft. Für 5500 Euro...

ArtCologne: 16.–20. April, 12–20 Uhr, Tageskarte 20 €

Gekauft! Das Beuys-Kunstwerk können Sie bald im Museum Ludwig bewundern.

Königs Wunschzettel
- Bruno Goller, „Mädchen und drei Hüte", 1972
- Joseph Beuys, „Zwei Fräulein mit leuchtendem Brot", 1966
- Heimo Zobernig, „ohne Titel", 2001
- Simon Dybbroe Møller, „20th century architecture" (Rhythm, Proportion and Scale), 2006
- Tony Conrad, Triple Two, 1977, sechs weitere aus dieser Werkgruppe

Zwei Wunschwerke fürs Museum: „Mädchen und drei Hüte" (l.), eine Installation von Tobias Rehberger (rechts).

Der Künstler William N. Copley ist ein alter Freund von mir, erklärt König neben dem von zwei Seiten bemalten „Paravent" von 1982. „Außerdem habe ich selber mal Klarinette gespielt!"

Kunst soll Spaß machen, findet Kasper König – und stellt sich in die spiegelnde Edelstahl-Röhre von Wade Guyton, so dass sein Kopf auf dem Körper von EXPRESS-Fotograf Patric Fouad sitzt.

Auch EXPRESS-Redakteurin Sandra Ebert bekommt eine kunstvolle Geschlechtsumwandlung.

Jot es ...
... die Angestellte einer Bank auf der Aachener Straße. „Nach Dienstende druckte sie Kunden in der Bank Kontoauszüge aus, da der Drucker im Vorraum defekt war", freut sich EXPRESS-Leser Reinhard Kammler.
EXPRESS-Redakteur Heiner Eggers

Verlosung
Argentinischer Tango gefällig? Heute um 20 Uhr tritt Melingo im Stadtgarten auf, wir verlosen 3x2 Karten. Um 12 Uhr anrufen: 0221-77 70 02-2302. EXPRESS ermittelt die Gewinner.

Freund gesucht
Hübsche Sie (1), verspielt und lieb, sucht Beschmuser. Tierheim Zollstock, 0221-38 18 58.

PLUS Das neue Navi, das gestern um alle Staus auf der anderen Rheinseite herumführte.

MINUS Autofahrer, die Pfützen mit Karacho nahmen und Passanten durchnässten.

IHR SCHNELLER DRAHT ZUM EXPRESS
Amsterdamer Str. 192
50735 Köln
Leser-Telefon: 02 21/2 24-26 96
Politik: 02 21/2 24-2471
Nachrichten: 02 21/2 24-2368
Sport: 02 21/2 24-2448
Lokales: 02 21/2 24-2440
Leserreporter: leserreporter-K@express.de
Fax: 02 21/2 24-2136
E-Mail: koeln@express.de
Anzeigen-Annahme
Telefon: 0180/40 20 400
Fax: 02 21/2 24-24 91
Abonnenten-Service
Telefon: 01 80 2/30 33 33
Fax: 02 21/2 24 23 32
Online-Abo-Center
www.express.de/abo

www.express.de
Jetzt auch mit EXPRESS-TV

Liebe deine Stadt
Daniel Hug: Nicht verstecken!

Von SANDRA EBERT

Köln – Er ist der Hoffnungsträger der ArtCologne: Der Galerist Daniel Hug (39) soll 2009 als neuer Künstlerischer Direktor die Kunstmesse leiten. Im EXPRESS-Gespräch erzählt er, was ihn an dem Job und an Köln reizt.

EXPRESS: Wie beurteilen Sie Köln als Kunststadt?
Daniel Hug: Köln hat immer noch eine sehr lebendige Kunstszene mit sehr guten Galerien und tollen Museen. Auch hier ist vieles in Bewegung, und wir müssen uns nicht verstecken. Außerdem ist das Umfeld mit dem Rheinland, den Benelux Ländern und Paris attraktiv.

Was hat Sie an den Job gereizt?
Das große Potential der Messe. Denn sie ist bei weitem nicht so schlecht, wie sie oft beschrieben wird. Ganz im Gegenteil können Sie auch in diesem Jahr tolle Kunst auf der ArtCologne sehen.

Inwiefern können Ihre Erfahrungen mit der L.A. Art einfließen?
Nach diesen Erfahrungen weiß ich sehr genau, wie Messen funktionieren und habe gelernt, dass viele Schrauben gedreht werden müssen, um ein optimales Ergebnis zu erzielen.

Was wollen Sie anders machen?
Meine erste Aufgabe der vergangenen Tage war es, einen internationalen Beirat mit hochkarätigen Galerien zusammenzustellen. Hier sind wir auf einem sehr guten Weg. Danach werden wir an mehreren Schwerpunkten arbeiten, die alle das Ziel haben, die Qualität der Messe zu stärken.

Was hängt bei Ihnen Zuhause?
In L.A. hingen ein Druck von Andy Warhol, „Jacky II" (1966), zwei Werke von Michel Majerus und ein Gemälde von Eli Langer in meinem Wohnzimmer. Außerdem ein kleiner Etrusker-Kopf, den ich von meinem Großvater geerbt habe.

Wo trifft man Sie in Köln?
Zurzeit im Lucianos zum Essen, Walter König für Bücher und zahlreiche Galerien in der Innenstadt und im Belgischen Viertel.

Lieben ihre Stadt (wie man sieht): Kasper König (r.) und Daniel Hug. Foto: Fouad

Wenn Koolhaas jetzt in China das neue Fernsehzentrum baut, wie kann man das verstehen?

Koolhaas ist ein wahnsinnig anregender Theoretiker und Städtebauer, der eine gute Analyse macht, aber nicht immer gute Architektur. Die Chinesen kaufen einen Brand Name ein, einen illustren, das ist ja auch Public Relations und von der Bauaufgabe nicht zu trennen. Wenn die auf neue und überraschende Art und Weise erfüllt wird, umso besser. Versailles war nichts anderes. Insofern charakterisiert alle markanten Beispiele der Architektur, nicht der Architekturtheorie, dass auf überraschende Art und Weise der Auftrag umformuliert oder in der Erwartung künstlerisch übertroffen wurde.

Für mich ist bis heute eine der interessantesten *Ausstellungen* in Deutschland die Werkbund-Ausstellung 1927 in Stuttgart, wo es sehr konkret um Wohnungsbauprobleme nach dem Ersten Weltkrieg ging. Eine Mutter mit zwei Kindern und Großeltern, ohne Mann – es sollten ja Musterwohnungen und Musterhäuser dazu entstehen, wie man sozialen Wohnungsbau realisieren kann, der differenziert ist und den einzelnen Ansprüchen auf eine überraschende Weise entspricht und wo damals alle großen Architekten gebaut haben – von Oud zu Mies, von Corbusier zu Scharoun. Heute wird das nur als kunsthistorisches Ereignis gesehen, weil die Architekten, die dort beauftragt waren, dem einen eigenständigen künstlerischen Stempel aufgedrückt haben. Aber real ging es um eine Frage der Ökonomie und der Gestaltung einer gesellschaftlichen Situation, und das ist schwierig, wenn sich die eigentliche komplexe Aufgabe der Architektur verselbständigt zu einem Fetischprodukt. Wie werden so genannte Stararchitekten kreiert? Schon der Begriff „Stararchitekt" ist pervers und wie unser Kardinal Meisner sagen würde, „entartet".

Das ist das gleiche Verhängnis, was die Photographie auch weitgehend hat. Wenn die Photographie plötzlich zur Kunst erklärt wird, dann ist das ein Pyrrhussieg, weil es eben nicht mehr ein sich in dieser komplexen, angewandten und selbständigen Formensprache entwickelndes Medium ist. So gibt es viele Bereiche, die sich dann ändern. Man spricht heute auch von Anarchitektur, und es gibt eine große und bedeutende Architekturdiskussion, die eben auch von vielen bildenden Künstlern stark wahrgenommen wird. Für mich hat Ihr Projekt *Liebe deine Stadt* viel mit diesen Fragen zu tun.

Wie steht es nun um die politische Verantwortung von Architekten? Koolhaas sagt beispielsweise, er würde mit seinem Gebäude in China einen Beitrag zur Demokratisierung dort leisten. Ist das nicht vermessen, oder ist er einfach nur an einem kommerziellen Erfolg interessiert, und wie weit verkauft man so etwas auch als politischen Erfolg?! Niklas Maak schrieb in der FAS dazu, es werde sich erst in zwanzig Jahren erweisen, ob Koolhaas der Gewinner dessen wird, was er da propagiert, ob diese Demokratisierung wirklich geschaffen wird oder ob das Land in einen Totalitarismus zurückfällt.

Demokratie weiß ich nicht, aber zumindest ist es ein dynamischer Baukörper, oder?! Es ist ja nicht ein symmetrischer Solitär. Die Frage ist doch nur die von Qualität. Es gibt schlechte Architektur, und es gibt mittelmäßige, und es gibt gute Architektur.

Ich habe das Ding in Peking leider noch nicht erlebt. Wenn ein zentraler Fernsehsender sich unmissverständlich artikuliert und somit seine Macht als Medienzentrum zur Schau stellt, kann das auch positive Auswirkungen haben, indem man deutlich macht, wie mächtig solch eine Institution ist. Sie steht im Zentrum und ist von allen Seiten zu sehen, sie versteckt sich nicht hinter grauen Fassaden.

Bei St. Petersburg etwa ist doch die Frage, ob man in eine gewachsene Struktur mit relativ geringer Traufhöhe einen Wolkenkratzer, nämlich die neue Firmenzentrale von Gazprom, setzen soll?

Leider bin ich weder in Leningrad noch in St. Petersburg gewesen. Gazprom soll sich doch darstellen, nicht nur durch Sponsoring beim FC Schalke 04, sondern auch vor Ort. Hier in Köln finde ich dieses Triangle-Hochhaus deprimierend, weil es mittelmäßig ist. Wenn das jetzt viermal so hoch und groß wäre und elegant und ein wunderschönes Kölschglas, dann wäre auch die Diskussion, ob es in Konkurrenz zum Dom steht, banal.

Ich bin kein Gegner von Hochhäusern, aber stellt sich nicht die Frage, was man da inszenieren will?

Es gibt eine schöne Maxime von Eero Saarinen, und die hat er wohl immer seinen Erstsemestern erzählt: „Wenn es zu lang ist, mach es länger, und wenn es zu kurz ist, mach es kürzer." Es geht auch um eine gewisse Verhältnis- oder Unverhältnismäßigkeit. Wenn der Anspruch weder gefordert noch angenommen werden kann, dann gibt es Mittelmaß, die Identifikation und die Hinwendung zum Detail und der liebevolle Umgang mit Materialien oder mit einer Idee gehen dann vor die Hunde.

Ist zu befürchten, dass beispielsweise nach den Zensuren des Schauspielhaus-Plakats[3] oder des Plakats von Wolfgang Tilmans[4] für die Ausstellung Das achte Feld *im Museum Ludwig, Köln immer provinzieller wird, oder sehen Sie eine Möglichkeit der Reanimation?*

Man sollte selbstbewusster sein und nicht einen Fundus leichtfertig verspielen. Man kann wiederum sagen: „Ist der Ruf erst ruiniert, lebt sich's gänzlich ungeniert." Man muss auch ein inneres Leben haben und kann sich doch davon nicht abhängig machen. Wenn etwas auf eine ziemlich frivole und unreflektierte Art und Weise zerstört wird, muss man aufpassen, sich nicht in diesen Strudel hineinziehen zu lassen, sondern die Augen offenhalten. Man sollte pragmatisch bleiben und überhaupt nach den Möglichkeiten schauen. Das geht natürlich nur, indem man es in einen größeren Zusammenhang stellt – also konkret lokal, aber auch überregional und international denkt und handelt.

Gekürzte Fassung eines Gesprächs vom Juli 2008.

1 Kurt Hackenberg, Kulturdezernent in Köln von 1955 bis 1979.
2 *Westkunst*, Eine Ausstellung veranstaltet von den Museen der Stadt Köln, kuratiert von Kasper König, Kölner Messehallen, 30. Mai – 16. August 1981.
3 Plakat zur Premiere von *Die Nibelungen*, Schauspielhaus Köln, 12. Oktober 2007.
4 Plakat von Wolfgang Tilmans zur Ausstellung *Das achte Feld* im Museum Ludwig, Köln 19. August – 12. November 2006.

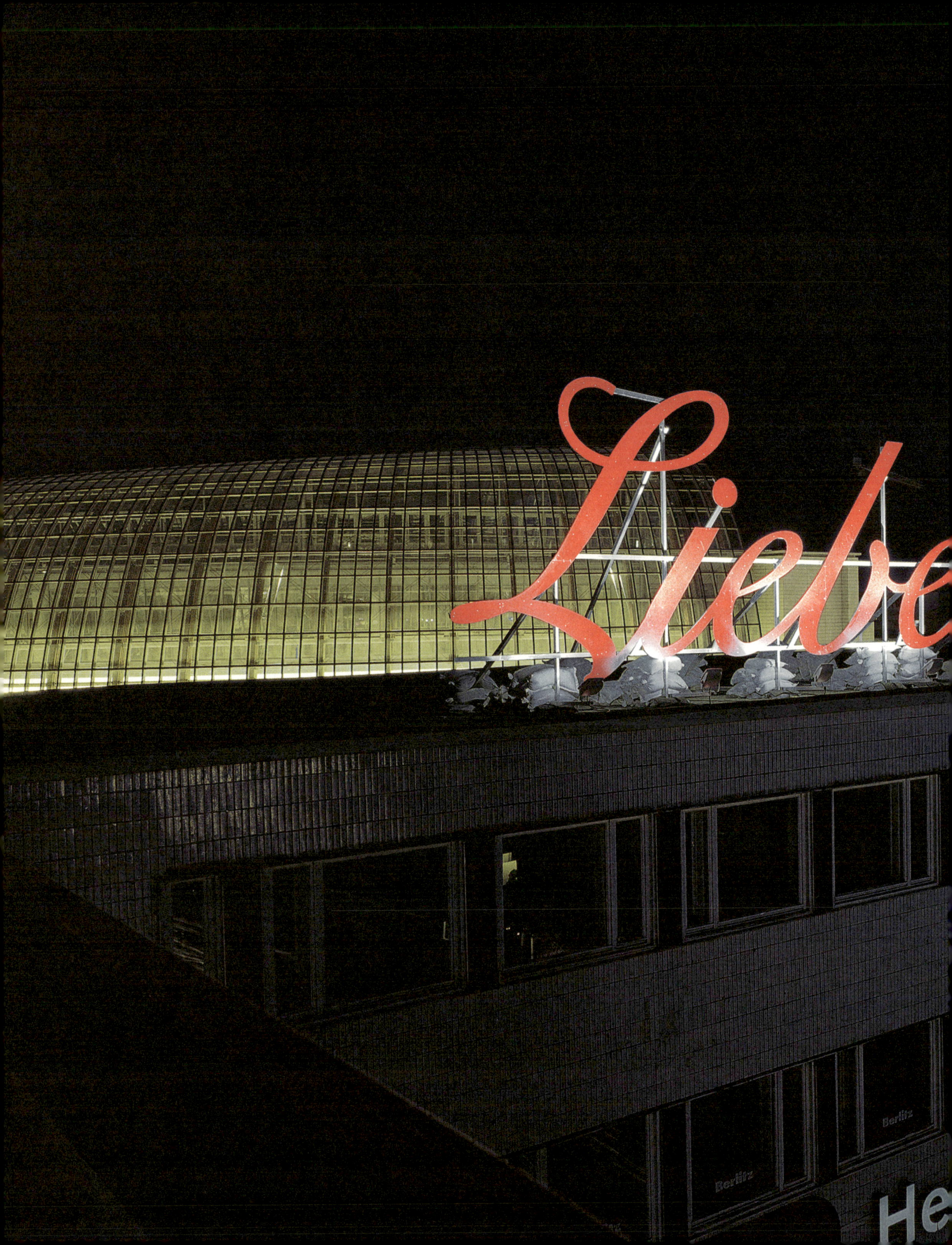
Liebe
Berlitz
Berlitz
He

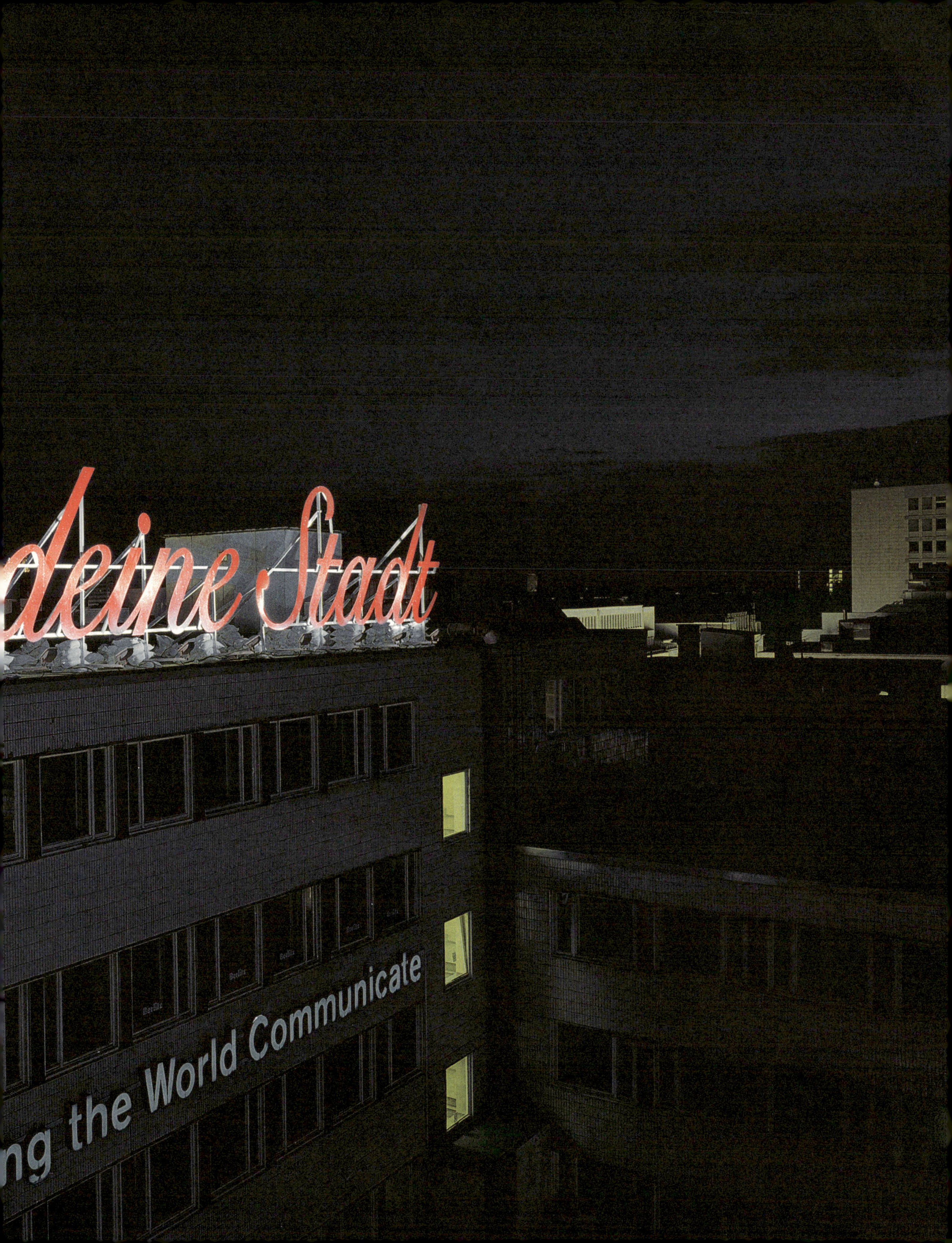
deine Stadt
ng the World Communicate

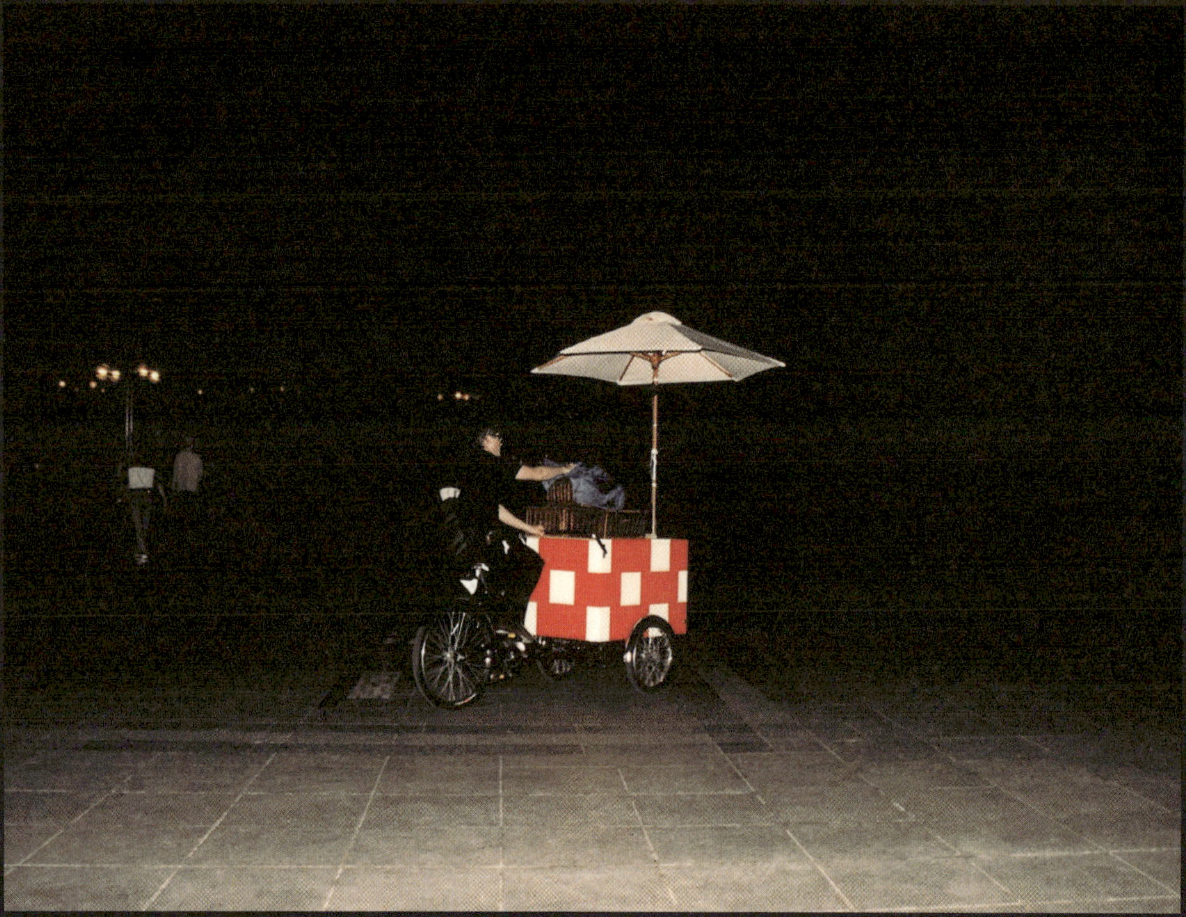

Unter dem Pflaster der Strand

Momentane Orte

Definitive Instabilität
DAS PROJEKT „UNTER DEM PFLASTER DER STRAND – MOMENTANE ORTE"
Lilian Haberer

„...the pleasures of sight have one characteristic in common—they take you by surprise. They are sudden swift and unexpected. If one tries to prolong them, recapture them or bring them about wilfully their purity and freshness is lost. They are essentially enigmatic and elusive."[1]

„Sight" ist ein merkwürdiger Begriff, da er nicht nur den (An)Blick, die Sicht und das Sehvermögen bezeichnet, sondern auch den Moment eines Eindrucks anklingen lässt, der eine sofortige Erfahrung auslöst. Daran könnte Bridget Riley in ihren Überlegungen zum Ursprung und zur vorausgehenden Wahrnehmung von Malerei gedacht haben, denen sie in ihrem 1984 verfassten Text „Pleasures of Sight" nachgeht. Die Unmittelbarkeit und Flüchtigkeit der neuen Erfahrung brechen überraschend über einen herein, und ihren Auswirkungen und Stimmungswechseln ist sich schwer zu entziehen.

Für die „Strandbox" bedurfte es nur weniger Utensilien, um sie zu einem multifunktionalen, beweglichen, situationsgebundenen Modul und zum Auslöser vieler Ansichten wie Erfahrungen werden zu lassen. Die Formelemente und Einzelteile bilden ein Baukastensystem für viele mögliche und vielversprechende Unternehmungen: ein gedämmter Holzkorpus mit Dekor nach Le Corbusier, mit verschiedenen Türen und Klappen, ein dreirädriges Gefährt samt Klingel, ein Sonnenschirm mit Standbein und Schirmhalter, Transistorradios, eine Antenne zum Betreiben des integrierten UKW-Piratensenders, ein MP3-Player, dazu ein Wasserkanister, geflochtene Gläserkörbe mit schlagfest gestapelten Gläsern, eine faltbare Spültasche und, je nach Gelegenheit, Getränke und Klarsichtdosen mit Essen. Das Modulsystem deutet auf Programmatik und Verheißung einer veränderbaren, flüchtigen und jeweils einmaligen Erfahrung hin.

Erdacht als Interventionsprojekt mit dem Titel „Unter dem Pflaster der Strand – Momentane Orte" von Merlin Bauer, konzipiert in Zusammenarbeit mit der Architektin Anne-Julchen Bernhardt, tauchte sie 2002 erstmals im Kölner Stadtgebiet auf und wurde zum Anlass für unterschiedliche Zusammenkünfte, Vorträge und Themen: ob am Rande einer Ausstellungseröffnung, zu einem Picknick oder einer Rheinpartie, zu Sportabenden, Wahltagen oder bestimmten kölnspezifischen Ereignissen wie der Photokina, der Art Cologne oder dem Radrennen „Rund um Köln" – die signethafte verkehrsrot-cremeweiße Struktur der „Strandbox" stellt das Missing Link eines grundsätzlichen Interesses am Potential der Stadt dar. Dabei ist für die Besucher wie für das Projekt „Strandbox" die Teilhabe an unterschiedlichen Gemeinschaften wesentlich. Die „Strandbox" fungiert hierbei als Initiatorin von bestimmten Anlässen oder erweitert das kulinarische und programmatische Angebot. Das Einklinken in diverse Veranstaltungen – wie „Kalter Kaffee zur Popkomm" oder die Protestveranstaltung Kulturschaffender auf dem Dach des früheren Kölnischen Kunstvereins vor dem Abriss – erfüllt dabei zweierlei: Die „Strandbox" erzeugt und verdichtet eine bestimmte Aufmerksamkeit für spontane, informelle Versammlungen und den Augenblick, der sich in der kollektiven Erinnerung zu einem historischen verdichtet. Sie schreibt sich mit in den Moment ein und hebt gleichzeitig das Ephemere des Ereignisses hervor.

Udo Kier vor dem Josef-Haubrich-Forum, 2002.

Definitive Instability
THE PROJECT "UNDER THE PAVEMENT THE BEACH—MOMENTARY SITES"
Lilian Haberer

"...the pleasures of sight have one characteristic in common—they take you by surprise. They are sudden, swift and unexpected. If one tries to prolong them, recapture them or bring them about wilfully their purity and freshness is lost. They are essentially enigmatic and elusive."[1]

"Sight" is a strange concept, since it not only designates the gaze, the view and the visual faculty, but also alludes to the moment of an impression that triggers an immediate experience. This is what Bridget Riley might have had in mind when she reflected on the origin and the prior perception of painting, which she discusses in her text from 1984, "Pleasures of Sight". The directness and fleetingness of the new experience descend upon us, and it is difficult to elude its effects and the changes of mood it causes.

Only a few utensils were needed to transform the "Strandbox" ("Beach Box") into a multifunctional, moveable, situation-specific module, and trigger a number of sights and experiences. The formal elements and individual components were combined to a modular system to be used for many possible and promising endeavours: an insulated wooden Le Corbusier-style body and several hinged lids and doors, a three-wheel vehicle with a bell, a sunshade with a leg and shade support, transistor radios, an antenna to operate the integrated FM pirate station, an MP3 player, a water can, woven baskets for glasses stacked in an impact-resistant way, a foldable rinsing bag, and, depending on the occasion, beverages and transparent packages of food. The modular system indicated an aim and the promise of changeable, fleeting and on each occasion unique experiences.

Conceived as an intervention project titled "Unter dem Pflaster der Strand - Momentane Orte" ("Under the Pavement the Beach—Momentary Sites") by Merlin Bauer in collaboration with the architect Anne-Julchen Bernhardt, it made its appearance for the first time in Cologne in 2002 and offered grounds for various gatherings, lectures and topics: whether outside an exhibition opening, for a picnic or an outing by the Rhine, on sports evenings, election days or on the occasion of Cologne-specific events such as the Photokina, Art Cologne or the cycle race "Rund um Köln"—the emblematic traffic-light-red and ivory colored structure of the "Strandbox" marked a missing link in the fundamental interest in the potential of the city. What was essential for both the visitors and the "Strandbox" project itself was to participate in different communities. The "Strandbox" functioned as the initiator of specific occasions or expanded the culinary or programmatic offer of others. Engaging in diverse events—like in "Kalter Kaffee zur Popkomm" or the protest action of culture workers on the roof of the former Kölnischer Kunstverein before it was demolished—served two purposes: the "Strandbox" attracted and intensified a certain attention given to spontaneous, informal gatherings and the moment in which collective memory condensed to become an historical one. It inscribed itself in the moment and at the same time highlighted the ephemeral nature of the event.

The aesthetic model of the project took up a design of the French architect, theorist and designer Le Corbusier for the Swiss wallpaper

Die „Strandbox" im Rheinpark, 2002.

Kühlfach der „Strandbox", 2002.

Die ästhetische Folie des Projekts greift einen Entwurf des französischen Architekten, Theoretikers und Designers Le Corbusier für die Schweizer Tapetenfirma Salubra auf. 1931 hat er erstmals eine eigene Kollektion verschiedener Tapeten nach puristischer Farbenlehre entworfen, um in der Kombination von drei bis fünf bestimmten Farbtönen auf einer Musterkarte eine Farbklaviatur und eine bestimmte Raumwirkung zu erzielen. Der zweiten Tapetenkollektion circa dreißig Jahre später hat Le Corbusier gemusterte Tapeten beigelegt und ihnen je eine Materialbezeichnung verliehen, die auf die Farbwirkung als Textur anspielt. Der Entwurf „Mauer" mit kleinen Quadratraster-Strukturen diente als Vorlage für den Holzkubus des Fahrradgefährts in Rot und Elfenbein. Die abstrakte und modulhafte Struktur des Entwurfs kommt der fahrenden Box zugute, sie hat eine modernistische Anmutung und übt Signalwirkung aus. Auch hier erfüllt sie vielfältige Funktionen: Zunächst ruft sie ähnlich dem Farbklang bei Corbusier eine atmosphärische Grundstimmung hervor und bietet gleichzeitig Orientierungshilfe und ist Garant für ein gemeinschaftliches Ereignis, für eine Party oder Zusammenkunft. Dadurch wird sie zum fahrenden Landmark, das sein Publikum bei Eröffnungen aufsucht oder zu Themenabenden anzieht. Unabhängig von der Aktion prägt das ikonische Design der „Strandbox" wie bei einem Piktogramm oder Logo jede Veranstaltung und lässt ein Gesamtbild entstehen, bei dem die informell zusammenkommenden Teilnehmer „Teil des Environments" werden. Diesen Begriff verwendet der Architekt Peter Eisenman für die Ereignishaftigkeit der Architektur und begreift ihre Entstehung als einen Prozess mit offenem Ausgang, als Überlagerungsprinzip.[2]

„Unter dem Pflaster der Strand": den Anarchie und Selbstbestimmung verheißenden Leitgedanken der 68er-Generation hat Merlin Bauer mehr spielerisch als theorieüberfrachtet aufgegriffen und ihn zu einem changierenden Motto transformiert. Ursprünglich als Reaktion auf bestimmte Entwicklungen der Kulturpolitik und durch den Wunsch nach mehr öffentlichem Diskurs besetzt das „Strandbox"-Projekt temporäre Orte, generiert Aufmerksamkeit für ihre Fragestellungen und klinkt sich in die sozialen, kulturellen und gesellschaftspolitischen Debatten ein. Andererseits wird der Strand durch die Ingredienzien der Partykultur wie Musik und Gastronomie atmosphärisch in die Stadt geholt und widmet den ursprünglich politischen in einen lebenskulturellen Denkspruch um. Insofern nutzt die „Strandbox" eine Lücke städtebaulicher wie kommunikativer Art und scheint durch den spontanen Einsatz mit variablen Funktionen der Sehnsucht und einer eigenen Dynamik Ausdruck zu verleihen, Orte zu besetzen sowie einem Anlass zu ungezwungener Zusammenkunft zu folgen. Diese gesellschaftlichen Impulse hat sich die Party- und Eventkultur zunutze gemacht, wie die sich oftmals in Industriebrachen und urbanen Leerstellen der Großstädte von Berlin bis London festsetzende informelle Clubkultur. Im Unterschied zu der Guerillataktiken verwendenden Szene, für die das Exklusive, Spontane und Improvisierte die Aufregung des Neuen und Verborgenen verheißt, spielt „Unter dem Pflaster der Strand – Momentane Orte" mit diesen Aspekten, ohne jedoch diesen Erwartungen Folge zu leisten; seine Piraterie hat weder das schlagkräftig Politische noch den Ruch des Verbotenen, sondern weist eher spielerischen, symbolhaften und bildgenerierenden Charakter auf. Symptomatisch sind die Offenheit und Verbreitung der Veranstaltungen sowie der UKW-Piratensender, der in der Beschreibung des „Strandbox"-Gefährts offen genannt wird. Dass Momentane Orte dennoch über die neunzig verschiedenen Interventionen zwischen 2002 und 2005 hinaus ein Bewusstsein für Themen und städtebauliche Besonderheiten Kölns erzeugt und subtile Widerständigkeiten der kulturellen Szene gegenüber kulturpolitischen Entscheidungen angeregt hat, wird anhand von vier Veranstaltungsbeispielen deutlich.

Salubra-Tapete, Le Corbusier, Design „Mauer", 1959.

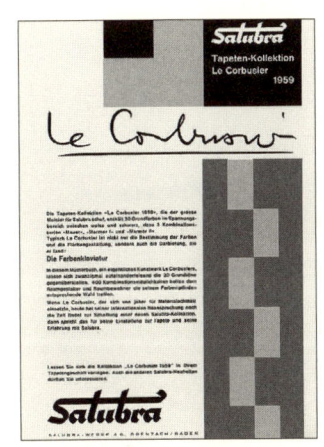

Salubra-Werbung, 1959.

Oberflächenmuster „Strandbox", 2002.

firm Salubra. In 1931, Le Corbusier for the first time designed his own collection of wallpapers following the purist theory of colors so as to achieve a repertoire of colors and a certain spatial effect by combining three to five colors on a pattern card. Around thirty years later, Le Corbusier added patterned wallpapers to his second collection of wallpapers, along with names of the materials alluding to the color effect as texture. The "Wall" design, with small, square, grid structures, served as a model for the wooden body of the bicycle in red and ivory. The abstract modular structure of the design benefited the drivable box, it made a modernist impression and had the effect of a signal. In this context, it also fulfilled a variety of functions: firstly, like Corbusier's color chord, it evoked an atmospheric mood and simultaneously offered orientation, guaranteeing a communal event, a party or a gathering. It thus became a traveling landmark, calling on its audience at openings or attracting it to theme-oriented evenings. No matter what the action was, the "Strandbox's" iconic design characterized each event like a pictogram or a logo, and evoked an overall image in which the informally gathering participants became "part of the environment". It is the concept Peter Eisenman uses to designate the event character of architecture; he grasps its origin as a process with an open end, as a principle of overlapping.[2]

"Unter dem Pflaster der Strand": Merlin Bauer took up the guiding idea of the generation of '68 that promised anarchy and self-determination in a more playful than theory-laden way, and transformed it into a shimmering slogan. Originally meant as a response to certain developments in cultural policies and out of a desire to instigate a public discourse, the "Strandbox" project occupied temporary spaces, drew attention to the questions they gave rise to and chimed in social, cultural and political debates. On the other hand, the beach was brought to the city in an atmospheric fashion by way of party culture ingredients such as music and catering, rededicating the originally political slogan to a cultural one. In this respect, the "Strandbox" utilized a gap in both urban development and communication, and appeared to express a unique dynamism by spontaneously employing variable functions of longing, occupying places and following occasions for casual gatherings. These social impulses made use of party and event culture, for example, the informal club culture as it often emerged in industrial wastelands and urban voids of big cities from Berlin to London. In contrast to the scene using guerilla tactics, for which exclusivity, spontaneity and improvisation promised the excitement of what was new and concealed, "Unter dem Pflaster der Strand – Momentane Orte" plays with these aspects without fulfilling their expectations; his piracy possesses neither the forceful political aspect nor the air of what is forbidden, but is instead more playful, symbolic and image-generating. Symptomatic are the openness and popularity of the events, as well as the FM pirate station, openly mentioned in the description of the "Strandbox" vehicle. That the "Momentary Sites" have created an awareness of themes and urbanistic peculiarities of Cologne beyond the ninety different interventions between 2002 and 2005, and incited in the culture scene subtle resistance against cultural-politic decisions, becomes clear in the four examples described below.

Under the theme "Nomadischer Rundfunk – Kennen Sie die Musik, die man nur am Lautsprecher hören kann?" ("Nomadic Radio—Do you know the music that can only be heard at the speaker?") and on the occasion of Karlheinz Stockhausen's birthday, the closing of the WDR's Studio for Electronic Music was commemorated on Wallrafplatz on August 22, 2002. Since 1951, the studio had produced pioneering works of electronic and

Mit dem Thema „Nomadischer Rundfunk – Kennen Sie die Musik, die man nur am Lautsprecher hören kann?" wurde am 22. August 2002 zum Geburtstag von Karlheinz Stockhausen auf dem Wallrafplatz der Schließung des WDR-Studios für elektronische Musik gedacht, das seit 1951 Pionierprojekte elektronischer und zeitgenössischer Musik produziert hatte; Stockhausen hatte ab 1953 bis 1998 eng mit dem Studio zusammengearbeitet und war ab 1962 für lange Jahre dessen künstlerischer Leiter gewesen. Markus Schmickler, Kölner Komponist und Musiker für elektronische Musik an den Rändern von Experiment und Improvisation, lieferte den musikalischen Beitrag mit „The United Untitled". Schmickler und Bauer haben damit die Aufmerksamkeit auf eine einzigartige Institution in Köln und ihre Schließung gelenkt und an die experimentelle Arbeit des Studios mit einem jüngeren Vertreter der elektronischen Szene erinnert. Schmickler sieht als veränderte Perspektive der Musik die Entwicklung weg vom Werk hin zur Interaktion und zum Prozess.[3] Ein Symptom, dass nicht nur in hohem Maße für die Komposition, sondern auch für den Raum gilt, den die „Strandbox" mit einer Reihe von gezielten Veranstaltungen erzeugt, die ihre Aufmerksamkeit auf das kulturelle Gedächtnis der Stadt richten und mit der Wiederbelebung einer Erinnerungskultur bestimmte Ereignisse dem Vergessen entreißen. Diese bündelt sich jedoch nur in einer punktuellen und symbolhaften Zusammenkunft der Szene, die auf große Gesten verzichtet. Hier artikulieren sich diese Einzelinterventionen als Bild eines unübersichtlichen Raums, als Metaphern des Erinnerns, wie Aleida Assmann dies für die Raum-Metaphern der Erinnerungskultur beschreibt.[4]

Eine ähnlich symbolische Handlung ist als subversiver Akt des Einschreibens in das kulturelle Archiv der Stadt mit Bruchstück 32 gegeben – einem offiziellen Festakt am 8. Mai 2003, der die Schenkung eines Fassadenfragments der Josef-Haubrich-Kunsthalle an das Römisch-Germanische Museum besiegelte. Der Künstler Norbert H. Arns und die Architektin Verena R. Kluth, selbst aktivistisch tätig in der damaligen Initiative Josef-Haubrich-Forum, hatten sich mit anderen Kulturschaffenden seit 2002 intensiv und interventionistisch gegen den Abriss des Forums am Neumarkt eingesetzt. Sie bewahrten ein Fundstück der im Sommer 2002 niedergerissenen Kunsthalle in ihrer Sammlung und machten den Raubbau der Stadt an ihren Denkmälern der sechziger Jahre mit dieser Schenkung an das Museum sichtbar. So füllten Arns und Kluth faktisch und wahrnehmbar die Leerstelle der Katalognummer 32 der Außenausstellung der archäologischen Architekturfragmente aus der Museumssammlung auf und erinnern seitdem an die entstandene Leerstelle am Neumarkt – das sogenannte Loch. Damit deklarierten sie eine von der Stadt selbst verursachte Abrisszone subversiv zur archäologischen Zone und sicherten ihr den Platz neben den Zeugnissen römischer Hochkultur. Zu der Veranstaltung spielten sie eine von ihnen manipulierte Märchenschallplatten-Aufnahme des Oberbürgermeisters Fritz Schramma als Grußwort an die Kölner vor. Bei der Soundspur handelt es sich um eine Collage, die mit Schrammas Märchenstimme die Heinzelmännchengeschichte von Köln als ironische Kulturgeschichte des Lochs und Kunstgesindels erzählt. Der Absurdität einer hausgemachten kulturpolitischen Posse seit der Neubauplanung am Neumarkt und dem Abriss des Haubrich-Ensembles wurde mit der Schenkung noch einmal Ausdruck verliehen. Hier bot die „Strandbox" den feierlichen Rahmen und verlieh dieser letzten Aktion aktiven Widerstands einen würdevollen Abschluss.

Der offizielle Festakt kann zudem als Kommunikationsangebot an die Stadt verstanden werden, als humoristische Bilanz und dialogische Reaktion auf den Monolog des Bürgermeisters in dieser Sache. Guy Debord reflektiert nicht zuletzt in seiner Gesellschaft des Spektakels das Fehlen einer neuen, gemeinsamen Sprache in der modernen Gesellschaft und

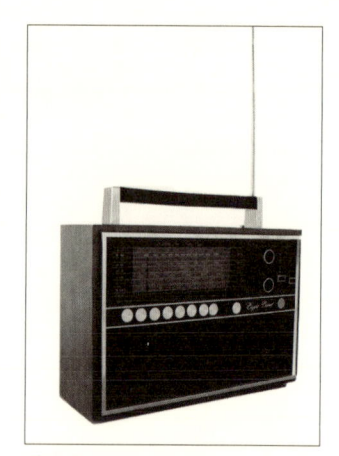

UKW-Radioempfänger.

„Rund um Köln", 2003.

contemporary music. Stockhausen had closely collaborated with the studio from 1953 to 1998, and from 1962 on, he was the studio's longstanding artistic director. Markus Schmickler, the Cologne-based musician and composer of electronic music on the fringes of experiment and improvisation, contributed the music with "The United Untitled". Schmickler, and Bauer drew attention to a unique institution in Cologne and its closing, and commemorated the experimental work of the studio with a younger representative of the electronic music scene. As an altered perspective in music, Schmickler sees the development away from the work and towards interaction and process.[3] This is a symptom not only highly applicable to the composition but also to the space which the "Strandbox" created by means of a series of targeted events attracting attention to the cultural memory of the city and reviving a culture of remembrance, thereby preventing certain events from being forgotten. However, this is bundled only in the symbolic gathering of the scene at a certain place, one which refrains from grand gestures. It is where these individual interventions are articulated as the image of an unclear space, as metaphors of remembrance, as Aleida Assmann describes it in regard to the spatial metaphors of the culture of remembrance.[4]

"Bruchstück 32" ("Fragment 32") was a similar symbolic action, a subversive inscription in the cultural archive of the city—the official ceremony on May 8, 2003, that sealed the donation of a façade fragment of the Josef-Haubrich-Kunsthalle to the Römisch-Germanische Museum. Since 2002, the artist Norbert Arns and the architect Verena Kluth, both active in the former "Initiative Josef-Haubrich-Forum", had been intensively committed with interventionist means along with other cultural workers against the demolition of the Forum on Neumarkt. They kept a piece of the Kunsthalle torn down in 2002 in their collection, and revealed the city's ruthless exploitation and destruction of its monuments of the 1960s through this donation to the museum. In this way, Arns and Kluth factually and visibly filled the gap of catalogue number 32 of the outdoor exhibition of archaeological architecture fragments from the museum's collection, and since then remind people of the gap created on Neumarkt, the so-called "Das Loch" ("The Hole"). They thus subversively declared a demolition zone created by the city itself to be an archaeological zone, securing it a place alongside the artefacts bearing witness to Roman high civilization. At the event they played a fairy-tale recording of the Governing Mayor Fritz Schramma, which they had manipulated, as a greeting to the Cologne residents. The soundtrack is a collage that with Schramma's fairy-tale voice tells the story of the "Heinzelmännchen" ("The Pixies") of Cologne as an ironic cultural history of "The Hole" and the art riffraff. The absurdity of a homemade cultural-political farce since the planning of new buildings on Neumarkt and the demolition of the Haubrich-Ensemble was again highlighted by the donation. On this occasion, the "Strandbox" offered the ceremonious frame and allowed this last action of active resistance to end with dignity.

The official ceremony can additionally be understood as a communication offer to the city, as a humorous stocktaking and a dialogical response to the Governing Mayor's monolog on this issue. In his "Society of the Spectacle", Guy Debord reflects on the lack of a new common language in modern society and regards this deficit as unavoidable. He calls for making a community of dialog one's own and retaining a playful relation to times.[5]

"Ruhige Innenstadtlage" ("Quiet Downtown Location") was a different kind of project: On the Culture Sunday of Cologne's biggest newspaper, on May 2, 2004, "Unter dem Pflaster der Strand – Momentane Orte" dedicated

"zu Hause", Installation, Art Cologne, 2005.

betrachtet dieses Defizit als unvermeidbar. Er fordert dazu auf, sich eine Gemeinschaft des Dialogs zu eigen zu machen und ein spielerisches Verhältnis zu der Zeit zu bewahren.[5]

Von anderer Art war das Projekt „Ruhige Innenstadtlage": Am 2. Mai 2004 widmete „Unter dem Pflaster der Strand - Momentane Orte" dem Thema Städtebau und Privatinvestoren am Beispiel des DuMont-Carrés einen Beitrag zum Kultursonntag der größten Kölner Tageszeitung. Das ehemalige DuMont-Verlagshaus von Kölner Stadt-Anzeiger und Express ist einer neuen, wenig genutzten Einkaufspassage gewichen, auf deren Dach eine Wohnbebauung, eine Spielstraße mit Piazzetta und Spielplatz entstanden sind. Der Oppenheim-Esch-Fonds, durch andere Bauinvestitionen bereits in Köln ins Gespräch und in die Kritik geraten, hat dieses Grundstück entwickelt und genehmigte auch die Veranstaltung, die die „Strandbox" zur Debatte über Großinvestoren und Stadtentwicklung nutzte. In Impulsreferaten der Architekten Jörg Leeser und Anne-Julchen Bernhardt vom Architekturbüro BeL wurde das Thema privater Investoren im öffentlichen Raum aufgegriffen und einer - wie sich herausstellte - uninformierten, jedoch sehr interessierten Öffentlichkeit präsentiert. Grundsätzlich birgt das Thema explosives Potential und greift eine wesentliche Fragestellung, gerade auch für Köln, auf. Hierbei bleibt offen, ob ein Nachmittag mit Genehmigung des Hauseigentümers als Rahmen für diese Debatte ausreichend war; ob sie diesen nicht möglicherweise sprengte oder in ein allgemeines Wohlgefallen bei Gespräch und Getränken auflöste, das letztlich nichts bewirkt hat. Dennoch ist das spielerische Moment der „Strandbox" nicht zu unterschätzen; auch wenn sie der Ernsthaftigkeit und Dimension einer Debatte nichts beizufügen gehabt hätte, so brachte sie grundsätzliche Fragen und Themen ins Gespräch und Bewusstsein, die vorher nicht reflektiert wurden.

Rem Koolhaas hat in seiner ungewöhnlichen und unterhaltsamen, städtebaulichen wie gesellschaftlichen Studie Manhattans das Polemische und Persönliche nicht ausgeblendet. Trotz einer starken, individuellen Stimme, die immer durchscheint, ist sein Buch „Delirious New York" ein sehr eigenes und anregendes Porträt der Stadt.[6] Das „Strandbox"-Projekt weist ebenfalls im Spielerischen und Ereignishaften der Abende eine eigene Handschrift von Merlin Bauer auf, ob in der Wahl der Themen, den Ideen zu den Veranstaltungen oder in der Rahmengestaltung. So wurde die Auseinandersetzung mit brisanten kulturpolitischen oder städtebaulichen Themen oder unaufgeregten Sport- und Filmabenden auf nonchalante, offene Art geführt. Dies ist ein eigener Zugang der „Strandbox" zur Stadt, zu ihrer Urbanität, ihrem Lebensraum und ihren Bewohnern, der von vielen sicherlich kritisiert wurde und wird, doch vor allem eine große Stärke in sich birgt. Dies hat auch die Stadt verstanden und dem Projekt 2003 den Kölner Architekturpreis im Rahmen der Veranstaltungen um die Ausstellung „radical architecture III: processing uncertainty" im Museum für Angewandte Kunst verliehen. Der städtebaulichen Themen hat sich die „Strandbox" vor allem angenommen, neben aktuellen Debatten auch der landschaftsarchitektonischen Besonderheiten Kölns wie Rheinufer, Rheinpark, Stadtgarten und Friedenspark.

Paradigmatisch für dieses Interesse war sicherlich die Veranstaltung „Psycho-dynamische Straße" am 29. August 2002 - eine Einladung des Architekturbüros BeL auf die „Palmeninsel", eine Verkehrsinsel oberhalb der Nord-Süd-Fahrt an der Tunisstraße nahe der Straße An der Burgmauer. Mit einem Modell der „psycho-dynamischen Straße" von BeL als Foto auf einer Plakatwand und unter Mitwirkung des Vibraphonisten, Jazz-Musikers und Improvisationstheoretikers Christopher Dell wurde zusammen mit der „Strandbox" eine relationale Kartographie inszeniert, die Nord-Süd-Fahrt als Bauwerk in Szene gesetzt und zur Feier und Nutzung desselben aufgerufen.

„Ruhige Innenstadtlage", DuMont-Carré, 2004.

GEWINNER DES KÖLNER ARCHITEKTURPREISES 2003

Die „Strandbox" erhält den Kölner Architekturpreis, 2003.

an event to the themes of urban development and private investors, using the example of the DuMont-Carré. The former DuMont publishing house of the "Kölner Stadt-Anzeiger" and "Express" made way for a new and only little used shopping arcade, on the roof of which flats, a play street with piazzetta and a playground were built. The Oppenheim-Esch-Fonds, in Cologne already notorious and criticized for other building investments, developed this property and also permitted the event that the "Strandbox" used for a debate on large-scale investors and urban development. In introductory papers given by the architects Jörg Leeser and Anne-Julchen Bernhardt of the architects' office BeL, the theme of private investors in public space was taken up and presented to a—as it turned out—uninformed yet highly interested public. The theme fundamentally bears an explosive potential and addresses an issue that is decisive, especially for Cologne. It remains open whether an afternoon with the permission of the building owner was sufficient as a frame for this debate; whether it did not possibly go beyond the scope of it or settle in everyone's satisfaction in conversations and with drinks, in the end without any effect. Yet the playful moment of the "Strandbox" should not be underrated; even if it were the case that it did not have anything to add to the seriousness and dimension of the debate, it did raise the awareness of basic questions and issues that were not considered beforehand.

Rem Kolhaas did not omit polemical and personal aspects in his unusual and entertaining, urbanistic and social study of Manhattan. Despite a strong individual voice that can always be sensed, his book "Delirious New York" is a very idiosyncratic and stimulating portrait of the city.⁶ The "Strandbox" project also revealed the idiosyncratic signature of Merlin Bauer in the playfulness and event character of the evenings, be it in the selection of themes, the ideas for the events or the supporting programs. The discussions of pressing themes related to cultural policy and urban development, as well as the cool sports and film evenings were held in a nonchalant and open manner. This was the "Strandbox's" very own approach to the city, its urbanity, its living environment, and its citizens, an approach which certainly was and still is criticized by many, but above all possesses great strength. The city also understood this, and in 2003 awarded the project the "Kölner Architekturpreis" within the frame of events of the exhibition "radical architecture III" at the Museum für Angewandte Kunst. The "Strandbox" was mainly dedicated to urbanistic issues, but also, in addition to topical debates, the special landscape architectural features of Cologne, like the banks of the Rhine, the Rheinpark, Stadtgarten, and Friedenspark.

A paradigm case of this interest was certainly the event "Psychodynamische Straße" ("Psycho-dynamic Street") on August 29, 2002, an invitation of the architect's office BeL to the "palm island" of a traffic island above the Nord-Süd-Fahrt on Tunisstraße near An der Burgmauer. With the photo of a model of the "Psycho-dynamische Straße" by BeL on a billboard and in collaboration with the vibraphonist, jazz musician and theorist of improvisation Christopher Dell, the "Strandbox" created the "mise en scène" of a relational cartography, staged the Nord-Süd-Fahrt as a structure, and invited people to celebrate and use it. During the speeches of the architects, who called into question the current plans to tunnel the main traffic axis through Cologne, numerous "Strandbox" guests occupied the traffic island of the Nord-Süd-Fahrt amidst city traffic for several summer-evening hours as a social space of gathering. They created a communal image of and comment on the debate about urban development. In addition, room was available for spontaneous acting and reacting, similar to Christopher Dell's "Prinzip Improvisation" ("Principle of

„Brasil", Pollerwiesen, 2002.

Bei dem Vortrag der Architekten, die derzeit verhandelte Planungen einer Untertunnelung der Hauptverkehrsachse durch Köln in Frage stellten, besetzten zahlreiche „Strandbox"-Gäste die Nord-Süd-Fahrt-Verkehrsinsel inmitten des Stadtverkehrs über mehrere Sommerabendstunden als sozialen Raum und Versammlungsort. Sie erzeugten so ein gemeinschaftliches Bild und einen Kommentar zu der städtebau-lichen Debatte. Darüber hinaus war hier Raum für spontanes Agieren und Reagieren, ähnlich wie nach Christopher Dells „Prinzip Improvisation", der das Handeln als nicht-linearen Prozess und offenes In-Bewegung-Sein begreift.[7]

Dells Performanz-Theorie ist als Praxis des durch die Gesellschaft produzierten Raums zu verstehen, durch dessen (Selbst-)Organisation ein Lebensraum als Gradmesser für die gesellschaftlichen Verhältnisse initiiert wird.[8] Er greift – wie auch viele andere Theoretiker der vergangenen Jahre – auf Henri Lefèbvres Raumtheorie aus den siebziger Jahren zurück, in der dieser den Akt der Produktion zugrunde gelegt und nach einem dialektischen und relationalen Prinzip seine Trias eines erfahrenen, erdachten und gelebten Raums entwickelt hat.[9] Das hohe Aufkommen an Theorien eines gesellschaftlich entstehenden Raums ist nicht nur als Anzeichen einer Wiederbelebung relationaler Raumtheorien der sechziger und siebziger Jahre zu verstehen, sondern entsteht auch umgekehrt aus einer Analyse künstlerischer und performativer Praktiken der vergangenen fünfzehn Jahre heraus. So zeigen sich in den Theorien des Spatial Turn trotz sehr unterschiedlicher Ansätze viele Rückgriffe auf Lefèbvres Theorie des produzierten Raums.[10] Insofern liegt das rahmengebende „Strandbox"-Prinzip, nach dem ein Gesamtbild erst allmählich entsteht und Möglichkeiten zu performativer, unterhaltsamer und widerständiger Interaktion gegeben sind, im Trend des Zeitgeschehens. Es entspricht außerdem einer gesellschaftlichen Reflexion von Stadt, Raum und Strukturen im Ungeordneten, Entstehenden, Improvisierten. Eine Nachlese von „Unter dem Pflaster der Strand – Momentane Orte" zeigt viele Bilder einer aktiven, signalfarbenen „Strandbox" an markanten Orten und bei zentralen Ereignissen in der Stadt mit Anlässen zu Gesprächen über viele Themen.

Sollte es ein dialektisches Prinzip der „Strandbox" geben, eine „definitive Instabilität", wie sie Koolhaas in seinem Kapitel über einen Fitnessclub im Wolkenkratzer bezeichnet hat,[11] dann bestünde es im Unmittelbaren und Flüchtigen und Unvorhersehbaren der Veranstaltung. Es könnte aber auch in der Anschauung (nach Bridget Riley) bestehen: im Garant des Ereignisses, dem vertrauten rot-weißen Schauplatz mit Sonnenschirm, in der Verabredung mit der „Strandbox" über einen Zeitraum, garantiert an einem Ort der Stadt und auf ein Glas.

Der unlackierte „Strandbox"-Korpus, 2002.

Improvisation"). Dell grasps action as a non-linear process and a state of being in open motion.⁷

Dell's theory of performance must be understood as a practice of the space created by society, through the (self-)organization of which a space of living is initiated as a yardstick for social conditions.⁸ Like many other theorists of the past years, he takes up Henri Lefèbvre's theory of space from the 1970s, in which the latter explicated the act of production according to the dialectical and relational principle of his triad of experienced, conceived and lived space.⁹ The large number of theories on a socially engendered space is not only to be understood as a sign of the revival of relational spatial theories of the 1960s and 1970s. They also, conversely, arise from the analysis of artistic and performative practices of the past fifteen years. The theories of the spatial turn, then, reveal, despite very different approaches, many recourses to Lefèbvre's theory of produced space.¹⁰ In this respect, the framework-providing principle of the "Strandbox", according to which an overall image emerges only gradually, offering the possibilities of performative, entertaining and resistant interaction, lies in the trend of current affairs. Moreover, it corresponds to a social reflection on the city, space and structures in what is unordered, emerging and improvised. A résumé of "Unter dem Pflaster der Strand – Momentane Orte" shows many pictures of the active, signal-colored "Strandbox" at distinctive places and during central events in the city giving rise to discussions on numerous topics.

If there is a dialectical principle inherent to the "Strandbox", a "definitive instability", as Kohlhaas calls it in his chapter on a fitness club in a high-rise,¹¹ it would consist in the directness, fleetingness and unpredictability of the event. But it could also consist in the sight (in the sense of Bridget Riley): the garantor of the event, the familiar red-and-ivory venue with a sunshade, a date with the "Strandbox" over a period of time, for certain at a location in the city and for a drink.

Jörg Leeser und Anne-Julchen Bernhardt, „Psycho-dynamische Straße", 2002.

Einladungskarte zur Aktion „Psycho-dynamische Straße", 2002.

1 Bridget Riley, „The Pleasure of Sight (1984)", in: Dies., „The Eye's Mind: Bridget Riley—Collected Writings 1963-1999", Hg. Robert Kudielka, London 1999, S. 32.
"… die Vergnügen des Schauens haben eines gemein – sie überraschen uns. Sie sind plötzlich, geschwind und unerwartet. Wenn man sie zu verlängern sucht, sie zurückzugewinnen oder vorsätzlich herbeizuführen, so ist ihre Reinheit und Frische verloren. Sie sind rätselhaft und kaum fassbar."
2 Peter Eisenman, „Architecture as a Second Language", in: „Re:working Eisenman", Hgg. Ders., Jacques Derrida, Robert E. Somol u. a., London 1993, S. 21.
3 Markus Schmickler im Interview mit De:Bug am 17.10.2001, http://www.de-bug.de/mag/2143.html.
4 Aleida Assmann, „Erinnerungsräume – Formen und Wandlungen des kulturellen Gedächtnisses", München 1999, S. 162.
5 Guy Debord, „The Society of Spectacle", New York 1995 [1931], S. 133f.
6 Vgl. Rem Koolhaas, „Delirious New York – Ein retroaktives Manifest für Manhattan", Aachen 1999 [1978].
7 Christopher Dell, „Prinzip Improvisation", Köln 2002.
8 Ders., „Die Performanz des Raums", in: archplus 183 und Documenta Magazines Online, 18.05.07, S. 3, http://magazines.documenta.de/frontend/article.php?IdLanguage=5&NrArticle=1123. Zugriff vom 27.09.2008.
9 Henri Lefèbvre, „The production of space", Oxford 1991 [1974], S. 17, 33, 42.
10 Vgl. Jörg Döring, Tristan Thielmann (Hg.), „Spatial Turn – Das Raumparadigma in den Kultur- und Sozialwissenschaften", Bielefeld 2008.
11 Koolhaas, „Delirious New York – Ein retroaktives Manifest für Manhattan", S. 155ff.

„Picknick am Rhein", 2002.

Dr. Lilian Haberer, geb. 1971 in München, Köln, Kunstwissenschaftlerin, freie Kuratorin. Studium der Kunstgeschichte, Italianistik, Philosophie in Köln und Rom, 2004 Promotion über den Raumbegriff der neunziger Jahre im Werk Liam Gillicks, 2005-2008 Kuratorenplattform gap, Schloss Ringenberg, 2001-2007 wissenschaftliche Assistenz für Rosemarie Trockel. Seit 2004 Lehrveranstaltungen für Trockel an der Kunstakademie Düsseldorf, seit 2007 wissenschaftliche Mitarbeit am DFG-Forschungsprojekt „Reflexionsräume kinematographischer Ästhetik", Universität zu Köln. Seit 2008 mit Regina Barunke Leitung des Ausstellungsraums Projects in Art & Theory mit internationalem Ausstellungsprogramm und Vorträgen. Ausstellungen: „On Interchange, Zwischenspiele einer Sammlung", Museum Kurhaus Kleve 2008. „Back & Forth", Wilhelm-Lehmbruck-Museum Duisburg 2006 (mit Regina Barunke); „Häuser. Höller/Trockel", Literaturhaus Köln 2000.

Blechspielzeug aus Afrika.

„Eisverkauf", Märklin-H0-Zubehör.

1. Bridget Riley, "The Pleasure of Sight (1984)", in: same, "The Eye's Mind: Bridget Riley—Collected Writings 1963–1999", ed. Robert Kudielka, London 1999, p. 32.
2. Peter Eisenman, "Architecture as a Second Language", in: "Re:working Eisenman", eds. same, Jacques Derrida, Robert E. Somol et al., London 1993, p. 21.
3. Markus Schmickler in an interview with De:Bug on 10/17/2001, http://www.de-bug.de/mag/2143.html (of January 20, 2009).
4. Aleida Assmann, „Erinnerungsräume – Formen und Wandlungen des kulturellen Gedächtnisses", Munich 1999, p. 162.
5. Guy Debord, "The Society of Spectacle", New York 1995 [1931], pp. 133.
6. Cf. Rem Kolhaas, "Delirious New York—A Retroactive Manifesto for Manhattan", New York 1978.
7. Christopher Dell, "Prinzip Improvisation", Cologne 2002.
8. Same, "Die Performanz des Raums", in: archplus 183 and Documenta Magazines Online, 05/18/07, p. 3, http://magazines.documenta.de/frontend/article.php?IdLanguage=5&NrArticle=1123 (of January 20, 2009).
9. Henri Lefèbvre, "The Production of Space", Oxford 1991 [1974], p. 17, 33, 42.
10. Cf. Jörg Döring, Tristan Thielmann (eds.), "Spatial Turn – Das Raumparadigma in den Kultur- und Sozialwissenschaften", Bielefeld 2008.
11. Kohlhaas, "Delirious New York – Ein retroaktives Manifest für Manhattan", pp. 155.

„Strandbox"-Garage, 2009.

Dr. Lilian Haberer, born 1971 in Munich, lives in Cologne, scholar of cultural studies, freelance curator. Studied art history, Italian language and literature, and philosophy in Cologne and Rome, 2004 doctoral thesis on the spatial concept of the 1990s in the work of Liam Gillick, 2005–2008 curator of platform gap, Schloss Ringenberg, 2001–2007 academic assistant of Rosemarie Trockel. Since 2004 courses for Trockel at the Art Academy Düsseldorf, since 2007 collaboration in the research project "Reflexionsräume kinematographischer Ästhetik" ("Spaces of Reflection of Cinematographic Aesthetics"), University of Cologne. Since 2008, with Regina Barunke, head of the exhibition space "Projects in Art & Theory" with an international exhibition program and lectures.
Exhibitions: "On Interchange, Zwischenspiele einer Sammlung", Museum Kurhaus Kleve 2008; "Back & Forth", Wilhelm-Lehmbruck-Museum Duisburg 2006 (with Regina Barunke); "Häuser. Höller/Trockel", Literaturhaus Köln 2000.

NOMADISCHER RUNDFUNK
Kennen Sie die Musik, die man nur am Lautsprecher hören kann?

22. August 2002, 22 Uhr
Wallrafplatz, WDR-Funkhaus

Im Mai des Jahres 2001 wurde das Studio für elektronische Musik des WDR,
in dem seit Beginn der fünfziger Jahre elektronische Musik produziert
worden war, geschlossen. Teile der mittlerweile historischen und von
Komponisten wie Stockhausen, Koenig, Kagel und Ligeti entwickelten
Apparaturen wurden dem Sperrmüll zugeführt oder verkauft.
Heute, zum 74. Geburtstag des langjährigen Leiters des Studios, treffen
wir uns, um die Vorteile eines solchen Klangkörpers zu vergegenwärtigen.
Mit einem musikalischen Beitrag von Marcus Schmickler „The United
Untitled". Es wird gebeten, in weißer Oberbekleidung zu erscheinen.

(Nordrhein-Westfalen hinkt, als bevölkerungsreichstes Bundesland,
das sich doch der technologischen Innovation verschrieben hat, in der
öffentlichen Produktion und Diffusion elektroakustischer Musik Ländern,
wie Baden-Württemberg [ZKM und Heinrich Strobel Stiftung des SWR] und
Berlin, weit hinterher. Ganz zu schweigen vom internationalen Vergleich
mit Frankreich, den USA, Kanada und den nordeuropäischen Ländern.)

BITTE KOFFERRADIOS MITBRINGEN!

Gastgeber: Piethopraxis

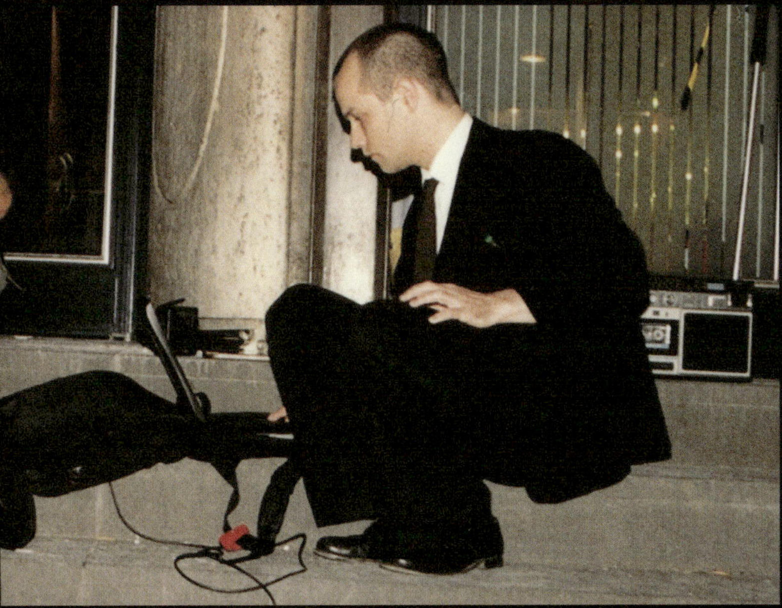

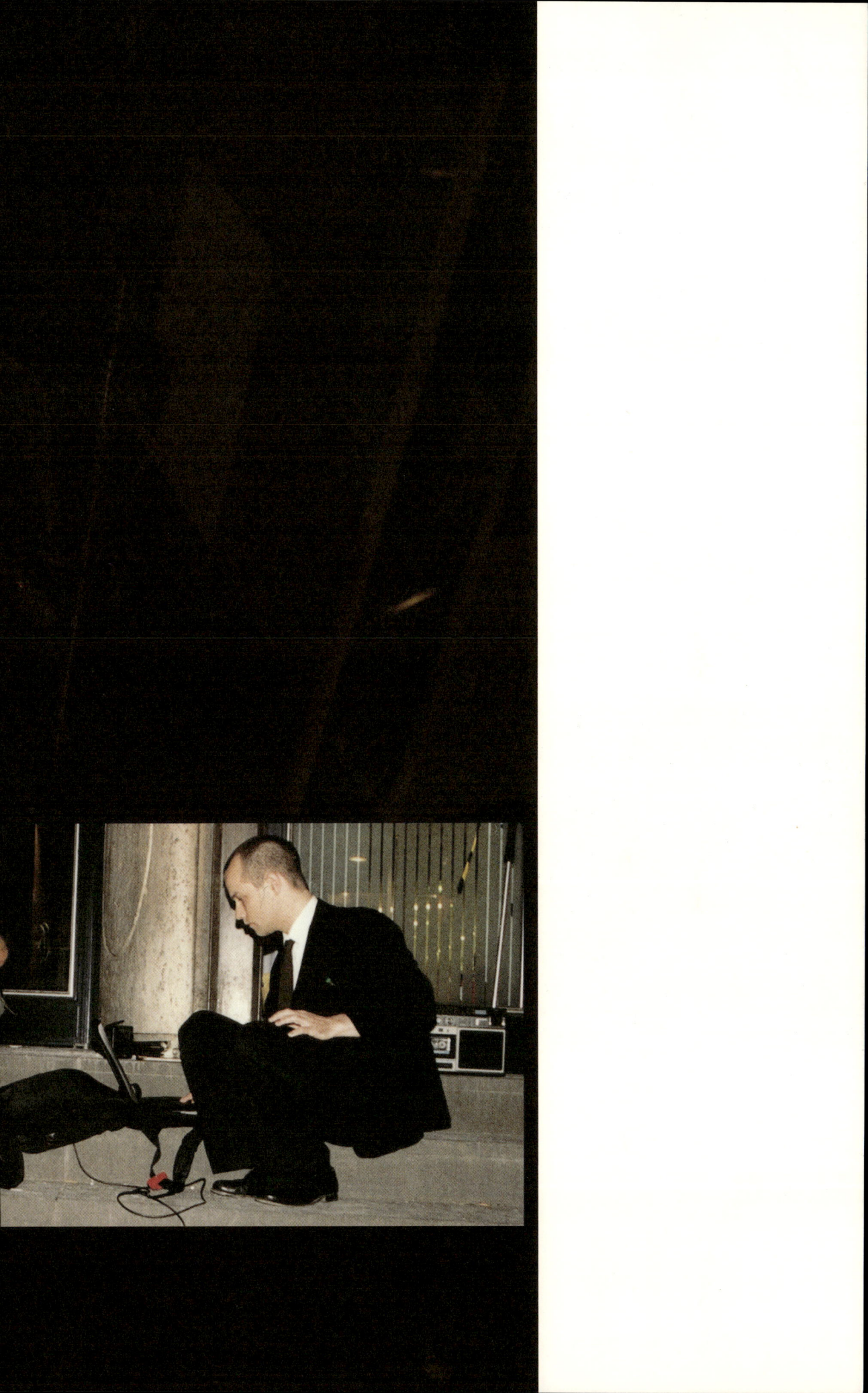

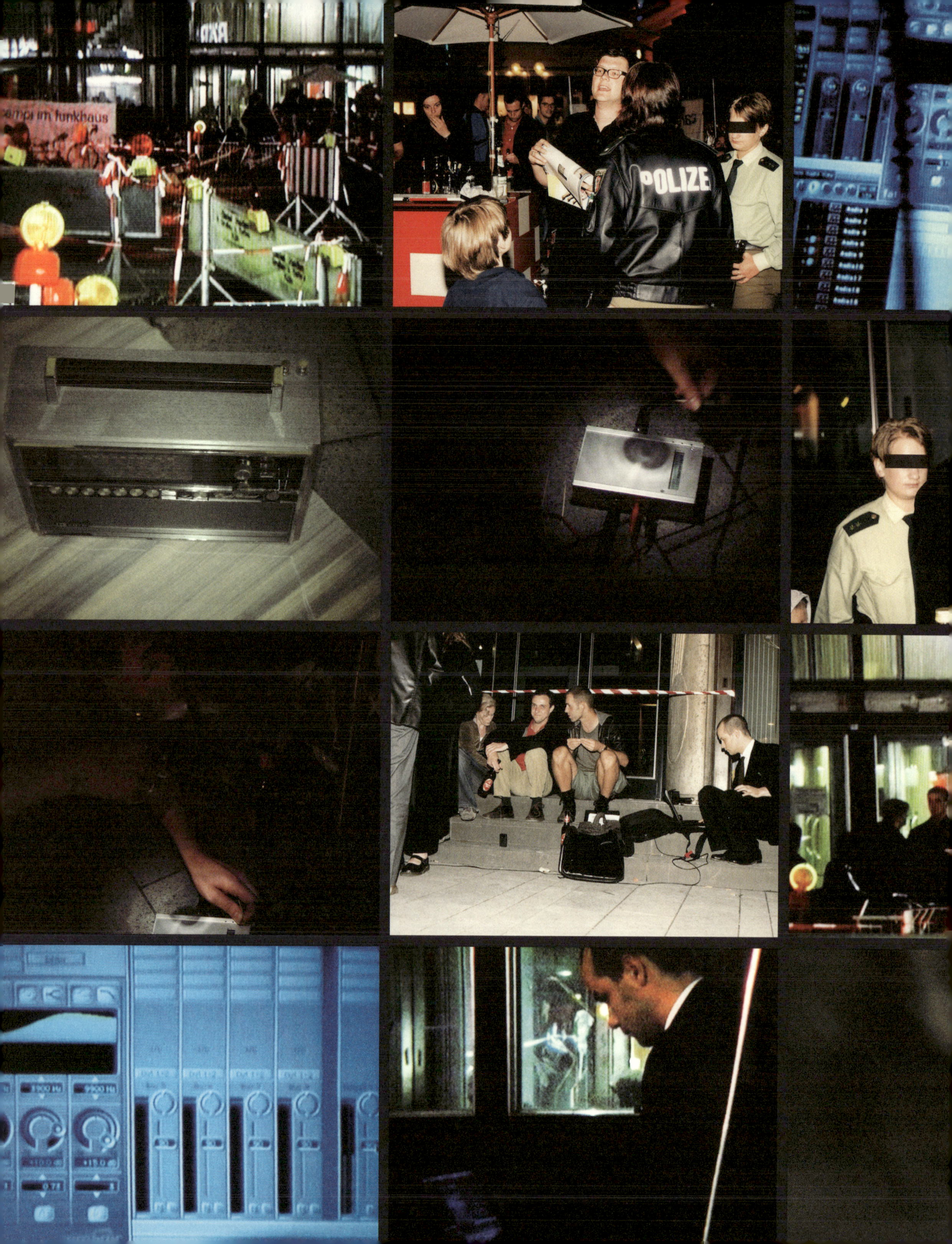
im funkhaus
POLIZE

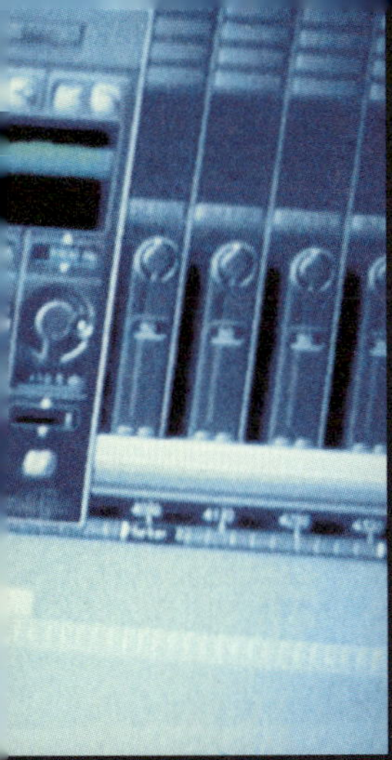
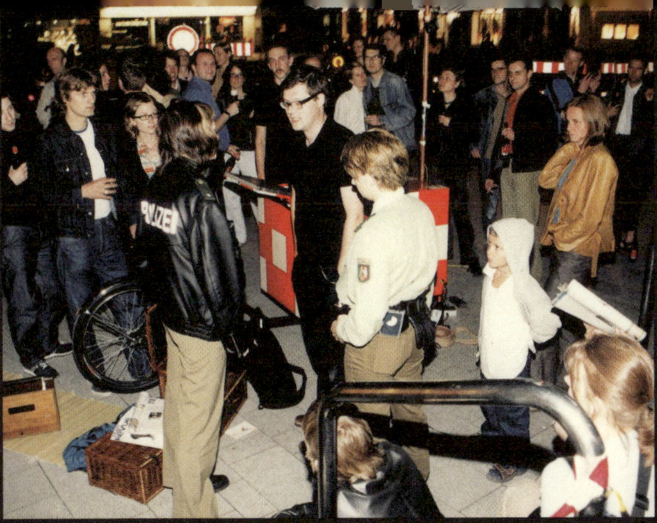
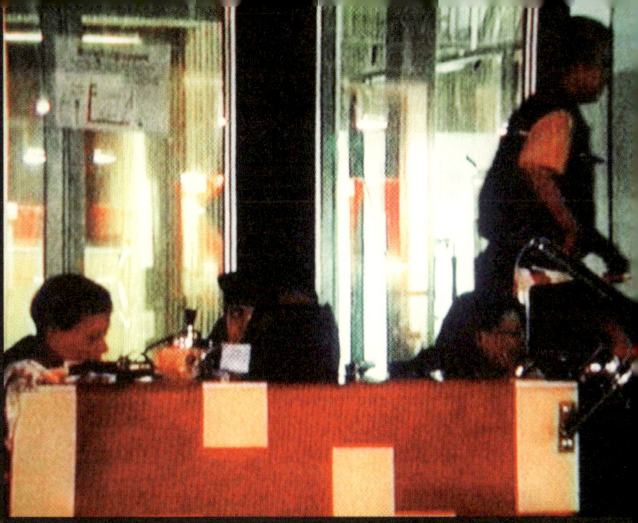
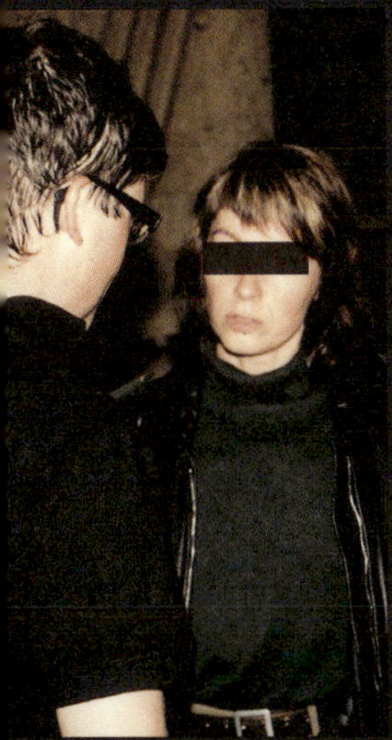
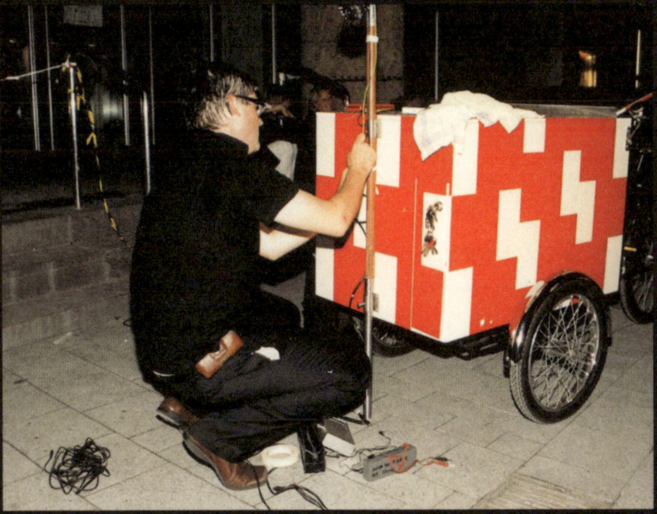
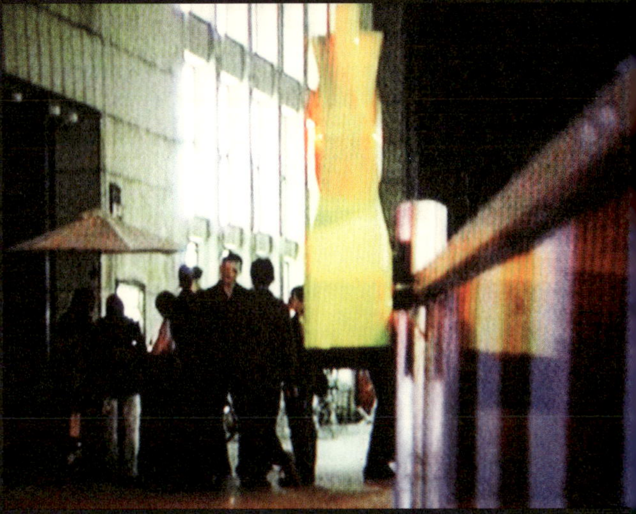
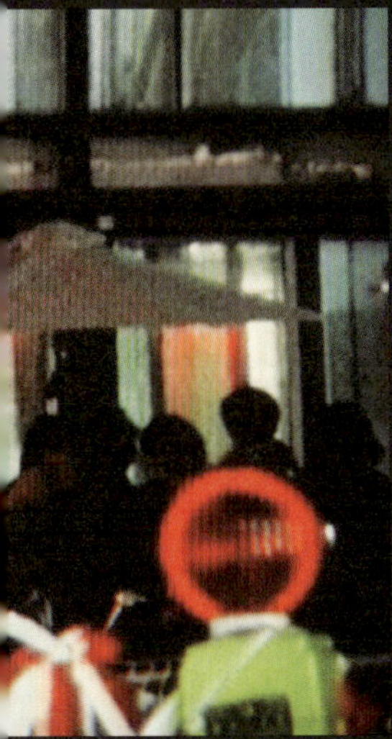
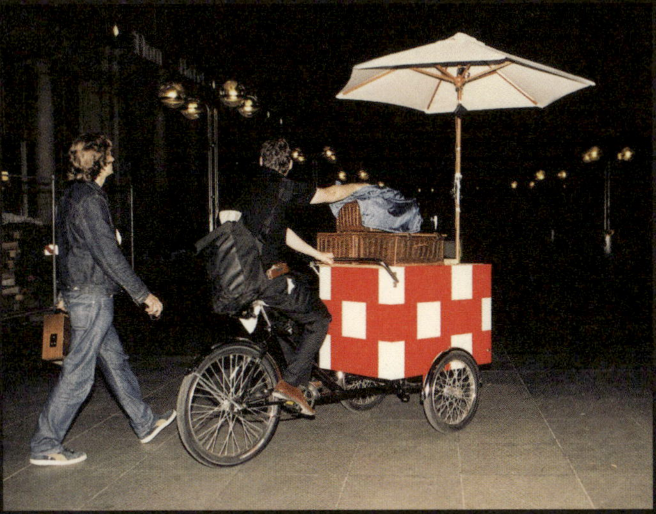
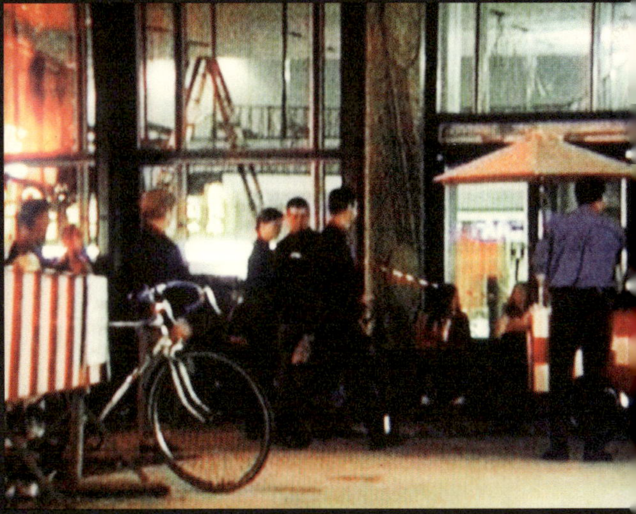
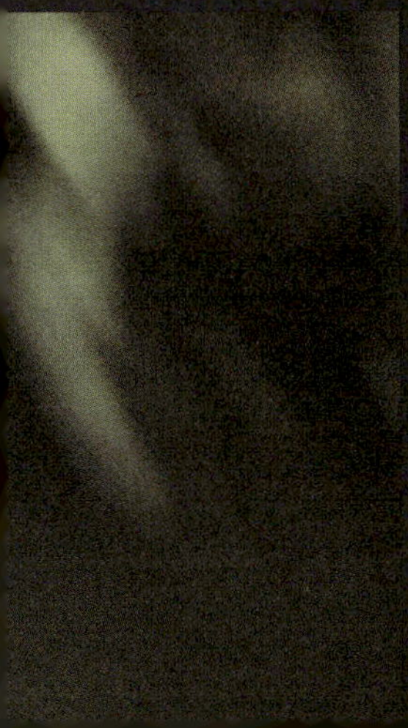
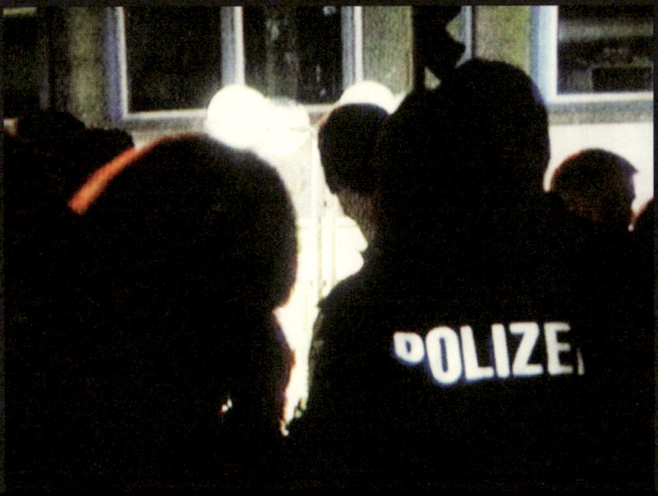
POLIZE
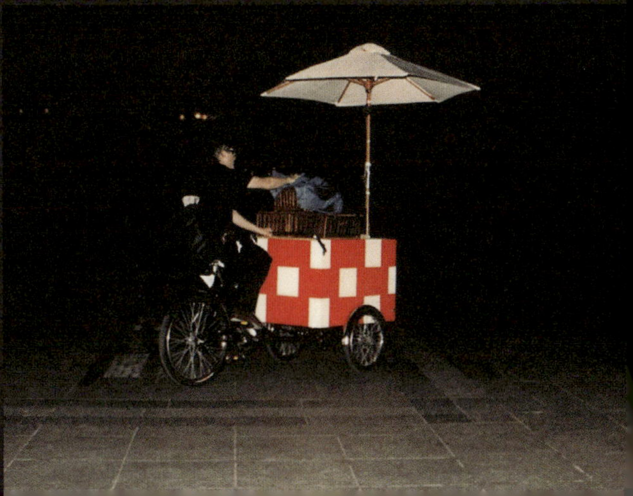

PSYCHO-DYNAMISCHE STRASSE
Exemplarische Benutzung des öffentlichen Raums

29. August 2002, 20 Uhr
Palmeninsel, Burgmauer, Ecke Tunisstraße

Wir wollen einen angenehmen Sommerabend mit gekühlten frischen Kokosnüssen, Afri-Cola, Daiquiris und Toast Hawaii an einem der schönsten Orte Kölns verbringen.
Die Nord-Süd-Fahrt, Kölns grandiosestes innerstädtisches Bauwerk, ist in den letzten Jahren vermehrt zum Gegenstand stadtplanerischer Bemühungen geworden. Nur der bekannten kölnischen Effizienz ist es zu verdanken, dass bis heute außer der Peek-&-Cloppenburg-Bauruine von Renzo Piano der Nord-Süd-Fahrt in ihrem zentralen Abschnitt kein größerer Schaden zugefügt werden konnte. Den Unsinn einer naiven Stadtreparatur, die Kölns größte städtebauliche Leistung einem dubiosen Motivgemenge opfern will, wollen wir beenden. Das Werk beseelter Planer und Bürokraten, die Köln aus den Ruinen des Zweiten Weltkriegs gehoben haben, wollen wir genießen.

Der Abend beginnt mit einer Einführung durch Anne-Julchen Bernhardt und Jörg Leeser. Mit einem musikalischen Beitrag von Christopher Dell (Vibraphon).

Gastgeber: Architekturbüro BeL

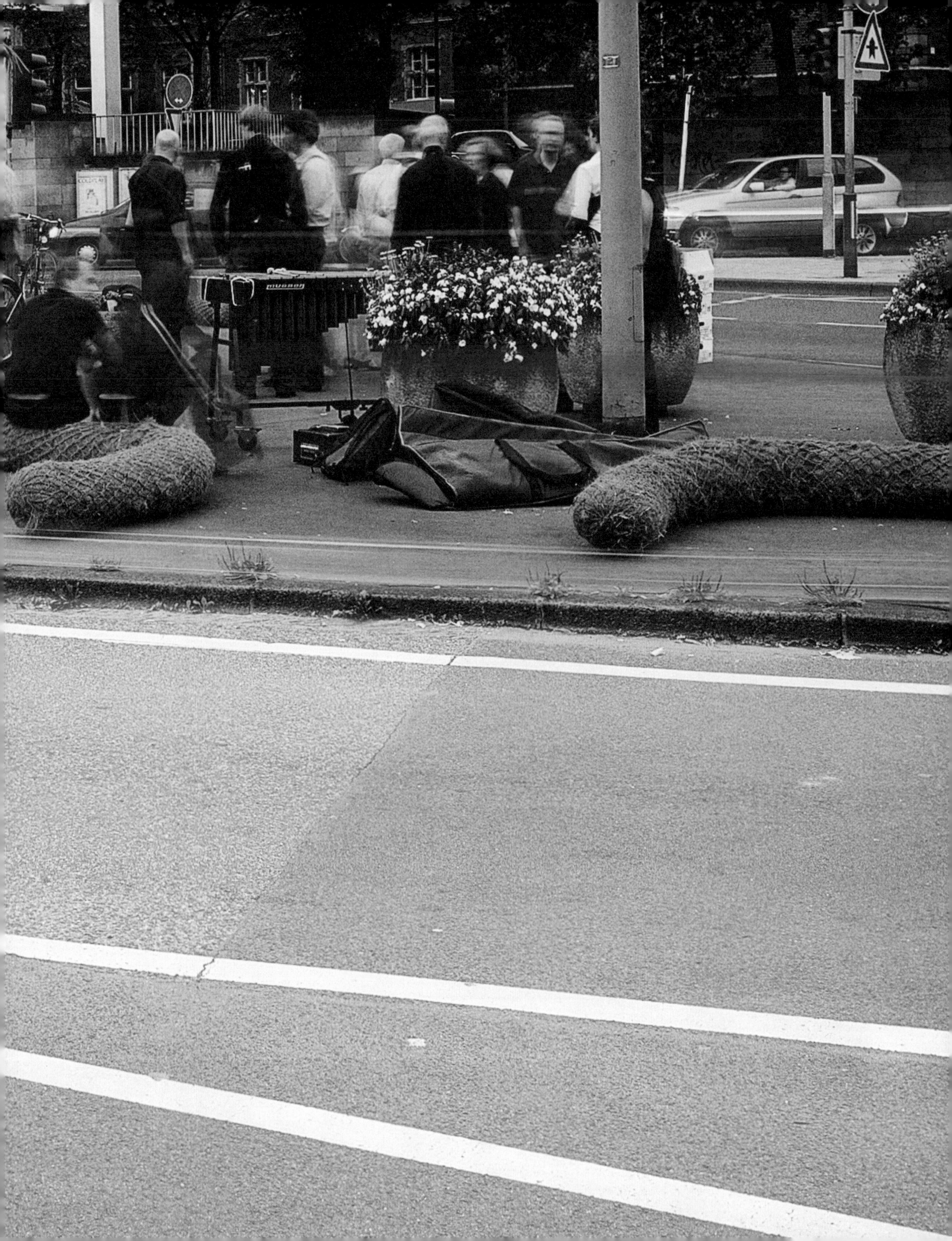

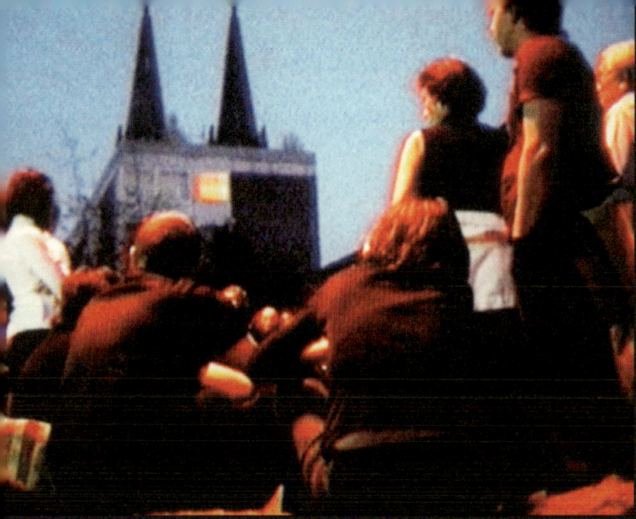
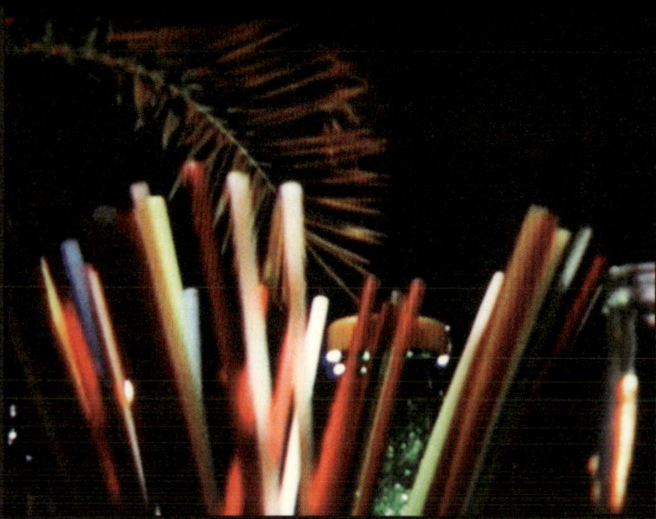
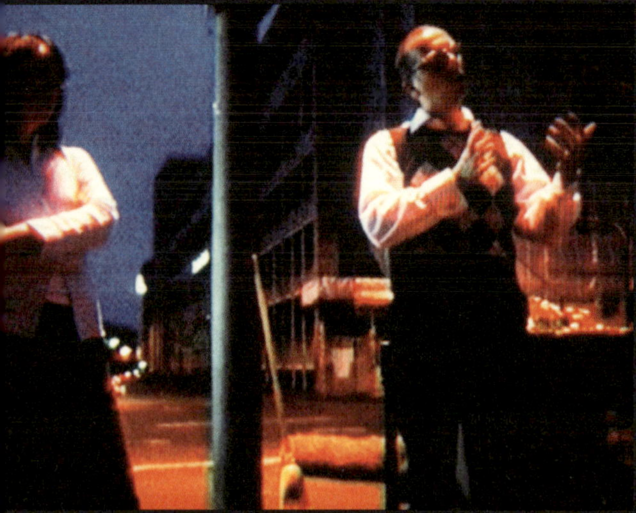
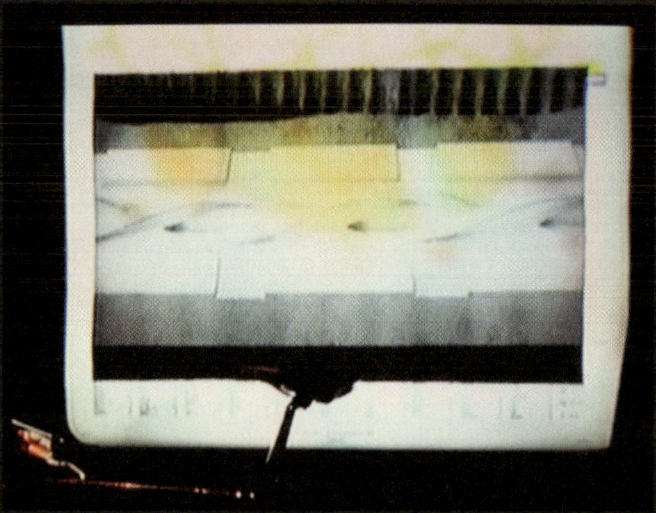
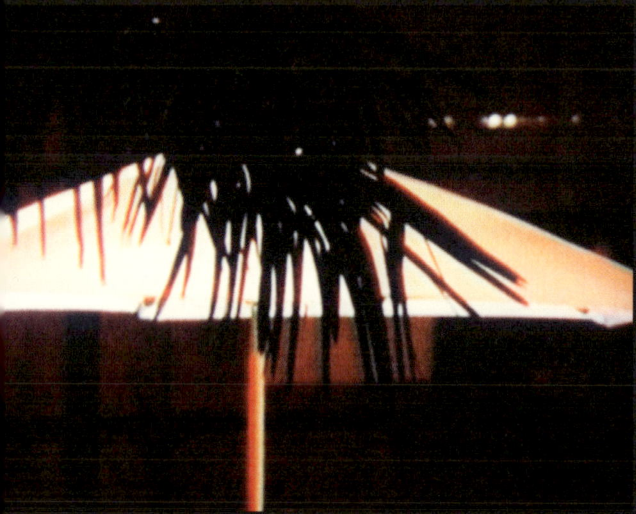
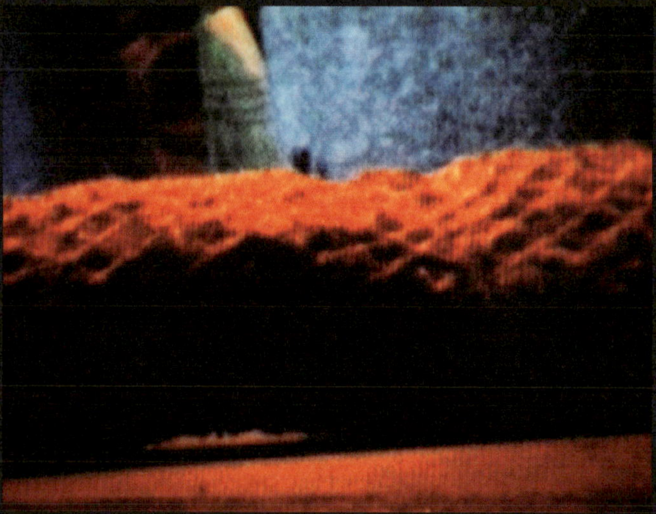
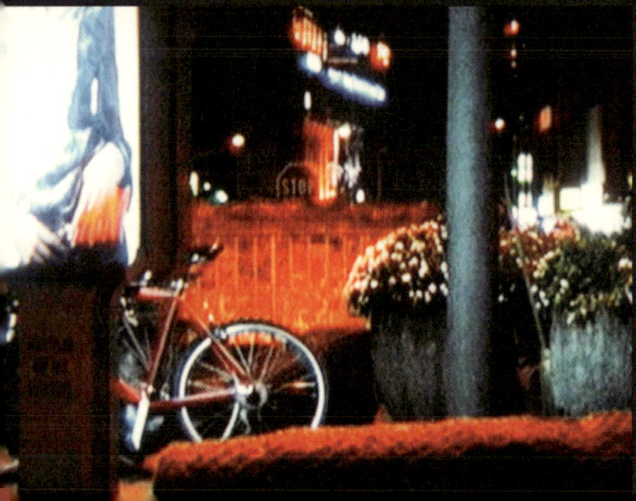
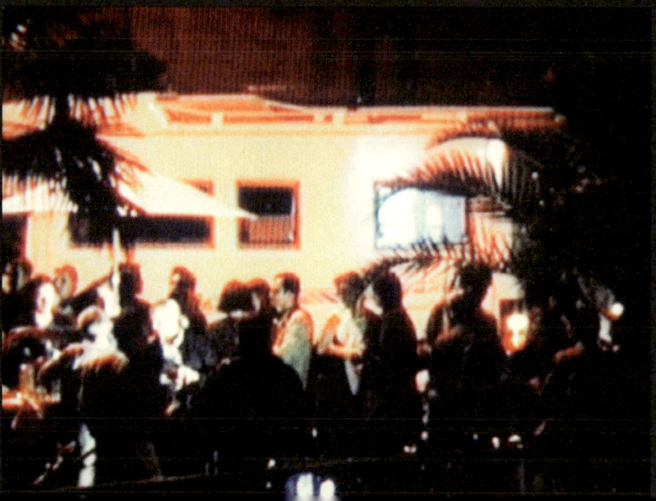

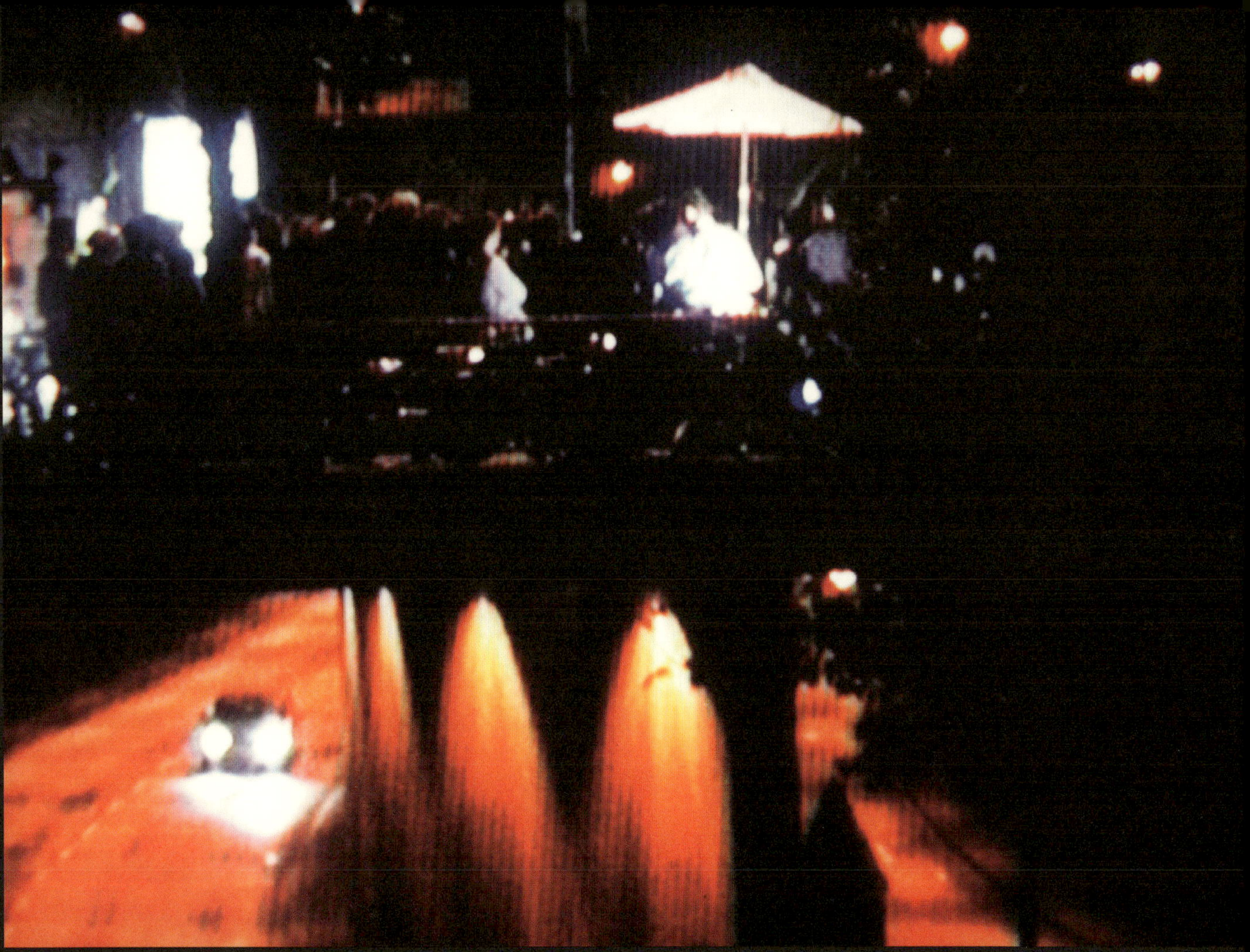

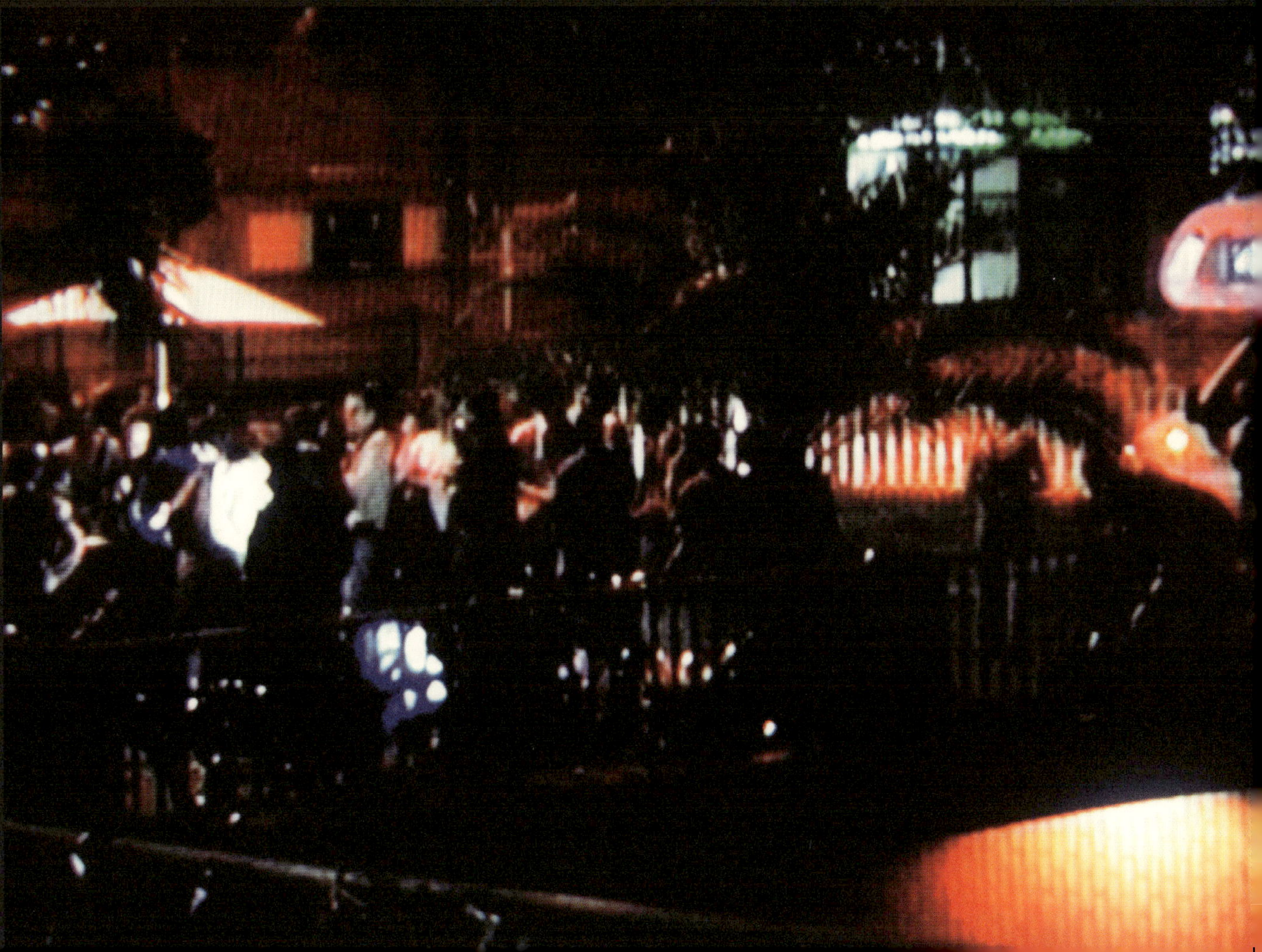

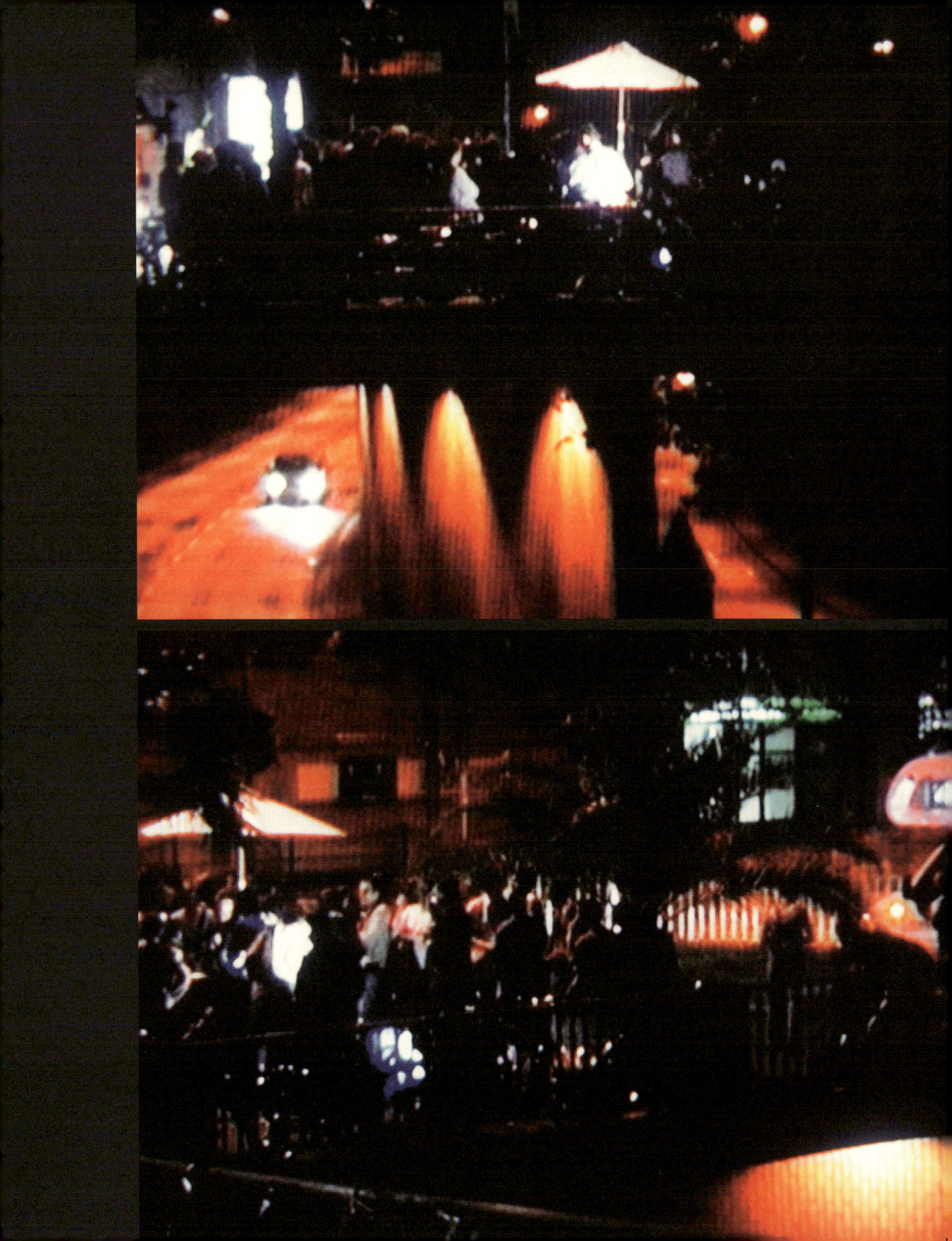

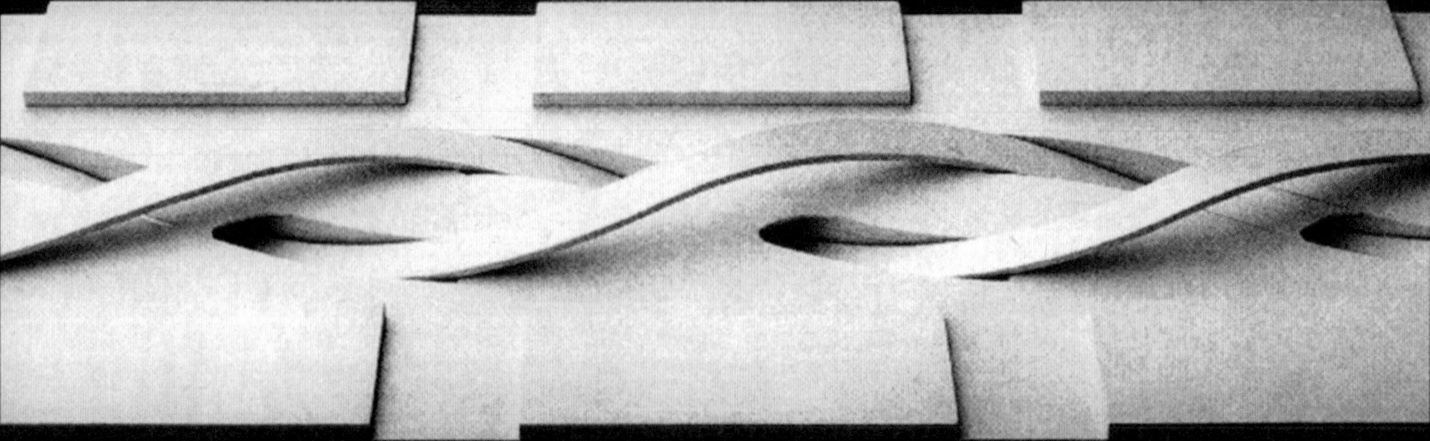

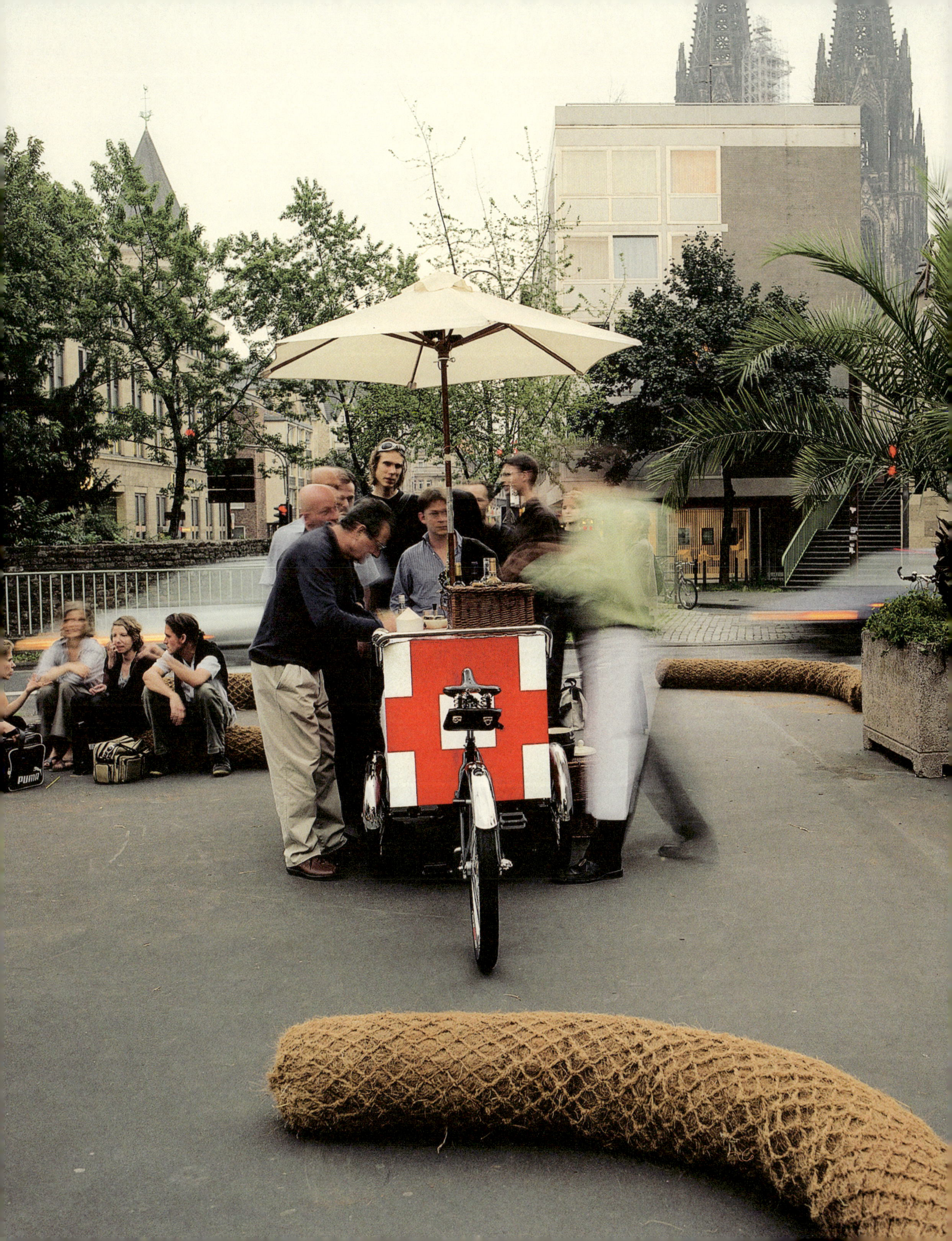
PUMA

JOSEF-HAUBRICH-KUNSTHALLE
Wir fordern den Erhalt!

7. Oktober 2002, 7 Uhr
Josef-Haubrich-Hof

Am 7. Oktober 2002 versammeln sich im Kölner Josef-Haubrich-Hof Architekten, Künstler und Kunstfreunde, um gegen den geplanten Abriss der bereits entkernten Kölner Kunsthalle zu protestieren. Die Initiative richtet sich gegen den Abriss der Kunsthalle des Architekten Franz Lammersen (1967), die nicht nur als wertvolles Denkmal der Sechziger-Jahre-Architektur Kölns hohen Stellenwert besitzt, sondern vor allem unter städtebaulichen Gesichtspunkten als Exempel des in den Sechzigern vertretenen Forum Gedankens gilt. An der Stelle des Josef-Haubrich-Forums soll ein neues „Museumszentrum" entstehen, das das Rautenstrauch-Joest-Museum, die Kölner Kunsthalle, den Kölnischen Kunstverein, Teile des Schnütgen-Museums, aber auch Räume für die Volkshochschule in einem Gebäudekomplex vereinen soll.

FORDERN
DEN
ERHALT
DER
JOSEF
HAUBRICH
KUNST
HALLE
WIR
FORDERN
DEN
ERHALT
DER
JOSEF
HAUBRICH
KUNST
HALLE

FORDERN
DEN
ERHALT
DER
JOSEF
HAUBRICH
KUNST
HALLE
WIR
FORDERN
DEN
ERHALT
DER
JOSEF
HAUBRICH
KUNST
HALLE

POLIZEI

FORDERN
DEN
ERHALT
DER
JOSEF
HAUBRICH
KUNST
HALLE

FORDERN
DEN
ERHALT
DER
JOSEF
HAUBRICH
KUNST
HALLE

JOSEF
HAUBRICH
WIR FORDERN DEN ERHALT DER JOSEF HAUBRICH KUNST HALLE

BRUCHSTÜCK 32

8. Mai 2003, 20 Uhr
Außenausstellung des Römisch-Germanischen-Museums gegenüber der Dombauhütte

26/27 Bruchstück eines Männerkopfes von einem Grabdenkmal (1. Jhdt. n. Chr.) – Bruchstück eines Pfeilerkapitells

28/29 Zwei Gesimsbruchstücke

30 Inschriftbruchstück – Bruchstück eines Steinsarges, dessen Inschrifttafel links und rechts von einem Putto gehalten wurde.

31 Bruchstück eines Säulenkapitells mit dem Ansatz der Säule

32 Bruchstück eines Fassadenteils der Josef-Haubrich Kunsthalle

Am 8. Mai 2003 übergeben wir, Verena R. Kluth und Norbert H. Arns, ein Bruchstück der Fassade der ehemaligen Josef-Haubrich-Kunsthalle aus unserer Sammlung in die Obhut des Römisch-Germanischen-Museums. Diese Schenkung soll die ständige Ausstellung von geschichtlichen Architekturfragmenten des Hauses durch einen aktuellen Beitrag bereichern und ergänzen. Der Festakt wird eingeleitet durch ein Grußwort von OB Fritz Schramma. Wir danken Marian Stoll für die Unterstützung.

Gastgeber: Norbert Arns, Verena Kluth

...AVESA...
...HELIX
...ISSIMO

29

30

32

RADICAL ARCHITECTURE III
PROCESSING UNCERTAINTY

19. bis 26. September 2003
Museum für Angewandte Kunst Köln

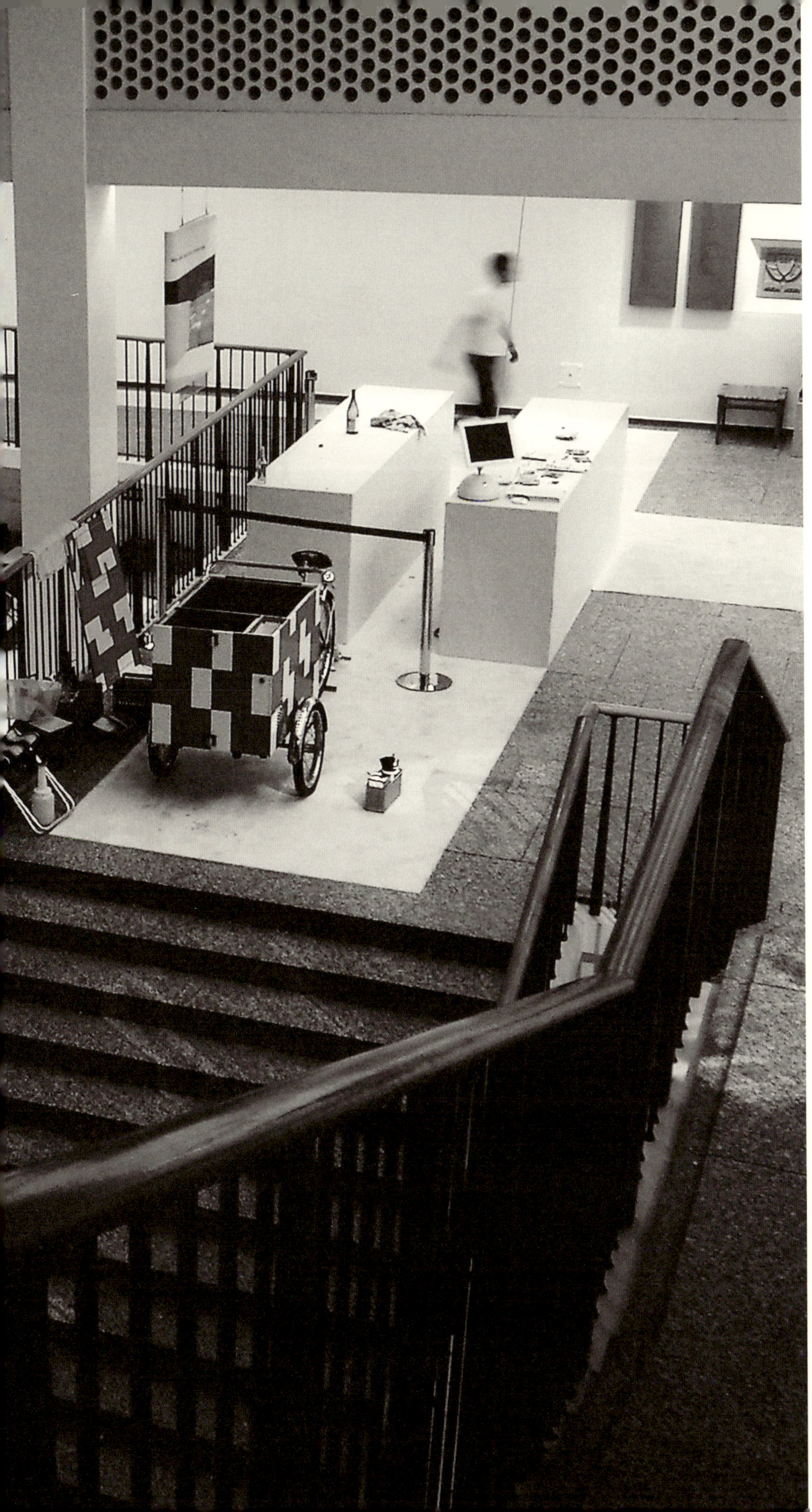

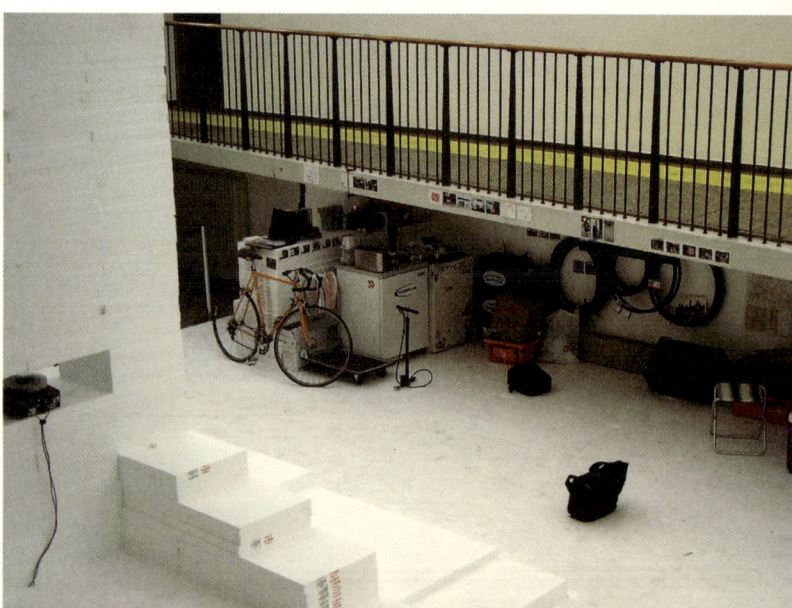

Installation und Interventionen im Rahmen der Gruppenausstellung „radical architecture III: processing uncertainty", kuratiert von Christopher Dell, Bernd Kniess und Thomas Rentmeister mit den Teilnehmern AnArchitektur, Bureau des Arts Plastiques/Das urbane Sein, DRESDENPostplatz, Die Kalte Platte, ErsatzStadt, Multiplicity, Pro qm, Rosemarie Trockel, Schrumpfende Städte, Studio Urban Catalyst, Clemens von Wedemeyer, u.a.

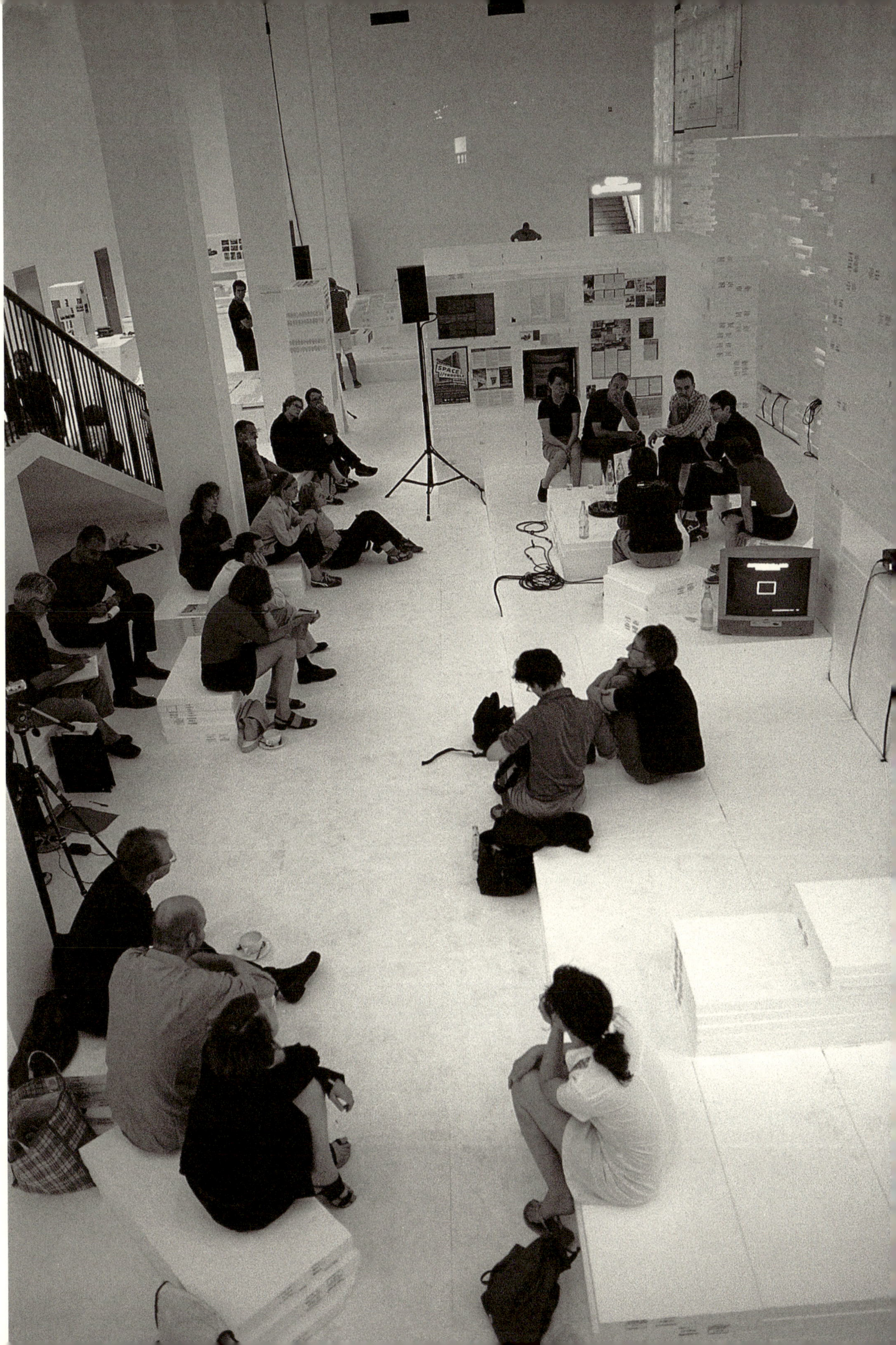

+1
+2
+3

Strandbox
Unter dem Pflaster der Strand

INTERVIEW: STEPHAN GLIETSCH. ÜBERSETZUNG: MERLIN E. BAUER. ANNE-JULCHEN BERNHARDT. FOTO: ALFRED JANSEN.

Seit anderthalb Jahren garantiert in Köln ein schlichtes Bauchladen-Fahrrad für ein reicheres und abwechslungsreicheres Nachtleben. Das Konzept dahinter is so simpel wie innovativ: Wenn die Orte zum etwas anderen Diskutieren und Reflektieren, Trinken und Essen, Raven und Runterkommen durch seltsame Konzepte städtischer Kulturpolitik immer knapper werden, dann muss eben eine neue Strategie her: Die Strandbox übernimmt vom Klub-Prinzip Bar und Musik, verlagert aber den Ort des Geschehens vom eher privaten Raum des Klubs in den öffentlichen Raum der Stadt. Sie bewegt sich ständig, entdeckt für uns neue Plätze, definier alte um und sorgt so nicht nur nebenher für eine wiedererwachte Diskussion über den öffentlichen Raum. Nun schenkt sie uns sogar eine Platte.

Liebe Strandbox, wer bist du, was machst du? Ich bin eine Art trojanisches Pferd oder vielmehr ein Symbol, ein multifunktionales und -kausales Werkzeug fü die Wiederaneignung des öffentlichen Raums, angetrieben von dem Bedürfnis, öffentliche Orte im Sinne verschwindender Bürgerkultur zum Leben zu verwenden **Und was bist du? Ein Reisender zwischen Zeit und Ort? Ein mobiler Augen-, Ohren- und Gaumenöffner?** Ein moderner Stadtarchäologe. Ein Alleskönner Sender und Empfänger. Forum am Strand für die Menschen aus der Stadt. Augen- und Ohrenschmaus. Gaumenkitzler. Lustspender aber auch Ruhepol. **Und dafür bekommt man Auszeichnungen?** JA! Und zwar nicht nur irgendeine. Den Kölner Architekturpreis 2003, eine der ältesten Auszeichnungen auf diesem Gebie Den teile ich mir mit so berühmten Architekten wie Sir Norman Foster. **Du machst aus trostlosen Verkehrsinseln und Hinterhöfen hochsoziale Aussichts plattformen, kannst du zaubern?** Nein, aber eine Wundertüte bin ich schon. Dank der tollen Unterstützung in Köln gelingt es mir immer wieder, die Leute für meinen Schabernack und meine Ideen zu vereinnahmen und zu begeistern. Und natürlich dank meiner Erschaffer, die ihres dazu beitragen. **Gibt es Orte, die du unbedingt noch besuchen möchtest?** Viele Reiseziele stehen auf meinem Wunschzettel. Um mir diese Wünsche zu erfüllen, planen mein Team und ich eine Euro patournee für das kommende Jahr. **Hast du schon mal vergeblich unter dem Pflaster nach dem Strand gesucht?** Manchmal sucht man auch die Wüste und nicht den Strand. **Was motiviert eine Strandbox, Schallplatten aufzunehmen?** Es war eigentlich als eine Reminiszenz an eine Platte des FORD TIMELORD geplant. KLF halfen diesem motorisierten Gefährt auf den Thron des POPs. Ansporn genug für mich, mit meinen Kölner Weggefährten auf unsere eigene Kölsch Art selbiges auszuprobieren.

Die Strandbox-Compilation »Du bist die Stadt« mit Künstlern wie Reinhard Voigt, Mathias Schaffhäuser, Thomas Brinkmann u.a. erscheint am 01. November 2003 via Scheinselbständig/Kompakt. Release-Party feat. DJ Hell & the white horse: Samstag. 01. November 2003 ab 22 Uhr, Köln (Momentaner Ort unter www.am-strand.org)

Interview mit der Strandbox, „Spex", Ausgabe 01/2003.

DIE STADT ALS CLUB

Von Andreas Ruby

Als im Berlin der 90er-Jahre Städtebau zur Zeitmaschine für die wiedererstandene deutsche Hauptstadt verkam, entwickelte sich in den Brachen-Oasen von Ost-Berlin ein fast situationistischer Urbanismus – die Klub-Kultur. Um die für den Ausschank von Alkoholika nötige Konzession zu umgehen, besetzten Guerrilla-Gastronomen heimlich leerstehende Keller und Ladenlokale, holten sich einen Mixer für die Cocktails und einen anderen für die Musik und verbreiteten die Neuigkeit per Flyer-Buschfunk. Bekam das Gewerbeaufsichtsamt Wind von der Sache, brach man einfach die Zelte ab und suchte sich das nächste leerstehende Kellerlokal.

Die Strandbox greift dieses Prinzip in gewisser Weise auf, wandelt es dabei aber komplett ins Gegenteil um. Sie übernimmt vom Klub-Prinzip die reinen funktionellen Attraktoren (Bar und Musik), aber verlagert den Ort des Geschehens vom (eher privaten) Keller in den öffentlichen Raum der Stadt. Der Ort, der in der Klub-Kultur eine bloße Bedingung für das Stattfinden des Bar-Events war, rückt nun in den Vordergrund des Interesses. Die Migration von einem Ort zum anderen, mit der allein die Klub-Kultur ihr Fortbestehen garantieren konnte, wird bei der Strandbox zum Prinzip. Es geht darum, Orte zu entdecken, die in der Stadt existieren, aber nur selten wahrgenommen werden.

Die Auswahl der Orte geht zurück auf Vorschläge Einzelner, wodurch der Place Jockey an die Stelle des DJ der Klub-Kultur rückt. Doch bilden die Getränke aus den Tiefen der Strandbox und die Musik vom Strandbox-Radio nicht das Hauptprogramm, sondern verleihen dem erzählenden Zusammenstehen mit anderen in der Stadt etwas Selbstverständliches (schließlich sind wir hier nicht in Italien). Und indem die Karrosserie der Strandbox mit einem Muster bedeckt ist, das einem Tapetenentwurf des Architekten Le Corbusier entlehnt ist, stülpt die Strandbox die introvertierte Räumlichkeit des Klubs nach außen und macht die Stadt zu unser aller Wohnzimmer.

Aus dem Booklet der Schallplatte
„Du bist die Stadt", 2003

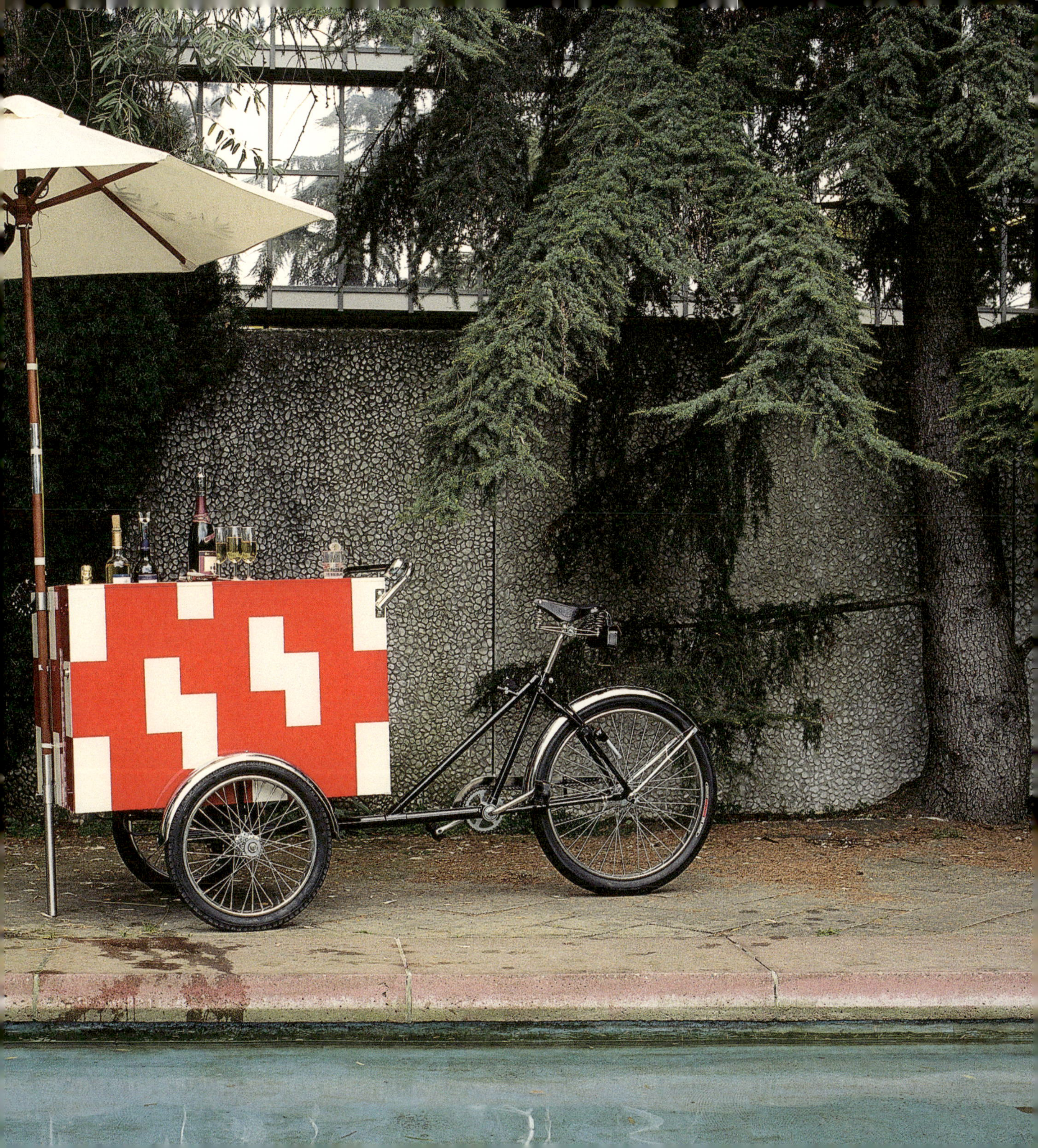

»Hello, I'm the Strandbox, I'm a bar-bike, and I've made a record!«
Wie eng Musik an den Ort gebunden ist, an dem sie entsteht, ist dem Kölner in Köln, der Heimatstadt der Strandbox, kein unbekanntes Thema. Ist es die Stadt, die den Sound durch uns hindurch entstehen lässt, oder sind wir es, die mit unserem Sound der Stadt ein anderes Gesicht geben? Ist der Ort, von dem aus die Musik spricht, nicht immer auch ein momentaner, oder umgekehrt: ein lokaler Moment?
Die wunderbare Strandbox, sie kann alles, sie kann senden und empfangen, und so bewegt sie sich von Ort zu Ort, von Disco zu Disco, die Bassdrum tritt in die Pedale, und die Musikanten der Stadt werden zu temporären Verbündeten. Uns ist der Raum. Du bist die Stadt.
It´s you … who has made a record.

Tobias Thomas

- A1 **Brant** Touch of Cherry
- 2 **Tommy** Du bist die Stadt
- 3 **Christian S.** You

- B1 **Reinhard Voigt** Blue Hotel
- 2 **Lol-Lee feat. Tweakin` B.** Up on
- 3 **Polaroy** A Separate Way

- C1 **Mathias Schaffhäuser** Operation 3
- 2 **Bum Khun Cha Youth** Landshut
- 3 **Thomas Brinkmann** Walk with me (Vers. 02)

- D1 **Slaves of the Strandbox** Last Nite I Dreamt
- 2 **Pal** Blindgänger
- 3 **Carlo Peters** »Überfall in der Oase«

Scheinselbständig Records Kyffhäuserstraße 23 50674 Köln www.scheinselbstaendig.net sst 8

```
Artist:      Strandbox / Various Künstler
Titel:       Du bist die Stadt
             Unter dem Pflaster der Stadt - Momentane Orte
             Hello I´m the Strandbox, I´m a bar-bike and I have made a record!
```

Du bist die Stadt

Unter dem Pflaster der Strand
Momentane Orte

```
Label:     Scheinselbständig
Kat.Nr.:   SST 8
Format:    DOPPEL-LP/CD/DVD
Zeit:      70 Minuten
Künstler:  Strandbox, Brant, Tommy, Christian S., Reinhard Voigt, Lol-Lee Feat.
           Tweakin' B., Polaroy, Mathias Schaffhäuser, Bum Khun Cha Youth,
           Thomas Brinkmann, Slaves Of The Strandbox, Pal, Carlo Peters
```

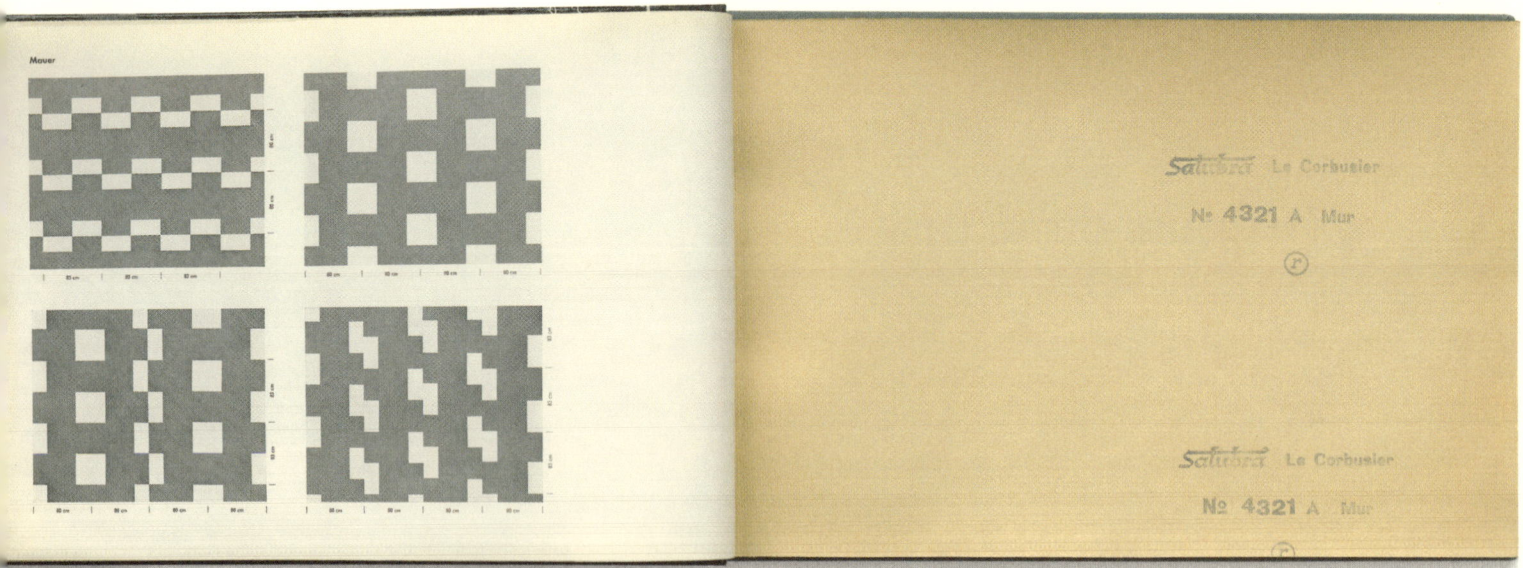

Mauer

Salubra Le Corbusier
N° 4321 A Mur

Salubra Le Corbusier
N° 4321 A Mur

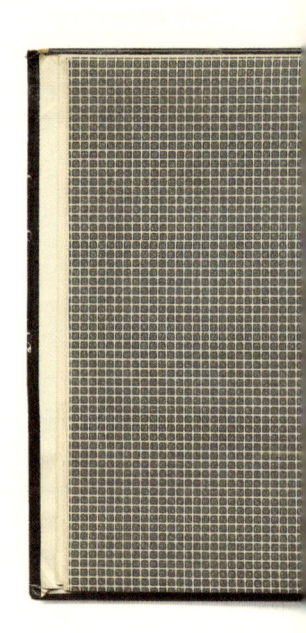

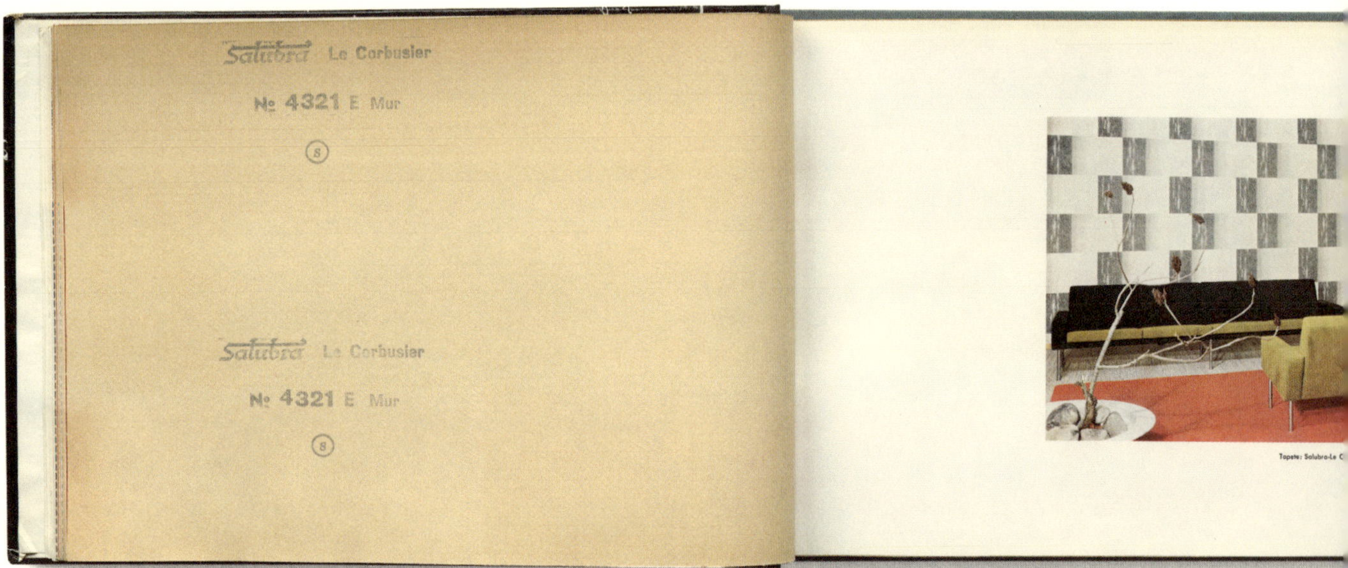

Salubra Le Corbusier
N° 4321 E Mur

Salubra Le Corbusier
N° 4321 E Mur

Tapete: Salubra-Le C

Salubra

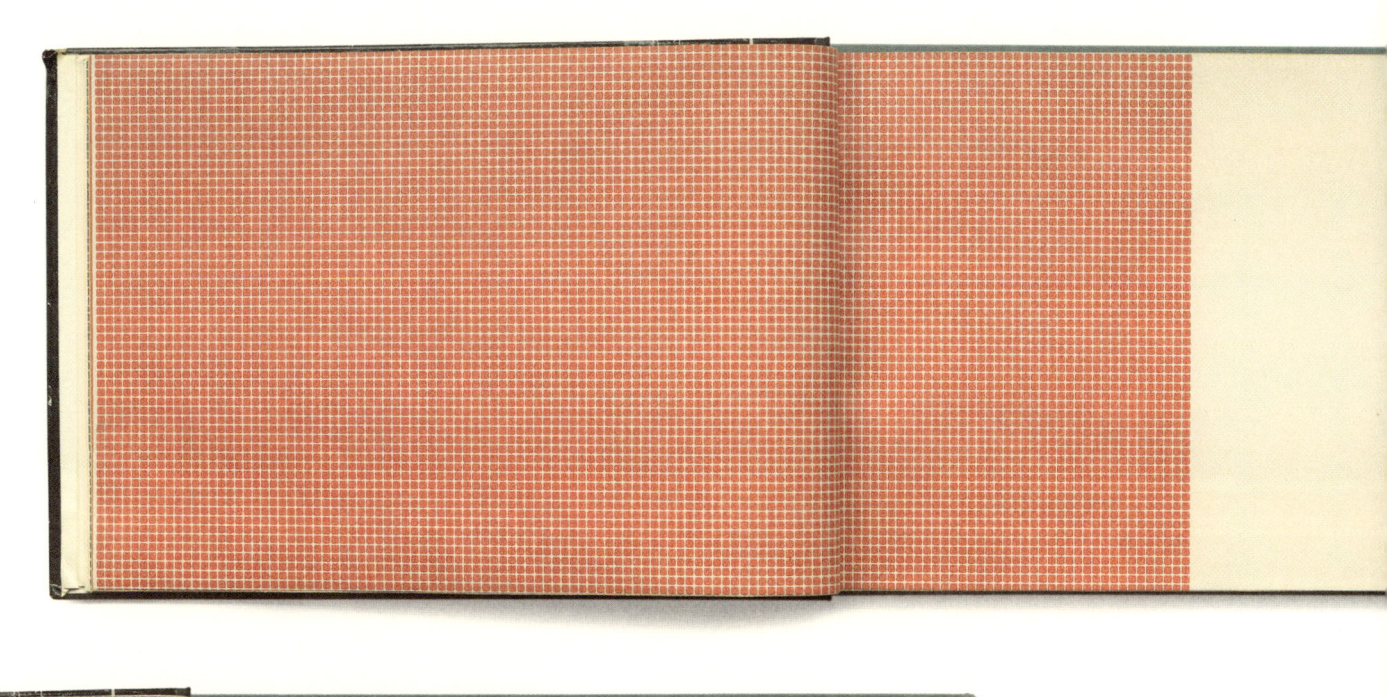

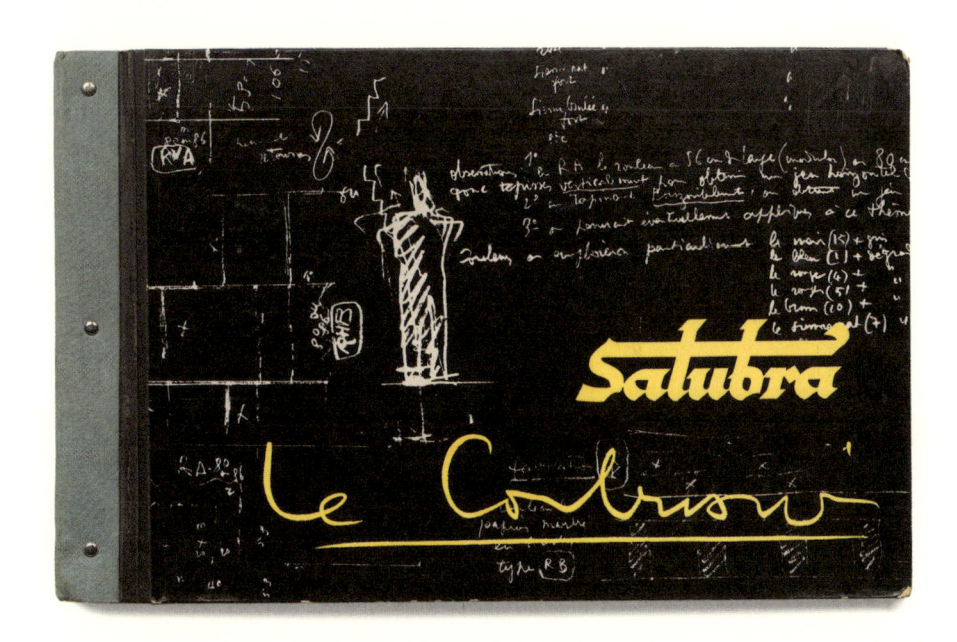

Le Corbusier

Für die Unterstützung von „Unter dem Pflaster der Strand - Momentane Orte" danke ich Norbert Arns, Anne-Julchen Bernhardt, Ralf Bongard, Anja Dorn, Michael Erlhoff, Lilian Haberer, Markus Härtling, Jan Höhe, Rainer Holz, Alfred Jansen, Marcel Jansen, KA.E Gestaltung, Janina Kossmann, Jörg Leeser, Damir Maric, Ulla Marx, Peter Pedaci, Carlo Peters, Rosi Placzek, Thomas Rentmeister, Kathrin Rhomberg, Gabriele Rivet, Nina Rock, Andreas Ruby, Markus Schmickler, Tobias Thomas, Kris Willner, Wolfgang Zart, Frank Ziegler und allen anderen Mitwirkenden sowie den Förderern a-musik, Manu Burghart, Marianne Cramer und den Galerien Daniel Buchholz, Ulrich Fiedler, Linn Lühn, Christian Nagel, Sprüth Magers sowie Patrick Glöckner, Stefan Kummert, Antje Lewald, Robert Lutz, Udo Noll, Werner Peters, Wolfgang Strobel, Markus Tomsche, Thomas Venker, Erwin Zander und den Firmen Brooks, CHBP, FridayBox, Ortlieb, Schwalbe, Sign of the times, SKS, Trelock und VDO. Viele andere Menschen haben am Projekt und an der Publikation mitgewirkt, die ich an dieser Stelle nicht alle namentlich aufzählen kann. Auch ihnen danke ich sehr.

Köln, März 2009
Merlin Bauer

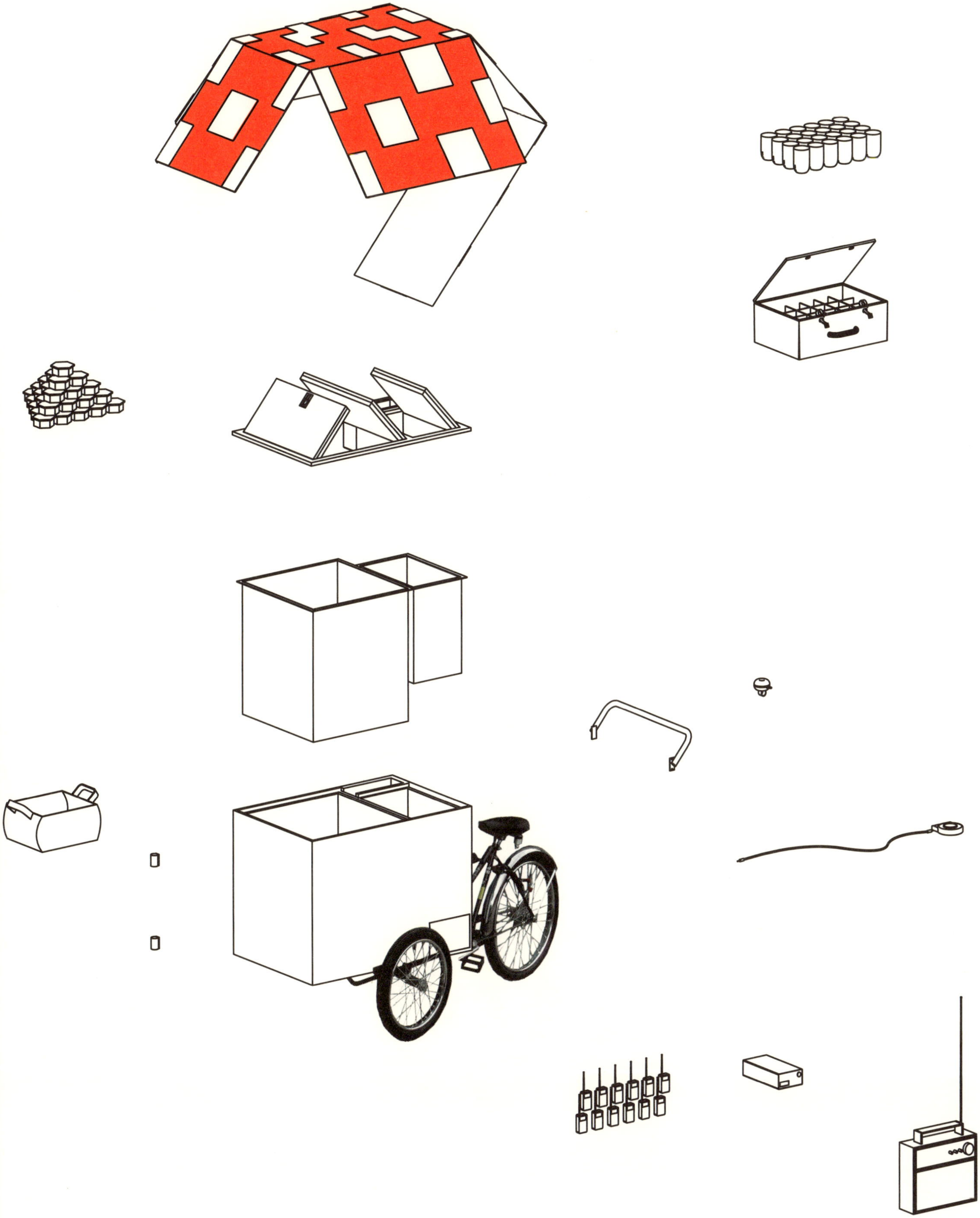

Liebe deine Stadt
Public Affairs Cologne

Susanne Kippenberger
Anyone Can Make It Nice

Susanne Kippenberger, *born 1957 in Dortmund, grew up in Essen, lives in Berlin. Studied German, English and American language and literature in Tübingen and Springfield/Ohio, studied film at New York University, journalist since 1985, since 1989 with the Tagesspiegel, editor of the weekend magazine with a main focus on culture and everyday culture (Architecture & the City, Literature, Photography, Design, Food & Drinks), awarded, among others, the Journalistenpreis der Bundesarchitektenkammer.*

Peter Zumthor is a magician. He performs magic with gazes and words. The speech that the Swiss architect delivers on Cologne's Opera House is like a dance—a dance that leads once around the object hated by many and disregarded by most and then into it, gaining more and more momentum. In the end, the audience felt as light and vibrant as 1950s architecture—the way Zumthor describes it. Not the way Elke Heidenreich sees it: "Away with the ugly colossus!", she demanded in a letter to the editor of the *Kölner Stadt-Anzeiger*, which triggered many and hefty replies. "Not like that!" was the heading of the readers' debate.

At first, Peter Zumthor says, he also felt a dislike. "This period, it was my youth, and there was, in a sense, no proper architecture." He first had to discover it. Simply by looking at it, as he says, at this odd building of Wilhelm Riphahn that lies in the city centre like a heavy ship. Zumthor looks through the shabby traces of decades of neglect to what once was—and could again be: to the lightness that followed the heaviness of the war, to a Modernism that was friendlier and less strict than the one the 1920s and 30s gave rise to . "When seeing the Cologne building, I imagine what an enormous joy it must have been for architects after the war, the fact that it was possible to build again [...]!", the 64-year-old beamed. The Swiss praises the lateral terraces that remind him of holiday architecture, the fine details like the filigree railings, the openness of the structure with its glass entrances that seem to step out of the building. The architect praises the festiveness, the humane character of the building and says that the Opera's restaurant, which today makes a rather small-town impression, would have long been rediscovered and revived as a chic location in New York. In Cologne, it is demolished just like the Schauspielhaus behind it. After heated debates, at least the Opera House itself, which was considered to be torn down, will now be renovated.

It was not Zumthor's idea to stand in front of the Opera House with a few hundred Cologne residents one late summer evening in 2006, on the disused Offenbachplatz along the notorious Nord-Süd-Fahrt, a much used, broad drive dividing the city center—"the Canale Grande of Cologne", as Merlin Bauer calls it. The Austrian artist invited Zumthor to deliver his laudation and make it available for everyone on his website. Bauer was born in Graz and has been living in Cologne for eight years. And since a few years, the artist has been drawing attention to the city with public actions: to the city as social space.

He called his first Cologne project *Unter dem Pflaster der Strand – Momentane Orte (Under the Pavement the Beach—Momentary Sites)*, which he developed in cooperation with the architect Anne-Julchen Bernhardt and was awarded the Kölner Architekturpreis a year later. It too had to do with public space, with drawing attention to places no longer noticed, with breaking open the borders between the different scenes of architects, artists, writers, and musicians. The centre and trademark of the action was a drivable bar, a box on a bike reminiscent of 1950s ice-cream carts; it brought to the venues the things missing to perfectly enjoy culture: music, drinks, food. The striking red-and-white pattern of the box reminded one of a wallpaper designed by Le Corbusier. It was used in more than ninety events to stage "momentary sites". During the action *Psycho-dynamic Street*, three hundred people gathered on a traffic island on Nord-Süd-Fahrt and in the course of the evening and night experienced how urban space changed. *Unter dem Pflaster der Strand – Momentane Orte* pursued a guerilla art tactic—Bauer never officially registered the events and there was trouble only once.

"In Cologne, fleetingness is what is permanent," says Merlin Bauer. One could also say the opposite: permanence is what is fleeting here.

Liebe deine Stadt is the name of his successor project. In most beautiful red handwriting, the four-meter-high, twenty-six-meter-wide words are emblazoned on a somewhat, well, shabby building above Nord-Süd-Fahrt. In Merlin Bauer's opinion, an ideal location: "Around it, there are many facets of postwar architecture, everything clashes." The 4711 Building, shopping arcades, car park, Opera House... It is the second location of the calligraphy: Three years ago, it was first installed on a pavilion from the 1970s, whose potential was never really utilized despite its first-rate location directly on the Rhine and with a view to the Cathedral.

Liebe deine Stadt, is not a command. It is a suggestion, a wink—a possibility.

Anyone arriving in Cologne for the first time is flabbergasted. It's not much better the tenth time. Such a hotchpotch, a real muddle, so many ugly things. It was two thousand years old, when ninety percent of Cologne's city center were destroyed in the war. Critics claim that the urban planners' reconstruction work afterwards was no less devastating. The Cathedral, the Carnival, the "Klüngel" (nepotism): That's what people identify the city with. Although the "Klüngel" is by far not as dinky as the word sounds. In the past years, one building scandal followed hard on the next, involving closed-end property funds, the Sparkasse (Savings Bank), almost Mafia-like structures, projects like the high-rise on the right bank of the Rhine that endangered the Cathedral's status as a UNESCO World Cultural Heritage site, government policies, assigning the post of the head of the culture department, the simultaneity of megalomania and provinciality, not least the plan to demolish the old Opera House and build a new larger one instead on the Rhine, the intent to become a second Sydney, and hoping for the Bilbao effect. Bauer calls this "cheap showmanship instead of sustainability".

And it was about *Das Loch (The Hole)*. Where the hole gaped in 2002 at Neumarkt, the Josef-Haubrich-Forum with the Kunsthalle and the Kunstverein once stood, a venue of legendary exhibitions and happenings from a time when the art and music Avant-garde was at home in Cologne: John Cage and Rebecca Horn, Sigmar Polke and Joseph Beuys appeared here. The city had decided to tear down the building and replace it with a huge new culture complex. Shortly before the demolition, artists such as Rosemarie Trockel and the actor Udo Kier attempted to save the forum with the *Initiative Josef-Haubrich-Forum*—in vain. Then the excavation remained a hole for a long time because suddenly the money was lacking. Now work has been resumed, albeit to realize a trimmed version.

When after the demolition of the Josef-Haubrich-Forum the Opera House ensemble was also to be torn down, Bauer developed the concept of *Liebe deine Stadt*. He wanted to evade the local "Klüngel" that also exists in the art scene and the usual debates on architecture among insiders. He invited Cologne-based experts, for example the unconventional thinker Kasper König, as well as artists and scientists from the outside to look at Cologne's postwar buildings from a fresh, new perspective. The art historian Bazon Brock spoke about the Afri-Cola-Haus, the architecture theorist, artist and curator Michael Zinganel about the Amerikahaus and about the city, cinema and speculation as entertainment, the urban planner Thomas Sieverts and his son Boris, an artist, about the Fernmeldeamt 1. An Egyptologist like Jan Assmann suddenly dealt with the 20th century (which he sought to flee through his choice of profession) and, like his wife Aleida, a cultural scientist and expert on the culture of remembrance, spoke about the Parkcafé in the Rheinpark.

Precisely because the speakers are not architecture critics, they go far beyond the critique of architecture, regarding the buildings as the comprehensive structures they are: Aesthetical, political, historical, and very personal constructions. Aleida Assmann says that memory does not reproduce the past but "creates an image of the past". For her, the Parkcafé is not simply a café but the image of past times viewed in the present. How personally and emotionally imbued this image is, can be experienced in a particularly strong way in the case of Jan Assmann: for the son of an architect, the medieval Lübeck of his childhood remains a place of longing, while reconstruction is a devastation. "All I could do was perceive the architecture of the 1950s as parasitical and unauthentic"—tasteless, faceless, lacking a history. In regard to the Parkcafé, interestingly enough, he does come to a placatory end, although he not only wants to preserve the past but also retouch things: he suggests that it not be restored in the original colors, but in more austere ones that highlight its "Japanese" features.

It is the tension created between these different perspectives—unrestrained rejection as with Assmann, enthusiasm as with Zumthor—that make the speeches published here so attractive. The project *Liebe deine Stadt* is not only about words; it also includes photography as a form of an artistic declaration of love. Candida Höfer, who exhibits all over the world but has been living almost her entire life in Cologne, secluded in a Bauhaus villa on the Rhine, shot beguilingly beautiful photos of the Opera House that were published in an edition for *Liebe deine Stadt*. And her colleague Albrecht Fuchs, famous for his international artists' portraits, approached various buildings as if they were human: In a sensitive, subjective and well-disposed way.

The action is completed, all speeches have been held, the last one in December 2007—but thoughtful reflection continues. And so do public presentations. At Art Cologne 2008, Bauer presented the wall news-sheet *Feuilleton 15.04.2008*, consisting of thirty-six picture and text panels on the entire project. Now, the installation is placed at Cologne's City Hall, right in front of the Council Chamber of the Spanischer Bau (Spanish building). „There is no better place to show it", Bauer cannot help smiling.

And now: The book. Where else will it be presented than on the square in front of the Opera House, the neglect of which, in Bauer's words, "has taken any charm it once had and could have gained again." For that was precisely Riphahn's intention: To create a public space, an overall ensemble consisting of Opera House, Schauspielhaus, squares and the Opera Café. The artist does not really understand and accept that the city doesn't plan to preserve such a public space as a lively, urban location, "that the Schauspielhaus was simply demolished without public debate, that a cultural institution is again supposed to be combined with a shopping mall, yes, and that the city hasn't even succeeded in finding an operator to revive the café, "which was once highly exquisite.[...] This proves a lack of creativity, on a small scale as well. This appropriation of art and culture by commerce is becoming rampant."

Liebe deine Stadt, this stimulus could also be taken up elsewhere. Cologne is an extreme case but not an isolated one. The disdainful treatment of postwar architecture is customary all over the country, very much so in Berlin. Just recently, the former Director of the Senate Department of Construction and Housing, Hans Stimmann, who after reunification had a huger influence on the image of the city than anyone else and prescribed it a rigid uniform look, the opposite of Cologne's hotchpotch—said that the architecture of Postwar Modernism doesn't belong under a preservation order.

Bauer's action once again demonstrated that beauty always lies in the eye of the beholder. Each generation decides anew what is beautiful and thus worthy of protection.

In fall 2007, the old St Pancras Station in London was newly opened for the Eurostar, following extensive reconstruction— highly acclaimed by architecture critics. The city owes the fact that there was anything left to be reconstructed in the first place to the initiative of one man: The publicist and probably Great Britain's most popular lyricist, Sir John Betjeman. In the 1930s, the station had stood under the great threat of being demolished, since Victorian architecture was deemed totally outdated, its advocate as hopelessly old-fashioned, even reactionary. Yet today, Betjeman's monument stands in St Pancras Station, and visitors take photos of each other in front of it like previously before the Brandenburg Gate in Berlin.

At the end of the 1990s in Berlin, young architects and designers tried in vain to save the listed Ahornblatt, a peculiar concrete shell structure of the GDR architect Ulrich Müther from 1970; at the same time in Düsseldorf, persons of the same generation involved in arts and culture were able to stop the planned demolition of the Kunsthalle, and in the 1970s, young squatters everywhere prevented the demolition of numerous old buildings.

It is not about glorifying the 1960s, the critic Wolfgang Pehnt points out in the recently published, very inspiring edited volume *denkmal! moderne – Architektur der 60er Jahre: Wiederentdeckung einer Epoche*.[1] There is no reason for this, "hubris, profiteering, mental laziness, and lack of consideration were as widespread as ever and in face of the high output figures had an even greater impact," Pehnt says. The crazy notion of the car-friendly city alone inflicted many wounds, created entire rifts, one of them is the Cologne Nord-Süd-Fahrt. No, "it is not predominantly about preserving buildings," Merlin Bauer says, "but about recognizing constructional and historical qualities to then deal with them in a conscious way." With one's own history, with cultural memory.

The artist demands more imaginativeness in this process—and therefore welcomes a different view of the city from the outside: The Frankfurt architects' office Albert Speer & Partner was invited to develop a master plan for the chaotic city centre. However, they were not invited by the municipality, which will be the plan's addressee, but by an association initiated by Paul Bauwens-Adenauer, a grandson of the famous mayor of the cathedral city, Konrad Adenauer.

The goal is not to reinvent Cologne but to straighten it up, to again bring to the surface special features, beautiful spots and qualities that are in part submerged. "The discussion revolving around the master plan," Merlin Bauer is convinced, "can only benefit urban development." But Speer will not be able to turn Cologne into Paris or Rome either. It remains love at the hundredth sight. And that requires time. Peter Zumthor had sufficient time to befriend himself with the disputed Opera building of Wilhelm Riphahn. For more than ten years, he worked on the new Archbishopric Museum Kolumba, located right on the other side of the street. After it opened last fall, Cologne residents flocked there, as if they had only been waiting to embrace a new object to identify with.

A masterpiece of Modernism, highly acclaimed by critics as well, Kolumba appears to be the exact opposite of Cologne: low-key, noble, calm, and harmonious. Nonetheless, the building of the Swiss architect is a declaration of love to the city. He set huge windows reaching to the ground into the light façade. They direct one's gaze to the buildings in the neighborhood, the various layers of postwar architecture, with the spires of the Cathedral in the background— the vista turns into a framed picture sharpening one's view of the nice 1950s' details, the lightness, but also showing ugliness as part of the urban environment. It is exactly this patchwork aesthetics of which Merlin Bauer says: The more he deals with it, the more exciting he finds it.

Revised and updated version of the article „Schön kann jeder," in: *Tagesspiegel*, Berlin 02/24/2008.

1 Wolfgang Pehnt, "Wege ins Offene – Um Verständnis für die 60er Jahre bittend", in: *denkmal!moderne – Architektur der 60er Jahre: Wiederentdeckung einer Epoche*, eds. Adrian von Buttlar and Christoph Heuter, Berlin 2007, pp. 6–13, here: p. 12.

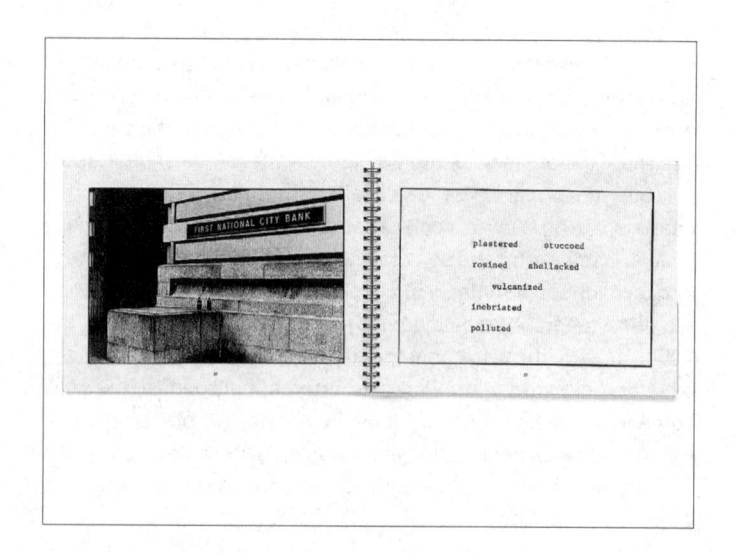

Barbara Hess
Houses for Cologne
Merlin Bauer's Project *Liebe deine Stadt* (Love your City) and Conceptual Art

Barbara Hess, *born 1964 in Essen, lives in Cologne. Art historian and critic. Regularly writes for* Camera Austria, Kunst-Bulletin, StadtRevue, Texte zur Kunst, *among others, from 2006–08 assistant lecturer at the Art Academy Düsseldorf. Since 2005, chairwoman of the Art Advisory Body of the City of Cologne.*

"The split between art and real problems emerged in the 1960s in an essentially apolitical and asocial art—to the extent that, for most artists, political engagement meant moving to extra art activity..."[1]

Launched in May 2005 and spanning a period of almost four years up to its publication as a book, the project *Liebe deine Stadt* initiated by Merlin Bauer has generated a high degree of content-related complexity and public dynamism. It is surprising—although possibly in the interest of the project, that its character as Conceptual Art has played no role in the way it has been reviewed until now. In face of the fact that the aesthetics and approaches of (Post-)Conceptual Art movements (such as site-specificity, research, cooperation, critique of institutions and identity) have long become the lingua franca of contemporary art, it may appear as commonplace to inscribe *Liebe deine Stadt* in that genealogy; what is instead more interesting is the question of the extent to which *Liebe deine Stadt* succeeded in taking up a determined critical tradition of Conceptual Art.[2]

The debate on *Liebe deine Stadt* until now concentrated on the facets of architecture history and aspects of local cultural policies, and was held predominantly in daily papers and architecture magazines, while the art project as such remained quasi "invisible"—no unessential feature of Conceptual Art, as I would like to show. The part of the work that is most strongly conceived to be permanently visible in public space—the lettering installed above the Nord-Süd-Fahrt in the summer of 2007—was realized in a medium preferred by Conceptual Art, namely, the representation of language.[3] And the examination of (the social function of) architecture and urban development is indeed a constant in the history of Conceptualism: Think of Hans Haacke's *Shapolski et al. Manhattan Real Estate Holdings, A Real-Time Social System, as of May 1971* (1971), an investigation of New York real estate speculation, Martha Rosler's *The Bowery in Two Inadequate Descriptive Systems* (1974–75) that combined documentary black-and-white photos of dilapidated buildings in New York's Bowery with a whole host of descriptions for drunkenness, or Stephen Willats' studies of the living conditions in residential settlements such as *Man from the Twenty-First Century* (1969/70), just to mention a few prominent examples from the beginnings.

To consider *Liebe deine Stadt* in the light of conceptual genealogies, however, a look at an icon of early Conceptual Art, Dan Graham's *Homes for America*, appears promising. In this photo-text piece, published for the first time in *Arts Magazine* in December 1966,[4] Graham analysed the history and formal vocabulary of a new type of urban development in the United States, those uniform settlements of suburban town houses of the war and postwar period, which due to their cubic, lightweight construction were also called "pillboxes". Graham calculated the number of variants resulting from a combination of available house models and outside paintwork (2034) and cited a statistic on the preferred and disliked colors according to gender. In Graham's view, the actual novelty of these settlements was that they "exist apart from prior standards of 'good' architecture. [...] Both architecture and craftsmanship as values are subverted by the dependence on simplified and easily multipliable techniques of fabrication and standardized modular plans. [...] There is no organic unity between the land site and the home. Both are without roots—separate parts in a larger, predetermined, synthetic order."[5] The subtext of his ironic and critical reflection is, of course, Minimal Art that was emerging at the time and whose principles of seriality, permutation and industrial fabrication broke with the traditional notions of "good" art; hence, Graham's article could be read equally as a critique of Minimal Art and of "the misery of everyday industrial housing".[6] The fact that at the time neither photography as an artistic genre nor the pages of a print medium as an alternative to conventional exhibition spaces were established, lent Graham's *Homes for America* an ambivalent status, which the artist deemed an advantage and in which its perception as "Art" was not at the fore. In 1976 he wrote: "I think the fact that 'Homes for America' was, in the end, only a magazine article, and made no claims for itself as 'Art', is its most important aspect."[7]

A similarly ambivalent status also characterizes the project *Liebe deine Stadt*, which nonetheless differs from Graham's *Homes for America* in many respects—first of all in the choice of objects, since it was dedicated to a series of "particularly well-made buildings", architectural "highlights"[8] complying with a "standard of 'good' architecture". And in contrast to Graham's own photos made in passing, Merlin Bauer cooperated with internationally renowned colleagues such as Candida Höfer and Albrecht Fuchs, whose prominence also contributed to the economy of *Liebe deine Stadt*.[9] The combination of framed photographs and text quotes from the "laudations" to the selected buildings, which Merlin Bauer in April 2008 presented under the title *Feuilleton, 15.04.2008* at the Art Cologne in an own booth, ultimately took on a common form of presentation found in Conceptualism or Appropriation Art.

At the same time, *Liebe deine Stadt* is based on an activist impulse critically responding to the local state of affairs: As a reaction to the demolition of the Josef-Haubrich-Forum, but above all to the discussion on possibly tearing down Cologne's Opera House, as well as the indifference towards or the (in part strategic) neglect of the architecture of the first postwar decade—widespread in both the population and on the level of politics and administration. Beyond its exemplary approach, the endeavour indeed gained an allegorical dimension, as Merlin Bauer pointed out in an interview: "For example, the way the Opera Ensemble is treated is the way culture in general is treated in Cologne. It is principally a foil for the self-understanding of politics and administration and thus of an entire city society."[10] *Liebe deine Stadt*—as a series of lectures held in public space in front of the selected buildings—was conceived as an instrument to gain insights in a broader social context and trigger development processes. This activist impulse can be traced back to an early action by Merlin Bauer, the project *Unter dem Pflaster der Strand – Momentane Orte (Under the Pavement the Beach—Momentary Sites)*, developed in 2002 together with the architect Anne-Julchen Bernhardt, that quotes the famous "Sponti" (Spontaneist) slogan from May 1968. Today, it sometimes really seems as if the beach had been brought forth from under the pavement in the many open-air bars offering a beach ambience in the summer, albeit, like almost everywhere in times of profit maximization, under the sign of commerce and without any kind of further reaching ambitions. The most important vehicle of *Unter dem Pflaster der Strand* in contrast, was a bicycle converted into a mobile bar used for more than ninety interventions in public space related to the themes of urban development, social and cultural policies.

One reason for the broad positive response to *Liebe deine Stadt* was certainly that—with the friendly format of laudations, the moody award ribbons reminiscent of Claes Oldenburg on the selected buildings and the animating slogan—it paid tribute to the local in a variety of ways. In addition, *Liebe deine Stadt* contributed to what Michael Hardt and Antonio Negri termed the "*production of locality*, that is, the social machines that create and recreate the identities and differences that are understood as the local."[11] This is precisely the question raised by Merlin Bauer and numerous other actors involved in the project and which they sought to answer, thus also rendering concrete effects: The demolition of Cologne's Opera House, for instance, is no longer a topic of debate, even though the entire ensemble at Offenbachplatz was abandoned; the reconstruction of the Parkhaus mit Hotel on Cäcilienstraße destroyed the building's original architectural quality. *Liebe deine Stadt* put to the test a form of critique that aimed less at confrontation than at shaping a process, integrating as many participants as possible and including the option of consent.[12] The art historian Alexander Alberro recently wrote: "It almost seems as if the reduction of the public sphere and the lack of political inventiveness lend the projects of critical artists working with the legacy of Conceptualism a new necessity and new possibilities."[13] *Liebe deine Stadt* made use of these new possibilities—and there will be no lack of new necessities.

1 Karl Beveridge and Ian Burn, "Don Judd", in: *The Fox*, No. 2, 1975, p. 138. Cited in Benjamin H. D. Buchloh, "Moments of History in the Work of Dan Graham", in: same, *Neo-Avantgarde and Culture Industry*, Cambridge, MA and London 2000, pp. 179–201, here: p. 185.
2 On Conceptual Art and its legacy in more detail, cf. Alexander Alberro's introduction to *Art After Conceptual Art*, eds. Alexander Alberro and Sabeth Buchmann, Cologne and Vienna 2006, pp. 13–27.
3 Cf. the exemplary chapter "Medium as Message/Message as Medium" in: Anne Rorimer, *New Art in the 60s and 70s. Redefining Reality*, London 2001, pp. 70–111.
4 *Arts Magazine*, 41, 3, December/January 1966/67, pp. 21 reprint and German translation: Dan Graham, *Ausgewählte Schriften*, ed. Ulrich Wilmes, Stuttgart 1994, pp. 26–32.
5 Graham, *Ausgewählte Schriften*, p. 32.
6 Buchloh, "Moments of History in the Work of Dan Graham", p. 181.
7 Dan Graham in a letter to Benjamin H. D. Buchloh, 1976. Cited in Buchloh, "Moments of History in the Work of Dan Graham", p. 181.
8 Merlin Bauer, cited in Rainer Schützeichel, "Stadtgespräch – Ein Interview mit Merlin Bauer über sein Projekt 'Liebe deine Stadt'" from May 30, 2008, at: http://www.koelnarchitektur.de, accessed June 5, 2008, revised, published in the following contribution.
9 *Liebe deine Stadt* was financed by public and private subsidies as well as through the sale of multiples; cf. the Web site http://www.liebedeinestadt.de.
10 Merlin Bauer, cited in Rainer Schützeichel, "Stadtgespräch".
11 Michael Hardt and Antonio Negri, *Empire*, Cambridge, Massachusetts, and London, England 2000, p. 63.
12 "But one can change the perspective and enthuse people all the same. [...] The question is whether you stand up with placards and demonstrate like in the 1970s, falling back on classical forms of protest, or take a different path. And with *Liebe deine Stadt,* I decided to take a different path..." Merlin Bauer, cited in Rainer Schützeichel, "Stadtgespräch".
13 Alexander Alberro, "Einleitung", in: *Art After Conceptual Art*, p. 14.

Rainer Schützeichel
An Interview with Merlin Bauer

Rainer Schützeichel, graduate engineer, born 1977 in Remagen, lives in Zurich and Bonn. Freelance author. From 2001 to 2006, he studied architecture in Cologne and Vienna. From 2005 to 2007, he worked as a trainee for the magazine der architekt and until 2008 was an assistant in the Department of Architecture History at the UAS Cologne. Numerous publications in architecture periodicals and exhibition catalogues, as well as regular contributions to the Internet portal www.koelnarchitektur.de.

Rainer Schützeichel: Does the project Liebe deine Stadt (Love your City) result from your engagement in the context of the Initiative Das Loch (The Hole), that is, from the discussions revolving around the demolition of the Josef-Haubrich-Kunsthalle and also the Opera House?

Merlin Bauer: In 2002, I started with the precursor project Unter dem Pflaster der Strand – Momentane Orte (Under the Pavement the Beach—Momentary Sites) that I conceived with the architect Anne-Julchen Bernhardt and in which I conducted ninety interventions in public space. This brought me into contact with the architecture of Postwar Modernism which strongly characterizes this city—but I first had to acquire knowledge of the city step by step. On the other hand, I observed how unfavorable the situation was becoming in terms of cultural policy—that this great city of art and culture was on the way of sliding into a certain provinciality. This also manifested itself in the desire for constructional change, like the idea of tearing down the Josef-Haubrich-Kunsthalle with the Kölnische Kunstverein. At the beginning, I was engaged for a short while in the Initiative Josef-Haubrich-Forum, which later was transformed into Das Loch e.V., but then started dealing with the topic in my projects so as to make a response from an artistic position. After the Josef-Haubrich-Forum was torn down, the disastrous situation of this hole illustrating Cologne's problems arose and hit the headlines. I was extremely shocked when talk came up of possibly demolishing the Opera House ensemble. It was interesting how politics also took place via the local press, namely, that Cologne's value could only be increased by the spectacular architectural masterstroke of a great opera house on the Rhine. By changing the cover, the aim was suddenly to attain a more ambitious music theater. This logic follows a notion of city marketing and the desire for iconic architecture. On the other hand, one quickly gained the impression that there was a big interest in the property of the existing Opera House. It is, of course, a highly valuable inner-city plot. But when you take a look at photos from the postwar period, the Opera House was actually the first architectural mark, a cultural center and the expression of social reorientation. It is therefore a historically meaningful building, and whether one finds it aesthetic or not, it must be made clear that it is part of the identity of the urban community.

When regarding the history, the Opera House signaled a time of new departures, a social expression became manifest in the building. Would you say one can recognize a common denominator in Cologne's postwar architecture that can also be found in other buildings and therefore makes them so valuable? In other words: Why were the buildings you awarded with Liebe deine Stadt selected?

The selection was subjective. There was no jury, it was instead made in discussions with people involved in the project and friends. Certain places thus crystallized: there are buildings that the general viewer can relate to and comprehend in a better way, and then there are those that are hard to convey but that stand for a specific aspect. The issue was to present well-constructed buildings, to draw attention to them and pick out the highlights.
The problem with perceiving the architecture of Postwar Modernism, particularly in Cologne, is that the city as a whole was rapidly reconstructed. The awarded buildings are a good foil, especially in view of urban development today, for the responsibility that building owners then had vis-à-vis the urban community. Today, large corporations have planning departments that perhaps do not even invite tenders anymore. There is no longer a responsible head who says: "I'm going to get me a good architect and let him advise me." Unfortunately, this is what happens increasingly rarely. But this results in precisely the buildings we now have. Then there are those that have been excellently maintained for generations, like Haus Wefers and others that were extremely neglected, to which the principle of "administrative vandalism", which Andreas Rossmann once coined in the Frankfurter Allgemeine Zeitung, applies. Like to the Josef-Haubrich-Kunsthalle or also the Opera House—they have been so

rigorously neglected that at one point they *can* no longer appear positive to the eye of the viewer, and then the path to demolition is easy to take.

Does the interventionist concept of Unter dem Pflaster der Strand *have a further reaching impact on Liebe deine Stadt? Can it therefore only be exhibited in a limited way—meaning that it is only conditionally graspable in exhibitions—because the city, the buildings themselves are needed for it to function?*

It functions with the buildings and especially with what happens in between: how people talk about the events and thus act as multipliers. *Liebe deine Stadt* is conceived as a campaign that is to have an impact on the city going beyond a specialist discourse and reach people who otherwise have nothing to do with these topics.
My puropose with *Unter dem Pflaster der Strand* was to react to the poor dynamics I had to notice as an incomer in the rather centrally organized Cologne. I wanted to move more freely and actively about the city and to react to content-related issues—not only to Cologne's urban development, but also to its cultural and educational policy. On the other hand, my aim was to use the public space in an exemplary way. Therefore, I invited the citizens to intervene actively and interact with their town as users.

This project revealed references to Marc Augé's "non-places" that basically designate places without identity and, in the broadest sense, places that are withdrawn from public attention. Would it be possible to understand the buildings awarded in Liebe deine Stadt *in the same way? As unperceived buildings to which you drew attention with your project, because they stand for an idea, the Parkhaus with Hotel Cäcilienstraße for that of the "car-friendly city", for example?*

I don't think that all buildings conform with this principle. But the Parkhaus with Hotel Cäcilienstraße are exemplary. The planned rebuilding, which following a public debate and under the pressure of local government politicians could be prevented in the form the investors had planned it, an oversized zipper as a façade application, is an example of how insensitively sites relevant to cultural history are dealt with. The design now realized *does* strongly distort the structure.

For me, it is about the question of attitude on several levels. Of course, it is about a notion of cultural memory, and the general attitude can also be applied to other areas: for example, the way the Opera House Ensemble is treated is the way culture in general is treated in Cologne. In principle, it is a foil for the self-understanding of politics and administration and thus of an entire urban community.

You once said you do not understand yourself as a "preserver" or "beautifier". But how are you able to respond with the project, when awarded buildings such as the Opera House are an object of debate and don't take the course that they sensibly should?

Some things must also be changed for economic reasons. And that is currently the case with the Schauspielhaus (Theater): this new invitation of tenders also has to do with the fact that there is not enough space. But one must first understand and place into context the worth of what one has before one—then one can deal with it in a responsible manner and think it out further. I don't think it's conservative to say: "I want the Schauspielhaus to continue to exist as a location"—even if the city has to further develop. I don't see the Opera House by itself, I see an Opera House Ensemble that was conceived and functions in this way. And one can make use of gaps to further develop the architecture and the city there.
As far as "responding" is concerned: the event with Peter Zumthor and Hiltrud Kier actually got to the heart of the problem surrounding the Opera House: Opera House, Schauspielhaus and Opernterrassen must be seen as an *ensemble*. There was no public discussion preceding the decision to tear down the Opernterrassen and the Schauspielhaus in order to make room for a new building. For this reason, I find it important to once again thoroughly examine this decision-making process.

Is a view from the outside important to discover the quality of these buildings? The lauders, for example, were rarely from Cologne. You said yourself that you, as a Cologne resident of choice, first had to get to know the city. So are the qualities more hidden to Cologne residents?

Of course, the attempt was made with the lauders to present an outside view of Cologne. I do believe that if you live someplace for a long time, you generally lose sight of your surroundings a bit, because everything is subordinated to daily life and becomes "normal". This naturally depends on the person, as the example of Boris Sieverts shows, who is a modern urban researcher and has been living in Cologne for a very long time. However, it takes some time to realize and understand the structures. You not only need to analyze them from the outside, but also to constantly observe them.

Were you able to see a continuous increase in the response to Liebe deine Stadt *and also that the project achieved a broader scope?*

Surprisingly, it was well visited from the very start. At the first event in the Panoramapavillon there were already around three hundred people, and the number continued to grow. Originally, *Liebe deine Stadt* was conceived to run for a period of 12 months, but due to financial problems, the period was extended. One must say, however, that this prolonged duration of the project increased the work's degree of effectiveness.

What was the interest like, when you raised money to finance the project? Was there a basic interest in your plan or did you first have to arouse people's awareness of the quality of this work?

At the beginning of the project, I had to do canvassing from door to door, to innumerable doors, and I also sought a content-related debate—which is partially still viewed critically—with various interest groups, for example, "Kölntourism", "City Marketing" and so forth. I find it important that people approach each other and exchange arguments. But there wasn't much interest, and I began in good faith that I would receive the promised funding. It just had to happen at that point in time, because the political circumstances made it absolutely essential to react: It was precisely at the time when the discussion about the Opera House was taking place—and if you didn't start then, you could have put it in a drawer right away. Of course, you should have a bit of risk appetite. And it is wonderful that the lettering has now been installed at the Nord-Süd-Fahrt, because there it returns to the original discussion on the Opera House, repeatedly leading back to it at a highly frequented location.

Is the lettering at this site planned as a permanent installation?

The official permission now still lasts for more than a year, and then we'll see how we can come to an agreement with the owner. It seems as if the lettering has already become a bit emblematic: I receive many e-mails saying that it now appears in the new ARD crime series set in Cologne or in the "11. im 11.", a TV carnival mega-event, where it is used as a background slide together with pictures of the Rhine and the Cathedral. On the one side, that's good, but on the other, there is also the danger that the lettering, and thus the project, could be misappropriated. Examples are commercial plagiarisms, all the way to advertising spots, which I haven't authorized, that are now circulating.

Is it necessary to formulate criticism in an unusual way and thus raise it to a different level?

Today, it is perhaps decisive how criticism is formulated: whether it is voiced snottily and defiantly, thus strongly exposing itself to the risk of being overheard. But one can change the perspective and enthuse people all the same. Ultimately, the issue is to make people enthusiastic about an idea. Of course, *Liebe deine Stadt* takes up the delightfulness of the 1950s with this lettering, leading to people of all ages at first liking it. But I believe that this is just *one* possible strategy. It would be absolutely wrong if all artists worked in this way.
In the end, the project is the result of a stocktaking, for the local press is not exactly critical. Actually, I can hardly see a true local culture of debate. What has instead set in, in face of all the problems in the city, is laid-back careless and coolness or perhaps also resignation. The question is whether you stand up with placards and demonstrate like in the 1970s, falling back on classical forms of protest, or take a different path. And with *Liebe deine Stadt* I decided to take a different path…

This criticism can be heard in that it has a subversive effect. When one thinks of the Nord-Süd-Fahrt and the lettering having already taken on the character of an emblem of sorts, then it is already present in people's minds.

Exactly. And the positive as well as critical aspects of the project are now brought together in the book as the last stage of *Liebe deine Stadt*. The idea is not to award yet another twenty buildings—of course one could do this, but it's not necessary for the dynamics of the project.

Revised version of the interview with Merlin Bauer on 04/03/2008, first published under the title "Stadtgespräch – 30.05.2008 – Ein Interview mit Merlin Bauer über sein Projekt 'Liebe deine Stadt'", at: http://www.koelnarchitektur.de/pages/de/home/aktuell/2083.stadtgespraech.html

Ulrich Gutmair
What is Sacred to the Residents of Cologne
Merlin Bauer's Strategy Towards Res Publica

Ulrich Gutmair, *born 1968 in Dillingen an der Donau, has been living in Berlin since 1989. He studied journalism and history at the Free University of Berlin. From 2001 to 2007, he was editor-in-chief of the arts section of the* Netzeitung. *Since, 2007 editor of the arts section of the* tageszeitung. *He writes for various magazines including* Texte zur Kunst *and* Spex.

Seen from Berlin, Cologne not only lies in already semi-submerged and still semi-present "West Germany", the country behind the transit zone. Cologne appears to embody the old Federal Republic in an all but exemplary way. Cologne stands for Rhenish capitalism and the alignment with the West, meaning the part of Germany that after 1945 found its counter-model to "socialism as it actually existed" in social market economy. All that comes to Berliners' minds in regard to socialism today is the idea that one could chase it out of the body of the German capital once and for all in an act of exorcism by not only demolishing the Palace of the Republic but also by rebuilding the Berliner Stadtschloss (City Palace of the Hohenzollerns), thus replacing a representative building of "socialism as it actually existed" with a representative building of the German Empire.

Cologne, in contrast, is a cultural icon that combines the very old, the Roman, the Carolingian and the medieval history of Christian Germany with the architecture and art of Postwar Modernism. Moreover, Cologne's Cathedral for decades kept watch over the undisputed art capital of the Federal Republic. But times have changed. The Cathedral is apparently no longer sacred to people living in Cologne, because many would not mind if it were surrounded by high-rises. Postwar Modernism, which until today substantially contributes to Cologne's charm, is also exposed to animosity. And, to crown it all, a few artists and gallerists have moved from Cologne to Berlin.

In this respect, one can indeed find it provocative that a book dedicated to a Cologne-specific project starts with the words "Seen from Berlin", because it was written by an author who has been living in Berlin for quite a while. Merlin Bauer likes to package his own provocations in an elegant way and dose them so carefully that they take effect very slowly, insidiously, as it were, like a particularly sweet poison. The reason could be—to again regurgitate the stereotypes of origin and place—that, as an Austrian emigrant, he has been living in Cologne for quite some time. The subtle strategy of subversion, which distinguishes his project *Liebe deine Stadt* took into account, from the very onset, the tendency to embrace all differences, something which is perhaps characteristic of Cologne, and in face of this, accepted a successful failure. The fact that this failure could be a success is proven by the fact that the campaign's logo has meanwhile taken on a prominent position in the cityscape. Since May 11, 2007, people traversing the city center by car along the Nord-Süd-Fahrt are confronted with a shining red, twenty-six-meter long and four-meter high slogan in dainty handwriting. It asks viewers to take on a stance and declare their belief in something that comes natural to any resident of Cologne who is obliged to his or her hometown, and for non-locals immediately appears credible as a cliché: *Liebe deine Stadt*. Thanks to the support of eleven Cologne citizens[1], it was possible to place the installation in the center of the city. They connected the installation of the slogan to their request to the city to substantially increase the municipal budget for culture in the coming years. *Liebe deine Stadt* is therefore also to be seen as a demand to not leave culture exclusively to the commitment of citizens, but to grasp it as a public duty. On the occasion of the installation of the lettering, lauder Friedrich Heubach, professor at the Kunstakademie Düsseldorf, pointed out that false assumptions are hidden behind this imperative: A city is not there for each individual but for all people. The slogan's demand to love the city must be interpreted from a psychoanalytical point of view, as an act of defense against the impositions of the specific circumstances in Cologne. The campaign had begun exactly two years earlier, on May 11, 2005, as a reaction to the planned demolition of the Opera House Ensemble. Cologne's Opera House is a perfect example of the current urban development in Cologne, since, according to the will of prominent politicians, it was to make way and be newly built as a representative structure on the periphery. This project was supported by the city's leading and most influential paper, the *Kölner Stadt-Anzeiger*. Like in Bilbao, Sydney or Hamburg, a spectacular architectural masterstroke was to shape the new image of the city as a location of creativity and culture. It was to be financed by the sale of the then disused inner-city Opera House property. These plans triggered a heated debate, because the Opera House on Offenbachplatz, which was built from 1954 to 1957 by the well-known Cologne architect Wilhelm Riphahn, ranks as an outstanding edifice of its time, despite decades of neglect. A compromise was then found: The Opera House itself was to be preserved, but the other parts of the ensemble, including the Schauspielhaus (Theater), were to be torn down and replaced by new buildings.

The opening event of *Liebe deine Stadt* took place in the Panoramapavillon in front of the Rheinhallen, the former fair halls on the Rhine river. Speeches by Hans Schilling, Bernd Streitberger and Kasper König triggered a critical discussion on the "identity of Cologne". Since then, outstanding examples of Cologne's postwar architecture that are captivating due to their architectural quality and sensitivity in regard to urban development have been awarded a ribbon badge in the colors of the city. Well-known architects, art historians and

theorists were won as lauders, who dedicated their speeches to the respective buildings, but also to topical issues related to urban development and cultural policies. The mentioned dispute surrounding the Opera House may have prompted the project, but the background must be seen in numerous events and occurrences that had repercussions beyond the city limits. In the past years, it was not just that the city's budget for culture had been massively cut. Scandals involving municipal projects such as the Kölnarena, the Technische Rathaus and the Hallen Nord, a new building for the Messehallen, financed by the Oppenheim-Esch-Immobilienfonds, shook the city. The engagement of private investors, allegedly meant to spare the public fisc, regularly resulted in the opposite. The demolition of the Kunsthalle, of which the proverbial "Das Loch" ("The Hole") remained, also lastingly harmed Cologne's image. *Liebe deine Stadt*, then, is also about how the city can present itself in the future and what priorities should be set. In his laudatory speech dedicated to the Landeshaus of Cologne, the urban sociologist Dr. Walter Prigge from the Bauhaus Dessau Foundation raised a decisive question in this regard, namely, what Cologne's specific alternative to the "high-rises of an investors' Modernism", on the one hand, and the "European backdrop of a retro-architecture [that] with industrialized sandstone slabs reproduces historical eaves heights", on the other, could be. Prigge believes that the true task of politics and urban planning in Cologne consists in pinpointing this alternative to the models of Frankfurt and Berlin. While Frankfurt seeks to underpin its position as a continental European hub for capital flows in a self-conscious/unconscious manner through ever higher and more shining towers, Germany's capital continues to adhere to the sense of order of bygone Prussia, uncertain about what Germany in the 21st century is to be in the first place. But how and as what is Cologne to present itself today? On the one hand, the project *Liebe deine Stadt* offered a truly conservative answer: Cologne ought to consider the traditions that shape it in the first place; in recent times, these traditions have been architectural Modernism and Modern Art. The campaign was meant to draw public attention to architectural masterworks of Cologne's Postwar Modernism from the 1950s and 60s, the existence of which is either deemed natural or called into question by those wanting to replace them by prestigious new buildings. But what role does art play in this context? In the international, especially US-American, art world, a "Cologne hype" has recrudesced, as Isabelle Graw, editor of *Texte zur Kunst*, which was founded in Cologne and is today published in Berlin, wrote in that magazine.[2] Cologne, she says, stands for the "storied epicenter" of the art world of the late 1980s and early 1990s, in which Conceptual Art experienced a new upswing. Discursive and institution-critical art and art produced in collective contexts characterized the art scene in Cologne at the time. Graw analyzes that it is not by accident "that the social contexts associated with this city are subject to idealization at a time the art world, previously organized along the model of a 'retail business', has turned into an event culture bearing the marks of a culture industry governed by the economic imperative."[3] This is a precise observation which, however, can be made not only in regard to art, but also to the entire field of culture, in some areas more, in others less. Under these circumstances, Graw believes that Cologne functions as "a metaphor for a kind of residual autonomy" of the art field.[4] But how is it that a city can become a successful metaphor for a certain form of cultural production in the first place? That is probably not by accident either. First of all, it lies in the logic and structure of an event and celebrity culture which could not exist without faces and icons, metaphors and mythically charged places. Secondly, one could claim that, in the age of globalization and transnational free trade, cities are more important than ever before in economic and political terms. When nation-states lose their significance, cities become decisive economic and cultural points of reference. Competition thus grows increasingly intense between cities and regions, which for this reason seek to highlight their presence in the global economy of attention. It has been rightfully disputed in the debate on "global cities", though, that these cities not only compete with each other. It must be assumed that the relation between these cities form a division of labor as well. Nevertheless, it is obvious that cities no longer compete only for the establishment of industries, traffic connections, subsidies, and tourists, but also for a positive image. The fields in which this competition is predominantly takes place are architecture and culture. The imperative *Liebe deine Stadt*, as a call to affirm the location, is entirely in line with what municipal and regional marketing campaigns seek in their struggle for attention. The event series *Liebe deine Stadt* indeed sought to direct the city's attention to architectures which are by no means as spectacular as the conceived consumers of urban event culture would like them to be, but that, as an ensemble of one pictures Cologne. Hence, the campaign was about correcting the ideas one has about the existing and future image of the city. It also took a preservationist approach that cherished the modernistic identity of Cologne stemming from the old Federal Republic. Yet it was not only the love of the building style, but the love of the notions of Modernism that, in the best case, are expressed by it, that were propagated here. In this respect, *Liebe deine Stadt* is a subversive imperative, because what lies hidden behind this harmless and almost naive, if not bluff slogan that doesn't conform with the image of contemporary event culture at all is a critical impulse attempting to attack the premises of precisely this event culture. Because the city which Cologne residents are requested to love is conceived as a place that should include a critical public, free spaces and that which is deemed outdated. The lauders, whom *Liebe deine Stadt* was able to win over to praise Cologne's modernist building style, also called for people to regard the city not only as a place of consumption, but to continue grasping it as the primary location of sociality.

Liebe deine Stadt did not originate from nothing. The campaign was preceded by another art project of Merlin Bauer that not only demanded a public space of exchange and debate but also created such a space time and again. Between 2002 and 2005, *Unter dem Pflaster der Strand – Momentane Orte (Under the Pavement the Beach—Momentary Sites)* was the title of more than ninety interventions and events. All these actions, talks and discussions crystallized in Bauer's "Strandbox" (Beach Box), a mobile bar with an integrated FM pirate station "that from its outer appearance reminds one of an Italian ice vendor's bicycle", as Bauer described the object. The Strandbox made its appearance at wounds in the fabric of the urban public, at places whose emptiness frequently told of something that had disappeared. The perhaps most poetic intervention of the project succeeded in regaining some recollections from such a void, thus closing a gap in urban memory: After the demolition of the Josef-Haubrich-Kunsthalle, a fragment of the building's façade had been saved by the Cologne-based "collector couple" Verena Kluth and Norbert Arns. Instead of keeping it as a sad trophy of the building, they gave it to the Römisch-Germanische Museum in a proper ceremonial act on May 8, 2003. They thus closed the gap of catalogue number 32, and until this day, the object is displayed in the outdoor exhibition of architectural fragments stemming from Roman times, directly opposite the Dombauhütte (sculptural workshop of the Cologne Cathedral).

1 Peter Bach, Kurt Bartenbach, Christian DuMont Schütte, Theo Greif, Klaus Heubeck, Peter Jungen, Thomas Kurth, Udo Müller, Werner Peters, Alexander Pirlet, Dieter Schütte and Wolfgang Strobel.
2 Isabelle Graw, "SEEN FROM HERE / On Myths of Cologne, Heteronomy, and Scenarios of Withdrawing and Dropping Out in Face of the Increased Significance of 'Life'", in: *Texte zur Kunst,* No. 63, Berlin, September 2006, pp. 124–132, here: p. 124.
3 Ibid., p. 126.
4 Ibid., p. 126.

Wolfgang Pehnt
The Charm of the Flying Roof and the Roman Attitude
Notes on Cologne's Postwar Architecture

*Prof. Dr. **Wolfgang Pehnt**, born 1931 in Kassel, lives in Cologne. Historian and architecture critic. Teaches at the Ruhr University Bochum. Member of the Academy of Arts, Berlin, and the Bavarian Academy of Fine Arts, Munich. Numerous publications on the history of architecture of the 19th and 20th century.*

There is not only a tradition of a city's self-praise but also of its self-reproach. People describe their own community as especially susceptible, damaged or even corrupt. Berliners say nowhere are more buildings being demolished than in Berlin, Frankfurters say nowhere is less respect paid to the past than in Frankfurt, nowhere is as much sacrificed to the juggernaut of traffic than in Hanover, nowhere is as much given away to the depopulation of the city center than in Leipzig. On the list of Cologne's sins are the neglected public spaces, their disfigurement through superfluous devices, the still existing gaps in the fabric of the inner city, the indifference towards architectural quality, the inconsistent scale of the cityscape. Above all there is the threat of nepotism, as if the mentality of collusion didn't flourish elsewhere too. The residents of Cologne were as careless as to circulate their own word for the "do ut des" principle: "Klüngel". Now, they are quite wrongly considered the inventors of the lucrative business of compromise between friend-enemies.

It appears to me as if one gets further with leniency that with contempt. That already speaks in favor of the slogan: *Liebe deine Stadt (Love your City)*—even if it doesn't always come easy. Part of the bad state of affairs regarding the cityscape goes back to the high degree of destruction that Cologne suffered during the Second World War and that still has an impact today. 262 air raids left the city devastated; ninety to ninety-five percent of the inner city were in ruins. On the map of damages showing the loss of living spaces during the war, Cologne is the German big city that was destroyed. most. Even in the photographic aerial mapping done in May 1951, entire quarters of the inner city appear eradicated. Streets and alley-ways wound their way through heaps of rubble. A building ban was in place for the inner city until 1949, when the reordering plan was passed for the old and new parts of the city.

Under these circumstances, every new building with a larger volume or at a more prominent construction site signaled a new departure. Even a miniature format like Gottfried Böhm's chapel in the ruins of St. Kolumba, today devoured by Peter Zumthor's archbishopric museum, appeared as a hopeful sign of a better future. Thanks to the proximity of Bonn, as the newly chosen federal capital, authorities, federal offices and associations, diplomatic missions and media groups moved here and offered a volume of building orders with which the city could be shaped, but also demanding sacrifices for car and delivery traffic. Banks and insurance companies, which had always been strongly represented in Cologne, contributed to the expansion of the service metropolis. Some of the new buildings—like that of the Gerling corporation—were given cheerless, deeply shadowing, grid façades covered with stone, something already used for business building during the Third Reich and meant to radiate institutional dignity. Others, like the building of the Kaufhof downtown or that of the Provinzial insurance company on Rudolfplatz, already attained the lighter, more delicate glass façades, the curtain walls, that were influenced by the major North American architects' offices and counted as the sign of a new age.

Were there characteristic features in the Cologne architects' scene of the late 1940s, 1950s and early 1960s that were typical only of this city? Of course, all Cologne architects after the war shared the same general, contemporary preferences. Concrete supports starting with a narrow low end and getting wider to the top danced their toe dance here as well. Flying roofs hovered over foundations that hadn't learned how to fly; the most cheeky one was placed by Hans Schilling on the building of the Fleischhauer car dealer on Hohenzollernring. Ornaments desperate to be admired, which counted as free figments of the imagination, covered the structures. Brick walls as well as metal balustrades were riddled with holes like a Swiss cheese. Artistic efforts, barely distinguishable from decoration, led to wall mosaics, scratched reliefs and colored window panes on outdoor and indoor surfaces. Any material that added color (preferably pastel hues), reflected and glittered was popular: chrome, brass, copper, structural ceramics, tiles, colorful clinker bricks.

All this stood under the model of a new lightness that was meant to make people forget the Third Reich's airs and graces of power and the disasters of the war. The planners of the Berlin Interbau exhibition in 1957 drew up a list of attributes to this end: "light—cheerful—homely—festive—colorful—shining—secure."[1] This catalogue of virtues would have been accepted on the Rhine, at least until a vigorous concrete Brutalism made its entry here as well. The eccentric pavilions for the German Federal Garden Show of 1957 in the Rheinpark, but also the ingenious tent constructions of Frei Otto followed the early enticing model, just like Wilhelm Riphahn's commercial and cultural building on Hahnenstraße or the lucid functional building of the Mülhens company in Ehrenfeld built by Wilhelm Koep and Rudolf Koep.

However, as opposed to the cliché of a merry and calm Colonia that always turns a blind eye, an influential group of architects set high and very strict standards in Cologne and the Rhineland. Hans Schwippert was one of their spokesmen. Along with the ruins, he also wanted to remove the traces of the demon that dominated "the space of the soul".[2] Dominikus Böhm, the senior of Catholic sacred architecture who had already gathered his impressions of antiquity on a trip to Italy in 1913, was one of them; Rudolf Schwarz, of course, Cologne's general planner from 1946 to 1952; the church builder Emil Steffann, who had lived in Cologne since 1947 and later near Bad Godesberg and felt obliged to St. Frances's ideal of poverty. Numerous signatures of inhabitants of the Rhineland were under a manifesto written by persons associated with the Deutsche Werkbund and demanding "validity and simplicity".[3]

This circle and later on the younger ones, too, were fully aware of working on the former Roman territory of Germania inferior and felt obliged to the tradition of Roman brick building with heavy walls and firm vaults. The 2000-year evidences of this building culture were there or unearthed through excavations in the urban terrain that had been bombed free: the sensational find of the Dionysus mosaic already during the years of the war, the governor's palace under the Cologne City Hall ("with the elevator to the times of the Romans"), the amphitheater at Kapitolsberg, the thermal baths on Cäcilienstraße. Böhm had his studio-house in Cologne-Marienburg, street address "Auf dem Römerberg", not far from the military camp where the Romans had stationed their Rhine fleet. Karl Band repeatedly proposed laying out a green belt between the Staufer circular wall and the course of the Roman city wall and to bring out the shape of the Colonia Claudia Ara Agrippinensium with this "green surrounding the Roman city".[4]

It was not least the city's badly damaged Romanesque collegiate churches that demanded an examination of their history, if they were to be built up again in a competent fashion. The most venerable ones held Roman rests: St. Georg, St. Gereon with a Roman oval structure in the rising brickwork, St. Maria im Kapitol that already expresses its Latin prehistory through its epithet, Groß St. Martin, St. Peter, St. Severin, St. Ursula and, of course, the Cathedral. Everywhere ancient burial grounds in the basement, relicts of state and functional buildings, temples, and villas in the foundations. No wonder that Schwarz, in his brochure on building up the city, praised with ceremonial words "Colognes peculiarity of surviving for millennia".[5] The existing monuments suggested that the ruins be treated in a creative fashion. The model was not only ancient Rome the way archaeologists reconstructed it, but Rome in the way it presented itself in the eyes of today—in ruinous presence.

Without this recollection of a time before all presence, many structures built in the city during and after the monetary reform could not be understood: Not the strangely timeless Allerheiligenkirche that Schwarz erected in Cologne-Marienburg; not the Franziskanerkirche on Ulrichgasse which Steffann lent the fabulous dignity of Roman ruins.[6] Roman discipline and a sense of monumentality was also applied to secular buildings. The Wallraf-Richartz-Museum/Museum Ludwig, today's Museum für Angewandte Kunst (Museum for Applied Arts), which Schwarz built together with Josef Bernard, lives like the Roman house from the contrast between a dismissing outer appearance and an introverted atrium. Behind its stone façade, the bare south side of the rebuilt Gürzenich could just as well be a Roman hall structure, or even conceal a basilica. Great order and a festive character were intended and achieved.

The master-builder character, the staged conflict between old and new and the combination of all fine arts were advocated for quite some time, at least as far as representational building tasks were concerned. Elsewhere, prefabricated Office Modernism from the United States had long made its entry. The new gods were Skidmore, Owings and Merrill, or the Danish architect Arne Jacobsen, who had long assimilated US-Modernism and was a permanent guest in Germany. He also made a nice design for Cologne City Hall in 1958 that even made it to a purchase. The emigrated Mies van der Rohe enjoyed the most prestige. People in Cologne saw him as the occidental master builder, and they were not even wrong in doing so. His structures had "retained the age-old knowledge that life is never better than when it is embedded in the great law of a strict, objective form", as Schwarz saw it.[7]

Architects of a then young generation adhered to what their fathers and teachers said. Heinz Bienefeld, master student of Dominikus Böhm, was often in Rome, where he measured the buildings of "the old ones" and schooled his sense of handcraft skills and the materiality of surfaces based on Roman masonry. He added atriums along with impluviums to some of his strict private residential buildings as if they were Roman villas.[8] The younger as well as older protagonists of Cologne's postwar architecture were aware of working in a perspective reaching far back. In 1980, when Postmodernism again allowed literal citations, Rolf Link, a former colleague of the Böhms, and his sons built a bath house on Friesenstraße using the new liberties to construct a barrel vault and metope frieze. His ornamentality is reminiscent of the masoned Römerturm diagonally opposite.

Oswald Mathias Ungers, finally, who compared the course of his life with the Roman water conduit that led him from the Eifel to the city of Cologne, dealt with atrium, colonnade, four-column hall, and Hadrianic villa throughout his entire life. Historical editions of the Vitruvian teachings of architecture form the core of his famous private architecture library, city *vedute* (not least with antique temples) the fixed points of his art collection dedicated both to Modernism and history.[9] Models of the Parthenon and the Pantheon in alabaster plaster as well as historical building models stood in his estate in Glashütte, Eifel, or in the repeatedly expanded complex of his house on Belvederestraße in Müngersdorf, where the wealthy Romans had built their country villas. A house like a city and a city like a house—this maxim of Vitruvius applied to his own houses. It is like the fulfilment of an architect's life that the last commission Ungers lived to see completed was the entrance building to the Roman thermal baths in Trier. In Cologne, the memory of the Roman heritage did not result in strict Monumentalism. Amidst the charm offensive of the 1950s, it was one moment among others that basically only had an effect on representational building tasks such as the Gürzenich, the former Wallraf-Richartz-Museum/Museum Ludwig, Spanischer Bau, and sacred buildings. More than elsewhere, one succeeded in Cologne, with its large inner-city areas, to retain the residential character of several quarters within the medieval city wall, for example, in the Severins quarter, at the Griechenmarkt and the Eigelstein. In these parts of the city, emphasis was placed on homeliness and small structures, on three-story buildings, natural stone walls between windows, gable roofs, usable courtyards in buildings blocks.[10] A comfortable ambience was worth more to the Cologne residents than making a grand appearance.

I can't say that my sympathy lies with all the buildings to which the action *Liebe deine Stadt* is dedicated. I find it easy to like Hans Schilling's brick prism Neu St. Alban—pentagon plus parabola—or the light palace that Eckhard Schulze-Fielitz, Ernst von Rudloff and Ulrich von Altenstadt designed for the Rhineland Regional Council. On the other hand, I find that the Fernmeldeamt on Cäcilienstraße belongs to those semi-high-rise buildings that have damaged instead of benefited the city's silhouette. Since the parabolic antennas have been dismantled from the upper open floors, the platforms appear really senseless, like book shelves from which the books have been removed. Even the British Queen, on an early visit to Cologne, asked why this apparently unfinished building hadn't been completed. Riphahns's space supplanting, monumental Opera House is also a long shot from the filigree elegance and urban-developmental consideration that was possible at the time, as in Münster and Gelsenkirchen, without Riphahn achieving a different, new kind of pathos.

But what makes our life in the city conversant has nothing to do with beauty but characteristics. It has to do with the memories, both collective and individual, that it triggers, and they can be connected with aesthetically sophisticated as well as with ugly structures, but ones that are full of character. It was a mistake of the architecture historian Diethelm Hoffmann-Axthelm, who in spring of 2001 prompted a fatal debate on the meaning and purpose of preserving historical monuments, to declare only beautiful structures worthy of being preserved: "There is no yardstick that is more direct to assess the worth of a monument than beauty."[11] But that which is worth preserving is not what people like, but that which has historical significance. If people then also like it—all the better.

In his book *The Image of the City*[12], the American urban planner and theorist of perception, Kevin Lynch, described how buildings serve as trademarks of orientation, security and thus well-being in the city. In Los Angeles City, many questioned residents mentioned a semi-derelict, low, grey wooden building that they use for orientation. One interview partner called it "the little grey lady". "Little grey ladies" contribute just as much as grand architecture personalities to let one surrender oneself to a location, to recognize it and recognize oneself in it.

1 Cited in: Wulf Wewel, Jürgen Tomisch, "Die städtebauliche Entwicklung des Hansaviertels in Berlin", diploma dissertation TU Berlin, Berlin, 1976, pp. 79.
2 Hans Schwippert, "Theorie und Praxis – Geschrieben Ende 1944", in: *Baukunst und Werkform,* No. 1, Heidelberg 1947, p. 18.
3 "Ein Aufruf – Grundsätzliche Forderungen", among others, in: ibid., p. 29.
4 Karl Band, *Gedanken zum Wiederaufbau unserer Stadt,* 06/29/1945, typescript, HAStK (Historisches Archiv der Stadt Köln—Historical Archive of the City of Cologne), 2/1313.
5 Rudolf Schwarz, *Das Neue Köln – Ein Vorentwurf,* Cologne, 1950, p. 24.
6 The double shell of the Gerling tower's top floor even tempted Hiltrud Kier to compare it with the double-shelled Roman diatreta cups—especially since one of the architects, Helmut Hentrich, possessed a significant glass collection. Hiltrud Kier, *Architektur der 50er Jahre. Bauten des Gerling-Konzerns in Köln,* Frankfurt am Main, 1994, p. 63.
7 *Rudolf Schwarz to Ludwig Mies van der Rohe,* 10/09/1948, typescript, Archiv Rudolf Schwarz, Cologne.
8 Cf. Wolfgang Voigt "Dissident, Architekturpionier", in: *Heinz Bienefeld 1926-1995,* ed. by Wolfgang Voigt, catalogue of the Deutsche Architekturmuseum, Frankfurt am Main, 1999, especially pp. 40.
9 Cf. *Oswald Mathias Ungers – Kosmos der Architektur,* ed. Andres Lepik, catalogue Neue Nationalgalerie Berlin, 2006, especially the essays by Stephanie Tasch, Jasper Cepl and Oliver Elser.
10 Cf. Hiltrud Kier, "Städtebauliche Entwicklung der 50er Jahre in Köln", in: Wolfram Hagspiel, Hiltrud Kier, Ulrich Krings, *Köln: Architektur der 50er Jahre,* Stadtspuren 6. Cologne, 1986, p. 25; Wolfram Hagspiel, "Architektur der 50er Jahre in Köln – Versuch einer stilistischen Einordnung", ibid. p. 30.
11 Dieter Hoffmann-Axthelm, *Kann die Denkmalpflege entstaatlicht werden?* Expertise for the Bündnis 90/Die Grünen in the Bundestag, March 2000, draft (typescript), p. 22.
12 Kevin Lynch, *The Image of the City,* Cambridge/Mass., 1960.

May 11, 2005
Hans Schilling
About the Worries of Architects and Urban Planners

Hans Schilling, born 1921 in Cologne, lives in Cologne. In 1937 trained as an architectural draftsman by Karl Band, 1949 competition winner to rebuild Gürzenich with Karl Band, realization in a planning cooperation with Rudolf Schwarz and Josef Bernard, from 1955 on, freelance architect.
Hans Schilling became especially renowned for his Catholic sacred buildings. Among the most significant are the Abtei Königsmünster in Meschede, die Friedenskirche Zu den Heiligen Engeln in Wesel, and Neu St. Alban in Cologne.
His secular buildings include the Rheinpark Restaurant "Rheinterrassen", the Handwerkskammer (western part), the Kunst, the buildings at Gürzenich with Karl Band, Josef Bernard and Rudolf Schwarz, and the Maternushaus with Peter Kulka, as well as many commercial and residential buildings and the Fleischhauer-Haus on Hohenzollernring.

It has always been the architect's right to architecturally shape the ideas inherent to the times. It has also always been his right to develop and come up with new ideas. But there may be many among you who believe that new ideas have no chance of bringing the old explanations of architectural gestalt any further, rejecting everything that was or is developed in modern shapes. I find such a rejection honorable indeed. Yet it is not the case that our present-day architecture speaks an ordinary language that is used everywhere in the world, it always has a local sound, here by us, in Finland, in North America.
People in Cologne, for instance, knew that the reconstruction of their city which was destroyed during the war was a noble task and from the very onset they grasped it as an intellectual obligation. But then came the monetary reform in 1948, material deprivation was over and the economic miracle brought to an end the time in which—despite great worries of one's own—many citizens reflected on what the city was and how it should be rebuilt.
Due to the today hardly imaginable scale, planning and construction were pursued a bit too hastily, and that is why there are many things that did and do not stand up to the judgment of history. These things should be a permanent reminder to take one's time with anything that is meant to be permanent.
The race between building masses should actually be replaced by a struggle for building forms and ideas in the midst of which the traditional, sacred and secular historical buildings are embedded like precious objects. But for the majority of clients—in case of public buildings these are the politicians who are doubtlessly responsible but do not possess the expertise, and for all other building sectors these are the investors and private property owners who often do not acknowledge intellectual quality as a quality and for whom it only has to be economical—the following applies: These clients have their advisers, usually persons who have an influence on politicians, banks and managers—and they in turn know their project controllers, surveyors, transferees, developers and however they are called—and naturally the established groups of building contractors, who know everything, and more often than not a lot better.
This then greatly worries the architects and urban planners, because the language of the building industry is a totally different one than that of the architects. While architects demand a separation between construction planning and construction work, the building industry rejects this for the reason that it would prevent the "optimization potentials" between planning and execution.
This state of affairs is lamentable because the results of this kind of thinking increasingly lead to entirely unacceptable solutions, in terms of both architecture and urban development, which are by no means in line with the public's interest. More and more investors' architecture off the peg is messing up our surroundings. Boring buildings patched up with wafer-thin natural stone tiles are supposed to look impressive, but they lack spirit, dignity and gestalt, and usually mark an unparalleled decline in aesthetic standards. Thank God that the authorities responsible for the preservation of historical monuments quite often reject the at all times unscrupulously expressed demands for a few additional floors that are said to be absolutely necessary. "Otherwise we'll go to Düsseldorf," is the threat that is then made, usually with success.
In the debate on this desired progression in height regarding Cologne's cityscape, one is now considering to define the building heights, like Baron Haussmann did in Paris in the 1850s, when he had to newly erect the city. I find it grotesque to do so in the old city of Cologne, for not the height of a structure is decisive for the image of our city but in which way the dimensions and gestalt of a structure—of course in regard to height as well—seek to establish a community with the neighboring buildings, thus creating a respectively characteristic street or square space.
It is the architect's mission to deal with these facts and show that each structure should be integrated in its context, in the given surroundings. The uniformity of the whole must be taken into consideration. Uniformity of the whole and diversity of the parts are principles of gestalt theory. Through the altered combination of individual parts, the architect always creates new, significant, holistic correlations. When he uses conventional things in an unconventional way, when he brings together familiar things in a disconcerting way, he changes their context and can thus lend obsolete clichés a vivid effect. Ordinary things in unusual contexts therefore appear to be at once old and new. These are guidelines for planning that should be heeded. But instruments must also be developed to bring the investors and other market players to the level of debate with the

interests of the public, with architects, urban planners and citizens. This is where Mr. Streitberger[1] is needed and also the politicians who recognize the intellectual quality of planning and are open to intellectual arguments.

And now a few thoughts on our city in general and on the high-rises planned all over in particular. Gottfried Böhm, Pritzker award-winner and Cologne architect, said in regard to this problem: "If you take one of Cologne's most significant Romanesque churches, St. Georg Church, for example, the adjacent high-rise building of the police isn't disturbing just because of its height but because the building only wants to be itself and doesn't even try to establish a community with its neighborhood and thus form a space in which the church is then set as a small treasure." How noble this criticism is and how constructive! And Gottfried Böhm continues: "There are unfortunately, not only in our city but in general, many such high-rise buildings that want to be enough for themselves, that have no relation to the entirety. We also know that these sins are torn down only in the rarest cases. Hence, it should be our task to deal with the given facts and try to integrate them into the community. To achieve this, we will often have to construct relatively high neighboring buildings in order to create urban, street and square spaces along with the existing architectural sins. That will have to be a very checkered urban topography that, if it is done well, doesn't disturb but increases the experience of the city's gestalt."

The longing for this culture is growing the more the economic aspect dominates. How else can the emergence of the insight be explained that the Rheingarten and Farina, the Bastei, the museums, the Romanesque churches and the Cathedral, but also the Hohe Straße, the Schildergasse, the Neumarkt and the arcades, the Ehrenstraße, the Hahnentor, and the Rings are all more fun than the dinosaurs added later, which are all disgraces—they don't sing, they scream! And they do the city of Cologne, founded by the Romans in 50 AD, no good at all in our times, 2.000 years later. This is also true of the high-rise of the Rheinische Zusatzversorgungskasse that was built in Deutz. Due to the very different quality of the surrounding objects, an accumulation of architectural individuals that are unable to get on with each other, too, the high-rise of the Zusatzversorgungskasse appears extremely contradictory from the viewpoint of urban development. There is probably not a less suitable construction site in all of Deutz for this 90-meter-high building (it was originally to be 103 meters high). The property is subject to a highly questionable commercialization. One doesn't build for oneself but rents the spaces. The tenant, it has been said, ought to be "a gain" for Cologne and "a boost" for the location. You can see how this turns out when examining the Lufthansa high-rise whose "gain" for Cologne quickly evaporated. Such rubbish has been written about the project, and what the UNESCO all has against it with their World Cultural Heritage and so forth was countered by one of the large investors: That the Cathedral didn't need the UNESCO, and UNESCO's objection blocked the path of West Germany's largest city into the future. Besides, that it was not that interesting whether the church building was a UNESCO "World Cultural Heritage site" or not!

The planning for this high-rise of the architects Gatermann and Schossig, with the nice name of "KölnTriangle", is certainly not bad. The ground plan was developed making use of a purely geometrically descriptive theory of motion invented by the engineer Reuleaux, director of the machine works in Deutz. That's a smart idea which, however, was not thought through to the end in the development of the structure's height, with its floors of most trivial functionality senselessly piled upon each other. The proportions of the high-rise are left to chance, for its original height was to be 103 meters. The Governing Mayor, however, in his wisdom gifted by God, reduced the height to 90 meters. Also rubbish. Hence, the question of the architectural and urbanistic significance of such a building becomes a farce.

For it is the task of planners, urban developers and architects to apply their knowledge, skills and creativity in such a way that the dreams of the people lead to a city that they accept as their city and which they are willing to identify with and commit themselves to. It's a shame, because in the competition for the ICE terminal in Deutz, a convincing urbanistic solution with spatially interrelated high-rises forming a group around a large station roof was awarded. The high-rise of the Rheinische Versorgungskasse now built was not planned for there and stands in no relation whatsoever to the existing and planned development of the area. The structure's height and proximity to the bank of the Rhine severely disturb the aura of the Cathedral. This view was also advanced in all discussions and workshops as well as in the urban development committee. Yet the politicians who make the final decisions have a hard time recognizing organic development in urban planning.

To bring in line the ideal of the "First Modernism", the purity of the new, with the complexity of today's reality—the cultural, historical, economic, and ecological conditionalities of a "Second Modernism"—and to combine them in such a way that coherence arises, is not their way of thinking. Instead, short-term sensational gags, indeed corresponding with our media culture, gain disproportionately high importance and contribute to the loss of the sense of what has naturally evolved. This results in the intolerable impairment of the appearance of our environment. Investors and clients must be aware, however, that their buildings indeed also embody the attitude of their builders.

It is also indispensable for life in our city that more housing and a higher quality of living is created; flats for families have to be built, in which children can live. But the property owners, often the municipality itself, have to achieve exorbitantly high property prices for increased commercial utilization or, as a substitute for demolished opera houses, prices that are prohibitively expensive for such trivial things as dwelling.

One will have to think about whether the radical division of life into the functions of dwelling, work and recreation, which has come about by itself, as it were, through the development of real-estate prices, but also generally deemed correct by urban planning, should be maintained, or, wherever it works, whether dwelling and trade should be mingled again, except for industrial and handicraft production, of course. Private residential parties often see considerable benefits in the fact that commercial tenants are in the building; they particularly hope for calm in the evenings and on weekends.

There will soon be many buildings that no longer satisfy their function as office buildings, and if one regards the urban city as a place of exchange—we exchange goods and services, ideas and opinions, friendship, advice and so forth—then living in the city has an advantage over living in garden cities eating up the countryside, and these converted buildings are probably much more exciting and stimulating and make their occupants much happier than the residential high-rises in the suburbs.

If Cologne would like to finally end the disfigurement of its cityscape, as can be seen in the high-rises and little high-rises, the blue musical tent and the building development of the Rheinauhafen—a formerly romantic island that used to be called "das Werthchen"—that is getting out of hand, then the question of the future of Wilhelm Riphahn's Opera House cannot be ignored.

The Opera House is a bold, rough, concrete structure from the 1950s, when the reconstruction of our totally destroyed city began. The press has purported for quite some time now, corroborated by letters to the editor (e.g. by Elke Heidenreich), that the population finds the building ugly. Objectively seen, the structure distinguishes itself decisively from the average quality of its neighboring buildings through its form and it belongs to those giving the city its gestalt. The traffic lane of the Nord-Süd-Fahrt lying before it, however, is an intervention in the grown gestalt of the city, that must again become an urban space by lowering it. That is important, more important than a new opera house!

But the Riphahn building needs to be restored. Experts say that the city has shirked doing so for twenty years because the structure is exposed to the low opinion of the local government. Lowering the Nord-Süd-Fahrt would do away with the deficit of the poor connection to the pedestrian paths, which is a fact. The Opera House itself breathes the spirit of reconstruction, it has turned out excellently in its spatial context and possesses an auditorium that is unparalleled in regard to its beautiful balconies that allow an exemplary view. As far as the building's exterior is concerned—and here one must particularly mention the extremely bad state of the side facing the Krebsgasse—enhanced utilizations are conceivable and a more contemporary façade could be developed. But the same applies in this case: To do architecture means searching, inventing and developing for a specific purpose and in line with a specific task. And to do so, you have to take your time.

Gottfried Böhm's vision of our city is clear: "We want to see a homogenous, modern city through which the Rhine nicely curves, where the community's buildings, and only they, are especially emphasized through their height, like the City Hall, the churches, cultural buildings, the piers of the bridges, and the like. One cannot believe in continuing this series of Cologne's abstract towers with high-rise buildings, no matter on which side of the Rhine. That would destroy the quality of our city. We want to experience a city in which one senses that it lives entirely in our times, both on the left and right bank of the river, a city in which one can also experience the great history it has had, even if only unconsciously, in which one finds the venerable old buildings carefully embedded, in which one can easily find one's bearings in the many different streets and squares, and where one time and again comes upon its characteristic, modern buildings to repeatedly enjoy special originals and characters. Just like in the community of people, one is time and again happy about special originals and characters. Ultimately, the city's gestalt is the architectural expression of a community of people with different characters and originality, yet who want to live, work and enjoy themselves together—in a community." I would like to add here that many of Gottfried Böhm's ideas have already become a reality after the city's destruction. Cologne has become nicer than it ever was. Critics of Cologne, who today deem everything worse than it was in the transfigured past, probably did not experience Cologne before it was destroyed. In my memory, Cologne was to a large extent a stuffy 19th-century affair—and just as dirty as today. The old part of the city with its quite unappetizing brothels was asocial, all the Rheinuferstraße had to do with were port actors, coal traders, scrap yards, and the like, and the Rhine flowed past it and was only accessible to pedestrians at the risk of their lives.

The swath that the National Socialists created in the city for their marches and excessively scaled party buildings did the rest to put an end to the old Roman city, although several large department stores as well as Stollwerk had also eaten their way into the intact city fabric. Streets like the Rheinaustraße, where the Governing Mayor had resided, were abandoned and derelict. Just so much to "Alt Kölle"[2]. Cologne has molted. Due to the war and the preservation of historical monuments, it has a homely new district, an Old Town that is again on the Rhine and a preferred residential area. It has the Rheingarten which allow citizens to experience the Rhine again. It has the museum district with the philharmonic hall between the Rhine and the Cathedral, the Cathedral Square with the now very beautiful, newly built flight of steps to the forecourt of the main station allowing one to walk from the river through the Roman city to the medieval Hahnentor without being bothered by traffic, past the Cathedral, along Hohe Straße and Schildergasse, past the wonderful arcades at Neumarkt, St. Aposteln, Ehrenstraße, and further on across the Rings that with their squares and green spaces are gradually becoming a part of the city, something which was not the case in earlier times either.

Many more of all those nice things that were created after the destruction could be mentioned, but there is a lot of no man's land waiting for coming generations, there is still urbanistic disorientation as regards our street axes—that must be newly conceived! All this is not easy, but we architects will not lose courage, for the call of the investors for a mere usefulness of construction can be heard ever more clearly, and that must be abolished!

1 Bernd Streitberger, since January 1, 2004 Head of the Municipal Development, Planning and Building Control Office of the City of Cologne.
2 Colloquial for the Old Town of Cologne.

July 15, 2005
Alexander Markschies
Car Park with Hotel Cäcilienstraße—
A Swan Song

Prof. Dr. Alexander Markschies, born in Berlin-Nikolassee, lives in Aachen. Art historian. He did his doctorate in 1999 at the University of Bonn and qualified as a professor at the University of Basel in 2006. Since 2006, Professor for Art History at the RWTH Aachen, since 2004, co-editor of Zeitschrift für Kunstgeschichte, Munich/Berlin.

Are there car parks that immediately come to mind and can also be connected to the name of an architect? This is definitely the case—just think of the Kant-Garage by Richard Paulinck opened in 1930 in Berlin, the Autorimessa in Venice built by Eugenio Miozzi from 1931 to 1934, which as a technical marvel is obliged to the ideals of "Neues Bauen" (New Building), the Haniel Garage along with the adjacent hotel by Paul Schneider-Esleben in Düsseldorf-Flingern from 1953 with its completely glazed façade and the pagoda roof from which the access and exit ramps are suspended, or—equally multifunctional—Marina City in Chicago built by Bertrand Goldberg in 1962: two sixty-story skyscrapers whose shapes are reminiscent of corncobs or depictions of the Tower of Babel, and where, via a wharf, the first eighteen floors are reserved for 900 cars. Located above are apartments, a bank, offices, a TV studio, and a theater. Architectural structures that were never built are also impressive examples: Konstantin Melnikov's car park for 1.000 automobiles over the Seine (1925), a project recently reactivated by Juan Navarro Baldeweg, or Louis Kahn's plan for a City Center in Downtown Philadelphia, which had evolved in the shape of a fortification. At present, von Gerkan, Marg & Partner, Gigon/Guyer, Zaha Hadid, Kengo Kuma, as well as Michel Targe, Jean-Michel Wilmotte, and Daniel Buren are pursuing exciting projects. Although the structure of car parks and underground car parks must be geared to automobiles rather than humans—according to the Bavarian building code they are defined as "totally or partially enclosed spaces to park motor vehicles"—although, as is related in Jürgen Hasse's captivating book on the cultural history of the car park,[1] they are "tolerated places", "places without identity", or even "places of evil", each and every one is ultimately a marvel, a "cathedral of automobility".

This applies, in particular, to the car park with hotel at Hohe Straße 30 / corner of Cäcilienstraße, located on the east-west traffic axis through Cologne opened shortly before the war. Commissioned by the Allianz insurance company and completed in 1957, one could park here, fill up, sleep, and directly access Cologne's main business streets—what more do you want? Only seldom was the "car-friendly city" realized in such a wonderfully functional and at the same time beautiful architectural way—just before the "concrete Brutalism with its non-integrated, threatening colossuses tore apart the city's fabric" (Dieter Bartetzko).

The building complex constructed by Ernst Nolte (1897–1973) is highly elegant, even subtle. The five-storey car park for 295 automobiles starts with a petrol station and an access ramp under a widely overhanging roof; above it, there are bands of windows along the building's edge, softly swaying, as if the façade were exhaling—if more money had been available, the window frames would have certainly followed the curvature and not been placed at an angle. The car park is therefore more reminiscent of an office building from the times; each car appears to be given its own window, and, with a ceiling height of 2.45 meters, sufficient space as well. In a unique way, mobility brought to a standstill seems to find its dignified *mise-en-scène*. The car is no longer the object of planning but becomes the subject of architectural experience. However, the façade is in fact a veil, the floor behind it function as access ramps. People in the Hotel am Augustinerplatz leaning against its side, in turn, can stand upright, as signaled by the tall rectangular windows. Briefly summarized, the complex is characterized by a truly first-rate architectural quality—and all this at close quarters: The width of the hotel is merely 8.5 meters.

Yet the architect and former Head of the Planning Department in Cologne-Lindenthal is almost forgotten today. He studied with Paul Bonatz in Stuttgart and then realized the Müngersdorf Stadium together with Adolf Abel. Between 1930 and 1950, he built around 30 buildings in Cologne, mostly houses and schools which, however, have today been thoroughly altered: the Spoerkelhof School in Cologne-Merkenich inaugurated in 1937, a residential building at Goethestraße 43 in Cologne-Marienburg, or the Municipal Savings Bank on Barbarossaplatz. The terminal stop of the Cologne-Bonn Rhine Bank Railway from 1939/40, a glass pavilion with an extremely elegant, semi-circular roof, has unfortunately been demolished. Until recently, his building at Hohe Straße 30 / corner of Cäcilienstraße has been maintained surprisingly well. It should have been loved more, at least treated with more care—as an absurd object of a *terra incognita* familiar to everyone.

1   Jürgen Hasse, *Übersehene Räume – Zur Kulturgeschichte und Heterotopologie des Parkhauses*, Bielefeld 2007, cf. also the review of Dieter Bartetzko in the *Frankfurter Allgemeine Zeitung* 10/10/2007, p. L36, and Simon Henley, *The Architecture of Parking*, New York 2007.

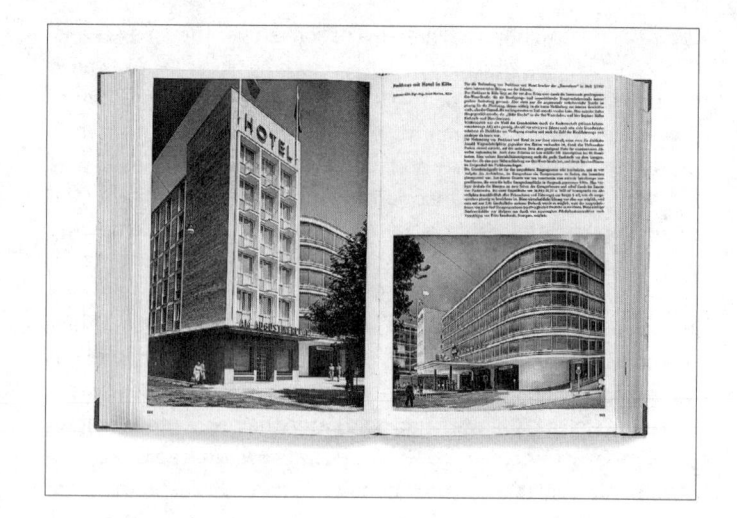

August 31, 2005
Bazon Brock
The Afri-Cola-Haus: A Simulation Complex to Indicate the Difference Between Essence and Appearance

*Prof. Dr. sc. tc. h.c. **Bazon Brock**, born 1936 in Stolp/Pomerania, lives in Wuppertal. 1957–1964 studies of German literature, philosophy, art history, and political science in Zurich, Hamburg and Frankfurt a.M.; during this time, he was also trained and worked as a dramaturge; 1957 first action didactic plays; 1959 first happenings with Hundertwasser, Kaprow, Beuys, Vostell, Paik; since 1968 visitors' schools at the documenta in Kassel.*

1965–1976 teaching activities in the Department of Aesthetics of the HbK Hamburg, 1977–1980 professor at the Hochschule für Angewandte Kunst in Vienna, since 1980 at the BUGH Wuppertal; main focus on neuronal aesthetics and imaging sciences; 1992 honorary doctorate in technical sciences endowed by the ETH Zürich; cofounder of the research group Kultur und Strategie; 2004 awarded the Federal Cross of Merit, First Class. 2006 Lustmarsch durchs Theoriegelände in eleven major museums, galleries and theaters in Germany, Austria and Switzerland.

Main focus today: neuronal aesthetics, imaging sciences.

The logo for the action *Liebe deine Stadt* reminds one of the award given to the ingenious racehorse as described by Musil: "A Racehorse of Genius Crystallizes the Recognition of Being a Man Without Qualities" is the title of Chapter 13 of this great novel which says: "His spirit was to prove itself as keen and strong and had performed the work of the powerful."[1]

In the action *Liebe deine Stadt*, Cologne is asked to reassert, in the present, the old self-understanding as a holy city of God. Those who are of the opinion that the concept of holiness in everyday life can no longer be expressed in an adequate form today are probably wrong. The action *Liebe deine Stadt* actually means to attempt to have oneself respired, inspired and enthusiastically charged in such a way that the claim to being a member of a heavenly city or a city of God is fulfilled. This can be illustrated quite easily using the modern terminology of aesthetics; and the Afri-Cola-Haus, which I passed by in wild spasms twenty years ago with Charles Wilp, offers particularly good prerequisites for doing so.

When just about everyone coming to Cologne or living in this city becomes aware of the radical ugliness of the living environment, only a small step is needed to catch up to the tradition of holy Cologne. One only needs to have the fleeting thought that, if something is called ugly, then one must logically formulate the counter-concept to "ugly", namely, "beautiful". In the real confrontation with the world, which is always and in all places fragmentary, questionable, incomplete, and exists only until revoked, and when taking this qualification of what is factually given into account, one must point to the fact that, in face of this real ugliness, this real mendacity, this real falsenesses, one must formulate the concepts of the good, the true and the beautiful.

Nobody in the world has the possibility to push through a canon of beauty, no matter how many members of academies have made use of it, or how many fundamentalist dictators have attempted to assert such a canon. It is simply doomed to failure. At the same time, it bears the sensation of inventing a city of God in reality, namely, the possibility—without the ultimately justifying authority of any instance dogmatically combining the good, the true and the beautiful—of being referred to the good, the true and the beautiful all the same. This ingenious construction was brought about by Benedict Nursia and then went on to shape the culture of the Middle Ages. It was anti-fundamentalism per se that distinguished Cologne and can be recognized based on the incredibly sober sense of reality that Cologne residents possess. They make no effort to euphorically inflate any kind of figure of mockery. At best, they afford themselves a reserved, discreet view of this manifestation, but never an homage or beautification, hence, no beautification of the city, no actions to prettify the world. These enormously sober and realistic citizens of Cologne, who summon up the strength to call what is dirty "dirt", as it were, to call what is ugly "ugly", what is evil "evil", or who at least accept what is ethically highly mixed as that which it is, are thus enthusiastic confessors to the orientation towards the good, the beautiful and the true. For they would not be able to expose themselves at all to the reality of what is given, if they didn't possess, in addition to the definition of ugliness, the concept of beauty.

What makes up Cologne, and therefore European culture insofar as it is shaped by Christianity, is that it underpins all hope with the concrete experience of finiteness, ugliness and failure. Someone who is realistic enough to call what is ugly "ugly", instead of acting as if it where something entirely different, to call what is kaput "kaput", what is stupid "stupid", also has the ability to feel himself at home in the conceptual worlds allowing him to make these judgements, in a more or less theologically, but now also scientifically trained, manner. The Afri-Cola-Haus is a simulation complex serving a realistic assessment of capitalism as a mechanism offering reasons for failure as perfection, or reasons for hope. Nobody in Cologne would have been so dumb as to believe that the promises of Coca Cola or the manufacturers of pants or detergents could be fulfilled by drinking, wearing or blinding. Every Cologne resident knows that he relies on this pretence, this ability to be revoked and this triviality, so as to permanently examine and reconsider them—while experiencing nonsense and empty promises—in regard to the opposite of these trivialities. But that is something that can only be grasped conceptually, nothing that can ever really be demanded. A Cologne resident, presented the final authority in regard to the good, the true and the beautiful, would respond to this imposition of fundamentalist authorities with carnivalesque gestures, most likely accompanied by obscene language.

The Afri-Cola-Haus, as a pure blind wall and representation of the European tradition of false fronts, was the prerequisite for the abysmal absurdity of this box to count as architecture. This complex is not architecture at all, but a constructional conglomerate that came about in one way or the other, that assiduously avoided adhering to the laws of proportion, adequacy of the material or diaphaneity. The Afri-Cola-Haus provided the substance for the experience that architecture is not realized with building materials, a homeland not with stones, and the mental effort of remembrance not with material—but exclusively through the minds and abilities of humans.

Charles Wilp, as an artist well-trained in theology and Catholicism, indeed aimed at fuelling enthusiasm for angels. This is something he realized in his photos as well. In his case, it meant that he advocated a form of realized virtuality. One sees how right he was in thinking in this way, now, when some of the everyday idiots not trained in a Cologne-style way believe reality could be rendered virtual. That, of course, is nonsense: either it is reality or it is virtual. virtual reality is something that cannot exist at all. Demanded in theological terms is the opposite path, namely, to realize thoughts, spirituality and cognition in signs. Therefore, signs must be recognizable as such. They must not pretend to be the things themselves. Packaging must not pretend to in any way be capable of referring to what it contains. It would be an insult and an imposition in regard to the intelligence of any human to assume that what is depicted on the package refers, in any way whatsoever, to the substance of what it contains. Any intelligent person knows that there is a difference that cannot be abolished between the appearance, the façade, and the material substance, or essence, of a thing. It is precisely this difference that one finds interesting, also in regard of oneself: the difference between the way in which one would like to see oneself, the way one feels, and the way in which one is seen from the outside is what is most interesting.

Charles Wilp was a typical proponent of pop agitation or, as we called it, Agit-Pop. The Agit-Pop generation should not be mistaken for Agit-Prop, which the generation of the 1920s championed in regard to proletarian culture in the form of agitation propaganda. Agit-Pop, in contrast, attempted to reveal the difference between the false pretences of an appearance, a concept or an image, and the substantiality of what was at issue. One could recognize in Charles Wilp's advertisements their exaggerations and their affirmative strategies of overpowering, particularly those for Afri-Cola. With the help of the affirmative strategy of overpowering, the attempt was made to shift a thing or issue to the foreground, to prettify it and whisper about it in awe, until everyone noticed that the opposite was intended.[2] In those days, a famous campaign in which Charles Wilp participated, was the struggle against Article 218. The affirmative strategy consisted in no longer counting on politicians, in no longer asking whether or not there was a justification for Article 218, but to accept the courts' everyday rulings. The aim, which *Stern* magazine organized, was for 10.000 women to accuse themselves of having offended against Article 218. The litigable affair was thus to be made impossible, because the courts could simply not prosecute 10.000 women accusing themselves. The judiciary would have been paralyzed—an excellent example of an affirmative strategy![3]

Charles Wilp, with his manner of advertising and propaganda for commodities, for euphoria in capitalism and for the relation of capitalism and depression, succeeded in showing that the honest capitalist with his advertisements always points out—through the huge gap between the overpowering aesthetic means and the thing itself—that the truth is not that which is at issue. Wilp would never have gone as far as to say that what is advertised and presented is what is sold to people. What he sold, instead, was the ability to differentiate, something requiring intelligence and thus the competence of distinguishing between appearance and essence. So what people were sold was the confirmation of their own judgement, in their capacity as intelligent humans.

At the time, one began—even with the approval of entrepreneurs—to professionalize the viewer of commodities in a way that, elsewhere, museum visitors were trained to become art viewers through visitors' schools, guided tours and by reading intelligent prefaces and closing remarks.[4] This resulted in one only being a pro by deeming what was presented to on under the general conditions of deceivability worthy of critique. At this point, advertising and art stepped forward to prove the critique of evidence. There can be no better indication of the achievements of art, the fine arts or advertising than in the way they instructed people to perform a critique of evidence. One can only comprehend what one sees yet merely appears "as if", if one realizes why it can't be what it appears or claims to be.

All intelligent forms of Modern Art practice, advertising or scientific endeavors are conceived in such a way so as to criticize what appears evident. For sciences today, the concept of truth itself is merely a question of evidence; they have no other concept of truth at their disposal. Therefore, the arts an effort to pursue a critique of truth, which simultaneously a critique of both capitalistic and scientific truth, in conjunction with the ability of pointing to basic problems related to the theory of perception and aesthetics. From then on, art, advertising, literature, journalism, and science were subjected to a strategy of problematization, because, in the meantime, everyone was aware that the problems arising for people on earth can only be solved by creating new problems. Consequently, as an artist, advertiser or scientist, one could no longer pass off as an expert on solving problems, but solely as someone who turns that which is evident for all others into a problem, someone, then, who by means of a critique of evidence, became the topic of discussions, dubiousness, and the orientation of people towards each other.

One only needs to ask oneself what prompts people to refer to each other. The moment one is aware that one's wisdom won't get one very far, one must turn to others. If someone talks himself into the fact that the problems can be solved, he must acknowledge that he can no longer cope with them. He must then ask others how they deal with the experience that they can no longer proscribe the absolute truth, the beautiful and the good, or the strategy of orienting oneself towards expert solutions. It is at this point that he must ask others how they can live without this assertion and what survival strategies they make use of.

Charles Wilp, with his advertising for Afri-Cola, and Hans Schilling, with his façade for the building, quite obviously installed a simulation complex dedicated to the difference between essence and appearance. When attempting to gain insights into the actual structure of the building, one finds that the essence of this architecture remains totally undisguised. That is what, in a certain potentialized way, expresses total chaos, ugliness and a lack of structure. There is a quite deliberate intention behind all this, namely, to express the difference between what is visible and what is prescribed as an essence behind this appearance.

What became fundamental in the 1960s, 70s and 80s, lead by French philosophers, was to orient oneself along the lines of creating differences and thinking in concepts of difference. But the preconditions in the individual communities were too different to really absorb this thought. In communities anchored in a theological tradition like in Cologne—that deemed themselves represented above all by defense, by generous ludicrousness, also applied to oneself, by mockery and ridicule, by the disdainful gesture, by finding oneself represented in trash and dirt—thinking in concepts of difference became an excellent means to assert oneself against the offers of fundamentalist-dogmatic claims to the true, the good and the beautiful. Here, on location, it was clear that the true architecture of our relation to the world consist in our thoughts. This also includes the social capacities to arrange oneself with and connect to others. The ability to socially bond with others is founded in the fact that one wants to see how others deal with problems that nobody else can solve either.

What results from this in regard to existential orientation can be observed in Cologne, which offers a very special climate for such questions. It is not made up out of thin air to claim that Cologne's enormous position in the emergence of the Avant-garde, the Agit-Pop movement and advertising at the beginning of the 1960s is based on the Cologne residents' ability to—trained by theology, as it were—actually become involved with the realities and therefore orient themselves without further ado towards what these grand sublime concepts mean. In Düsseldorf, one really believes one has achieved something when one places a box made of marble, gold, glass and other such glossy materials next to the street. That would be absolutely unthinkable in Cologne, where nobody would fall for such nonsense. Every Cologne resident would immediately turn his back to this Düsseldorf adoration of an untheological modernity. The Cologne resident would immediately try to show that something can only exist based on the difference between appearance and essence and would then explain to the Düsseldorfer what his questionable attitudes in regard to appearance and essence are. One of the greatest lemurs here in Cologne, although he had his office in Düsseldorf, was Charles Wilp. He always admitted that he made money in Düsseldorf but got his ideas for what he sold there in Cologne. He had the vision of Cologne as the basis for the new conquests of the world of "cosmic ideas"—deliberately following Kandinsky—and wanted to organize a kind of space station of new cosmic ideas in Cologne.

Here I would like to make an appeal to the social intelligence in Cologne, to the new context of grounds for futility, the fragment, trash, dirt, and failure, and establish the grounds for building up hope, or maybe even being the city of these new grounds. Imagine the Cathedral would be filled with the material that one must by all means deal with, the trash that is not what it appears to be, shining trash. One can neither taste it nor feel it, one cannot discern its chemical or physical substance. For the physicist's critique of evidence this means that he has no preconditions to ever have recourse to the essence of the thing. All he can do is refer to the eternal difference using the word "shining".

Everyone knows that only ruins remained of Rome and Greece, that only ruins are eternal in the world. Seen this way, one should turn oneself into ruins as quickly as possible to ensure one's own survival, to even stand a chance to endure. For only what is fragmented and trash is able to survive. One must ask what the effect of this trash consists in? That which we designate with the concept of "shining" is what makes up the duration. Duration, however, is a feature that is otherwise only attributed to the Gods. If one assumes 15.000 of half-life for normally radiating waste in the lighter version, then one is dependent on taking a perspective of cultural duration into consideration that no other culture has hitherto achieved. Neither the Greeks nor the Egyptians, neither the Babylonians nor the Hittites, were able to achieve such a duration. But there are already indications there of what is at issue here. The new God, meaning what guarantees duration, what gives reasons for the necessity to conceive what is beautiful, the good and the true stemming from the real experience of failure, limitations, nonsense, and falseness, can today only be represented with reasonable ground and reason through waste. What one experiences in the form of waste, dirt and failure is—transferred to the general social level of waste—the only guarantee of a culture's duration. God and waste, or city and failure, or beauty and ugliness in the sense of really accepting what is ugly for the necessary orientation towards the concept of beauty, and the same regarding the good and the true, means establishing an architecture of thoughts in which one can again talk about cultural duration, a perspective for the future, and eternity.[5] For 15.000 years half-life are indeed an eternity, especially in comparison to all historical cultures—and that is not only something believed but substantiated by reason.

Starting from this moment, one has the possibility of actually conceiving again that which hitherto appeared impossible to conceive: the true, the beautiful, the good, duration, the future, the perspective, even eternity itself. The reversal of giving grounds for such grand concepts based on the real experience of failure, ugliness, limitation, and lies is what was connected to the tradition of Agit-Pop The obviously realized difference between appearance and essence was of special importance to the tradition of Agit-Pop. Wherever one looks, one must welcome the traces of such litter pollution to substantiate a culture of eternity and duration. At the same time, it is that which commenced 1.600 years ago as an innovation in the Christian world, for it did not begin with the triumph of the divine apotheosis or the triumph of a superhuman capability—that was ancient hocus-pocus—but with the crucifixion of God, with litter pollution, with mashing up, with soiling, with destruction, with agony and pain. Christianity started with precisely that which characterizes our daily life today. The meaning of the motto *Liebe deine Stadt* consists in perceiving oneself in the position to acknowledge this precondition and, based on this premise, permanently orient oneself towards the good, the true and the beautiful, towards eternity and culture. Symbolic works such as literature and art are the institutional, the actually intended forms of realizing this principle of reversal. Painters, from the 13th century on, and after the establishment of their profession in the wake of the emergence of Modern Art in the 16th century, were predominantly dedicated to Christian iconography. It was thematically prescribed what they did in a material way as creators of picture, literature and music.

It is the undeniable, real experience of ugliness, limitations, and stupefaction—especially the proletarianization of the top elites has made considerable progress in Cologne—that can make it possible to speak of eternity, beauty and goodness with rational and logical arguments. This is not a question of belief. Waste is the God that truly brings about duration. That's something you don't have to believe in—you just hold a Geiger counter to it and you know what's going on. Failure is the definitive orientation towards success, especially to the degree that it becomes irrefutable, for it can no longer be denied.[6] This gives the reason for the truly rational hope that one can jointly summon up the power to face this reality. This again makes it possible to get involved with the heaven of ideas, cultural values, eternity, and duration. That is what the mission of the Afri-Cola-Haus is based on, and it therefore really deserves an award.

I wish everybody would attach the logo *Liebe deine Stadt* to their doors to draw attention to the realistic experience of failure, ugliness and lies. One could then ring the doorbell and ask to what extent the people living in the house are oriented towards the good, the true and the beautiful. A conversation would then begin about the good, the true and the beautiful, about eternity, God and culture, for one would then have publicly expressed that one can offer rational reasons in this regard. The logo *Liebe deine Stadt* has referred to the reality of failure, ugliness, stupidity, falseness, and lies of the governing mayor and simultaneously signaled that one is interested in an architecture of emotional associations and cordial reasons for the prevailing conditions. Just imagine what would happen if, starting tomorrow, everyone in Cologne would begin talking in hotels, bars, lobbies, cafés, and restaurants about the greatness of the concepts of eternity and God and particularly about the reliability of duration. One would exclusively concentrate on the true, the beautiful, and the good and declare everything else to be irrelevant. The prattle about sex would end, and people would instead talk about love and the divine power that it manifests.

In a certain respect, the Afri-Cola-Haus is the cathedral in which the trash addresses these kinds of grounds for capitalism. It is clearly demonstrated here that all capitalistic propaganda, the entire triumph of the economy, all creation of jobs, and all human happiness on earth are lies, something one finds out everyday anyhow. Why are people outraged by these lies during election campaigns? One must be pretty dim to complain about something that is evident to everyone. Instead, one should come up with the thankful idea of making each and every one of these political crooks and liars to a partner in the orientation towards the opposite. By the way, the pedagogic education society should be glad about every lie. Parents shouldn't forbid their children to lie, but should instead be happy when their offspring can lie in a clever way. For then they could deem their children intelligent and see that they fully master and use their brains. In the brilliantly lying child, one can see that it has recognized the difference between truth and falseness and that in the lie it is nonetheless related to the truth—and that even though neither the parents nor the child know "the" truth. This is precisely the basis of what actually makes up the Humanum Genus. By letting the other person know that one has no idea and can do or master nothing properly and also possesses nothing, one takes part in the real experience that contains the grounds for the Humanum Genus. That's why one orients oneself towards skills, abilities, possession and the sparkle of the world only under the aspect of a mere necessity of thought, however, and never in the attempt to see this realized in golden clothes or shoes, gold chunks or buildings, but exclusively as an concept of thought.

At around 350 AC, people gathered in the Roman Empire, and hence also in Cologne, and asked the Christian monks what they had to offer in the first place. They were surprised by the offer that consisted in a crippled Savior of whom they had heard that his power was derived from the fact that he had none. People rightfully asked what the entire spectacle was all about. Then the little monks—intellectual itinerant preachers like we today—came and explained to the people how with rational reasoning one can substantiate the hope for eternity and the Kingdom of God. The monks made it comprehensible how in the experience of precisely this ability to orient oneself towards reality a holy Cologne would we witnessed. At the time, the reality of life consisted in crucifixion, mashing up and torture. Only once this was accepted and no longer denied did people even stand a chance to refer to the necessity of thought.

To recognize the necessity of thought was the precondition and simultaneously the beginning of the construction of holy Cologne that is today still represented by the cathedrals. Cathedral always means to build on the difference between heaven and hell, the difference between the agonizing experience of ideological superimposition, of vain hope and of imagined paradises, and vice versa, on the realistic ability to acknowledge failure and misery. That led to the notion of art, for art fulfils precisely this difference. On the one hand, the realm of the beautiful and aesthetic appearance which, however, does not pretend to be what it is, but, on the other, through the critique of evidence demonstrates that it is precisely not what it pretends to be.

This experience should be made again today. It must be clear to you that you have the opportunity of living in a holy sociality, in the *Colonia*, meaning in the colony of God and thus within the conditions and the experience of failure. As soon as that is made productive, one is a pro as an artist. For artists are nothing other than people who can professionally utilize their failure, their stupidity, their foolishness. An artist is a person who manages his limitations and lets something productive come out of it. The artist has the ability to address his fear, his stupidity and his experience of failure, so that all others can use them to work off their experiences. In this sense, one is in the succession of Christ, i.e., the Imitatio Christi, by mobilizing the knowledge that stems from the context of grounds of Dürer, meaning that one knows that Dürer derived the artist from this ability to imitate. Today, as well, the person who believes he must follow Dürer as an artist is connected to the Imitatio Christi through him. His place is subsequently in the counter-program to fundamentalism and to the religious return of the assertions of truth from the Testaments and Revelations. We are in special need of this, otherwise the assertions of these fundamentalist truths will soon do us in.

1 Robert Musil, *Der Mann ohne Eigenschaften*, Reinbek near Hamburg 1952, p. 46.
2 On the "technique of affirmation", cf. Bazon Brock, *Ästhetik als Vermittlung – Arbeitsbiographie eines Generalisten*, ed. Karla Fohrbeck, Cologne 1977, pp. 164–173.
3 *Stern*, Vol. 24, No. 24, Hamburg, June 6, 1971.
4 On the program of "professionalizing the viewer, the citizen of code-termination, the consumers, and the patient responsible for himself", cf. Bazon Brock, *Der Barbar als Kulturheld – Ästhetik des Unterlassens, Kritik der Wahrheit – Wie man wird, der man nicht ist*, Gesammelte Schriften 1991–2002, ed. Anna Zika in collaboration with the author, Cologne 2002, p. 721.
5 Bazon Brock, "Gott und Müll", in: *Kunstforum International, Theorien des Abfalls*, Vol. 167, Nov.–Dec., Ruppichteroth 2003, pp. 42–45.
6 On the topic of "failure as success", cf. Bazon Brock, *Der Barbar als Kulturheld – Ästhetik des Unterlassens, Kritik der Wahrheit – Wie man wird, der man nicht ist*, pp. 263.

September 25, 2005
Martin Struck
Haus Wefers, a "boîte de miracle"

Martin Struck, *born 1957 in Cologne, lives in Krefeld. Architect and building assessor, since 2001 bishopric master builder of the Archbishopric Cologne. 1977–1980 training to become a joiner and cabinet maker. 1980–1984 architecture studies at the Rheinisch-Westfälischen Technischen Hochschule Aachen and the Department of Architecture of the University of Bristol, GB. 1989–1997 municipal building director, draft architect and head of the Building Department of the City of Meerbusch, afterwards, managing director of SIM (Service Immobilienmanagement).*

First of all, love is a story of relationship. The story of a relationship between individuals, perhaps also between persons and things. But it is always also a "history". I cannot give an account of the history of Haus Wefers, its architect and building owner—there are too few sources available to do so. Neither in the successor architect's office of Karl Band nor with Josef Stracke, the son of the builder, has any kind of correspondence survived. Yet the alert eye can discover traces of this love story, and these are not traces of a past that has come to an end, they are posits to clarify the historical continuity of our life in and with Cologne.

The spatial program and the choice of the construction site already reveal the personality of the building owner: His concern was to provide living spaces for himself and his family, rented floor space for the "Theater am Dom" and spaces for his own business—exhibition areas for his trade with paraments and furnishing for the liturgy in churches of the Cologne Archbishopric. And all this vis-à-vis the western tower façade of the Gothic Cathedral, which any true resident of Cologne would like to see from one of the windows of his flat so as to make sure of his exact location in the universe. With this point of identification, no Cologne resident, and that always gives rise to justified hope for our Archbishop, can be entirely godless. In addition, there was the choice of the architect, a Catholic born in Cologne and guarantor of a solid, modern architecture.

Karl Band was born as the son of an architect in 1900. The family lived on Hohenzollernring, the son was baptized in the St. Andreas parish church and did his Abitur at the Apostelngymnasium. Band went on to study art and the history of architecture at the University of Bonn, medieval church building with Paul Clemen and, from 1921 on, with Friedrich Ostendorf and Otto Gruber, amongst others, in Karlsruhe. In 1924, he completed his studies there to become a qualified engineer, and then began working for the architect's office of Hans Schumacher. Up until 1930, he worked for several different Cologne-based architect's offices and, in difficult times, learnt this profession starting from the bottom. At this point he did his exam to become a government architect in Karlsruhe and acquired the status of a civil servant, something which he noted with pride throughout his entire career on all plans and letter papers. In the following years, he operated an architect's office together with the well-known church builder Eduard Endler. He took part in various competitions under his own name and was responsible for a number of mature buildings which, however, spoke the language of "moderate" Modernism. During the war, he had to do several building projects for the Ministry of Arms. Since 1943, however, he was again active in Cologne: in the emergency consolidation of cultural edifices and churches of his beloved home town that were ruined or threatened by total destruction through the bomb raids. In the period immediately following the Second World War, the main creative phase of the architect commenced: residential and commercial buildings, reconstruction planning, considerations on the urban fabric, restoration of destroyed churches etc. In 1952, he built his own residential and office house on Kunibertsklostergasse. It exemplarily reveals the principles of his ideal of urban planning: reconstruction following the outdated plot structure and the lowering of the buildings' height, isolating and embedding the most important (historical) special buildings in strips of greenery, the selection of traditional Rhineland building materials, and the use of the modern formal canon—flat roofs, horizontally positioned windows, cubic shapes, and reinforced steel columns. Karl Band must have attentively followed building activities abroad. To further train his colleagues, he repeatedly organized exhibitions on foreign architects in Cologne. In order to shape the reconstruction plans along these lines, Karl Band even made the effort to participate in the relevant committees in a politically active way.

Unfortunately, his visions are today only to be seen at very few places in Cologne's inner city, and they too must be defended against the permanent pressure of the investors to build higher. In addition to the numerous residential and commercial buildings, a further main emphasis of Band's work was on repairing historical churches and constructing new ones. In the 1950s, Band's office employed up to 25 persons. In 1965, Band handed his office over to his son Gero, who ran it until he died in an accident in 1983. Despite his high age of over 80, Band conscientiously resumed the office activities vis-à-vis his clients and continued them until his death in 1995.

The third factor of Haus Wefers is the unique building site: a trapezoid plot adjoining three streets with totally different heights and depths. This location combines the past with the future, at least in the way one positively imagined it in 1957 when the house was built: There is a jetty atop the Roman city wall, which urban planning after the war sought to make experienceable everywhere so as to expose the roots, the "nucleus" of Cologne. Then we have the traditionally proven city module of a space-creating, mixed-usage building inserted in the frontage with the façade facing the public and a private rear area. At the same time, the structure is experienceable from three sides due to the property's location on the car-friendly Nord-Süd-Fahrt and thus elucidates the notion of new urban development consisting in freely placing the structure in the flowing, green space of the city.

Building owner, architect and building site—this love triangle resulted in this wonderful building: Le Corbusier would have called it a "boîte de miracle", a miracle box. Placed at the former Roman wall, a forked pylon, depending on the street direction or the points of the compass, opens two different façade sails over the store entrances and the display-window treasure chests placed in the opening. According to the dogma of Modernism, which aimed to separate individual functions and elements, the surfaces and cubes are set off against each other. This idea is not played through as a dematerialized skin of glass and plaster, but is "rematerialized" with a very haptic quality using basalt lava, bricks, gravel concrete, and oak.

This again leads to the keyword "love". For what characterizes the beloved person, the valued object? First of all, its uniqueness and individuality that is simultaneously combined with familiarity and the knowledge of its origin and history. The issue is unvarnished authenticity, sincerity and honesty that leaves all traces of life and age visible. As one can see here, the materials used by Band have grown old and matured in dignity. But there is, above all, one other thing: its beauty. How hard it is to describe and define—it consists in an appropriate relation of scale of all individual components to the whole, nothing can be added or removed, a feeling of harmony is triggered in the viewer, as if he were in accord with a string stroked inside him.

Such a conception of beauty necessitates a structure of the façade bearing harmonic proportions, depending on the materiality and position—the shadow play and the visual weight rely on it. And in the postwar architecture of the 1950s, nothing had "weight" anymore—for this style was to radiate lightness and elation. Each façade refers to the respectively different street situation on its side: To the north, the lively side, its small cubic structure fits in to the narrow

Komödienstraße, on which several Wilhelminian style façades with pronounced stucco ornaments have survived as a vis-à-vis. On the south hovers a brick wall interspersed with comparatively small square windows rising in a monumental fashion against the rush of traffic. It reminds one of the Roman city wall and, perhaps also out of consideration for the urban-developmental integration of the opposite County Courthouse, is kept brick-colored with the light plaster and the natural stone of the postwar surroundings. A counterpoint to this almost cold massiveness is the small balcony hanging in front of the façade with its mosaic embellished parapet. And then there's the noblesse of the eastern façade, with generous horizontal lines in balance with the vertical edges of the pylon and the side surfaces as well as the inserted balcony. It makes a light impression on the ground floor, and the edge to the roof is clean. A composition of more recent times that almost equals the opposite Cathedral façade. This building possesses three carefully composed and ingeniously inspired façades.

They are façades stemming from a period that had recognized in the façade architecture of historicism per se the cause of all courtyard evil and its venting in ill-fated times. The original meaning of "façade" is derived from the Latin "facies" (face); the façade is therefore the carefully designed face of a house conveying an idea of the building owner's view of humankind. In architectural functionalism, architects preferred to speak of "views" rather than "façades". If the ground plan was in line with its functions, they stated, then houses conceived in such a way would become honest and at the same time beautiful. Yet an artist like Karl Band is needed all the same for something like this to really function. For it is not pure "façade architecture" that doesn't take into consideration the needs of its occupants or the forms of usage to be housed. Band developed a ground plan possessing irresistible logic and simplicity: Stairwell and lift are correctly positioned so that no unnecessary traffic areas arise. The well-proportioned rooms are meaningfully arranged according to their importance, function and directional orientation. The store, which is classically furnished in each detail and can be accessed via the spiral staircase, supports the sales situation: It offers a generous presentation of articles, open access to take a noncommittal look, a secluded area for personal consultation in a homely atmosphere, but also suitable storage spaces. Such a store does not require a new outfit every five years. The spatial proportions, the lighting and the details of the material fulfill their function in a timeless manner. In addition, the fittings and details are not only there for practical purposes. For Karl Band, the synthesis of the arts in the architecture was certainly more than a theoretical ideal. To picture the practical implementation of this concept, one only needs to look at his design of the doors, door handles, banisters and handrails, balcony parapets and wall tiling. On Komödienstraße, there are *Die Heiligen Drei Könige* (The Three Kings) as brick in-crustations in the façade (artist: Siegfried Erdmann) following the star to the east on their way to visiting the Lord of the World.

Further known and unknown artists were involved in the design. The architecture was adapted to their suggestions, and they in turn fitted their ideas in to the given frame—which thus led to a "Gesamtkunstwerk".

A city is lovable in which such love triangle stories were written. And are still being written? Karl Band once more: 1950, Cäcilienstraße/corner of Nord-Süd-Fahrt, a store and exhibition building for the Schirmer furniture company—an equally prominent corner property with a client who knew what he wanted resulted in equally good, modern architecture. But now it, of all buildings, is to be torn down. The entire block! And this is what it is to be replaced by: client = anonymous, spatial program = offices, architect = experienced in dealing with investors. What that results in is standing all around today—devoid of relationships, mute, never loved. We must also pay attention to these developments: Where can we today find the personalities (to fall in love with?) who continue telling the story of our relationship with the city?

September 22, 2006
Peter Zumthor
Minutes of an Appearance at Cologne's Opera House Ensemble

Peter Zumthor, *born 1943 in Basel, lives in Haldenstein/Switzerland. 1958-62 trained as a cabinet maker in the furniture workshop of his father, Oscar Zumthor, and 1963-67 as a designer at the Kunstgewerbeschule Basel, preliminary course and specialized course, as well as at the Pratt Institute, New York. From 1967 on, work as a building consultant and inventory expert on historical settlements with the Kantonale Denkmalpflege Graubünden, additionally, realization of several reconstructions and renovations. 1979 foundation of his own architect's office.*

Visiting professor at the Southern California Institute of Architecture, SCI-ARC, Los Angeles, 1988; the Technische Universität Munich, 1989, the Graduate School of Design, GSD, Harvard University, Boston, 1999. Since 1996, professor at the Accademia di architettura, Università della Svizzera italiana, Mendrisio.

Numerous memberships and awards, including the Heinrich Tessenow Medal, Technische Universität Hannover, 1989; Internationaler Architekturpreis für Neues Bauen in den Alpen, Sexten Kultur, South Tyrol, for the chapel Sogn Benedetg, the apartments for elderly persons in Chur, Masans, and the residential building Gugalun, Versam, 1992 and 1995; Erich Schelling Preis für Architektur, Karlsruhe, 1996; Carlsberg Architectural Prize, Copenhagen, 1998; Bündner Kulturpreis, Graubünden, 1998; Mies van der Rohe Award for European Architecture, Barcelona, for the Kunsthaus Bregenz, 1999; Großer Preis für Alpine Architektur, Sexten Kultur, South Tyrol, 1999; Laurea in Architettura Ad Honorem, Università degli Studi di Ferrara, 2003; Thomas Jefferson Foundation Medal in Architecture, University of Virginia, 2006; Spirit of Nature Wood Architecture Award, Wood in Culture Association, Finland, 2006; Prix Meret Oppenheim, Bundesamt für Kultur, Schweiz, 2007; Praemium Imperiale, Japan Art Association. Brick Award, 2008.

Works: School complex Churwalden/Graubünden. Duplex house Räth, Haldenstein/Graubünden, 1983; protective buildings over Roman findings, Chur. Studio house Zumthor, Haldenstein/Graubünden, 1986; chapel Sogn Benedetg in Sumvitg/Graubünden, 1989; Kunstmuseum Chur (in collaboration with P. Calonder and H.J. Ruch), 1990; residential building for elderly persons, Chur-Masans, 1993; Haus Gugalun, Versam/ Graubünden, 1994; residential settlement Spittelhof, Biel-Benken/Baselland. Thermal Spa Vals/Graubünden, 1996; Kunsthaus Bregenz, 1997; Klangkörper, Swiss pavilion at the Expo 2000; documentation center Topographie des Terrors (Berlin, 1st prize of the competition 1993, design partially realized in 1997, demolished by the federal state of Berlin in 2004); Haus Zumthor, Haldenstein, 2005; district school (school building) of the community of Churwalden; annex of Pension Briol, Bad Dreikirchen, Barbian, South Tyrol; field chapel for Holy Brother Klaus, Hof Scheidtweiler, Mechernich-Wachendorf; Kolumba, Art Museum of the Archbishopric Cologne, 2007.

Ladies and Gentlemen,
I once read in Walter Benjamin that he would first walk through a city that was new for him, properly discovering it for himself. He called this act "Schauen", or looking around, or, as we would say in Swiss German, "Luega". Naturally, I've done just that from time to time in Cologne, and that's how one day I once discovered this building here, the Opera House ensemble. It isn't very hard to find, but—admittedly—I first had to find that out. My initial impression from some distance was: What's that odd ship over there? It seemed to me like a monster, and it had these strange side annexes. Typologically speaking, it was difficult to categorize. What kind of building was that? I then looked a bit more closely, and—I don't know, do you know that feeling?—you can look at a building, and then you suddenly sense, "The devil, yes! It's quite cleverly done in fact, how surprising!" And all at once, you can feel that there was actually a human behind it all, and that person did something. So much so that I asked myself why I hadn't noticed long ago that it's a good building. But that's typical for the architecture of the 1950s. This period, it was my youth, and there was, in a sense, no proper architecture; all of it was really nothing special. Yet I was happy to see how the heaviness in construction had disappeared in the reconstruction after the Second World War, but there was no kind of pioneering building being done. The German "architectural pioneers" are no longer here, as you know. But in Switzerland, where the pioneers stayed, or left, like Le Corbusier, this phenomenon certainly did exist. Then something happened here in the 1950s that took place there as well: Things got lighter. What came back was not the Bauhaus or the astringency of the nationalistic architectural styles, but a kind of affability, a mellowness that could have an almost rural quality.

I hope you'll excuse me for saying this—at least that's how it seems to me. Maybe I'm transferring my personal experience of buildings I know that were built in Switzerland during this period, say, in the Lake Zurich area, an architecture that still reveals an old craftsmanship quality. When I look at this Cologne building, I imagine what a joy it must have been for this architect after the war, the fact that it was possible to build again, that sketches could be made with the hope of them actually being realized! That can still be seen in the building today. It is all so well planned, you can see it for yourself, thought through to the last detail. You know how thick window sash bars have become in the meantime, they must be growing at a rate of 12 centimeters a year: Soon we won't even be able to look out of the windows anymore!

At least that's how my encounter with the building, my "entrance" into it went, and thus, once more, to the times of the 1950s. I can't even say precisely where these forms come from. What are their models? Surveying German or even Swiss architecture of the period, there is a common element: these thin ceilings, the dissolution of mass, the fine rods, and the colors that we today consider typical. For example, I heard that the original seating was also orange on the inside. The characteristic light blue and the black-backed aluminum profiles return in the overall complex, which then generates a certain Scandinavian elegance, where it would be difficult to say if it had more in common with the Danish Arne Jacobsen or the Finnish Alvar Aalto. And at the time, building certainly also took its cue from book publications about how construction was being done elsewhere.

When I look inside the building, and walk around it, I discover its proportion, I succeed in seeing the overall composition and enjoying it. The building and then the restaurant, they relate to one another in a wonderful light way. If this were New York, one would "discover" it and establish a "Spitzenbeiz", a first-class restaurant in these elegant surroundings, plant nice trees in front. It's a wonderful composition that in its relationship to the square before it and in its transitions is very typical of its time. This special sense of proportion that is low and yet liberal in its use of space generates publicness. And I think that's the greatest thing that architecture can give to a city: when it succeeds in generating public space. In a lot of buildings that we build today, it's not much use calling the space before it a "piazza." That's just not how it works. But with such a generous spirit, as we can see here, it can indeed work. It's cheerful, it's bright, it's open, not stuffed. And anyone can see that everything here has its place and belongs just where it is. If you see the building that way, you begin to love it.

And so I can add two points to my first great compliment, that here public space is generated in the best sense. The first applies to the large square that with its five entrances sends out five signals to enter. That there are five entrances, and not an even number, this means that the entrance is a festive place of transformation, where we take off our city coats, walk up the sides, winding up in the foyer above, where we present ourselves on the balconies in our festive evening wear. Such a classical sequence can be found in every good opera house. We stride through the square, walk to the checkroom, and then, now fanning out into groups, make our way through the foyer into the auditorium. I couldn't think of a better way to do it, it's a classic. And now looking at the auditorium itself, I realize that it has got something special that I have never seen before in that way. What's notable is the intimacy of the space, which is really quite short. The loggias, that fall quite steeply like streamers between the room dividers, are very close and intimately directed toward the stage, and that has something quite festive about it, that is extraordinarily satisfying and gives a nice sense of how this architect worked.

So my second word of praise is about the festiveness of the complex, and the third applies to the closure of the composition as a whole. When I walk around the building, it is precisely not monotonous, but I have the feeling the composition saturates the architecture as a whole. What I love very much, for example, is the small squat passage with the colorful pictures towards the side square with its intimacy and its trees. You know what, that's simply great! When a building can do something like that (and over there it can), and at the rear something else, and that's my favorite: The bit where you see the two towers rising on the side, and realize that the architect has hidden the stage area or animated it behind living walls; behind, the two side annexes and the middle stand almost symmetrically. A passage links the two sides above, below we have the counterpart to this courtyard, an unbelievably lively deliveries reception area. I could continue listing the details that make the quite specific character of this building. The building has clearly a great deal of character, and thus generates a place within and one outside. I think that's sometimes called "identity." And that's my third word of praise: Thanks for granting this place a sense of identity.

September 22, 2006
Hiltrud Kier
The Cologne Opera House: An Urban Highlight of New Construction

Prof. Dr. Hiltrud Kier, born 1937 in Graz, lives in Zülpich. Art historian, from 1973 to 1997 work as Municipal Restorer and Director-General of museums, among others, for the City of Cologne. Since 1978 teaching art history at the Rheinische Friedrich-Wilhelms-Universität Bonn, since 1988 as honorary professor.

After Peter Zumthor, with the eye of an architect, described this wonderful building ensemble and the squares surrounding it as if sailing in the clouds, I quite deliberately want to bring the topic down to the ground in Cologne and describe the planning history of this location.
It all started in the 1920s, when Fritz Schumacher put up for consideration the fact that the old center of Cologne needed street openings in order to cope with the increasing traffic. This had no consequences in that decade, but from 1933 on, the planners were indeed given the opportunity. Plans for the two large north-south and east-west axes were made and to a large extent already opened. The new theater was planned at the intersection of these axes. One knows how things then continued in the 1940s. With a bit of sarcasm, one could say that the war was waged to support the urban planners and that the planned roadways were all but completely bombed free. Yet since demolition was performed during the war as well, in order to construct these streets, an ironical remark was made after the war that in the past years in Cologne, one was never exactly sure what the architects or planners and what the bombs had destroyed. Since in Cologne, too, politics had changed after 1945, but the administration had for the most part remained, the planning of the preceding years was continued as a matter of course—especially since, starting in the 1920s, one had thought about street openings in those large old quarters of Cologne. After 1945, the general planner of Cologne's reconstruction, Rudolf Schwarz, narrowed and modified the roadways that were originally planned much broader as marching streets for the Nazi regime. Especially along the east-west axis, a completely new and exciting urban-planning situation arose with the Hahnenstraße designed by Wilhelm Riphahn—which is today unfortunately rather scruffy and marred by advertisements. But the idea to build the new city theater on a large rectangular square on the north-south axis remained, and Wilhelm Riphahn's new Opera House was subsequently erected there from 1953 to 1957. What was simultaneously planned was the opera restaurant, the Operncafé, that on the Habsburger Ring had possessed a very special significance. There are accounts from the 1930s that one especially preferred sitting in the Operncafé to watch the traffic. And precisely this concept was again pursued at the new square: the new Operncafé was deliberately built there for people to watch the traffic on the new street, the Nord-Süd-Fahrt. Therefore, from the very start no plans had been made to build a tunnel, but instead to offer this big-city flair of a street enlivened by car traffic—precisely what people seek when visiting the café at the opera in Paris. Riphahn additionally planned the theater, resulting in exactly the sequence of squares that Mr. Zumthor gave such an impressive account of.
The Opera House opened its gates in 1957, the old Opera House on the Habsburger Ring was torn down in 1958, and the new construction of the opera was surely funded by the profits made by planning the Provinzial high-rise building that was approved there. However, in the following years and decades, one simply forgot to include in the budget appropriate building maintenance funding for the opera. The building was left to go to seed, especially in the technical area. When years later talk was finally of renovation costs, something very familiar occurred: Allegedly, the renovation costs were to exceed the costs of a new building—because it seems so much easier to build something new somewhere and to flog off the property located in the center of the city of course, with decisively higher utilization bringing with it a corresponding planning profit.
The state of the debate is currently obvious—one wants to preserve the Opera House but tear down the Opernterrassen, the Operncafé, that belong to it, in order to erect a new theater and have the site of the Schauspielhaus (Theater) newly built. That is to say, capitalizing the property in one way or another. That would destroy this really nice ensemble, to which the business and residential building of Wilhelm Riphahn opposite the Opera House also belongs. This self-contained ensemble of a limited height also integrates the 4711 building of Wilhelm Koep, a very typical grid structure of the 1960s, with neo-Gothic elements taken up as advertising ornaments.
The question remains: How will things proceed? Surprisingly enough, some people are still enthused about a tunnel here which, however,

makes no sense in terms of urban development nor really justifies the minimum of 500 million euros it would cost. Moreover, there is a concept of maximum allowable height stipulating that construction be limited to 35 meters height along the Nord-Süd-Fahrt. 35 meters are almost as high as the archive building of the WDR. This means that a series of high-rises would destroy this exceptionally nice square stemming from the 1950s. So, one has to be attentive and see whether future planning will indeed preserve the Opera House here and, above all, how it will be preserved. However, one can repeatedly hear between the lines the enthusiasm about how nice a new building would be—preferably directly on the Rhine, something like in Sydney. On the side, one could then capitalize this area without inhibitions.

One must urgently call upon Cologne to appraise the Opera House the way it has earned it—as an urban-planning highlight of the reconstruction of the city and also as an architectural apex that, particularly on the inside, unfolds its excellent aesthetic and acoustic effects as one of Germany's most outstanding theater buildings.

May 11, 2007
Friedrich Wolfram Heubach
To Love Cologne?!
Speech Held at the Dedication of the Lettering *Liebe deine Stadt* at the New Location on Nord-Süd-Fahrt

Prof. Dr. Dipl.-Psych. **Friedrich Wolfram Heubach,** *born 1944 in Nordrach, lives in Cologne and Ile Saint Martin (France), studied psychology, sociology and art history at the University of Cologne (Dipl.-Psych.; Dr. phil.). In 1968, he founded the Avant-garde art magazine* Interfunktionen, *which he edited until 1975. 1984 habilitation in psychology. 1985–1989 psychology professor at the University of Cologne, 1989–1992 psychology professor at the Hochschule für Bildende Künste in Hamburg. From 1992–2008, he held a chair in psychology/educational science at the Art Academy Düsseldorf. Heubach predominantly publishes in the fields of psychology of perception, new visual media, empirical aesthetics, and the psychology of everyday life.*

Ladies and Gentlemen,
I have been invited to give a few festive words on the occasion of putting up the lettering *Liebe deine* Stadt (Love your City). I believe that was a mis-take. You will ask yourself: Then why is he standing there and why hadn't he simply turned the invitation down? And why does he think it is a mistake in the first place?
To the first question of why am I standing here, as this mis-take. Well, out of respect to Cologne and its traditions. For it has become a nice tradition in Cologne, as far as cultural issues are concerned, to make mis-takes, time and again—they have become part of Cologne's folklore. Just call to mind the wrangle surrounding the head of the Culture Department, for example, of whom one now hears that he is also being considered for the post of the opera director, or think of the mis-take made with the Kunsthalle and its demolition, or of Cologne's application to become the Cultural Capital, or of the plan for development on the other side of the Rhine. The list could be continued, and I will join it, because I say to myself: Don't be vain, stand by Cologne, be part of its tradition, its folklore of its mis-takes.
And why am I a mis-take? Because—no matter how welcome and commendable the initiative *Liebe deine Stadt* is, no matter how wonderful I find the fact that this motto could be placed above the Nord-Süd-Fahrt, of all places, and how much I believe one should be very grateful to those who financed it—I can't help opining that the motto itself is utter nonsense, and in a certain way turns an fatality into a program. What is this undoing? The fatality starts with the possessive pronoun "your". It asks us to make the city our own.

So, Cologne is to be my city, just as it is to be that of the others—which is supposed to mean: Cologne is there for each of us. And that is a grave misunderstanding!

Cologne—like every city—is not there for each of us. A city is there for all of us! This is a difference that is as great as it has meanwhile fallen into oblivion, not to speak of it being made anymore. That's why it is appropriate here to say something about this difference. What does it consist in? How does it show itself? Take any "Bank" in Cologne. In German, the word "Bank" means both "bank" and "bench". In this case I mean a park bench. And there you see someone approaching it who decides to make himself comfortable on this bench: he swings himself onto the back rest and places his feet on the seat. Here you see this misunderstanding: he thinks the bench is there for each of us and everybody can use it in whatever way he or she likes. Then we see a person doing the same thing, except that he places a newspaper on the seat. And here one sees: this person has obviously understood that this bench is not there for each of us but for all of us. This means that everyone should use it in such a way that all others can keep on using it, hence, that he limits his self-interest in favor of the common good.

It is not only this bench in Cologne that reveals the difficult relationship between self-interest and the common good. Just take a look at the Oppenheim Bank, the Oppenheim-Esch-Immobilienfonds and its activities in Cologne, and you can see the precarious consequences of this possessive relationship—my city—that some citizens have to Cologne.

Well, I want to quickly get away from that by turning to something harmless. Allegedly. Namely, to the aesthetic consequences of this appeal, *Liebe deine Stadt*—Make it yours! When one offers a person a space and says to him, "make it your own", what does he do? He makes himself at home, and after a very short while, something called comfort prevails. There is nothing to be said against this tendency to make oneself comfortable, despite the aesthetic misery it brings to people, as long as it's performed in one's own home. But now, when people, by making it their own, also subject the city to this demand and measure the city by the yardstick of their comfy home, then soon nobody will know anymore that the "city" is more than a "place of residence"; then, the pushy affability of people sharing a flat will replace what was once called the "free spirit of urbanity", leading precisely to the city taking on the traits of a living room, something we have been experiencing for quite a while.

Just look at all the bollarded closeness of urban open spaces full of green tubs; the precious showcases characterizing commodity consumption in the new arcades; the regressive, all but uterine idyll of the quarters, their being turned into "Kiezes"; street parking spaces only for the immediate residents; the panicky traffic calming with street landscaping included; and other similar instances of progress in making the city comfy. All this again answers the same aesthetic call of nature—of course, in going with the times, imbued with design and lifestyle—that was once vented in the form of ornamental pillows, antimacassars, ornamental cups, saucers and plates, bedspreads, sideboards, and flowers on windowsills, in short: in that sentimental coop, that furnished disaster called "home".

Should you deem this "living-roomification" of the city the monstrous product of a cynical imagination, then, please, not just of mine, for the Decaux company itself, active in this area, calls what it does "city furnishing".

But why am I talking about all this? Because this claim, which has been running free in the city since recently, also becomes effective in the now more frequently voiced criticism of the Nord-Süd-Fahrt, where we are currently standing. And I must say, I love the Nord-Süd-Fahrt. I live fifty meters from here, so—as loud as this drive is—I'm not talking about a love that doesn't make me suffer as well. I don't love the Nord-Süd-Fahrt because I find it so loveable and beautiful either, but because I hate these stupid claims to an idyll on which much criticism of it is based.

People will probably object and say: "Yes, but listen! Surely you can love the Nord-Süd-Fahrt, but it is and will remain an architectural eyesore!" But the Nord-Süd-Fahrt is not an architectural eyesore. An architectural eyesore, the individual misdemeanor of an architect, would be the square surrounding the Cathedral. When one stood there in front of this concrete bliss, this bliss in concrete, one had the impression as if this square were meant to integrate the Cathedral in the Siegfried line[1]. The Nord-Süd-Fahrt is not an architectural aberration, and one must neither love it nor necessarily find it nice, just as little as the Opera here or the 1950s ensemble on Hahnenstraße. Instead, all this is the expression of a period, it is history, and in that it bears witness to this history, one should at least learn to respect it.

But back to the slogan *Liebe deine Stadt*—to this call made to us to love Cologne. What's the sense of it?! I don't understand it! Why this appeal?! People living in Cologne do so, they have always loved their city! And how! And with what disastrous consequences! Take Mr. Neven DuMont, for instance. If he were asked, "Do you love Cologne?", he would certainly not say "No". For he has already furnished proof of his love. For example, that fountain he donated, the one on Breite Straße. If you want to see how blind love can be and to what unspeakable aesthetic manifestations it can lead when someone wants to prove his love, take a look at that fountain. And here a personal request: Please follow my example of trying to make this fountain invisible by always giving the punks who like to gather around it a lot of money, so that it will get about that good money can be made by this fountain! And that the fountain will then gradually disappear behind the punks.

Another case of loving Cologne is the Schramma case. Here again, a case of this disorder of cognitive functions so typical of passionate love. On the one hand, the high-rises in Cologne cannot be high enough for Mr. Schramma, no matter how little one would then see of the Cathedral. But on the other hand, he is absolutely in favor of showing the Cathedral in the logo of the Cologne Trade Fair Company so that it can be seen around the world. Hence, the neglect of realities in favor of the symbolic, which is so typical of lovers.

Or take the case of HA Schult. If you ask Mr. Schult, "Do you love Cologne?", he will tell you a lot and much more. At any rate, he will not contradict. And if you look at what he has done to the city during the long saga of this unfortunate love affair, something from the pathology of love life will again become evident, namely, this absolute attempt of the lover to bring the loved one in line with his own fantasies, to make the loved one equal to himself. In his case, it explains the hopelessly bustling activities driving HA Schult to by all means screw on something of this stupid colorfulness and arbitrariness, which is his own, everywhere in Cologne.

Now, if you take a look at all of this—and I have certainly not enumerated all the proofs of love that Cologne residents have given to their city—then one must admit: Cologne is really a bit too much, and it could be doubted whether one can love this Cologne at all. And there are many who say that Cologne cannot be loved. Cologne is simply too ugly, in all respects, aesthetically and politically—an instance of most uninspired nepotism. To love this Cologne, which the slogan calls for, would be an utterly unreasonable demand.

Of course, that posed a challenge to me as a psychologist, and I asked myself whether one can see all of what I have been talking about and love Cologne, this impertinence, all the same?!

Yes, seen purely from an empirical point of view, one can—after all, many do so. But as a psychologist, one must also find explanations for this. And so I delved into the occidental teachings of drives and affects and came upon two explanations for a love of Cologne, or put differently, two models of a possible love of Cologne.

In the one case it was Sigmund Freud, in the context of his discussion of a certain ideology of motherly love which maintains that motherly love is in a way something innate. It lies in the nature of a woman, and thanks to this predisposed love of the child, she is also in a position to endure all these impositions that raising her child brings with it: no longer being able to sleep through the night, constantly wiping the behind and stirring mash etc. etc. Freud objects and raises the question of whether it is not perhaps the other way around: Doesn't the mother, who fundamentally dispenses with everything that is today called "self-realization", at one point begin to love the child to the degree to which and so that her self-privation, her doing without self-fulfillment, makes sense? And making it possible for her to now experience in herself everything that was until now demanded, imposed on her and expected from the outside as free gifts of a deep love? If one understands this in such a way that love, here, is self-defense, as it were, against an imposition that is so great that it cannot attain sense differently anymore, and that couldn't be resisted otherwise—then we would have a first model of loving Cologne.

There is another one, which I came upon in Dostoyevsky. You probably know that Dostoyevsky was repeatedly concerned with good and evil: here the good human and there something oppressive, humiliating, nasty. And this nastiness has enormous power, and continues to gain more power over him. And no matter how good he is, he starts to falter and increasingly come under the power of evil. And what does he then often do in Dostoyevsky's case? He starts loving this oppressiveness and humiliation! He doesn't turn away from it full of repulsion, from this evil and nastiness, he doesn't flee from it. No, he loves it. But what on earth is his benefit? The proof that in and with his feeling of love he is given a power that is stronger than the evil plaguing him. He triumphs over this evil by showing that he is capable of loving the one doing all this harm to him. This is another model of loving Cologne. The love of Cologne as the triumph over all the oppressiveness and baseness that this city inflicts on you. Now, an expert on occidental thought may perhaps note that these models are not that dissimilar, that they have common roots in the love that Nietzsche made out the case for with his amor fati (love of fate).

However, someone who is, allegedly, familiar with the Cologne mentality would object, saying that it would be too much to expect of a Cologne resident. This selflessness, this heroism of the amor fati, that's not in his nature. It would by all means overtax him. But that's not true! That's not true! His fate, to love Cologne, no matter what happens and how it happens—is absolutely no problem for the Cologne resident, because he knows: "Et hätt noch immer joot jejange"—It has still always gone well.

And so that the Cologne resident is proven right in his heroic confidence, so that in the end one can really say, yes, it has indeed gone well once more—that's why I have allowed myself to point out that, here and now, some things are indeed still at sixes and sevens. Thank you for giving me this opportunity and your patience.

Revised tape recording of the freely held speech.

1   A defense system consisting mostly of bunkers and anti-tank obstacles erected on the western border of Germany in the 1930s.

July 26, 2007
Walter Prigge
Modernism After Bauhaus
The Landeshaus in Cologne-Deutz

*Dr. **Walter Prigge**, born 1946 in Bremen, lives in Dessau. Urban sociologist, publicist, curator, and since 1996 research associate at the Bauhaus Dessau Foundation.*

In the mid-1950s, the Cologne Cathedral was still largely surrounded by free space, there was no Cathedral Square, the temporary parking spaces on the cleared lots around it extended all the way down to the Rhine. On the opposite bank, the Deutz side, buildings destroyed by the war were already being repaired, however. The Landschaftsverband Rheinland (Rhineland Regional Council) took over the building of its predecessor institution and announced an invitation of tenders: 15.000 square meters of office spaces were to be created for more than 700 employees. 91 designs were submitted, for the most part high-rise buildings on the bank of the Rhine which were not realizable at the time. That was the opportunity for younger architects—they won the two second prizes, the only ones awarded. Both were not high-rise buildings. Eckhardt Schulze-Fielitz, Ernst von Rudloff and Ulrich S. von Altenstadt then built the Landeshaus as a four-storey office building that with a right-angled ground plan encloses a courtyard open to two sides on the ground floor: the river bank landscape flows through the building.

After delays at the start of construction, it was finally completed in 1959. Having become uncertain in view of the consistently modern architecture, the constructor had the appearance of they grey-blue curtain façade assessed by a committee of experts: They recommended attaching shining silvery aluminum plates to the grey profiles and replacing the dark-blue parapets in between with light-green glass. This incited the editor-in-chief of the architecture magazine *Bauwelt* to write an ironical comment titled "4712?". Conrads criticized the desired cosmetic interventions in the façade ("seen up close it's nonsense, from a distance it's ineffective") and praised the completed building as a masterpiece of young architects: "It is thus—for us—something we can learn from, decidedly at a distance to the Cologne-style, but oh so un-Cologne-style postwar peculiarity: to the perfume and ostentatiousness of false representation."[1] Mostly likely also due to this intervention, the grey-blue appearance remained.

The reinforced concrete construction with its curtain-type façade is in line with the objective Modernism after Bauhaus, which can be seen in a few scattered postwar buildings in Cologne as well. Like a modern sculpture that is equally worked out all around without one dominating presentation side, this structure attains enormous architectural independence which is not directed against the landscape, but organizes the open meshing of controlled office use and public garden use. These are the architectural principles of American office-building Modernism, reformulated by Bauhaus emigrants such as, above all, Ludwig Mies van der Rohe, that were imported by young German architects from Chicago and elsewhere to Cologne and interpreted in an independent European fashion—they structure the spatially gridded building and lend its forms architectural qualities. In 1985, the building was therefore rightly declared a monument. Today one can learn a lot from it in regard to transparent proportions and spatial grids that are not boring, a scale without bigness and the urban integration in the river bank landscape that this building contributes to constituting.

Hence, this airy, open structure clearly positions itself on the side of internationally oriented Modernism that advocated transparent objectivity—and was poised against the regionalistic Neoclassicism of the Stuttgart School which dominated postwar architecture and also ornamented the dainty façade put up in front of the blue-and-yellow building of the Cologne perfume factory 4711 opposite the Cathedral. This debate surrounding the different formal schools of Modernism determined the history of German architecture in the 20th century; in the 1950s, the battle of these two camps over the right form was also waged from Cologne, for example, the Bauhaus dispute instigated in 1953 by Rudolf Schwarz and discussed nationwide.

At the time, the Cathedral—the buildings in its field of vision subordinated themselves without question to this national monument that later became a World Cultural Heritage Site. This is no longer respected today. Apart from the already existing, moderately high and qualitatively unacceptable high-rise buildings in the neighborhood of the Landeshaus, a bunch of five additional, approx. 100-meters-high, and thus substantially taller buildings were planned at the Deutz railway station. At the terminus of the ICE line Frankfurt-Cologne, a second "cityscape-effective center" was to be erected shortly before the Cathedral Bridge on the right bank of the Rhine, with an ICE station and converted fair halls. Urban planning expertises claimed that the new high-rises were consistent with the appearance of the Cathedral and with "scientific field-of-vision analyses" demonstrated that such a center legitimizes "from a planning and urban development point of view the desired vertical structural densification and the development of a cityscape-effective, symbolic appearance at this site".[2]

This prompted the protest of the National Association for the Protection of Building Monuments. On behalf of the UNESCO, ICOMOS, the German chapter of the International Council on Monuments and Sites intervened in the debate about a second center opposite the Cathedral. Apart from warning against the trivial qualities of the planned high-rise buildings, the protesting curators of monuments—like in the similar World Cultural Heritage cases of Potsdam and Dresden—were concerned with the fields of view to the World Cultural Heritage Site: they criticized precisely the cityscape effectiveness of the new high-rises, against which the view landscape of the Cathedral must be protected. The lovers of American Business Modernism, on the other hand, argued that the time was now ripe for new icons. Along with the crane buildings on the left side of the Rhine, the five glass high-rises were to create a "Bilbao effect" on the bank of the Rhine, which would symbolize Cologne's economic power to the outside and increase it locally. This position of symbolic business development also argues with the fields of vision and cityscapes of modernized city marketing that subordinates the Cathedral, as the traditional city icon, to the new spatial image of the service-providing city.

In all cases, however, it is controversial what iconic architectures and a type of urban development that makes use of images can achieve in the first place today. In times of intensified competition between cities and under the pressure to pursue entrepreneurial city politics that goes with it, Cologne's local government politics approved of a second center. It was only stopped through interventions from the outside; the threat of being placed on the Red List of the World Cultural Heritage had an effect. Even if, in the age of global 21st-century urban development, one does not agree with the outdated "Baroque" argumentation using architectural viewshafts and view landscapes—the approach of the intervention was correct: If it appears as nonsense to want to outdo the Cathedral with higher buildings of a trivial investors' architecture, then it is all but absurd to want to compete with Frankfurt, the international service center at the other end of the ICE line, with merely five high-rises. This was the ideological background against which a second center was planned. But why should Cologne be successful in the competition of cities with planning methods that other cities have perfected and that thus characterize them? Cologne must find its own way, and it seems as if the opportunity to do so is now given at the Koelnmesse exhibition center. Because after various building heights between 60 and 100 meters were discussed and also decided upon at different times, the high-rise plans at the Deutz train station could

not be upheld anymore. What remained was the single high-rise (KölnTriangle) that next to the Landeshaus attempts to score a hit with a strained original shape and thus represent something iconic going beyond mere investors' architecture. The investor, in a mediated form, was again the State Administration which in this case, however, did not continue with its own tradition of the high-quality architecture of the Landeshaus, but pushed through the speculative demand to expand the utilization at this location beyond the contractual 60 meters which are customary here.

With a conspicuous shape and height, this high-rise indeed possesses a skyline format, but further criteria for iconic architecture are missing—especially the formation of architectural qualities that could have a creative impact on the location. The KölnTriangle will therefore not become a logo of the city of Cologne, but it does offer a nice vista of it. The architectural qualities here are just as insufficient as with the crane buildings on the other bank of the Rhine that desperately seek a symbolic relationship to the usage of the port. After Postmodernism, true icons of architecture are characterized by a larger openness in regard to interpretations—they are more contradictory in their ambivalent and monumental meaning than these Cologne successors of an ordinary, glazed, Office Modernism. Only such a latent ambiguity turns true icons into logos of the respective place.

So what are the alternatives to "iconic" high-rises of an Investors' Modernism or to the "European" scenery of a retro-architecture that with industrialized sandstone slabs reproduces historical eaves heights? To find such an alternative to Frankfurt or Berlin is presently the task of urban architecture in Cologne. For Cologne has exemplary buildings that point in the right direction: Historically and on the right bank of the Rhine it is the Landeshaus awarded here. It criticizes its surroundings with architectural qualities and outshines it until today. Presently and in the private sector it is the new branch of Peek & Cloppenburg that responds to the special urbanistic features of its site with an interesting form. And, since recently, above all the new archbishopric museum, Cologne's latest contribution to the tradition of building culture of the semi-public contractor, the Church, that critically reflects both retro-architecture and Container Modernism (Heinrich Klotz) and could therefore end the historical battle between the two directions in Cologne. These structures master the respective urbanistic challenges their locations pose with special forms of high-quality urban architecture and, especially by rejecting obvious private or public iconographies, gain qualities that shape the cityscape.

1 Ulrich Conrads, "4712?", in: *Bauwelt*, No. 34, 1959, p. 1002; same, "Meisterstück = Lehrstück: Anmerkungen zum neuen Landeshaus in Köln.", in: *Bauwelt*, No. 30, 1960, p. 861.
2 From the expertise of Cologne's Urban Planning Office, cited in Barbara Schlei, "Blickbeziehungen: Die Stadtbildverträglichkeitsuntersuchung zur Kölner Hochhausplanung."
At: www.koelnarchitektur.de/pages/de/home/aktuell/1022.htm from 11/21/2003, retrieved on 04/10/2008.

September 28, 2007
Friedrich Kurrent
Neu St. Alban at the Stadtgarten as a Prototype for an Architectural Œuvre

*Prof. em. **Friedrich Kurrent**, born in Hintersee near Salzburg, lives in Vienna and Sommerein. Architect.*
Studied architecture at the Akademie der bildenden Künste, Vienna, with Clemens Holzmeister. 1952 diploma, since then freelance architect. Member of "arbeitsgruppe 4" (until 1964 with Wilhelm Holzbauer, until 1973 with Johannes Spalt). Assistant of Konrad Wachsmann and Ernst A. Plischke. 1965 founding member of the Österreichische Gesellschaft für Architektur. 1973–1996 professor for Design, Spatial Design and Sacred Building at the Architecture Department of the Technische Universität Munich. Since 1987, member of the Bayerische Akademie der Schönen Künste.
Awards: 1979 Preis der Stadt Wien für Architektur; 1997 Austrian Decoration of Honor for Science and the Arts; 1998 Sonderpreis für "Beispielhaftes Bauen mit Brettschichtholz" within the frame of the "Holzbaupreis 1998" of the Bayerische Landwirtschaftsministerium (for the Segenskirche in Aschheim); 2001 Goldenes Ehrenzeichen der Stadt Wien); 2007 Silbernes Ehrenzeichen des Landes Salzburg.
Selected buildings: Parscher Kirche in Salzburg, with "arbeitsgruppe 4"; Seelsorgezentrum Ennsleite in Steyr, with "arbeitsgruppe 4" and Johann Georg Gsteu; Kolleg Sankt Josef in Salzburg-Aigen, with "arbeitsgruppe 4"; Zentralsparkasse Floridsdorf in Vienna, with Johannes Spalt; residential building Nobilegasse in Vienna; Bergkapelle in Ramingstein; Evangelische Segenskirche in Aschheim; Katholische Pfarrkirche Sankt Laurentius in Kirchham; Maria Biljan-Bilger Exhibition Hall in Sommerein.

Merlin Bauer was able to lure me from Vienna to Cologne to speak a few words. Merlin Bauer: Isn't that the name of a character of a novel?
Liebe deine Stadt (Love your City)—this slogan given here in Cologne, a request that sounds like a command, is meant to bring out into the open various buildings that are now in the shadow and no longer attract public attention, like Neu St. Alban here at the Stadtgarten. Hans Schilling built this church 50 years ago in 1957. At almost the same time, I built the Parsch church that resulted from the conversion of an old farm, together with Johannes Spalt and Wilhelm Holzbauer, my friends from the "arbeitsgruppe 4" in Salzburg.
At first, I couldn't decide whether I should accept this invitation, because there are enough experts here in Cologne. I called Maria Schwarz in Cologne-Müngersdorf. She gave me the advice: "Ask Schilling himself". "On principle," Hans Schilling told me on the phone with his Cologne speech melody, "I recommend that you do so". Few

here will know that Maria Schwarz has been teaching Sacred Architecture at the Technical University of Munich for ten years. That was my task until I was given my emeritus status. The success of Maria Schwarz working with her students there is striking. What is just as exemplary, is the protecting hand she holds over the buildings of Schwarz, of which you have wonderful examples here in Cologne. To say more about Rudolf Schwarz in Cologne would be to carry coals to Newcastle. This outstanding German architect is also connected with Hans Schilling in his early days via Karl Band. As you know, the reconstruction of the Gürzenich was a joint effort. And it is interesting to look at Hans Schilling's relatively recent project for the Wallraf-Richartz-Museum from 1996—with which he showed his respect for the adjacent Gürzenich, the ruin of Alt St. Alban and the *Grieving Parents* of Käthe Kollwitz.[1] What the realized design of Oswald Mathias Ungers lacks, in Schilling's words, is "a response to this sublime and unique situation".[2] Otherwise, Schilling positively acknowledges Ungers' new building.

This Cologne must be a clime for architects, to which the great German architect Ungers has had close ties from the very beginning. We should also call to mind the three generations of architects of the Böhm family. Dominikus Böhm, church builder from the very start, like my teacher Clemens Holzmeister (who, as is known, was also active here in Cologne, for example, restructuring the Romanesque St. Georg Church around 1930)—Gottfried Böhm: One of his earliest works in Cologne, the touching jewel St. Kolumba, built after the destructions of the Second World War, is suffering from breathing problems and a lack of light since recently, because the new building of the Cologne Archbishopric Museum, the construction of another great architect, the Swiss Peter Zumthor, has been placed above it.

I wrote these lines in Vienna, without having seen the completed museum building. But now, shortly before this speech, I have seen it. The Kolumba Art Museum of the Archbishopric of Cologne is a magnificent structure. Outside as well as inside, in regard to urban planning as well as architecture. The materials used, the sequence of spaces, the lighting—everything is impressive. The art objects on view come out in an optimal way.[3] Yet I was able to convince myself of the withdrawal of light in the Kapelle Madonna in den Trümmern: the colored glass windows of Ludwig Gies have lost their luminance. But back to the Böhms: it's not easy for the third Böhm generation either.

We are currently hearing about the quarrel here in Cologne surrounding the new construction of a large mosque in the city district of Ehrenfeld, which Paul Böhm was awarded in a competition (his brother Stephan completed his architecture studies at our Technical University of Munich). The third generation should also be allowed to build here. Perhaps the young Böhm could depart from symmetry and erect only one instead of two minarets? The fact that the Böhm family, which became well-known in the Rhineland and famous beyond it for the building of Catholic churches, has not yet built a Protestant church[4] or a synagogue, but is now engaged in mosque building, is something I regard as a positive expansion and a social-political necessity in Germany, and therefore in Cologne as well. In Cologne, the most Catholic city in Germany, Protestant churches were only allowed to be built 200 years ago. I grew up in Salzburg, the most Catholic city in Austria. The archbishop there expelled Protestants from the country. The first Protestant church in Salzburg is from the 19th century.

The common features and differences of the three monotheistic religions, Judaism, Christianity and Islam, as well as their effects on sacred architecture are fascinating and extremely enriching for any architect. This is the occasion to say a few words on the present debate about building mosques in Germany and Austria, and also to point out several relapses in the choice of words.

The word "entartet" (degenerated) was used by Cologne's Archbishop Meisner, referred to as a "cardinal's error" by the *Neue Zürcher Zeitung*,[5] on the occasion of the opening of the Archbishopric Museum mentioned above, and it found its way to Vienna. But the Lower Austrian Provincial Governor Erwin Pröll also stated in regard to the building of a mosque that it was "artfremd" (foreign to the species). The Secretary-General of the ÖVP (Austrian People's Party), bearing the apt name of Missethon [Misston = discord], said that minarets were "not a part of Austrian culture".[6]

During the last elections, a politician from the rightwing camp, Heinz-Christian Strache, talked big like "Daham statt Islam" (Home instead of Islam) and recently stirred up the spirit of the Viennese populace at a protest event against the building of a Turkish community center in Vienna-Brigittenau with the short phrase "Moschee—adé" (mosque—farewell). The State Governor of Kärnten, Jörg Haider, even wanted to have the building authorities forbid the construction of mosques and minarets in his province.[7] Such intentions contradict the fundamental rights of religious freedom in Austria as well as in Germany. For the constitutions of these two countries, this is a cultural disgrace.

What is also frightening is the prevailing, undifferentiated notion of Islam and building mosques. The origin in the Arab courtyard house and the subsequent flat courtyard mosques is barely perceived. The reduction to the most recent building design of the Ottoman-Turkish vaulted mosque is not the only path to be taken in the contemporary construction of mosques.

Finally, I must return to the 86-year-old, Cologne-based architect Hans Schilling, our honorary guest. His book *Architektur 1945 bis 2000,* which was published six years ago, imparts information on close to 60 years of working as an architect.[8] What plays a major role are residential buildings, single-family homes, town houses, business premises, office buildings, commercial buildings, centers for senior citizens, schools, the Kolpinghaus (Cologne), cultural edifices, like the already mentioned project for the Wallraf-Richartz-Museum (1996)—or the expansive building complex Maternushaus (1978–83), which is very important in urbanistic terms, as well as urban planning in Cologne. But what he deemed most important were abbeys, cloisters and church buildings. From 1952 through 1984, Hans Schilling realized 30 churches in Cologne and its environs, in the Rhineland and in Westphalia—in chronological order, in Essen, Oberhausen, Münster, Bonn-Bad Godesberg, Düsseldorf, Paderborn, and Mainz.

One of these churches, Neu St. Alban at the Stadtgarten, completed in 1957, is the subject of our consideration. We stand here with the creator of this building, Hans Schilling, in front of respectively inside his structure. He should actually be the one explaining it. All I would like to attempt with a few brief words is to describe how this individual building is part of the embedment of his oeuvre, for this example reveals in an excellent way the architectural, theological and liturgical conception of Schilling's church buildings. What we have here is a prototype: his prototype. The configuration of the ground plan is a polygon—to be exact, a pentagon that envelops the congregation. In the east, there is a parabolic conch that, a bit heightened, takes up the altar (remember Rudolph Schwarz's "holy cast", the *4th plan*). The parabola is born from its crest and is an open form. The pulpit, the ambo, takes on the position of the transition from the parabola to the polygon. Diagonally opposite, the gallery with the organ stretches into the polygon. In this church, the Holy Sacrament is given a section of its own, a chapel. A footbridge-like path, a step higher, connects the sacrament altar with the main space. Elmar Hillebrand designed both the sacrament altar and the gate to the chapel. One must note that all this was conceived and realized prior to the Second Vatican Council (1962–65).

A monopitch roof extending to the apse parabola covers all this and combines it to a simple, differentiated, impressive structure. The correspondence between the interior spatial design and the outer structure is an unmistakable sign of high architectural quality. A further feature of Schilling's architectural art is the choice of material and the way he treats it. Never averse to modern construction methods, both the inside and outside, the interior space and the structure, are characterized by construction with unburnt tiles. The use of demolition bricks additionally brings an historical dimension to the fore. The haptically experienceable surfaces form an agreeable texture. I can only convince myself of the lighting conditions when entering the church. After studying the plans, the acoustic qualities must be excellent. Maria Schwarz said: "A wonderful church—enter it like a sinuate world."

From the beginning, Hans Schilling attached great value to fine artists participating in his buildings, particularly his churches. In his book on Schilling, Peter Doners mentioned the following artists: Georg Meistermann, Franz Pauli, Ewald Mataré, Wilhelm Buscholte, Toni Zenz, Hubert Beske, Elmar Hillebrand.[9]

When he was 30, Hans Schilling built his own residential house at the wall of the Gereonswall. From early on, one can notice his affinity to what exists, to which he then adds something new. And the ability to plan his buildings in context. What comes to my mind is the ingenious postwar reparations of Hans Döllgast in Munich—interpretations that paid due respect to the historicalness of the old and transferred it to the present with the most economical means.[10]

In regard to the context of urban planning, it should be mentioned here that as early as 1947, Hans Schilling and Karl Band planned a "green belt for the Roman city C.C.A.A.", conceived like the ring of Romanesque churches around the Cathedral.

At just about the same time, Cologne and Vienna recently experienced the ruthless behavior of planners and investors who lack a sense of history, who wanted to approach or even penetrate the old quarters with high-rise buildings. In Vienna, the construction of towers in the city center planned just 800 meters from St. Stephan's Cathedral could be prevented. I am not familiar with the latest results of the efforts to build or prevent high-rise buildings too close to the old quarters in Cologne-Deutz. Schilling has thoroughly dealt with this problem as well.

In order to grasp the identity of the city under the slogan *Liebe deine Stadt*, it is also necessary to again raise the public awareness of buildings (even if they are small) like Neu St. Alban at the Stadtgarten.

1 The sculpture Grieving Parents (Die trauernden Eltern) in St. Alban is a slightly enlarged copy of the work from 1959 as a memorial site for soldiers killed in action in the Second World War. The original is from 1932 and is standing at the military cemetery of Vladslo/Belgium, where Käthe Kollwitz' son died on 10/22/1914.
2 "Schatzhaus der Kunst. Das Wallraf-Richartz-Museum am neuen Ort", in: special supplement of the *Kölner Stadt-Anzeiger* 01/19/2001, p. 12. Cited in Peter Daners, "Das Gesicht der Stadt bewahren – Vom kontextuellen Bauen in Köln und anderenorts", afterword of: Hans Schilling, *Architektur 1945–2000*, Cologne 2001, p. 320–327, p. 326.
3 Cf. the review of Hubertus Adam from Sept. 22/23, 2007, in the *Neue Zürcher Zeitung*. At: http://www.nzz.ch/nachrichten/kultur/literatur_und_kunst/reduktion_und_sinnlichkeit_1.558848.html
4 After my lecture, Gottfried Böhm told me he indeed built a Protestant church, namely a Catholic and Protestant one with a common church steeple.
5 Cf. *Neue Zürcher Zeitung* 9/19/2007.
6 *Der Standard* 07/14/2007.
7 Ibid., 08/28/2007.
8 Hans Schilling, *Architektur 1945–2000*, Köln 2001.
9 Peter Daners, "Das Gesicht der Stadt bewahren – Vom kontextuellen Bauen in Köln und anderenorts", p. 322. In 1971, I was invited together with Elmar Hillebrand, Gottfried Böhm and others to newly arrange the Salzburg Cathedral and I remember his project, the Romanesque features so typical of him.
10 Both Gottfried Böhm and his wife were students of Döllgast.

September 28, 2007
Gottfried Böhm
Greetings to Hans Schilling in Neu St. Alban

*Prof. em. Dr. h.v. Dipl.-Ing. **Gottfried Böhm**, born 1920 in Offenbach, lives in Köln. 1942–47 studied architecture and sculpture at the Technische Hochschule and the Art Academy in Munich. 1948 worked with his father Dominikus Böhm. 1950 worked at the Wiederaufbaugesellschaft of the City of Cologne headed by Rudolf Schwarz. 1952–55 worked in his father's office until his death, then continued to run the office, starting in 1982 increasingly with his wife Elisabeth and their sons Stephan, Peter und Paul.*

1963–85 chair in Werklehre (starting in 1967: urban planning and Werklehre) at the RWTH in Aachen. 1983–88 university teaching positions at MIT in Cambridge, the University of Pennsylvania, Phil. and Washington University St. Louis.

Numerous memberships and awards, including 1968 member of the Akademie der Künste in Berlin; 1976 member of the Deutsche Akademie für Städtebau und Landesplanung in Berlin; 1983 Académie de l'Architecture in Paris; 1986 Academia Pontificia ad Pantheon in Rome; 1975 Großer Preis des Bundes Deutscher Architekten in Bonn; 1982 Grande Medaille d'Or of the Académie de l'Architecture in Paris; 1982 Honorary Fellow of the American Institute of Architects in New York, and 1991 of the Royal Institute of British Architects in London; 1986 Pritzker Architecture Award in New York; 1996 Staatspreis des Landes NRW for his oeuvre in Düsseldorf.

This space possesses a very simple and plain devoutness rarely to be found. And what this space also possesses, especially when you are alone in it, is that you notice that you are not alone, you notice the collectiveness that is sought here and expresses itself in special forms. Yet it is also expressed to the outside and speaks not only to the neighbouring buildings but also to the world of trees. You have succeeded in this so well, and this collectiveness is what we very much miss today in modern architecture.

October 3, 2007
Thomas Sieverts
Fernmeldehaus Köln as an Example of the Esprit de Corps of the Old State Post Office's Building Department

*Prof. em. **Thomas Sieverts**, born 1934 in Hamburg, lives in Bonn. Architect and urban planner. Since 2007 member of the section "Baukunst" at the Akademie der Künste Berlin, since 2003 member of the Sächsische Akademie der Künste.*
Studied architecture and urban development at the Technical Universities of Stuttgart, Liverpool and Berlin. 1965 foundation of the Freie Planungsgruppe Berlin. 1967–70 professor for Urban Planning at the Hochschule für Bildende Künste Berlin. 1970–71 visiting professor for the Urban Design Program of the Graduate School of Architecture, Harvard University Cambridge (Mass.). 1971 professor for Urban Planning and Settlement at the Technische Hochschule Darmstadt. Since 1978 operating his own planning agency in Bonn. 1989–94 academic director of the Internationale Bauausstellung Emscher Park Gelsenkirchen. 1995 Deutscher Städtebaupreis, Auszeichnung für vorbildliche Bauten in Nordrhein-Westfalen. Planning consultant for the program Stadtumbau Ost at the German Federal Ministry of Transport. 2003 Auszeichnung guter Bauten of the BDA Bochum, Hattingen, Herne, Witten for the overall project Bochumer Westpark.
Project participations: residential building complex Aschaffenburg; Bochum Westpark; redesign of Dransdorf, Bonn; residential settlements Berlin-Karow; Zeche Nordstern Gelsenkirchen; redesign of the high-rise settlement Dransdorf, Bonn.

The architecture of the 1950s and early 1960s is not rated very high at the moment: its efforts to establish a link to the modern architecture of the 1920s and early 1930s and to find a new, specific, lighter form of expression in the wake of bad experiences with retrograde Monumentalism of the Nazi period, despite all the confidence and pride about reconstruction, are rarely seen and acknowledged nowadays. It is thus especially to be welcomed that *Liebe deine Stadt (Love your City)* is turning to this issue, for there are quite a few remarkable things to discover here.
The Fernmeldeamt building complex is in many ways a product typical of its period. The composition of large disk and tower corresponds to the architectural conventions of Modernism at the time of its emergence. It is successful, but ultimately not particularly notable. And yet, there are still a few things worth discussing today: architecture, urban planning, and the question of commissioner and architect.
For me, the façade of the disk buildings is remarkable: an interlaced arrangement of unevenly sized rectangular elements plays around the structure of the floors, with windows, some colored, sparkling at night, closed panels, and ventilation grates. This façade makes us curious: What is hidden behind it? We would hardly come upon it on our own: it is a large "machine house", crammed with telephone relay stations. At the time, it would have been possible to build a machine house that was fully closed, but the goal of the intricately interlinked façade was obviously to adapt the building to the urban environment of the surrounding buildings. Maybe this network of window profiles was also supposed to be vaguely reminiscent of the telecommunications network that the building controlled. Whether this is true or not, the intricacy in the design, the effort to contribute to the culture of the city are amiable traits of some good architecture from the 1950s.
Also notable is the office tower, which at the same time served as a transmission tower, its two upper platforms occupied by large parabolic antennas, striking in their shape. Here too we can see the attempt to make a technological device an integral part of the design. Unfortunately, the parabolic antennas have now been dismantled, so that the architecture has lost in terms of meaning and impact: we can only suspect its former power.
Notable is also the position in the urban environment: In the 1950s, the city of Cologne, in the process of reconstruction, placed an almost solely technical construction at its center, at the intersection of the most important traffic axes, as one of its most important buildings, dominating the urban landscape. At the time, it was the largest telephone exchange in Europe. This points to the great symbolic significance that was assigned to communication technology for the city society. Cologne's Fernmeldeamt is a historical and architectural milestone from the dawn of the information society, a dinosaur that in its time embodied an advanced technology that today is completely outmoded. This technological monument is an important artifact in the development of the information technologies of our time. The positioning of this symbol proved seminal for later developments and should thus be maintained! Perhaps

the location was also selected because a telephone exchange is not sensitive to surrounding noise, but the one reason does not exclude the other.

Finally, it is also notable that the documentation from the time of the building's emergence—a documentation, that incidentally only dedicates a few pages to the building, discussing the technology all the more, fitting for the investment relation of ca. 23 million DM for the buildings and ca. 80 million for the technology—does not mention the name of an architect. It was customary with the officials at that time that no names be stated for the performances carried out by an official authority. The client was the Alte staatliche Post (former Federal Post Office), known for its high quality tradition of architecture. In their time, department heads of government authorities could be good, cultivated clients, and heads of the post office's planning department very good, cultivated architects with demanding commissions. Cologne's Fernmeldeamt stands in this ambitious tradition. Today, in the age of outsourcing, leasing, and purely financial investments, it is hardly conceivable that official authorities could posses a similar architecturally ambitious *esprit de corps* maintained over many generations.

The Federal Post Office is just one example—of course, a quite notable one—for a large authority that developed its own special architectural culture over decades. Something similar can be found in those days also in the city administrations of several large cities, where gifted, high-profile planning commissioners with a usually astonishingly small circle of conniving civil servants, who positively shaped the architectural culture of an entire city for at least a decade, and sometimes much longer, by way of a special architecture of all public buildings and the continuous shaping of public space. Examples here are Fritz Schumacher (Hamburg), Theodor Fischer (Munich), and, more recently, Klaus Humpert (Freiburg).

One look at the newly buildings in the vicinity of the Fernmeldehaus makes clear the kind of loss of culture that confronts us here. It's obvious that these buildings, with rare exceptions, were commissioned by anonymous committees from the world of finance with an eye for economic profit, but no real, personally profiled clients with a real cultural interest in good architecture as a historically significant contribution to the culture of the city. Most of the buildings are not bad; they don't displease the eye. But they do not offer a reason for the eye to even pause for a brief glimpse.

Today, there's a lot of talk about architectural culture, also about the conditions of its emergence and the forms of practice and organization that can promote this. It would be a worthwhile project to research the *esprit de corps* that often was behind the good architecture of large organizations, in order to learn for the present!

Oktober 3, 2007
Boris Sieverts
The Greatness in Incompleteness

Boris Sieverts, *born 1969 in Berlin, lives in Cologne. Studied art in Düsseldorf and then worked for several years as a shepherd and in architect's offices in Cologne and Bonn. Since 1997, he and his "Büro für Städtereisen" have been guiding locals and tourists through the gray zones of our conurbations that could actually be their own territory, yet are as foreign as distant continents. In doing so, he makes use of well thought-out spatial sequences to create scenic contexts for environments otherwise deemed extremely disparate, and develops visions and in-depth interpretations of the explored landscape and settlement structures.*

When Merlin Bauer asked me whether I would like to say something together with my father about the Fernmeldeamt (originally Fernmeldehochhaus) on the Nord-Süd-Fahrt as part of the project *Liebe deine Stadt (Love your City)*, I was torn. On the one hand, it was at least tempting to experience my father in an urban planning situation so unbelievably typical of my chosen home city and at the same time to be able to be a part of this situation that I certainly consider myself to be more or less an expert to reflect upon. On the other hand, the Fernmeldehaus is one of the few buildings along the Nord-Süd-Fahrt that I feel largely indifferent about. On the six hour tour along this main route through Cologne's city center that I have in the program, coming from the south, just before reaching the building and its direct surroundings, we get into taxis, only getting out again at Opernplatz, outside its circle of impact. On developing the tour, this was not a conscious decision against the building: After repeated visits in my search for more "eloquent" stretches along on the Nord-Süd-Fahrt, I simply was not successful. Somewhere between Griechenmarkt and Cäcilienstraße, there came the big silence. To get through this, to get to the next part of the narrative, the film that I had in mind would have had to become a viewing: The taxi drive under Schildergasse was just right in that moment, since the tunnels of the Nord-Süd-Fahrt are so unbelievably "taxigenic". For me, that stretch of the drive was checked off somehow with this. Even now, after thinking about this event, I cannot specify precisely why this building leaves me so unbelievably indifferent. Perhaps I should simply adopt the available explanations, even if they don't achieve that "Yes, that's it exactly!" that usually allows me to distinguish reliably between personal truth and academic truth. The Fernmeldehaus was originally a government building, and for me was always as musty as a government building can only be. It was planned by government people and filled with government authorities. With its high security needs and its concomitant and very extensive sealing off from the outside world, for me it was always an entirely un-urban element. The patterns of the façade of the "Long House" were for me always as boring as the patterns of the suits worn by fair visitors or the ties of civil servants.

While I can, when it's pointed out to me, recognize the ambitiousness and architectural high aspirations of the building, it doesn't do anything for me. In its origin it is a technocratic building; it would probably speak more to me if this technocratic impulse had been consistently followed, and completely dispensed with mass structuring, fine details, and architectural ambitions as is the case with the parking garages of that period, which I really love. To my mind, the high architectural ambition waters down the mercilessness that the building possesses all the same, but that somehow remains ungraspable. The best example for this are the blind display windows of the flat building towards Cäcilienstraße, behind which I thought for years were empty shops. That is, I didn't really suppose anything at all, no, I didn't, they were just there, the blind panes of glass. Only from here, from the top of the Kaufhof parking garage, did I always find the building quite impressive—this is indeed the classical planning perspective of that period—and in this respect I consider the choice of this location for the address as well as the great way through the underpass of the Kaufhof exit beneath Cäcilienstraße as my contribution to the situation.

One should never speak about Cologne's city center without referring to the parking garages and their top decks. They confirm themselves over and over as the sites from which this conglomeration of smaller cases and caskets on a simultaneously medieval and car-friendly ground plan can best transmit a certain aesthetic surplus value. There are a lot of reasons for this that only on first glance have to do with the panorama and the expanse of the sky. At least just as important here are the self-similarity and the heterotopia of the location. With his building for the Archbishopric Museum, Peter Zumthor understood this strength of the Cologne city center and picked it up in his work. He absorbed an amazing number of imperfections of this environment and transformed them into something sublime—including the large closed garage walls, the roof landscape with its caretakers' apartments and technology floors, the emptiness of the Nord-Süd-Fahrt. With this, he not only created an amazing building, but also brought out the aesthetic potential of an entire area. To recognize and elevate the greatness in imperfection: That seems to me personally a more sustainable way of reconstructing the city, especially in Cologne, than their simple clearing and replacement with solutions that are also only a little less imperfect. This is why I found it quite correct to award Fernmeldeamt, for of course it has a certain greatness. For the future of the Nord-Süd-Fahrt, we eagerly await to see if this greatness in imperfection is recognized, whether it is worked with. Simply closing up spaces according to the urban planners' cookbook, as is being done at the moment, will not turn this street into a boulevard, but just a canyon. To elevate its monumental character and at the same time create offerings to perceive it and enjoy it, that could be one right way to go.

November 5, 2007
Jan Assmann
Faceless and Ahistorical
On the Architecture of the 1950s

*Prof. em. Dr. **Jan Assmann**, born 1938 in Langelsheim, lives in Constance. Dr. phil., Dr. h.c. mult. (Münster, Yale, Jerusalem), Professor em. for Egyptology at the University of Heidelberg and Honorary Professor for Cultural Studies and the Theory of Religion at the University of Constance, member of the Heidelberger Akademie der Wissenschaften and the Academia Europea. Research focuses, in addition to field work (Theban necropolises), Egyptian religion and literature under a theoretical and comparative aspect, cultural theory (particularly "cultural memory"), comparative religious studies (polytheism and monotheism), as well as the reception of Egypt in the European history of ideas.*

Liebe deine Stadt (Love your City): under this slogan, Merlin Bauer invited me to address certain buildings in Cologne constructed in the 1950s—in our case the Parkcafé. The following remarks are based on the notion of a love relationship between citizens and the city.
Different coordinates of both space and time define human life. One always develops an ambivalent relationship to both the places and times in which one's life happens. One can love or hate these places, or they can mean very little to one. It is possible to live with and against one's times, and since times change, the individual's relation to *his/her* time can vacillate between disapproval and approval. But nowhere else are both, the local and the temporal determinants of our existence, so evidently and formatively expressed than in architecture. I indeed belong to those who *love* their city, in my case several cities in which I live and once lived (Lübeck, Heidelberg und Constance), whereby time, in the sense of the past that can be perceived, walked through and experienced in these cities, plays a very important role. I can't say the same about the times in which I have lived and am living. I don't belong to those who nostalgically look back on the 1950s, and in this regard, too, my aversion was mainly caused by the architecture. Aversion means "turning away", and I believe it was for the most part the good reaction to turn away from my own times, from the present of the 1950s, that influenced my career choice and led me to archaeology and Egyptology.
I grew up in Lübeck, a medieval town that decisively shaped me in many respects. For one thing, of course, through its beauty. It is important to know that the graphic artist Alfred Mahlau, whose product designs for the Schwartau marmalade factory and the Lübeck cake shop Niederegger still belong to everyday life in Germany, created a children's toy set called "Lübeck in a Box": five churches with a total of seven steeples, many small brick houses, usually with the typical stepped gables, as well as the city wall and fortified towers, everything in the typical, brick-colored, reddish brown of the buildings and the light green of the copper church steeples. I was only allowed to play with it when I was ill. I was then given a tray on my bed and could build up Lübeck. This pleasure didn't exactly improve my health; as a child, I was sick as often as possible. And when I wasn't, I spent my time constructing Lübeck in pictures. Hundreds of Lübeck pictures were created in this way, and in my paint box the colors red, brown and light green were constantly used up.
I never painted Lübeck true to nature but according to this ideal image. The Lübeck I grew up in was quite different. In May 1942, Lübeck, as one of the first German cities, was bombed, and five of the seven steeples as well as large parts of the city center were destroyed. Perhaps this experience of loss, the discrepancy between the seven-steeple ideal Lübeck and the destroyed Lübeck of my childhood made me love this city so much. But what is more: a city is not only an architectural space, but a social and cultural one as well. In wartime as well as postwar Lübeck, a very intensive cultural life prevailed, especially in regard to music, in which I was allowed to partake as a child, since my mother frequently invited musicians to her much-acclaimed pea soup dinners (which often entailed improvised house concerts) and because she didn't want to leave me alone at home during church concerts. Music was performed in the still intact churches and the refectory of the Gothic St. Annen Museum—old music played on historical instruments. Nowadays it is common practice, but at the time it was pioneering. After a certain familiarization phase, I finally got the hang of it and developed a lifelong, intensive passion for this music which, for me, would always remain connected to Lübeck, Gothic architecture and its very special acoustics. This also belongs to the theme of *Love your City*, to the kind of love that is at issue here.
What definitely belongs to this as well, though, is the experience of loss, nostalgia and homesickness. In 1949, I had just turned eleven,

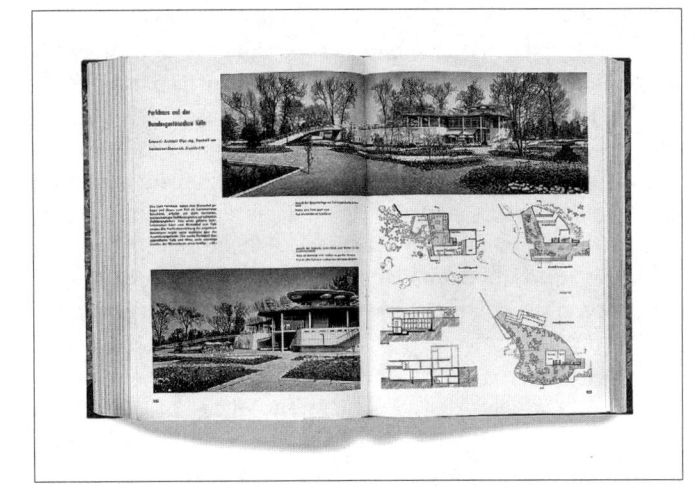

we moved from Lübeck to Heidelberg. At first, I intensively longed to return to Lübeck. Heidelberg is a Baroque city, and due to its destruction in 1689, the Middle Ages do not exist, no matter how beautiful this city otherwise is. What I mainly missed, however, was the music. It appeared to me as if music were played nowhere else in such a way than in Lübeck, on historical instruments and with a passion unsurpassed. In nostalgic reminiscence, I glorified it all. When I finally hitchhiked to Lübeck in 1956, the renewed sight of the city led to my third experience of loss. As a young child, I hadn't experienced the destruction in May 1942 consciously enough to really comprehend, through my own perceptions and memories, the difference between what was there beforehand and what remained. I now saw the whole extent of the loss, and I did so because of the reconstruction, which in my view was nothing other than a new devastation. This finally brings me to what I would like to discuss, the architecture of the 1950s and 60s. The architecture of the 1950s, with its programmatic impersonality, the way it insensitively plugged gaps between buildings, its preference of artificial materials such as concrete, cement asbestos, aluminum Eloxat, Bakelite, neon lighting, and plastic, as well as its anonymous Modernism of curves and verve, its fleet-footed pseudo-elegance—in short, that which at the time was termed "schnieke" (nifty) and which the Parkcafé in Cologne did not remain completely untouched by–all this I could only hate, mainly for the reason that, in my view, it had all but painfully thrust itself over and into what had once been old and "authentic". I inevitably perceived the architecture of the 1950s as parasitical and unauthentic. So it is a bit inconvenient that Merlin Bauer asked me, of all people, to give a laudation of the Parkcafé.

However, I found the architecture of the 1960s even worse. If the architecture of the 1950s was characterized by a certain Rococo-like fleet-footedness, the tendency to be noncommittal, the lack of both a history and a face, and makeshift characteristics, the pendulum in the 1960s swung in the opposite direction—towards Brutalism. Now, concrete boxes devoid of any elegance or lightness were built. In Heidelberg, the campus of the natural sciences was constructed in the Neuenheimer Feld in those years, prescribing a stylistic orientation, the spirit of which still imbues construction today. It is a type of architecture that wants to do things in a big way and show off, without making the claim to be loved at all. The institute in Heidelberg, where I studied and which I later headed for almost thirty years, was originally housed in a Classicism building demolished in the 1960s and then replaced by a new building that, in my biased eyes, is unparalleled in regard to its barren ugliness (although it is being increasingly paralleled, something which immediately strikes anyone leaving Heidelberg's main station today—and who sees this instead of the characteristic mountain silhouette that used to greet visitors from afar).

Yet the hate of this architecture is merely the flip side of love. Perhaps I would have been pretty indifferent to all this, if these buildings hadn't replaced old and beloved ones. One often associated the architecture of the 1950s and 60s with the catchword "Wiederaufbau" (reconstruction) which goes back to architects who were very thankful that the war had relieved them of the burden of demolition. Wherever that wasn't enough, further demolition was carried out. In the 1950s and 60s, cars were king, cities had to be car-friendly. They were developed via six to eight-lane motorways; their centers, which were now fortunately no longer labyrinthine, historic Old Towns, were converted to "cities" with banks, shops, administrative buildings, multi-storey and underground car parks, while residential and industrial zones were moved to the periphery. The aim was to have people live in the suburbs, in satellite and garden cities, and drive downtown to do shopping and business.

All this changed in the 1970s, when the city centers were to become homelike, lively, convivial, and eventful. Suddenly, the "collective density of events" (as my father called it) became an important factor in urban planning; pedestrian zones were laid out, car traffic was systematically dampened, sucked off by bypasses and peripheral car parks, and thus kept away from the city centers—measures that I regarded as a positive turn of events. For me, the great sigh of relief came in the 1980s and 90s with the postmodern openness vis-à-vis the past, with the rejection of a normative Modernism and the impartial attempt to take up past building styles. I should perhaps mention that my father was an architect, who after the war headed the town planning office in Heidelberg and later the building administration in Darmstadt. He shared my enthusiasm for historical building designs, but not my aversion towards 1950s architecture. Heidelberg hadn't suffered during the war, it was spared the fate of reconstruction. Darmstadt, in contrast, with its faceless concrete buildings and broad north-south and east-west axes, was a typical postwar city. When my father was called there in 1962, almost all sins had already been committed. Only one was left to him: the construction of a satellite city north of Darmstadt with the famous architect Ernst May—a prime example of the Brutalism typical of those times.

But back to the Parkcafé which marks the exact opposite of this Brutalism. The book *Garten am Strom*[1] mentions the aim of the architect Rambald von Steinbüchel-Rheinwall to "create a building that is as organic as possible, that harmonically integrates itself in the park [...]. The kidney-shaped and widely projecting terraces and roofing supported by slim circular columns take away from the rear building components the impression of closeness. [...] In this structure that one could describe as almost filigree, the tendencies of 1950s architecture achieve a rare virtuosity in regard to lightness and transparency." The building was to be light, transparent and plant-like. Originally it was also colorful: the bottom surface painted blue, the top roof yellow and all columns white. The book correctly speaks of "buoyant shapes" and "colorful paintwork". The building was to radiate buoyancy and cheerfulness and integrate itself, like a huge concrete flower, in the park.

The keyword "kidney-shaped" hits the signature of the 1950s and its design that reveals a will to vibrancy and cheerfulness—just think of the famous kidney-shaped tables. I recall the 1950s as a combination of silly pop songs, restorative politics, conventional forms, tasteless furniture, all-dominant plastic, faceless and ahistorical architecture, and extreme harmlessness. Many of these things were surely a reaction to the traumatic past. Nobody wanted to know anything about what had happened, and I had the impression that nobody wanted to admit that the Cold War was taking place. The so-called "economic miracle" did cost a political price, but that was not an issue. What counted was that "we are somebody again".
The 1950s were characterized by turning away from the past. This lent the architecture its faceless and ahistorical features. They are therefore the authentic expression of a new German identity that can perhaps be best defined as the refusal to take on an identity. This marks the difference to the 1920s, the period after the First World War. That postwar period also breathed a sigh of relief that led to certain forms of extreme light-heartedness, a dance craze, a boom of popular songs, and Dada—which can be compared to the 1950s. But one could not speak of the refusal to take on an identity. So when looking back, the cultural forms of expression in the 1920s appear much more exciting, deeper and cryptic. For me, the 1950s are not cryptic at all.
I should perhaps explain the diagnosis of "refusing to take on an identity". I believe this was to a large extent still unconscious in the 1950s. These years were in the shadow of suppression, of collective silence. One can maybe speak of a will to innocence and harmlessness, which is expressed in the architecture of these years. The time of big accusations had not yet arrived. One was aware that the Nazis had done atrocious things, maybe even that the German nation was terribly guilty, but one thought that this could be eluded by ensconcing oneself in the provisional Federal Republic, by pursuing European politics, stressing the Christian occident as a target identity, and forging close relationships with the West. In the 1950s, this was a rather unconscious escapism that later—with the generation of '68—turned into explicit antinationalism or national self-hatred, a turn that brought the German postwar idyll to an end.
The Parkcafé in Cologne is an authentic and expressive testament to the typical idyllic component of the 1950s, and in its programmatic lightness it truly makes a Japanese impression in some spots. Moreover, it is not situated where an old building once stood. It stands where it belongs, in a park in which it is carefully integrated. The Parkcafé should not be torn down. It should instead be restored as one of the few typical and aesthetically appealing structures of that period—maybe not in its original colors but in more austere ones that highlight its "Japanese" character.

1 *Garten am Strom. Der Rheinpark in Köln*, eds. Joachim Bauer, Dieter Klein-Meynen, Henriette Meynen, Cologne 2007.

November 5, 2007
Aleida Assmann
The Parkcafé—The Architectural Quintessence of the 1950s

Aleida Assmann, *born 1947 in Bethel near Bielefeld, lives in Constance. She studied English language and literature and Egyptology in Heidelberg und Tübingen, and since 1993 has been teaching comparative and English literature studies in Constance, as well as holding visiting professorships at several universities in the United States (Rice, Princeton, Yale, Chicago) and Vienna. Research focuses, in addition to the history of English literature from the Renaissance to classical Modernism, the theory of memory, the role of the recent past in modern, particularly German, literature, and media theory. Aleida Assmann was a fellow at the Wissenschaftskolleg zu Berlin, the IFK in Vienna, Warburg Fellow (Hamburg) and is a member of the Berlin-Brandenburgische Akademie der Wissenschaften as well as the Österreichische Akademie, the Göttinger Akademie, and the Akademie Leopoldina.*

Every farewell gives birth to a memory of something that perhaps never existed.[1]

Saying farewell to a person, a city, a thing, a building is always also an wake-up call, a threshold for perception. It is torn out of the habitual lethargy which subliminally assumes that the now expands like an ocean around us and that there is no deadline to and boundary of what we call the present. What is constantly present without being questioned can never be truly seen, understood or appreciated—it is only the farewell, the imminent or sudden withdrawal that sharpens our attention, prompts reflection and mobilizes affects. It is an old insight that we only fully appreciate what we love when it is taken from us. Shakespeare succinctly formulated this in the key verses of his *73rd* sonnet:

This thou perceiv'st which makes thy love more strong
To love that well which thou must leave ere long.

What also belongs in this context is the most beautiful definition of nostalgia I know of. It is from Svetlana Boym and goes: "Love at last sight."[2] This formulation goes back to Walter Benjamin who interpreted a Baudelaire poem from *Fleurs du Mal*, "A une passante".[3] When saying goodbye, not only does something end but something new also emerges, namely, memory, or whatever is willing to construct it. Among memory researchers there are those, like the cognitive psychologists, who always stress that the constructions of memory are deceptive and unreliable. They gauge them using precisely checkable yardsticks such as numbers, times, places etc., for which memory is not necessarily made, however. Yet one can also highlight the positive side of the construction and emphasize the imaginative charging of a memory image. What is decisive here is that memory cannot do without imagination at all, and that is in a very literal sense of image creation. Memory does not reproduce the past but creates an image of the past, constantly transforming lived reality into representations. Without representations, however, there is no access to the past.

POSTWAR MODERNISM[4]

I spent most years of my life in two cities that were not destroyed during the war, Heidelberg and Constance. For many other German cities, in contrast, the term "Stunde null" (zero hour) applied; church steeples were broken, magnificent buildings destroyed and residential districts razed to the ground. After the area bombings that brought the war unleashed by the Germans back to their cities, all that remained were skeletal cities and crater landscapes, ruins devoid of any picturesque value. In the postwar period, people didn't look back, neither in anger nor in sorrow. The issue was quite simply survival. In both East and West, the sign of the times definitely pointed to the future. Postwar Modernism spread in East and West Germany alike. In both parts of the country, it was about clearing away rubble and transforming bombed city districts into housing estates as quickly as possible. The mentality of demolition was equally widespread: What was not destroyed during wartime was by far not safe from being demolished in peacetime. The "aerated city adapted to cars"[5] became a common norm. Economic rise and prosperity also contributed to the destruction of building monuments. This is proved by the rehabilitation of inner cities up until the 1970s, where little emphasis was placed on preservation. The magic word of the postwar era was "Wiederaufbau" (reconstruction). Yet in this case one can by no means speak of a zero hour, for this reconstruction was to a large extent "in the hands of the old practitioners"[6], as historians of architecture assure us. The reconstruction in the postwar period was already devised from October 1943 on in the Ministry of Speer, "long before the cities were laid in ashes".[7] The architects of his staff initiated the housing program and traffic planning that were implemented after the war and are now critically assessed as "the second destruction".

The zero hour that was grievous and traumatic for the population gave architects the great opportunity to realize new visions. Freed from historical burden, they were able to implement their ideas. In a lecture held in 1946, Hans Scharoun described the excellent prospects from the viewpoint of planners: "The mechanical opening up of the city by the bombing and final battle gives us now the opportunity for a generous, organic and functional renewal."[8] The term reconstruction is telltale. It lays false claims not only to continuity in terms of planning, but also to quick restoration and compensation. For us today, it plays down and covers up the absolute bottom in German history. But there were also architects at the time who were adverse to the word, among others, Hans Schwippert, who in 1944 was commissioned by the Americans for construction. He fought against the common practice of "reconstruction" that stood in the way of "construction". In his view, the problems of the Germans could not be solved with stones and mortar alone: "We need rubble-clearing crews and building crews in all three fields of ruins: in the ruins of the city, the ruins of the soul and the ruins of the mind."[9]

In Postwar Modernism, the word "reconstruction" designated far more than building projects. It also applied to the re-establishment of a functioning polity including the infrastructure, economy and the framework of political institutions. After 1945, architecture became the central metaphor for the entire state and its society, whose new beginning was reflected foremost by its history of architecture. The types of buildings that took center stage in the postwar period were owner-occupied flats, privately owned homes and settlements. In his government policy statement from 1953, Konrad Adenauer announced: "In the first four years [of the FRG], close to seven million Germans have again received flats or homes of their own, for the most part exiles, people whose homes were bombed and evacuees."[10]

In 1953 more than 450.000 completed homes were recorded, and half a million more promised for the following years. A further central term was "Neue Heimat" (New Homeland) . The leading building cooperative of this name was able to appeal to both the will to renewal and the millions of exiles that had to be accommodated and integrated. To this end, the old concept of homeland was cleansed of it associations with a rural form of existence rooted in blood and soil. From then on it stood for life in the "decentralized small town full of green".[11] The organically structured national community had been transformed to a "leveled middle-class society" (Helmut Schelsky), that social form that we are now in the process of leaving behind in the age of the New Economy and the increasing divide between rich and poor. What stands for the "Heimatschutz"-style of the 1950s is the privately owned home which became the prototype of other building forms as well, like row houses or administrative buildings. The privately owned home also attained its emblematic character in the West as an antithesis to the collectivistic socialist utopias in the East.

THE 1950s AS A CULTURE OF MAKESHIFTS
Bonn, the former Federal Capital, reflects this historical phase of reconstruction in an exemplary way: "Construction was carried out fast, cheap and unimaginatively, like in other places as well."[12] The start was made by barracks and industrialized houses that were erected in 1949/50 in a prefabricated, fast composite style made to last fifteen years. Three of them still exist today. In Bonn, the established makeshift structures of the beginnings are documented, among others, by "Germany's most famous kiosk" opposite the Bundesrat in the former center of power. It has been family-owned for close to 50 years and is currently threatened to be torn down. The plainness, inconspicuousness and provisional character of this kiosk is emblematic of the makeshifts of the 1950s. This was not only due to necessity but also a program. In post-Fascist Germany, monumental building designs were taboo. Hans Schwippert, an architect in Bonn and advocate of this new modesty, commented on the interior furnishing of the Chamber of the German Bundestag with the words: "Nothing of the representative loans from the past, but instead light devices that conceal nothing."[13]
Indeed, there is no greater contrast than between the megalomaniac visions of Hitler and his chief architect Speer for a "Thousand-Year-Empire", some of which were realized, and the declaration of belief in purposefulness, inconspicuousness and unimpressiveness of the 1950s. While in Bonn the question is currently being raised whether these makeshifts should be preserved, Berlin has now stepped out of its provisional situation and is adjusting to a new future. Planning for the future means making investments in eternity and permanence. For this reason, not only are a huge number of new buildings being erected, old ones, too, are being elaborately restored and reconstructed.

THE OSTENSIBLE LIGHTNESS OF BEING
What characterizes the mindset and attitude to life in the 1950s just as much as the feature of temporariness is the refusal to acknowledge the past. The Cologne Parcafé (1954–56) is a vivid example of this. The architect Rambald von Steinbüchel-Rheinwall described his design as follows: "Starting from a core, the slabs extend into the air to all sides, like the leaves or branches of a tree."[14] He also spoke of it as "a structure giving an organic impression".[15] Of course, this style was perfectly in line with the location of the park of the Rheinterrassen (Cologne) and the context of the German Federal Garden Show of 1957, for which the café was built. Slim cylindrical columns, kidney-shaped slabs, airiness and lightness stand in contrast to Classicism norms and historical burden. Even today's visitors can grasp the way in which the forms of this architecture, the stepped slabs of the café, are continued on the ground in the circular shape of the beds. The orientation towards nature is combined with the search for a timelessly valid formal vocabulary. Hence, this architectural program acts as a distinct counterbalance to the burden of history. The formal vocabulary and its stylistic models are sought neither in the Historicism of past ages nor in the pure logic of construction as in classical Modernism, but in the basic forms of nature.

This nature as the epitome of what is organic, however, was again reinvented in the 1950s. It is conspicuous that the concept of nature in those days did not borrow from Art Nouveau's concept of nature, which itself had already become history. The kidney shape replaced plant models as the epitome of Organicism. When searching for new organic models, the issue was predominantly the presupposition-less character of a new beginning, innovative forms of a fresh start that allowed no citations of style and no associations with earlier idioms of the language of architecture. It is also striking that, as opposed to earlier movements, the praise of the organic in the 1950s was not underpinned by a life-reform or "green" worldview, quite to the contrary. It by no means excluded the adoration of industry and technology, and enthusiastically made use of new synthetic building materials [...] light devices that conceal nothing and represent nothing",[16] was the motto for the interior furnishing of the Chamber of the German Bundestag. Lightness, carefreeness and cheerfulness are indeed the key concepts of 1950s visual culture, which the Parkcafé embodies as an architectural quintessence. The attitude to life of the intellectual elites may have been shaped by black clothes, excessive cigarette smoke, existential philosophy, and new forms of protest, yet it was all wrapped up in a universal design of elegant, masterly, airily superficial lightness that permeated the formal language of architecture, design, fashion, and advertising. In retrospect, the image of the Parkcafé is dazzling—it proclaims the carefree superficiality and abandon of the 1950s, but it also embodies a vibrant, almost Japanese lightness of being. This double image of the Parkcafé, which is at once a picture of its epoch and a memory of something "that perhaps never existed", now for the first time, when saying farewell, enters into the "Now of Cognizability" (Walter Benjamin).

1 I found the quote in an article published in the *Welt* on 11/15/2007, in which, on the occasion of Franz Müntefering's departure, Jürgen Rüttgers talks about his role as a stabilizer of the grand coalition. It is apparently the extension of another quote attributed to Dali: "The birth of memory lies in the farewell."
2 Svetlana Boym, *The Future of Nostalgia*, New York 2002.
3 Walter Benjamin, *Charles Baudelaire. Ein Lyriker im Zeitalter des Hochkapitalismus*, ed. and afterword by Rolf Tiedemann, Frankfurt am Main, 1969, pp. 43; Charles Baudelaire, *Les Fleurs du Mal*, Berlin, no year, Tableaux Parisiens CXVII, p. 176.

4 The following paragraph summarizes a chapter from my book: Aleida Assmann, *Geschichte im Gedächtnis. Von der individuellen Erfahrung zur öffentlichen Inszenierung,* Munich 2007.

5 Bruno Flierl, who worked as an architect in the GDR prior to reunification, describes in an essay how means of planning helped the new model of socialism to victory. So as to create the space required for the new ground plan of the city, entire quarters of the Old Town as well as churches were demolished. "Stadtgestaltung in der ehemaligen DDR als Staatspolitik", in: *Wohnen und Stadtpolitik im Umbruch. Perspektiven der Stadterneuerung nach 40 Jahren DDR,* eds. Peter Marcuse and Fred Staufenbiel, Berlin 1991.

6 Wiltrud Petsch and Joachim Petsch, *Bundesrepublik – eine neue Heimat? Städtebau und Architektur nach '45,* Berlin (West) 1983, p. 45, 47, pp. 48; cf. also Werner Durth, *Deutsche Architekten. Biographische Verflechtungen 1900–1970,* Munich 1992

7 Hans J. Reichhardt and Wolfgang Schäche, *Von Berlin nach Germania. Über die Zerstörung der ‚Reichshauptstadt' durch Albert Speers Neugestaltungsplanungen,* Berlin 2001, p. 46–48.

8 Cited in Johann Friedrich Geist and Klaus Küvers, *Das Berliner Mietshaus,* Vol. 3: 1945–1989, Munich 1989, p. 236.

9 Cited in Klaus von Beyme, *Kulturpolitik und nationale Identität. Studien zur Kulturpolitik zwischen staatlicher Steuerung und gesellschaftlicher Autonomie,* Opladen 1998, p. 211.

10 *Jahresbericht der Bundesregierung* von Germany (West), Bundesregierung, Germany (West). Presse- und Informationsamt, published by Das Amt, 1953, p. 8.

11 Wiltrud Petsch and Joachim Petsch, *Bundesrepublik – eine neue Heimat? Städtebau und Architektur nach '45,* p. 56.

12 *Denkmalbereiche – Chancen und Perspektiven,* lecture texts of the conference on September 13, 2000 at Haus der Geschichte Bonn, Mitteilungen aus dem Rheinischen Amt für Denkmalpflege, No. 12, Cologne 2001, p. 27.

13 Heinz Schwippert, "Das Bonner Bundeshaus", in: *Neue Bauwelt,* issue 17, Berlin 1951, p. 70.

14 *Leitfaden durch die Bundesgartenschau Köln 1957,* press release Cologne 1957, manuscript. Cited in: *Garten am Strom. Der Rheinpark in Köln,* eds. Joachim Bauer, Dieter Klein-Meynena and Henriette Meynen, Cologne 2007, p. 124.

15 Ibid.

16 Heinz Schwippert, "Das Bonner Bundeshaus", p. 70.

December 4, 2007
Michael Zinganel
REAL ESTATE: The City, Cinema and Speculation as Entertainment

Michael Zinganel, born 1960 in Radkersburg, lives and works in Graz and Vienna. Scholar in cultural studies, architecture theorist, artist, and curator. Architecture studies at the TU Graz, postgraduate at the Fine Arts Department of the Jan van Eyck Academy Maastricht, doctoral thesis in history at the University of Vienna. From 1996 to 2003, curator for fine arts at Forum Stadtpark Graz, 2003 research fellow at IFK Internationales Institut für Kulturwissenschaften Vienna. Since 2001 university assistant at the Institut für Gebäudelehre of the Technische Universität Graz. University teaching positions and visiting professorships at various Austrian universities; exhibitions and lectures in Austria and abroad. Main focus, among others, on "The productive force of crime for the development of security technology, architecture and urban planning" and, most recently, "Tourism as the driving force of transnational cultural transfer." In summer/autumn of 2008, he worked on a theater play on the branding of cities and regions.

REMINISCENCES

Twenty years ago, when I was living in Graz as an architecture student, Cologne did not seem worth the trip. But when I turned to become an artist in the early 1990s, my image of the city changed as well: The city became *the* destination of longing. The art school in neighboring Düsseldorf *produced* artists, while Cologne had established itself as a market and showplace for the sellable artifacts that emerged from it. It was rumored that the art market here was primarily fed by real estate profits—not just from Germany, but from the United States as well. But what I remember is not real estate speculation, but a sheer unbelievable density of galleries, *the* Kunstverein, *the* art bookstore, *the* art magazine, and *the* art fair, along with the alternative fair and parallel intermediate uses of empty shopping stores for politics, discourse, pop, and other mixed formats that artists like myself found so interesting and exciting in their post-graduation crises of identity and representation.

My recent visits to the city, in contrast, have been overcast by reports of Cologne's changing image—bank scandals, corruption, speculation, and diffuse decision structures in building projects that would shape the future urban space in Cologne—as told by friends in a relentless and vigorous act of (self-)critique. Even if it seemed impossible for an outsider to examine the correctness of these accusations, I could easily understand the pleasure that could be had in developing conspiracy theories, and helped by adding relevant know-how I had from other cities.

These conversations are an example of how the improper behavior of others—be it real or fictional—can have a community-building effect. Indeed, we actually almost need this deviant behavior to construct our own identity, for it produces the stuff of conversation that brings agents together, and offers a projection surface that allows us to assemble an image of our own normality or properness.

From all these visits, what I remember most are the many modernist pavilion constructions, architectural jewels from the postwar period that in my personal map of the City of Cologne form a ring around the city center: the Amerikahaus, where we are today, can be found at the core zone of this ring, albeit discreetly hidden.

SPEECH OF HONOR

In its original function as the British Council, the neighboring building, "Die Brücke" (The Bridge), which today houses the Kölnische Kunstverein, was the reference project for the design of the Amerikahaus, but it was also at the center of a large reconstruction development on Hahnenstraße, now in danger of being overrun by the interests of the real-estate market. I would like to close my speech here in the cinema of the Kunstverein with one of the loveliest and most touching American films about the issue of property speculation, *Batteries Not Included* (USA 1987, directed by Matthew Robbins). The plot of this film might provide moving impulses for the mood of the evening and possible options for political action.

CITY HISTORY

The Amerikahaus, designed by architect Rudolf H. Schickmann and first opened in 1955, is an integral component of the urban cultural heritage of the Cologne postwar period that plays a much too modest role in the city's consciousness. The building, regarding its placement in terms of city planning, its architectural arrangement, and its spatial program, takes its orientation from the neighboring building on Hahnenstraße, already erected in 1950 as the British Council, "Die Brücke". That building was designed by Wilhelm Riphan, who as a member of the planning team responsible for building "New Cologne" was responsible for the planning of Hahnenstraße, which had been conceived, but never realized, as an east-west axis by the Nazis as the core of a new fascist cityscape. Instead of a monumental, pseudo-historical building, during postwar construction a conscious decision was made for an entirely opposite image: Modern, flat, pavilion-like buildings, characterized by an almost Mediterranean lightness and as rhythmically alternating crosswise and lengthwise blocks, were to subdivide Hahnenstraße into richly varying urban spaces, where a mixture of shops, restaurants, and cultural institutions was to invite to urban *flânerie*. And it is precisely this low density of construction that makes the historical ensemble so susceptible to the expansive desires of today's real-estate market.

OBJECT HISTORY AND STORIES

The cultural institutes of former wartime enemies were an important contribution to the cultural program during in the city's reconstruction: "Die Brücke", as headquarters of the British Council, was after the "Maison Belge" the second cultural institute of this kind erected in Cologne. With its prominent location at the heart of the Hahnenstraße development, it was to form "a symbolic site of dialog in the city destroyed by war."[1] The French, Italians, and in 1955 finally the Americans would then follow.

The Amerikahaus was built on the grounds of the former Apostelgymnasium directly behind "Die Brücke". In terms of floor plan, the construction of the Amerikahaus seems to be a virtual copy of the British Council: Two blocks placed at right angles to Hahnenstraße are linked by a long, glazed, recessed block. This arrangement forms an area in itself in front of Hahnenstrasse as well as an attractive, covered courtyard between buildings. While "Die Brücke" is reached from the long side, Amerikahaus is entered on the narrow side of Apostelnhof. The spatial programs of the two cultural institutions also seem on first glance identical, only that the British had by far more usable space than the Americans. For where the lengthwise block of "Die Brücke" with library and study rooms has an additional floor, the Americans built a generous rooftop terrace. The massive block of "Die Brücke" has a basement and houses a second events room above the cinema that is equally large. The Amerikahaus, in contrast, only has a multipurpose hall that is not at ground level but seems to hover like a bridge. Indeed the ground floor is designed as a partially open, but covered, and then partially closed foyer, from which the gazes and paths of the visitors are directed from Apostelnhof into the garden or towards the stairs of the entrance. By way of the generous use of glazing, the foyer on the upper floor opens out to the rooftop terrace in the courtyard as well as to Apostelnhof, that is, back to public urban space. From there, a narrow balcony lined with thin columns can be entered; this balcony stretches along the entire façade and narrows gradually. The various emphases of the constructional components through framing and structuring, the use of two different natural stones, as well as light, almost playful metal railings provide for an attractive façade, a very unique interpretation of late Modernism that Cologne seems not yet sufficiently aware of.

WINDOW TO AMERICA

The Amerikahaus was operated by the United States Information Agency with headquarters in Washington, D.C. "The tasks of the agency, founded in August 1953, included the promotion of the acceptance and information on US politics abroad, the furthering of dialogue between Americans and American organizations with corresponding organizations abroad, as well as gathering information for the US government about the reactions and opinions to US politics abroad," according to its presentation translated from German Wikipedia.[2] Of course, honi soit qui mal y pense! The proximity to other information services is already suggested by the name of the organization; to formulate it in more drastic terms, its advanced cultural program could be called propaganda, and the evaluation of the feedback from local guests could be seen as a gentle form of espionage. Nonetheless, the America Houses in Germany were extremely popular from the 1950s to the 1970s because they could answer the enormous need to catch up on those US-American cultural products that had been forbidden by the Nazis, and on quite a high level. Not just the greats of jazz, New Dance and literature made appearances here, but also critical cultural sociologists like Richard Sennett. And even one of the leading figures of the Frankfurt School, Theodor W. Adorno, spoke here on the relationship between German and American culture. The emerging emancipation movements of women and ethnic minorities as well as the interest in everyday culture were also reflected in the program of the Amerikahaus.

But when it became clear that the Cold War had finally been won and the powers lurking behind the Iron Curtain fell apart on their own accord, the venues of the United States Information Agency seemed to have become superfluous. Until the USIA was dissolved on October 1, 1999, there were 190 locations in 142 countries. They were then immediately used only as the publicity division for the US general consulates, responsible for press and information, programs, and exchange. The cultural program was noticeably cut back.

Just two years later, after the attack on New York's World Trade Center in September 2001, the security measures at all US institutions were massively increased worldwide, and the communication work was largely moved to a presence on the Internet. Whoever sought direct contact to Cologne's Amerikahaus or wanted to use the open-shelf library had to make an appointment, allow themselves to be subjected to a check, and pass through a security screening like the one at airports. Since then, the Amerikahaus has only been open to the public on a limited basis. And in September 2007, it was closed as the last of the 57 US-run America Houses around the world once and for all.

GERMAN-AMERICAN FRIENDSHIP

There is an evident need for young European intellectuals to set themselves apart from the politics and cultural production of the United States, and so America Houses in Germany have repeatedly been the target of quite violent, anti-American protests. All the same, the United States is still the destination of longing for research and study abroad, and so the America Houses were the first address for all those who wanted to prepare for their time in the States. In the 1980s, American elite universities could afford to hire their own critics, even to lure away the most intelligent ones from Europe. For the German liberal-left from the world of culture, as well, which identified with the authenticity of the disenfranchised by way of popular culture, the US-American popular culture and its academic analysis had a model function. And without the theory imported from the United States to Germany, the quality of the debate about race, class, gender, and political correctness would have developed quite differently.

For "left" urban studies, important impulses also came from the United States. The leading institution of urban sociology, the Chicago School, founded in the 1920s by Robert Ezra Park, directed researchers' attention toward the disenfranchised in the ghettos of major cities. At the end of the 1970s, neo-Marxist critical geography was developed by the British human geographer David Harvey, who immigrated to America and studied processes of urban transformation in Baltimore, developing a theory of neo-imperialist urban development. At the end of the 1980s, the Los Angeles School emerged as a postmodern remix of Chicago School and Frankfurt School. The pioneering book *City of Quartz*, published in 1990, should be seen in this context.[3]

Its author Mike Davis is a romantic yet ruthlessly Marxist cultural critic, who in the vein of the Frankfurt School does not want to find the tiniest quantum of something "right" in the fundamentally wrong world of late-capitalist America, and developed the discourse on hegemony to a mastery of cultural pessimism. He only finds something authentic in the subcultures of the disenfranchised working class—which he gives up along with the demise of that class. Nonetheless, his book offers a brilliant genealogy of the power relations in Los Angeles, and his method of combining critical geography and investigative journalism with the analysis of images of Los Angeles in popular Hollywood films makes it an amazingly interesting read. With this book, he also encouraged authors in the German-speaking world to study the asymmetrical power relations in their own cities: Walther Jahn's, Stefan Lanz', and Klaus Ronneberger's book *Die Stadt als Beute*[4] has been vitally influenced by Mike Davis' study, and also my own work in major parts.[5]

ART AND REAL ESTATE
In *City of Quartz*, Mike Davis describes among others also the connection between the real-estate business and the art world in L.A. as "thoroughly mercenary, as the new wave of designers, artists and professors have come to praise Caesar—in this case, international real-estate capital",[6] culture as an integral component in the process of land development, as "a beachhead for [...] renewal."[7] According to Davis, "large developers dominate every level of this new cultural superstructure."[8] They sit on the boards of the art institutions. Their cultural engagement in turn promotes their connections to the city's political elites that reward their involvement with support in the competition for new monopolies. For the lack of free building space has driven prices so high that the market is now limited to few large companies.[9] He sees the "Culture Boom" in Los Angeles as an "epiphenomenon of the larger social polarization"[10] between rich and poor. The culture fostered by corporations only serves the wealthy, the promised "trickle-down" effect never takes place, at least not down to the level of street culture.

Recall that Mike Davis was describing city development at the start of the 1990s in L.A., not in Cologne. But whoever makes the effort to compare the most important names in the Cologne real-estate business with the managing boards of cultural institutions can surely find analogies here as well. The neighboring Kunstverein is not exempt from this, no less than the project *Liebe deine Stadt (Love your City)*. And it makes matters more interesting that the current co-director of the Kunstverein, Anja Nathan-Dorn, in 2003 wrote a book with the architecture historian Monika Läuferts, who wrote her master's thesis on the architect Wilhelm Riphan and worked on a book about him[11], and with other like-minded persons realized a theatrical performance at a gallery on Rudolfplatz: *Die Köln Kaputt Revue (The Cologne Kaput Revue)*,[12] which was about the entanglement of the main figures—Kölner Stadtsparkasse (Cologne Municipal Savings Bank), SK Corpus, and the Oppenheim-Esch-Fonds, as well as the always identical middleman (and his provisions)—in the real-estate speculation around Hahnenstraße.

Just recently, a press release from the city government and the US Consulate General optimistically announced that the non-profit association Amerikahaus e.V. had been founded to take over the site. The chairwoman is the New York-born and Cologne-based Jeane Freifrau von Oppenheim (cf. Oppenheim-Esch-Fonds), who on July 26, 2007 was given the key by the US Consul General and the Governing Mayor of Cologne for the listed heritage site Amerikahaus.[13] But this construction seems not to have worked out: the Thyssen Foundation is going to move into this building of German-American cultural heritage.

FILM AND SPECULATION
Cultural imports from the United States include film productions from Hollywood. One of their strengths is to present social critique in such dense emotional stagings that they can be consumed by a mass audience even if they reveal the dubious practices of real-estate companies. For Mike Davis as well, the representation of the city in cinema plays an important role. According to him, film could be in the position of writing and disseminating a fictive sociopolitical counter-narrative, such as Robert Townes' reports of property accumulation and speculation prove in his screenplay for the film *Chinatown* (1974)). While in Mike Davis' view, Hollywood produced a great deal of reactionary things, it also made well-crafted detective stories in the tradition of Raymond Chandler and *film noir*—usually "with some pointed contrast between the primitive beauty of Southern California seacoast and the primitive greed of its entrepreneurs."[14]

Now I would like to lure you away from the Amerikahaus to the cinema of the Kunstverein, from Mike Davis' Los Angeles to New York's Lower East Side. The 1987 Steven Spielberg film *Batteries Not Included* is, in my view, one of the most brilliant examples of an artistic engagement with the phenomenon of real-estate speculation. A real-estate magnate has already begun with the demolition work for a new business district on New York's Lower East Side. But after the tenants in one of the remaining residential buildings in the neighborhood—an elderly couple that runs a restaurant, a boxer, a penniless artist, and a heavily pregnant woman—refuse to leave despite being offered compensation, they are terrorized by a gang of hoodlums. Then the impossible happens: two tiny flying saucers come to help the residents, restoring the destroyed parts of the building and welding the building's residents together to a community of solidarity that in the end wins the seemingly hopeless fight.

Maybe someday aliens will come help the Cologne residents if at some point only one of the postwar pavilions remains and this important part of the city's cultural heritage is finally threatened with disappearance.

The end of this film will mark the official end of my speech of honor.

1. From the image brochure of Kunstverein.
2. At: http://de.wikipedia.org/wiki/United_States_Information_Agency
3. Mike Davis, *City of Quartz*, London / New York 1990.
4. Walther Jahn, Stephan Lanz, Klaus Ronneberger, *Die Stadt als Beute*, Bonn 1999.
5. Michael Zinganel, *Real Crime: Architektur, Stadt und Verbrechen*, Vienna, 2003.
6. Davis, p. 71.
7. Ibid., p. 72.
8. Ibid., p. 76.
9. Ibid., p. 131.
10. Ibid., p. 78.
11. Britta Funck (ed.): *Wilhelm Riphahn. Architekt in Cologne. Eine Bestandsaufnahme*, Museum für Angewandte Kunst, Cologne 2004.
12. *Köln Revue*, Galerie Frehrking Wiesehöfer, Cologne, with Anja Dorn, Monika Läuferts, Verena Kluth, et al., April 2003.
13. Tobias Morchner, "Amerikahaus wird geschlossen," *Kölner Stadt-Anzeiger*, June 8, 2007, at: http://www.ksta.de/html/artikel/1179819761668.shtml
14. Davis, p. 44.

Kasper König und Merlin Bauer
A conversation in Ristorante Luciano

Prof. **Kasper König,** *born in 1943, already curated the museum exhibition* Claes Oldenburg *in Stockholm at the age of 23. As a student, he organized further shows and edited numerous books, among others, the Nova Scotia Series (Halifax, Canada) in cooperation with New York University Press. In 1985, König was appointed to the newly founded chair "Art and the Public" at the Art Academy Düsseldorf. Three years later, he was founding director of the Portikus exhibition hall and professor at the Städelschule Frankfurt, which he was director of from 1989 on. He organized numerous exhibition such as* Westkunst *1981 in the Kölner Messehallen,* von hier aus *1984 in the Messe Düsseldorf,* Der zerbrochene Spiegel *together with Hans Ulrich Obrist 1993 in Vienna and Hamburg. In 1977, he initiated the* Skulptur Projekte Münster *with Klaus Bußmann, which he also curated in 1987, 1997 and 2007. Since 2000, Kasper König is director of Museum Ludwig in Cologne. On the occasion of its reopening in 2001, he presented the show* Museum unserer Wünsche. *This was followed by a number of monographic and tematic exhibitions as well as other inerventon.*

Merlin Bauer: *In the Museum für Angewandte Kunst (Museum for Applied Arts), a Wilhelm Riphahn exhibition took place in 2005. At the opening, Cologne's Governing Mayor Fritz Schramma emphasized that the Opera House would never be torn down. Shortly afterwards, the discussion commenced whether the building, which had been neglected for years, should be demolished due to the extremely high renovation costs, and a new opera house be built on another site in the form of a public-private partnership. The sale of the property was to finance the new building. Apparently, there was and still is the idea of a Sydney Opera House on the banks of the Rhine, the notion of an iconic architecture.*

Kasper König: An opera house that is very beautiful, by the way. Such a building, which was designed for the grandiose bay, would naturally make a small-time and measly impression in Cologne. There is no other city in the Federal Republic whose architectural culture is as messed up as Cologne's.

I see these architecture debates on the demolition of the Opera House or the Josef-Haubrich-Kunsthalle as a model for the processes that have taken place in Cologne in the past years. They are more than just debates on architecture. The issue, instead, is the way in which history is dealt with, and the question: How is culture dealt with?

It is, of course, unbelievably stupid to tear something down and thereby intend to create a reality, because the so-called Kunsthalle (art hall) is not even financed. There is nothing. The only thing they perhaps calculate is turning on the light and paying for the heating, but not how to then use this transmission belt—for what, and why?!

At the topping-out ceremony of the new Kulturzentrum am Neumarkt, the space actually conceived for the Kunsthalle was already defined as a space for temporary exhibitions anyway. This Kunsthalle no longer exists in the city's culture program.

But on the sign of the construction site it still says Kunsthalle and not exhibition hall. False labeling constantly occurs.

Talk is always only about the Kunsthalle, the Opera, and not about the entire ensembles: now a new building is to replace the Schauspielhaus and the Opernterrassen. Although plans are no longer to tear down the Opera House, due to pressure from the public, and it is now supposed to be renovated, the decision has been made through the back-door, so to speak, to demolish the Schauspielhaus. In the call for tenders, the demolition is already assumed, and a possible preservation of the building is not even taken into consideration. There was no public debate prior to the call for tenders, and only huge offices were preferred. What was your impression of this procedure?

First of all, it is positive that the Opera House, which is still a very unique structure, will remain as a solitaire, so to say. Hopefully, the design that will be realized won't be like the annex to the Stadtmuseum, which is trivial and below the belt. There is somebody willing to endow the building, at least partially: some building contractor who is perhaps very successful and wants to realize himself architecturally. And if you are against this, you quickly get to hear: "These are unthankful people who don't appreciate it when someone wants to make a gift!"
For in architecture as well, design-related demands must be articulated and one must insist that a certain standard be maintained. I regret that this standard is apparently not there, that it must always be arduously set anew. That's why there is no really distinct architectural culture in this city.

It is rather a question—and that is also what my work deals with—of how, starting from a grown structure, one can initiate a new process via the perception of this structure.

The grown structure was, of course, abruptly interrupted by the war and then again severely damaged by reconstruction. When I was relatively active in the debates on urban development in Frankfurt, I tended to say: It's already ugly, but the only chance is to make it even uglier, so that it will gain a quality of its own. But that could not be conveyed, because it sounded very cynical.

Should the "mistakes" of the postwar period really be repeated, when many old buildings were demolished, something which was later termed the "second destruction"? Should a "third destruction", then, be accepted? Urban development also reflects the way in which a city deals with its culture and history. How do politics and the administration function, what does the democratic relation to the citizens look like, and their possibilities to participate? In the years I've been living in Cologne, I have instead experienced the feeling of great powerlessness: Could this perhaps lie in disinterest, e.g., in the machinations of the Oppenheim-Esch-Fonds?

It's not disinterest, one is simply the loser. From the very onset, the tax payer is taken into account as the one to pay the bill.

All this appears to scrape the border to business crime. The city's purse loses a lot of money, even if only individual aspects are taken into consideration, for example, the Rheinhallen and the new fair halls.

It is obvious that someone wanted to avoid a complex, Europe-wide call for tenders and found another method in favor of the city and the taxpayers and in favor of a private-sector model making profits and avoiding risks.
There would basically be no objections to this principle, because it can be extremely frustrating if the conditions are so bureaucratic. A private firm is perhaps not as obliged as a public building contractor to adhere to all kinds of restrictions. It can perhaps shorten the supra-administrative paths.

Is it because there are no control mechanisms and city politics are overtaxed across all parties?

In this case, I would instead speak in images, that the Rheinhallen, from the perspective of the fair, are maybe no longer as efficient as modern halls. Yet if the issue were pure efficiency, it would make sense to build a fair directly next to the airport—it's where one arrives and leaves again. And it is right next to the city, where people can represent and connect with society.

A lot of things are going wrong in the wake of modernization. Just think of the fair's logo, tons of money were spent on a new logo designed with dynamic balls, it was then called Koelnmesse, scrapping the Cathedral and the two waves symbolizing the Rhine. No one notices that this new thing is a commonplace sign and does not go down as well as the Cathedral and the Rhine used to, because that is what the entire world associates with Cologne.

Not only in regard to the fair logo were we better off than Düsseldorf before, which in economic terms is certainly more dynamic than Cologne today. I experienced the dynamism of the Kunstmesse, which was later turned into Art Cologne. But this dynamism has disappeared, the wind has shifted, and that is something that can be compared to the architecture here.

There are identity-forging moments that should be cleverly utilized and transformed, or dialectically charged. Of course, a city like Cologne is by no means in a position to do so. Cologne is a very old city, there's nepotism here, there is no theory, only always self-assurance, back-slapping, overrating oneself, and at the same time wanting to be the largest city in a region, but please not more. These are all grown things, partially even sympathetic, but not exactly with a promising future. However, there is a general identification with the city that is enormous.

At least as far as architecture is concerned, Kolumba, for example, is a real gift that suddenly ties in with something and shows that it is possible. Because it is also cult. Whether one likes it more or less, it demonstrates an attitude.

It lets its surroundings shine in beauty.

Of course, it also exposes a certain paltriness of the immediate vicinity, which is okay. And what is a city, after all? A place where locals and strangers *can* meet, but don't have to meet, where a certain private sphere is maintained; at the same time, it can be nice to move about in public. In this respect, a run-down city like Cologne also has its charming sides.

Cologne has always been a grubby city, it has a great history, and that's also what's so exciting about it. But in the past ten, fifteen years, the city has made an increasingly negative impression on subjective and public perception.

Well, it at least it behaved in an increasingly provincial manner.

We talked about the special Cologne real-estate firms, for example, the activities of the public-private partnerships surrounding the Messehallen. In the case of such business transactions, one must realize from the very start that the taxpayer will ultimately have to pay the bill? If, on the other hand, even smaller cultural institutions such as the Kölnische Kunstverein, one of the oldest in Germany, the artothek and now even the European Kunsthalle, maybe even the museums, must fight for a very small budget and thus for their existence—isn't that absurd?

But privatization can also lead to greater efficiency and thus benefit the citizens. If this efficiency can be proven, then there's nothing to say against it—except where the rubber meets the road, when certain institutions are privatized that really belong to everyone and no one: kindergartens, schools or prisons. That would have a fatal effect on the future of society, and in this regard citizens should not be underestimated, patronized or manipulated. To say that there is no money for culture due to nepotism can quickly acquire a populist tone. The matter is more complicated.

In the two cases of the Rheinhallen and the Messe, which the public prosecutor's office and the European Commission are also investigating, we know that a toll is being taken on the municipal budget. It is so burdened anyway that the financial sovereignty of the City Council has been lifted and placed under the regulatory power of the District Government.

That naturally means that more money is spent than collected. But it is also a question of priorities. And then there's the question of distribution: Who bears which costs? The state, the federal government, the municipality?

The City of Cologne is not conspicuously present, neither in the Landtag nor the Bundestag, although it is the fourth largest city in the Federal Republic. For example, there is absolutely no argument against the Ostasiatische Museum or the Rautenstrauch-Joest-Museum becoming to at least one half state museums, namely of the state of North-Rhine Westphalia. Many federal states support such institutions, even outside their state capitals.

As soon as one enters into a discussion on issue of metropolis, one can assume that those leading the discussion would like to be a metropolis but aren't. In this respect, attributes such as "city of art" or "city of literature" are always absurd. Either the city is one, then there's no need to call it that, or it's something one would like to be, or at one point was, and one then insists on it.

Was the rise of Cologne to an art metropolis maybe just a historical coincidence?

In a certain way, yes, but not totally coincidental, because there is certainly a breeding ground here—the friendliness towards pictures, the curiosity, the willingness—and the geographical location. The proximity to Holland and Belgium, Cologne as the oldest city in the region, all this created an intellectual climate, also supported by the WDR, by the many intellectuals who earned an extra income here, and, of course, due to the absolute shock after the collapse and the Nazi period.

Now the wind has shifted, the situation is different, and there are many people suffering severe phantom pain and invoking something they were in no way involved in. It is, of course, always also a configuration of individuals who recognize something, like Hackenberg[1] at the time. He didn't necessarily *create* it, but he recognized it and supported it at the right moments, and that is very political. Take the exhibition *Westkunst* (1981), which was underpinned with political arguments. There had been these large exhibitions such as the *Staufer* in Stuttgart (1977), *Preußen* in Berlin (1981), the *Wittelsbacher* in Munich (1980), and he argued: We were peace-loving in the 1920s, after the First World War, and we more or less belonged to Prussia, but we weren't Prussians in an ideological sense, and we did not have ruling houses, we related ourselves to Modernism. He thus pushed *Westkunst*[2] through with arguments, with a highly adequate budget and on a very competent level.

Do we miss such powerful, visionary minds in cultural politics today, not only in Cologne?

The situation today is different. At the time, there was the tremendous trauma of destruction and the question of how it can again be possible to proceed into the future without suppressing the past, but by working with it.

I can give you a structural example: Kurt Hackenberg actively read the papers. At the time, I came from America with my family, my wife opened a bookstore in Munich, and I developed a lecture series and other activities at the Art Academy in Munich that were received very controversially. In an ultra-reactionary paper, I was described as a self-proclaimed leftist-anarchist opinion maker, and that greatly amused him. He said, König, you won't gain a foothold there, come to Cologne! You work together with your brother, the bookseller and publisher, and I know that you are often here. And I replied: I want you to pay for my coach ticket, hotel isn't necessary, and then I'll be happy to talk to you about possibilities. He agreed, and when I arrived he said: So, that's what's called "creating a transaction" in the language of administration, and asked his secretary to fetch a lever arch file. That was the birth of *Westkunst*. His staff consisted merely of five persons, a secretary, a factotum, who was a chauffeur and all kinds of other things, an accountant, and later on one consultant for art and one for artists; that was, of course, absurd.

So the administration is working inefficiently today?

It's a different style, not allowing or even preventing employees to deliberately bear responsibility. It is also a question of appreciation, the issue is not only money. That has been neglected over the years, particularly in the area of museums. One simply thought, things will somehow keep on going, and sought for any opportunity to save money, without thinking about the future.

So the appreciation of art and culture has strongly faded, as it seems. Liebe deine Stadt (Love your City) has a lot to do with structural questions: the way in which grown architecture and structures are viewed today, also in art and other fields of culture.

That's a peculiar feature of the region. There are no supra-regional newspapers, yet the *Kölner Stadt-Anzeiger* has a fantastic editorial staff at certain times. In regard to cinema, interested persons in Munich or Berlin bought the paper every Saturday in the 1970s. A whole array of film critics who were socialized in Cologne via the university or via film clubs wrote for the paper. Werner Strodthoff held a quite distinct position as a long-standing architecture critic. But it's like an amnesia. It can be the case for several years, and then it's gone again.

So are people living in amnesia in Cologne today?

At least the demands one makes on oneself are less than modest.

Is the increasing lack of appreciation of culture also related to the educational system that is in need of reforms? I also view art and culture in a context of education, not in production but in mediation. Are there now reasons for hope, because the budget for culture was increased last year and is to be successively increased in the future?

That's also a deceit. It was increased *de facto*, but only after, it was successively decreased. So one cannot speak of an increase but of a schematic adjustment to the past. And it is simply absurd, if the demolition excavators or the relocation costs are in turn paid with this money. This is where sham packaging strikes again, there is no clarity and truth in these things, it's frustrating.

Cultural politicians do not rank very high in politics, and they have a hard time asserting themselves. They're terribly insulted when you say that what they've now delivered again is amateurish, because they want to be loved.

You have spoken about the poor endowment of your venue and other institutions, for example, in connection with offers of gifts such as the Stoffel Collection, where the issue was not only the quality of the art but also that such collections have to be preserved and looked after, something which is a high cost factor.

If you are not in a position to offer something equivalent in financial terms, so as to make corresponding demands, you're a lame duck. Requests of the city to negotiate, without having the competence of stating up to what amount I can negotiate, are ridiculous. Then I can just let it be.
Although I do have difficult phases time and again, the basic tone is constructive, because I am enthusiastic about what I do.

Isn't the issue in architecture, and partially in art as well, the event, to the detriment of substantiality and sustainability? When Zaha Hadid, who is not a bad architect, leaves her mark around the world, without considering the respective location or the function of the respective building?

Yes, it is. You see that at Potsdamer Platz in Berlin, which is indeed mediocre. But since the architects generally have illustrious names, one would expect a different standard there. The problem with these so-called star architects is that they often serve as an alibi to neglect normal, real architecture: schools, factories, hospitals. In this regard, I welcome the initiative *Liebe deine Stadt*, because specific objects are deliberately analyzed, like the billboard of Afri-Cola along the Nord-Süd-Fahrt. Bazon Brock spoke so wonderfully about this Potemkin village, by taking a precisely look at and positively assessing something that usually goes unnoticed.
By the way, at Art Basel, I participated in a large panel discussion alongside Zaha Hadid. And I voiced my doubts and said, I wouldn't be that happy having to work in a museum by Zaha Hadid. Her new museum designs look like a rolling fart on a curtain rod. She really resented me for this platitude, although she knew me from the Städelschule. *Lèse-majesté* seems to be more common in the questionable art world than in the world of architecture. The dilemma is that the architects want to become artists and the artists architects, and that leads to a hybrid mishmash.

If one now wanted to draw a parallel to the fine arts…

The parallel is that, one the one hand, you have an Olafur Eliasson, basically a serious artist with large-scale projects of one sort or the other, but then a Buckminster Fuller is of course much more relevant.

How is it to be understood when Koolhaas is now building the new television center in China?

Koolhaas is an extremely inspiring theorist and urban planner who is good at analyses but does not always create good architecture. The Chinese purchase his brand name, an illustrious one, and that is also public relations and cannot be separated from the building task. If this task is fulfilled in a new and surprising way, all the better. Versailles was nothing else. In this respect, what characterizes all striking examples of architecture, not the theory of architecture, is that the commission was reformulated in a surprising way or that expectations were surpassed in artistic terms.
For me, one of the most interesting *exhibitions* in Germany until today was the Werkbund-Ausstellung 1927 in Stuttgart, where the problems of housing construction after the First World War were addressed in a very precise way. A mother with two children and the grandparents, without a husband—the aim was to construct show apartments or show houses, to demonstrate how social housing can be realized, one that is differentiated and meets the individual demands in a surprising way. All the great architects of the time built there, from Oud to Mies, from Corbusier to Scharoun. Today, it is merely regarded as an art-historical event, because the commissioned architects left an independent, artistic mark there. But in reality, it was about issues of economy and the shaping of a social situation, and that becomes difficult when the actually complex task of architecture becomes detached and turns into a fetish product. How are so-called star architects created? The term "star architect" is already perverse and, as our Cardinal Meisner would say, "degenerated".

It's the same fate that photography to a large extent shares. If photography is suddenly declared art, it's a Pyrrhic victory, for it is then no longer a medium evolving in this complex, applied and independent formal vocabulary. There are many areas that then change. Today, one also speaks of anarchitecture, and this is a major and significant architectural debate that is strongly perceived by many fine artists as well. In my view, your project *Liebe deine Stadt* has a lot to do with these issues.

How about the political responsibility of architects? Koolhaas, for instance, says that with his building he contributes to the democratization of China. Isn't that presumptuous, or is he just interested in commercial success and in the extent to which this can also be sold as a political success? Niklas Maak wrote on this that only in twenty years will it prove itself whether Koolhaas is the winner of what he propagates, whether democratization will actually have been achieved, or whether the country will have reverted to totalitarianism.

I don't know about democracy, but at least it's a dynamic structure, don't you think? It's not a symmetrical solitaire. The only question that counts is that of quality. There's bad architecture, mediocre architecture and good architecture.
I haven't experienced that thing in Beijing yet. If a central TV station articulates itself in an unmistakable way and thus exhibits its power as a media center, that could have a positive impact by making it clear how powerful such an institution is. It is at the center and can be seen from all sides, it doesn't hide behind gray façades.

In the case of St. Petersburg, for instance, the question is whether one should place a high-rise, Gazprom's new corporate headquarters, in a grown structure with a relatively low eaves height?

Unfortunately, I have been neither to Leningrad nor St. Petersburg. Gazprom should represent itself, not just by sponsoring the German soccer team FC Schalke 04, but at home as well. Here in Cologne, I find the Triangle high-rise depressing, because it is mediocre. If it were four times as high and big and elegant, and had the shape of a beautiful Kölsch glass, then the debate on whether it competes with the Cathedral would be banal.

I don't oppose high-rises, but doesn't the question arise as to what they are supposed to stage?

There is a nice maxim by Eero Saarinen, which he always told his first-semester students: "If it's too long, make it longer, and if it's too short, make it shorter." It is also about a certain proportionality and disproportionality. If the demand can neither be challenged nor accepted, the result is mediocrity; identification and the turning to details and the benign handling of materials or an idea then go to the dogs.

Must one fear that, after the censorship of the Schauspielhaus poster[3], for example, or the poster by Wolfgang Tilmans[4] for the show Das achte Feld *at Museum Ludwig, Cologne is becoming ever more provincial, or do you see potentials for a revival?*

One should be more self-confident and not carelessly jeopardize what one has. On the other hand you could say: "You needn't worry if you have no reputation to lose." You also have to have an inner life and can't make yourself dependent on these things. If something is destroyed in a pretty frivolous and unreflected manner, you have to watch out not be drawn into this maelstrom, but to keep your eyes open. One should stay pragmatic and look for what is at all possible in the first place. Of course, that only works if one is involved in a broader context—meaning to think and act in a concretely local, but also national and international manner.

Shortened version of an interview with Kasper König in July 2008.

1 Kurt Hackenberg, Head of the Culture Department in Cologne from 1955 to 1979.
2 *Westkunst*, an exhibition organized by the museums of the City of Cologne, curated by Kasper König, Kölner Messehallen, May 30 through Aug. 8, 1981.
3 Poster for the première of *Die Nibelungen*, Schauspielhaus Cologne, Oct. 12, 2007.
4 Poster by Wolfgang Tilmans for the exhibition *Das achte Feld* at Museum Ludwig, Cologne, Aug. 19 through Nov. 12, 2006.

Name index

The numbers in brackets refer to the pages of
Under the Pavement the Beach—Momentary Sites
(1)–(48)

Aalto, Alvar 420
Abel, Adolf 412
Adenauer, Konrad 396, 438
Adorno, Theodor W. 442
von Altenstadt, Ulrich S. 406, 426
Alberro, Alexander 398
Arns, Norbert 404, (9), (32)
Assmann
    Aleida 306 [pl.], 395, (9)
    Hans 395, 436
    Jan 304 [pl.], 395, 436ff.
Augé, Marc 400
Aznavour, Charles 34f. [pl.]

Band
    Gero 418
    Heinrich 417
    Karl 405, 417ff., 429f.
Bartetzko, Dieter 412
Baudelaire, Charles 437
Baumann, Herbert 48 [pl.]
Bauwens-Adenauer, Paul 396
Becker, Boris [pl. 60f.]
Benjamin, Walter 420, 437, 439
Bernard, Josef 406
Bernhardt, Anne-Julchen 394, 398f., (5), (11), (13), (20)
Beske, Hubert 430
Betjeman, Sir John 396
Beuys, Josef 395
Böhm
    Dominikus 405f., 429
    Gottfried 48 [pl.], 271 [pl.], 404, 409f., 429
    Paul 429
    Stefan 429
Bienefeld, Heinz 48 [pl.], 406
Bietmann, Rolf 443
Bonatz, Paul 412
Boyse, Matthew Gordon 443
Brock, Bazon 142f. [pl.], 395, 412ff., 448
Buckminster Fuller, Richard 448
Buren, Daniel 411
Buscholte, Wilhelm 430

Cage, John 395
Chandler, Raymond 443
Clemen, Paul 417
Conrads, Ulrich 426

Davis, Mike 442f.
Debord, Guy (9)
Dell, Christopher (11, 13)
Döllgast, Hans 430
Doners, Peter 430
Dostoyevsky, Fyodor Mikhaylovich 425
Dürer, Albrecht 417

Eliasson, Olafur 448
Elizabeth II 407
Endler, Eduard 418
Erdmann, Siegfried 419

Fischer, Theodor 433
Freud, Sigmund 425
Fuchs, Albrecht 395, 397 [pl. 59, 62–85, 91–103, 186–203, 460]
Fuchs, Peter 54f. [pl.]

Gatermann, Dörte 409
von Gerkan, Meinhard 411
Gies, Ludwig 429
Gigon, Annette 411
God 415f.
Goldberg, Bertrand 411
Graham, Dan 27 [pl.], 397
Graw, Isabelle 403
Gruber, Otto 417
Gutmair, Ulrich 402ff.
Guyer, Mike 411

Haacke, Hans 25 [pl.], 397
Hackenberg, Kurt 447
Hadid, Zaha 411, 448
Haider, Jörg 429
Hardt, Michael 398
Harvey, David 442
Hasse, Jürgen 411
Haussmann, Georges-Eugène 408
Heidenreich, Elke 394, 410
Hess, Barbara 397
Heubach, Friedrich Wolfram 247[pl.], 250 [pl.], 402, 423ff.
Hillebrand, Elmar 430
Hitler, Adolf 439
Höfer, Candida 395, 397 [pl. 86f., 88f., 465]
Hoffmann-Axthelm, Diethelm 407
Holzbauer, Wilhelm 428
Holzmeister, Clemens 429
Horn, Rebecca 395
Humpert, Klaus 433

Jacobsen, Arne 406, 421
Jacobus Johannes Pieter 448
Jans, Walther 443

Kahn, Louis 411
Kandinsky, Wassily 415
Kier, Hiltrud 181 [pl.], 400, 422f.
Kier, Udo 395, 43 [pl.], 402 [pl.]
Kippenberger, Susanne 403
Kluth, Verena 404, (9), (32)
König
    Walther 447
    Kasper 395, 402
Koep
    Rudolf 405
    Wilhelm 405, 422
Kollwitz, Käthe 429
Koolhaas, Rem 448f., (11, 13)
Kuma, Kengo 411
Kurrent, Friedrich 270 [pl.], 276 [pl.], 428ff.

Lammersen, Franz (27)
Lanz, Stefan 443
Läuferts, Monika 443
Le Corbusier 394, 418, 420, 448, (5), (7), (44f.)
Leeser, Jörg (11), (13), (20)
Lefèbvre, Henri (13)
Link, Rolf 406
Lynch, Kevin 407

Maak, Niklas 449
Mahlau, Alfred 435
Marg, Volkwin 411
Markschies, Alexander 411f.
Mataré, Ewald 430
May, Ernst 436
Meisner, Joachim 417, 429, 448
Meistermann, Georg 430
Melnikov, Konstantin 411
Merrill, John 406
Mies van der Rohe, Ludwig 406, 426, 448
Miozzi, Eugenio 411
Missethon, Hannes 429

Musil, Robert 412
Müther, Ulrich 396

Nathan-Dorn, Anja 443
Navarro Baldeweg, Juan 411
Negri, Antonio 398
Neven DuMont, Alfred 424
Nietzsche, Friedrich 425
Nolte, Ernst 412

Of Nursia, Benedict 413
Oldenburg, Claes 398
von Oppenheim, Jeanne 443
Ostendorf, Friedrich 417
Otto, Frei 405
Owings, Nathaniel 406

Park, Robert Ezra 442
Pauli, Franz 430
Paulick, Richard 411
Pehnt, Wolfgang 396, 404ff.
Piano, Renzo 427
Polanski, Roman 443
Polke, Sigmar 395
Prigge, Walter 264 [pl.], 403, 426ff.
Pröll, Erwin 429

Quander, Georg 395, 423

Reuleaux, Franz 409
Riley, Bridget (5, 13)
Riphahn, Wilhelm 394ff., 402, 407, 410, 420ff., 439, 441, 444
Robbins, Matthew 441, 443
Ronneberger, Klaus 443
Rosler, Martha 21ff. [pl.], 397
Rossmann, Andreas 164f. [pl.], 399
von Rudloff, Ernst 406, 426

Saarinen, Eero 449
Scharoun, Hans 438, 448
Schelsky, Helmut 438
Schickmann, Rudolf H. 441
Schilling, Hans 402, 405f., 414, 428ff.
Schmickler, Markus (9), (16)
Schneider-Esleben, Paul 411
Schossig, Elmar 409
Schramma, Fritz 409, 416, 425, 443f., (9), (32)
Schult, HA 425
Schulze-Fielitz, Eckhard 406, 426
Schumacher
    Fritz 422, 433
    Hans 417
Schützeichel, Rainer 399ff.
Schwarz
    Maria 276 [pl.], 428ff.
    Rudolf 405f., 422, 426, 429f.
Schwippert, Hans 405, 436f.
Sennett, Richard 442
Shakespeare, William 437
Sieverts
    Boris 396, 400, 433f.
    Thomas 282f [pl.], 285 [pl.], 396, 432ff.
Skidmore, Louis 406
Spalt, Johannes 428
Speer
    Albert (*1934) 438f.
    Albert (1905–81) 396
Spielberg, Steven 443
Steffann, Emil 48 [pl.], 405f.
von Steinbüchel-Rheinwall, Rambald 48 [pl.], 436
Stimmann, Hans 396
Stockhausen, Karlheinz (9), (16)
Strache, Heinz-Christian 429

Stracke
  Josef 417
  Wilhelm 417f.
Streitberger, Bernd 402, 409
Strodthoff, Werner 447
Struck, Martin 154f. [pl.], 417

Targe, Michel 411
Tilmans, Wolfgang 449
Townes, Robert 443
Trockel, Rosemarie 43, 395
Ungers, Oswald Mathias 48 [pl.], 406, 429

Vitruv 406
Vostell 251 [pl.]

Willats, Stephen 397
Wilmotte, Jean-Michel 411
Wilp, Charles 413ff.

Zens, Toni 430
Zinganel, Michael 395
Zumthor, Peter 166f. [pl.], 394ff., 400, 404, 420, 422, 429, 434

Subject index

4th plan, Rudolf Schwarz 272
4711 Building (Cologne) 394
4711 Glockengasse building (Cologne) 422
4711 perfume factory Building Glockengasse (Cologne) 176 [pl.], 426

advertising 414f.
affirmative strategies of overpowering 414
Afri-Cola-Haus (Cologne) 139f. [pl.], 146f. [pl.], 148, 150ff. [pl.], 412f., 416, 448
Agit-Pop 414f.
Agit-Prop 414
Ahornblatt (Berlin) 396
Albert Speer & Partners (Frankfurt am Main) 396
Allianz insurance company 411
Alte staatliche Post (former Federal Post Office) 431f.
Altes Polizeipräsidium at Waidmarkt (former Police Headquarters, Cologne) 409
Amerikahaus, US-American cultural institute (see: Cologne cultural institutes)
amor fati (Nietzsche) 425
Amphitheater on Kapitolsberg (Cologne) 405
anti-fundamentalism 413
Antiquity 405f., 415
application for Cultural Capital (Cologne) 423
Appropriation Art 397
arbeitsgruppe 4 (Salzburg) 428
architecture
  1950s architecture 424, 432, 435ff.
  1960s architecture 422, 430, 432, 434, 436
  1970s architecture 436, 438
  1980s architecture 436
  1990s architecture 436
  anarchitecture 449
  car park architecture 434f.
  iconic architecture 423, 432, 444
  investors' architecture 409f., 418, 427, 430, 433, 443
  Nazi architecture 420, 432, 441
  office-building architecture 410
  retro-architecture 427f.
  Scandinavian architecture 421
architecture of thoughts 415
Art Basel 448

art business
  Cologne 440
  Los Angeles 443
Art Cologne 395, 440, 446, (5), (9)
Article 218 (ban on abortion) 414
art market
  Cologne 440
  Los Angeles 443
Art Nouveau 439
artothek (Cologne) 446
art scene Cologne 403
Arts Magazine 397
art world 403
atrium 406
auditorium 410, 421
Autohaus Fleischhauer on Hohenzollernring (Cologne) 405
Avant-garde 415

ban on construction 429
Band and Endler company (Cologne) 418
Baroque 436
barrel vault 406
Bastei (Cologne) 409
Bath House at Römerturm (Cologne) 406
Batteries Not Included, Matthew Robbins 1987 441, 443
Bauhaus 395, 420, 426
  Bauhaus dispute 426
  Bauhaus Dessau Foundation 403
Bauwelt 426
Beautiful, the 413ff.
BeL Sozietät für Architektur (Cologne) (11)
Belgisches Haus/Maison Belge, Belgian cultural institute (see: Cologne cultural institutes)
Berliner Stadtschloss (City Palace of the Hohenzollerns) 402
Bruchstück 32, Norbert Arns and Verena Kluth 2003 (9), (31)
Bühnen der Stadt Köln (theaters of the City of Cologne)
  Alte Oper on Habsburgerring (former Opera House, Cologne) 421f.
  Neues Schauspielhaus (planned new theater) 422, 445
  Opernhaus (Opera House) 162ff. [pl.],171ff. [pl.], 183 [pl.], 242f. [pl.], 251 [pl.], 394f., 398ff., 407, 410, 420ff.
  Schauspielhaus (Theater) 394f., 400, 402, 420ff.
  Halle Kalk, Schauspiel Köln 253 [pl.], 256f. [pl.]
Bilbao effect 395, 427
blind wall 413
Brandenburg Gate 396
brick incrustation 419
Brotvermessen, Wolf Vostell 1969 251 [pl.]
Brutalism 405, 412, 436
Buchhandlung Walther König (bookshop) 440, 447
Büro Band (Cologne) 418
Büro W. und R. Koep (Cologne) 405, 422, 426

capitalism 402, 413f., 416
  late capitalism 442
  real-estate capitalism 443
  capitalization of municipal property 409f., 422
car-friendly city 400, 434
car parks 434, 436
  Autorimessa (Venice) 411
  City Center in Downtown Philadelphia (not realized) 411
  Garage pour 1000 autos Paris (not realized) 411
  Haniel-Garage (Düsseldorf) 411
  Kantgarage (Berlin) 411
  Kaufhof-Parkhaus (Cologne) 434
  Marina City (Chicago) 411
  Parc des Célestins (Lyon) 411
  Parkhaus with Hotel Cäcilienstraße (Cologne) 398, 400, 411f.

Cathedral Square (Cologne) 411, 424, 426
celebrity culture 403
censorship 449
Chamber of the German Bundestag (Bonn) 439
change of the image of Cologne 440
Chicago School 442
Chinatown, Roman Polanski 1974 443
churches of Cologne 417
  Allerheiligenkirche 48 [pl.], 406
  Cathedral 173 [pl.], 394, 396, 401f., 405, 409, 411, 415, 417, 419, 424, 426f., 430, 446, 449
  Franziskanerkirche 406
  Neu St. Alban 269 [pl.], 273 [pl.], 276f. [pl.], 406, 428, 430f.
  St. Kolumba, Kapelle Madonna in den Trümmern 404, 429
  St. Peter 405
  Romanesque churches 405, 409
    Alt St. Alban 429
    St. Aposteln 411
    St. Georg 405, 409, 429
    St. Gereon 405
    St. Maria im Kapitol 405
    Groß St. Martin 405
    St. Severin 405
    St. Ursula 405
city vedute 406
Classicism 436, 439
club culture (Klub-Kultur) (40)
Cold War 437, 442
collective silence 437
Cologne Carnival (Kölner Karneval) 394
Cologne City Hall 406
  Spanischer Bau (Spanish Building) 406
Cologne City Wall
  Middle Ages 405f., 411
  Roman times 405, 418f.
Cologne cultural institutes
  Amerikahaus (USA) 316f. [pl.], 320f. [pl.], 329 [pl.], 441ff.
  Die Brücke (Great Britain) 441
  Institut Français de Cologne (France) 441
  Istituto di Cultura Italiana (Italy) 441
  Maison Belge (Belgium) 441
Colonia Claudia Ara Agrippinensium 405, 411, 417, 430
colonnade 406
Conceptual Art 397f., 403
County Courthouse (Cologne) 419
crane buildings at Rheinauhafen (Cologne) 427
critique of evidence 414f., 417
culture of makeshifts 439
curtain walls 405

Dada 437
Das achte Feld (Cologne 2006) 449
Das Loch (The Hole, a large excavation site in Cologne) 395, (9)
Das Loch e.V. (The Hole, registered society) 395, 399, 403
debate on building mosques 429f.
design of the 1950s 437
destination of longing
  Cologne 440
  USA 442
destruction
  second 438, 445
  third 445
  Cologne (1942) 404, 418, 422, 426
  Lübeck (1942) 435f.
Deutscher Werkbund 405
diaphaneity 413
Die Brücke, British cultural institute (see: Cologne culture institutes)
Die Wohnung, Werkbundausstellung (Stuttgart 1927) 448

Die Zeit der Staufer. Geschichte – Kunst – Kultur (Stuttgart 1977) 447
Differenz between essence and appearance 412ff.
Dionysos mosaic (Cologne) 405
discourse on hegemony 442
disk building 432
Dombauhütte (sculptural workshop of the Cologne Cathedral) 404
Du lässt dich gehen, Charles Aznavour 1972 34f. [pl.]
DuMont Fountain on Breite Straße 425

east-west axis
    Cologne 411, 422, 441
    Darmstadt 436
economic miracle 408, 437
Ein letzter Blick… (A last glance…) Merlin Bauer 2005 120 [pl.]
Ensemble at Hahnenstraße (Cologne) 405, 422, 424, 441
Entartete Kunst (degenerated art) 429
entrance to the Roman Thermal Baths in Trier 406
esprit de corps 433
Esso gas station in Köln-Deutz 48 [pl.]
European Kunsthalle (Cologne) 446
event culture 403f.
Evil, the 413, 425
Existentialism 439
experience of loss 435f.
Express 32f. [pl.], (11)

façade architecture 413, 419, 426
factory building of Firma Mülhens (Cologne) 405
Farina Building (Cologne) 409
FC Schalke 04 (professional soccer team) 449
Fernmeldehochhaus Cologne (also Fernmeldeamt 1 and Fernmeldehaus Cologne) 282f. [pl.], 285 [pl.], 288f. [pl.], 291ff. [pl.], 395, 406, 432, 433, 434
Feuilleton, 15.04.2008, Merlin Bauer 2008 17 [pl.], 395, 397
film noir 443
flat roof 418
flying roof 405
four-column hall 406
Frankfurt School 442
Frankfurter Allgemeine Zeitung 164f. [pl.], 399
Frankfurter Allgemeine Sonntagszeitung 449
Fritz Thyssen Foundation Cologne 443
functionalism 419
fundamentalism 413, 417

galleries of Cologne 440
Gazprom headquarters (St. Petersburg) 449
generation
    generation of '68 437, (7)
    generation of the 1920s 437, (7)
Gerling-Quartier (Cologne) 405
German Federal Garden Show (Bundesgartenschau, 1957) 405, 437, 439
Gigon/Guyer (Zurich) 411
globalization 403
gmp–Architekten von Gerkan, Marg and Partners, (Hamburg) 411
God 415f.
Good, the 413ff., 425
Gothic 417, 435
    neo-Gothic 422
Governor's Palace under Cologne City Hall 405
green belt for the Roman city C.C.A.A. 405, 430
Grieving Parents, Käthe Kollwitz (*Die trauernden Eltern*, copy of the work, 1959) 429
Gürzenich Cologne (reconstruction) 406, 429

Hadrianic villa 406
Hahnentor (Cologne) 411
half-live 415
Haniel-Garagen-, Rast- und Übernachtungshaus (Düsseldorf) 411
Hans Schilling's residential and studio house, Gereonswall (Cologne) 430
Haus Wefers (Cologne) 155ff. [pl.], 399, 417ff.
Heimatschutz-style 438
high-rise construction
    Berlin 427
    Cologne 409, 423, 426f.
    Frankfurt am Main 427
high-rise debate
    Cologne 409, 423, 427, 430, 440
    Vienna 430
high-rise development Cologne 409, 440
historicism 419, 439, 441
Hollywood films 442
Homes for America, Dan Graham 1966 27 [pl.], 397
Hotel at Augustinerplatz (Cäcilienstraße, Cologne) 398, 411f.
Humanum Genus 416

ICE terminus (Cologne) 409, 427
ICOMOS (International Council on Monuments and Sites) 427
Identity
    creation of identity 398, 409, 421
    point of identification 396, 417, 421
    identity crisis 315, 400, 411
    identity of Cologne citizens 403
    new German identity 437
    refusal of identity 301f.
Imitatio Christi 417
impluvium 406
information society 432
Initiative Josef-Haubrich-Forum, later: Das Loch e.V. 399, (9)
Institut Français de Cologne (see: Cologne cultural institutes)
Interbau 406
Iron Curtain 442
Istituto di Cultura Italiana (see: Cologne cultural institutes)

jazz 442
JCDecaux (Neuilly-Sur-Seine, Cologne i.a.) 424
Josef-Haubrich-Forum (Cologne) 40f. [pl.], 43 [pl.], 395, 397, 399, 403, 445, (9)
Josef-Haubrich-Kunsthalle (Cologne) 40f. [pl.], 43 [pl.], 395, 399, 403, 423, 444, (9)

Kalter Kaffee zur Popkomm, Merlin Bauer 2002 (4)
Kaput, the 413
Kaufhof (Cologne) 405
Kengo Kuma and Associates (Tokyo) 411
Kingdom of God 416
Kirche Parsch (Salzburg) 428
Klub-Kultur (club culture) (410)
Kölnarena 403
Kölner Architekturpreis 2003 (Cologne architecture prize) 394, (11)
Kölner Karneval (Cologne Carnival) 394
Kölner Klüngel (Cologne nepotism) 394f., 404, 440
Kölner Stadt-Anzeiger 131 [pl.], 163 [pl.], 402, 447, (11)
Kölnischer Kunstverein 395, 399, 446
    location Die Brücke 441, 443
    location Josef-Haubrich-Hof 440, (5)
KölnTriangle (Cologne) 409, 427, 449
Koelnmesse 427
    Hallen Nord (new northern halls) 403, 440, 445
    new logo 446
    old logo 425, 446
    Rheinhallen (former halls) 402, 445f.
Kolpinghaus (Cologne) 430

Kulturzentrum at Neumarkt (new Culture Center, Cologne) 445
Kunstakademie Düsseldorf (Art Academy, Düsseldorf) 402, 440
Kunsthalle Düsseldorf 396

Landeshaus (Cologne) 260f. [pl.], 403, 406, 426f.
late capitalism 442
lies 416
Link Architects (Cologne, Leipzig, Dresden) 406
loggia 421
Los Angeles School 442
Lübeck in a Box 435
Lufthansa high-rise (Cologne) 409
LVR-Landeshaus (see: Landeshaus Cologne)
LVR-Turm (see: KölnTriangle)

Man from the Twenty-First Century, Stephen Willats 1969/70 397
Manus Spleen 2, Rosemarie Trockel 2002 43
Marxism 442
Maternushaus (Cologne) 430
metope frieze 406
Middle Ages 402, 413, 434ff.
Minimal Art 397
Ministry of Speer 438
Müngersdorfer Stadium (Cologne) 412
Modern Art 403, 416
Modernism 396, 403f., 406, 418, 426, 432, 436, 442
    First Modernism 409
    Second Modernism 409
    Classical Modernism 394, 432, 439
    Container Modernism 428
    Investors' Modernism 427
    Office Modernism 406, 425, 427, 432
    Postmodernism 406, 427, 436, 442
    Postwar Modernism 394, 396, 399, 402f., 427, 438
    US Business Modernism 427
    US Modernism 406
    US Office Modernism
monetary reform 406, 408
Monumentalism 406, 432, 441
mosque construction 430
motherly love 425
museums of Cologne 409
    Museum für Angewandte Kunst (Museum for Applied Art) 406, (11)
    Kolumba (Art Museum of the Archbishopric Cologne) 396, 404, 427, 429, 434, 446
    Museum Ludwig 448f.
    Ostasiatisches Museum (museum for East-Asian Art) 446
    Rautenstrauch-Joest-Museum (museum of ethnology) 446
    Römisch-Germanisches Museum (Roman-Germanic museum) 404, (9)
    Stadtmuseum (City Museum, annex) 445
    Wallraf-Richartz-Museum/Museum Ludwig 406
    Wallraf-Richartz-Museum (design Hans Schilling, 1996) 429f.
    Wallraf-Richartz-Museum & Fondation Corboud 429
Musical Dome (Cologne) 410

national monument 426
Natural Sciences Campus in the Neuenheimer Feld (Heidelberg) 436
Nazi regime 411, 422, 432, 437
Neoclassicism 426
neo-imperialist theory 442
neo-Marxism 442
Neue Heimat (New Homeland) 438
Neues Bauen (New Building) 411
Neue Zürcher Zeitung 429

New Cologne 441
new construction of Cologne 438
New Dance 442
New Economy 438
new urban development 418
Nomadischer Rundfunk – Kennen Sie die Musik, die man nur am Lautsprecher hören kann? (Nomadic Radio—Do you know the music which can only be heard at the speakers?), Markus Schmickler and Merlin Bauer, 2003 (9)
Nord-Süd-Fahrt (north-south axis, Cologne) 254f. [pl.], 394, 396f., 401f., 410, 419, 422ff., 433f., 448, (11), (13)
north-south axis (Darmstadt) 436

Offenbachplatz (square in front of the Opera House, Cologne) 394f., 398, 402, 421f., 433
Opera Cafés
    Café of the former Opera House at Rudolfplatz (Cologne) 422
    Café de la Paix (Paris) 422
    Opernterrassen (Cologne) 394f., 400, 421f., 445
Opera House Ensemble (Cologne) 183 [pl.], 395, 398ff., 402f., 420f., 445
Oppenheim-Esch-Immobilienfonds (real etaste fund) 394, 403, 424, 440, 443, 445, (11)
organicism 439

pagoda roof 411
Palace of the Republic (Berlin) 402
Panoramapavillon (Cologne) 44f. [pl.], 115ff. [pl.], 120f. [pl.], 401f.
Pantheon 406
Parkcafé in the Rheinpark (Cologne) 348 [pl.], 95, 435ff., 439
Parthenon 406
pavilions in the Rheinpark (Cologne) 303ff. [pl.], 310f. [pl.], 394, 405
pavilions in the Rheinpark (Cologne) 405
political correctness 442
pop culture 442
Potemkin village 448
Potsdamer Platz (Berlin) 448
Preußen. Versuch einer Bilanz (Berlin 1981) 447
Prinzip Improvisation, Christoph Dell 2002 (13)
Pritzker Prize 409
privatization of institutions 446
proletarian culture 414
propaganda 414, 416
Provinzial high-rise on Habsburgerring (Cologne) 405, 422
Psycho-dynamische Straße (Psycho-dynamic Street), Büro BeL and Merlin Bauer 2002 394, (11), (20)
pylon 418

race, class and gender debate 442
radical architecture III: processing uncertainty (Cologne 2003) (11)
real estate speculation 440f., 443
reconstruction 395, 406, 408, 410, 418, 420ff., 426, 432, 436, 438f., 441, 445
refusal to acknowledge the past 439
refusal to take on an identity 437
Renzo Piano Building Workshop (Genoa and Paris) 427
residential and office building Karl Band, Kunibertsklostergasse (Cologne) 418
residential and office building Ungers, Belvederestraße (Köln) 406
Rheinauhafen (Cologne) 410, 427
Rheinpark (Cologne) 395, 405, 409, 411, 436f., 439
Rheinterrassen (Cologne) 439
Römerturm (Cologne) 48 [pl.], 406
Roman Empire 416
Roman times 405f., 409, 416
Ruhige Innenstadtlage (Quiet Downtown Location), Büro BeL and Merlin Bauer 2004 (10)

Sal. Oppenheim jr. & Cie. KGaA 424, 443
Second Vatican Council (1962–65) 430
self-incrimination campaign against Article 218 (ban on abortion) 414
self-privation 425
self-realization 425
September 11, 2001 442
Shapolski et al. Manhattan Real Estate Holdings, A Real-Time Social System, as of May 1971, Hans Haacke 1971 25 [pl.], 397
side annex 420p.
Siedlung Kranichstein (Darmstadt) 436
SK-Corpus 440, 443
Skidmore, Owings & Merrill LLP (Chicago, New York, San Francisco i.a.) 406
social critique 443
social housing 448
socialism 402
social market economy 402
Sparkasse am Barbarossaplatz (Cologne) 412
Sparkasse KölnBonn (savings bank) 394, 440, 443
Spoerkelhof School 412
Stadtgarten (Cologne) 428, 430f.
St. Annen-Museum (Lübeck) 435
Staedelschule (Art Academy, Frankfurt a. M.) 448
Stern 414
Stoffel Collection 448
Stollwerck grounds 411
store and exhibition building for the Schirmer furniture company (Cologne) 419
St Pancras Station (London) 396
Strandbox (Beach Box), Merlin Bauer 2002 324f. [pl.], (1)–(48)
strategy of problematization 414
studio-house Böhm, Auf dem Römerberg (Cologne) 405
Studio für elektronische Musik (WDR Köln) (9)
Stunde null (zero hour) 438
Stuttgart School 426
suppression 437
Sydney Opera House 423, 444

Tanzbrunnen im Rheinpark (Cologne) 405
Technical University Munich 429
Technisches Rathaus Cologne-Deutz 403, 440
Terminus of the Cologne-Bonn Rhine Bank Railway (Cologne) 412
Texte zur Kunst (Cologne, later Berlin) 403, 440
Theater am Dom (Cologne) 417
The Bowery in Two Inadequate Descriptive Systems, Martha Rosler 1974–75 397
Thermal Baths
    Roman Thermal Baths (Trier) 406
    Thermal Baths on Cäcilienstraße (Cologne) 405
The United Untitled, Markus Schmickler 2002 (9), (17)
Third Reich 405
True, the 413ff.
Turkish community center (Vienna) 429

Ugly, the 413
Under the Pavement the Beach—Momentary Sites (see: *Unter dem Pflaster der Strand – Momentane Orte*), Merlin Bauer 2002–2005 398, 404, (1)–(48)
UNESCO 409
    UNESCO World Cultural Heritage
        Cologne 394, 409, 426
        Dresden 427
        Potsdam 427
        Red List 427
Unfair (Cologne) 440
United States Information Agency (USIA), also known as United States Information Service 442
Unter dem Pflaster der Strand – Momentane Orte, Merlin Bauer 2002–2005 398, 404, (1)–(48)
urban studies 442
US-American urban development 397

Verlag Walther König (publishing house) 447
Versailles 448
virtual reality 413

WDR (state-run radio and television station) 447
WDR archive building (Cologne) 423
Weltstadthaus Köln of the Peek & Cloppenburg KG Düsseldorf 324f. [pl.], 427
Westkunst (Cologne 1981) 447
Westwall 424
Wilhelminian style 419
window sash bars 421
Wittelsbach und Bayern (Munich 1980) 447
World Trade Center, New York 442
World War
    First 437, 448
    Second 404f., 411, 418, 420, 422, 436

454

Panoramapavillon, Köln-Deutz, 2005.

Liebe deine Stadt (2005–2009)
Werkübersicht
Catalogue Raissonné

Liebe deine Stadt (Installation), 2005
Merlin Bauer
Mixed Media (Prototyp Schriftzug, Zeitungsausschnitte, Preisschleife, Bank)
ca. 180,0 × 180,0 × 45,0 cm
Unikat

Editionsbox Nr. 1
Kölner Oper, 2005
Albrecht Fuchs / Merlin Bauer
C-Print, 30,0 × 40,0 cm
Preisschleife aus Kunststoff / Karton in geprägtem Stülpkarton
signiert und nummeriert
Auflage 100

Editionsbox Nr. 2
Bazon Brock, 2005
Merlin Bauer
Preisschleife aus Kunststoff / Karton in gestempelter Box
5,0 × 10,0 × 15,0 cm unlimitiert

CATALOGUE RAISSONNÉ **459**

Editionsbox Nr. 3
Gebäude des Monats 2005–2007
Albrecht Fuchs / Merlin Bauer

(1) Schauspielhaus, (2) Landeshaus, (3) Parkcafé, (4) Fernmeldehaus, (5) Nord-Süd-Fahrt,
(6) Amerikahaus, (7) Parkhaus mit Hotel, (8) Afri-Cola-Haus, (9) Haus Wefers, (10) Neu St. Alban

10 Motive, C-Prints, je 30,0 × 40,0 cm
in geprägtem Stülpkarton
nummeriert und signiert
Auflage 20 + 5 a.p.

o.T. (0502), 2005
Merlin Bauer / Veit Landwehr
C-Print, 95,0 × 120,0 cm
nummeriert und signiert
Auflage 8 + 3 a.p.

o.T. (0501), 2005
Merlin Bauer / Veit Landwehr
C-Print, 40,0 × 50,0 cm
nummeriert und signiert
Auflage 20 + 5 a.p.

zu Hause, 2005
Merlin Bauer
Mixed Media (Gartenhütte, Strandbox, Tisch, Gartenstühle,
Baum, Liebe-deine-Stadt-Schriftzug, C-Print)
Maße variabel
Unikat

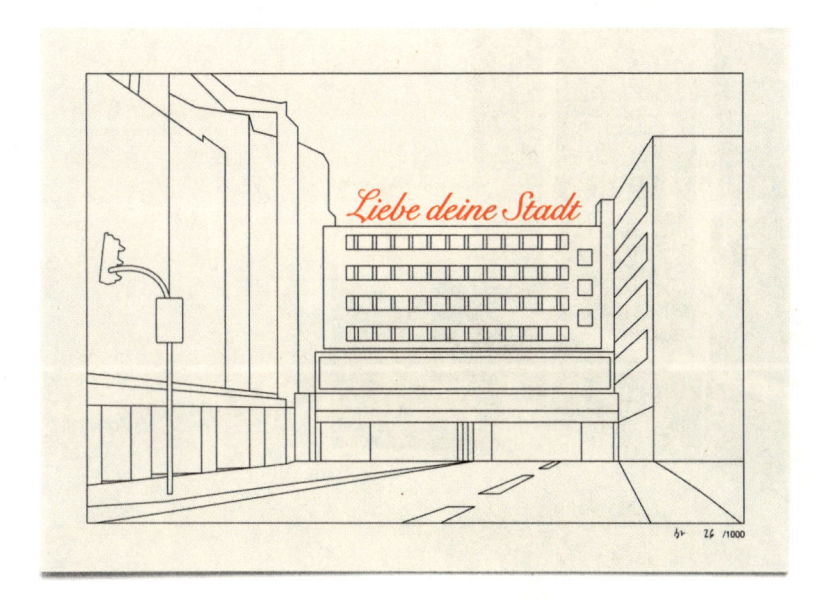

Nord-Süd-Fahrt, 2007
Merlin Bauer
Offset auf Valo Print 45 g Dünndruckpapier
29,7 × 42,0 cm
in geprägter Mappe, nummeriert und signiert
Auflage 1.000

Liebe deine Stadt II, 2007
Merlin Bauer
Schriftzug, Dibond
180,0 × 25,0 cm
nummeriert und signiert
DVD, Rede von Prof. Friedrich W. Heubach
Auflage 25 + 8 a.p.

Editionsbox Nr. 4
Opernhaus Köln 2007
Candida Höfer

C-Print, 38,0 × 51,0 cm
in handgeprägtem Stülpkarton
signiert und nummeriert
Auflage 50 + 50 a.p.

Feuilleton, 15.04.2008
Merlin Bauer mit Text- und Bildbeiträgen von
Aleida Assmann, Jan Assmann, Bazon Brock, Albrecht Fuchs,
Friedrich W. Heubach, Candida Höfer, Hiltrud Kier, Friedrich Kurrent,
Veit Landwehr, Wolfgang Pehnt, Tom Sieverts, Martin Struck,
Michael Zinganel und Peter Zumthor.

36 C-Prints in schwarzen Metallrahmen
30,5 × 40,5 cm
nummeriert und signiert
2 handgearbeitete Archivboxen aus Holz/Filz
35,0 × 45,0 × 60,0 cm
Auflage 8 + 3 a.p.

Kölner Affären, 2009
Merlin Bauer
C-Print auf Dibond
250,0 × 330,0 cm
nummeriert und signiert
Auflage 6 + 3 a.p.

o.T. (0901), 2009
Merlin Bauer
C-Print, 40,0 × 50,0 cm
nummeriert und signiert
Auflage 20 + 5 a.p.

o.T. (0902), 2009
Merlin Bauer
C-Print, 40,0 × 50,0 cm
nummeriert und signiert
Auflage 20 + 5 a.p.

o.T. (0903), 2009
Merlin Bauer
C-Print, 95,0 × 120,0 cm
nummeriert und signiert
Auflage 8 + 3 a.p.

o.T. (0904), 2009
Merlin Bauer
Vorzugsausgabe zu diesem Buch
C-Print, 30,0 × 40,0 cm
nummeriert und signiert
Auflage 100 + 15 a.p.

Ausgewählte Publikationen der Autoren und Architekten

Ulrich S. von Altenstadt
Mit Wolfgang Amsoneit, Ingeborg Flagge und Christoph Zöpel, *Architektur des Staates – Eine kritische Bilanz staatlichen Bauens in Nordrhein-Westfalen von 1946 bis heute*, Kleve 1986.

Jan Assmann
Ma'at. Gerechtigkeit und Unsterblichkeit im alten Ägypten, München 1990; *Stein und Zeit – Mensch und Gesellschaft im Alten Ägypten*, München 1991; *Das kulturelle Gedächtnis – Schrift, Erinnerung und politische Identität in frühen Hochkulturen*, München 1992; *Ägypten – eine Sinngeschichte*, München 1996; *Moses der Ägypter – Entzifferung einer Gedächtnisspur*, München 1998; *Herrschaft und Heil – Politische Theologie in Altägypten, Israel und Europa*, München 2000; *Religion und kulturelles Gedächtnis*, München 2000; *Tod und Jenseits im Alten Ägypten*, München 2001; *Die mosaische Unterscheidung*, München 2003; *Die Zauberflöte: Oper und Mysterium*, München 2005; *Thomas Mann und Ägypten – Mythos und Monotheismus in den Josephromanen*, München 2006; *Erinnertes Ägypten*, Berlin 2007.

Aleida Assmann
Erinnerungsräume – Formen und Wandlungen des kulturellen Gedächtnisses, München 1999; *Einführung in die Kulturwissenschaft – Grundbegriffe, Themen, Fragestellungen*, Berlin 2006; *Der lange Schatten der Vergangenheit – Erinnerungskultur und Geschichtspolitik*, München 2006; *Geschichte im Gedächtnis – Von der individuellen Erfahrung zur öffentlichen Inszenierung*, München 2007.

Karl Band
Birgit Gerdes, *Karl Band und seine Profanbauten während der 50er Jahre in Köln*, unveröff. Magisterarbeit Universität zu Köln, Köln 1999; Wolfram Hagspiel, *Köln: Marienburg, Stadtspuren – Denkmäler in Köln*, Bd. 8/II, Köln 1996, S. 790–791.

Gottfried Böhm
Gottfried Böhm – Bauten und Projekte 1950–1980, Hg. Svetlozar Raèv, Köln 1982; *Zusammenhänge – Der Architekt Gottfried Böhm*, mit Beiträgen von Ulrich Weisner, Wolfgang Pehnt und Manfred Sack, Katalog zur gleichnamigen Ausstellung, Hg. Kunsthalle Bielefeld, Bielefeld 1984; Veronika Darius, *Der Architekt Gottfried Böhm – Bauten der sechziger Jahre*, Düsseldorf 1988; *Gottfried Böhm – Vorträge Bauten Projekte*, Hg. Svetlozar Raèv, Stuttgart und Zürich 1988; *Der Architekt Gottfried Böhm – Zeichnungen und Modelle*, mit Beiträgen von Gottfried Böhm, Svetlozar Raèv, Hans M. Schmidt und Rita Müllejans, Hg. Landschaftsverband Rheinland, Köln 1992; Wolfgang Pehnt, *Gottfried Böhm*, Basel, Berlin und Boston 1999; *Gottfried Böhm – Bauten und Projekte, Auszug aus den Jahren 1985–2000*, Tübingen und Berlin 2001; *Gottfried Böhm*, Hg. Wolfgang Voigt, Ausstellungskatalog zu *Felsen aus Beton und Glas. Die Architektur von Gottfried Böhm*, veranstaltet vom Deutschen Architekturmuseum Dezernat Kultur und Freizeit Stadt Frankfurt am Main, Berlin 2006.

Bazon Brock
Ästhetik als Vermittlung – Arbeitsbiographie eines Generalisten, Hg. Karla Fohrbeck, Köln 1977; *Ästhetik gegen erzwungene Unmittelbarkeit – Die Gottsucherbande. Schriften 1978–1986*, Hg. Nicola von Velsen in Zusammenarbeit mit dem Autor, Köln 1986; *Der Barbar als Kulturheld – Ästhetik des Unterlassens. Kritik der Wahrheit – Wie man wird, der man nicht ist, Gesammelte Schriften 1991–2002*,

Hg. Anna Zika in Zusammenarbeit mit dem Autor, Köln und Wuppertal 2002; *Musealisiert Euch! Lustmarsch durchs Theoriegelände,* Köln 2008.

Lilian Haberer
Liam Gillick, Zürich 2006 (bilingual); mit Liam Gillick, *Liam Gillick: Factories in the Snow,* Zürich 2007 (bilingual).

Barbara Hess
Ready to Shoot. Fernsehgalerie Gerry Schum/videogalerie schum, Hgg. Ulrike Groos, Barbara Hess und Ursula Wevers, Ausstellungskatalog Kunsthalle Düsseldorf, Köln 2003; *Abstrakter Expressionismus,* Köln 2005; *Lucio Fontana,* Köln 2006; *Jasper Johns,* Köln 2007; *„Erwünschte" und „unerwünschte" Monumente – Welche Kunst für den (Kölner) öffentlichen Raum?* Hgg. Barbara Hess und Anja Nathan-Dorn, Publikation zum Symposium des Kunstbeirats der Stadt Köln in der Kunsthochschule für Medien, Köln 2008.

Friedrich Wolfram Heubach
Das bedingte Leben – Theorie der psychologischen Gegenständlichkeit der Dinge, München 1987; *Ein Bild und sein Schatten – Zwei randständige Betrachtungen zum Bild der Melancholie und zur Erscheinung der Depression,* Bonn 1997.

Hiltrud Kier
Die Kunst, unsere Städte zu erhalten, Hg., 1976; *Denkmälerverzeichnis Köln 1979–1984;* mit Wolfram Hagspiel und Ulrich Krings; *Köln – Architektur der 50er Jahre,* Köln 1986; *Archäologie in Köln. Das archäologische Jahr 1991,* Hgg. Hiltrud Kier und Sven Schütte, Köln 1992; *Gotik in Köln,* 1997; *Architektur der 30er/40er Jahre in Köln,* Hg., Köln 1999; *Kirchen in Köln,* 2000; *Kleine Kunstgeschichte Kölns,* 2001; Hg. Hiltrud Kier und Marianne Gechter, *Frauenklöster im Rheinland und in Westfalen,* Regensburg 2004; Hiltrud Kier mit Hermann-Josef Reuther, *St. Georg,* Köln 2005; *St. Maria vom Frieden,* Köln 2005; *Reclam Städteführer Köln,* 2008 sowie zahlreiche Veröffentlichungen zu Schmuckfußböden (1970 und 1976); zur Kölner Neustadt (1973, 1974, 1978); zu den Romanischen Kirchen in Köln (u. a. 1980, 1984–1986, 2004).

Susanne Kippenberger
Kippenberger – Der Künstler und seine Familien, Berlin 2007.

Friedrich Kurrent
Adolf Loos, Ausstellungskatalog, Museum Villa Stuck, München 1982; *München bleibt München,* München 1996; mit Sepp Horn und Michael Weidlein, *Adolf Loos 1870–1933, 40 Wohnhäuser/Adolf Loos 1870–1933, 40 Houses,* Salzburg 1988; *Städtezeichnungen,* Hg. Karin Lindegren, Salzburg 1999; *Scale models—Houses of the 20th Century,* Hg., Salzburg und München 1999; *Einige Häuser, Kirchen und dergleichen,* zusammengestellt von Scarlet Munding, Hg. Österreichische Gesellschaft für Architektur, Salzburg und München 2001; *Texte zur Architektur,* ausgewählt, redigiert und mit einem Nachwort versehen von Gabriele Kaiser, Hg. Österreichische Gesellschaft für Architektur, Salzburg und München 2006; *Maria-Biljan-Bilger-Ausstellungshalle Sommerein,* Salzburg 2007.

Alexander Markschies
Gebaute Pracht – Der Palazzo Strozzi in Florenz (1489–1534), Freiburg 2000; *Gebaute Armut – San Salvatore e San Francesco al Monte in Florenz (1418–1504),* München und Berlin 2001; *Die Siegessäule,*

Berlin 2001; *Ikonen der Renaissancearchitektur,* München 2003; „Portugiesischer Kalkstein Creme Royal. Architekturinschriften als Zeugnis der Autorschaft", in: *Das Auge der Architektur – Zur Frage der Bildlichkeit in der Baukunst,* Hgg. Andreas Beyer, Matteo Burioni und Johannes Grave, München 2009.

Wolfgang Pehnt
Neue deutsche Architektur 3 (1960–1970), Stuttgart 1970 *(New German Architecture,* London und New York 1970); *Die Architektur des Expressionismus,* Stuttgart 1973, 1981, 1998 *(Expressionist Architecture,* London und New York, 1973, 1979); *Deutsche Architektur seit 1900,* München 2005, 2006; Monographien über *Karljosef Schattner,* Stuttgart 1988, Ostfildern 1999; *Rudolf Schwarz,* mit Hilde Strohl, Ostfildern 1997, Milano 2000; *Gottfried Böhm,* Basel, Berlin und Boston 1999; *Hans Poelzig,* mit Matthias Schirren, München 2007.

Walter Prigge
Zeit, Raum und Architektur, Diss. 1984, Stuttgart 1986; *Die Materialität des Städtischen,* Hg., Basel 1987; *Sozialer Wohnungsbau im internationalen Vergleich,* Hgg. Walter Prigge und Wilfried Kaib, Frankfurt am Main 1988; *Das neue Frankfurt,* Hg. Walter Prigge und Hans Schwarz, Frankfurt am Main 1988; *Städtische Intellektuelle,* Hg., Frankfurt am Main 1992; *Stadt-Welt,* Hgg. Peter Noller, Walter Prigge und Klaus Ronneberger, Frankfurt am Main 1994; *Mythos Metropole,* Hgg. Gotthard Fuchs, Bernhard Moltmann und Walter Prigge, Frankfurt am Main 1995; *Urbanität und Intellektualität im 20. Jahrhundert,* Habil. Frankfurt am Main 1996; *Peripherie ist überall,* Hg., Frankfurt am Main 1998; *Ernst Neufert,* Frankfurt am Main 1999; *Bauhaus Brasilia Auschwitz Hiroshima,* Hg., Frankfurt am Main 2003; *Ikone der Moderne,* Hg., Berlin 2006.

Hans Schilling
Wolfram Hagspiel, *Köln, Marienburg. Stadtspuren – Denkmäler in Köln,* Bd. 8/II, Köln 1996, S. 934–935; Hans Schilling, *Architektur 1945–2000,* Köln 2001.

Rainer Schützeichel
„Gebaute Utopie – Die Gesellschaftsvision des Familistère von Guise", in: *der architekt,* 9–10/2005, Wohnvisionen, Darmstadt 2005, S. 36–41; „Wo leben wir heute?", in: *plan06 wohnen3,* Katalog zur Ausstellung *Das andere Wohnen – Erich Schneider-Wessling und die nächste Generation,* Hgg., Kay von Keitz und Sabine Voggenreiter, Köln 2007, S. 52–55; „Gedächtnisverlust – Zum Abriss der Kirche St. Raphael", in: *der architekt,* 1/2007, *Wiederkehr der Metaphysik,* Berlin 2007, S. 53–57; „Zeitfenster – Herman Hertzberger: Diagoon-Häuser Delft", in: Ebd., 3/2007, *Bewährungsproben,* Berlin 2007, S. 47–51; „Unter Dach und Fach – Ein Streifzug über die Zeche Zollverein", in: Ebd., 1/2008, *Ästhetik des Widerspruchs,* Berlin 2008, S. 44–49.

Eckhard Schulze-Fielitz
Stadtsysteme I/Urban Systems, Reihe „Projekt – Ideen für die Umwelt von Morgen", Band 10, Sondereinband aus Baumaterial, Stuttgart 1971; mit James C. Palmes, *Stadtsysteme II/Urban Systems,* Reihe „Projekt – Ideen für die Umwelt von Morgen", Band 13, Stuttgart 1973; „Die Raumstadt. 1960," in: *Programme und Manifeste des 20. Jahrhunderts (Bauwelt Fundamente 1.),* Hg. Ulrich Conrads, Braunschweig und Wiesbaden, 1981, S. 168–169; Stephan Strauß, *Nachkriegsavantgarde im Rheinland. Eckhard Schulze-Fielitz und die Jakobuskirche in Düsseldorf-Eller,* Denkmalpflege im Rheinland Band 19, Pulheim-Brauweiler 2002, S. 161–167.

Thomas Sieverts
Kulturgut Stadt, Köln 1994; *Zwischenstadt. Zwischen Ort und Welt, Raum und Zeit, Stadt und Land,* Braunschweig und Wiesbaden 1997, 3., überarbeitete Aufl. 1998 (Übersetzungen ins Englische, Französische und Japanische); *Kommunikation in der Stadt Paris,* Darmstadt 1998; *Neuland,* Darmstadt 1998; *Fünfzig Jahre Städtebau,* Stuttgart 2001; *Mitten am Rand. Auf dem Weg von der Vorstadt über die Zwischenstadt zur regionalen Stadtlandschaft,* Hgg. Lars Bölling und Thomas Sieverts, Wuppertal 2004; *Zwischenstadt – inzwischen Stadt? Entdecken, Begreifen, Verändern,* Wuppertal 2005; mit Karl Ganser und Jens Trautmann, *Westpark Bochum Geschichte und Geschichten,* Essen 2007.

Rambald von Steinbüchel-Rheinwall
S. Nagel und S. Linke, S. (Bearb.), *Hotel- und Restaurantbauten unter Mitarbeit von R. v. Steinbüchel-Rheinwall,* Gütersloh, 1970; P(aulsen), „VI. Bauten von Rambald von Steinbüchel-Rheinwall", in: *Monatshefte für Baukunst und Städtebau,* Berlin 1935, S. 289–296; Sylvia Claus, „Schüler und Schule. Hans Poelzigs Lehre," in: *Hans Poelzig. 1869 bis 1936. Architekt Lehrer Künstler,* Hgg. Wolfgang Pehnt und Matthias Schirren, München, 2007, S. 172–181.

Michael Zinganel
Hans Albers, Marusa Sagadin und Michael Hieslmair, *Saison Opening – Kulturtransfer über ostdeutsch-tirolerische Migrationsrouten,* Wien 2006; *Stadion. Architektur, Politik, Ökonomie,* Hgg. Matthias Marschik, Rudolf Müllner, Georg Spitaler und Michael Zinganel, Wien 2005; *Backstage*Tours. Reisen in den touristischen Raum,* Hgg. Peter Spillmann und Michael Zinganel, Graz 2004; *Real Crime – Architektur, Stadt und Verbrechen,* Wien 2003.

Peter Zumthor
Architektur denken, Basel, Boston und Berlin, 2., erw. Aufl., 2006 [dt. und engl.], 2008 [franz.], Barcelona 2005 [span. und portugies.], Milano 2003 [ital.], Zagreb 2003 [kroat.]; *Zwischen Bild und Realität,* mit Ralf Konersmann und Peter Noever, Zürich 2006; *Atmosphären. Architektonische Umgebungen – Die Dinge um mich herum,* Basel, Boston und Berlin, 2006 [dt. und engl.], Barcelona 2006 [span. und portugies.], Milano 2007 [ital.], Basel, Boston und Berlin, 2008 [franz.]; *Drei Konzepte. Peter Zumthor,* Hg. Architekturgalerie Luzern, Basel, Boston und Berlin, 1997; *Kunsthaus Bregenz. Peter Zumthor,* Texte von Peter Zumthor und Friedrich Achleitner, Fotos von Hélène Binet, Stuttgart 1997; *Zumthor. Spirit of nature wood architecture award 2006,* Helsinki 2006; *Peter Zumthor, Therme Vals,* Texte von Sigrid Hauser und Peter Zumthor, Fotos von Hélène Binet, Zürich 2007 [dt. und engl.], Gollion 2007 [franz.].

Personenregister

Die Seitenangaben in Klammern beziehen sich auf
Unter dem Pflaster der Strand – Momentane Orte,
(1)–(48)

Aalto, Alvar 167
Abel, Adolf 129
Adenauer, Konrad 16, 308
Adorno, Theodor W. 319
Alberro, Alexander 26
von Altenstadt, Ulrich S. 52, 259
Arns, Norbert H. 42, (8), (32)
Assmann
    Aleida 14f., 305ff. [Abb. 306], (8)
    Hans 15, 301
    Jan 14f., 298ff. [Abb. 304]
Augé, Marc 30
Aznavour, Charles 34 f. [Abb.]

Band
    Gero 158
    Heinrich 155
    Karl 50, 155, 158, 160, 267, 272
Bartetzko, Dieter 129
Baudelaire, Charles 307
Baumann, Herbert 48 [Abb.]
Bauwens-Adenauer, Paul 16
Becker, Boris [Abb. 60f.]
Benjamin, Walter 167, 307, 312
Bernard, Josef 51
Bernhardt, Anne-Julchen 13, 24, 29, (4), (10), (13), (20)
Beske, Hubert 272
Betjeman, Sir John 16
Beuys, Joseph 14
Bienefeld, Heinz 48 [Abb.], 51
Bietmann, Rolf 327
Böhm
    Dominikus 50f., 267
    Gottfried 47, 48 [Abb.], 122, 124f., 267, 271 [Abb.]
    Paul 267f.
    Stefan 267
Bonatz, Paul 129
Boym, Svetlana 307
Boyse, Matthew Gordon 327
Brock, Bazon 14, 136ff., 142f. [Abb.], 338
Buckminster Fuller, Richard 338
Büning, Eleonore 164
Buren, Daniel 129
Buscholte, Wilhelm 272

Cage, John 14
Chandler, Raymond 327
Clemen, Paul 155
Conrads, Ulrich 259

Davis, Mike 326f.
Debord, Guy (8)
Dell, Christopher (10), (12)
Döllgast, Hans 272
Doners, Peter 272
Dostojewski, Fjodor Michailowitsch 249, 252
Dürer, Albrecht 149

Eliasson, Olafur 338
Elizabeth II 52
Endler, Eduard 155
Erdmann, Siegfried 160

Fischer, Theodor 284
Freud, Sigmund 249
Fuchs, Albrecht 15, 24, [Abb. 59, 62–85, 91–103, 186–203, 460]
Fuchs, Peter 54f.

Gatermann, Dörte 123
von Gerkan, Meinhard 129

Gies, Ludwig 267
Gigon, Annette 129
Goldberg, Bertrand 129
Gott 145, 148f.
Graham, Dan 21, 24, 27 [Abb.]
Graw, Isabelle 39
Gruber, Otto 155
Gutmair, Ulrich 36ff.
Guyer, Mike 129

Haacke, Hans 21, 25 [Abb.]
Hackenberg, Kurt 336
Hadid, Zaha 129, 338
Haider, Jörg 268
Hardt, Michael 26
Harvey, David 326
Hasse, Jürgen 129
Haussmann, Baron Georges-Eugène 119
Heidenreich, Elke 13, 124
Hess, Barbara 20ff.
Heubach, Friedrich Wolfram 37, 244ff. [Abb. 247, 250]
Hillebrand, Elmar 272
Hitler, Adolf 309
Höfer, Candida 15, 24, [Abb. 86f., 88f., 465]
Hoffmann-Axthelm, Dieter 52
Holzbauer, Wilhelm 267
Holzmeister, Clemens 267
Horn, Rebecca 14
Humpert, Klaus 284

Jacobsen, Arne 51, 167
Jans, Walther 326

Kahn, Louis 129
Kandinsky, Wassily 144
Kier, Hiltrud 31, 178ff. [Abb.181f.]
Kier, Udo 14, 43 [Abb.]
Kippenberger, Susanne 12ff.
Klotz, Heinrich 263
Kluth, Verena 42, (8), (32)
Koep
    Rudolf 50
    Wilhelm 50, 182
Kollwitz, Käthe 267
König
    Walther 337
    Kasper 14, 38
Koolhaas, Rem 340, (10), (12)
Kuma, Kengo 129
Kurrent, Friedrich 266ff. [Abb. 270, 276f.]

Lammersen, Franz (26)
Lanz, Stefan 326
Läuferts, Monika 327
Le Corbusier 13, 158, 167, 340, (4), (6), (44f.)
Leeser, Jörg (10), (13), (20)
Lefèbvre, Henri (12)
Link, Rolf 48 [Abb.], 51
Lynch, Kevin 52

Maak, Niklas 340
Mahlau, Alfred 299
Marg, Volkwin 129
Markschies, Alexander 128ff.
Mataré, Ewald 272
May, Ernst 301
Meisner, Joachim 155, 268, 340
Meistermann, Georg 272
Melnikov, Konstantin 129
Merrill, John 51
Mies van der Rohe, Ludwig 51, 259, 340
Miozzi, Eugenio 129
Missethon, Hannes 268
Musil, Robert 137
Müther, Ulrich 16

Nathan-Dorn, Anja 327
Navarro Baldeweg, Juan 129
Negri, Antonio 26
Neven DuMont, Alfred 248
Nietzsche, Friedrich 252
Nolte, Ernst 129f.
von Nursia, Benedikt 137

Oldenburg, Claes 24
von Oppenheim, Jeanne 327
Ostendorf, Friedrich 155
Otto, Frei 50
Oud, Jacobus Johannes Pieter 340
Owings, Nathaniel 51

Park, Robert Ezra 326
Pauli, Franz 272
Paulick, Richard 129
Pehnt, Wolfgang 16, 46ff.
Piano, Renzo 263
Polanski, Roman 327
Polke, Sigmar 14
Prigge, Walter 38, 258ff. [Abb. 264]
Pröll, Erwin 268

Quander, Georg 14, 245

Reuleaux, Franz 123
Riley, Bridget (4), (12)
Riphahn, Wilhelm 13, 15f., 38, 50, 52, 124, 167, 170, 179, 182, 318, 327, 333
Robbins, Matthew 315, 327
Ronneberger, Klaus 326
Rosler, Martha 21ff. [Abb.]
Rossmann, Andreas 30, 164f.
Ruby, Andreas (40)
von Rudloff, Ernst 52, 259
Rüttgers, Jürgen 307

Saarinen, Eero 341
Scharoun, Hans 308, 340
Schelsky, Helmut 308
Schickmann, Rudolf H. 315
Schilling, Hans 38, 47, 52, 118ff., 144, 267ff.
Schmickler, Markus (8), (16)
Schneider-Esleben, Paul 129
Schossig, Elmar 123
Schramma, Fritz 123, 148, 249, 327, 333, (8), (32)
Schult, HA 249
Schulze-Fielitz, Eckhard 52, 259
Schumacher
    Fritz 179, 284
    Hans 155
Schützeichel, Rainer 28ff.
Schwarz
    Maria 267, 272, 276f. [Abb.]
    Rudolf 50f., 179, 259, 267, 272
Schwippert, Hans 50, 308f.
Sennett, Richard 319
Shakespeare, William 307
Sieverts
    Boris 14, 31, 286ff.
    Thomas 14, 280ff. [Abb. 282f., 285], 287
Skidmore, Louis 51
Spalt, Johannes 267
Speer
    Albert (*1934) 16
    Albert (1905–81) 308f.
Spielberg, Steven 327
Steffann, Emil 48 [Abb.], 50f.
von Steinbüchel-Rheinwall, Rambald 48 [Abb.], 301, 309
Stimmann, Hans 15
Stockhausen, Karlheinz (8), (16)
Strache, Heinz-Christian 268
Stracke
    Josef 155
    Wilhelm 155, 158
Streitberger, Bernd 38, 122

Strodthoff, Werner 337
Struck, Martin 154ff. [Abb.S. 158]

Targe, Michel 129
Tilmanns, Wolfgang 341
Townes, Robert 327
Trockel, Rosemarie 14, 43
Ungers, Oswald Mathias 48 [Abb.], 51, 267

Vitruv 51
Vostell, Wolf 251 [Abb.]

Willats, Stephen 21
Wilmotte, Jean-Michel 129
Wilp, Charles 137f., 141, 144

Zens, Toni 272
Zinganel, Michael 14, 314ff.
Zumthor, Peter 13, 15f., 31, 47,
 166ff. [Abb. 168f.], 179, 267, 290

Sachregister

§ 218 141
II. Vatikanum, 1962–65 272
4. Plan, Rudolf Schwarz 272
68er Generation 302, (6)
1920er Generation 138
4711-Haus Glockengasse (Köln)
 14, 176 [Abb.], 182

Abrissmentalität 307
Abschied 307
affirmative Überwältigungsstrategie 138, 141
Afri-Cola-Haus (Köln) 14, 136ff., [Abb. 139f.,
 142f., 146f., 150ff.], 338
Agit-Pop 138, 144f.
Agit-Prop 138
Ahornblatt (Berlin) 16
Alabastergips 51
Albert Speer & Partner (Frankfurt am Main) 16
Allianz-Versicherung 129
Alte Oper am Habsburgerring (Köln) 179
Alte staatliche Post 280f., 284, 287
Altes Polizeipräsidium am Waidmarkt (Köln) 122
Amerikahaus (s. Kölner Kulturinstitute)
amor fati (Nietzsche) 252
Amphitheater am Kapitolsberg (Köln) 50
Amtsgericht (Köln) 160
Antifundamentalismus 137
Antike 50f., 145
Appropriation Art 24
Apsis 272
Arbeiterkultur 138
arbeitsgruppe 4 (Salzburg) 267
Architektur
 1850er-Jahre-Architektur (Paris) 119
 Vierziger-Jahre-Architektur 47, 179
 Fünfziger-Jahre-Architektur 13, 47, 50f., 123f.,
  158, 167ff., 248, 259f., 281f. 298ff., 306
 Sechziger-Jahre-Architektur 47, 182,
  281ff., 300f.
 Siebziger-Jahre-Architektur 14, 301, 308
 Achtziger-Jahre-Architektur 301
 Neunziger-Jahre-Architektur 301
 Anarchitektur 340
 Behördenhausarchitektur 287
 Bürohausarchitektur 124, 259f.
 ikonische 29, 38, 182, 262f., 281, 333
 Investorenarchitektur 119, 122f., 262
 nationalistische Architektur 167
 NS-Architektur 155, 167, 179, 281, 308, 318
 Parkhaus-Architektur 129ff., 287, 290, 301
 Retro-Architektur 263
 skandinavische 167

Architektur der Gedanken 145
Architektur seelischer Verbundenheit 148
Architekturbibliothek Oswald Mathias Unger 51
Architekturbüro Band und Endler (Köln) 155
Art Basel 338
Art Cologne 15, 24, 315, 335, (4)
artothek (Köln) 335
Arts Magazine 21
Atrium 51
Auditorium 124, 170
autogerechte Stadt 16, 30, 129, 158, 307
Autohaus Fleischhauer am Hohenzollernring (Köln) 47
Avantgarde 14, 144
Aversion 299

Backstein
 Backsteininkrustation 160
 Backsteinprisma 52
 Backsteinwand 47, 158
Badehaus am Römerturm (Köln) 51
Balkonbrüstung 160
Barock 300
Basilika 51
Bastei (Köln) 122
Batteries Not Included, Matthew Robbins 1987
 315, 327
Bauhaus 167, 258f.
 Bauhaus-Streit 259
Bauindustrie 119
Bauverbot 268
BeL Sozietät für Architektur (Köln) (10)
Berliner Stadtschloss 37
Bestandserhaltung 308
Besucherschule 141
Beziehungsgeschichte 155, 299
Bilbao-Effekt 14, 262
Blau-Gold-Haus der Kölner
 Parfümfabrik 4711 (Köln) 259
Blendfassade 138, 144
Blöde, das 137f., 148f.
Böse, das 137, 249, 252
boîte de miracle (Le Corbusier) 158
Bruchstück 32, Norbert Arns und Verena Kluth 2003
 42, (8), (30)
Brutalismus 50, 129ff.
Brotvermessen, Wolf Vostell 1969 251 [Abb.]
Buchhandlung Walther König 315, 337
Bühnen der Stadt Köln
 Neues Schauspielhaus (geplant) 182, 333
 Opernhaus am Offenbachplatz 13ff., 24, 26,
  29ff., 38, 52, 124, 162ff. [Abb. 171ff., 178ff.,
  Abb. 183], 242f. [Abb.], 248, 251 [Abb.], 333.
  Schauspielhaus 13, 15, 31, 38, 167, 170, 179, 182,
  Halle Kalk, Schauspiel Köln 253 [Abb.], 256f. [Abb.]
Bundesgartenschau (Köln 1957) 50, 309
Büro Band (Köln) 158
Büro W. und R. Koep (Köln) 50, 182, 259

Celebritykultur 39
Chicago School 326
Chinatown, Roman Polanski 1974 327
Christenheit 145
Christliche Ikonographie 146
Colonia Claudia Ara Agrippinensium
 50, 122, 125, 149, 272
Curtain Walls 47

Dada 302
Das achte Feld (Köln 2006) 341
Das Loch (Köln) 14, 38 (8)
Das Loch e.V. 14, 29
Das Wunder der 8. Straße (s. Batteries Not Included)
Design 299
 Fünfziger-Jahre-Design 301
Deutscher Werkbund 50
Diaphanie 138
Die Brücke (s. Kölner Kulturinstitute)

Die Wohnung. Werkbundausstellung
 (Stuttgart 1927) 340
Die Zeit der Staufer. Geschichte – Kunst – Kultur
 (Stuttgart 1977) 336
Differenz von Wesen und Erscheinung 136, 138, 141ff.
Dionysos-Mosaik (Köln) 50
Dombauhütte (Köln) 42
Domplatte (Köln) 125, 259
Domumbauung (Köln) 248
Dreck 137, 144
Drittes Reich 47, 50
Du lässt dich gehen, Charles Aznavour 1972 34f. [Abb.]
DuMont Brunnen auf der Breite Straße (Köln) 248

Eigennutz 245
Eiserner Vorhang 319
Ein letzter Blick..., Merlin Bauer 2005 34
Endhaltestelle der
 Köln-Bonner Rheinuferbahn (Köln) 130
Ensemble Hahnenstraße (Köln) 50, 179, 248, 315, 318
Entartete Kunst 268
Entrée zu den Kaiserthermen in Trier 51
Esprit de Corps 280, 284
Esso-Tankstelle Köln-Deutz 48 [Abb.]
European Kunsthalle (Köln) 335
Eventkultur 39, 42
Evidenzkritik 141, 145, 149
Ewigkeit 148f.
Existenzialismus 312
Express 32f. [Abb.], 131 [Abb.],
 163 [Abb.], 339 [Abb.], (10)

Fabrikationsgebäude der Firma Mülhens (Köln) 50
Farina (Köln) 122
Fassadenarchitektur 138, 160, 259
Fassadensegel 158
FC Schalke 04 341
Fenstersprossen 167
Fernmeldehochhaus Köln
 (auch Fernmeldeamt Köln 1) 14, 52, 280ff.
 [Abb. 282f., 285], 286ff. [Abb. 288f., 291f.], 290
Festlichkeit 170
Feuilleton, 15.04.2008, Merlin Bauer 2008
 15, 17 [Abb.], 24, 466 [Abb.]
Film noir 327
Flachdach 155
Flankenbau 167, 170
Flugdach 46ff.
Foyer 170
Frankfurter Allgemeine Zeitung 30, 164f. [Abb.]
Frankfurter Allgemeine Sonntagszeitung 340
Frankfurter Schule 319, 326
Fritz Thyssen Stiftung Köln 327
Fünfeck 52
Fundamentalismus 137, 149
Funktionalismus 160

Gartenstadt 124
Gatermann + Schossig (Köln) 123
Gazprom-Zentrale (St. Petersburg) 341
Gemeinnutz 245
Gerling-Quartier (Köln) 47
Germania inferior 50
Gesamtkomposition 170
Geschichtsverweigerung 309
Gesellschaftskritik 327
Gigon/Guyer (Zürich) 129
Glasfassade 129f., 281f.
Glasfenster 47
Globalisierung 39
gmp-Architekten von Gerkan,
 Marg und Partner (Hamburg) 129
Gotik (s. auch Kölner Kirchen, Dom) 155, 299f.
 Neugotik 182
Gott 145, 148f.
Gotteskadt Köln 137ff.
Gründerzeit 158
Guerilla-Kunst 13

SACHREGISTER 475

Gürzenich Köln (Wiederaufbau) 51, 167ff., 267
Gute, das 137f., 141, 144f., 148, 249, 252

Hadriansvilla (siehe: Villa)
Hahnentor (Köln) 125
Halbwertszeit 145
Haniel-Garagen-, Rast- und
 Übernachtungshaus (Düsseldorf) 129
Hässliche, das 137f., 144f., 148, 249
Haus Wefers (Köln) 30, 154ff. [Abb.]
Hegenomiediskurs 326
Heilige Drei Könige, Siegfried Erdmann 1958 160
Heimatschutzstil 308
Historismus 160, 309, 318
Hochhausbebauung
 Berlin 263
 Frankfurt 262f.
 Köln 14, 122f., 182, 245, 249, 259, 262, 263, 315
Hochhausdiskussion
 Köln 122ff., 182, 245, 262f., 272, 315
 Wien 272
Höhenbegrenzung 182
Höhenentwicklungskonzept 182
Höherzonierungsdruck 155, 263
Hohenzollern, die 37
Hollywood-Filme 327
Homes for America, Dan Graham 1966
 21, 24, 27 [Abb.]
Hotel am Augustinerplatz (Köln) 26, 30, 128f.
Humanum, das 148, 149

ICE-Terminal (Köln) 123, 262
ICOMOS (International Council on
 Monuments and Sites) 262
Identität
 Identifikationspunkt 42, 155
 Identitätskrise 123
 Identitätsstiftung 123, 155, 170
 Identitätsverweigerung 301f.
 Kölnische Identität 38f., 138, 144, 155, 245, 259
 neue deutsche Identität 301
Imagewandel Kölns 315
Imitatio Christi 149
Immobilienspekulation 314ff., 326f.
Impluvium 51
Informationsgesellschaft 281
Initiative Josef-Haubrich-Forum
 (später Das Loch e.V.) 14, 29, (8)
Innenhof 259
Institut Français de Cologne (s. Kölner
 Kulturinstitute)
Interbau (Berlin 1957) 50
Istituto di Cultura Italiana (s. Kölner
 Kulturinstitute)

Jazz 319
JCDecaux (Neuilly-Sur-Seine, Köln u.a.)
 248, 253 [Abb.]
Josef-Haubrich-Forum (Köln) 14, 24, 29, 39,
 40f., 43 [Abb.], 333, (8)
Josef-Haubrich-Kunsthalle (Köln) 14, 29f., 38,
 40f. [Abb.], 42, 43 [Abb.], 245, 333 (8)
Jugendstil 309

Kalter Kaffee zur Popkomm, Merlin Bauer 2002 (4)
Kalter Krieg 301, 319
Kapitalisierung von städtischen Grundstücken
 38f., 122f., 179, 182
Kapitalismus 37, 138, 141, 148
 rheinischer Kapitalismus 37
 Immobilienkapitalismus 326
 Spätkapitalismus 326
Kaputte, das 137
Karolinger, die 37
Kathedrale 149
Kaufhof (Köln) 47
Kengo Kuma and Associates (Tokyo) 129
Kirche Parsch (Salzburg) 267

Kirchenbau 50, 155, 158, 299
 evangelischer Kirchenbau 268
 katholischer Kirchenbau (s. auch Kölner Kirchen)
  50, 118f., 267ff.
 Moscheenbau 267f.
 Synagogenbau 268
Klassizismus 300, 309
Klub-Kultur (40)
Koelnmesse 262
 altes Logo 249, 334, 335
 neues Logo 334
 Hallen Nord 38, 315, 334
 Rheinhallen 38, 334, 336
kollektives Beschweigen 302
Kölnarena 38
Kölner Affären, Alvis Hermanis 2008 253, 256f.
Kölner Architekturpreis 2003 13, (10)
Kölner Folklore 245
Kölner Galerien 315
Kölner Karneval 14
Kölner Kirchen 149
 Allerheiligenkirche 48 [Abb.], 51
 Alt St. Alban 267
 Neu St. Alban 52, 266ff. [Abb. 269, 273, 276f.]
 Dom 14, 16, 32, 37, 50, 122f., 125, 144, 155, 160,
  173 [Abb.], 248f., 259, 262, 272, 335, 341
 Franziskanerkirche 48 [Abb.], 51
 St. Kolumba Kapelle Madonna in den
  Trümmern 47, 48 [Abb.], 267
 St. Peter 50
 romanische 50, 122, 272
  Groß St. Martin 50
  St. Andreas 48 [Abb.], 155
  St. Aposteln 125
  St. Georg 50, 122, 267
  St. Gereon 48 [Abb.], 50
  St. Maria im Kapitol 50
  St. Severin 50
  St. Ursula 50
Kölner Klüngel 14, 47, 249, 315
Kölner Kulturinstitute
 Amerikahaus (USA) 14, 122, 314ff. [Abb. 316f.,
  320ff., 329]
 Belgisches Haus/Maison Belge (Belgien) 318
 Die Brücke (Großbritannien) 315, 318
 Institut Français de Cologne (Frankreich) 318
 Istituto di Cultura Italiana (Italien) 318
Kölner Loch (s. Das Loch)
Kölner Museen 122
 Kolumba (Kunstmuseum des Erzbistums Köln)
  16, 47, 263, 267, 290, 335
 Museum für Angewandte Kunst 51, (10)
 Museum Ludwig 338, 341
 Ostasiatisches Museum 336
 Rautenstrauch-Joest-Museum 336
 Römisch-Germanisches Museum 42, (8)
 Stadtmuseum (Anbau) 333
 Wallraf-Richartz-Museum & Fondation
  Corboud 267
 Wallraf-Richartz-Museum (Entwurf Hans
  Schilling, 1996) 267f.
 Wallraf-Richartz-Museum/Museum Ludwig 51
Kölner Philharmonie 125
Kölner Rathaus 51
 Spanischer Bau 15, 52
 Entwurf von Arne Jacobsen (1958) 51
Kölner Stadt-Anzeiger 13, 38, 131 [Abb.],
 163 [Abb.], 337, (10)
Kölner Stadtmauer
 Mittelalter 50, 52, 125
 Römerzeit 50, 158
Kölner Tradition des Fehlgriffs 245
Köln-Hype 39
Kölnischer Kunstverein 335
 Standort Die Brücke 315, 326, 327
 Standort Josef-Haubrich-Hof 14, 29, 315, (4)
KölnTriangle (Köln) 122f., 262f.
Kolpinghaus (Köln) 268

Konche 272
Konzeptkunst 20ff., 24, 26, 39
Korruption 315
Kranhäuser im Rheinauhafen (Köln) 262f.
Kreuzigung Gottes 145
Kultur des Erinnerns 14
Kultur des Provisoriums 309
Kulturhauptstadtbewerbung Köln 245
Kulturverlust 284
Kulturzentrum am Neumarkt (Köln) 14, 333
Kunstakademie Düsseldorf 37, 315
Kunstbetrieb 39
 Köln 315
 Los Angeles 326
Kunsthalle Düsseldorf 16
Kunsthauptstadt Köln 37, 39, 315
Kunstmarkt
 Köln 315
 Los Angeles 326
Kunstszene Köln 39

Laden- und Ausstellungsgebäude für das
 Möbelgeschäft Schirmer (Köln) 160
Landschaftsverband Rheinland (LVR) 52
Landeshaus (Köln) 38, 52, 258ff. [Abb. 260f.]
Les Fleurs du Mal, Charles Baudelaire 307
Liebesbeziehung (s. Beziehungsgeschichte)
Link Architekten (Köln, Leipzig, Dresden) 51
Logenbalkon 170
Los Angeles School 326
Lübeck in der Schachtel 299
Lufthansa-Hochhaus (Köln) 122
Lüge 145, 148
LVR-Turm (siehe: KölnTriangle)

Man from the Twenty-First Century,
 Stephen Willats 1969/70 21
Manus Spleen 2, Rosemarie Trockel 2002 43
Marxismus 326
Maternushaus (Köln) 268
Metallbrüstung 47
Metopenfries 51
Minimal Art 24
Ministerium Speer 308
Mittelalter 37, 137, 287, 299f.
Moderne 16, 39, 51, 155, 158, 258f., 262f., 281
 erste Moderne 123
 zweite Moderne 123
 Bürohausmoderne 259, 263, 281
 Containermoderne 263
 gemäßigte Moderne 155
 Investorenmoderne 263
 Klassische Moderne 13, 281, 309
 Nachkriegsmoderne 13, 15, 29, 37, 39, 307, 308
 Postmoderne 51, 263, 301, 326
 sachliche Moderne 259
 US-Businessmoderne 259, 262
 US-Moderne 51
moderne Kunst 38, 148
Modernismus 38f., 300, 301
Monumentalismus 51, 281, 318
Moscheebau (s. Kirchenbau)
Moscheebaudebatte 267f.
Müll 144f., 148
Müngersdorfer Stadion (Köln) 129f.
Musical Dome (Köln) 124
Mutterliebe 249

Nachkriegs-Idylle 302
nationaler Verein für Denkmalpflege 262
nationales Denkmal Kölner Dom 259
Nationalkomitee von ICOMOS (s. ICOMOS)
Naturwissenschaftlicher Campus im
 Neuenheimer Feld (Heidelberg) 300
Neoklassizismus 259
Neomarxismus 326
Neuaufbau (s. auch Wiederaufbau) 50, 178ff., 308
Neue Heimat 308

Neuer Städtebau 158
Neues Bauen 129
Neues Köln 318
New Dance 319
New Economy 308
Nicht-Orte (Marc Augé) 30
Nomadischer Rundfunk – Kennen Sie die Musik, die man nur am Lautsprecher hören kann? Markus Schmickler und Merlin Bauer, 2003 (8)
Nord-Süd-Achse (Darmstadt) 301
Nord-Süd-Fahrt (Köln) 13f., 16, 21, 32f., 37, 124, 158, 160, 179, 182, 244f., 248, 254f. [Abb.], 287, 290, 294ff. [Abb.], 338, (10), (12)
NS-Regime 125, 179, 281, 302, 319

Offenbachplatz (Köln) 13, 15, 26, 38, 170, 179, 287
Operncafé
    Operncafé am Habsburgerring (Köln) 179
    Café de la Paix (Paris) 179
    Opernterrassen (Köln) 13, 15, 31, 167, 179, 182, 333
Opernensemble (Köln) 13ff., 24, 26, 29ff., 38f., 166ff., 170, 178ff., 182, 183 [Abb.], 333
Oppenheim-Esch-Immobilienfonds 14, 38, 245, 315, 327, 334, (10)
Ornament 47
Ost-West-Achse
    Darmstadt 301
    Köln 125, 129, 179, 318

Pagodendach 129
Palast der Republik (Berlin) 37
Panoramapavillon (Köln) 14, 31, 38, 44f. [Abb.], 115ff. [Abb.], 120f. [Abb.], 126f. [Abb.]
Pantheon 51
Parabel 52, 272
Parkcafé im Rheinpark (Köln) 14f., 48 [Abb.], 299f., 306, 309, 312
Parkhäuser 129ff., 287, 301
    Autorimessa (Venedig) 129
    City Center in Downtown Philadelphia (unrealisiert) 129
    Garage pour 1000 autos à Paris (unrealisiert) 129
    Haniel-Garage (Düsseldorf) 129
    Kant-Garage (Berlin) 129
    Kaufhof-Parkhaus (Köln) 287
    Marina City (Chicago) 129
    Parkhaus in der Krebsgasse (Köln) 175 [Abb.]
    Parc des Celestins (Lyon) 129
    Parkhaus mit Hotel Cäcilienstraße (Köln) 26, 30, 128ff., 131ff. [Abb.]
Parthenon 51
Passagen 170, 248
Pathologie des Liebeslebens 248f.
Pavillons im Rheinpark (Köln) 50, 298 ff. [Abb. 303 ff., 310f.], 315
Piazza 170
Plenarsaal des Deutschen Bundestags (Bonn) 309
Political Correctness 326
Polizeipräsidium am Waidmarkt (Köln) 122
Pop-Agitation (s. Agit-Pop)
Popkultur 319
    USA 326
Potemkin'sche Dörfer 338
Potsdamer Platz (Berlin) 338
Preußen 37
    Preußen. Versuch einer Bilanz (Berlin 1981) 336
Prinzip Improvisation, Christoph Dell 2002 (12)
Pritzker-Preis 122
Privatisierung von Institutionen 335
Proletarisierung 148
Propaganda 141, 148
Provinzial-Hochhaus am Habsburgerring (Köln) 47, 179
Psycho-dynamische Straße, Büro BeL und Merlin Bauer 2002 13, (10), (20)
Pylon 158, 160

Race, Class and Gender-Diskussion 326
radical architecture III: processing uncertainty (Köln 2003) (10)
Rasterbau 182
Reich Gottes 149
Renzo Piano Building Workshop (Genua und Paris) 263
Rheinauhafen (Köln) 124, 262
Rheinpark (Köln) 14, 50, 122, 125, 301f., 309
Rheinterrassen (Köln) 309
Ritzrelief 47
Römerturm (Köln) 48 [Abb.], 51
Römerzeit 50f., 122, 149
Ruhige Innenstadtlage, Büro BeL und Merlin Bauer 2004 (10)

Saalbau, römischer 51
Sal. Oppenheim jr. & Cie. KGaA 245, 327
Sammlung Stoffel 338
Säulengang 51
Satteldach 52
Scheibenhaus 281f.
Scheitern, das 37, 137f., 144, 149
Schöne, das 137f., 141, 144f., 148, 158, 160, 299
Schule Spoerkelhof 130
Sehnsuchtsort
    Köln 315
    USA 319
Selbstbezichtigungskampagne gegen den §218 141
Selbstentsagung 249
Selbstverwirklichung 249
September 11, 2001 319
Shapolski et al. Manhattan Real Estate Holdings, A Real-Time Social System, as of May 1971, Hans Haacke 1971 21, 25 [Abb.]
Siedlung Kranichstein (Darmstadt) 301
SK-Corpus 315, 327
Skidmore, Owings & Merrill LLP (Chicago, New York, San Francisco u.a.) 51
soziale Marktwirtschaft 37
Sozialer Wohnungsbau 340
Sozialismus 37
Sparkasse am Barbarossaplatz (Köln) 130
Sparkasse KölnBonn 14, 315, 327
Spätkapitalismus 326
St Pancras Station (London) 15f.
St.-Annen-Museum (Lübeck) 299
Städelschule (Frankfurt) 338
Stadtforschung 326
    neoimperialistische Theorie 326
Stadtgarten Köln 266ff.
Stadtgestalt 122, 124
Stadtmöblierung 245
Stadttopographie 122
Stadtveduten 51
Statthalterpalast unter dem Kölner Rathaus 50
Staufer, die 50, 336
Steinfassade 51
Stern 141
Stiftung Bauhaus Dessau 38
Stollwerck-Gelände 125
Strandbox, Merlin Bauer 2002 24, 42, [Abb. 324f.], (1)–(48)
Strategie der Problematisierung 141
Studio für elektronische Musik (WDR Köln) (8)
Stunde null 307f.
Stuttgarter Schule 259
Sydney Opera House 182, 333

Tanzbrunnen im Rheinpark (Köln) 50
Technische Universität München 267
Technisches Rathaus Köln-Deutz 38, 315
Tempel 51
Texte zur Kunst (Köln, später Berlin) 39, 315
The Bowery in two inadequate descriptive systems, Martha Rosler 1974-75 21ff. [Abb.]
The United States Information Agency (USIA), 319
The United Untitled, Markus Schmickler 2002 (8), (16)

Theater am Dom (Köln) 155
Thermen
    Kaiserthermen (Trier) 51
    Thermen an der Cäcilienstraße (Köln) 50
Tonnengewölbe 51
Trabantenstadt 301
Trauernde Eltern, Käthe Kollwitz (Werkkopie 1959) 267
Traufhöhe
Triangle-Tower (Köln) 341
Türkisches Gemeindezentrum (Wien) 268

Umgründung der Römerstadt C.C.A.A. 50, 272
UNESCO 123
    UNESCO-Weltkulturerbe
        Dresden 262
        Köln 14, 123, 262
        Potsdam 262
        Rote Liste 262
Unfair (Köln) 315
Unter dem Pflaster der Strand – Momentane Orte, Merlin Bauer 2002-2005 13, 24, 29f., 42, (1)–(48)
US-amerikanischer Städtebau 21

Verblödung 148
Verdrängung 302
Verlag Walther König 337
Verlusterfahrung 299f.
Vermüllung 144f.
Vernachlässigung öffentlicher Bauten zur Kapitalisierung der Grundstücke 179
Verpackung 138, 141, 144
Versailles 340
Verwohnzimmerung der Stadt 245
Vierpfeilersaal 51
Villa
    Hadriansvilla 51
    römische Landvillen 51
Virtual Reality 138

Wahre, das 137f., 141, 144f., 148
Währungsreform 51, 119
Wandmosaik 47
WDR 336
WDR-Archivhaus (Köln) 182
Weltkrieg
    Erster 302, 340
    Zweiter 47, 50, 129, 155, 167, 179, 301
Weltstadthaus Köln der Peek & Cloppenburg KG Düsseldorf 263, 300f. [Abb.]
Werbung 138, 141, 144
Werthchen, das 124
Westkunst (Köln 1981) 336, 337
Westwall 259
Wiederaufbau (s. auch Neuaufbau) 15, 119, 124, 155, 167, 179, 182, 259f., 281, 300f., 308f., 315, 318, 334
Wirtschaftswunder 119, 301
Wittelsbach und Bayern (München 1980) 336
Wohn- und Atelierhaus
    Böhm, Auf dem Römerberg (Köln) 50
    Hans Schilling, Gereonswall (Köln) 272
Wohn- und Bürohaus
    Karl Band, Kunibertsklostergasse (Köln) 155
    Ungers, Belvederestraße (Köln) 48 [Abb.], 51
World Trade Center, New York 319
Zaha Hadid Architects (London) 129

Zensur 341
Zerstörung
    zweite 308, 334
    dritte 334
    Heidelberg (1689) 300
    Köln (1942) 14, 47, 119, 124, 153 [Abb.], 155, 179, 259
    Lübeck (1942) 299f.
Ziegelbau
    römischer 50
    Rohziegelbau 272

Bildnachweis

Titel	Merlin Bauer (VG Bild Kunst)
1	Merlin Bauer (VG Bild Kunst)
4	Merlin Bauer (VG Bild Kunst), Candida Höfer (VG Bild Kunst)
5	Veit Landwehr, Boris Becker (VG Bild Kunst), Albrecht Fuchs
6	Wolfgang Stracke, Albrecht Fuchs
7	Merlin Bauer (VG Bild Kunst), Albrecht Fuchs
8	Veit Landwehr, Sammlung Joachim Bauer, Archiv Amerikahaus (Amerikanisches Generalkonsulat Düsseldorf)
9	Merlin Bauer (VG Bild Kunst), Manu Burghart, Veit Landwehr
10–11	Merlin Bauer (VG Bild Kunst), Veit Landwehr
17–19	Martin Scherag
22–23	Martha Rosler
25	Hans Haacke (VG Bild Kunst)
27	Dan Graham, Marian Goodman Gallery
32–33	Verlag M. DuMont Schauberg
34	Pullmann
40–41	privat
43	Marc Comes
44–45	Merlin Bauer (VG Bild Kunst)
48–49	Wolfgang Pehnt
54–55	Dieter Maguhn
59	Albrecht Fuchs
60–61	Boris Becker (VG Bild Kunst)
63–85	Albrecht Fuchs
86–89	Candida Höfer (VG Bild Kunst)
91–103	Albrecht Fuchs
106–111	Jürgen Bernhardt
115	Jan Höhe, Videostill
116–117	Veit Landwehr
120	Manu Burghart
121	Veit Landwehr
126–127	Albrecht Fuchs
131	Verlag M. DuMont Schauberg
132	Baumeister, München
132–133	Boris Becker (VG Bild Kunst)
134–135	Baumeister, München
139	unbekannt
140	privat
142–143	Jan Höhe, Videostill
146–147	Jan Höhe, Videostill
150–157	privat
159	Tom May, Videostill
161	Albrecht Fuchs
163	Verlag M. DuMont Schauberg
164–165	Merlin Bauer (VG Bild Kunst), Collage
168–169	Veit Landwehr
171	Jan Höhe
172–173	Hugo Schmölz
174–175	Jan Höhe
176	Veit Landwehr
180–181	Veit Landwehr
183	privat
186–231	Albrecht Fuchs
234–235	Jürgen Bernhardt
238–239	Merlin Bauer (VG Bild Kunst)
242–243	Merlin Bauer (VG Bild Kunst)
246–247	Veit Landwehr
250–251	Wolf Vostell (VG Bild Kunst)
253–257	Merlin Bauer (VG Bild Kunst)
260–261	Martha Kranz
264–265	Veit Landwehr
269	Jan Höhe
270–271	Veit Landwehr
273	Ildiko Schilling
274–275	Merlin Bauer (VG Bild Kunst)
276–277	Jan Höhe
278	Merlin Bauer (VG Bild Kunst)
279	Hugo Schmölz
282–283	Oberpostdirektion Köln
285	Oberpostdirektion Köln
288–289	Veit Landwehr
291–297	Heinz Wedewardt
303	Deutsche Bauzeitschrift, Gütersloh
304–305	Veit Landwehr
310–311	Sammlung Joachim Bauer
313	Sammlung Joachim Bauer
316–317	Archiv Amerikahaus (Amerikanisches Generalkonsulat Düsseldorf)
320–323	Archiv Amerikahaus (Amerikanisches Generalkonsulat Düsseldorf)
324–325	Veit Landwehr
329	Archiv Amerikahaus (Amerikanisches Generalkonsulat Düsseldorf)
330–331	Merlin Bauer (VG Bild Kunst)
339	Verlag M. DuMont Schauberg
342–343	Merlin Bauer (VG Bild Kunst)
395	Merlin Bauer (VG Bild Kunst), Veit Landwehr
396	Martha Rosler
399	Pullmann
400	Merlin Bauer (VG Bild Kunst)
403	Marc Comes
405	Wolfgang Pehnt
406	Dieter Maguhn
407	Wolfgang Pehnt
409	Veit Landwehr
410	Manu Burghart
412	Baumeister, München
414	privat
416	Jan Höhe, Videostill
418	privat
420	Veit Landwehr
422	Veit Landwehr
424	Merlin Bauer (VG Bild Kunst)
426	Veit Landwehr
427	Landschaftsverband Rheinland
429	Hugo Schmölz
430	Jan Höhe
432	Oberpostdirektion Köln
434	Veit Landwehr
435	Deutsche Bauzeitschrift, Gütersloh
438	Sammlung Joachim Bauer
441–442	Archiv Amerikahaus (Amerikanisches Generalkonsulat Düsseldorf)
445	Merlin Bauer (VG Bild Kunst)
447	Verlag M. DuMont Schauberg
448	Merlin Bauer (VG Bild Kunst)
454	Jan Höhe, Veit Landwehr, Tom May, Kris Willner
458	Merlin Bauer (VG Bild Kunst)
459–460	Merlin Bauer (VG Bild Kunst), Albrecht Fuchs
461	Merlin Bauer (VG Bild Kunst), Veit Landwehr
462–464	Merlin Bauer (VG Bild Kunst)
465	Candida Höfer
466–469	Merlin Bauer (VG Bild Kunst)

Unter dem Pflaster der Strand – Momentane Orte

(2)	Merlin Bauer (VG Bild Kunst)
(4)	Marc Comes
(5)	Alfred Jansen
(6)	Tapetenfabrik Salubra
(7)	Tapetenfabrik Salubra, Anne-Julchen Bernhardt
(8)	Manu Burghart, Anne-Julchen Bernhardt
(9)	Veit Landwehr
(10)	Andreas Ruby, Merlin Bauer (VG Bild Kunst)
(11)	Rainer Holz
(12)	Merlin Bauer (VG Bild Kunst)
(13)	Alfred Jansen, Merlin Bauer (VG Bild Kunst)
(14)	Rainer Holz, Merlin Bauer (VG Bild Kunst)
(15)	Merlin Bauer (VG Bild Kunst)
(16)–(19)	Manu Burghart
(20)–(21)	Alfred Jansen
(22)–(23)	Jan Höhe, Videostill
(24)	J.P. Hölzinger, H. Goepfert (VG Bild Kunst)
(25)	Alfred Jansen
(26)–(27)	Manu Burghart
(28)	Jan Höhe, Videostill
(28)–(29)	Manu Burghart
(30)–(31)	Anne-Julchen Bernhardt, Norbert Arns
(32)–(33)	Norbert Arns
(34)–(37)	Thomas Rentmeister (VG Bild Kunst), Merlin Bauer (VG Bild Kunst)
(38)–(41)	Alfred Jansen
(42)–(43)	Rainer Holz
(44)–(45)	Tapetenfabrik Salubra
(46)–(47)	Anne-Julchen Bernhardt, Jörg Leeser
(48)	Merlin Bauer (VG Bild Kunst)

Es konnten nicht alle Rechteinhaber ermittelt werden; wir bitten, sich gegebenenfalls mit dem Verlag in Verbindung zu setzen.

Dank

Liebe deine Stadt wurde getragen durch viele Menschen und Institutionen.

Entscheidende Impulse erhielt das Vorhaben durch den Vorstand und die Gründungsmitglieder von Liebe deine Stadt e. V. – Jörg Leeser, Nina Rock, Ulla Marx, Norbert Arns, Anne-Julchen Bernhardt, Manu Burghart, Robert Elfgen und Carlo Peters. Die Beiträge aller Laudatoren und Laudatorinnen sowie der mitwirkenden Kollegen Albrecht Fuchs, Candida Höfer, Jan Höhe, Tom May, Veit Landwehr, Peter Pedaci und Kris Willner verliehen dem Projekt Gestalt.

Frauke Burgdorff und Ulrike Rose vom Europäischen Haus der Stadtkultur haben sich engagiert für *Liebe deine Stadt* eingesetzt und entscheidend für die wirtschaftliche Rückendeckung gesorgt. Gleiches gilt für die Kunststiftung NRW, die sich ebenfalls an der Buchproduktion beteiligt hat.

Liebe deine Stadt erfuhr Unterstützung durch Galeristen, Sammler und Förderer wie Daniel Buchholz, Gisela Capitain, Christopher Müller, Christian Nagel, Gabriele Rivet, Sabine Schmidt, Monika Sprüth, Michael Wiesehöfer, Johannes Becker sen., Jürgen Bernhardt, Klaus Bittner, Marianne Cramer, Sabine DuMont Schütte, Christoph Eiting, Alexander Flach, Anne Friebe-Reininghaus, Henrik Hanstein, Hans Henrici, Bernd Herbert, Vera Kiltz, Karl-Heinz Knupfer, Kasper König, Walther König, Christian Lindner, Sabine Matthias, Christian Posthofen, Markus Schaden, Johannes und Ulrike Schilling, Stefan Schülke, Wolfgang Stracke, Klaus Tannhäuser, Dirk Tucholski, Axel Wirths, Robert und Eduard Zapp sowie die Kölner Bürger, die die Installation des Schriftzugs *Liebe deine Stadt* über der Nord-Süd-Fahrt ermöglichten – Peter Bach, Kurt Bartenbach, Christian DuMont Schütte, Theo Greif, Klaus Heubeck, Peter Jungen, Thomas Kurth, Udo Müller, Werner Peters, Alexander Pirlet, Dieter Schütte und Wolfgang Strobel. *Liebe deine Stadt* erfuhr weiterhin Unterstützung durch das Kulturamt der Stadt Köln, die Bühnen der Stadt Köln, den Kölnischen Kunstverein mit Anja Nathan-Dorn, Kathrin Jentjens und Kathrin Rhomberg, die Zeitschrift *Stadtrevue* und Melanie Weidemüller, durch die Imhoff Stiftung und Jutta Rohde sowie die KoelnMesse, insbesondere durch das Art-Cologne-Team mit Gerard Goodrow, Daniel Hug, Hildegard König, Ulrike Langer und Heinz Schnock.

Für die Unterstützung bei der Produktion des Buchs danke ich Brigitte Barth, Joachim Bauer, Boris Becker, Brian Currid, Adria Daraban, Silke Dreesbach, farbo prepress GmbH (Lars Scharrenbroich, Jörg Vonten, Josef Zucca), David Gödel, Marian Goodman Gallery, Birgit Gerdes, Dan Graham, Hans Haacke, Tobias Hahn, Helgard Heckendorff, Candida Höfer, Galerie Johnen und Schöttle (Markus Mascher), Karsten Klimmek, Michael Krajewski, Paola Malavassi, Evelyn Mund, Stephan Müller aka Pronto, Druckerei Rasch (Gerhard Düllmann), Bettina Rheinbay, Nina Rock, Martha Rosler, Bernd Sassmannshausen, Martin Scherag, Matthias Schneider, Sonja Schöttler, Heike Sperling, Diana Umbeer, Thomas Volmert und Sabine Vonderstein.

Allen Autoren, meiner Lektorin Gabriele Rivet, der Gestalterin Manu Burghart und dem Übersetzer Karl Hoffmann, sowie dem Greven Verlag Köln mit Damian van Melis, die einen wesentlichen Beitrag geleistet haben, gilt mein besonderer Dank. Viele andere Menschen haben am Projekt und an der Publikation mitgewirkt, die ich an dieser Stelle nicht alle namentlich aufzählen kann. Auch ihnen und meiner Familie danke ich sehr.

Köln, März 2009
Merlin Bauer

Impressum

© Greven Verlag Köln, 2009
www.Greven-Verlag.de

Herausgeber/Editor: Merlin Bauer

Umschlag und Gestaltung/Cover and Layout: Manu Burghart, Köln

Lektorat/Editing: Gabriele Rivet

Übersetzung/Translation: Brian Currid (T. Sieverts, B. Sieverts, M. Zinganel, P. Zumthor), alle weiteren Karl Hoffmann

Gesetzt aus der/In the typeface of: Akkurat Bold, Akkurat Light, Akkurat Light Italic, Struik Courier, Helvetica Condensed

Papier/Paper: Munken Print White, Dünndruck PolarLight, Job Parilux Matt, Fly Creme

Lithographie/Lithography: farbo prepress GmbH, Köln

Druck und Bindung/Printing and Binding: Rasch, Bramsche

ISBN 978-3-7743-0412-3

Alle Rechte vorbehalten/All rights reserved

Ein Projekt im Rahmen der Landesinitiative StadtBauKultur NRW. Mit Unterstützung der Kunststiftung NRW.

A project in the context of Landesinitiative StadtBauKultur NRW. With the support of Kunststiftung NRW.